समकालीन हिन्दी उपन्यास
समय और संवेदना

समकालीन हिन्दी उपन्यास : समय और संवेदना

सम्पादक

डॉ. वी.के. अब्दुल जलील

सह सम्पादक

डॉ. पी. रवि

वाणी प्रकाशन

वाणी प्रकाशन

4695, 21-ए, दरियागंज, नयी दिल्ली 110 002

शाखा

अशोक राजपथ, पटना 800 004

फ़ोनः +91 11 23273167 फ़ैक्सः +91 11 23275710

www.vaniprakashan.in
vaniprakashan@gmail.com
sales@vaniprakashan.in

SAMKALEEN HINDI UPANYAS : SAMAY AUR SAMVEDANA
Edited by Dr. V.K. Abdul Jalil & Dr. P. Ravi

ISBN : 978-81-8143-599-6
Criticism

संस्करण : 2006
आवृत्ति 2017
मूल्य : ₹ 495

आर.टेक ऑफसेट, दिल्ली-110 032 में मुद्रित

वाणी प्रकाशन का लोगो मक़बूल फ़िदा हुसेन की कूची से

दो शब्द

पहले की अपेक्षा समय, समाज और जीवन अत्यंत संकुल एवं अमानवीय हो गए हैं। व्यक्ति एवं सामाजिक जीवन में करुणा, दया, सहानुभूति इत्यादि के लिए जगह नहीं है। जीवन की रफ्तार में मनुष्य, मनुष्य नहीं रह गया और उसका जीवन यांत्रिक ही नहीं, क्रूर व निष्ठुर हो गया। धर्म, राजनीति और उनके उपकरणों ने वर्तमान जीवन को और कलुषित बना दिया। ऐसे जीवन को, समाज को, विश्व को अभिव्यक्त करने में अन्य विधाओं की अपेक्षा उपन्यास में थल की संभावना अधिक है। समकालीन रचनाकार इस संभावना को उपलब्धियों में बदलने का प्रयत्न करते रहे हैं। आज के हिन्दी उपन्यास साहित्य में ऐसी उपलब्धियाँ अवश्य हैं। प्रायः ये रचनाएँ सही सामाजिक विमर्श के रूप में प्रस्तुत हैं। ऐसी रचनाओं को खुलापन देना आलोचना का दायित्व है। उपन्यास आलोचना इस दायित्व को निभा नहीं पाती है। पाठकों की ओर से ऐसे उपन्यासों का अध्ययन तो हो रहा है। फिर भी आलोचना की कमी खटकती रहती है। उक्त रिक्तता को भराने की बात विभाग के सहकर्मियों ने उठायी और एक कदम उस ओर रखने का प्रयास हमने किया है। यह भी सच है कि समकालीन उपन्यास की सभी श्रेष्ठ रचनाओं को चुनने में हम असमर्थ निकले। क्योंकि चुनने का दायित्व हमने लेखकों को दिया।

प्रस्तुत पुस्तक 'समकालीन हिन्दी उपन्यास : समय एवं संवेदना' में पैंतीस उपन्यासों के अध्ययन संगृहीत हैं। ये अध्ययन सन् 1980 के बाद के उपन्यासों पर केन्द्रित हैं। फिर इन लेखों को क्रमहीन ढंग से दिया गया है, जीवन भी क्रमबद्ध नहीं है न! क्रमबद्धता यांत्रिकता और एकरसता को जगह भी देगी। प्रस्तुत पुस्तक में दलित जीवन से संबंधित उपन्यास हैं जिनमें दलित एवं दलितेतर लेखकों के उपन्यास हैं। स्त्री पक्षधरता के उपन्यासों पर भी यह बात लागू है। पर्यावरण-पारिस्थितिकी संस्पर्शवाले पर उपन्यासों को समाहित करने का प्रयास हुआ है। उसी तरह राजनीति एवं सांप्रदायिकता को लेकर लिखे गये उपन्यास संबंधी कई लेख हैं। इसके अलावा आंचलिकता से बढ़कर आज के ग्राम केन्द्रित उपन्यासों के तेवर को भी इसमें जगह दी है। इसमें ऐसे उपन्यासों के साथ वृद्ध जीवन की वर्तमान गतिहीनता संबंधी उपन्यासों के अध्ययन भी हैं। हम यह भी मानते हैं कि फिर भी यह प्रयत्न पूर्ण नहीं है। इसके सभी लेख उच्च स्तरीय हैं, ऐसा दावा भी हम नहीं करते हैं। पाठक अध्येता अपने ढंग से सोचते हैं, लिखते हैं, इसलिए दृष्टिकोण में एकरूपता नहीं है। एकरूपता जड़ता का लक्षण भी है। हमारा

विचार है कि इस तरह के, और इससे अच्छे ढंग के आलोचनात्मक ग्रन्थों की जरूरत है, यह ग्रन्थ उसके लिए प्रेरणा बने, यही हमारी आशा है।

जहाँ तक इस पुस्तक का संबंध है, अपने विभाग के सारे अध्यापक मित्रों, खासकर अपने अंतरंग मित्र डॉ. के. के. वेलायुधन व डॉ. पी. रवि के उदार एवं उत्साहपूर्ण सहयोग से यह कार्य संपन्न हुआ है। यहाँ हम उन सब लेखक बन्धुओं के प्रति आभार प्रकट करना अपना फर्ज समझते हैं जिन्होंने समय पर ही लेख तैयार कर हमारे इस प्रयास को कारगर बनाने में योग दिया है। अपने सभी मित्रों, गुरुजनों एवं हितैषियों के प्रति हम तहेदिल से आभारी हैं जिनका पूरा सहयोग इस संदर्भ में हमें प्राप्त हुआ है।

अंत में वाणी प्रकाशन के संचालक श्री अरुण माहेश्वरी को हम शुक्रिया अदा करना चाहते हैं जिन्होंने इसे पुस्तकाकार देने की पूरी जिम्मेदारी सहर्ष स्वीकार कर ली है।

डॉ. वी. के. अब्दुल जलील

अनुक्रम

प्रेम की एक और सुलझी-उलझी कहानी

प्रो. वशिष्ठनारायण त्रिपाठी

'कसप' कुमाऊँनी भाषा का शब्द है। इस प्रेमकथा का पूरा 'लोकेल' कुमाऊँ का है। 'कसप' का अर्थ है 'क्या जाने?' पूरे उपन्यास में यह 'क्या जाने' कितने ही स्तरों पर प्रतिध्वनित होने के बावजूद प्रायः 'क्या जाने?' ही रह जाता है, विशेष रूप से उन पाठकों के लिए जो लेखक द्वारा सायास जमाये गये भदेस और स्थूलताओं को भेद कर अर्थ के सूक्ष्म स्तरों तक पहुँचने की काबिलियत नहीं रखते। मनोहर श्याम जोशी की सबसे बड़ी विशेषता उत्तर-आधुनिक जीवन के समूचे ठोस स्थापत्य से टकराकर उसके अर्थ की भविष्योन्मुखता और गतिशीलता को उसकी पूरी स्मृति और संस्कृति में रच देना है। पाठकों को उनका 'कुरु-कुरु स्वाहा' नामक उपन्यास भी कथ्य और शिल्प की विलक्षणता के कारण अबूझ लगा था। वहाँ 'चंद्रिका' की वह आदि छवि थी जिसका विलक्षण पुनराविष्कार उपन्यास ने संभव किया। ऐसा लगता है कि उपन्यास लेखक के लिए एक रचनात्मक चुनौती ही नहीं है बल्कि समूचे सांस्कृतिक इतिहास की वह गहरी अन्तर्यात्रा भी है जिसके अन्तर्गत प्राचीन मध्यकालीन इतिहास और साहित्य, परंपरा, मिथक, पुराण और तंत्र साहित्य भी आधुनिक अर्थ को अधिक सर्जनात्मक मानवीय और गतिशील बनाने वाले पदार्थ हैं। यह और भी चकित करता है कि इस समूची विरासत के प्रति उनमें विलक्षण ढंग की विनोदी तटस्थता है। इतिहास और मिथक से छेड़छाड़ करने वालों को आचार्य हजारी प्रसाद द्विवेदी ने सावधान करते हुए शवसाधना का रूपक दिया था और कहा था कि इस शव को साधने में किंचित भी असावधानी अनर्थ कर सकती है। इसे साध लें तो यह जो बोलता है, अनमोल है किंतु यदि साधने में चूक हुई तो यह साधक के सिर पर सवारी कर लेता है, उसे आक्रांत कर लेता है। स्पष्ट है कि यहाँ इतिहास के प्रति मोहाविष्ट होने का वह खतरा लक्षित किया गया था जिसके कारण उसकी वस्तुसंगत व्याख्या का पक्ष कमज़ोर हो जाता। आचार्य हजारी प्रसाद द्विवेदी की तरह मनोहर श्याम जोशी ने इतिहास और परंपरा को साधने की जोखिम उठाई है, और वहाँ 'अर्थ' को उसकी वस्तुपरकता में समझने और व्यक्त करने की अपनी क्षमता प्रमाणित की है। इस दृष्टि से वे जीनियस कथाकार हैं। हिन्दी कथा साहित्य के इतिहास में परंपरा की पुनर्नवता के लिए प्रयोगशीलता ही नहीं बल्कि अतिक्रमण और तोड़फोड़

का ऐसा दुस्साहस शायद ही किसी दूसरे रचनाकार में इस प्रकार हो। इस ढंग से वे अनेक बार बहुत प्रचलित ढंग के कथ्य को दुस्साहसिक ढंग से उस नये विधान में प्रस्तुत करते हैं जिसकी सबसे बड़ी खूबी पाठकीय आस्वाद की रूढ़ियों को तोड़ना भी है।

'कसप' का केन्द्रीय विषय प्रेम है। इस बात को ऐसे भी कहा जा सकता है कि 'कसप' में 'प्रेम' के केन्द्र से देखा गया जीवन है। संभवतः इसीलिए यह 'प्रेम' सभ्यता और संस्कृति के साथ-साथ पारिवारिक सामाजिक संरचनाओं और मूल्यों के बृहत्तर फलक से टकराता और छनता चला है। नायक और नायिका के प्रथम दर्शन, पूर्वराग, संयोग और वियोग की यह पूरी कहानी आदमी की दुनिया के विषय में कुछ विचित्र किन्तु सत्य प्रस्तुत करती है। इस सन्दर्भ में सबसे ज्यादा आश्चर्यजनक सच्चाई यह कि उत्तरोत्तर बीतता और आगे बढ़ता हुआ यह जीवन उसी अनुरूपता में विकसित और आधुनिक होता हुआ जीवन नहीं है। मनुष्यों का संसार वैयक्तिक स्वार्थों और सुविध ाभोग की सर्वोपरिता की दिशा में आगे बढ़ा है। उनके जीवन का यही केन्द्र है जहाँ से वे पारिवारिक-सामाजिक विधि-विधानों और नैतिकताओं को नियंत्रित करते हैं। यह आत्मविघटन और सामाजिक विघटन की जटिल होती परिस्थितियों का जीवन है। 'कसप' की पूरी संरचना 'यथार्थ' के इन कठिन व्यूहबद्धरूपों से टकराती हुई विकसित हुई है। 'नायिका' के पिता शास्त्री जी स्वाध्यायी, विद्वान और सहृदय हैं। उनका अपना जीवन कर्मकाण्ड और सामाजिक रूढ़िवाद की निष्ठुरता की भेंट चढ़ गया था। इस अनुभव ने उन्हें ग्रंथिल नहीं किया, अपितु मनुष्य के जीवन को रागात्मकता और उदात्त में रचने वाली चीजों के प्रति उत्सुक और उदार बनाया है। इस रूप में नायक जैसे उनकी आधुनिकता, प्रतिभा, सृजनशीलता और रागात्मकता का भी उत्तरपाठ बन कर प्रस्तुत हुआ है। यह भी कह सकते हैं कि वे नायक के वैदुष्य, मनुष्यता और प्रगतिकाम्यता का पूर्वपाठ हैं। नायिका के पिता और नायक की इस जटिल और विचित्र अविभाज्यता को समझना आसान नहीं है। स्वीकार और तिरस्कार के लंबे तनावपूर्ण दौर से बनी हुई इस अभिन्नता में सबसे प्रगाढ़ स्वर विषाद का है जो वस्तुतः दो बड़े मानवीय व्यक्तित्वों के अकेले रह जाने की नियति से उभरा हुआ विषाद है जिसे व्यक्तिवादी ढंग के 'डिप्रेशन' या 'अलगाव' से अलग करने की सावधानी जरूरी है। कुमाऊँ के प्राकृतिक अंचल में बसे जीवन के ठहरावों में गर्क होते जाने की स्थितियों को लेखक ने गहरी मानवीय पीड़ा के साथ अनुभव किया है। 'कसप' के पूरे विन्यास से यह दर्द कितने ही रूपों में फूटता है और यहाँ मनोहर श्याम जोशी अपने गैररोमेंटिक शिल्प की सावधानी के बावजूद मर्माहत हैं संभव है कि ऐसी जड़ता और ठहराव की भीतरी गझिन स्थितियों को उजागर करने की दृष्टि से उन्होंने 'प्रेम कथा' का निमित्त चुना हो। जो हो 'कसप' की इस प्रेम कथा का अनोखापन कई कारणों से बनता है। इस कथा की केन्द्राभिमुखता 'प्रेम' से ज्यादा प्रेम को अकेला उदास और नष्ट करने वाली नृशंस वास्तविकताओं के प्रति है। यह अलग बात है कि इन तमाम विरुद्धों से नये ढंग से टकराता हुआ यह प्रेम विचित्र ढंग

से गहरा मजबूत और मुक्त भी होता है। ऐसा करते हुए यह प्रत्येक स्तर पर प्रेम की पारपंरिक प्रचलित छवि को बराबर तोड़ता हुआ चला है।

'कसप' पर बात को आगे बढ़ाते हुए हम मनोहर श्याम जोशी की रचनात्मक चुनौतियों को समझते चलें। स्पष्ट है वे एक ऐसे विषय पर लिखने जा रहे थे जिस विषय पर प्रतिभा और भावनात्मकता की पूरी चमक के साथ कालिदास, बाणभट्ट और विद्यापति लिख चुके थे। प्रेम वहाँ ऐन्द्रिकता के पूरे ताप में होकर स्थूलताओं को तोड़ता हुआ सूक्ष्म मानवीय रूपों में निखरा हुआ था। उसमें व्याप्ति थी। जितनी ऐन्द्रिकता थी उतनी ही अतीन्द्रियता। वह जितना वैयक्तिक था उतना ही उदात्त। विराटता में रचे गये उस प्रेम की कसौटी थी निर्कुण्ठता। वह क्षयशील रोमांस नहीं था। उसमें गति थी, संबद्धता और समग्र में व्यक्त होने वाला प्रस्फुटन था। वहीं कहीं मनोहर श्याम जोशी को यह मूल्यवान अर्थ मिला होगा कि 'एकाकी रमता नहीं। उसने दूसरे की इच्छा की।'[1] वहीं से यह प्रेम देह-विदेह होने की स्थितियों से दो-चार होता रहा। कबीर और मीरा को इस प्रेम ने साहसिक अभिव्यक्ति का बल दिया। रीतिकालीन साहित्य में भी यह प्रेम स्थूल और सूक्ष्म की ऐसी ही आवाजाही में मिलेगा। 'प्रेम' की ऐसी चरितार्थता एक नये स्पार्क के साथ आचार्य हजारी प्रसाद द्विवेदी के उपन्यासों में है। 'बाणभट्ट की आत्मकथा' 'चारु चंद्रलेख' और 'पुनर्नवा' जैसे उपन्यासों को प्रेम स्मृति से पदार्थ लेकर समकालीन मनुष्य को नया और समृद्ध करता है। यहाँ भी प्रेम का संघर्ष रीतिवाद और परिपाटीबद्धता से है। यह 'प्रेम' जीवन का उत्सव है, जनोन्मुख निर्कुण्ठ और पवित्र। यद्यपि उसकी नैतिक सलज्ज और आदर्शवादी छवियाँ ही द्विवेदी जी को प्रिय हैं। नायक-नायिका भी वहाँ धीर ललित उदात्त मानवीय रूपों में हैं, जीवन के अमानुषिक अनुदात्त और स्वार्थी से संघर्ष करते हुए। इस तरह आचार्य हजारी प्रसाद द्विवेदी उसकी आदर्श साररूपता के बावजूद उसे काल्पनिक और अप्राप्य होने के ख़तरे से बचाना चाहते थे इसके लिए उन्होंने इसे मनुष्य के आत्मविस्तार और समर्पण की परीक्षा के रूप में देखा है। 'उदात्त' के ऐसे भावसत्तात्मक रूपों के लिए 'कादंबरी' का शिल्प उन्हें मान्य हुआ था। इसके कारण वे उपन्यास की महाकाव्यात्मक संरचना को परंपरा के पूरे अन्तःप्रवाह के साथ समेट पाये थे। उनकी रचनात्मक चेतना में भवभूति, कालिदास, विद्यापति और लोरिकायन के प्रभाव घुल-मिल गये थे। स्पष्ट है कि इनसे गहराई से जुड़ कर किन्तु इनसे अलग होकर उन्होंने अपने उपन्यास लिखे। परंपरा उनके लिए 'स्टॉक' नहीं थी। उन्हें उसे आधुनिक मनुष्य के लिए नया करना था। मनोहर श्याम जोशी के लिए भी 'परंपरा' स्टॉक नहीं है किन्तु चुनौती अवश्य है। हिन्दी उपन्यास की परंपरा में सबसे ज्यादा वे हजारी प्रसाद द्विवेदी से संवाद में हैं। इस संबंध को पहचान कर ही हम उनके 'कुरु-कुरु स्वाहा' नामक उपन्यास को समझ सकते हैं। द्विवेदी जी की तरह ही वे संस्कृत साहित्य और काव्य शास्त्र में निहित 'अर्थ' की गतिशीलता और सर्जनात्मक स्फुरण की खोज करते हैं। संभवतः यह आधुनिकता को आक्रांत करने वाली छिन्नमूलता का सामना

करने की कोई जुगत हो। इससे इनकार नहीं किया जा सकता कि 'पुनरोत्थानवादिता' के ख़तरे को समझने के बावजूद द्विवेदी जी ने परंपरा का इस अर्थ में दोहन और उपयोग जरूरी माना था। संभवतः यहीं से मनुष्य के ठहराव में पड़े जीवन को सहारा मिलना संभव हो। इस अर्थ में 'कसप' में आया प्रेम का महाकेन्द्र विघटनशील जीवन की भारी उलट-पुलट में गर्क होते जीवन की समूची परख का केन्द्र बन जाता है।

'कसप' की प्रेमकथा अपनी शुरुआत से ही 'प्रेम' की रूमानी ललित कलित चरितार्थता पर चोट करती चली है। 'बाणभट्ट की आत्मकथा' की तरह ही यह मूलरूप से संस्कृत में लिखी बेढब-सी कादंबरी का पुनरुद्धार है। नायक-नायिका का प्रथम मिलन नैनीताल के सुरम्य हिल स्टेशन में होता अवश्य है किन्तु यह प्रथम साक्षात्कार भी एक बेढब ढंग का घटित है। सत्य के दुर्निवार आग्रह के तर्क से विवश लेखक कहता है कि—'यदि प्रथम साक्षात् की वेला में कथानायक अस्थायी टट्टी में बैठा है तो मैं किसी भी साहित्यिक चमत्कार से उसे ताल पर तैरती किसी नाव में बैठा नहीं सकता।'[2]

नायिका का नाम बेबी है। परंपरा में देखें तो इसे आगतयौवना मुग्धा आदि प्रकार की नायिका कहा जा सकता है। जीवन के प्रति वह हमेशा तीव्र उत्सुकता और खिलवाड़ से भरी हुई है। संस्कृतज्ञ पिता की सबसे छोटी बेटी, मैत्रेयी भी उसका नाम है। उसकी निर्भीक उन्मुक्तता लड़की होने में अटती नहीं। कुश्ती, बैडमिंटन, गुल्ली-डण्डा, पेड़ पर चढ़ना उसका नियमित अभ्यास है और घरेलू कामों में अभ्यास के हमेशा कच्चे रह जाने की पूरी संभावना है। लाड़-प्यार से भरा सुरक्षित आसान जीवन है बेबी का। फुफेरी बहन दया इस खिलंदड़ी बेबी के स्वभाव को स्त्रियोचित करने के लिए सोद्देश्य लाई गयी है। चार बड़े भाइयों की सबसे छोटी यह बहन नायक से मिलने के बाद अपने उसी खिवाड़ी ढंग से दया दी कि अभिभावक-सी बन जाती है। ऐसी बेबी या मैत्रेयी से ठीक उलट देवीदत्त यानी कि नायक अनाथ है। बाईस वर्ष की उम्र, इलाहाबाद से बी. ए., कुछेक दिनों की क्लर्की के बाद बंबई भाग गया है। कलात्मक फिल्में बनाने का इरादा, इस माध्यम की अच्छी समझ, कवि और कहानीकार व्यक्तित्व में मौलिकता की गहरी झलक, प्रेम के प्रति एक उत्कण्ठा और अवसाद भी कि हाय! छः फुट पौने तीन इंच के सींकिया अनाकर्षक व्यक्ति के प्रेम में कौन पड़ेगा, जबकि प्रेम को बसाने लायक सांसारिकता का भी ऐसा सर्वथा अभाव। ऐसे नायक की प्रेम के प्रति आतुरता के भावुक पाठ को तोड़ने के लिए ही संभवतः उसके तीन बचकाने क़िस्म के प्रेम प्रसंगों का उल्लेख वाचक ने किया है। नायक में गहरी आत्मदया कभी-कभी आत्मधिक्कार और आत्मविश्वास की कमी-सी है। प्रतिभा और मौलिकता के स्पार्क के बावजूद खुद को 'शिबौ! शिबौ' कहा जाना उसे राहत पहुँचाता है। फिल्म की कलात्मक प्रयोगधर्मी दुनिया के अनुभव से उसकी कल्पना की प्रेयसी है 'जीन सिम्मंस' जिसे बेबी 'घोड़े की जीन' कहती है। नायक के सुधरे हुए साहित्यिक कलाकार व्यक्तित्व के निकट बेबी अनगढ़ और अल्हड़ है। उसकी भाषा में ही पहाड़ घुला हुआ है तथा व्यवहार पहाड़ की नैसर्गिक उन्मुक्तता की

तरह उन्मुक्त और निर्दोष है। लेखक ने उनके प्रेमारंभ का समय लिखा है। इसके निहितार्थ उसकी दृष्टि में स्पष्ट हैं। वह लिखता है–'यह वह वर्ष था जब स्वाधीन प्रभुता संपन्न भारत ने अपने विकास का प्रथम पंचवर्षीय आयोजन आरंभ किया था।'[3] प्रथम दर्शन में अस्थायी शौचघर से उठने और अपने असामान्य क़द के कारण भदेस छवि में देख लिए जाने से हड़बड़ाये नायक के इजारबंद में दोहरी गाँठ लग जाती है। यह उस बेबी के प्रथम दर्शन की हड़बड़ी से लगी गाँठ है, वह मालगाँठ (कुमाऊँनी शब्द) या मारगांठ उसके व्यक्तित्व के खोये-खोयेपन, असांसारिकता और अकुशलता का भी जैसे प्रतीक है और पाठक इसे सदैव ऐसे समय उलझ गया पाते हैं जब नायक से सबसे ज्यादा कुशलता अपेक्षित है। संभव है यह एक भारतीय मानस के भीतर नैतिकता संबंधी रूढ़ियों और वर्जनाओं की प्रतीकात्मक अभिव्यक्ति भी हो। इसके अतिरिक्त यह 'मारगाँठ' बेबी और डी. डी. के प्रेम के विवाह में प्रतिफलित होने की पहले असंभव और बाद में संभव हुई स्थितियों के बीच भी खेलती रही है। उपन्यास के प्रारंभ में बेबी सद्गृहस्थ संपन्न और सफल शास्त्री परिवार की बेटी है जबकि डी. डी. उन्मत्तता की अवस्था में पहाड़ी से कूद कर जान दे देने वाले मथुरिया का बेटा। प्रारंभ में बेबी के लिए भी डी. डी. प्रेम से ज्यादा खेल की वस्तु है। उसकी विचित्रता को देखकर उसे जब-तब हँसी का दौरा पड़ता रहता है। उनके आरंभिक प्रेम प्रसंग में ऐसे कौतुक भरे पड़े हैं मगर नायक है कि बेबी पर पूरी तरह से लट्टू हो चुका है। उनका यह प्रेम अपनी विचित्रता समेत पहाड़ के, प्रेम के प्रति असहिष्णु रूढ़िवादी समाज पर खुल जाता है। बबली दी डी. डी. को समझाती है कि बेबी उसके लिए अप्राप्य है। शास्त्री जी की इकलौती बेटी और चार ओहदेदार भाइयों की बहन से ब्याह करने का तो डी. डी. सपना भी नहीं देख सकता। इस प्रकार प्रचलित प्रेम-कहानियों की तरह इस प्रेमकथा में भी दुश्मन जमाना आ जाता है किन्तु घटित को विलक्षण वर्णन में गैर रूमानियत के साथ व्यक्त करने की लेखकीय तटस्थता के कारण यह हिस्सा नया और कौतुकपूर्ण लगता है। इसके लिए लेखक ने पाठकीय तन्मयता को तोड़ने के लिए वाचक के आलोचकीय किस्म के हस्तक्षेप बढ़ा दिये हैं। इसके लिए 'रस बोध' के लिए प्रायः रूढ़ प्रेमकथा में रस भंग की युक्ति का सहारा लिया गया है। नैनीताल प्रसंग में ही बेबी में रम गये अपने मन की मान डी. डी. बरेली जाता है। कई तरह की दुर्दशा झेल वह बेबी से मिल भी लेता है। ये वे प्रसंग हैं जब लेखक ने बेबी की भी डी. डी. में गहरी होती हुई उत्सुकता को लक्ष्य किया है। डी. डी. की उद्दाम भावभूमि पर आकर उसके प्रेम का प्रत्युत्तर न देती हुई भी बेबी उसकी नोटबुक में लिखती है कि–'मारगाँठ खोलना मुझे भी नहीं आता'[4]।

यहीं से नायक की शास्त्रियों की बेटी के लायक बनने की यात्रा शुरू हो जाती है। नायिका को उसके लंबे-लंबे पत्र मिलते हैं। पात्रों में विस्तृत दार्शनिक टिप्पणियाँ, कालिदास के उद्धरण और अपने भदेस बेतुकेपन से अलग प्रेम की गहरी परिपक्वता व्यक्त करने वाली अन्य बातें। अपनी 'लल्ला बाजार' वाली कहानी का ज़िक्र भी जिससे

वह जैसे अपने ऊपर तरस खाने के अभ्यास से मुक्त हो रहा हो, शायद इसलिए कि उसके 'शिबौ! शिबौ' में बने रहने की नायिका ने भर्त्सना की थी। अपने सभी पत्रों में अपनी प्रगति की सूचना देता हुआ अंत में वह यह भी लिखता है कि वह किसी के लायक बनने की कोशिश कर रहा हैं। 'जिलेम्बू मारगाँठ' में 'मैं तुम्हें प्यार करता हूँ' और 'दोहरी गाँठ' के निहितार्थ साथ लगे चले है। पाठक ध्यान देते है कि इस प्रेम कथा की ग्रंथियाँ अंत तक नहीं खुलती। डी. डी. के बहुत लायक बन जाने के बावजूद। अपनी प्रतिभा के बल पर सिनेमा कला की बड़ी शख्सियत बनकर डी. डी. शास्त्री जी के यहाँ लौटता है। शास्त्री जी ने उसकी प्रतिभा संवेदनशीलता और कला मर्मज्ञता में आत्मछवि पाई है। बहुत पहले ही वे अपनी दुहिता को ऐसे योग्य को देने का मन बना चुके हैं। किन्हीं गहरे स्तरों पर यह जैसे उनका अपना प्रायश्चित्त भी है। 'कसप' में शास्त्री जी के चरित्र पर मनोहर श्याम जोशी ने बहुत ध्यान दिया है। यह नये के प्रति सहिष्णु अपने अवरोधों से बाहर आने के लिए छटपटाती प्रबुद्ध पूर्वपीढ़ी है जो पंचवर्षीय आर्थिक-सामाजिक योजनाओं के द्वारा सांस्कृतिक-आर्थिक रूप से उजाड़े जाते समय में अकेली पड़ती गई है। शास्त्री और शेष समाज के ऐसे उजड़ों का जिक्र इस प्रेमकथा को भटकाता नहीं है। बल्कि इसे ट्रैजिक बनाने वाली परिस्थितियों का बयान करता है। इस शेष समाज में पहाड़ की संवेदनहीनता के साथ महानगरों की संवादहीनता भी है। दया दी, बबली दी, बब्बन जैसों की ग्रंथियों के बृहत्तर परिप्रेक्ष्य भी यहाँ हैं। इस तरह डी. डी. और बेबी के एक-दूसरे के लिए सहज सुलभ हो जाने की बुजुर्गों के आशीर्वाद तले सात फेरे ले लेने की परिस्थितियाँ बन जाने के बाद भी यह संयोग टूट जाता है और यहाँ दूसरे किस्म के तनाव उभरे हुए दिखाई देते हैं। डी. डी. को 'शिबौ! शिबौ' में कभी न देखना चाहने वाली बेबी उसे शास्त्रीजी का घरजमाई बनाकर उसी 'शिबौ! शिबौ!' में लौटा लाना चाहती है। बेबी जो अब गले तक डी. डी. के प्रेम में डूब चुकी है, अपने और डी. डी. के लिए विचित्र किस्म के घेरे बनाती दिखाई देती है। बेबी की उत्तरकथा में उसकी उन्मुक्त सहजता और निर्दोष निर्कुण्ठ स्वाभाविकता, परिपाटीबद्ध संकीर्ण जीवन की ओर झुके दिखाई देते हैं। यही नहीं, उस गुलनार और बंबई को सहजभाव से लेने की उसकी उदारता भी अब नहीं है। यह कथा का एक नाटकीय मोड़ है जिसमें अब सबसे ज्यादा पेंच बेबी के चरित्र में है। पाठकों को यह भी लग सकता है कि नायक के प्रति प्रेम में उत्तरोत्तर गंभीर होती गई बेबी उसके आत्मसम्मान के प्रति ऐसे संवेदनहीन कैसे हो सकती है जबकि उसके 'शिबौ! शिबौ' में होने का वह स्पष्ट विरोध जता चुकी है। यहीं से नायक का रास्ता अचंभित कर देने की हद तक सफल हो जाने की ओर मुड़ जाता है। संपन्न और नामी होकर पहाड़ लौटता है वह। उसके साथ उसके दानी होने की ख्याति भले हो मगर पहाड़ के लिए वह 'देबिया' में रूढ़ हो चुका है। डी. डी. इस पर खिन्न होने की मनःस्थिति से बाहर आ चुका है। दृश्यालेख के शिल्प में चली इस कहानी के अंत में नायक-नायिका फिल्मों के नायक-नायिका की तरह मिलते जरूर हैं मगर फिर

लेखक फिल्म के शॉट में होकर भी कथा को दुखांत-सुखांत के फ्रेम से बाहर निकाल लाता है, नायक रोता है, पहाड़ी के उस ख़तरनाक छोर पर खड़े होकर जैसी चट्टान से उसके पिता ने छलाँग लगा दी थी। उसके साथ गुलनार है उसके हित की चिंता में मरी जाती हुई। उस स्त्री के मन में क्या है? नैरेटर इस गुलनार के प्रति कभी आश्वस्त नहीं है। वह हर जगह कथा में बाहर की चीज़ है। परजीविता और स्वार्थ की पूरी रचना का प्रतीक स्वरूप है यह पात्र। जीवन को हर तरह से भोगना ही उसका दर्शन है। गुलनार शायद अपनी फिल्म की चिंता से भी उसे बचाती है।

बेबी के प्यार में आकंठ डूबा नायक ज़रा सी शर्त के कारण उसे छोड़ क्यों देता है, कहीं इसलिए तो नहीं कि यह बेबी भी शास्त्रियों के आचार-व्यवहार और स्वार्थ से अभिन्न होकर उसे मिली है। यह उसकी कल्पना की प्रेयसी नहीं है। इसका मानवीय सारमय रूप तिरोहित हो चुका है और वह नायक को सांसारिकता के उसी ऊसर स्थूल फ्रेम में पाना चाहती है। प्रेम कहानियों के सावधान पाठक जानते हैं कि ऐसा होने पर प्रेम को तो वहाँ ऐसे भी ख़त्म हो जाना था। नायक की पीड़ा आर्तनाद और बेचैनी में तो लेखक ने उसे कहीं अधिक गहरे असर के लिए बचा लिया है।

इस प्रकार मनोहर श्याम जोशी कथा चरित्र और अभिप्राय के स्तर पर सदैव रोमांस को प्रचलित जड़ीभूत रूपों से मुक्त करने के प्रति सावधान हैं। वे इसे इसकी स्वाभाविक गतियों में रचना चाहते हैं। कभी इस सावधानी का अतिरेक भदेस में भी हुआ है जैसे नायक-नायिका का एक साथ शू शू करना। वे रोमांस की कमनीय ललित सम्मोहनकारी छवियों को सचेतन तौर पर तोड़ते हैं। इसके लिए उन्होंने नैरेटर को बहुत मनमानापन भी करने दिया है, इतना अधिक कि नायक की मर्मांतक पीड़ा और अकेलेपन को भी वे इंटेंस परिणति तक न जाने देकर उसके रोने के समानान्तर तटस्थ दार्शनिक किस्म का विमर्श देते चले हैं। 'कसप' में विखंडन के शिल्प में विकसित होती हुई कथा है जो स्क्रीन प्ले और कैमरे की गतियों के आभास से कथ्य को निर्मित करती है। जोशी जी स्वयं बहुत सुपठित विनोदी और मेधावी हैं। इसीलिए 'कसप' के आशय सन्दर्भ बहुलता से समृद्ध और मुखर हैं।

मनोहर श्याम जोशी की भाषा उनके लेखक की मौलिकता का सबसे बड़ा जरिया है। यह भाषा उपन्यास के कथ्य को एक 'कलाकृति' के आवेग संयम और ताजगी में लिखती है। यह भाषा ही है जिसके कारण कालिदास से लेकर गुलशन नन्दा तक आजमाये गये प्रेम जैसे विषय को मनोहर श्याम जोशी मनुष्य के जीवन को भीतर-बाहर से ठीक-ठीक पहचानने वाली समर्थ कसौटी की तरह निर्मित कर पाये हैं। इस जगह आकर जीवन और प्रेम दोनों एक जगह खड़े दिखाई देते हैं। यह अनायास नहीं है कि उपन्यास नायक को पूरा फोकस में लेकर ख़त्म होता है क्योंकि वस्तुतः वही है जो छिन्नमूलता के जीवन की सारी त्रासदी के साथ प्रेम के बहुविध नाटकों को भी अच्छी तरह जानता है। यह भी अनायास नहीं है कि उपन्यास ने अपने अंत से पूर्व एक नाटक

की तरह के ही संयोग का सहारा भी लिया है। जोशी जी जीवन को ऐसे तमाम नाटकों से बाहर उसके स्वाभाविक प्रीतिकर में देखना चाहते हैं, यद्यपि उनकी ऐसी आकांक्षा उपन्यास में एक सुलझे हुए धागे की तरह नहीं मिलेगी।

संदर्भ

1. मनोहर श्याम जोशी 'कसप' में दिया गया बृहदारव्यकोपनिषद् का उद्धरण।
2. 'कसप', पृ.-15
3. वही, पृ.-14
4. वही, पृ.-176

अतृप्त प्रौढ़ पीढ़ी का विवाह-विमर्श

प्रो. सुवासकुमार

हिन्दी उपन्यासों के जागरूक पाठक अब भी याद करते हैं जब गोविन्द मिश्र 'वह / अपना चेहरा' लेकर आये थे जो कई दृष्टियों से अलग और ताजगी-भरा था। तबसे उन्होंने निरन्तरता और स्तरीयता के साथ अनेक उम्दा कथा-कृतियाँ दी हैं। अब की वे जो कथा-रंग लेकर आये हैं उसमें अपना प्रौढ़-परिपक्व विश्लेषण भी भरपूर मिला दिया है। स्मृतियों के कोहरे से झाँकते ये रंग-पैटर्न और कोलाज आकृतियाँ अर्थपूर्ण जरूर हैं।

निजी स्मृतियों में व्यक्ति सर्वाधिक मौलिक होता है और रोचक भी। संभवतः इसलिए संस्मरण, जीवनी, आत्मकथा, डायरी जैसी रचनाओं में पाठक आकर्षण महसूस करता है। इन विधाओं की विशेषताएँ इस उपन्यास में गुँथी हुई हैं। 'कोहरे में कैद रंग' बड़े होते बचपन की स्मृति-कथा है। स्मृतियों में विचरण सदैव स्वच्छन्दता या स्वतंत्रता नहीं होता, विवशता भी होता है। अगर इस उपन्यास में पाठक को महसूस हो कि अधूरा-सा कथानक, अधूरे-अधबने चरित्र ही केन्द्रीय समस्या के गिर्द जुटा लिये गये हैं और तर्क-विश्लेषण को समर्पित हो गये हैं तो अचरज नहीं होना चाहिए। लेकिन यह अधूरापन भी संवेदनशील पाठक को अर्थ-भरा लगेगा क्योंकि गोविंद मिश्र ने यह काम बड़ी संजीदगी से किया है। वे मानते भी हैं कि, 'जीवन का मर्म डूबने और डुबोने में ही है।' फिर चाहे वह कोई व्यक्ति हो, कोई काम हो, कोई बात हो, कुछ हो, लेखक डूबना जानता है–डुबो लेना भी।

कथासूत्र क्षीण भले न हो–कुछ खास भी नहीं। कथानक का बाहरी लुब्बो-लुआब कुछ यों है कि उपन्यास का नैरेटर एक लेखक है (जो लेखक खुद भी हो सकता है) जिसका बचपन गरीबी में और संघर्ष में गुजरी-ज्यादातर माँ के साथ। पिता अलग दूर ग्रामीण और कस्बाई जगहों में रहते थे और प्रायमरी स्कूल के शिक्षक थे। माँ अपने गरीब मायके में रहती थी और वह भी शिक्षिका थी। नौकरी के साथ ट्यूशन करके वह बेटे का भविष्य बनाना चाहती थी। किशोर बेटा खुद भी ट्यूशन करते हुए पढ़ाई कर रहा था। इसी उम्र में अपनी एक सहपाठिनी सरस्वती से उसका बेहद लगाव हो गया। कॉलेज में भी वे दोनों साथ रहे–एक-दूसरे के बेहद करीबी, प्रेमी और राजदार। लेकिन हाय रे समाज! उन्हें बिछड़ना था, सो बिछड़े। लड़की की किसी और से शादी हो गयी। लड़का पढ़ाई कर बड़ा अफसर बना। माँ के संघर्ष और तपस्या के प्रति कृतज्ञता ज्ञापित

करते हुए उसकी पसन्द की कन्या से विवाह किया। पर पचास की उम्र में पहुँच कर उसे ठीक सरस्वती जैसी ही पैंतीस वर्षीया रेवा मिली तो एक बार फिर से प्रेम के अतृप्त क्षणों को जी लेने के लिए, लेखक का अधेड़ मन, व्याकुल हो उठा। लेकिन इस उम्र के प्रेम में सिर्फ भावुकता और 'पैसन' नहीं रहता, अब उसमें गंभीरता और वैचारिकता आ जाती है। प्रेम 'भावुक' नहीं 'बौद्धिक' भी होता है। प्रेम का यह 'प्रौढ़ रूप' उपन्यास में खूब चित्रित हुआ है—लगभग उतना ही जितनी कि किशोर एवं युवा प्रेम-स्थितियाँ चित्रित हुई हैं। बाद में तर्क-वितर्क और वाद-विवाद वाला आत्ममंथन एक आदर्श जोड़े की झलक दिखाकर उपशमित होता है।

औपन्यासिक वर्णनों के क्रम में तरह-तरह के पात्र आते हैं और गुजर जाते हैं। पिता, रामेश्वर, नाना, मुल्लू मामा, चट्टो बाबू, रघुवर दयाल दीक्षित तथा अन्य अनेक पुरुष पात्रों के चरित्र अधखुले रहते हैं फिर भी इनमें से कुछ में लेखक की पकड़ से छूट सकने की भी संभावनाएँ इन्हें आकर्षक बनाती हैं। स्त्री चरित्रों में नानी, सविता, सावित्री, सरस्वती, माँ, टूटू मौसी, रेवा ध्यान खींचती हैं। इन चरित्रों में अनेक तो नगण्य और उपेक्षित जीवन-स्थितियों वाले हैं और उपन्यास में इसी अतिसाधारणता के चलते 'विशिष्ट' बन गये हैं। कहना न होगा गोविन्द मिश्र के अंकन की ताकत से ही वे ऐसा बन सके हैं।

लेखक ने भारतीय सामाजिक जीवन के तीन क्षेत्रों—गाँव, कस्बा, शहर—तक अपना कथा क्षेत्र फैलाया है। गाँव की गरीबी और जहालत से निजात पाने के लिए नैरेटर के पिता शहर भाग खड़े होते हैं लेकिन नियति साथ नहीं छोड़ती। वे प्रायमरी शिक्षका बनते हैं। शिक्षिक, सुन्दर पत्नी पाकर भी अकेले रहने को अभिशप्त। मंद, शांत, दमित व्यक्तित्व वाले पिता कभी बहुत खुलकर हँसते नहीं। जीवन में रोटी और पैसे सबसे महत्त्वपूर्ण हो जाते हैं। पिता अपने पिता और अपने पुत्र से कहाँ कितना जुड़े हैं समझना असंभव है। पिता से अलग किंचित् बहिर्मुखी व्यक्तित्व है माँ का, जो अधिक व्यावहारिक और दुनियादार महिला है। ऐसे माता-पिता का पुत्र बड़ा होकर सोचता है कि 'माँ-बाप ने मुझे अपने बल चलना तो सिखा दिया था लेकिन सोचना नहीं।' हमारे परिवारों में बच्चों की स्वतंत्र चेतना के विकास की संभावना ही नहीं रहने दी जाती। माँ बेटे की भौतिक प्रगति और कल्याण के लिए खटती रहती है। साथ ही वे 'रईसों से संबंध बनाने, बनाये रखने की कोशिश करती रहती थीं कि उनसे उन्हें सुरक्षा मिलेगी।'

नाना और नानी के चरित्र अपनी साधारणता में अनन्य हैं—खास तौर से नानी का चरित्र। कद की तीन फुट, दुबली-पतली सींक-सी, ऊपर से गरीब। तिस पर गजब की स्वाभिमानिनी। अपने जीवन में जिन्होंने सिर्फ दो ही बस्तियाँ देखीं—एक अपना मायका, दूसरी अपनी ससुराल। बच्ची थी तो 'राजा बेटी', फिर शादी के बाद भैयाबाई, फिर महराजिन। अपना असली नाम ही सिरे से गायब। लेकिन अपने निष्कलुष, निष्प्रयोजन, सबके लिए बहते प्रेम की मार्फत उन्होंने अपने वजूद को अर्थापित किया। एक टूटू मौसी

के अपेक्षाकृत कृत्रिम पात्र को छोड़ दें तो बाकी स्त्रियों का जीवन ऐसा है कि जिसे देखकर नानी की हूक की याद आती है—'क्या करें, हे भगवान बता दे कोई कौन-से कर्म करने से औरत का जनम न मिले।' हमारे समाज में सावित्री-जैसी लड़कियों को इस लायक भी नहीं समझा जाता कि स्कूल भेजने का खर्च गवारा किया जाए। ये वैसा फालतू सामान होती हैं जिन्हें विवाह के मौके पर घर के बाहर फेंकने तक घर में बर्दाश्त किया जाता है। बचपन से ही औरत की मजबूर जिन्दगी का आरंभ हो जाता है। इसके बावजूद लेखक औरतों में एक जन्मजात स्वाभाविक शालीनता के दर्शन करता है। चूंकि मिश्र जी जीवन को भरा-पूरा देखने के आकांक्षी हैं। अतः वे तुच्छ, नगण्य, उपेक्षित को—अक्सर जिन्हें हर कोई नजरअन्दाज करता रहता है—हमेशा मद्देनजर रखते हैं। 'कुओं पर ज्यादातर औरतें होतीं। पानी निकालतीं हुई वे सुन्दर लगतीं। भरे-भरे शरीर, ऊपर से मस्ती।...वे जितनी बाहर से भरी दिखतीं, उतनी ही भीतर से भी, जीवन से भरी।'

रेवा को एक केस-हिस्ट्री बनाकर पेश किया गया है। वह परंपरित विवाह-प्रथा की क्रूरता का शिकार हुई थी। दुबारा किया गया विवाह एक ऐसा प्रयोग था, जिसे खुद लेखक की ही नज़र लग गयी। इस प्रसंग में लेखक की निष्पक्षता पर आसानी से प्रश्न-चिह्न लगाया जा सकता है।

मुल्लू मामा जितने ही निरीह-असहाय थे उनके उलट और तीव्र प्रतिक्रियास्वरूप भी उनकी पत्नी अजब तो एक अच्छी-खासी स्त्री-गुंडा बन गयी थी।

1947 के आसपास के बड़े होते 'आजाद' बचपन की स्मृति-कथा वाली इस रचना की शुरुआत जितनी आत्मीयता और मार्मिकता से की गयी है, काश, अन्त तक वही 'टेम्पो' बना रह पाता! पृष्ठ संख्या 75 तक कथा का एक क्रम रहता है जो हठात् झटके से टूट जाता है और हाईस्कूल का एक बच्चा पृष्ठ संख्या 76 अधेड़ लेखक के अवतार में सामने आता है। यहाँ से आगे की कहानी टुकड़ों में बँटी हुई चलती है। यही अधेड़ ब्यूरोक्रैट लेखक को—उसकी जवानी के दिनों की सरस्वती का नया अवतार रेवा मिलती है। शुरू का आधा उपन्यास पढ़ते वक्त कृष्ण बलेदव वैद के 'उसका बचपन' की याद आना स्वाभाविक है और बाद के हिस्सों पर अमृतलाल नागर के 'अमृत और विष' के शिल्प की। संभव है, ये दोनों प्रसिद्ध हिन्दी उपन्यास अनजाने-अचेतन भाव से लेखक के जेहन में रहे हों। इस तरह उपन्यास के किसी हिस्से में कथानक तीव्रता और व्यग्रता से गतिशील होता है तो कहीं थसथसाकर बैठता नज़र आता है। आखिरकार कथा की बैलगाड़ी को विचारों के सोंटे मार-मार कर लेखक आगे बढ़ाता है और कैसे भी ठाँव पर पहुँचकर जैसे राहत की साँस लेता है।

लगता है जैसे आधी कथा कह चुकने के बाद लेखक इस बारे में सचेत हुआ हो कि यह रास्ता पता नहीं कहाँ ले जाएगा। सो, अब वह अपना 'फोकस' ठीक करने लगता है : 'इन पात्रों में करीब-करीब सभी का वैवाहिक जीवन खराब है, कुछ का है ही नहीं...अपनी समाज-व्यवस्था में विवाह...भारतीय समाज की सबसे जानलेवा चीज है।

शुरू में ही कुचलकर रख देती है, उसके बाद तो चलती-फिरती लाशों की तरह जीते हैं लोग।' (पृ. 97) आधी किताब के बाद से ही पाठक पर जाहिर हो जाता है कि यह दिशाहीनता से ग्रस्त होने लगी है। खुद 'लेखक' मानो आजिज होकर कहता है, "पर मेरे मन में विवाह या ऐसा कोई विषय नहीं है, यह भी नहीं है कि किधर जाएगा यह उपन्यास, हो सकता है, पूरा न भी हो पाए। तब भी कम-से-कम यह सन्तोष तो रहेगा कि कुछ उन लोगों की कहानियाँ तो दर्ज कीं जो दुनिया से ऐसे चले गये जैसे आये थे–'बेआवाज', अंग्रेजी में जिसे कहते हैं 'अनसंग'!" (पृ. वही) वैसे कथाकार ने बहुत-सारे विषय छुए हैं लेकिन अधूरेपन का शिकार होकर वे परिणति तक नहीं पहुँचने से रह जाते हैं। उपन्यास की समस्या एक नहीं–अनेकमुखी है, गरीबी, जहालत, स्त्री-विमर्श, प्रेम, विवाह, विवाहेतर सम्बन्ध, नौकरशाही–यहाँ तक कि रचना की समस्या भी विचारित है। लेकिन कुल मिलाकर देखें तो कथाकार रचना की केन्द्रीय प्रतिज्ञा बनाकर चलता है विवाह-संस्था की विवेचना के बहाने नारी-विमर्श को। साथ में गाँव-कस्बा-शहर सबको समेटती हुई कथा चलती है। गाँव में किसान हैं जो अपने नंगे, 'खूबसूरत', पुख्ता पैरों पर खड़े रहते हैं लेकिन आजीवन खटते हुए भी कुछ नहीं पाते। सारा जीवन अधभूखे, अधनंगे, अशिक्षित रह जाना और कलह का जीवन जीना यही उनका भविष्य पहले भी था और अब भी है। 'भरपेट खाना जीवन की मुख्य प्राप्ति था।' गाँव में स्त्रियों के दो ही काम हैं, खटना और सहना। बुनियादी चिन्ता है, भूख। गाँव में शिक्षक जैसी छोटी-मोटी नौकरी भी हो तो भले ही चमक-दमक नहीं लेकिन 'थोड़ा-थोड़ा सबकुछ' होता है। गाँव में बच्चे पैदा होते, बड़े होते और 'कुछ भी हो जाते' जैसे पहाड़ी से कोई ढेले फेंक रहा हो–कौन ढेला अटकता है, भटकता है या कितनी दूर तक जाता है–यह उसका भाग्य!

देश स्वतंत्र हो गया इसका पता शरणार्थियों को देखकर ही लगा। फिर यह भी देखा गया कि स्वतंत्र भारत के प्रशासक अंग्रेजों की जगह पर बैठकर अंग्रेजों जैसा बनने-दिखने की कोशिश में लगे रहे। स्वतंत्र भारत में समाज की मानसिकता जरा भी स्वतंत्र नहीं हुई। लेखक के अनुसार, 'भारतीय समाज में आर्थिक स्थिति आपकी मानसिकता तय करती है, यहाँ स्त्रियों और गरीबों की मनःस्थिति काफी-कुछ एक-जैसी होती है। उनमें अपनी तरफ से पहल करके कुछ करने का आत्मविश्वास कम होता है।' हमारे समाज में स्त्री को कौन ठीक से समझ, रख सकता है–पिता? पति? पुत्र?–शायद कोई नहीं। ज्यादातर स्त्रियों के पास अपने सपने भी नहीं होते–जो होते भी हैं वे परम्परा और समाज-प्रदत्त ही होते हैं, जिनका दायरा परिवार तक ही सीमित या विस्तृत होता है। हमारे रिश्ते-नाते परिवार से ही बँधे होते हैं। अधिकांशतः गरीबों और स्त्रियों की जीवन यात्रा एक खराब परिस्थिति से दूसरी बदतर परिस्थिति में चालू रहती है। गरीबी और जहालत में रहती हुई स्त्री की हालत की आसानी से कल्पना की जा सकती है। या तो वह स्त्री 'भैयाबाई' की तरह वह सब करने लगेगी जिन्हें पुराने ख्याल की औरतें नहीं कर

पातीं और जिन्हें आदमियों ही का काम समझ लिया जाता है, या फिर वह अजब की तरह खूँखार बन जाएगी। औरतें अत्यंत चरम परिस्थितियों में ही हत्या या आत्महत्या जैसे कृत्यों से जुड़ती हैं। कामकाजी और सुन्दर स्त्रियों के लिए भेड़िएनुमा समाज में किस प्रकार से 'इज्जत और नौकरी' दोनों साथ-साथ बचानी पड़ती हैं, ये वही जान सकती हैं। लेखक बताता है कि स्त्री की यही नियति है कि उसे जंगल में अपना रास्ता बनाना है, यातना को रो-रोकर बहा देना है, यह जानते हुए भी कि कुछ नहीं मिलनेवाला हर हाल में काम करते जाना है। वस्तुतः घर की 'सुरक्षा' वस्तुतः स्त्री के लिए 'सींखचे' हैं—यहाँ तक कि 'रईस घर की इकलौती लाडली लड़की' के लिए भी घर कैद जैसा महसूस होता है। इसीलिए अपने फैसले खुद करना, आत्मनिर्भरता और स्वतंत्रता स्त्री के लिए सबसे बड़े जीवन-मूल्य हैं।

इनसे भी बड़ा मूल्य हो सकता है प्रेम, जो मनुष्य को मनुष्य बनाता है लेकिन हमारा समाज इसे भ्रष्ट और विकृत बनाने में कोई कसर नहीं छोड़ता। 'हमारा समाज जो प्रेम जहाँ दिखा उसे चींथने दौड़ पड़ता है, पग-पग पर बलिदान ही माँगता है।' (पृ. 113) जबकि सच्ची बात तो यह है कि '...प्रेम-स्थितियों से स्वयं को झटककर निकाल लेना मूर्खता है...क्योंकि ये ही तो हम मन लगाकर जीते हैं, शेष को जीते कहाँ हैं, ढोते हैं।' (पृ.-116) प्रेम एक प्राकृतिक देन है जिसे सब ले नहीं पाते, समाज जिसके लिए व्यक्ति को टोकता-रोकता रहता है। लेखक समाज का दृष्टिकोण समझ नहीं पाता। उसे आश्चर्य होता है कि 'किसी को चाहना किस कोण से गलत हो सकता है? प्रेम तो ऐसा वरण है जो आत्मा और मन की पुकार पर परम एकान्त में बाहर से निरपेक्ष रहते हुए—भीतर ही भीतर घटित होता है। इसके उलट समाज विवाह के अन्तर्गत जिस 'प्रेम' की स्वीकृति देता है उसमें शायद ही मन और आत्माओं का मिलन हो जाता है। 'विवाह के अगुआ...उनका काम तो था विवाह करा देना...साले मरते रहें....निकालोगे कैसे, ब्याह नहीं व्यूह है, हमारा रचा हुआ!' (पृ. 115) यह एक क़िस्म का प्रतिशोध-भाव भी है कि खुद जिस कैद और घुटन को बर्दाश्त किया उसमें दूसरों को भी डाल दिया जाए। लेखक की दृष्टि में भारतीय मध्यवर्ग का 'यह व्यवहार एक आदत है।' इसलिए ताज्जुब की बात नहीं थी जो लेखक की माँ 'प्रेम-एम में विश्वास नहीं करती थीं' उनके लिए तो 'लड़के को लड़की चाहिए तो कोई भी।' हाँ, उन्हें इसका जरूर ध्यान था कि बहू में तीन चीजें हों—अपनी जाति की, रंग गोरा, काठी इकहरी! वे जल्दी-से-जल्दी घर में बहू लाकर बेटे को 'उलझा' देने में सफल भी हो गयीं। 'लेखक' कहता है कि 'यह वह समय था 50 के आसपास का, जब माँ-बाप द्वारा तय किये गये सम्बन्ध के बाहर अगर कुछ बना तो उसे लेकर अपराध-भावना पैदा हो जाती थी।' (पृ. 153) उपन्यास के एक पात्र का कहना है, 'मेरे लिए जैसे कोई स्थायी नौकरी, वैसे ही विवाह, जिसे आप खींचे चले जाते हैं आदतन!' वस्तुतः इस उपन्यास के पात्र 'करीब-करीब सब नियतिवादी' हैं क्योंकि सबके यहाँ विवाह नियति बनकर आता है। दरअसल प्रेम आकर्षण के माध्यम में

विश्वास तक पहुँचे, यह स्वाभाविक है लेकिन कितने वैवाहिक जीवन में यह सच्चा प्रेम उपस्थित हो पाता है?

पर विवाह का विकल्प क्या है? अगर सामाजिक व्यवस्था बनाये रखनी है तो विवाह-जैसी संस्था भी आवश्यक होगी। इसका एक अद्‌भुत नुस्खा है लेखक के पास कि ...'स्त्री को स्वतंत्रता दे दी जाय—विवाह के पहले, और विवाह के बाद भी।' (पृ. 157) लेकिन क्या ऐसा ही पश्चिमी समाज में नहीं हो रहा? क्या उसे हम आदर्श स्थिति समझ लें?

फिलहाल जो हमारे देश में वैवाहिक परिदृश्य मिलता है उस के बारे में लेखक का सामान्यीकृत कथन यह है कि 'औरत का काम है शादी के बाद, जिससे शादी हुई है उसके आगे पसर जाना फिर उसकी आड़ में होशियारी से इधर-उधर चाहे जो करना।' लेकिन मर्द भी तो शादी के बाद यही करते हैं, है कि नहीं? लेखक का यह भी तर्क है कि माँ-बाप, संबंधी आदि के द्वारा जितने विवाह तय और संपन्न होते हैं, उतने या उससे ज्यादा ही 'विवाहोपरान्त विवाहेतर सम्बन्ध' होते हैं, जिन्हें अवैध कहा जाता है। लेखक के अनुसार, 'वे ज्यादा वैध हैं क्योंकि दो जीवों की भीतरी आवाज़ से निःसृत हैं। जिन्दगियाँ हमारी थीं पर समाज ने हमें तय करने नहीं दिया तो हम अब तय करते हैं. ..अवैध हैं ये संबंध जिन्हें हमारे ऊपर लादा गया, जिन्हें अपनी अनिच्छा से भी चलाना पड़ता हैं।' (पृ. 180) इसलिए लेखक ऐसे तथाकथित अवैध संबंधों की वकालत करता है, '...मुझे तो लगता है कि जबतक विवाह नाम की संस्था है, विवाहेतर सम्बन्ध होंगे ही होंगे। वैवाहिक जीवन ठीक-ठाक चलता रहे इसके लिए भी वे जरूरी है।' (पृ. 157) इस वकालत में घपला है, तर्काभास है। आप परिवर्तन भी चाहते हैं और यथास्थिति भी। फिर प्रायः जो संबंध प्रेमी युगल स्वयं बनाते देखे गये हैं उनमें भी अच्छे-खासे प्रतिशत में दरार देखी गयी है। अतः कुल मिलाकर असल अपराधी 'विवाह' नामक सम्बन्ध ही ठहरता है न? कैसा भी विवाह क्यों न हो वह समस्या का समाधान नहीं, बल्कि खुद समस्या ही बन जाता है।

लेखक परिपक्व उम्र के प्रेम की बात करता है जहाँ 'विश्वास पहले आया, प्रेम बाद में पीछे-पीछे।' संभव है, ऐसा वैवाहिक संबंध स्थायी और समस्या-हीन हो। लेकिन युवा प्रेम में आकर्षण तो प्रेम का बड़ा जरूरी हिस्सा होता है। और शादियाँ अधिकतर इसी उम्र में होती हैं। तो क्या विवाह की उम्र बढ़ा दी जाए ताकि परिपक्व प्रौढ़ प्रेम ही विवाह तक पहुँचे? क्या यह हास्यास्पद नहीं लगता? उपन्यास के अन्त में टूटू मौसी के उदाहरण के द्वारा लेखक जो आदर्श दाम्पत्य का समाधान रखता है वह पश्चिमीकृत व्यक्तित्व के गरिमामंडन से अधिक कुछ नहीं। पश्चिम का अनुकरण वैसे भी भारतीय परिस्थितियों में कोई बढ़िया समाधान नहीं हो सकता। भले ही यह आदर्श सुनने में बड़ा भला लगता हो कि पति-पत्नी दोनों अपनी वैयक्तिकता का विकास और स्वतंत्रता का इस्तेमाल करते हुए वैवाहिक जीवन को सफल करें—मगर सचमुच के जीवन में देखने को

विल्कुल नहीं मिलता। विवाह तो वहीं 'सफल' दिखाई पड़ता है जहाँ पति-पत्नी में कम-से-कम एक ने इसकी वेदी पर अपने व्यक्तित्व की बलि चढ़ा दी हो—विशेषकर पत्नी ने! हमारा परम्परागत भारतीय अनुभव तो ऐसा ही रहा है!

कुल ले-देकर 'लेखक' के विचार जैनेन्द्र कुमार के उस विचार के करीब जान पड़ते हैं जिसमें उनका मानना था कि लेखक या कलाकार के लिए पत्नी के साथ-साथ एक अदद प्रेमिका भी होनी चाहिए—पहली उसका 'पालन-पोषण' करने के लिए, दूसरी रचनात्मक 'प्रेरणा' के लिए! 'लेखक' का कहना है : 'रेवा और मेरे बीच वह प्रेम है जो न किसी की जगह लेने आता है, न किसी को हटाने। जैसे उसका जो उसके पति, मेरा जो मेरी पत्नी से संबंध है उनका पूरक है यह।' (पृ. 165)

उपन्यास में यह 'रेवा खण्ड' या रेवा-प्रसंग एक खास लेखकीय योजना के तहत आता है, इसे सजग पाठक अवश्य ही सूँघ लेगा। रेवा 'लेखक' की पूर्व प्रेमिका सरस्वती के रूप-रंग की ही है। लेखक के लिए सुस्वभाव-युक्त युवती का बाह्य सौंदर्य महत्त्वपूर्ण है और सुन्दरता का कालिदास के जमाने से बना-बनाया भारतीय प्रतिमान उसके सामने है ही—'चेहरा भरा-भरा, स्निग्ध', 'बड़ी-बड़ी आँखें', 'सुडौल होंठ', 'होठों के पीछे झलकती शुभ्र दन्त-पंक्ति', 'भोला चेहरा', 'तपे सोने-जैसी त्वचा', 'लम्बी उँगलियों वाले हाथ' वगैरह। वैसे आज की सौंदर्य-दृष्टि परम्परा से कुछ भिन्न हुई है उसका आभास भी गोविन्द मिश्र कराते हैं। हमारे समाज में विवाह की संस्था लोगों के व्यक्तित्व को किस तरह छिन्न-भिन्न और नष्ट कर देती है उसके 'लेखक' ने कई उदाहरण सविता, सावित्री, सरस्वती आदि के रूप में रखे हैं और रेवा को भी उसी श्रेणी में दिखाया है। अब जबकि पहली शादी के हौलनाक अनुभवों के बाद रेवा ने अपनी शर्तों पर दूसरी शादी कर ली है, 'लेखक' का उससे परिचय होता है तो लगता है कि नियति ने जैसे उसे सरस्वती से दुबारा मिला दिया हो। रेवा से वह प्रेम की पींगें बढ़ाने को उद्यत है अतः रेवा के दूसरे विवाह को भी वह चालाकी से पहले विवाह की ही कोटि में घसीट लेता है—'मुझे लगा कि वे एक कुएँ में रहते थे—वे तीन। उस कुएँ में प्रसन्न थे।' इतना ही नहीं रेवा का अच्छा-भला पति राकेश 'लेखक' को खलनायक जान पड़ता था—'वह उस कुएँ का ढकना था...सिर्फ पत्नी नहीं, अपने परिवार को लेकर बहुत 'पजेसिव' था।' मज़े की बात है कि 'लेखक' खुद खलनायक की भाँति राकेश से बचते हुए रेवा से मिलता रहता है और अनुमान पर बनी अपनी धारणाओं को राकेश के चरित्र पर आरोपित करता है। रेवा-राकेश की कहानी में वस्तुतः राकेश, लेखक की तमाम चालाकियों के बावजूद, एक पॉजिटिव चरित्र बनकर उभरता है।

गोविन्द मिश्र वैसे तो पाठकों के लिए 'कन्विंसिंग डिटेल्स' प्रस्तुत करनेवाले माहिर कलाकार हैं लेकिन रेवा-राकेश प्रसंग में उनकी अन्यथा नीयत भी झलक ही जाती है। रेवा की बेटी की उमर की गिनती में उनसे हुई एक छोटी-सी भूल साधारण ही मानी जाती लेकिन यह 'लेखक' की अलग मंशा की खोट से जुड़कर मासूम गड़बड़ी नहीं रह

जाती। पृ. संख्या 78 पर रेवा की 'दो साल की बच्ची, जो चल रही थी' अचानक उसी हफ्ते की शाम को–पृ. 89 पर 'वह चार साल की हो रही थी।' बात यह है कि लेखक रेवा के पति को यहाँ से नकारात्मक चरित्र बनाने की सोच लेता है, उसे बच्ची के प्रति इतना 'ऑब्सेस्ड' दिखाना चाहता है जो चार साल की बच्ची को भी 'अपने हाथों से खिलाता था' (मानो यह कोई भयंकर 'मनोग्रंथि' अथवा चारित्रिक 'अपराध' हो!)! बच्ची की उम्र संबंधी यह 'गलतबयानी' लेखक की गंभीर तर्कप्रियता में छेद करती हुई प्रतीत होती है। किसी लेखक के लिए पाठकों के निकट अपनी विश्वसनीयता में इतना-सा हलकापन भी अच्छी बात नहीं होनी चाहिए। हालाँकि 'लेखक' का 'अपने उपन्यास' के बारे में कहना है, "...मेरे इस उपन्यास में तो वे पात्र हैं जो सचमुच थे...उनका जीवन, उनकी 'जेन्युइननेस।"

इस प्रसंगोल्लेख का अर्थ यह नहीं कि रचना के 'जेन्युइननेस' पर कोई प्रश्न-चिह्न लगाया जा सकता है। वैसे पाठकों के समक्ष गोविन्द मिश्र का 'पूर्व-स्वीकृत' लेखकीय रूप तो है ही। 'सर्जना चुपचाप होती है' वाली सूक्ति में विश्वास करनेवाले गंभीर साहित्य-साधकों की परम्परा में गोविन्द मिश्र आते हैं। यहाँ भी 'लेखक' के रूप में वे सृजन की केन्द्रीय समस्या ईमानदारी और जेन्युइननेस को ही मानते हैं और इस मामले में उनकी गंभीरता किसी विज्ञापन और प्रचार की मोहताज नहीं है। प्रस्तुत उपन्यास के भीतर के उपन्यास-लेखक का कहना है, 'लेखन में मैं अपनी गुत्थियाँ सुलझाता हूँ। जो हल हमें जीवन में नहीं मिल पाते उन्हें लिखने में ढूँढ़ा करता हूँ–अगर वे हैं तो।...गन्दे और बीभत्स को देखते चलें तो सुन्दर भी हमारी पहचान में जल्दी आ जाता है...वही हमें जीवित रखता है।...खुद को बाहर जाने दो, बाहर का भीतर आने दो।' (पृ. 149)

लगभग दो सौ पृष्ठों की इस कथा कृति में गोविंद मिश्र अपनी जानी-पहचानी भाषा-शैली, शिल्प की छटा जरूर बिखेरते हैं। परिवेश, परिस्थिति, रूप, रोमांस विश्वसनीय, सूक्ष्म-स्वाभाविक चित्रण-वर्णन करने में वे सिद्धहस्त हैं जिससे उनकी कथाओं में गजब की पठनीयता होती है। लेकिन प्रस्तुत रचना के उत्तरार्ध पर विचारात्मकता हावी हो गयी है जो रह-रहकर कथा की द्रवणशीलता को ठोस निबंधात्मकता में बदलती दिखायी देती है। इसे एक प्रयोग के रूप में भी देखा जा सकता है और 'रचना-दोष' ('काव्य-दोष') के रूप में भी, क्योंकि इससे रचना की व्यंजकता कम हुई है और वह एकार्थक बनती गयी है, यहाँ तक कि कभी-कभी महसूस होता है गोया हम दो पात्रों के संवाद के रूप में कोई विचारात्मक निबंध पढ़ रहे हों जिसका विषय है : विवाह-संस्था की सार्थकता! वस्तुतः उत्तरार्ध की कथावस्तु के सूत्र बहुत टूटे-बिखरे और झीने हैं, जिन्हें निबंधात्मक विचारों की थिगलियाँ लगाकर जोड़ा गया है। लेखक में कथा बुनने की क्षमता कम है, ऐसा तो नहीं कहा जा सकता, तो क्या प्रौढ़ कथाकार विचारक बनने की तृष्णा का शिकार हो गया है? बौद्धिक संलापों और तर्क-वितर्कों से–यहाँ तक कि उपन्यास के भीतर उपन्यास लिखने के नागरजी द्वारा अपनाये गये शिल्प के दुहराव से भी कथाकार

वह हासिल नहीं कर पाता जो उपन्यास के पूर्वार्द्ध के अत्यंत आन्तरिकता और आत्मीयतापूर्वक रचे गये अतीत अनुभवों के द्वारा कर पाता है। 'लेखक' के भीतर जो अतीत छूट गया है, चिपक गया है उससे वह कैसे मुक्त हो, यह समस्या थी जिसका हल वह अतीत को नये सिरे से रचकर निकालता है। यह उसका अतीत का ऋण-शोधन भी है। 'लेखक' की प्रतिज्ञा थी—'इस उपन्यास में मैं सामाजिक-राजनीतिक परिस्थितियों या उन परिस्थितियों के कारणों में न जाकर सिर्फ जीवन की कहानियाँ, छोटे-छोटे नाचीज लोगों की कहानियाँ उठाना चाहता हूँ जो परिस्थितियों का सोचे बगैर अपना जीवन, वह जैसे भी आता है जिये चले जाते हैं। अधिकांश लोग ऐसे ही जीवन बिताते हैं, जो सामने आया उसे झेलते हुए।' (पृ. 95) वह यह जरूर बता सका है कि नगण्य मानव-अस्तित्वों के भी अपने मायने होते हैं, यद्यपि वह स्थितियों का विश्लेषण भी कम नहीं करता। वह जानता है कि 'आप किस समय में पैदा हुए हैं, इसका असर पड़ता है' तो क्या यह नहीं जानता कि रचनाकार अपने समय को अतिक्रमित भी करता है—विचारों, जीवन चर्चा, रचना—सबमें? बल्कि वह इस विषय में पर्याप्त सचेत है कि 'अगर सिर्फ वर्तमान ही जीवन की असली चीज है तो जीवन सिमटकर कितना छोटा रह जाता है।' (वही) यही हाल तर्कबुद्धि बनाम भावना का है—'हम बुद्धि के बलपर काफी कुछ सही-सही, दूर तक देख जाते हैं, चाहते भी हैं खुद को रोकना पर रोक नहीं पाते।' कहीं कारण है, शिल्प के स्तर पर उपन्यास में अतीत को वर्तमान और वर्तमान को अतीत काटता चलता है लेकिन भविष्य की कोई आहट नहीं सुनाई देती। फिर भी, अधूरेपन के बावजूद भी, कथा के भीतर चलनेवाले स्त्री-विमर्श और विवाह-विमर्श अर्थपूर्ण अवश्य हैं। गोविन्द मिश्र के लेखन का मौलिक रंग लिए हुए है यह उपन्यास, और अवश्य पठनीय है।

कोई बात नहीं–आज़ाद भारत लड़खड़ाता है

डॉ. टी. एन. विश्वंभरन

'कोई बात नहीं' अद्यतन उपन्यासकार अलका सरावगी का तीसरा उपन्यास है–जो 'कलिकथा बया बाइपास' के रचना-संस्कार को अपने भीतर सँजोये हुए है तथा सामाजिक-वास्तविकता की रचनात्मक तलाश के नये मोड़ पर अपनी नयी पहचान देता है। कृति आकार में न छोटी है न बड़। उपन्यास विधा की सामाजिक, ऐतिहासिक, सांस्कृतिक, मनोवैज्ञानिक आदि-आदि परम्परानुमोदित अध्ययन पद्धति के अनुशासन के अधीन इसे लाना कृति कृतिकार तथा पाठक की परस्पर सापेक्षता जन्य लावण्य संस्कार को मना करने की साजिश होगी। यह पठन-पाठन के मंद्धिम प्रकाश में कृति के भावजगत में साफ़-साफ़ दिखाई देनेवाले 'कथ्य-चरित्र' को बाल-सहज कौतूहल के नज़रिए से देखने की अति सरलीकृत पठन-प्रक्रिया है। इसे अध्ययन की सरहद्दियों को न मानने का दुःसाहस कहा जाएगा। इस कृति के भीतर एक ऐसा भावजगत है जिसमें कृतिकार के ही नहीं पाठक के भी अपने समय के 'सच' के कण-कण सिमट कर आये हों। इसलिए यह एक ऐसी हिन्दी की वाङ्मय उपलब्धि है जो एक सजग तथा सौन्दर्यानुभूति संस्कार से संपन्न पाठक की सतर्कता की जबर्दस्त माँग करती है।

'अकथ कहानी : पुनर्वाचन' से शुरू होकर 'असमाप्त कथा' में खतम होती है यह रचना। 'कुसुमें कुसुमोत्पत्ति' जैसी उक्ति की तरह अनकहे-अनसुने सौन्दर्यानुभव को यह प्रमाणित करती है। गंगा के आरमेनियम घाट पर गंगा-सागर मेला में आया, दादी का अध-पगला, चोंगा पहना हुआ सुच्चा बाबा; कलकत्ता और हावड़ा के किनारों को छूकर बहनेवाली गंगा; इस के पानी को लेकर जीवन की व्याख्या; हाँ तब ललक भरी आँखों से बाबा के अक्षरों से बने वाक्यों के भीतर के भाव-प्रवाह को देखनेवाली आरती मौसी को कनखियों से देखनेवाला दसवीं की बोर्ड परीक्षा को पास किया हुआ शशांक इसके कृतिपक्ष का पहला आकर्षण है। शशांक जिन्दगी की 'नाइन्साफी' का शिकार है। हम उम्रवालों की दुनिया में वह अकेला है; क्योंकि वह डगमगाकर चलता है, बोलते-बोलते हकलाता है। उसके पास वह 'जबान' नहीं है जो अपने मन के 'आलोड़न विलोड़न' की तमाम तरंगों के साथ हिलती चलती रहे। उसे 'साथ' देना कोई गौरव की बात नहीं समझता जो एक ही स्कूल में एक ही कक्षा में पढ़ता हो; वह संभ्रान्त परिवार का हो या

ऐरा-गैरा अथवा अपनी ही जाति का हो या बाहर का। कोई परवाह नहीं, परन्तु वे मानव-धर्म न मानें तो? यह गैरबराबरी की भयानक स्थिति है। इस भँवर में पड़े शशांक के 'मन' को रचना के स्तर पर जानने की कोशिश करनेवाली आरती मौसी अपने आप इस उपन्यास की 'आख्याता' की भूमिका में आ जाती है। उसने 'जिंदगी' देखी है, सुनी है; उसे समझने की कोशिश की है। भारत की आज़ादी के समय से लेकर 'दादी' ने जो नारी की ज़िंदगी जियी है वह उसकी 'समझ' के परे ही तो नहीं; लेकिन वह कोई 'परी' या 'तिलस्मी' कहानी की तरह उसे निराली और विमोहक लगी है। अपने बेटे को एक विशाल नॉर्मल दुनिया से बहिष्कृत और उपेक्षित होते देखकर 'खिन्न' होने की बजाय अपनी सारी ताकतें बटोर कर बेटे को नॉर्मल दुनिया का 'अभिन्न अंग' बनाने की कोशिश करनेवाली अपनी बहन—शशांक की माँ—की जिन्दगी को 'दादी' की ज़िन्दगी का पूरक न मानकर नारी की जिन्दगी की एकदम नयी शुरुआत के रूप में देखने की 'सूझ' उसमें थी। वह दूसरों की कहानी सुनती है; जिन्दगी का बयान सुनती है; अपनी कहानी गढ़ने के लिए। बाहरी दुनिया अपनी जिन्दगी के झरोखे से उसने नहीं देखी, जतीन दा के नजरिये से देखना उसे उचित लगा। वह दृष्टि ऐसी बइनोकुलर थी जो उसके अपने समय को ही नहीं आज़ाद भारत के तमाम नागरिकों के वर्तमान-भूत-भविष्य को भी एक झाँकी के रूप में गोचर करा दे।

जतीन दा आजाद भारत की ऐसी पीढ़ी का प्रतिनिधित्व करता है जो अपने 'वर्तमान' से झुँझला उठा हुआ हो; 'वर्तमान' की सचाई को जाति धर्म के गलियारे से पकड़ लिया हुआ हो; वर्णाश्रम धर्म की उपज की जाति-व्यवस्था तथा डच पुर्तगलीस अंग्रेज जैसी आक्रामक शक्ति की 'भेंट' के रूप में उपलब्ध औपनिवेशी संस्कृति दोनों से बनी गलित सांस्कृतिक चेतना से रूठा हुआ हो; सपना देखनेवालों के साथ हो आया हुआ हो जो सोचते थे कि बिना खून बहाये हथियार उठाये भारत में कोई सामाजिक परिवर्तन नहीं लाया जा सकता; भारत के संदर्भ में हथियार की बेरहमी और खून की गरमी किसी सामाजिक समस्या का समाधान देने में कहाँ तक समर्थ है ऐसा ख्याल होने पर 'हमसफर' 'गुटों' में बँट गए; एक दूसरे के 'दुश्मन' हुए। समाज के 'दुश्मन' को कत्ल करने के पहले अपने दुश्मन के सिर को धड़ से अलग करना पुनीत कर्म है। इसमें साझीदार होने में अपनी असमर्थता को कबूल करने वाला जतीन दा और एक रूप रंग लेकर मौसी के और मौसी के भीतर के रचनाकार के मन में जमकर बैठ गया। गंगा नदी के दोनों किनारों के कलकत्ता शहर और हावड़ा के जनजीवन में सदियों का इतिहास और उसका गतिशील संस्कार अपनी तमाम असंगतियों-विसंगतियों और विकृतियों के साथ छाया हुआ है। उसे रचना के स्तर पर पाना कहानी लिखनेवाली आरती मौसी का इरादा नहीं हो सकता है। परन्तु 'कोई बात नहीं' के रचनाकार अलका सरावगी का मकसद तो ज़रूर है। जिन्दगी की सचाई को रचना के स्तर पर ग्रहण करने की ताकत और रचना की ईमानदारी को रचना के किसी भी मोड़ पर न खो देने की होशियारी अलका जी में है।

रचना से गुज़रते-गुज़रते पाठक यह अनुभव करने लगता है कि कृति का 'रचनाकार' और कृति के 'भावजगत' का आख्याकार आपस में टकराते नहीं हैं। कृतिकार के भीतर एक आख्याता है जो समय के सच को भूत भविष्य की सरहद्दियों को पार कर ग्रहण करता है। उसका 'सच' रचना के 'वस्तुकाल' का भी सच है। संयोग से वह आज़ाद भारत का है; सिमटकर 'कलकत्ता' शहर में छाया हुआ है। इसके मूर्त बिम्ब हैं विक्टोरिया मेमोरियल तथा उसका विशाल मैदान, मिंटो पार्क, मल्टीस्टोरीड बिल्डिंग का एक फ्लैट जो शशांक का आवास है, सेंट जोसफ स्कूल डेढ़ सौ साल पहले अंग्रेजों ने ईसाई बच्चों को नई शिक्षा देने के लिए बनाया था। अब भी कोई भी सिर्फ ईसाई होने की वजह से बिना महँगी ट्यूशन या इंडस्ट्रियलिस्ट की ताकत के यहाँ दाखिला पा सकता है। समय 1998 जैसे कि प्रारंभ में विक्टोरिया मेमोरियल में जतीन दा से मिलने आये शशांक के कानों पड़ी गार्ड की सीटी की गहरी होती आवाज़ के साथ संकेतित किया था—"अभी भी, जब इक्कीसवीं शताब्दी शुरू होने में सिर्फ दो साल बाकी हैं—दुनिया में कभी भी कुछ भी घट सकता है।" बीसवीं शताब्दी की आखिरी वेला यानी रोमांटिक भाषा में नवजागरण की गोधूली वेला या भारत की आज़ादी की अर्धशती का समय भारत—जहाँ मानव संस्कृति की पहली किरण फूटी थी—टूटकर अपने को धर्मनिरपेक्षता की ढाल से बचाये रखने की कोशिश में मुश्किल से सफलता हासिल कर पा रहा था। मुस्लिम, ईसाई, हिन्दू-गैर हिन्दू, ब्राह्मण-शूद्र आदि-आदि सरहद्दियों में सिमटे हुए हैं। भारत में दलित शोषण, नारी शोषण की विकृति का रंग-रूप बदल रहा था। रोज़गार के तौर-तरीके बदले; आदमी के आचरण-विचरण में अन्तर नज़र आये, शिक्षा का नाक-नक्शा बदला। वर्तमान किसी का भी शान्तिपूर्ण नहीं था; भविष्य किसी को उज्ज्वल नहीं दीखता है। मैदान की झुरमुट के भीतर अपने को आराम की हालत में पाये प्रेमी-युग्मों की गार्ड की सीटी की आवाज़ गूँजते ही हुई हैरानी इस हालत से गुज़रे हुए सब के सब की हो जाती है।

हर शनिवार को विक्टोरिया मेमोरियल के बकुल-पेड़ के नीचे की बेंच पर शशांक और ज़तीन दा के मिलन का काल मुश्किल से नौ-दस महीने का है। कथा-कहानियों, आख्यानों-उपाख्यानों, जीवनी-विवरणों, बहसों-बयानों की ऐसी लड़ियाँ इसी दरम्यान दिखाई देती हैं जिनका न कोई पूर्वापर संबंध है। जे. जे. उर्फ मिस्टर जैक्सन उर्फ जयकिशन अपने खून में अंग्रेज़ों, पुर्तगालियों, डचों, आस्ट्रेलियनों का खून बहने की वजह से अपने को 'अंग्रेज़ी' मानकर हिन्दुस्तानियत से नफ़रत करनेवालों की त्रासदी जो अंग्रेज़ों के 'भारत' छोड़कर जाने के कारण हुई, का जीवन्त प्रतीक है। कब्रिस्तान तक की खोज करके अपने वंश वृक्ष का इतिहास लिखनेवाला जे. जे. एक दूसरे से भिन्न संस्कृति का पारस्परिक मिलन पारिवारिक जीवन प्रसंग में 'हज़म' न हो जाने के कारण उत्पन्न होने वाली सांस्कृतिक विकृति की ओर इशारा कर रहा है। कृति के भीतर के आख्याता ने भिन्न संस्कृति के संयोग से जन्य समाज का विश्लेषण अपना लक्ष्य माना

है; अतएव यह प्रसंग उठाया गया है, ऐसा नहीं कहा जा सकता। शशांक को तंग करनेवाले परन्तु मित्र जैसे प्रतीत होनेवाले एंग्लो इंडियन 'अर्थर' के चरित्र को उसके अपने सामाजिक संदर्भ में प्रस्तुत करने के प्रसंग में सर्वप्रथम जे. जे. का विवरण पेश किया गया था। 'उत्तर कथा प्रसंग' में जे. जे. और शीर्षेन्दु दोनों भिन्न-भिन्न संदर्भ में प्रस्तुत हैं शशांक के बुझे हुए दिल में 'साहस' की आग सुलगाने के लिए। जतीन दा विश्लेषण की पद्धति को स्वीकार करता है, "तुम्हारी यह हालत बुखार के एक वायरस ने की है। तुमसे इतना कुछ छीन लिया है कि तुम और तुम्हारी माँ हर घड़ी उस कमी से जूझ रहे हो। पर सोचो कि यदि तुम्हारी ऐसी हालत के लिए कोई हाड़ मांस का आदमी जिम्मेदार होता, तो क्या होता? तब क्या तुम्हारी तकलीफ सौ गुनी-हजार गुनी नहीं बढ़ जाती? क्या तुम उस शख़्स को कभी माफ कर पाते? क्या उससे बदला लेना तुम्हारे जीवन का मकसद नहीं बन जाता?"[7] जन्मजात कमज़ोरी और किसी व्यक्ति द्वारा जानबूझकर किया हुआ अपराध तथा उसका परिणाम कष्टदायक है पर समान नहीं है।

जतीन दा को यह बात साफ करनी थी कि ऐसा कोई आदमी जिंदगी जिया हुआ नहीं है जिसने कभी तकलीफ नहीं झेली हो। हर आदमी का तकलीफ झेलने का मेकनिज़्म या तौर-तरीका अलग होते हैं। शशांक की जियी जिन्दगी के मूल में जो तकलीफ़ है वह डॉक्टर की असावधानी का परिणाम है। ऑपरेशन करके बच्चे को बाहर लेने में डॉक्टर ने जो देरी की थी उसके कारण बच्चे के दिमाग में ऑक्सीजन की कमी हुई थी, इसलिए सेरिबेरल पैलसी हुई। बच्चे के उठने-बैठने में देर हुई, चलने बोलने में दिक्कत हुई। यह स्थिति माँ के मन को दुख देती रही। अपने दुख से बचने का मानव सहज प्रयास माँ की ओर से हुआ। अपने बच्चे को कामयाब ज़ाहिर करने के लिए माँ ने न जाने क्या-क्या नहीं किया? मोंटिस्सेरी स्कूल के प्रिंसिपल पर बरस पड़ी थी—कमज़ोर बच्चों के लिए संसार में क्या कोई जगह नहीं? दया-करुणा की कहानियाँ बच्चों को क्यों पढ़ाती हो? ऐसा सवाल करने की ताकत उसे मिली थी वकील होने की वजह से। वकील की पढ़ाई की थी अपने बेटे की जिन्दगी की दी हुई पीड़ा से छुटकारा पाने के लिए। यह मनोवृत्ति 'अभावग्रस्त जीवन' की हीनग्रंथि की भावना की चोट खाने से अपने बचाव की है। जतीन दा का इस प्रसंग का विश्लेषण है—"माँ केवल घर सँभालती बच्चों को प्यार करती जिन्दगी बिता देती।" यानी एकदम मामूली औरत।

'उत्तरकथा' के अन्तर्गत शीर्षेन्दु और उसकी पत्नी के प्रति पुलिस की ओर से हुई ज्यादती का विवरण किसी जीवनी प्रसंग के पुनराख्यान के रूप में नहीं हुआ। इसमें सिर्फ उल्लेख है। अन्याय का बदला, मारकाट के द्वारा नहीं कोर्ट-कानून के रास्ते से करने देने का 'जतीन' दा का उदाहरण हो सकता है। 'पूर्वकथा' से प्रारंभ होकर 'उत्तरकथा' तक शशांक ने जतीन दा को अपने अंतरंग मित्र के रूप में जाना है। बेटे को तकलीफ झेलने की ताकत मित्र-संगति द्वारा दिलाने का प्रयास माँ की ओर से हुआ था आखिर उसे यह लगे कि 'अच्छा तो यह बात है? सारी मिलीभगत है।' बेवकूफ की तरह उसे पूरे समय

सोचते रहना पड़ा कि जतीन दा उसकी अपनी खोज है। माँ के प्रयासों का राज खोलकर शशांक को इस चिंता का शिकार होने देना—"बहुत कीमती चीज़ चुरा ली गई है"—कतई इस विवरण प्रसंग का प्रयोजन नहीं है। दूसरा एक पक्ष था जिसका खुलासा ज़रूरी था। 'अक्ल की दृष्टि' से हम उम्र के किसी लड़के से शशांक कम नहीं है ऐसा दिखाकर उसे दुनिया के लिए काबिल सिद्ध करनेवाली माँ तो सिर्फ अपने और अपने परिवार की चिंता में डूबी मामूली औरत नहीं है। सच्चाई की तरफ खड़े होकर अपने न्याय-विवेक की ताकत उसको देती है जिसके पास सामाजिक या प्रशासनिक अन्याय का प्रतिरोध करने की कोई ताकत नहीं हो, वस्तुविकास की टूटी कड़ियों को जोड़ने तथा चरित्र को गौरवान्वित करने में ऐसे जीवनी-विवरण परक आख्यानों का काफी योगदान हुआ है।

जीवन चांडाल का आत्मकथा शैली में जतीन दा के द्वारा प्रस्तुत कथा प्रसंग बहुत रोचक है। आरती मौसी के कथाख्यान से इसका कोई सीधा संबंध नहीं है। परन्तु मौसी द्वारा आख्यायित शशांक की कथा के प्रवाह को बनाये रखनेवाले जतीन दा के जीवन इसका गहरा संबंध है—साथ ही साथ वह भारतीय समाज की संस्कृति के एक काले पक्ष का खुलासा भी कर देता है। अच्छूत अथवा अस्पृश्य जाति की दुःख-भूख-गरीबी की दर्दनाक 'वास्तविकता' का वह जीवन्त प्रतीक है। नमोशूद्र परम्परा की पाँच पीढ़ियों की पीड़ा को अपने में जीनेवाले जीवन चांडाल में एक मिथकीय सौन्दर्य है। वह अपने वर्ग का प्रेरणास्रोत है। गरीब निरीह औरतों पर अत्याचार करनेवाले तथा नौ साल की लड़की का बलात्कार करने वाले सवर्ण की गर्दन को एक ही काट से कहीं झूलने देकर 'न्याय देने का वायदा' निभानेवाला जीवन चांडाल एक वीर नायक है। साठोत्तर भारत के क्रान्तिकारी युवा वर्ग का वर्चस्व है वह। 'पूर्वकथा' के अन्त में जब गगन दादा और मनोरंजन दत्त के जैसे समाज के यथार्थ को अपने जीवन में और अपनी रचनाओं में जीनेवाले सृजनशील प्रतिभा के धनी व्यक्तियों का उल्लेख होता है तब जीवन-चांडाल एक युग की क्रान्तिकारी चेतना का मूर्तरूप हो जाता है। यह प्रसंग आरती मौसी के द्वारा आख्यायित कथा के मुखपात्र शशांक की जीवनी को एकदम नया अवांछित मोड़ देने का साधन भी है। जतीन दा का जीवन चांडाल से परिचय सिर्फ एक रात का है जबकि प्रेसिडेंसी जेल में दोनों एक ही कैदखाने में बंदी थे उसने धक्का देकर जतीन दा को गिराया था। अपने को धक्का देने की बात उठाकर झगड़ा करके जेल अधिकारियों को भ्रम में डाला था। जतीन दा के प्राण जीवन चांडाल की देन है। अगर 'झगड़े' का नाटक नहीं रचा होता तो जतीन दा अपने ही समर्थकों के द्वारा मारा जाता। पच्चीस वर्षों से जतीन दा जीवन चांडाल की खोज में थे। गगन दादा और मनोरंजन दत्त के आकस्मिक मिलन प्रसंग में, जीवन-चांडाल से जतीन दा को मिला देने की उत्कट इच्छा शशांक में पैदा कर दी गई। यह उद्वेग का क्षण था। 'अकथ कथा : पुनर्वाचन' का भयानक विस्फोट शायद यही है। पात्र का उद्वेग रचनाकार का अभिव्यक्ति संकट हो जाता है।

"यह कथा एक तरह से कही जा रही थी कि तभी वह भीषण विस्फोट हुआ, जिसने इस कथा के परखचे उड़ा दिए। अब इस कथा–जो झुटपुटे अँधेरे के ताने में उम्मीद और रोशनी का बाना लगाकर बुनी जा रही थी–के हज़ारों-हज़ार टुकड़े हो गए और वे सारे टुकड़े इस कदर छितर बितर गए कि उन्हें पहचानना तक मुश्किल हो गया। इन टुकड़ों को फिर से जोड़कर वह कथा वापस नहीं बनाई जा सकती थी।"

यानी कथाख्यान प्रारंभ हुआ था अँधेरे से रोशनी की ओर गति बनाये रखने की दृष्टि से। दूसरे शब्दों में 'सच' और 'कल्पना' की धूप-छाँहीं रूप तमाम रचना संदर्भों में छाया था। सामाजिक एवं वैयक्तिक जीवन के दुःख-दर्द की कहानी इस ढंग से कही जा रही थी कि आनेवाले अरुणोदय की कामना का धागा न छूट जाए। महत्वाकांक्षा की अपेक्षा जिजीविषा से उसका संबंध है। स्वप्न और तन्द्रा के बीच की एक ऐसी स्थिति है जहाँ कहानी जो सुना रहा है और सुन रहा है परस्पर भेद नहीं जानें। विस्फोट भले ही अप्रत्याशित हो, भयानक था। सारे के सारे स्थिति-संदर्भ कहानी की आगे की गति में साधक नहीं रहे। तो रचनाप्रसंग में बीचोंबीच किसी रहस्यवादी-जासूसी तत्त्व के समावेश के रूप में इसे नहीं स्वीकार किया जा सकता। यह कहानी सचमुच ऐसे सच की है जो कोरी कल्पना से भी विमोहक प्रतीक होती है। इस 'सच' से सामाजिक 'तथ्य' को मिलाने के प्रसंग में ऐसी कल्पना ही स्वीकृत की जा सकती थी जो 'सच' से 'यथार्थ' प्रतीत हो।

गंगाघाट की सीढ़ियों पर शशांक को सहारा देकर उतारने आयी आरती मौसी उपन्यास के आरंभ से अन्त तक मुख्य पात्र शशांक के दुःख-सुख-सुविधा के प्रसंग में साथ है; शशांक के लिए आरती मौसी सिर्फ माँ की बहन नहीं है, वह शशांक की अपनी कहानी को जीवन के पूरे परिवेश में आख्यायित करने वाली है। रचना का पूरा जो नक्शा था बिगड़ गया। गंगा के आरमेनियम घाट पर हर साल गंगासागर मेला में आनेवाले, दादी के अधपगले भाई सत्य प्रकाश यानी सुच्चा बाबा की जीवनी-व्याख्या आरती मौसी को आकर्षित करती है। सवाल है कलकत्ता और हावड़ा के किनारों को छूकर बहती गंगा के पानी का क्या कोई आदि है या अन्त? बारंबार देखता रहा; देखते-देखते उम्र ढली; पर क्या देखा? क्या समझा? क्या पाया? कुछ नहीं। क्यों ऐसा हुआ? न, ऐसा पूछना असंगत है। अब तो स्थिति यह है कि "शशांक के साथ उसके शरीर ने धोखा किया है, मौसी के साथ उसके अक्षरों ने।" दोनों का जीवन धोखे की मार से टुकड़े-टुकड़े हो गया है। वह चाहती है कि ऐसी कोई सूई मिले, धागा मिले जिनसे इन टुकड़ों को जोड़कर वापस सिलाना और टाँगना संभव हो जाए। लेकिन मौसी की कलम में स्याही रंगहीन है कि लिखे तो भी कौन पढ़े? कैसे पढ़े? बालों के नीचे कपाल से होती हुई अपनी बहन की शशांक की–माँ की आँखों से प्रलय के बाद निकले सूरज की किरणों की तरह फूटी रोशनी मौसी के भीतर के रचनाकार की कलम की स्याही को रंग देती है। तो आख्यान नये ढंग से प्रारंभ होने लगा। किस्सा-कहानी, जीवन-प्रसंग विवरण, बयान-बहस की ऐसी

अनेक लड़ियाँ आख्यान प्रसंग में उभर आयीं जिनका एक-दूसरे से कोई प्रत्यक्ष संबंध या सरोकार नहीं रहा। वे भाषाबद्ध कहानी जीवनी के बिम्बों में परिणत होकर रचना के भीतरी संबंधों को दृढ़ करने और आख्यानकार के संदेश को संप्रेषित करने के सार्थक घटक सिद्ध हुए। किन्तु यह कथा 'असमाप्तकथा' ही रह जाती है जैसे कि जिन्दगी हो। रचना की सर्वांगपूर्णता को लेकर मौसी का जो संदेह है, वह रचनाकार का अपना है; मौसी जैसे चरित्र का नहीं है। आधे दशक से लिखी जाती कहानी के 'अधूरी' रहने का अंतःसंघर्ष वह झेलती है। यह रचनापरक संत्रास है। सृजन प्रतिभा के दिग्भ्रमित होने का एहसास है। चित्रकार पूरी हो गई पेंटिंग पर इस विचार से रंग लगाता है कि कहीं कुछ बाकी रह गया है। आखिर कथा तो है आदमी की कमज़ोरियों की; जैसे 'उपन्यास' के मुख्य पात्र शशांक के जीवन में खुद सचमुच आदमी न हो पाने का कष्ट है। व्यक्ति के अधूरे जीवन को रचना के स्तर पर पूर्ण और संगत सिद्ध करने में उपन्यासकार ने अपने रचनातंत्र का सदुपयोग किया है। जो मन में आए लिखो, फिर हवा में उड़ा दो, पानी में वहा दो वाली दृष्टि से नहीं, सींक से घर का ढाँचा बनानेवाले बच्चे की मानसिकता से मौसी के प्रयासों का संबंध है। पाठक को लगे कि आदमी के मन के उलझन को पकड़ने तथा रचना की ईमानदारी का बचाव करने में उपन्यासकार ने होशियारी दिखाई है। शशांक अब भी यादों में सँजोया है कि—''मौसी उससे स्कूल, मिंटो पार्क, विक्टोरिया मैदान, घर, जतीन दा, आर्थर सब के बारे में पूछती रही हैं; कहीं न कहीं लिखकर रखा भी है। आरती मौसी मन की, मानव की, गाँव की कहानी कहती है। उसका मन तो एक रचनाकार का मन है जो यह मानकर आगे बढ़ता है कि मन एक गाँव है जहाँ कोई अकेला नहीं रहता। मौसी अपने पति की अकाल मृत्यु के बाद विधवा हो जाने की वजह से सब नाते-रिश्तेदारों के बीच में 'अकेला है; पर वह 'दुकेलेपन' की सामूहिकता या सामाजिकता का पक्षधर है। आरती मौसी खुद 'कोई बात नहीं', के रचनाकार का प्रतीक बन जाती है। 'कोई बात नहीं', का वस्तुकाल, रचना प्रसंग में इक्कीसवीं शताब्दी के अन्त होने में दो साल बाकी रह गए हैं, से संकेतित है, भले ही उसमें तीन पीढ़ियों की कथा जारी हो। कथा-कहानियों, आख्यानों-उपाख्यानों, जीवनी प्रसंग-विवरणों, बहसों-बयानों के प्रसंगों को लेकर यह कहा जा सकता है कि कथा की घटनाओं के केन्द्र में कलकत्ता हे। 'पूर्वकथा' शशांक, जतीन दा और दादी पर केन्द्रित है; 'उत्तरकथा' का पूरा फोकस शशांक की माँ पर है। बिगड़ी बात को बनानेवाली, वैयक्तिक और सामाजिक दृष्टि से सच्चाई के पक्ष में डरकर रहने वाली माँ पर रचनाकार की पूरी दृष्टि पड़ी है।

'कोई बात नहीं' बाहरी संरचना में दो भागों में बँटा हुआ हे, पहला 'पूर्वकथा' और दूसरा 'उत्तरकथा'। 'पूर्वकथा' अथातो मन जिज्ञासा से प्रारंभ होता है। भारत के प्रसिद्ध दार्शनिक विचार अद्वैत सिद्धान्त से संबद्ध, अथातो ब्रह्म जिज्ञासा का अनुकरण है, अथातो मन जिज्ञासा। ब्रह्म आदिम निर्विकल्प सत्य है। ब्रह्म सत्य है और जगत् मिथ्या है। इस दार्शनिक धरातल पर मन को परम सत्य मानकर मन के विकारों के विश्लेषण

का प्रयास यहाँ साधारण से साधारण घटना प्रसंग में हुआ है। व्यक्ति 'मन' के सत्य के विश्लेषण के द्वारा 'सामाजिक मन' की जिज्ञासा को जाग्रत करना अंततः इस भाग का उद्देश्य प्रतीत होता है। विक्टोरिया मेमोरियल के बकुल पेड़ के नीचे के बेंच पर बैठे हुए जतीन दा के द्वारा यह प्रयास शुरू किया गया है। 'शशांक' को केन्द्र में रखकर आरंभ किये हुए पूर्वकथा भाग में मन की गहराई के पक्ष की ओर झुकाव उतना नहीं हुआ है जितना घटना चक्र के घात प्रति-घातों से उत्पन्न परिणाम को संस्कृति के रूप में स्वीकार करने के एक मात्र 'आधार' तत्त्व की तरह मन को व्याख्यायित करने की ओर हुआ है। एक विराट नॉर्मल दुनिया से ज़िन्दगी की नाइंसाफी की वजह से बहिष्कृत शशांक के लिए 'मन' एक ऐसा भण्डार था जिसमें जानी हुई सभी बातों को जब तक चाहे वह छिपाये रख सकता है। यह छिपाव दुराव वैयक्तिक कमीनेपन का नतीजा है। विक्टोरिया मेमोरियल में तालाब के किनारे बेंच पर बैठकर छोटी-छोटी कागज की सफेद चिंदियों में कहावत या सुभाषित जैसे वाक्य लिखनेवाले अपरिचित व्यक्ति का लिखा हुआ वाक्य शशांक की पूर्व धारणा को झकझोर देता है। 'आदमी का मन एक गाँव है, जिसमें वही अकेला नहीं रहता।'

मानव संस्कृति की विकास यात्रा के पहले पड़ाव में आदमी का मन एकदम गाँव था। वह सामूहिक चेतना की उभार का प्रसंग है। ज्ञानोदय वेला में शशांक की पूर्व धारणा जो बदल जाती है उसका जिक्र यों है—''शशांक ने अपने मन में डुबकी लगाई, तो पाया कि उसके मन में दादी के विश्वास और माँ की अपनी मान्यताएँ तो थीं ही—और तो उसके मन में आर्थर भी (जो उसे सताता है) बहुत सारी जगह लेकर मौजूद था।'' यह स्वप्रत्यय है—आत्मप्रत्यय। परिपक्व धारणा थी ''इस गाँव से सबको निकाल दें, तो यह गाँव ही कहाँ बचेगा?'' गाँव में एक ओर हैं माँ, पापा, दादा-दादी, उसकी छोटी बहन और दोनों चचेरे भाई-बहन—सब अपनी-अपनी तरह से उसकी तरफ हाथ बढ़ाने के लिए आतुर। आश्चर्य है कि उसने ''उन लोगों में ही आर्थर जैसों को देखा, जो उसे तंग करके ही कुछ समय तक उसके साथ हो लेते थे और उन लोगों को भी, जो उससे कभी बात नहीं करते थे—जैसे बात नहीं करने से वे इस बात को झुठला सकते हों कि वह उनमें से ही एक था।'' इसी परिप्रेक्ष्य में कलकत्ता की गलियों में तथा कलकत्ता के नामी क्रिश्चियन स्कूल में तरह-तरह के इलाकों के बने रहने के पीछे जो मनोवृत्ति है उसका विश्लेषण बड़ी आसानी से शशांक कर पाया। गरीब से गरीब कैथलिक बच्चों में आनेवाला आर्थर तथा दुबेजी को हराम ईस्ट इंडियन कंपनी कहते सुनकर तमतमाकर मुट्ठियाँ बाँध कर खड़ा हो जानेवाला विलियम सरकार दोनों ही मनोवृत्ति समान नहीं थी, भले ही दोनों एक ही धर्मावलंबी हों। 'मन' को सामाजिक जातिगत संदर्भ में जानने का मौका था वह। नीची हैसियत वाले बच्चों से अपने बच्चों को दूर रखने की कोशिश करनेवाले माँ-बाप के 'मन' को वह भली भाँति समझ पाया था जब माँ आर्थर और उसके बीच की मैत्री को लेकर उपहास करती है। ''आर्थर मुझे

अपने बराबर एक आदमी तो समझता है। मैं उससे लड़ाई कर सकता हूँ। उसे मार सकता हूँ।'' जैसी बात करते समय शशांक ने जिस मनोभाव का अनुभव किया वह अजीब किस्म का है। माँ, मौसी और दादी के नारी चित्त की पहचान के लिए शशांक ने जानबूझकर कोई प्रयास नहीं किया। परन्तु धीरे-धीरे समय-समय पर उसने तीनों की मनोवृत्तियों का भेद जान ही लिया। आदमी या औरत इसलिए एक-दूसरे से भिन्न हैं कि उनका मनोव्यापार एक जैसा नहीं होता है। क्लास में काव्यालाप के संदर्भ में हमेशा से भी ज्यादा अकेला हुआ शशांक क्लास के बाहर जाकर पूरी कक्षा को एक बहुत गंदी सामूहिक गाली देकर अपने को मन ही मन 'हल्का' महसूस करता है। इस नयी मनोवृत्ति का परिचय उसे हुआ लेकिन विश्लेषण शशांक के लिए संभव नहीं है। अपने अभिन्न मित्र को भी 'अपना घर' न दिखाने में सावधान आर्थर को उसके अभावग्रस्त 'मन' के परिपार्श्व से ग्रहण करने में कोई कठिनाई उसे नहीं हुई। रेल दुर्घटना में मृत अपने पिता के पागलखाने में जिन्दा रहने की खबर उनके मृत्युप्रसंग पर बहन को भेजी चिट्ठी से जानने वाले वंश इतिहास की खोज में लगे जे. जे. या जैकसन के जातीय भावनाग्रस्त 'मन' को टटोलने की क्षमता शशांक में थी। तीन पीढ़ी की सौत—माँ की सास की, माँ की और अपनी सौत—हुई मनहठी को देहरी के नीचे गाड़ दिये जाने के बाद रूपमती जेतल दे देहरी से आते-जाते दासी पर लात मारती जाती जैसा जिक्र जब मनहठी कथा के प्रसंग में दादी कर रही है तब जेतल देवी का जो 'मन' उभर आया था उसका पता शशांक को कहाँ तक चला यह अलग बात है। छुआछूत की प्रथा से बुरी तरह ग्रस्त समाज में अपने नाम 'जीवन' के साथ जाति सूचक 'चाण्डाल' शब्द को लगाये हुए नमोशूद्र परंपरा के जीवन की विद्रोह भावना के पीछे का 'मन' बहुत जल्दी शशांक की पकड़ में आनेवाला नहीं था। नौ साल की लड़की का बलात्कार करने वाले की गर्दन को एक ही वार से काटकर झुला देने के निर्णय के पीछे जो 'मन' क्रियारत था उस पर सामाजिकता का कितना गहरा प्रभाव है वह भी शशांक की समझ के परे की बात थी। सबकुछ सह लेनेवाली दादी, दुख को दुख मानकर झेलनेवाली माँ, अपने को किसी के सामने न खुलने देनेवाली आरती मौसी, भारत आज़ाद हुआ तो हिन्दुस्तानियत से नफरत करके अपने बेटे को भी पति रिचर्ड को सौंपकर इंग्लैंड चली जानेवाली एंग्लो इंडियन लेडी रोज़ी आदि-आदि नारियों के 'मन' को जानने का मौका तो वस्तु विकास प्रसंग में अवश्य दिया गया है। लेकिन शशांक के 'मन' की जिज्ञासा के आधार पर 'वस्तु' विकास या 'चरित्र' चित्रण उपन्यासकार ने अपना रचनाधर्म नहीं माना है। गैरबराबरी के ख्याल से बुरी तरह आहत शशांक के 'मन' को आधार मानकर आज़ादी के बाद के भारतीय समाज के वर्तमान की विद्रूपताओं को रेखांकित करने में इन घटना प्रसंगों की उपादेयता है।

दादी की अपनी जिन्दगी के 'पुरावृत्त' की कहानी की भाषा और मुहावरे में कहने का कौशल शशांक की स्मृतियों से उभारा गया है। पूर्वकथा का 'जतीन दा शशांक

मिलन' प्रसंग वस्तु विकास को ध्यान में रखकर नियोजित नहीं है। शरीर से कमज़ोर शशांक को मन से स्वस्थ बनाने की रासायनिक प्रक्रिया उसी संदर्भ में हुई है। जतीन दा के द्वारा सामाजिक, राजनीतिक, सांस्कृतिक जीवन की घाटियों से गुज़रने वाले शशांक के पास उसकी दादी की जीवन दृष्टि की वैसाखी का सहारा है। दादी सिर्फ पूर्वी बंगाल से भारत-विभाजन वेला में कलकत्ता आकर बसे मारवाड़ी परिवार की सदस्य नहीं है। वह ज़रूर उस पारिवारिक संस्कृति का प्रतिनिधित्व करती है जहाँ बेटा बालिग होकर पिता के कारोबार में मददगार हो जाता है। इस परम्परानुमोदित कार्य में क्या शशांक थोड़ी ही मात्रा में सही सफल हो पायेगा? मन के भावों-विचारों को कब तक उसका शरीर साथ दे रहेगा? शशांक की कमज़ोरी पूरे परिवार और उसकी परम्परा की विलक्षणता का आकार नहीं लेगी? निश्चित व अनिश्चित के माहौल में शशांक की जिज़ीविषा पर करारी चोट नहीं लगती? परिवार की अस्तित्व की दीवारों में दरारें नहीं होंगी?

नौवीं साल की उम्र से शुरू हुई जिंदगी ने दादी को यह सीख दी थी—'पहला सुख नीरोग काया, दूसरा घर में माया।' दादी की कही कहानियों के लहजे ने शशाक को यह संकेत दिया है कि दादी किसी एक पर नहीं दोनों पर बल देती है। नीरोग काया की बात बड़ी जल्द शशांक की समझ में आ गयी थी। दूसरी बात का पूरा परिदृश्य उसके मन में उभरा तक नहीं। यह व्यक्ति और समाज के जीवन के संदर्भ में 'अनुभूत सत्य' न हो कर 'आख्यायित' सत्य हो जाता है। जैसे कि सामाजिक न्याय के मूल में निहित घर की समाज की माया वाली आर्थिक स्थिति उपन्यास के पूरे संदर्भ में आख्यायित ही रहती है; वह न भोगे जिये का प्रत्यक्ष उदाहरण हो जाता है। जैसे घर की माया की बात शशांक के जीवन का सच न होकर कल्पना की बात हो जाती है वैसे आज़ादी के बाद के भारत की सामाजिक असंगतियों के मूल में स्थित आर्थिक संकट पाठक को 'भोग्य' न होकर 'अनुमानाश्रित' सत्य हो जाता है। जहाँ तक दादी की कहानी का संबंध है वह मन गठित नहीं। सीधे जिन्दगी से उसका सरोकार है। दादी के लिए जिंदगी जिस मात्रा में यथार्थ है उसी मात्रा में कहानी भी यथार्थ है। वह मनोरंजन की सामग्री नहीं, उसकी भाषा, शैली, मुहावरे, घटनाएँ, संदर्भ सब कुछ जीवन की हर घड़ी में शशांक को धरती से अपने पैर न उखड़ जाने की ताकत देते हैं। दादी सच है; दादी की जिन्दगी सच का पुंज है; दादी की कहानी अँधेरे में रोशनी सी है। दादी और उनकी कहानी शशांक के मन में जितनी छायी हुई है, उसका आभास पूर्वकथा के पहले भाग में ही प्राप्त हो जाता है।

दादी बड़े घराने की थीं; अच्छा खाना खानेवालों, अच्छा कपड़ा पहनेवालों की परम्परा की। बचपन में ही दुख-दर्द, पीड़ा के घेराव में दादी आ गयी। माँ सालों से बीमार पड़ी थी। घर में दादी थी; पर सगी नहीं। चाची-काकी तो थीं; पर माँ की सेवा अकेली बेटी को करनी थी। माँ की संतानें अकाल में ही यमराज की मेहमान हो गईं। माँ कहती थी—शाप है, पूर्वजन्म के किये कराये का परिणाम भोग रही है; गाय को मारा था। वह मरी गाय अपनी सींगों से माँ की कोख को चीरती थी। अकेले एक

बची–सीता; दादी। माँ अप्रसन्न नहीं थी; बेटी की सेवा बेधड़के होती रही। गंगा किनारे पतिदेव की गोद में लेटे भगवान की यादों में आखिरी साँस लेने का सौभाग्य माँ को मिला था। दादी बिना माँ की लड़की हो गयी। बिना माँ की लड़की का 'शादी-बाज़ार' गरम नहीं होता था। लड़के के घरवालों को संदेह होता है–दहेज़ कौन देगा? भाई नहीं तो चुनरी कौन उढ़ायेगा? बाप की मौजूदगी में भी 'अनाथ' जैसी!! जब कभी लड़के वालों का लड़की देखना तय हो जाता बूढ़ी दादी पास आती; साड़ी बिस्तर पर छोड़ती, बोल जाती–तैयार हो जा, लड़के वाले आयेंगे। ऐसे आने जाने की परिक्रमा में कभी पन्द्रह साल की उम्र में दादी की शादी हुई; जबकि हमउम्र की लड़कियों की गोद में बच्चे खेल रहे थे। शादी हुई तो मोटा खाना खानेवालों, मोटा कपड़ा पहननेवालों के यहाँ आकर रहना पड़ा। ससुराल के पुर्खे पूर्वी बंगाल के थे। अपने गाँव में किनारे का काम करके जीवन निर्वाह करते थे। तंगी, दकियानूस-परम्परा का परिवार!! ठहरने का अपना कोई कमरा नहीं था, दूल्हा-दुलहन का। सुबह-सुबह उठकर पीहर से ससुराल को चलती और धूप ढलते-ढलते वहाँ से अपने घर की राह लेती। जब तक पिता ने 'दामाद' को एक कमरा उनके ही यहाँ बनाकर नहीं दिया तब तक चक्की यों ही चलती रही। ससुराल में बड़ा ससुर, छोटा ससुर, बड़ी सास, छोटी सास सब के सब मौजूद हैं। सास का हर साल अधूरा गर्भ जाता या पूरा बच्चा पैदा होता। कुल अठारह बच्चे हुए। बच्चों की देख-देख तो करनी थी। चौके में घुस गई तो लीपते-फूँकते, चूल्हा जलाते, मन-भर रोटियाँ पोते-पाते आधीरात तक हो जाने का पता नहीं लगता। चौके से मुश्किल से बाहर आ जाती तो बड़ी सास का पाव दबाते-दबाते 'आशीर्वाद' के लिए मुँहताज होकर बैठती थी। जब कभी अनजाने सड़क की तरफ झाँकती तो बड़े ससुर का खुरदरा हाथ बड़े ज़ोर से गर्दन पर पड़ जाता। वे चिल्ला उठते–"एक खसम से जी नहीं भरा क्या?" जब कभी पिता जी बेटी से मिलने आते, कोई खबर तक नहीं देता, पिताजी को सिर झुकाए बैठना पड़ता। जब पिता का साया देहली के पार हो जाता सास की जीभ खुल जाती–पहले ज़माने में बाप उस गली से भी नहीं गुजरता जिसमें बेटी रहती थी। ससुरालय में सबसे डरकर जीना था। मर्द के मन में औरत के प्रति शंका ही बनी रहती थी। कभी-कभार पश्चिमवाली खिड़की खुलती तो वह नज़रिया आ जाता–सामने के मकान का चौधरी बीवी की मार-कुटाई कर रहा है। न जाने कैसे बाहरी दुनिया की हवा का झोंका दादी के मन में लगा जाता था। प्रथम प्रधान मंत्री नेहरू को इंडो-पाकिस्तान लड़ाई के दरमम्यान दादी ने दो चूड़ियाँ भेंट दी थीं किसी के हाथों द्वारा; रूस के प्रधानमंत्री बुलगानिन को खुली गाड़ी में सेंट्रल एवन्यू से गुज़रते दादी ने देखा है। लाल बहादुर शास्त्री के दिनों में सोमवार को अनाज का खाना ही छोड़कर अनाज की कमी से उबारने के देशभर के प्रयास में दादी ने हाथ बँटाया था।

इतना सारा कष्ट झेल कर अट्ठाईस साल की ज़िन्दगी ससुराल में ही दादी ने बितायी; कोई शिकवा-शिकायत नहीं; रोना चिल्लाना नहीं। ऐसा उन्हें नहीं लगा था कि

ये सारे बरस गँवाए हैं। दुख तो हुआ; लेकिन दुख में ही प्रभु मिले। आराम की साँस खींचकर दादी बोलती थी–'अब तो आराम ही आराम है।' यह बोलना कभी नहीं भूलती कि नारी की योनि में जन्म लेने पर मोक्ष नहीं मिलता। प्राणिमात्र के प्रति रहम दिल दादी शशांक के लिए कोई मामूली औरत नहीं थी। दादी के दिमाग की चाल को समझना बड़ी मुश्किल की बात थी। हर समस्या को किसी कहानी किस्सा के अनोखे प्रसंगों के माध्यम से सुलझाने का कौशल जो दादी में था वह शशांक के आकर्षण का विषय था। शशांक के मन को बनाये रखने में दादी की भूमिका महत्त्वपूर्ण रही है। शशांक ने जतीन दा और दादी में भावना के स्तर पर काफी समानताएँ देखीं; एक-दूसरे पर विश्वास और सहयोग के रिश्ते बनाने और मौके पर दूसरे के काम आने के विषय में। दादी और माँ शशांक की नज़र में किसी भी मर्द से कम नहीं; सोच-विचार में करनी धरनी में। दोनों में ताकत है। अपने से परे की ताकत समाज की सामूहिकता है; उस पर माँ बल देती है। 'भव सागर है; कोई खेवक पार करा देगा' दादी की श्रद्धा भक्ति सिमटकर उस खेवक पर आयी है। दादी को वह मन से लड़खड़ाते देखता है। पुनः जतीन से मिलकर वह दिल से खोये हुए को पाने को तैयार हो जाता है। अपने प्रति माँ-बाप की जो मनोवृत्ति है उसकी जानकारी भी प्राप्त करता है। ह्वील चेयर पर केदार की धर्मयात्रा में भाग लेकर अपने को जीने लायक मानने लगता है। भावना की रंगभूमि में जब पाप 'नंगा' हो जाता है तो वह विह्वल हो गया लेकिन तुरंत 'सच को सच' के रूप में ग्रहण करने की बुद्धि जगती है। सबकुछ सह लेने की सबको माफी देने की ताकत की बुलंद आवाज़ थी–''कोई बात नहीं। इस सच को जतीन दा से पहले दादी से जाना था। आस्था और माँ की तर्कसंगत मान्यताएँ शशांक के जीवन के रग-रग में समा गई हैं। दादी को जीवों आत्माओं और देवताओं का प्रसन्न करने की चिन्ता है; माँ कहती है वह एक प्रेम करनेवाले मन से अधिक डरा हुआ मन है। उस चिंता के पीछे अपना सब कुछ बचाये रखने की यानी खुद की चिंता अधिक है।'' शशांक दादी को माता की नजर से नहीं देख पाता। दादी की भावनाओं और माँ के विचारों से प्रभावित शशांक के सामने जतीन दा की उपस्थिति आख्यान के प्रवाह को गति देने के लिए हुई दीखती है।

आज़ादी के बाद के भारत की राजनीतिक, सामाजिक यथार्थ की चपेट खाया हुआ व्यक्तित्व है जतीन दा का। उपनिवेशी संस्कृति के कर्दम में पैर जमे भारतीय समाज के वर्तमान का वह आमना-सामना हुआ है। समाज के निचले तबके के लोगों के मुक्ति आन्दोलन में दिल से भाग लेकर वह हारा हुआ है। ईगो के क्लाश से जर्जर 'समाज मुक्ति-धाम' के मलवे पर वह बैठा है। किसी परिचित के शव को कंधा देकर मन से शान्त और प्रसन्न होनेवाला वह सचमुच भारतीय क्रान्ति की तलाश अपनी यादों की झोली में बाँधे भटक रहा है। जतीन दा काफी अनुभवी है। इतिहासी की गतिविधियों का जानकार है। पूर्वकथा प्रसंग में कमज़ोर होते हुए भी लड़खड़ाते चलने वाले शशांक के मन-मस्तिष्क में जतीन दा छाया हुआ है। जीवन चांडाल के न्याय दिलाने के तरीके से

काफी प्रभावित शशांक अगर उसी वैचारिक भूमि से और भी गुज़रते रहता तो उसका और एक प्रकार का व्यक्तित्व उभर आता। वायरस जतीन दा का स्थानापन्न हुआ तो 'पूर्वकथा' का प्रवाह रुक गया; कथा प्रवाह का नया मोड़ होने लगता है। दकियानूसी परम्परा में पली हुई हो तो भी दादी अपने समय के सच को दिल से छू लेती थी। इसलिए शशांक के मन पर सचाई का हल चला पाई थी। वहाँ जतीन दा के संपर्क से अच्छा-खासा परिणाम संभव था। शशांक ने एक बार साफ़-साफ़ पूछा था कि 'माँ जब मन चाहे, घर बाहर चली जाती होगी, तब तुम्हें गुस्सा नहीं आता होगा?' दादी का जवाब बहुत साफ़ था युक्ति संगत भी–"मुझे कभी बुरा नहीं लगा। जमाना बहुत बदल गया था।" शशांक बीमार पड़ा तो माँ ने अपने को सिर्फ बेटे की सेवा पर छोड़ा था। इलाज थोड़ा जवाब देने को था तो दादी ने माँ से कहा–'दो महीने बीत गए। अब तुम्हें कोर्ट भी जाना है। काम का कितना नुकसान होगा।' दादी इस बात को लेकर काफी खुशी का अनुभव करती थी कि बहू वह काम कर पायी है जिसका सपना भी वह देख नहीं सकती थी। दादी सबकी आदतों को, जरूरतों को जानने की क्षमता रखती थी। सब के आचरणों के पीछे की मनोवृत्ति को पकड़ लेती थी। फेल हुए बच्चों को पास हुआ सर्टिफिकेट लेने वाली सीतापांडे की चोरी को लेकर दादी बोली, "दुनिया में सब चोर होते हैं। कोई ऐसा नहीं होगा जिसके मन में एक बार भी चोरी करने की बात न आयी हो। ...खुद मैंने बचपन में चोरी की थी।" दादी की चोरी काजू-किशमिश तक सीमित थी। कभी न हँसनेवाले रामा को लेकर दादी ने कहा था–"बेचारे के घर में बहुत परेशानी हो और इसीलिए यह ऐसा चिड़चिड़ा रहा हो।" किसी के प्रति अनुदार न दिखने वाली दादी बदलती दुनिया को भली भाँति समझ चुकी है–'पहले चौक के मकानों में लोग अगल-बगल के लोगों के सुख-दुख में काम आते थे, अब न कोई किसी के काम आता है, और न कोई चौबीस घंटे निगरानी करता है कि कौन क्या कर रहा है।'

पूर्वकथा के प्रसंगों में तथा मुख्यपात्र के मन में दादी छायी हुई है। उत्तरकथा में वस्तुविकास और चरित्र चित्रण की दिशा में दादी की ज्यादा कोई बड़ी भूमिका नहीं है। आरती मौसी और माँ वायरस से बुरी तरह आहत शशांक का संबल हो जाती हैं। माँ का सुनियोजित कार्यक्रम उसे पुनः जिंदगी की ओर वापस आने का बल देता है। ह्वील चेयर और टाइपराइटर के सहारे बारहवीं कक्षा की परीक्षा पास कर कॉलेज में भर्ती होने वाला शशांक अपनी कमज़ोरियों से समझौता कर चुका था। उसे अपने हिस्से के दुख को आप ही आप झेलने की सीख जतीन दा मौसी और माँ के संपर्क से प्राप्त हुई थी। अपने बेटे को जैसे-तैसे दुनिया में जीने लायक होते देखकर माँ जरूर प्रसन्न थीं। शशांक ने माँ को किसी से फोन पर बात करते सुना है–"शशांक अब अपने सारे काम खुद कर सकता है--नहाना-धोना, खाना-पीना, कपड़े पहनना वगैरह-वगैरह। वह दीवारें और फर्नीचर पकड़कर इधर से उधर जा सकता है।" पूर्वकथा प्रसंग का शशांक हर शनिवार को विक्टोरिया मेमोरियल पर जतीन दा से मिलने के लिए खुद पैदल चला करता था,

लडखड़ाते ही सही। अब तो वायरस के कारण वह गतिहन और शब्दहीन हो चुका था। शशांक अब तो पता नहीं कर पा रहा है कि माँ की आवाज़ में राहत है या अफसोस? उसे बीमार पड़े तीन साल बीत गए। उसका इतना ठीक होना और कॉलेज भी जाना शायद एक असंभव सी बात का संभव होना है। मुँह से लार गिरती रहने और गर्दन तक न सँभाल पाने की हालत से वह कम से कम यहाँ तक तो हो पाया है। यह देखकर माँ को खुश होना चाहिए। पता नहीं पहले की तरह माँ यह सपना देखती है कि वह बिना किसी की सहायता के चलने लगेगा। शशांक हर दिन यह अनुभव करता ही रहता है कि पापा हताश हैं; कई छः महीने तो बीत गए; बेटा ऐसा ठीक-ठाक तो नहीं हुआ कि अपने कारोबार में मदद दे पावे।

एक भयानक विस्फोट के बाद जिस नयी इन्तजार की रोशनी में कहानी लिखना शुरू किया गया था वह आखिरी पड़ाव तक आते-आते खतम हो न पाने की असमंजस की हालत में चक्कर खाता सा अनुभूत हो जाता है। पठन में दम घुट जाना जैसा अनुभव!! कथाख्यान में कहीं न दादी है न आरती मौसी। कथा कहानियों, आख्यानों उपाख्यानों, बयानों-बहसों में ऐसा कोई धागा नहीं है जो कहानी के मूल को ग्रहण करने में सहायक हो। पूर्वकथा के प्रारंभ में गार्ड की सीटी बजाने की आवाज़ सुनकर शशांक जैसे सकपका जाता है वैसे उपन्यास का पाठक सकपका कर हैरान हो जाता है। न कुछ स्पष्ट है न अस्पष्ट!! गहरी होती साँझ की धुँधली छवि से निर्धारित माहौल!! रविवार के दिन में प्रातः जब कि बंबई से संजय अंकल नाश्ता के लिए आ रहे हैं शशांक और उसकी माँ के पारस्परिक संबंध को लेकर पुनः शुरू की गई कहानी समाप्त-असमाप्त होने की स्थिति में आ जाती है। शशांक सुबह उठकर स्नान वगैरह करके नीचे को उतर आया तो पापा ने पूछा—"अरे! तुम तो संडे के दिन देर से उठते हो। आज कैसे उठ गए? यानि शशांक का सुबह उठकर ऊपर से नीचे आना मन ही मन पापा को पसंद नहीं आया था। कुछ देर बाद पापा को माँ से कुछ खुसुर-फुसुर करते और माँ के चेहरे को फीका पड़ते देखा तो शशांक अपने को काबू में न रख पाया। दादी और जतीन दा की किस्सा कहानियों, जीवन-प्रसंगों से होकर उभर आयी संस्कृति का धागा टूटने को हुआ। शशांक ने दवी ज़वान में पापा से पूछा—'आर यू अशेम्ड ऑफ मी?" कलकत्ता के विक्टोरिया मेमोरियल मैदान में गार्ड का बुरा सलूक और ऐसी दृष्टि से देखना कि तब तक वहीं बैठकर शशांक और जतीन दा कोई बुरा काम कर रहे थे—भी शशांक को इतना अपमान जनक और आपत्तिजनक प्रतीत नहीं हुआ था। पापा का चेहरा उतर जाना तथा माँ का सन्न खड़ी रहना जैसा प्रसंग अतिनाटकीयता का रंग है। शशांक का सवाल सचमुच पापा के दिल को झकझोर देता है। आख्याता सिर्फ एक ही वाक्य से असमंजस के पूरे माहौल को स्पष्ट कर देता है। शशांक के प्रश्न से भूत, वर्तमान और भविष्य सहित पूरा ब्रह्मांड नज़र आ गया था। वह (माँ) जीवन में पहली बार अवाक् थी। पापा सहायता के लिए माँ की तरफ देख रहे थे। उसकी घबराहट से शशांक का मन

पसीज आया। मानो दादी की कहानी-जीवनी विवरण का संस्कार मौके पर काम आ रहा हो। पापा ने शशांक की तरफ देखा और उसके बाल बिगाड़ते हुए कहा–'तुम मेरी जान हो–यू आर माइ लाइफ।' आख्याता अपने आप प्रमाणित करने की कोशिश करता है कि ''इस बात की सच्चाई धरती और आकाश की तरह थी। मन से मन विक्षुब्ध हो जाने के उस प्रसंग में शशांक ने देखा कि पिता के चेहरे पर एक देवता है। उसने देखा कि माँ की पत्थर बन गई पलकें पापा के शब्दों के स्पर्श से हिलने लगी हैं और वह भी इस देवता को देख रही है। यहीं तो उपन्यास लेखन प्रसंग में आख्यान का अंत हो जाता है। सारा प्रवाह अवरुद्ध है। आगे की गति की कल्पना तक नहीं की जा सकती, परन्तु यहाँ आगे थोड़ा सा विश्लेषण भावनात्मक प्रसंग में होता है–''माँ ने अपने अंदर देखा–उन तमाम शिकायतों को, जो रोज वह जीवन से या किसी अनजान ईश्वर से करती थीं। कैसे रोज वह एक नए सिरे से जिन्दगी को सहना सीखती थीं। कैसे वह रोज अपने से कहती थीं–काश! ऐसा न हुआ होता।'' तमाम रचना के संदेश के रूप में मन ही मन एक वाक्य उभर आया–बहुत मुश्किल है किसी की कमी को सहना और वह भी अपनी बनाई हुई चीज़ की। अपनी ही संतान की। शशांक का धीमे से मुस्कुरा कर कहना–'कोई बात नहीं' अशान्ति से शान्ति की ओर मन के प्रयाण का संकेत है। इससे एक सतरंगा इन्द्रधनुष उभरकर छा गया। इसमें न दुख के रंग थे न सुख के। वह उसी तरह अद्‌भुत, पूर्ण और रहस्यमय था, जैसे कि खुद जीवन होता है।

समाप्त होने के बाद कृति पाठक के मन के किवाड़ पर दस्तक देने लगती है। मन पर आरती मौसी के द्वारा पुनःसृजित कहानी कहाँ तक पाठक के अपने समय के सच को उतार पाई है? आरंभ से अंत तक कहानी व्यक्ति की कमजोरी का रूप रंग दिखाती है। अनेकानेक कहानियों जीवनियों की भरमार भले ही हो, कहानी का मूलस्वर बिखर नहीं जाता है। एक ही भाव-लय की कविता की भाँति वह पाठक को मुग्ध कर देती है। उपन्यासकार ने शशांक वाली कहानी के सारे धागों का उसके आख्याता के रूप में स्थित आरती मौसी के हाथों में सौंपा है। पूर्व और उत्तर में बँटी कहानी धीरे-धीरे शशांक की दर्दनाक जिन्दगी का केंचुल निकालकर विशाल आबोहवा के जन जीवन की यन्त्रणाओं और उसकी असंगतियों को अक्षरों से बने वाक्यों में समेटने लगती है।

पैदा होते ही कमज़ोर और विकलांग होने की वजह से सामाजिक जीवन प्रसंगों से जो बहिष्कृत और अपमानित होता है उसके अन्तर्मन की अकुलाहट को 'कोई बात नहीं' का मूल स्वर मानेंगे तो वह न काल-देश-व्यक्ति सापेक्ष है। इसमें ऐसी 'आत्मरति' की भावना है जो अपनी अस्मिता की तलाश और समाज में अपनी जगह पाने की प्रबल चेष्टा के पीछे क्रियारत है। यहाँ अनियंत्रित उत्साह का स्फुरण संभव है। इस भावना को इक्कीसवीं शती के अन्त में कलकत्ता के एक मारवाड़ी परिवार में और उस परिवार के तमाम व्यक्तियों में सन्निविष्ट करने का प्रयास भाव के विभाव के रूप में परिणत होने या होने देने का जैसा प्रयास ही है। अमूर्त को मूर्त और अस्पष्ट को स्पष्ट करने की

कलात्मक चेष्टा। सरसरी दृष्टि में 'कोई बात नहीं' पाठक के लिए एक माँ और बेटे की कहानी है। या प्राकृतिक एवं जैविक ओलनाल के संबंध से बिछुड़ने के बाद भी अदृश्य रूप से पुनः ओलनाल से जुड़कर रहने वाले बेटे और उसकी माँ की कथा का पुनराख्यान है। सामाजिक, पारिवारिक, वैयक्तिक जीवन की तमाम छवियों को आत्मसात की हुई माँ और बेटे की कहानी है। इसको एक इकाई में लें तो उसके काल-स्थानपरक पक्ष सीमित न होकर बहुआयामी हो जाते हैं। उसके तानेबाने, रागात्मक भावनाएँ तथा मानव संस्कृति की अंतःसलिला से निःसृत दायित्व संकल्पनाएँ हैं। बेटा माँ की उपज है, उत्पन्न है, कमोडिटी। उदारीकृत बाज़ारी संस्कृति के माहौल में किसी भी खराब उत्पन्न की मांग नहीं होगी। अपनी कमोडिटी का पेरफेक्शन चिन्ता का विषय है उत्पादक का, वितरक का, उपभोक्ता का। साफ-सुथरी चीज़ की बाज़ारी माँग होती है। इसलिए उत्पादित हर चीज़ को खराब होने से बचाये रखने की दृष्टि उपनिवेश संस्कृति की उपज की न होकर उसके बाद की बाजारीकरण की देन होती है। इस सांस्कृतिक विकृति के मूल में वैयक्तिकता और ऐसी ईगो की भावना है जो प्रदूषित होने की दिशा की ओर उन्मुख है। इस आत्मकेन्द्रित संकल्पना के परिवेश से स्वीकृत कथा के पल्लवन तथा वस्तु-चरित्र विकास के प्रसंग में एक प्रकार के पेरफेक्शन की चिन्ता कृतिकार में बनी रहती है। अतः विकसित एलोपैथी चिकित्सा विज्ञान के अगल-बगल की जानकारी को वस्तु-चरित्र प्रस्तुति के आधार के रूप में स्वीकार किया गया है। जैसे "सेरेब्रल पैलसी। मेरी खास प्रॉब्लम को एथिटोयड कहते हैं जिसमें बैलेंस के संतुलन की समस्या रहती है। चलते-चलते झटका लग जाता है, अचानक चलना गड़बड़ा जाता है। पैदा होते समय डॉक्टर ने ऑपरेशन करने में देर की। यही इसकी वजह है। एनोक्सिया हुआ था उस समय दिमाग में ऑक्सीजन की कमी हुई। चलना शुरू किया छह साल की उम्र में।" पूर्वकथा के अन्त में भी एक ऐसा चित्रण हुआ है। लेंच ब्रेक में क्लास के बाहर नीचे क्रिकेट खेलते लड़कों को देखकर वापस अंदर घुसते हुए शशांक को कुछ अजीब सा लगा। आँखें मींच लीं। एक प्रकार का डर धीरे-धीरे अंदर बड़ा होता रहा। दिल, फेफड़ों और मन सब को ठेलकर एक तरफ करने का जैसा अनुभव। डॉक्टर की भाषा में 'कोई बात नहीं।' पर माँ मानने को तैयार नहीं; यह बेहोश नहीं हुआ? और यदि सचमुच हुआ तो बेवजह हुआ? डॉक्टर को विज्ञान का नहीं तकनॉलाजी का सहारा लेना था—तो इसके दिमाग का ई.ई.जी. करवा लीजिए। ई.ई.जी. रिपोर्ट के आधार पर न्यूरॉलॉजिस्ट ने गर्डिनल दवा लिख दी। इतनी सारी दवाओं से छूट देने के लिए माँ ने होमियोपैथिक डॉक्टर की शरण ली थी, फिसियोथेरापिस्ट आदि-आदि चिकित्सकों की खिदमदत से बेटा लगड़ाते ही सही खुद चलता-फिरता देखकर माँ खुश थी। अचानक वायरस के रूप में दुर्भाग्य की चपेट हुई तो शशांक का ही नहीं माँ की भावना भी जम गयी। शब्दहीन गतिहीन होकर जीने की बेटे की त्रासदी माँ और उसके अपने समाज की असीम पीड़ा का दस्तावेज हो जाती है। स्पीच वाला, प्राणिक हीलिंग वाला, रैकी, सबके प्रयोग का शशांक बेटा विक्टिम हो

जाता है। बेटे ने अपने को माँ का पूरा छोड़ दिया; माँ ने अपना सारे का सारा कारोबार वंद किया, सिर्फ बेटे के बिस्तर और उसके आसपास रहीं। नींद की गोली से अपने और अपने बेटे की नींद को हराम करनेवाली रात पर हमला बोल दिया। बेटे के गुम हो गये शब्दों के बदले कोई नया शब्द भी तलाशती रहीं। जब नानी के सारे मुहावरे-कहावतें, सारी कथाएँ अपना रास्ता भूलकर भटक गई तब जतीन दा काउंसलिंग कुछ बुनियादी रूप से फायदेमंद सिद्ध हुआ–'तुम फिर पहले के जैसे चलने-फिरने लगोगे।' का आश्वासन हारी जिंदगी की छोर पर अंगुली से छूने का जैसा अनुभव कराता रहा। खुशी-खुशी बेटे के लिए एक व्हील चेयर खरीद कर भगवान की मर्जी के खिलाफ जिंदगी का नया रास्ता खोलने का साहस माँ ने किया। बच्चों की दुनिया में कमज़ोर बच्चे के लिए भी जगह है यह सिद्ध करने के प्रयास में अधबीच औंधामुँह गिरना पड़ा हो, तो भी माँ धैर्य बटोर कर उठ पाई। 'इट्स गुड टू सी यू अगेन' का शिष्टाचार वचन बेटे को दिलवाकर माँ प्रसन्न हुई। पर यह सच उसके दिल को कचोटता था कि 'कम्यूनिकेट' करने के लिए उसके पास कोई भाषा नहीं है–न अंग्रेज़ी, न हिंदी, न बांग्ला। सर्वहारा बेचारा बेटा!! उस बेसहारे को अपनी ताकत के बल पर 'खुशी' देने में माँ की खुशी थी। आरती मौसी की कहानी में आँख के डॉक्टर के इन्तज़ार में बैठा हुआ एक ऐसा आदमी है जो जीवन भर अपनी आत्मा पर लदे बोझ के साथ जीता है। उसकी आत्मा का दर्द है--आज़ादी की लड़ाई में अपने साथियों के खिलाफ गवाही देकर उन्हें फाँसी की सूली पर लटका देने के बाद अपने ज़िंदा बने रहने का कोई अर्थ निकाला जा सकता है? वह विदेशी खबरची बनकर अमेरिका चला गया। विश्व युद्ध से लेकर सभी लड़ाइयों की खबर जान खतरे में डालकर दुनिया को देता रहा। 1975 के भारत इमरजेंसी की आँखों देखी हालत दुनिया को बताने भारत वापस आया है। पर उसके बोझ को उतारने का सारा प्रयास नाकामयाब हुआ। माँ ने नल-दमयंती कथा हरिकथा सब कुछ सुनायी–प्रायश्चित्त के रूप में। घर बनाते समय पिछवाड़े में जो पीपल का पेड़ था उसे कटवा देने की बात माँ ने की थी। पेड़ का प्रायश्चित्त हो जाएगा, घर में भागवत कथा कराने से। दमयंती की कथा सुनकर माँ एकदम अपने को भूल जाती है। माँ अपने आप कहती थी–'लोग अपने ही दुख से दुखी होते हैं और अपने ही सुख से सुखी।' यह माँ का निष्कर्ष है। वह कथा ही कैसी जो आदमी में कोई परिवर्तन न करे। माँ ने जिंदगी को दो भागों में बाँट रखा है, घर में और कोर्ट में। कोर्ट की बात कोई उससे नहीं पूछता।

माँ-बेटे के इस नैसर्गिक संबंधों का लेखा-जोखा आकर्षक है। जिन्दगी के सुन्दर और आदर्श चित्र को उपस्थित कर देने का प्रयास अवश्य है। परन्तु आदि मध्य अन्त युक्त कथाख्यान पद्धति से उपन्यासकार ने उसका निर्वाह नहीं किया है। अपने समय के 'सच' को रचना में सन्निविष्ट करने के प्रयास में आज़ादी के बाद के भारत की घटनाओं की यादगारों को मूल कथा से संबंध न रखनेवाले पात्रों के द्वारा प्रस्तुत करते हुए आख्यान तन्त्र के बदलते रहने का एहसास दिया गया है। इन सारी घटनाओं के

ऐतिहासिक पक्षों को किस्सा कहानी, जीवनी, बयान-बहसों के दरम्यान उभार करना अनुभूत सत्य का उद्घाटन जैसा हो जाता है। भारत पाकिस्तान लड़ाई, नक्सलबाड़ी की सशस्त्र क्रान्ति, एमरजेंसी जैसी आज़ाद भारत की घटनाओं को खबरची भाषा में पेश करने का दुःसाहस रचनाकार ने नहीं किया है। आख्यान में कहीं शशांक के परिवार के माँ-बाप, दादी-दादा, चाचा-चाची के नामों का उल्लेख नहीं है। शशांक और उसकी माँ का पूरा परिवार, अपनी तमाम कमज़ोरियों और खूबियों के साथ आज़ाद भारत के परिवार, समाज का प्रतिनिधित्व लेते हैं।

आज़ादी के बाद का भारत सपनों का भारत था, धर्मनिरपेक्षता सर्वहित साधन तथा समाज के कल्याण के सपनों का। वह गतिहीन और शब्दहीन होते हुए भी बिगड़ा नहीं है; बिखरा नहीं है। रामराज्य का अधूरा सपना 'अकथ कहानी' न होकर 'असामाप्त कथा' रह जाता है। सामन्ती उपनिवेशी संस्कृति के इतिहास का भूत इस पर सवार है। गाँधी भारत की समाज केन्द्रित दृष्टि परिवार केन्द्रित तथा धीरे-धीरे व्यक्ति केन्द्रित होती जा रही है, जैसा अनुभव रचना के भीतर के संसार में पुनः-पुनः सैर करने पर हो रहा है। जे. जे. एक सांस्कृतिक त्रासदी का प्रतीक है तो जीवन चांडाल भारत की आजादी को निरर्थक साबित करने वाला मिथक। जतीन दा निरर्थक कुरबानी और क्रान्ति का बोझ ढोये रहने को अभिशप्त है जो बदला लेने की अपेक्षा न्याय का पक्ष लेने वाले शीर्षेन्दु का समर्थक है और आख्यान के अंतर्गत जीवन प्रसंगों का एक-दूसरे से जोड़नेवाला धागा है; पूरक है। माँ-बेटे की कहानी के इर्द-गिर्द से गुज़रने पर नारी चेतना, दलित चेतना, सांस्कृतिक संकट की समस्या जैसे समसामयिक जीवन की अनेकानेक समस्याओं का सामना करना पड़ता है। एक सर्जक की प्रतिभा के अभिव्यक्ति-संकट से गुजरने के माहौल में व्यक्ति और समाज की कथा बुनी गई है। आक्रोश की अपेक्षा संयम पर बल देनेवाला यह आख्यान हिन्दी उपन्यास की यथार्थवादी परम्परा के और एक आयाम की पहचान करा देता है। इसकी भाषा पात्रानुकूल न होकर विषयानुकूल है। हिन्दी के किसी एक भाषा क्षेत्र से उसका संबंध जोड़ा नहीं जा सकता।

अन्तर्वंशी : एक फॉर्मूलाबद्ध उपन्यास

डॉ. के. जी. प्रभाकरन

उषा प्रियंवदा का नवीनतम उपन्यास है 'अन्तर्वंशी। तैंतालीस वर्षों की औपन्यासिक रचना-यात्रा के दौरान उषा जी के चार ही उपन्यास प्रकाशित हुए। 'पचपन खम्भे लाल दीवारें' (1962)। 'रूकोगी नहीं राधिका' (1970), 'शेष यात्रा' (1984) और अन्तर्वंशी (2000) उषाजी के उपन्यास लम्बे अन्तराल के बाद प्रकाशित होते रहे। प्रायः रचना का यह अंतराल लेखक की प्रतिभा के विकास और प्रौढ़ता की भूमि तैयार करता है। उषा जी के पहले तीन उपन्यासों में कमोबेश उनकी प्रतिभा का उत्तरोत्तर विकास पाया भी जाता है। लेकिन इस कसौटी पर 'अन्तर्वंशी' हमें निराश करता है। वह 'शेषयात्रा' के आगे की रचना क्या, समकक्ष की रचना भी नहीं हो पायी। 'अन्तर्वंशी' जो रचनात्मक साक्ष्य प्रस्तुत करता है वह उपन्यासकार की प्रतिभा का क्रमशः चुकने एवं क्षरित होने का है।

उषाजी के उपन्यासों की विषयवस्तु मध्यवर्गीय जीवन है। यह मध्यवर्ग कभी भारतीय है तो कभी प्रवासी भारतीय जो अपने को उच्च वर्ग में प्रस्थापित करने की होड़ में लगा है। भारतीय मध्यवर्ग के संदर्भ में उनकी आर्थिक परेशानी, जीवन की विडंबना, कुंठा, अकेलापन और संत्रास को अनुभूति के स्तर पर उतारा गया है। प्रवासी भारतीय मध्यवर्ग के चित्रण में उनकी महत्वाकांक्षा और संघर्षमय जीवन के साथ उनकी धूर्तता, दंभ एवं छल, पाखंड को उघाड़ा है। उषा प्रियंवदा की असली पहचान प्रवासी भारतीय जीवन की उपन्यासकार की हैसियत से है इसमें भी खासकर नारी पात्रों की चित्रकार के रूप में। इस दृष्टि से उषाजी की स्थिति निर्मल वर्मा के विलोम है। जिनके उपन्यासों में प्रवासी भारतीय स्त्रियाँ दुर्लभ हैं।

उषाजी के उपन्यासों का फलक सीमित है। सभी उपन्यासों की विषयवस्तु प्रायः एक जैसी है। परिवेश भी एक और परिस्थितियाँ भी समान। सभी नायक उच्च मध्यवर्ग के इंजीनियर, पत्रकार, डॉक्टर या प्रोफेसर हैं। नायिकाएँ शिक्षित, कभी अर्द्ध शिक्षित भी विवाह के बाद पति उनको अमेरिका ले जाते हैं। कभी पति द्वारा तलाक दिये जाने पर, कभी उनसे उपेक्षित होकर ये नायिकाएँ अपने ही बलबूते पर जीने लगती हैं। छोटी-मोटी नौकरियाँ करते हुए वे उच्च शिक्षा प्राप्त करती हैं। कोई डॉक्टर बनती है, कोई पढ़-लिखकर अच्छी नौकरी पाती है। वे नारी की अस्मिता एवं स्वायत्तता की घोषणा करती हैं।

'अन्तर्वंशी' बनारस की चुनमुन उर्फ वनश्री उर्फ अमेरिकन वाना की कथा है। विण्डसर (कैनाडा) के डॉ. शिवेश मिशिर से चुनमुन की शादी होती है। विण्डसर में मिशिर परिवार क्रिस्तीन के मकान में रहता है। अब वाना दो प्यारे बच्चों—आकाश और विकास की माँ है और पति तो उसे एकाग्र रूप से चाहनेवाले। "दो-दो बेटे, सुन्दर स्वस्थ, एकाग्र रूप से चाहनेवाले शिवेश।" लेकिन वाना दिल से दुखी है। नौवें दर्जे तक पढ़ी और ठीक-ठाक अंग्रेजी न बोल पानेवाली वाना अपने को मेढकी मानती है और हमेशा हीनभावना से ग्रस्त रहती है। शिवेश के प्रेम रहित यौनाचार से भी वह परेशान है, "कितनी हड़बड़ रहती है इन्हें, जुट जाते हैं अपने सुख में। पूरा कपड़ा अलग करने का समय भी नहीं लेते।" वाना शिवेश के मित्र राहुल के प्रति आकृष्ट है। शादी के पूर्व जनेऊ उत्सव में वाना ने अपने भावी पति की जो झलक देखी वह राहुल की थी, "राहुल की एक झलक देखी—लम्बा कद, सौम्य चेहरा।"

नये ऑफर पर कैलीफोर्निया विश्वविद्यालय जाते हुए राहुल की नयी गाड़ी दुर्घटनाग्रस्त होती है। वह बुरी तरह घायल हो जाता है। अस्पताल से उसे शिवेश के घर लाया जाता है। वाना बड़ी तत्परता से उसकी सेवा-शुश्रूषा करती है। दोनों का लगाव बढ़ जाता है। पूर्ण स्वस्थ होकर राहुल कैलीफोर्निया जाता है। वाना क्रिस्तीन की प्रेरणा से पढ़-लिखकर आत्मनिर्भर होने का संकल्प करती है। वह शाम की कक्षा में जाकर अंग्रेजी पढ़ती है। जल्दी ही उसे एकदम अमरीकी उच्चारण से सही अंग्रेजी बोलने का अभ्यास हो जाता है। उसे जैक किंग और ग्रेस किंग के मकान खरीदने और बेचनेवाली एजेन्सी 'किंग रियैलिटी' में सेल्स सहायक का काम मिलता है। बाद में जैक और गेस के अलग होने पर गेस की 'गेस बायी एजेन्सी' में सेक्रेटरी, रिसेप्शनिस्ट और सेल्स सहायक रहती है। इस बीच विंडसर विश्वविद्यालय से पक्की नौकरी का ऑफर पाकर राहुल विंडसर आता है। वह अपनी एजेन्सी के द्वारा वाना के दिलवाये मकान में रहता है। मकान दो परिवारों के रहने लायक है। वाना शिवेश और बच्चों के साथ मकान के आधे हिस्से में रहती है। राहुल अपनी बहन बेबी के आग्रह पर देवप्रिया से विवाह करने की हामी भरता है। विवाह विंडसर में होना तय होता है। चाची, बेबी, अंजी और वाना विवाह की तैयारी में जुट जाते हैं।

इधर शिवेश विश्वविद्यालय के अनेक विभागों की अस्थायी नौकरी से ऊबकर अहमद, असमद और सुलतान के साथ सांझे में अंजी की दूकान—सुविधा स्टोर—चलाने लगता है। लखपति बन जाने के लालच में वे कोकीन की तस्करी का धंधा करते हैं। पुलिस उनके पीछे पड़ जाती है तो शिवेश सुलतान के साथ फरार हो जाता है। वाना के सामने घर पर छापा न पड़े इस ख्याल से शिवेश के ही अनुरोध पर राहुल वाना तथा बच्चों को लेकर दूर शहर के एक होटल में जा टिकते हैं। वहाँ अपने ही सौंदर्य पर मुग्ध एवं राहुल के प्रति मोहग्रस्त वाना रात के एकांत में उसके कमरे में प्रवेश करती है। राहुल शय्या पर लेटे लेटे ही उसे अपनी ओर खींच लेते हैं। वाना बाढ़ की गंगा के समान राहुल

को रति के महानद में बहा ले जाती है। वाना गर्भवती बन जाती है। देवप्रिया के साथ राहुल का विवाह रद्द हो जाता है। एक रात शिवेश छिपे-छिपे घर आता है। बातचीत के सिलसिले में "शिवेश आई अम लीविंग यू" कहकर वाना ऊपर चली जाती है। रात में शिवेश आत्महत्या करता है। समाचार पाकर राहुल विंडसर लौटता है। वाना-राहुल के मिलन पर उपन्यास का शुभांत होता है।

वाना, शिवेश और राहुल की मुख्य कथा के भीतर कुछ छोटे-छोटे आख्यान 'अन्तर्वंशी' में आये हैं। पहला तो सारिका से संबंधित है। सारिका तीन साल के कांट्रेक्ट पर अस्पताल में रेजिडेंट के रूप में विण्डसर आयी थी। वह शिवेश के मकान के खाली हिस्से में रहने लगी। वाना से उसकी गहरी दोस्ती होती है। स्वावलंबन, आत्मविश्वास, नारी अस्मिता आदि की शिक्षा वाना को सारिका से मिलती है। पोस्ट ऑफिस में अचानक सारिका की हत्या होने से वाना पागल हो जाती है। उपन्यास का दूसरा आख्यान अंजी–बंगलादेशी अंजुमन–का है। अंजी वाना के साथ शाम की कक्षा में अंग्रेजी पढ़ रही है। उसका पति डॉ. असलम अहमद ने अस्पताल की एक गोरी नर्स ग्लोरिया से संबंध स्थापित कर अंजु को तलाक दिया है। उसके दो बेटे हैं जेसन और मार्क। अंजी सिलाई करके जीविका कमाती है। बाद में अंजुमन नाम की बूटीक खोलती है। फिर वाना के साथ 'डे केअर' सेंटर खोलती है। लेकिन उसके जीवन में जल्दी ही अच्छे दिन लौट आते हैं। असलम अहमद की अमेरिकन बीवी के रिश्ता तोड़ने पर वह अंजी के पास लौट आता है। उसे सऊदी अरब से ऑफर मिला है। बड़ा ऐशो आराम रहेगा। अंजी अपने पति को माफ कर देती है और उसके साथ जाने की सोच रही है। अंजु की कथा 'शेष यात्रा' की अनु की कथा से मिलती-जुलती है। अंतर केवल इतना है कि अनु अपने पूर्व पति के साथ नहीं जाती। वह अपने जीवन की शेष यात्रा अपने प्रेमी एवं वर्तमान पति दीपांकर चौधरी के संग ही करने का निर्णय लेती है।

राहुल के जीवन से संबंधित एक महत्त्वपूर्ण घटना बिल्केश्वर मंदिर के आसपास मिली कल्लो उर्फ रतना से उसके उन्मुक्त यौन संबंध की है। किशोरावस्था के तीव्र आकर्षण को राहुल प्यार समझ बैठता है। 'गर्भ गिराने में' कल्लो की मौत पता लगने पर वह आत्महत्या पर तुल जाता है। उसी पागलपन में वह घर से भाग निकलता है और इधर-उधर भटकता है। अंत में घर लौट आता है। उसकी एक साल की पढ़ाई छूट जाती है। किशोरावस्था की इस घटना को कभी प्रत्यक्ष और कभी स्मृत्याभास द्वारा प्रस्तुत किया गया है। यौन चित्रण में संयम बरतनेवाली उषा जी ने राहुल-रतना के प्रणय के प्रसंग में अपनी वर्जना को तोड़ा है। "राहुल उसके शरीर को हल्के-हल्के सहला रहा है, जैसे पहली पहचान बना रहा है। उसकी हथेलियाँ तप रही हैं, और वह उसकी बाँहों में बँधी चुप है। उसकी उद्विग्न, तप्त साँसें राहुल के चेहरे को बींध रही हैं–वह धीरे-धीरे उसे चूमता है, पहले माथा, फिर वह भौंहें, मोटी-मोटी पलक ढली आँखें, फिर होंठ और फिर उसके अपने होंठ उसके वक्ष को पा जाते हैं। पहले वह चूमता है, हल्के-हल्के अपनी जुबान की नोक से उन्हें चाटता है।..."

उषा जी के सभी उपन्यास नारी चरित्र प्रधान हैं। 'पचपन खम्भे लाल दीवारें' की सुषमा, 'रुकोगी नहीं राधिका' की राधिका और 'शेष यात्रा' की अनुका के समान 'अन्तर्वंशी' के केन्द्र में वाना है। अपने नारी विमर्श के अनुकूल आधुनिक नारी की अस्मिता के मूर्त रूप में उषा जी ने वाना का चरित्र विकास किया है। लेकिन वाना का चरित्र 'अन्तर्वंशी' उपन्यास की सब से दुखती रग है। सामाजिक एवं मनोवैज्ञानिक दृष्टि से वाना के चरित्र का नैतिक पतन एकदम अस्वाभाविक तथा अनुचित लगता है। धार्मिक संस्कारों में पले पुराण पंथी परिवार की चुनमुन उर्फ वाना दांपत्य जीवन के शुरू से ही अपने पति के प्रति वफादार नहीं रहती। वह शिवेश को कभी दिल से नहीं चाहती। वाना क्रिस्तीन को बताती है—"...शिवेश को पहले दिन से ही पति के रूप में ग्रहण करना मेरे लिए यातना रही है। घोर टॉर्चर...।" इस चारित्रिक दुर्बलता को मनोविज्ञान के तहत उचित ठहराने के लिए चुनमुन द्वारा अपने भावी पति के रूप में राहुल की ही झलक पाने का संकेत है। चुनमुन के पिता त्र्यंबक पांडे ने 'यशस्वी भव' का आशीर्वाद भी राहुल को ही दिया था जो अक्षरशः चरितार्थ हुआ। राहुल के रूप, गुण, धन और हैसियत पर वह मोहित है। "इतनी सी उम्र में इतना नाम, इतनी इज्जत, पैसा। क्या नहीं है राहुल के पास।" राहुल जो भी करता है उससे नाम और यश झरझर झरता है। वह रात के दो बजे तक राहुल के लौटने की आकुल प्रतीक्षा में शय्या पर पड़ी रहती है। "सड़क के मोड़ से राहुल की गाड़ी अन्दर मुड़ती है, हल्की-सी आहट, दरवाज़ खुलने और बन्द होने की। इतना काफी है। वाना की रुकी हुई साँस बाहर आती है, वह रजाई ऊपर खींचती है।"

राहुल के प्रति वाना का मन कितना आसक्त है, देखिए। राहुल वाना को कम्प्यूटर के पाठ समझा रहा है और वाना का मन हो रहा है कि उसकी सफेद कमीज़ के दो बटन खोल दे, जिससे राहुल के शरीर की मादक सुगंध उसके रेशे-रेशे को पुलकित कर सके। क्या मेरी अपनी कोई सुगंध, कोई रसायन नहीं है—वाना सोचने लगती है—क्या मेरा कोई आकर्षण नहीं? क्या मेरा स्त्री अस्तित्व, यह कसी हुई कमर और उन्नत उरोज, क्या राहुल इतना पत्थर, इतना तटस्थ है कि उस पर कोई असर नहीं होता। अपनी आसक्ति को वह मन में ही दबाकर रखती है। लेकिन देवप्रिया के साथ राहुल का विवाह पक्का होने का समाचार पाकर वह पागल-सी हो जाती है। अब तक तो वाना के दिल में तसल्ली थी कि राहुल उसका नहीं तो किसी और का भी नहीं। वाना राहुल से पूछना चाहती है, "क्या तुम ऐसे ही नहीं रह सकते जैसे रहते आये हो? तुम्हें कमी किसकी है, ज़मीन जायदाद, नाम इज़्ज़त, पैसा, आकाश-विकास को तुम उनके बाप से अधिक चाहते हो—" कभी-कभी वह राहुल को झकझोरकर कहना चाहती है—"तुम यह हरगिज़ नहीं कर सकते! मैं करने नहीं दूँगी—मुझसे बर्दाश्त नहीं होगा—मैं मर जाऊँगी।" वासना, आसक्ति एवं स्वार्थ की यह पराकाष्ठा है जो वाना के चरित्र की सबसे बड़ी कमजोरी है।

होटल के एकांत कमरे में राहुल-वाना का मिलन और रति उन्माद में वाना ही पहल करती है। अमेरिका का जीवन जिसमें स्त्री-पुरुष संबंधों में खुलापन और स्वतंत्रता है, वाना का अतृप्त प्रेम एवं रति का यह गोपन संसार उसके परिवारगत संस्कार तथा वर्तमान परिवेश के एकदम विपरीत है। अतृप्त इच्छाओं की यह गाँठ वाना के चरित्र की सबसे बड़ी दुर्बलता है। क्रिस्तीन के साथ समलैंगिक संबंध में भी उसका यह अतृप्त इच्छा संसार खुलकर प्रकट होता है। इस संबंध द्वारा वाना को अपने होने और किसी के द्वारा चाहे जाने के सुख का अनुभव होता है। ''यह जो वाना निर्वस्त्र, अकुंठित, लज्जाहीन, अतृप्त और जाग्रत क्रिस्तीन से सटकर लेटी है, शिवेश की पत्नी नहीं है। वह केवल वाना है।'' ''उसमें निर्वस्त्र होने का कोई संकोच, कोई लज्जा भाव नहीं है, सुंदर सुगठित है उसकी देह; अपने को तथा अपनी देह को और अपनी समलिंगी माँग को पूरा-पूरा स्वीकारती हुई।'' यह वाना के चरित्र का क्षणिक स्खलन नहीं। यद्यपि शिवेश को छोड़कर क्रिस्तीन के साथ वर्जीनिया चलने के प्रस्ताव को वाना ठुकरा देती है फिर भी क्रिस्तीन के प्रति उसकी समलिंगी चाह बनी रहती है। तभी तो क्रिस्तीन के उसे टेकसस बुलाने पर वह कहती है, ''मैं तुम्हें और द्युतिमा को साथ-साथ देख नहीं सकूँगी।''

यौन चित्रण के संदर्भ में 'अन्तर्वंशी' के पूर्व के उपन्यासों में उषाजी ने जबरदस्त संयम बरता है। 'पचपन खम्भे लाल दीवारें' में नील और सुषमा के संयोग का संकेत मात्र है, ''उसकी लंबी पलक आँखों पर छलक आईं और काँपते होंठों के कोनों में विश्वभर की लाज सिमट आयी।'' अन्यत्र इस संकेत को और स्पष्ट कर दिया गया है, ''उसने नील को अपना शरीर दिया तो साथ में अनजाने ही अपनी भावनाएँ, विचार और हृदय भी समर्पित कर दिए थे।'' 'रुकोगी नहीं राधिका' में सेक्स के प्रति एक वर्जना जैसा भाव राधिका में पलता है। अक्षय और राधिका के 'कसे आलिंगन और तप्त साँसों' का प्रसंग उषाजी ने अत्यंत गोपन बनाकर प्रस्तुत किया है। ''पहले अक्षय का एक जूता धप् से फर्श पर गिरा। फिर राधिका की पुस्तक। दूसरा जूता पैर से निकालकर अक्षय ने नीचे रख दिया।'' एक दूसरा प्रसंग देखिए, ''मनीश ने राधिका को कोमलता से बाँहों में भर लिया...पर राधिका उसकी बाँहों को अलग कर उठ खड़ी हुई।...लंबे समय के बाद वांछित पुरुष के स्पर्श ने राधिका को धीरे-से सुलगा दिया था, पर उसने मुड़कर मनीष को नहीं देखा।'' 'शेष यात्रा' के प्रणव का जीवन वासनामय है। अनेक नारियों से उसका यौन संबंध है। लेकिन 'शेष यात्रा' में कहीं भी रति का प्रसंग नहीं आया है।

'अन्तर्वंशी' में सेक्स के प्रति उषाजी का संयम एकदम टूट गया है। राहुल और रतना की रति का मादक चित्रण करते हुए उषाजी ने अपनी वर्जना को तोड़ा। आगे वाना और क्रिस्तीन की समलैंगिक रति का विस्तार से अंकन किया। एक झाँकी देखिए, ''...क्रिस्तीन दायें हाथ से वाना की ब्लाउज़ के बटन खोल रही है, वह अधीर है और बाएँ हाथ से अपने गुलाबी कुचाग्रों को स्वयं दुलरा रही है—फिर वह वाना के वक्ष में अपना चेहरा छिपा लेती है। वाना उसकी तेज़, गरम साँसें महसूस करती है और अनुभव

करती है क्रिस्तीन की जीभ का सिरा जो उसे चूम रहा है, एक मीठी, अनजानी मगर सिहरनपूर्ण सनसनी से वाना का शरीर काँपने लगता है। उसकी बाँहें अपने आप क्रिस्तीन को घेर लेती हैं। उनके होठ एक-दूसरे को बार-बार चूमते हैं, और हथेलियाँ एक पागल आग्रह से एक-दूसरे को सहलाती, दुलराती और खरोंचती हैं।'' आगे राहुल और वाना के संयोग को भी तन्मयता के साथ प्रस्तुत किया गया है, ''शरीर एक-दूसरे को पी रहे हैं, उनकी अपनी इच्छाएँ, अपनी ज़रूरतें हैं। वाना बस अपने शरीर सुख में डूबी हुई है, राहुल की कसी बाँहों की पकड़, राहुल के सीने की गंध, राहुल का कसा-कसा शरीर. ...वह राहुल के ऊपर औंधी पड़ी है, झुककर उसने अपनी जीभ की कोर से राहुल की पलकों को चूमा है, फिर उसने राहुल को अपनी ओर खींच लिया है। वाना धीरे-धीरे, छोटे-छोटे चुम्बनों से उसका चेहरा भर देती है—पहले माथे का तिल, फिर मोटी-मोटी पलकें, आँखें, कान की लवें, गला-धनुष की तरह कसे हुए राहुल के होठों का तनाव धुल गया है।''

उषा जी की यौन संबंधी दृष्टि में यह कायापलट कैसे और क्यों कर हुआ? 'अन्तर्वंशी' में अपने पूर्व उपन्यासों के कथ्य और दृष्टि को दुहरानेवाली लेखिका ने उपन्यास की वस्तु एवं भावगत कमजोरी को छिपाने के लिए सेक्स का यह मोहक जाल बुना हो। 'अन्तर्वंशी' की वाना 'रुकोगी नहीं राधिका' की राधिका के समान वांछित पुरुष के स्पर्श से भागती नहीं, उसके लिए हर पल तड़पती रहती है। सचमुच वाना के चरित्र में राधिका के दमित सेक्स का विस्फोट है।

'अन्तर्वंशी' उपन्यास का एक विवादास्पद और अतिरंजनापूर्ण प्रसंग सारिका की हत्या पर वाना के पागल हो जाने का है। वह रसोई को तहस-नहस कर डालती है। रोते हुए आकाश-विकास को दूर ढकेल देती है और कहती है, ''राक्षस कहीं के। सारे-के-सारे दिन-रात जान को चिपके रहते हैं...खा लो मुझे। बाप-बेटे मिलकर नोच लो मेरी हड्डियाँ--कितना बड़ा पेट है तुम लोगों का—भूख ही शांत नहीं होती।'' वाना के पागलपन का यह लंबा प्रसंग 'शेषयात्रा' के अनु के पागलपन की याद दिलाता है। अनु पति के विश्वासघात पर पागल हो जाती है। अनु के मन पर जो आघात लगा वह इतना मर्मभेदी है कि उसका पागल हो जाना बिलकुल स्वाभाविक है। उसे पाठकों की पूरी सहानुभूति प्राप्त होती है। उसके जीवन के भावी विकास की प्रेरणा एवं शक्ति भी उसे अस्पताल में प्राप्त होती है। सारिका का चित्रण उपन्यास में इस ढंग से हुआ है कि वह हमें वाना के आदर्श अहं का मूर्त रूप लगता है। उसके लोप से वाना का विक्षिप्त हो जाना किसी हद तक स्वाभाविक भी कहा जा सकता है। लेकिन उपन्यास में उसका पागलपन हद पार कर गया है। 'शेषयात्रा' के उस प्रसंग की सफलता पर उषा जी मुग्ध रही हों और ऐसे ही प्रसंग के विधान का मोह संवरण न कर पायी हों। एक अन्य कारण यह हो सकता है कि सारिका का चरित्र अपनी पूरी रंग-रेखाओं में उभर चुका था और वाना तथा सारिका के चरित्र के समानांतर विकास की संभावनाओं के प्रति उपन्यासकार के मन में उलझन पैदा हुई हो जिसका निवारण उसकी अप्रत्याशित हत्या द्वारा हुआ हो।

'अन्तर्वंशी' में अमेरिका के प्रवासी भारतीयों के जीवन संघर्ष और अस्तित्व के संकट की ओर संकेत है। पढ़ने या नौकरी के लिए अमेरिका पहुँचानेवाले भारतीयों का जीवन बड़ा कठिन एवं संघर्षपूर्ण होता है। उन्हें आजीविका के लिए कई छोटी-मोटी नौकरियाँ करनी पड़ती हैं। अपनी कड़ी मेहनत और अध्यवसाय से वे धन और प्रतिष्ठा प्राप्त करते हैं। पुरानी गाड़ियाँ खरीदकर थोड़े लाभ पर बेचने के धंधे से लखपति बन जानेवाले सुबोध राय और ड्राईक्लीनिंग, पेट्रोल पम्प, बजाजी और परचूनी से स्वयं निर्वाह कर अपने चारों बेटे-बेटियों को अमेरिका में जमा देनेवाले अमरीक सिंह प्रवासी भारतीयों की दुर्दांत जिजीविषा एवं महत्वाकांक्षा के प्रतीक हैं। उनके पोते नवासे कतार की कतार डॉक्टर, इंजीनियर बनकर निकलते हैं। दादा-दादी से उनका कोई संवाद नहीं, न अपनी भाषा, न अपने संस्कार। प्रवासी भारतीयों की यह नई पीढ़ी बोलचाल, रहन-सहन और रीति रिवाज़ में सौ प्रतिशत अमेरिकन हो गई है। उनकी त्वचा का रंग ही उनके भारतीय होने की गवाही देता है। बच्चे माँ को तिरस्कृत करने लगे हैं कि, "तुम काली हो, गन्दी हो, तुम इन रंग-बिरंगे देवताओं को पूजती हो। हम नहीं उतारेंगे जूते, कोई अमरीकन जूते उतारकर घर में रहता है? हम नहीं खाएँगे यह पीले रंग की दाल, हमें चाहिए पीत्ज़ा, हैमबर्गर-हौट-डौग" भारतीय अस्मिता पर यह नया संकट है जो प्रवासी भारतीयों के जीवन में गहराता जा रहा है।

इतिवृत्त, चरित्र, परिवेश एवं संवेदना की दृष्टि से 'अन्तर्वंशी' उषा जी की कथा यात्रा में कोई महत्त्वपूर्ण आयाम नहीं जोड़ता। 'अन्तर्वंशी' में उषाजी के तीन पूर्व उपन्यासों के इतिवृत्त तथा चरित्रों की पुनः प्रस्तुति है। प्रेम के त्रिकोणात्मक ढाँचे के भीतर इसकी कथा बहुत ही सामान्य और बचकानी हो गयी है। वाना उर्फ बंसरी के भीतर बजनेवाली बाँसुरी को आधार बनाकर उपन्यास का शीर्षक 'अन्तर्वंशी' रखा गया है। लेकिन उपन्यास में वाना के मन की सुरीली तान की अपेक्षा उसकी देह की पुकार ही अधिक मुखरित है। इसमें न तो मुख्य पात्रों की मनोदशा का सूक्ष्म अंकन है और न उनके अन्तर्द्वंद्व का गहन चित्रण। उपन्यास को रोचक बनाने के लिए प्रेम, सेक्स एवं अपराध से कथा बुनी गयी है। परिणामतः 'अन्तर्वंशी' केवल एक फॉर्मूलाबद्ध उपन्यास रह गया है।

उपन्यास की भीतरी कमज़ोरी को छिपाने के लिए उषाजी ने एक नयी आख्यान प्रविधि का प्रयोग किया है। संपूर्ण कथा दो भागों में कही गयी है। भाग एक में पहले प्रस्तावना है, फिर 'राहुल' और 'वाना' शीर्षक अध्याय। भाग दो में बिना शीर्षक के दो अध्याय हैं जिनमें क्रमशः वाना और राहुल से संबंधित आख्यान है। बाद में परिशिष्ट है। भाग एक की प्रस्तावना में समग्र कथा के संकेत तथा कथा के महत्त्वपूर्ण सन्दर्भ प्रस्तुत किये गये हैं। पाठकों की जिज्ञासा या कौतूहल को जगाने के लिए किया गया यह प्रयोग उनके मन में उलझन ही पैदा करता है। पूरा उपन्यास पढ़े बिना पाठक इन संदर्भों को समझ नहीं पायेंगे तो 'प्रयोग के लिए प्रयोग' के सिवा उपन्यास में इसकी उपयोगिता ही

क्या है। उपन्यास का परिशिष्ट भी आरोपित लगता है। आख्यान कथा की स्वाभाविक एवं अनिवार्य परिणति को भली-भाँति संकेतित कर चुका तो फिर उपसंहार बचकाना रह जाता है। प्रयोग के प्रति मोह के कारण उपन्यासकार ने 'अन्तर्वंशी' के शिल्प को अनगढ़ एवं ग्रंथिल कर दिया है। बीसवीं सदी के अंतिम दो दशकों के उपन्यासों में क्या, उषा प्रियंवदा के अपने उपन्यासों के संदर्भ में भी 'अन्तर्वंशी' हाशिये की रचना सिद्ध होती है।

नरककुंड में बास : एक दलित पाठ

डॉ. एन. मोहनन

समकालीन हिन्दी उपन्यास के क्षेत्र में अपनी तटस्थ एवं विशाल सामाजिक चेतना के तहत एक अलग पहचान रखनेवाले रचनाकार हैं जगदीश चन्द्र। उनके उपन्यास अपने समय के साथ के सार्थक संवाद के लिए पर्याप्त प्रमाण हैं। सामाजिक असंगतियों के खिलाफ संघर्ष ही उनकी रचना का मूल स्वर है। दलितों के जीवन की विसंगतियों का उन्होंने जिस सच्चाई के साथ खुलासा किया है, वैसा बहुत कम ही रचनाकारों ने किया है। उनके 'धरती धन न अपना' (1972) और 'नरककुंड में बास' (1994) दलितों के जीवन संघर्ष की कथा प्रस्तुत करनेवाले उपन्यास हैं। दलित आन्दोलन और दलित साहित्य की गरम चर्चा के सन्दर्भ में इन उपन्यासों पर विचार करना काफी प्रासंगिक होगा। दलित साहित्य के वर्तमान चौखटे में ये उपन्यास फिट नहीं होते। क्योंकि यह उपन्यासकार दलित नहीं, इसलिए उनका अनुभव भी खुद का नहीं। दलित साहित्यकार इन दो मुद्दों पर ही ज़ोर देते हैं। यह बात भी ध्यान में रखनी चाहिए कि मूलतः जगदीशचन्द्र दलित साहित्यकार नहीं वे प्रतिबद्ध रचनाकार हैं। वे आम आदमी से प्रतिबद्ध हैं। इसलिए आम आदमी से संबंधित कोई भी गौरवपूर्ण विषय उनकी रचना का विषय बनता है। इस अर्थ में उनके दलित जीवन यथार्थ सम्बन्धी उपन्यासों की पड़ताल करनी चाहिए।

नरककुंड में बास उनके पहले वाले उपन्यास 'धरती धन न अपना' का विस्तार है, पर स्वतंत्र भी। धरती धन न अपना का नायक काली ही इस उपन्यास का नायक है। उस उपन्यास के अन्तिम भाग में काली अपने गाँव से अप्रत्यक्ष हो जाता है। लोगों ने सोचा कि उसकी कहीं मृत्यु हो गयी होगी। पर काली का पुनः प्रवेश होता है शहर के जालंधर बस अड्डे में। यहीं से नरक कुंड में बास उपन्यास शुरू होता है। काली के जीवन संघर्षों का दूसरा इतिहास यहीं से आरंभ होता है। काली शहर से परिचित है। उसने सोचा कि काम-धंधा करके किसी न किसी प्रकार गुज़ारा कर लेगा। पर शहर में काम धन्धे की तलाश में भटकता हुआ काली जल्दी ही जान लेता है कि सरनामे के बिना शहर में काम मिलना मुश्किल है। उसका कोई सरनामा भी नहीं, वह दलित है। दलितों पर कौन कृपा करता है। फिर शहर तो ऐसा है कि किसी पर भरोसा नहीं रखता। वह

किसी न किसी प्रकार जालंधर बस अड्डे में यात्रियों के सामान ढोनेवाले कुलियों से परिचित हो जाता है और कुछ दिनों के लिए उनके साथ रोजी रोटी कमा लेता है। वह अधिक दिन वहाँ टिक नहीं पाया। फिर वह बाज़ार में रेहड़ा खींचने के काम में लग जाता है। सचमुच यह काम कठिन है, जानवरों का है। पर काली वह काम भी बहुत ही कठिनाई झेलते हुए करता है। आगे वह चमड़े के काम में लग जाता है। चमड़े के कारखाने में काम करना कोई आसान कार्य नहीं, सुविधापूर्ण भी नहीं, पर नरक तुल्य ही है। इतनी गंदी जगह और कहीं नहीं होगी। जानवरों के कच्चे खाल को चूना और नमक से साफ करना पड़ता है। यह गंदा काम करनेवाले मजदूर जल्दी ही मारक बीमारियों के शिकार बन जाते हैं।

कारखाने में मज़दूरों को कोई सुविधा नहीं मिलती। नंगे हाथ-पैरों से वह गंदा करम करना पड़ता हैं। नहाने के लिए नल भी नहीं। दिनभर बदबूदार वातावरण में रहने और गन्दे खालों से जूझनेवाले इन मजदूरों को गन्दे पानी में नहाना और उसे पीना तक पड़ता है। वह पानी भी इतना गंदा है कि जानवर भी उसे सूँघता तक नहीं। काली इस काम में लगा है, जीने के लिए। जीने के संघर्ष में वह इन प्रतिकूलताओं का सामना करता है। कारखाने का मालिक एक लाला है। पर वहाँ का सारा काम सँभालनेवाला एक फोरमैन है। मजदूरों को हमेशा उसकी गालियाँ सुननी पड़ती हैं। उसके विरुद्ध बोलने की हिम्मत किसी में भी नहीं है। मजदूर अपने ऊपर होनेवाले शोषण के बारे में जानते हुए भी फोरमैन के सामने मुँह खोलने को डरते हैं। काली के नेतृत्व में वे एकजुट होकर अपने हक के लिए लड़ने को तैयार हो जाते हैं। कारखाने में अपने खिलाफ पहली बार उठे विद्रोह के शब्द फोरमैन को चौंका देते हैं। वह अपने अधिकार को फिर से स्थापित करने के बारे में सोचते हुए काली को अपने वश में कर लेने का प्रयत्न करता है। इस सिलसिले में वह सबसे पहले काली को कच्चे खालों के काम करने से छुड़ाकर उसे मुंशी का काम सौंपता है। काली के दृढ़ व्यक्तित्व से वह प्रभावित हो उठता है। धीरे-धीरे काली को अपने वेश में करते हुए दूसरों से उसे अलगाने में फोरमैन सफल हो जाता है। मजदूरों के हक के बारे में बोलनेवाले काली का मुँह इस प्रकार वह बंद कर देता है। पर काली अपनी इस स्थिति पर अत्यंत दुखी भी है।

दूसरी तरफ फोरमैन अपनी इकलौती बदसूरत पुत्री भोली की शादी काली से करवाना चाहता है। वह उसे घर बुलाकर बहुत सारा वादा करता है। काली उस प्रस्ताव से इनकार करता है। परिणामतः वह फोरमैन का दुश्मन बन जाता है। अब काली अकेला है। अपने मजदूर मित्र भी नहीं, फोरमैन भी नहीं। इस प्रकार निराशाग्रस्त काली अपने गाँव के नन्दसिंह से अचानक मिल जाता है। काली को देखकर वह भी खुश हो उठता है। गाँववालों ने सोचा था कि काली कहीं मर गया होगा। नन्दसिंह काली को लेकर गाँव चला जाता है। नरककुंड में बास यहीं समाप्त होता है।

इस उपन्यास से गुजरते समय एक खास मुद्दा नजर आया वह है काली का

जीवनसंघर्ष। काली जीने के संघर्ष में है। काली एक प्रतिनिधि पात्र है, करोड़ों दमित, उपेक्षित, उत्पीड़ित, शोषित दलितवर्ग का। वह मनुष्य के रूप में जीने के संघर्ष में है। वह कोई भी काम करने के लिए तैयार है। पर वह जीना चाहता है मनुष्य के रूप में। 'धरती धन न अपना' में भी काली यही करता है। शहर जाकर काम करके वह गाँव आता है अपना घर बनाकर दूसरों के जैसे जीने के लिए। पर पता चलता है कि उसे धरती पाने का अधिकार नहीं, क्योंकि धरती का मालिक जमींदार है। किसी दलित को भूमि का स्वामी बनने का कोई अधिकार नहीं। वह जिस भूमि पर झोंपड़ी बनाकर रहता है वह भी जमींदार की है, उनकी कृपा का परिणाम है। पहली बार काली महसूस करता है कि यह व्यवस्था उसके लिए नहीं किसी दूसरे के हित में बनायी गयी है। फिर भी वह संघर्ष जारी रखता है। पर अंत में पूर्णतः पराजित होकर उसे अपना गाँव तक छोड़ जाना पड़ता है। नरककुंड में बास में भी स्थिति भिन्न नहीं। काली का जीवन संघर्ष जारी है पर हर कदम पर पराजय उसका पीछा करती ही रहती है। एक दलित के जीवन संघर्ष के लंबे इतिहास को ही 'नरककुंड में बास' में व्यक्त किया गया है। यह दलितों का यथार्थ है। इस यथार्थ को औपन्यासिक कलेवर में प्रस्तुत करके जनमानस की मानवीय संवेदना को उजागर करने का कार्य ही जगदीश चन्द्र ने किया है।

दलित साहित्य के सन्दर्भ में इस उपन्यास की कमी क्या है, यह देखना आवश्यक है। सभी गैर दलित रचनाकारों की रचनाओं में हम देखते हैं दलित जीवन यथार्थ के मार्मिक चित्रण। उसमें कोई दलित शिक्षा पाकर अपनी तथा वर्ग की विमुक्ति के लिए, नहीं तो जीवन की दयनीय स्थिति को बदलने के लिए सक्रिय कदम उठाता है। सवर्ण जाति के लोग भी उसकी सहायता करते हैं या सहानुभूति का रूख अपनाते हैं। पर वह अपने संघर्ष में आखिरकार पराजित ही हो जाता है। प्रेमचन्द से लेकर समकालीन सन्दर्भ में गिरिराज किशोर के उपन्यास 'परिशिष्ट' में तथा उसके बाद के अनेक उपन्यासों में स्थिति यही है। दलित अपने संघर्ष में टूटा-हारा, निराशग्रस्त होकर या तो जीवन समाप्त करता है, नहीं तो कहीं की ओर प्रस्थान करता है। इस यथार्थ को दलित साहित्यकार--जो जाति में दलित हैं, दलित मुहावरे में सवर्ण मानसिकता कहते हैं। वह विजयी होने के लिए नहीं बल्कि पराजित होने के लिए है। इस मानसिकता का विरोध ही दलित साहित्यकार करते हैं। नरककुंड में बास की स्थिति भी भिन्न नहीं, काली की पराजय। शहर छोड़कर वह अपने उस गाँव की तरफ प्रस्थान करती है जहाँ से पहले उन्होंने पलायन किया था। इस प्रकार दलित निरंतर त्रासद स्थिति को पाने के लिए अभिशप्त दिखाई देता है। लेकिन दलित साहित्य में इस प्रकार की पराजय का चित्रण नहीं। वह अपने संघर्ष में विजयी निकलता है। सवर्ण षड्यंत्रों को पहचानकर उसके खिलाफ सख्त विद्रोह करके अपनी मानसिकता के अनुसार वह उन्हें उचित दण्ड देता है, उन्हें पराजित करता है। वह वास्तव में अपने युग युगों की पराजय के प्रतिरोध में कुछ कर दिखाने तथा दलित समाज के मन को हिम्मत और ताकत दिलाने का परिश्रम भी है। अब वह

और हारना नहीं चाहता बल्कि बहुत कुछ पाना चाहता है। सिर झुकाना नहीं सिर तानना चाहता है। यही दलित मानसिकता है। यही दलित साहित्य का मर्म है। इस अर्थ में नरककुंड में बास दलित साहित्य की कोटि में आनेवाला उपन्यास नहीं बल्कि सवर्ण मानसिकता की दलित सहानुभूति का परिणाम बन जाता है।

आत्मसत्य का औपन्यासिक दस्तावेज़

डॉ. के. के. वेलायुधन

हमारी परंपरागत मान्यताएँ स्त्री को देवी-माँ जैसे आदरणीय स्थान प्रदान कर प्रतिष्ठित करती हैं। किंतु व्यवहार में इसके बिलकुल विपरीत रवैया अपनाती हैं। शायद इसी आदर्श को दूसरे ढंग से शोषण के उपकरण के रूप में इस्तेमाल करती हैं। अब तक अपने अनुभवों और सेवाभाव का दूसरों द्वारा बुरा उपयोग देखकर इससे बचने के लिए कोई स्त्री राह निकालती है तो समाज उसे अन्य कई उपनामों से अलंकृत करता है। इन क्रूरताओं के विरोध में आवाज उठाती है और अपने लिए जगत बनाने की कोशिश करती है तो वह विद्रोही हो जाती है। यदि सबला हो गई तो परंपराभंजक हो जाती है। सबको सह लेती है तो दूसरे सहानुभूति दिखाकर अबला नाम दे देंगे मैत्रेयी पुष्पा के उपन्यास 'कस्तूरी कुंडल बसै' अपने लिए जगत बनाती विद्रोही स्त्री कस्तूरी के जीवन संघर्ष की दास्तान है। 2002 में प्रकाशित यह उपन्यास स्त्री स्वतंत्रता की, जागरण की कथा बताता है। पुरुष वर्चस्वीय सामाजिक बंधन में, स्वतंत्र और आत्मनिर्भर होने के प्रयास में स्त्री को किन-किन समस्याओं का सामना करना पड़ता है, स्त्री की इस जद्दोजहद का आख्यान इस उपन्यास में प्राप्त होता है। कस्तूरी अभावग्रस्त ब्राह्मण परिवार की छोटी लड़की है। संग सोने और बैठने की शर्त पर जो खाने ओढ़ने का प्रबन्ध करता है, वह पति है ऐसी रूढ़िगत मर्यादाओं के तहत कस्तूरी की मर्जी के खिलाफ उसकी शादी हीरालाल से हो जाती है। पति की मौत पर रेशमकुँवर की तरह सती होने की बजाय वह ढाई मील दूर इगलास की पाठशाला में पढ़ने जाती है। डेढ़ साल की बच्ची को बूढ़े और अपाहिज ससुर को सौंपकर वह निडर अपनी राह बनाती है। बहुत सारी मुसीबतों को झेलकर वह अपनी मंजिल पार करती है। समाज कल्याणबोर्ड में अफसर के पद पर कार्यरत कस्तूरी सरकार की ओर से इस विभाग को बंद करने के खिलाफ मुहिम जारी कर पुलिस की हिरासत में अपना संघर्ष आगे ले जाती है। इस निडर, बहादुर, दृढ़संकल्पी माँ की बेटी के रूप में मैत्रेयी, इस उपन्यास में अपनी अलग भूमिका निभाती है।

'इसे उपन्यास कहूँ या आपबीती....' में उपन्यास लेखिका यह दावा करती है कि यह हमारी कहानी है। मेरी और मेरी माँ की कहानी।' आपसी प्रेम, घृणा, लगाव और

दुराव की अनुभूतियाँ 'कस्तूरी कुंडल बसै' की बुनियाद को मजबूत करती हैं और माँ बेटी के संबंध को संवेदनात्मक आधार प्रदान करती है। स्त्री स्वतंत्रता तथा स्त्री शोषण के विरोध में मुखर तीक्ष्ण स्वर इस उपन्यास की कथावस्तु की शक्ति है।

उपन्यास का आरंभिक वाक्य है—"मैं ब्याह नहीं करूँगी।" सोलह वर्षीय लड़की कस्तूरी का यह वचन माँ के कानों पर धमाका मारता है। साधारणतः शादी-वादी की बात चलते, लड़कियाँ धत् कहकर शरम से अभी नहीं, कहती हैं। मगर कस्तूरी अपने निर्णय पर दृढ़ है। रात को माँ की पूछताछ पर वह कहती है—'डर! डर ही तो लगता है चाची। सच्ची, ब्याह से बड़ा डर लगता है।' ये दोनों वाक्य हमारी आँखों को रोशन करने लायक हैं। विवाह रूपी संस्था की संरचना में जो खोखलापन और खोट है, इसकी ओर ये इशारा करते हैं। माँ बेटी का यह संवाद दो पीढ़ियों के मूल्यों के प्रति दृष्टिभेद का स्पष्ट परिचायक है। माँ की राय में बेब्याह, जिंदगी भर अकेली रहना डर का कारण है तो बेटी के लिए ब्याह डर का कारण है। माँ झूठी मान-मर्यादाओं के पालन में, कुल, परिवार और समाज के हिफाजत में गर्व समझती है। किंतु बेटी रेशमकुँवर की तरह सती होना नहीं चाहती। झूठी इज्जत और मूल्यों के लिए अपना जीवन कुर्बान करना नहीं चाहती। वह बरहे में, दिन भर बछड़े बछियों और तोते-चिड़ियों के साथ रहना चाहती है; उनके जैसे स्वतंत्र रहना चाहती है। मगर, आगे दूसरों के दबाव में, खासकर भाभी की गाली गलौज में वह ब्याह करने को विवश होती है। हीरालाल की बहू बन जाती है।

ससुराल में मुँह दिखाई रस्म में औरतों से वह चिढ़ जाती है। तब किसी बूढ़ी का यह कथन उसे आतंकित करता है—'ओ, आठ सौ की घोड़ी, तू मुँह नहीं दिखाती, तेरी यह मजाल!' कस्तूरी सबकुछ समझ लेती है कि ब्याह के नाम जो खरीदारी चलती है उसमें वह कैसे बिकाऊ चीज बन गई। जमीन जायदाद को बचाने के लिए कलसियाँ बेचने बद्री की दुकान में गई तो वहाँ पर गोढ़ की कमीज़ पहने हीरा से मिली थी। लेकिन भाभी के झाँझन-कड़ों का राज अब उसके सामने खुल गया। वह खरीदी गई घोड़ी से ज्यादा कुछ नहीं, यह सोचते ही 'घोड़ी घूँघट नहीं मारा करती' वह झटके से घूँघट उतार फेंक देती है। औरतें सन्न रह जाती हैं। औसत भारतीय नारी की भूमिका अदा कर अपने को गुलाम करना वह पसंद नहीं करती। असल में रीति-रस्मों और आचार-व्यवहार में व्यवस्था के समर्थन में बेटियों को 'कण्डीशनिंग' करने में माताजी रूपी 'सिस्टम' का बड़ा हाथ है। वह चाहे तो बेटी को स्वतंत्रता और आत्मनिर्भरता की सीख दे सकती है। ज्ञान के क्षेत्र में शिक्षा की दहलीज पर उसे खड़ा कर सकती है। किंतु परंपरा एवं मूल्यों की हिफाजत में अपनी बेटी के भविष्य पर कालिख पोतने की वह आदी हो गई है। अतः माताजी रूपी 'सिस्टम' से अपने को मुक्त करने की कोशिश में, कस्तूरी की नजर में वह 'महाबैरिन' हो जाती है। अपने मैके से वह नाता-रिश्ता तोड़ देती है और खुद जगह बनाने के प्रयास में आगे बढ़ती है तो दूसरों के लिए वह कुलच्छन और पागल हो जाती है।

कस्तूरी औसत नारी के रूप में जीवनयापन करना नहीं चाहती। अपने पति की

मौत के पश्चात् घर का सारा बोझ उस पर आ जाता है। घर-गृहस्थी, खेत-जमीन, बूढ़े अपाहिज ससुर और बच्ची, इनके अतिरिक्त स्त्री जीवन की जंजीरों से मुक्ति की कामना। वह खुद रास्ता निकालती है—सिर्करा गाँव से ढाई कोस दूर इगलास कसबे के सरकारी स्कूल में नियमित पढ़ाई का प्रण लेती है। 'बिना घूँघट की बहू, हाथ में किताब कापी भरा झोला।' लोग जो चाहे सोचें, कस्तूरी बेफिक्र है। अपने पैरों पर खड़े होने की अदम्य आकांक्षा उसे सब मुसीबतों को झेलने के लिए सुसज्जित करती है। स्वतंत्र एवं आत्मनिर्भर होने की आस्था के तहत जो निर्णय वह लेती है, वह उसके व्यक्तित्व का ही नहीं अपने परिवार की भलाई पर लक्षित है। आत्मविश्वास से भरा पूरा निर्णय और दृढ़ संकल्प उनके व्यक्तित्व में चार चाँद लगाते हैं। स्त्री मुक्ति के दौर में अपमान और शोषण के खिलाफ लड़ने के लिए लड़ैत और कठकरेज होना आवश्यक है। साधारण नारी सुलभ मनोभावों पर वह अंकुश लगाती है। क्योंकि उनके जीवन का एक मकसद है।

पितृसत्तात्मक समाज की स्त्री के प्रति जो अनीतियाँ हो रही हैं, उसकी शिकार रही कस्तूरी उनके विरोध की शक्ति अर्जित करती है। उसके लिए शिक्षा ही एकमात्र उपाय रहा। स्त्री मुक्ति आंदोलन में, आर्थिक स्वतंत्रता और आत्मनिर्भरता पर अधिक बल दिया जाता है। अतिसंकटपूर्ण रास्ते से अपने मकसद पर पहुँचने में वह कटिबद्ध है। 'यह रॉड क्या हुई, साँड हो गई। न छोरी पर ममता, न बूढ़े ससुर का रहम। पढ़ाई-पढ़ाई का भजन करती हुई दोनों को रौंद रही है।' यह गाँव की स्त्रियों की प्रतिक्रिया है। लेकिन पढ़-लिख कर नौकरी पा गई तो उसकी नजरों में वह देवी हो जाती। अनपढ़ लोगों के लिए शिक्षा पैसा कमाने का साधन हो, तभी सुकारथ है।

'कस्तूरी कुंडल बसै' की आरंभिक टिप्पणी में लेखिका कहती है, यह हमारी कहानी है। मेरी और मेरी माँ की। आपसी प्रेम, घृणा, लगाव और दुराव की अनुभूतियों से रची कथा में बहुत सी बातें ऐसी हैं जो मेरे जन्म के पहले ही घटित हो चुकी थीं, मगर उन बातों को टुकड़ों-टुकड़ों में माता जी ने जब तब बता डाला जब-जब उन्हें अपनी बेटी को स्त्री जीवन के बारे में नये सिरे से समझाना पड़ा—इसकी फलश्रुति स्वरूप यह उपन्यास पाठकों के सामने है। असल में दो पीढ़ियों के विचार-विकार, मूल्य संकल्पनाएँ, धर्म-जाति, कुल संप्रदाय आदि धारणाएँ इस उपन्यास में बिखरी पड़ी हैं। कस्तूरी और मैत्रेयी के बीच के संबंधों में जो कुछ घटित होता है, उसके द्वारा जो कथा-विस्तार संभव होता है; असल में स्त्री अस्मिता के तहत होनेवाली आकांक्षाओं और संवेदनाओं का आख्यान है। यह स्त्री चेतना के जाग्रत रूप में, सामाजिक बुराइयों के खिलाफ लड़ने की शक्ति प्रदान करता है। कस्तूरी (नायिका) का व्यक्तित्व इस वैचारिक संघर्ष को मूर्तरूप प्रदान करता है। एक कठकरेज लुगाई के रूप में उसका विकास चाहे दूसरों के लिए उपहास का कारण हो, परंतु स्त्री पक्षधर विवेकी पाठकों के लिए वह शक्ति एवं प्रेरणा का स्रोत है। 'बेरंग कपड़े, उजड़ा सूना चेहरा, नंगे बूचे हाथ, बेरौनक खुरदरे पाँव कस्तूरी का यह वेश स्त्री के साज शृंगार के खिलाफ एक मुहिम है। इससे बढ़कर स्त्री-जाति के

आत्मसम्मान का यानि शरीर से अधिक आत्मबल की चिंता से प्रेरित है।

हाँ, सचमुच कस्तूरी स्त्री संघर्ष का जो बीड़ा उठाती है उसे कहीं अंजाम पर पहुँचा देने में वह सफल होती है। उसे अपने बेटी पर बड़ी आशा-अभिलाषाएँ थीं। सोचती थी—वह स्त्री के सशक्तीकरण की मशाल अपने हाथ ले लेगी। लेकिन यह गलत साबित हुआ। बी.ए. में पढ़नेवाली मैत्रेयी माँ से कहती है—'माताजी मेरी शादी कर दो।' कस्तूरी के सारे सपने, संकल्प टूट जाते हैं। एक मामूली स्त्री के जैसे विचार और व्यवहार उसके सारे सपने को चकनाचूर कर देते हैं। कस्तूरी चाहती है कि उसकी बेटी पढ़-लिखकर स्वावलंबी बने। यह आशा वह अपने ससुर के सामने प्रकट करती है। किंतु समाज एवं परंपरागत मूल्यों के विरोध में अपने को, यानी पुरुष सत्तात्मक समाज के दकियानूस आचार-विचारों के खिलाफ लड़ती कस्तूरी बेटी की परवरिश में असफल हो जाती है। बढ़ती उम्र में बेटी के लिए, माँ की ओर से जो कुछ उसके शारीरिक और मानसिक विकास के लिए आवश्यक है, यह सबक ढोने में कस्तूरी पराजित हो जाती है। शायद अपने जीवन संघर्ष में वह यह भूल जाती है। स्त्री के रूप में एक 'करैक्टर कोड'' जो माताएँ बेटियों को बचपन से देती आ रही हैं, वह चाहे गलत हो या सही उसे देने में कस्तूरी पिछड़ती रही।

मैत्रेयी के व्यक्तित्व निर्माण में माँ के रूप में कस्तूरी का रोल कहाँ तक सही रहा, यह सोचने का विषय है। बचपन से ही माँ की ममता और प्यार से वह वंचित रही है। पढ़ाई-लिखाई में उसकी रुचि नहीं रही। अचपन से ही उसकी संगति गाँव की पुरोहितानी खेरापतित और बूढ़ी काकी कलावती के साथ रही। वह स्कूल से मुकम्मल तौर पर गैरहाजिर रही। यहाँ पर कस्तूरी उसके नामकरण का संदर्भ याद करती है—ऋषि याज्ञवल्क्य की पत्नी ने अपने पति से केवल ज्ञान ही माँगा। और पंडित ने कहा, 'यह ज्ञानवान बनेगी।' ग्रामीण परिवेश में अनियंत्रित और बेसहारा मैत्रेयी के लिए जीवन संघर्षपूर्ण रहा। माँ अपनी तरह, बेटी अपनी तरह। ऐसी हालत में, किशोरी मैत्रेयी के लिए कोई वर्ज्य नहीं था। मैत्रेयी की सबसे बड़ी समस्या यह रही कि वह लड़की है। कस्तूरी ने अपन बेटी के लिए जिस घर में रहकर पढ़ने का इन्तज़ाम किया वह सचमुच उसके लिए कारावास था। वहाँ पर उनका अपना कोई नहीं था। मैत्रेयी इस समस्या से बचपन से ही जूझती रही। इस स्थिति में उसका बिगड़ जाना स्वाभाविक था। मैत्रेयी के लिए अपने अनुभव रो लगता है कि प्रेम और विवाह देह और देह की भूख मिटाने का यज्ञ है। क्योंकि बचपन से जिन पुरुषों के संपर्क में वह आयी, इन सबने उसका यौन शोषण किया। साइकिल वाला जगदीश से लेकर डी. बी. कॉलेज के प्रिन्सिपल तक यह कार्यक्रम चलता रहा। उनकी दृष्टि में कोई पुरुष इसका अपवाद नहीं था। इसी परिवेश में मैत्रेयी माँ से अपनी शादी कराने की अपील करती है।

बेटी के लिए वर की तलाश में निकली कस्तूरी के सम्मुख बहुत सारी मुसीबतें खड़ी होती हैं। ये हमारी विवाह रूपी संस्था के खोट और खोखली बुराइयों की ओर

इशारा करती हैं। पहले ही हमारा समाज ब्याह जैसी सामाजिक रस्म के प्रति सामंती मूल्य मर्यादाओं का पक्षपाती है। यह कुल, जाति, वंश, परंपरा जैसी मान्यताओं पर बल देता है। व्यक्ति के गुणों के बारे में कम चिंतित है। पढ़े-लिखे और नौकरीपेशा होने पर भी दहेज के तराजू पर वधू के वजन पर शादी की बात पक्की हो जाती है। मैत्रेयी के प्रसंग में माँ कस्तूरी प्रगतिशील विचारधारा की स्त्री है। वह ग्रह कुण्डली के बदले लड़के की डिग्री और पेशे के बल पर शादी करा देना चाहती है। असल में सब कहीं उसका अपमान हो जाता है। एक विधवा होने के नाते और अपने नये विचारों के नाते। इंजीनियर अयोध्या प्रसाद के साथ शादी तय हुई थी। किंतु दहेज के प्रति मैत्रेयी के स्वस्थ विचार पर वह रिश्ता टूट जाता है और अन्त में डॉक्टर के साथ शादी हो जाती है। लेकिन इसकी विडंबना देखिए, लड़की को देखे बिना डॉक्टर ब्याह के लिए हाँ कर देता है। दहेज के बारे में वह बेफिक्र है। क्योंकि मैत्रेयी इकलौती बेटी है, यह उसको पता है। यहाँ शोषण का तरीका बिल्कुल साफ है; किंतु सलीके से किया जाता है।

उपन्यास के आरंभ में कहा गया है कि हम माँ बेटी की कहानी है। किंतु उसमें माँ और बेटी का चरित्र बिल्कुल अलग है। माँ स्त्री की स्वतंत्रता और अस्मिता की मुहिम चलाती रही है तो बेटी इसके विपरीत विवाह संस्था की सुरक्षा में आकर्षित होकर पूर्णता और आत्मविस्तार की कामना करती है। उनके लिए जीवन की सारी चेतना और विद्रोह प्रेम एवं देह संबंधों के इर्द-गिर्द घूमती है। माँ की ममता और प्यार के अभाव में बचपन से ही नैतिक परिवेश के अभाव में पलती आई है। इसलिए पुरुषों से उसका कोई परहेज नहीं रहा। उसकी राय में दैहिक भूख छिपाने की नहीं स्वीकारने और मनाने की है। शायद इसी कारण से वह सुहाग रात पासीव पार्टनर की भूमिका से उठकर रतिक्रीड़ा में सक्रिय भूमिका अदा करती है और विपरीत रति से प्रियतम को खुश करती है। इस उपन्यास में और कई ऐसे प्रसंग हैं जहाँ यौन संबंधों का खुलकर वर्णन है। गौरा और कस्तूरी के बीच का समलैंगिक संबंध और नर्मदा के प्रेमी के साथ संभोग संबंध आदि इसके अन्य प्रमाण। लगता है, आधुनिकता के वास्ते अन्धाधुंध यौन वर्जनाओं और संबंधों का चित्रण कर, लेखिका मौजूदा मान-मर्यादाओं अर्थात नैतिकता की सीमाओं को तोड़ना चाहती है। कहा गया है कि यह उनकी आत्मकथा है। क्या आत्मकथा में लेखक का अपने निजी यौन संबंधों का खुलकर वर्णन वांछनीय है? क्या यह किसी दूसरे लक्ष्य से किया गया है? पाठक उपन्यास के प्रति आकर्षित हो जाय और लेखक की 'पोपुलारिटी' बढ़ जाय, यही इस प्रकार के यौन वर्णनों का लक्ष्य है, ऐसा सोचने में कोई गलती नहीं। जो भी हो, अनुवाचकों को उकसाने में इस प्रकार के यौन चित्रण कामयाब हैं, यह लेखिका खूब जानती है। किंतु इस प्रकार के चित्रण के कारणों को वह अन्यत्र बताती है—'श्लीलता की रक्षा के लिए मैं जिंदगी को तबाह कर दूँ, ऐसा दबाव मानने से इनकार करती हूँ। (सुनो मालिक सुनो—लक्ष्मण रेखा की चुनौतियाँ—मैत्रेयी पुष्पा, पृ.-1)

'हाँ', 'कस्तूरी कुंडल बसै' स्त्री पक्षधरता के उपन्यासों में ऊँचा स्थान अलंकृत

करता है। स्वतंत्रता, समता, स्वत्वान्वेषण और स्वावलंबन की जो चर्चा स्त्री मुक्ति आंदोलन के प्रसंग में जोरों पर हो रही है, उस वैचारिक मुद्दे को अपनी नायिका के जीवन संघर्षों के माध्यम से आरेखित करने में मैत्रेयी पुष्पा पूर्णतः सफल बन पायी हैं। स्त्री शक्ति अपने ही भीतर छिपी हुई है जैसे कस्तूरी मृग की नाभि में। किंतु इसे जाने बिना अपने जीवन में जो कुछ होता है उसे नियति मानकर गुलाम की जिन्दगी, औसत नारी के लिए अभिशाप है। जागो, शक्ति सँभालो और जीवन जियो स्त्री के लिए मैत्रयी का यही सन्देश है।

अनथकी आकांक्षाओं का सफरनामा

डॉ. एम. षण्मुखन

साहित्य में चिड़िया स्वतंत्रता का प्रतीक है। रिचड बॉ के उपन्यास 'जोनाथन सीगल' में इसी नाम के एक पंछी का चित्रण है। सीगल इतना महत्वाकांक्षी है कि असीम आसमान की गहराइयों में गोतें लगाना चाहता है। थोड़ी-थोड़ी उड़ान भरते हुए, इसके लिए वह जद्दोजहद प्रयास करता है और आखिर कामयाब भी निकलता है। एक दिन उड़ान के दौरान उसे लगता है कि उसके पंख बेकाबू हो गए हैं और वह ऊँचाइयों को छू रहा है। वापस आते हुए वह सोचता है, उसे तोहफा मिलेगा। पर पंछियों का समाज उसे 'आउट कास्ट' कराकर कर तिलांजलि कर देता है।

चित्रा मुद्गल के उपन्यास 'गिलिगिडु' शीर्षक का शाब्दिक अर्थ है चिड़ियाँ। इसको सार्थक बनाते हुए उपन्यास में बूढ़ों की ऐसी एक स्वच्छन्द दुनिया की संकल्पना की गई है जहाँ वे अपने सपने सँजोकर बेफिक्र रहते हैं। यह दरअसल मानसिक तौर पर आसमान में पंख पसारकर स्वच्छन्द उड़नेवाले गिलिगिडु की तरह ही हैं। पर कभी प्यार और चैन की तलाश में भटकते भी हैं। अपनी सीमित दुनिया में सिमटकर रहते इनके बच्चे, इनकी स्वच्छन्द दुनिया से अनभिज्ञ हैं। इसीलिए ये बूढ़े स्वतंत्र होते हुए भी 'आउट कास्ट' की तरह ज़िन्दगी बसरने के लिए मजबूर हैं

नारी की स्वतंत्र चेतना को जाहिर करने के लिए भी 'चिड़िया' के प्रतीक का जबरदस्त इस्तेमाल हुआ है। कविता में चिड़ियाँ मजदूरों की औरतों की तरह गाती हैं और औरतें चिड़ियों की तरह शोर मचाती हैं–

"पेड़ के झुरमुट में / शाम घिर आई है / अभी होगा कलरव आज /
थकी हुई चिड़ियाँ मजदूरों की औरतों की तरह / खूब गाती हैं /
एक ही जैसे मजदूरों की औरतें / शोर करती हैं / हर शाम चिड़ियों सा।"

(सौमित्र सक्सेना)

स्त्री स्वतंत्रता और चिड़िया के इस आपसी सार्थक सरोकार को ध्यान में रखते हुए ही डॉ. धर्मेन्द्र गुप्त ने अपने उपन्यास का नाम 'रंगी हुई चिड़िया' रखा है। उपन्यास की अन्तर्वस्तु सुन्दरी अलका की ज़िन्दगी और उसके आजाद ख्याल व्यक्तित्व पर केन्द्रित है। 'रंगी' शब्द अलका की अनन्य एवं अनुपम खूबसूरती की ओर संकेतित है। यों

उपन्यास का नाम पूर्णतः सार्थक है। पूरे उपन्यास में अलका की दास्तान ही चित्रित है जो अपनी सुन्दरता के पंख के सहारे ऊँची उड़ान भरने की आकांक्षा रखती है। अपने रूप रंग का इस्तेमाल करते हुए वह आगे कदम रखती है, लेकिन प्रतिभा के अभाव में पैर फिसल जाते हैं। पर वह अपनी कोशिश नहीं छोड़ती है। 'आउट कास्ट' होने की हालत में भी महत्वाकांक्षाओं की खातिर वह आगे बढ़ने का जबरदस्त प्रयास करती है।

अलका की सगी माँ नहीं थी। बाप और सौतेली माँ उसके भविष्य के प्रति चिंतित नहीं थे। सौभाग्य से बी. ए. पास होने के तुरन्त बाद उसे एक प्राइवेट फर्म में नौकरी मिल गई। फिर इलाहाबाद की प्रकाशन संस्था के मालिक प्रकाश मित्तल ने उसके व्यवहार एवं रंग-रूप से प्रभावित होकर अपनी संस्था में नियुक्त करने का निर्णय लिया। नियुक्ति पत्र में रहने की सुविधा भी जुड़ी हुई थी। इसलिए पटना से इलाहाबाद चलने में अलका ने देरी नहीं की। मित्तल के दोस्त एडवोकेट त्रिभुवन नारायण और फैमिली भी अलका की खूबसूरती से आकर्षित होकर ही उससे आत्मीय संबंध रखते हैं। एक पार्टी में दर्शनशास्त्र के प्रवक्ता राजन से अलका की मुलाकात होती है। पहली नजर में राजन उसे लापरवाह आदमी लगता है। पर अलका से मिलने के बाद राजन के मन में बार-बार अलका का आकर्षक चेहरा सामने आ जाता है। कॉलेज में बहुत-सी लड़कियों को उसने देखा है, लेकिन अलका कुछ अलग-सी नज़र आई थी। राजन के खुले व्यवहार से अलका राजन के करीब आती है। एक दिन दोनों साईकिल पर गंगाघाट चलते हैं। राजन को एक रिश्तेदार से मिलना था। अलका तो स्नान करने के इरादे से चली थी। राजन के मना करने के बावजूद वह नहाती है। राजन अलका को देखता रह गया। पानी से भीगकर अलका का रूप और निखर आया था। सलवार और कमीज़ पानी से भीगकर देह से चिपक गई थीं, इसलिए सीने का उभार साफ नजर आ रहा था। खुली हुई बाँहें संगमरमरी जैसी दिख रही थीं। राजन को लग रहा था, अलका वाकई खूबसूरत है। इसके बाद राजन के मन में अलका को अपनाने की हविश जाग गई थी। दोनों की कोर्ट मैरेज हुई। होटल में रिसेप्शन का आयोजन किया गया। दुलहन अलका और सुन्दर नजर आ रही थी। सभी ने राजन के भाग्य को सराहा।

शादी के बाद अलका का बनाव सिंगार कुछ ज्यादा ही हो गया। इस पर दोनों के बीच कहा-सुनी भी हो गई। अलका सभी सुविधाओं से लैस ऐश और आराम की जिन्दगी चाहती थी। सचमुच उसकी इच्छाओं का विस्तार हो गया था। इनकी पूर्ति के लिए वह राजन से बार-बार इण्टर और बी. ए. की कुंजी लिखने की बात करती है। इस योजना में मित्तल की भी प्रेरणा रही थी। हालाँकि राजन अपने बौद्धिक स्तर को नीचे गिराना नहीं चाहता था, फिर भी पैसों की खातिर कुंजी लिखने और अनुवाद करने के लिए तैयार हो जाता है। वह कॉलेज में ईवनिंग क्लास भी लेने लगता है। राजन का मित्र उससे सही ही बता रहा था कि खूबसूरत पत्नी उस पर हावी हो चुकी है। इसलिए वही सब हो रहें हैं जो वह चाहती है। वह अलका के चरित्र का विश्लेषण करते हुए कहता

है कि सुन्दरता के साथ अलका में भौतिक सुख-सुविधाओं को आत्मसात करने की तीव्र आकांक्षा है। लेकिन राजन का संस्कार ऐसा है कि इस अंधी दौड़ में साथ देने के लिए नाकाबिल है। आखिर मित्र की भविष्यवाणी सही निकली। राजन अलका को छोड़कर कहीं भाग जाता है। एक खुला पत्र छोड़ गया था जिसमें अलका के खिलाफ बेहूदा आरोप लगाए गए थे। नारायण के परिवार के सामने अलका ने कसम खाली कि आगे उसके साथ नहीं रहेगी। अगर लौट भी आया है तो खुद तलाक लेगी। वह ऐसे आदमी के साथ नहीं रह सकती जो इस तरह धोखा देकर भाग जाए। फिर भी अलका ने दो महीने तक राजन का इंतजार किया। वह नहीं लौटा तो अलका मानसिक तौर पर और कठोर हो गई। एक अजीब सी प्रतिहिंसा मन में उभर कर आई। वह निर्णय लेती है कि पुरुष के बिना भी वह जिन्दगी आगे बढ़ा सकती है। इतना भी नहीं, कितनी भी तकलीफ सहनी पड़े, वह कुछ बनके दिखाएगी। वह इलाहाबाद छोड़ने का निर्णय लेती है। महेश मित्तल ने दिल्ली में अलका के लिए एक अंग्रेजी स्कूल में अंग्रेजी टीचर की नौकरी का बन्दोबस्त किया। स्कूल तो एक बजे तक है। यदि इच्छा है तो और कोई काम भी कर सकती है। नौकरी के साथ वुमेन्स होस्टल में रहने का इन्तजाम भी था। यों अलका दूसरे शहर दिल्ली आ गई।

दरअसल अलका और राजन की पारिवारिक जिन्दगी की टूटन के पीछे सिर्फ अलका का सुविधाभोगी नजरिया, यानी ऐश और आराम की हविश ही कार्यरत नहीं है बल्कि राजन की अपनी स्वार्थता एवं इच्छाओं की भी भूमिका है। राजन की यही इच्छा और उम्मीद थी कि अलका एम. ए. की उपाधि हासिल कर ले और लेक्चरर बने। लेकिन कार्यालय और घरेलू काम-काज के साथ पढ़ाई को भी जारी रखना अलका के लिए दुस्साहस का काम था। इसी खातिर तीन साल तक अलका की कोख पर ताला लगाने की योजना भी राजन ने बनाई थी। राजन को हमेशा यही चिंता साल रही थी कि किसी न किसी प्रकार अपनी थीसिस पूरी करनी है। वह यह समझने लगा था कि अलका उस पर हावी हो रही है, उसे अपने काबू में रखने या अपने तयशुदा रास्ते पर चलाने में वह नाकाबिल हो रहा है। यानी उसके पुरुषवर्चस्ववादी अहं पर ठेस होने लगी थी। इतना ही नहीं, अलका के जिस्म के प्रति उसका मोह घटने लगा था। एक रात राजन बगल में सोई पत्नी को एकटक देखते हुए सोचता है कि अलका अब पहलेवाली नहीं रही। धीरे-धीरे बदन पर चर्बी की परत चढ़ गई है। स्थूलता ने जिस्म के आकर्षण को रोक दिया है। मोटापे के कारण आँखें भी कुछ अंदर धँस गई हैं। हर समय खाने और सोने से यही परिणाम निकलता है। बहुत साधारण ढंग की हो गई है अलका। इन सबके बावजूद राजन का अचानक घर से भाग निकलना स्वाभाविक नहीं लगता है। उसे हमेशा के लिए गायब कर देने के पीछे उपन्यासकार की जबरदस्त दखलअंदाजी है। वे अलका को अपनी महत्वाकांक्षाओं के साथ आगे बढ़ाना चाहते हैं। उसे दूसरे शहर ले जाकर, उसके माध्यम से शहरी जिन्दगी की बारीकियों का उन्मूलन भी उनका मकसद मालूम पड़ता है।

दिल्ली का नया माहौल अलका को जल्दी ही रास हा गया। अंग्रेजी पढ़ाने और बोलने से थोड़ा रौब भी कायम हो गया। लेकिन अलका इससे खुश नहीं थी। वह आर्टिस्ट बनना चाहती थी। दो-तीन नाटकों में काम कर चुकी हमउम्र की बंगाली लड़की रानी उसका साथ देती है। उसने ही अलका को मिड्डी पहनने की सलाह दी थी। उसका यही तर्क था कि मिड्डी पहनेगी तो फिगर सामने आएगी। गोरी टाँगें भी दिखाई देंगी। यही सब तो फिलहाल स्टेज पर चलता है। रानी नाटककार शंकरदा से अलका का परिचय इस तरह कराती है कि इलाहाबाद के मशहूर कलाकार शुक्ला के ग्रुप में वह अभिनेत्री रह चुकी है। शंकर दा तो पहले ही अलका की खूबसूरती पर मोहित हो गया था, इसलिए अपने ग्रुप में शरीक कर दिया। नाटक की रिहर्सल भी शुरू हुई, अलका यही कहती कि बार-बार रिहर्सल की क्या ज़रूरत है? सारी बातें तो समझ लीं, सीधे स्टेज पर ही जो करना है, कर दिया जाएगा। लेकिन नाटक के प्रदर्शन के तुरंत बाद मेकअप रूम में शंकरदा और अलका के बीच गाली-गलौज की नौबत आ गई। उसने दांत पीते हुए फटकारा कि तुम आदमी नहीं, जानवर हो। तुमने इतने दर्शकों के सामने मुझे पकड़कर बलात्कार करना चाहा। आगे का डायलॉग मुझे याद ही कैसे रहता? शंकरदा ने कसकर चाँटा मारा कि तुम एक नंबर की झूठी हो। अगर ऐसी ही सती सावित्री थी तो क्यों स्टेज पर आई? खूबसूरत चेहरा क्या पा लिया, दिमाग ही सातवें आसमान पर पहुँच गया। गलती मेरी ही है कि तुम जैसी फूहड़ औरत को अभिनेत्री बनाना चाहा।

अखबार में नाटक की समीक्षा छपी थी। उसमें भी नाटक के कमजोर पक्ष के तौर पर अलका के अभिनय का जिक्र किया गया था। एडवोकेट नारायण ने समीक्षा पढ़कर इलाहाबाद से तसल्ली देते हुए अलका को लिखा था कि अगर अभिनय ही करना है तो दूरदर्शन में भी कोशिश करना। अपने मित्र प्रोड्यूसर श्यामसुन्दर का परिचय भी कराया। अलका श्यामसुन्दर से मिलने गई तो वह अलका को देखते ही रह गया। जब कोई मौका आएगा तो चान्स देने का वादा भी किया। उसने ही रेडियो की ड्रामा इन्चार्ज मिसेज छाबड़ा का परिचय भी कराया। श्रीमती छाबड़ा भी अलका की सुन्दरता और बनाव सिंगार से प्रभावित हो गई। अलका की आवाज ठीक ही थी, इसलिए रेडियो नाटकों में चान्स मिल गया। अलका मिसेज छाबड़ा के साथ आत्मीय रिश्ता साबित करने में भी काबिल हो गई। दिनों के बाद ही छाबड़ा का तबादला बंबई हो गया। विदा लेते उसने अलका से जब भी जी चाहे, बंबई आने का निमंत्रण भी दिया।

श्यामसुन्दर ने दो नाटकों में अलका को नायिका की किरदार दी, पर फिर उसका रुख बदल गया। शिकायत करते हुए अलका ने नारायण को पत्र लिखा। वह सीधे अलका से मिलने दिल्ली आया। अलका बताती है कि एक के बाद एक गलत आदमी से उसका संपर्क होता है और वे सब उसे धोखा भी दे रहे हैं। जवाब में तीखे स्वर में नारायण जवाब देता है कि तुम्हें किसी ने धोखा नहीं दिया, बल्कि धोखा तो तुमने सबको दिया है। तुमने राजन से कहा कि तुम्हें फिलासफी में रुचि है, तुम स्कॉलर बनना चाहती

हो। तुमने शंकर से कहा कि तुम्हें अभिनय बहुत आता है, तुम स्टेज आर्टिस्ट बनना चाहती हो। तुमने श्यामसुन्दर से कहा, तुम कई नाटकों में सफलता प्राप्त कर चुकी हो, दूरदर्शन पर अपना चमत्कार दिखाना चाहती हो। अलका चुनौती देती हुई जवाब देती है कि वह बंबई जाकर फिल्म लाइन ज्वाइन करेगी और सिद्ध कर देगी कि वह भी कुछ कर सकती है। नारायण श्यामसुन्दर को उद्धृत करते हुए कहता है कि तुम किसी चित्रकार की मॉडल बन सकती हो, किसी प्रकार की कला से तुम्हारा सरोकार नहीं हो सकता। तुम्हें अपने बारे में बहुत गलतफहमी है। हद से ज्यादा घमण्ड है तुम्हें अपने रंग रूप पर। प्रतिभा से तुम्हारा दूर का वास्ता भी नहीं। तुम तो मान के चल रही हो कि तुम सर्वगुणसपंन्न हो।

नारायण अलका पर जो इल्जाम लगाता है एक हद तक सही है। लेकिन यदि हम अलका की तरफ से प्रस्तुत घटनाओं का मूल्यांकन करें तो, उसकी हर हरकत लाजिमी सिद्ध होगी। राजन के भाग जाने के बाद उसका यही मकसद रहा, किसी भी कीमत पर आसमान में चमकता सितारा बन जाए। इसके लिए वह हर प्रकार की तरकीब या तिकड़म अपनाती है। हकीकत यह भी है कि जो भी पुरुष अलका से मिलता है, पहली नजर में ही उससे मोहित हो जाता है। फिर वह उन पर हावी हो जाती है और वे अलका की असलियत जानने में असफल हो जाते हैं। बाद में जब कलई खुल जाती है या नकाब उतर जाता है, वे मुँह फेरने लगते हैं।

अलका मिसेज छाबड़ा के बूते पर ही बंबई आती है। जब पता चलता है कि अलका नौकरी छोड़कर आई है तो पहली प्रतिक्रिया यही है कि उसने ठीक नहीं किया। फिर भी वह उसकी मदद करती है। रेडियो में अलका की वार्ता रख दी। 'महान नारी' पाक्षिक की संपादिका शीला रामकर का परिचय कराया। रामकर अपने पेपर की पॉलिसी के मुताबिक निचले तबके की औरतों के साथ धारावाहिक इण्टरव्यू तैयार करने का काम सौंपती है। मदद के लिए फोटोग्राफर मंजेरकर को भी साथ कर देती है। मंजेरकर अलका को देखकर चौंक जाता है। वह तो फोटोग्राफर है। उसने एक से एक हसीन चेहरे देखे हैं, पर अलका का अपना ही रंग है। अपना ही रूप। नाक नक्श में ऐसा खिंचाव है कि आदमी देखता ही रह जाए। मंजेरकर से नहीं रहा गया। उसने कह ही दिया—"मेरी राय में आपको किसी फिल्म में हीरोइन होना चाहिए।" मंजेरकर ही अलका को प्रोड्यूसर देवदत्त के पास ले चलता है। देवदत्त ही पहला पुरुष है जिसने अलका के रूप-रंग की तारीफ नहीं की। पर स्क्रीन टेस्ट के बाद चान्स देने का वादा तो किया। फिर दोनों और एक निर्माता धीरेन भाई से भी मिलने जाते हैं। उन्होंने भी काम देने की तसल्ली दी। मंजेरकर की भी यही राय रही कि सबके लिए टाइम लगेगा।

इस नीच मिसेज छाबड़ा के पति के कार्यालय में अलका को रिसेप्शनिस्ट का काम मिलता है। वहीं प्रोड्यूसर दर्शन से अलका की फिर मुलाकात होती है। दर्शन ने मंजेरकर के साथ पहले ही अलका को देखा था और उसकी खूबसूरती पर मोहित हो गया था।

दर्शन तो सीधे कह देता है कि अगर फिल्म में काम कराना है तो आकर मिलना। सीधे हीरोइन का पार्ट। एक दिन दुविधाग्रस्त रहने के बाद अलका ने दर्शन से मिलने का निर्णय लिया। यह मौका अगर निकल जाए तो शायद कभी चान्स न आए। बंबई आने का मकसद ही व्यर्थ हो जाएगा।

अलका के आते ही दर्शन वादा करता है कि ट्रेनिंग देकर उसे अभिनेत्री बनाएगा। अलका ने नया फिल्म नाम पाया—रूही। इसी नाम से पब्लिसिटी शुरू हो गई। खास-खास चौराहों पर बड़े पोस्टर लग गए। अलका के ढंग चाल सब बदल गए। कुछ बंदिशें खल भी रही थीं। सबसे बड़ी मुसीबत थी एलफिनो की निगरानी जिसे दर्शन ने अलका की सेवा के लिए रखी थी। पर बाद में अपने अतीत की दास्तान सुनाते हुए उसके साथ बहिननुमा रिश्ता कायम रखने में सफल हुई। फिल्म की शूटिंग शुरू हो गई। देखते-देखते फिल्म की तीन रीलें पूरी हो गईं। इनमें अलका का काम दो-चार मिनिट का ही था। बस स्क्रीन पर चेहरा आ गया। फिर एक दिन दर्शन अलका के कमरे आया। उसने अलका को बाँहों में समेटना चाहा। वह कहने लगा कि अब चेहरा ही स्क्रीन पर आया है। यदि मंजूर नहीं है तो हीरोइन बदल लेगा। अलका को रानी की याद आई, जिसने यह सलाह दी थी कि कुछ पाने के लिए कुछ खो देना पड़ता है। अलका ने आँखें बंद कर लीं।

चार महीने के भीतर शूटिंग समाप्त हो गई। पर प्रीमियर शो में ही सभी ने फिल्म को असफल घोषित कर दिया। पहले सप्ताह में तो फिल्म जैसे-तैसे चली, परी दूसरे में बिल्कुल बैठ गई। एक दोपहर दर्शन की पत्नी अपने पति को ढूँढ़ते हुए अलका के कमरे आई। अलका को मारने झपटी तो अलका ने उसे चाँटा जड़कर और धक्का देकर कमरे के बाहर कर दिया। शाम को दर्शन आकर चिल्लाने लगा। उसका हाथ पकड़कर झटका दिया। अलका सम्हल न पाई, दीवार से जा गिरी। होटल खाली करने का आदेश देकर दर्शन चला गया। इस बदहालत में एलफिनो ने अलका की मदद की। वह पुरानी अभिनेत्री शबनम के पास अलका को ले गई। शबनम अमेरिका बस गई है और साल दो साल में कुछ दिन बंबई रहने आती है। अलका से मिलकर शबनम को भी यही लगा कि अलका वाकई सुन्दर है। हँसती है तो कितनी प्यारी लगती है। शबनम ने तय कर लिया यदि अलका चाहती है तो उसे अमेरिका ले जाएगी। अपनी ओर से शबनम ने मासिक वेतन, रहने की सुविधा आदि सारी बातें तय कर दीं। अलका ने चुप्पी साधकर सारी जिम्मेदारी शबनम पर छोड़ दी। वह बंबई से छुटकारा पा रही है, यही उसके लिए गनीमत है। अलका का अपनी महत्वाकांक्षाओं के साथ सफर फिर जारी है।

अलका की ज़िन्दगी इसका साक्षी है कि प्रत्येक पड़ाव में किसी न किसी ने उसकी मदद की है। मित्तल व नारायण से लेकर एलफिनो व शबनम तक न जाने कितने शख्सों ने उसकी ज़िन्दगी को आगे बढ़ाने और मंजिल तक पहुँचाने में उसे सहारा दिया है। एक मामूली रिसेप्शनिस्ट से फिल्म की नायिका तक बनने के पीछे अवश्य उसकी

महत्वाकांक्षा की अहं भूमिका रही है, लेकिन कदम-कदम पर कोई मर्द या औरत उसकी टेक बनी है। लेकिन विडंबना की बात है कि उसे कभी भी पूर्णतः सफलता हासिल नहीं हुई। एक से एक सीढ़ी वह चढ़ती रही, एक-एक कदम वह आगे बढ़ाती रही, लेकिन हर मुकाम पर वह फिसलती गई। राजन के साथ भरी पूरी पारिवारिक जिन्दगी बितानी चाही, लेकिन उसकी इच्छा अधूरी रह गई। माँ तक वह बन नहीं पाई। ड्रामा आर्टिस्ट बनने की इच्छा पर डायरेक्टर के व्यवहार ने पानी फेर दिया। दूरदर्शन पर भी उसे अवसर मिला, लेकिन आगे बढ़ नहीं पाई। बंबई में अखबार और रेडियो में मौका मिला, लेकिन फिल्म की ग्लैमर में आकृष्ट होकर उन्हें छोड़ दिया। फिल्म लाइन में आकर अपनी इज्जत तक दाँव पर लगा दी। फिर भी वांछित काबिलियत मिली नहीं। लेकिन वह पूर्णतः पस्त नहीं हुई, आगे अमेरिका जाने का मौका मिला। पता नहीं भविष्य में तकदीर अलका के साथ क्या खेल खेलेगी।

जिस साल 'रंगी हुई चिड़िया' प्रकाशित हुआ उसी साल यानी सन् 1990 में चित्रा मुद्‌गल का उपन्यास 'एक ज़मीन अपनी' भी बाहर निकला था। विज्ञापन जगत के परिप्रेक्ष्य में कामकाजी महिलाओं की समस्याओं का उन्मूलन उसमें हुआ है। उसकी एक पात्रा नीता के मुताबिक बुद्धि और प्रतिभा आज की ग्लैमर की दुनिया में खरीदने की चीजें बन गई हैं। वह विवस्त्रीय मॉडल बनती है। लेकिन दूसरी पात्रा अंकिता का यही ख्याल है कि स्त्री को माल बनाने वाले विपणन की कूटनीति को समझकर, उससे बचकर रहना चाहिए। इसलिए वह नीता की हरकतों की कटु आलोचना करती है। ऐसे आचरण स्त्री समाज के लिए अशोभनीय एवं शर्मनाक हैं। स्त्री भी घर के बाहर व्यक्ति नहीं, समाज होती है। चित्रा मुद्‌गल अपने स्त्रीवादी नजरिए के कारण ही दो दृष्टिकोणों को प्रस्तुत करते हुए स्त्री के अभिमान की रक्षा की बात करती हैं। लेकिन धर्मेन्द्र गुप्त का पूर्णतः पुरुष वर्चस्ववादी बुर्जुआ नजरिया रहा है। इसीलिए उनकी नायिका अलका पुरुष की सौन्दर्य-दृष्टि एवं संकल्पना के अनुकूल अपने को सँवारने एवं प्रस्तुत करने की कोशिश करती है। अलका की असफलता के कारणों की जाँच-पड़ताल के संदर्भ में नारायण के उद्‌गारों के माध्यम से उपन्यासकार का यह नजरिया साफ जाहिर होता है। पर जैसे पहले ही सूचित किया गया है, उन्होंने अलका की अदम्य महत्त्वाकांक्षा पर अवश्य जोर दिया है इसीलिए अड़चनों और विरोधी परिस्थितियों के बावजूद उसके आगे बढ़ने की दास्तान बहुत ही स्वाभाविक ढंग से चित्रित की है। परोक्ष तौर पर उनकी यह चेतावनी भी है औरत जात से कि जिस्म की खूबसूरती ही सब कुछ नहीं है, उसकी अपनी सीमा है। इतना ही नहीं पुरुष मेधा समाज हमेशा उसका गलत इस्तेमाल करता आया है। रानी के माध्यम से उन्होंने यह जाहिर भी किया है कि पाने के लिए कुछ देने का अर्थ अपने को लुटा देना नहीं है। लुटी हुई औरत क्या, लुटे हुए आदमी को भी कोई नहीं पूछता। इन सबसे बढ़कर रंगी हुई चिड़िया की पठनीयता ही सचमुच उसे विशिष्ट एवं व्यतिरिक्त बना देती है। अस्तु।

‘ज़िंदा मुहावरा’ : एक अंतरंग पहचान

डॉ. विजयकुमारन -सी.पी.वी.

भारत-पाक विभाजन के बाद चार बार पाकिस्तान ने भारत पर हमला किया। सन् 1948-49, 1965, 1971 और 2004 में भारत की बँटवारे-राजनीति में युद्ध जैसी आग भभक उठी थी। कारगिल युद्ध उसकी अंतिम कड़ी बनी। बँटवारा एक राजनैतिक दाँवपेंच रहा तो उसको भुगतनेवाले एक ही मुल्क के भाई-बहनें आपस में कैसे बँटवारा कर सकेंगे। इस समस्या को लेकर सशक्त मुस्लिम लेखिका नासिरा शर्मा की कलम से ‘जिंदा मुहावरा’ रचा गया। लेखिका ने पाकिस्तानी जीवन के प्रवास को कथ्य बनाया, और साबित करना चाहा कि विधर्मियों की बात के समान स्वधर्मी भी विभाजन की राजनीति से बच नहीं पाया। कश्मीर एक अंतर्राष्ट्रीय समस्या रहा कि पाक अधीन कश्मीर को भारत का अंग बनाया जा सके। केरल में संप्रदायवादियों ने भारत का नया मानचित्र बनाया तो उसमें नियंत्रण रेखा के उस पार को, पाक अधीनस्थ कश्मीर को पाकिस्तान के मानचित्र में शामिल कराने से भारत का वह मुल्क पाकिस्तानी हो गया। लेकिन देशप्रेमियों ने उसे ठुकराया और मानचित्र को खारिज कर लिया। वैसे ही हिंदुत्ववादियों को चित्रकार हुसेन के बनाये नंगी सरस्वती के चित्र से समझौता करना मुश्किल हो गया। मुसलमानी आतंकवादियों के कई खेमे बने जो एक ही स्वर में कश्मीर की माँग करते भारतवासियों को कत्ले-आम कर रहे हैं। उनके सामने भारतवासी का मतलब ही वे हैं, जो इस मुल्क में रहनेवाले हैं, न कि हिंदू या मुसलमान। अतः लेखिका ने ऐसी समान परिस्थिति का निर्माण कर, पाकिस्तान में रहनेवाले का भारत के प्रति लगाव चित्रित किया है।

अखबारी सुर्खियों में आज भी पाकिस्तान में रहनेवाले हमउम्रवालों की विडंबना पढ़ने को मिलती है। बँटवारे के 57 साल बाद भी पाकिस्तान में पलनेवाले भारतीय मुसलमान और भारत में पलनेवाले उनके रिश्तेदार में राजनीति ने यह विभाजन रेखा खींच रखी है। नियंत्रण रेखा के आर-पार खड़े वे एक-दूसरे के हादसे पर कलेजा मजबूत कर रहे हैं कि उनके आदमी को खुदा की शरण प्राप्त हो। पाक अधीन कश्मीर में रहनेवाले ‘महाजिर’ कहे गये, जिसका शब्दार्थ ही ‘शरणार्थी’ है। मातृभूमि दैनिक (अक्टूबर 23, 2005) के समाचार के अनुसार नियंत्रण रेखा के इस पार भारतीय माटी

में खड़े दिन मुहम्मद असहाय देखता रहा है कि पाक अधीन कश्मीर में अपने भाई मनोगुज्जर को अक्टूबर 22, 2005 को हुए भूकंप में अपनी पत्नी एयलिफा, संतानें नवास, खुरों और हूरा को अपनी ही आँखों के सामने खोना पड़ा। गुज्जर ने भारत के भाई की मदद माँगी। लेकिन नियंत्रण रेखा पार करना राष्ट्रीय कानूनी अपराध माना जाता था। इसी मानवतावादी पक्ष को लेकर ही पाकिस्तान राष्ट्रपति में तीन दिन बाद मानसिक परिवर्तन दिखाई दिया कि उन्होंने तीन जगहों पर नियंत्रण रेखा को खोलने का निश्चय किया ताकि भूकंप पीड़ितों का राहत-कार्य दोनों देश मिलकर कर सकें।

अतः भारत-पाक बँटवारे के होते सालों बीत गये, समस्या पेचीदी बनकर ही रहती है। मातृभूमि दैनिक (अक्टूबर 23, 2005) की रविवारीय में वरिष्ठ पत्रकार कुलदीप नय्यर का एक आलेख भी छपा था–"शिमला समझौते के पर्दे पर पीछे का नाटक" (पृ.-iii) उस आलेख में यह राज खोला था कि तत्कालीन पाकिस्तान प्रधानमंत्री भुट्टो ने इस्लामाबाद जाने के तुरंत बाद घोषित किया था कि गोलीबारी बंद रेखा को भारत पाक के बीच की अंतर्राष्ट्रीय सीमा रेखा नहीं मान सकते। जाहिर है, कश्मीर समस्या को लेकर दिसंबर 17, 1971 की भारत-पाक गोलीबारी बंद-रेखा पर बना शिमला समझौता जो तत्कालीन पाकिस्तान प्रधानमंत्री भुट्टो और भारतीय प्रधानमंत्री इंदिरा गांधी के द्वारा स्वीकृत था।

उपन्यास 'ज़िंदा मुहावरा' की भूमिका में नासिरा शर्मा ने बताया कि कुछ अरसों बाद पाकिस्तान की पृष्ठभूमि पर कहानी लिखने का सिलसिला शुरू हुआ और एक ख्याल बिजली की तरह दिमाग में कौंधा कि महाजिर भी तो उस मोहब्बत कि जबान के 'ज़िंदा मुहावरा' है जो मुल्क के बँटवारे से पहले पूरे हिंदुस्तान में बोली जाती थी।...साल पर साल गुजर गए मगर वह नाम दिमाग के किसी कोने में महफ़ूज़ रहा, जिसका अहसास मुझे तब हुआ जब यह उपन्यास शुरू हुआ और अचानक 'ज़िंदा मुहावरे' जहन के दरवाजे खोल कुछ इस तरह रचना के माथे पर टँक गया कि चाहने पर भी कोई दूसरा नाम न मुनासिब और न ही इतना अर्थपूर्ण अपनी इस नई कृति के लिए लगा जिसकी पृष्ठभूमि बँटवारे के बाद का भारत-पाक समाज है (दो शब्द)। आखिरी वाक्य लेखिका का यह रहा–"मेरी कोशिश इस उपन्यास के जरिए सिर्फ इतनी है कि में 'जिंदा मुहावरे' के पाठकों को उस सेतु पर लाकर खड़ा कर सकूँ जो एक इन्सान से दूसरे इन्सान तक जाता है और जिसके नीचे मोहब्बत का समंदर ठाठें मारता है।" (वही)

हिन्दुस्तान के बँटवारे से करोड़ों को तकलीफें हुईं। उन्हीं में एक फ़ैज़ाबाद के रहमतुल्लाह भी थे। अपना गाँव, घर की ज़मीन, अपना वतन छोड़ कर वह नहीं जा सकता था। लेकिन निजाम, उसका छोटा बेटा पाकिस्तान चला गया। निजाम बहुत कुछ भोग कर पाकिस्तान का बड़ा आदमी बन गया। लेकिन वह हिन्दुस्तान के अपने धरती अपने आसमान और अपने लोगों को भूल नहीं सकता। अब्बा रहमतुल्लाह, अपनी माई फात्मा, बहन, भाई-भतीजा, सुन्दर काकी, मँगरू काका, बचपन का गँवार साथी व्रजलाल

आदि के प्यार ने उसको वापस भारत आने को खींच लिया। जब फिर से उसको भारत से पाक लौटना हुआ तब वह टूट गया।

प्रकाशक ने यों लिखा–"इस उपन्यास के पन्ने दर पन्ने दरअसल लेखिका ने ज़िन्दा मुहावरे में सिर्फ एक परिवार के माध्यम से इस कद्दावर सच को सामने ला खड़ा किया है कि इतने बड़े ऐतिहासिक हादसे से उपजी पीड़ा किसी एक कौम की नहीं बल्कि समूची इंसानियत की है।"

ज़िन्दा मुहावरे की संरचना में धरती को मोह लेने वाली बास-गंध के साथ अनुकूल भाषा का जीवन्त प्रयोग व रिश्तों के साथ वास्तविक तालमेल ने अलग-अलग समाजों, वर्गों और विचारों को एक सूत्र में जोड़कर प्रामाणिक कर दिया कि सभी धाराएँ एकजुट होकर एक मुख्यधारा का निर्माण करती हैं और सांस्कृतिक एकरसता को अपने समूचेपन में ठोस घटा कर देती है। राजनीतिक स्वार्थों के कारण भले ही धरती बँट जाये पर इनसानी रिश्ते नहीं बंटते।

उपन्यास के आरम्भ में, फैजाबाद की अपनी जमीन को इज्जत समझकर उसे ही पालना-पोसना और अपना समझना निजाम के लिए बेहतर लगा था। आरंभिक वाक्य यों था, "जमीन...से चिपके रहना तभी तक भला जब वह अपनी पहचान हो, इज्जत हो अपने बीज, अपनी फसल हो, मगर जब सब कुछ बेगाना बना दिया जाय और साबित करना पड़े कि यह मिट्टी...इससे अच्छा वह टुकड़ा है जो काट कर दामन में डाल दिया गया हो अब उसी को पालना-पोसना और अपना समझना होगा।" (नासिरा शर्मा, 2001, 9)

रहमतुल्ला निजाम के भाई इमाम को यह बताता है कि पढ़-लिखकर नादान मत बनो, बँटवारा मुल्क का हुआ है हमारे इस गाँव का तो नहीं! निजाम को जाते देखकर उसका भतीजा गोलू उर्फ गयासुद्दीन ने, जो बच्चा था, यह शंका प्रकट की कि चाचा क्या मर गये कि वह जन्नत जा रहा है। ऐसा इसलिए कहा कि उरारो कहा गया था कि निजाम जन्नत जा रहा है। यहाँ बच्चों की कुतूहलता से ज्यादा मुसलमानों की वह मानसिकता व्यंजित है जो पाकिस्तान को जन्नत मानता था।

निजाम के साथ गाँव छोड़कर पाकिस्तान जाने वालों की बहुत लंबी-चौड़ी कतार नहीं थी। एक काफिला-सा रास्ते में बना था पाकिस्तान जाने वालों की वह आखिरी खेप थी। बेचारे गाँववासियों को ये नहीं पता कि मुल्क दो हिस्सों में बँट चुका है, पाकिस्तान और हिन्दुस्तान। जो पाकिस्तान रहने बसने जाते हैं उन्हें तहाँ से लौटकर आने की उम्मीद नहीं थी। प्रस्तुत उपन्यास के गठन में समय और स्थल का समन्वय रखा गया कि 57 साल के अंतराल के समय और स्थल को, एक ही अध्याय में समा गया। नहीं तो बंटवारे के कथ्य पर लिखे गये उपन्यासों की अद्यतन कड़ी बनकर यह उपन्यास रह जाता। उपन्यास के अंत में मिर्जा साहब के बेटे सैफउल्लाह की बीवी हुमैरा और निजाम की बीवी सबीहा के संवाद में पिछले चालीस-पैंतालीस साल की लंबी दास्तां को पार

किया जाता है। यहाँ समय का अंतराल पार किया गया कि जो यहाँ से चली गयी, वापस यहीं आ गयी। सबीहा भी चाहती है कि फिर लौटकर पाकिस्तान नहीं जाना है।

''कराची पहुँच कर निजाम दो दिन तक भूखे रहे क्योंकि वह खाली हाथ गया था। भूख के मारे वह मजदूरी करने, बोझा ढोने और फेरी लगाने पर मजबूर हुआ। महीना भर उसने रोते-पीटते कराची में गुजार लिया''—यहाँ लेखिका ने आज के भारतीयों की वह मनःस्थिति बतानी चाही कि जो भी विदेश जाता तो इस आशा से कि वहाँ खूब कमा सके। इसे ही जन्नत कहकर उत्प्रवासी अंतिम सहारा मान भी लिया था। मगर आज के युवक दूसरे मुल्क में जाकर नौकर-चाकर या भद्दा काम करके भी क्यों न जियें, उनका भारत में काफी नाम होता है। अपने प्रदेश में वह, कमाई के पैसे से, लाटसाहब का बहाना बना लेता है।

रहमतुल्लाह को अपनी पुत्री रज़िया की शादी होकर उसे पाकिस्तान ले जाने से राजी होना मगर मुश्किल की बात थी। इसलिए ऐसे रिश्ते ठुकराये गये। आजकल केरल में भी विवाह के संदर्भ में इस बात पर गौर किया जाता है कि खाड़ी में काम करनेवाले को पढ़ी-लिखी, उच्च घराने की लड़की नहीं मिलती। इधर बाप रजिया की शादी का इंतजाम कर रहा था। लखनऊ से लड़के का पैगाम आया। मगर, शादी के बाद लड़का पाकिस्तान जाएगा यह सुनते ही रहीमउद्दीन ने उसे ठुकराया कि लड़की को पराये देश नहीं भेजना है।

प्रवासीजीवन के विरोधाभास की टिप्पणी उपन्यास के बीचोंबीच मिल जाती है—''जो हिन्दुस्तान की सड़कों पर चप्पल चटकाते थे वे अवसरवादी यहाँ बड़े-बड़े आलीशान घर और जमीन के मालिक बन कारों में घूमते हैं।'' यहाँ स्थिति दूसरी है। जो छोटा-मोटा धंधा करके खूब कमा लेते हैं, वे रौब से जीना पसंद करते हैं। यह पहचान निजाम को हुई। निजाम का मन कह रहा था कि आजादी का बराबर हिस्सेदार फिर चुप कैसे बैठ सकता था। यहाँ आजादी का मतलब अपने को किसी का अधीन न मानकर अपने ही पैरों के बल पर खड़े होने की स्थिति से है। यह देशप्रेम सारे देशवासियों को है, कि जब मुल्क आजाद हुआ, तो वहाँ के आम आदमी भी आजाद मानने लगे हैं। लेखिका ने प्रस्तुत प्रकरण में निजाम के द्वन्द्व को दिखाकर अवसरवादी और नेक इंसान की तुलना की है। निजाम को भारत के अपने घर में सब कुछ था, मगर वह दूसरे प्रवासियों के समान अपना अहं खोकर जीना नहीं चाहता।

एक साल में निजाम ने एक छोटी कोठरी रख ली, फिर मकान मालिक, और आगे चलकर कराची का जानामाना सेठ बना। निजाम इस बहती धारा की एक मजबूत कड़ी था, जो अब बीस वर्ष का जोशीला नौजवान नहीं रह गया था, बल्कि जमाने की ठोकरें खा, हालत की धूप में तपकर एक तजुर्बेकार शख्स बन दुनियादारी के सारे गुर जान कराची शहर की घनी आबादी वाले मोहल्ले में 'निजाम गार्मेंट' के नाम से जाना जाता था (वही, 31) मगर अब...अब उसे हिन्दुस्तान जाना होगा वह उन सबके बिना नहीं रह

सकता (वही, 31), अपनी पहली चिट्ठी में उसने सारे परिजनों को पाकिस्तान आने का न्योता दिया था, जो सहजतः प्रवासी का मोह हुआ करता। फिर रात भर अम्मा, अब्बा, इमाम, रज़िया, गोलू, गाँव, मदरसा, स्कूल, दोस्त आदि का स्वप्नदर्शन भी सामाजिक यथार्थ का दूसरा पहलू रहा।

रहीमउद्दीन पर भारतीयता का भूत सवार था, अतः बेटी रजिया की शादी में ऐसा लड़का, जो शादी के बाद पाकिस्तान जाएगा, पसंद नहीं आया। अपने बेटे को भी उन्होंने पाकिस्तान जाने के नाम पर बाद में गाली दी थी। नासिरा ने कुछ समान संदर्भ खड़े किये हैं कि 'पानी में रहकर मगर से बैर' नहीं हो। अतः इमाम मोलाबख्शा का लड़का पाकिस्तान से लौट गाया तो उसकी दशा भी यही बनी। ''भाई जी, बँटवारे को पूरे पाँच साल गुजर गए। अपनी मस्जिद के मोअज्जिन को भी पाकिस्तान गए चार साल से ज्यादा हुए। सुना है, पुराने हैं। शर्म के मारे गांव आया नहीं। लखनऊ में मुंह छिपाता इधर रो उधर मारा-मारा फिरता जब्बार को दिखा था।'' (वही, 28) परंपरा से भारत की माटी से जुड़े इंसान को एक दिन राजनीति के हाथों कैसे बाँटा जा राकता है? लेखिका इस समस्या को सुलझाती यहां तक लिखती है कि सरकारी प्रमाणों में कई आदमी इधर-उधर के बेटे रहें, मगर कुछ ऐसे भी हैं जिनके नाम और निशान ही देश-विदेश में नहीं हों। अतः यह प्रोक्ति है, ''कल इस घर में सारे पुरखों की रूह आएगी। एक-एक करके सारे मुर्दों के नाम पर नजर होगी। इस सारे इंतजाम के बीच जिंदा और मुर्दा अपना संवाद स्थापित करेंगे, मगर उनका वहाँ कहीं जिक्र नहीं आएगा, जो अपनों के बीच से चले गए। जो अब न जिंदा थे, न मुर्दा, न गायब थे, न अगुआ हुए थे, फिर उनकी कब्र कहाँ ढूँढ़कर उस पर दीया-बत्ती जलाएँ।'' (वही, 30)

निजाम की भाभी शमीमा यह चाहती थी कि उसका देवर जिस दिन लौटेगा उसी दिन वह सुगरा से उसका निकाह पढ़वा देगी। तब तक निजाम की चिट्ठी आयी मगर सुगरा की कुछ भी नहीं लिखी। सुगरा के बाप ने इधर खुसरू से उराकी शादी की तैयारी की। सुगरा ने इनकार कर देखा लेकिन उसका विद्रोह अपनी जगह कायम रहा। नासिरा जैसी लेखका का, नारी विमर्श का, स्वर महिला लेखन पर केन्द्रित अपनी संपादित, 'इस सदी की औरत की आवाज़' (तीन खण्ड) में सबल है। क्योंकि नारी विमर्श नारी का सुरक्षित क्षेत्र है, जहाँ पुरुषों का हस्तक्षेप नहीं हो। हिन्दी साहित्य में महादेवी वर्मा ने 'शृंखला की कड़ियों में' इसे यों शब्दबद्ध किया था, ''पुरुष के लिए नारीत्व अनुमान है, नारी के लिए अनुभव, अतः अपने जीवन का सजीव चित्र वह हमें दे सके, सकेगी, वैसा पुरुष बहुत साधना के उपरांत भी शायद ही दे सके।'' (महादेवी, 1995, 66) नारी मुक्ति का संघर्ष सामाजिक, आर्थिक एवं राजनीतिक बराबरी का संघर्ष है। नारी लेखन में इसे ही मुख्य स्वर बनाया गया। कर्तृत्व में स्त्री पुरुष को नकारती है। विश्व में सन् साठ में जो नारीवादी आंदोलन चला उसे 'नारीवाद' या फेमिनिज्म की शुरुआत माने या न माने, पीटर बारी[1] ने इस पर यों टिप्पणी की है—"It was a renewal of an old tradition of thought and action already possessing its classic books which had diagnosed the problem of women's inequality in society and (in some cases) proposed solutions."

आलोच्य उपन्यास में सुगरा जैसी मुस्लिम नारी की आवाज 'मुल्ला की दौड़' जैसा मुहावरा बनी—"हम अब शादी न करिबै।....हम कहत हैं, अम्मा, हमार बेइज्जत्ती ना करो।" विद्रोह कहीं का नहीं बन पाया। खानदानी रिवाज यही रहा कि शरीफों का दस्तूर रहा है कि जिससे लड़के-लड़की का नाम बँध गया, बस जिंदगी अच्छी-बुरी उसी के साथ कट गई। लेखिका सुगरा को बचाने के लिए यह मुहावरा गढ़ रही है—"बिल्ली के बच्चे की तरह सात घर झाँकने तो कोई नहीं जाते, मगर इस नई विपदा से भी तो निपटना होगा, वरना जवान लड़की कब तक निजाम के नाम पर बैठी रहेगी?" (नासिरा शर्मा, 2001, 24) वे यह भी लिखती हैं, "लड़की की बात तो दस जगह से छूटती और लगती है। दुनिया का दस्तूर है।" कुछ नारीवादी स्वरों में इस तरह का बचना भी होता है। निजाम की माँ फातमा बी के साथ भी ऐसा ही हुआ। नासिरा लिखती हैं, "फातमा बी सुगरा के घर से जो लौटी, तो जैसे हँसना-बोलना ही भूल गई थी। उनके दिल में पड़े नासूर में घुन-सा लग गया था।" यह स्वाभिमानी का लक्षण है कि जो वचन और आशा साहिबा को दिये गये, उनका भंग होते वह देख नहीं सकती थी। स्त्रियों का दिल इतना तरल होता है कि वह चुपके से सब सहन तो कर लेगा, मगर जब रहा न जाय तो उसी घुन में कंकाल होते आखिर आत्मत्याग कर लेती है। ऐसी अवस्था से वह औरत मुक्त नहीं हो पाती कि लेखिका ने शेक्सपियर के मैकबेथ की एक पंक्ति[2] का, उस संदर्भ के लिए आशयानुवाद कर रखा है—"बदन का रोग हो तो डॉक्टर-वैद्य ठीक भी करें, मगर रूह की बीमारी का इलाज तो उनके पास नहीं है।" इकरार अहमद ने[3] अपने आलेख 'मुस्लिम नारी-मुक्ति का सच' में सार्वभारतीय मुस्लिम स्त्रियों की ऐसी दुर्दशा बतायी। विवाहोपरांत निजाम ने अपनी पत्नी सबीहा को भी पर्दे के अंदर ही रखा। मुक्तिगाथा वहाँ भी विचलित होती है—"इस बड़ी कोठी में आकर सबीहा बन्द-सी होकर रह गयी।" (वही, 50) कभी-कभी स्त्री से पुरुष को बचाना भी होता है। घर की तलाशी लेती पुलिसवालों से पढ़े-लिखे इमाम का कहना था—"ठहरिए अन्दर जनाना है।" तब भी उपाय यही रहा—"पर्दा कराएँ फिर...।" (वही, 62)

सबीहा को भी बँटवारे का अहसास है। वह निजाम से कहती है कि उसके नाना-नानी कराची में रहते हैं और दादा-दादी हिन्दुस्तान में। (वही, 53), सबीहा को हिन्दुस्तान जाने का ख्याल 'अवचेतना में पड़ा एक खौफ है, जो सियासतदानों के ज़हन में बैठा दिया है।' (वही, 55)

क्षेत्रीय इतिहास के लिए मौखिक इतिहास को जितना महत्त्व दिया जाता, उतना ही लेखक-रचनाकारों की बात को भी लिया जा सकता है। पाकिस्तान के महानगर का इतिहास लेखिका के अनुभव से उपजा है। अफगानिस्तान, पाकिस्तान, इराक, जैसे

मुस्लिम देश के साहित्यकारों से भेंटवार्ता प्रस्तुत करनेवाली उपन्यासकर्त्री को कराची का नवइतिहास रचना कोई टेढ़ी खीर नहीं थी। अतः उनकी लेखनी से कई पाकिस्तानी शहरों के रूपायन की बात निकली। कराची का एक प्रसंग है–"कराची में हिन्दुस्तान से आए लोग ही नहीं बसे थे, बल्कि बढ़ती कच्ची बस्तियों में रोज सूबा-ए-सरहद और पंजाब से रोजी-रोटी की तलाश में आए लोग बसते जा रहे थे। सिन्ध नदी के किनारे की उपजाऊ जमीन जमीनदारों की शिकारगाह बनी थी और बंजर भूमि पर पंजाबी किसानों ने बरसों पहले से हल चला कर उसे उपजाऊ बना लिया था।" (वही, 36)

जब पाकिस्तान में ही निज़ाम के लिए लड़की ढूंढ़ी जाती है तब दोस्तों की निजाम को लेकर टिप्पणी थी, "घरवालों ने तो उसे दूध में पड़ी मक्खी की तरह निकाल फेंका है, तब इस तन्हाई को उसे ही खत्म करना होगा। वह सिन्धी, ब्लोची, पठान, पंजाबी घराने की कोई लड़की नहीं ला सकता।" (वही, 37) अतः उन लोगों ने फैज़ाबाद से फासद के डर से भागा खानदान की लड़की सबीहा को ही चाहा, जो निज़ाम को भी पसंद आई थी।

विवाह आदि संस्कार में परंपरा को माननेवाला प्रवास में कहीं भी मजबूरी से विवाह रज़्म निभाना चाहते हैं तो रिश्तेदार को अवश्य वहां बुला लेता है। इधर लेखिका ने निजाम से ऐसे कदम नहीं उठवाये कि वे शायद पाकिस्तानी विज़ा को अतिदुर्लभ मानती थी। इसलिए निजाम को आप ही वह रज़्म निभाना पड़ा। यह बात निजाम को ही नहीं, सारे पाकिस्तानी प्रवासियों की है। एक प्रसंग द्रष्टव्य है–"नाजुक दिल तो हम ठहरे। हिन्दुस्तान से पाकिस्तान जब आए, तो दिल का दौरा पड़ा। अब जो लौट कर वापस गए, तो वहां दिल का दौरा पड़ा।" शरफउदीन हंसे। (वही, 40)

नासिरा शर्मा की किताब 'राष्ट्र और मुसलमान' यह प्रमाणित कर लेती है कि साधारण मुस्लिम समाज को पाकिस्तान की वजह से इधर बहुत कुछ भोगना पड़ता है। उन्होंने कहा कि बचपन में जब से आंखे खुली, दंगा फंसदों का सिलसिला देखना-सुनना पड़ा विदेशों में भी हमसे इसी के बारे में प्रश्न पूछे जाते हैं, दोनों धर्मों में आम आदमी को बलि बना दिया जाता है और उच्च वर्ग उसे आगे बढ़ाते रहते हैं, हमें सोचना होगा कि क्या हमें राष्ट्र से प्यार है या मुसलमान से नफरत है। प्रभाकर श्रोत्रिय ने भी नासिराजी की हिम्मत की सराहना की और कहा कि इस संवेदनशील तथा जोखिम-भरे विषय पर तार्किकता के साथ लिखना अपने एक साहस का काम है, यूं स्वभाव से हर व्यक्ति अपना तर्क, अपना पक्ष खोजता है, संतुलित पुस्तक लिखना भी ऐसे में तलवार की धार पर चलने जैसा होता है, लेखिका ने स्थितियों का गंभीरता से विश्लेषण किया। (हंस, नवंबर 2002, 83)

राही मासूम रज़ा जैसे समानधर्मी लेखक को भारत की भंगनीति पर टिप्पणी करना अच्छा लगता है–"यह हर हिन्दुस्तानी के लिए बड़ी शर्म की बात है कि हिन्दुस्तान की वह सरकार जो इक्कीसवीं सदी का स्वागत करने के लिए कंप्यूटर-मालाएँ लिए इंडिया

गेट पर खड़ी है, उसकी आंखे इतनी कमज़ोर है कि वह कठमुल्लावाद और इस्लाम में फर्क नहीं कर सकती।'' (दस्तावेज-राही मासूज रज़ा, हंस, सितंबर 1992, पृ.-28) यही प्रवृत्ति पाकिस्तानी राजनीतिज्ञों की भी हुआ करती है, जिसका जिक्र भी आलोच्य लेखिका ने किया था–''इनक हर बात की तीन हिन्दुस्तान में कमी ढूंढ़ने और हर चीज़ में मीन मेख निकालने पर टूट रही है-'' (वही, 46) जैसे भी हो, प्रस्तुत उपन्यास का लक्ष्य यही रहा कि बँटवारे की विडंबना पर आद्यंत कुठाराघात करते जाय। इसलिए अपने पात्रों के निर्माण में यह मनोवृत्ति दिखाई गयी। रहमतुल्लाह, निजाम और पत्नी साहिबा, बड़ा भाई इमाम, इमाम की पत्नी शमीमा, निजाम की बहन रजिया, इमाम का बेटा गयासुद्दीन, सुगरा, अख्तर, जावेद, मिर्जा साहब के बेटे सैफउल्लाह की बीवी हुमैरा आदि के चरित्र-चित्रण में देशप्रेम की आग भभक उठी है। भारतीयता का सशक्त स्वर पुरानी पीढ़ी भी है, जैसे रहीमउद्दीन को अपने बेटे के पाकिस्तान होकर रूकने में समझौता करना नहीं आता था। जो भी पाकिस्तान जाये, उसकी शारीरिक औरमानसिक अवस्था ऐसी बनी रहती है कि वहाँ पहुँचे दिल का दौरा पड़ता है, और लौटने की मुश्किलातों को जानकर भी दिल का दौरा पड़ता है। जावेद के दोस्त का कहना मान लें तो–'यह बन्दर-बाँट की सियासत खुद दम तोड़ देगी। 'देखो, जावेद, बँटवारा चाहे एक चूल्हे का ही क्यों न हो हमारी सोच का हिस्सा नहीं बन सकता, उसको हमारा दिल व दिमाग बर्दाश्त नहीं कर पाता।' (वही, 47)

आतंकवादियों से निपटने की रीति यहाँ दर्शायी है। देश के कोने-कोने में आज किस रूप में कहाँ से आतंकवादी घुस बैठेंगे, यह जानना मुश्किल है। इसलिए घर-घर की तलाशी भी लेनी पड़ती। ऐसी तलाशी में वारंट की जरूरत नहीं पड़ती है। नासिराजी ने इस घटना को चार पृष्ठों में वर्णन किया है। आतंकवादियों की समस्या एक ओर है तो दूसरी ओर उसकी तलाश में आनेवाले पुलिस और सिपाहियों की। दोनों आज भारतीय आम आदमी का जिन्दा-दर्द बन जाता है। तलाश ल्नेवालों को घरवाली स्त्रियों का कटुशब्द भी सुनना पड़ता है जैसे इस प्रकरण में हुआ है–''घर की मुंडेर पर नाही बैठा'' शमीमा मुँह को दुपट्टे से ढाँके गुस्से से काँपते हुए कमरे से निकल ससुर के पलंग के पास जाकर खड़ी हो गई। (वही, 62) पुलिसवालों की हरकतों को लेखिका ने दूसरी जगह भी सन्दर्भित किया हैं निजाम की पत्नी सबीहा का खानदान फैजाबाद छोड़कर जाना नहीं चाहता था। इसका दृश्य यों उकेरा गया है। मगर चारों तरफ से मिलती खबरों से परेशान खाँ साहब मेरठ अपने साले के घर इस ख्याल से पहुँचे थे कि वह पुलिस के महकमे में बड़े ओहदे पर हैं। उनका घर महफूज रहेगा। वहां जाकर पता चला कि वह तो मार डाले गए और उनकी जवान बीवी अपनी नन्ही सी बेटी को सीने से लगाए, चने की पोटली में जेवर डाले अलीगढ़ की तरफ अपने भाई के घर जाने को तैयार थी। उनके दुपट्टे के आंचल में पिसी चूड़िया बँधी देखकर सबीहा ने पूछा था कि यह क्या है। (वही, 66-67), यहाँ शांति सेना का भी संकेत किया जा सकता है कि जो शांतिभंग करने पर तुली होती

है कि घर घर में दहशत पैदा करे और वहाँ की स्त्रियों पर अत्याचार करे। राजीव गांधी का हत्याकांड, ऐसे समान संदर्भ की प्रतिक्रिया माना जाता है, जिसके लिए एल. टी. टी. की महिला कार्यकर्त्रियों का यही बयान था। युद्ध जैसे आपातूकाल में यह तलाशी बिना वारण्ट की भी हो सकती है। एसमा जैसा नियम इसलिए बनाया गया है। लेखिका ने ऐसे संदर्भ की भी सृष्टि की है, "वारन्ट की जरूरत तब पड़ती है, जब घर पर छापा मारना हो। सरहद पर तनाव है। पूरा इलाका हमें छाना है। दुश्मनों को बिनना है। आखिर लड़ाई छिड़ गई तो..." पुलिस ने जवाब दिया। और मेहँदी पर झपटा, जो आँगन में दाखिल हो चुका था। (वही, 63)

भारत-पाक हमले पर तरह-तरह की बातें होने लगी। जनता में दोनों के पक्षधर थे। हिन्दुस्तानी फौज पाकिस्तान में घुस आयी तो कोई कहता कि पाकिस्तान का वजूद मिट जाएगा। उपन्यासकार ने एक सुन्दर लोकोक्ति यहाँ सुझाई है—"खरबूजा छुरी पर गिरा या छुरी खरबूजे पर, बात तो वही रही कि जान खरबूजे की गई।" (वही, 68) निजाम को भारत-पाक युद्ध के दौरान कोई चिट्ठी नहीं मिली। पहले उसकी माता की मृत्यु की खबर भी कई महीने पहले मिली थी। ऐसी अवस्था में वह तनाव महसूस कर रहा था। निजाम की बेटी नाहीद का विवाह भी पाकिस्तान में ही संपन्न हुआ।

महाजिरों की उत्पत्ति भी लेखिका ने यों व्यक्त की है—"जब पाकिस्तान वजूद में आया, तो हम सब को एक कौम में ढलना था मगर जब हमारे माँ-बाप ने इस जमीन पर कदम रखा, तो उन्होंने पाया कि यहाँ पंजाबी, सिंधी, ब्लोची और पठान है। पाकिस्तानी कोई नहीं, अगर पाकिस्तानी कोई है, तो वह सिर्फ महाजिर..." (वही, 74)

पाकिस्तान में एक और घटना हुई। कराची शहर के एक हिस्से में दंगा-फसाद हो गया। निजाम ने घर फोन करके सबीहा को बताया कि बच्चे को बाहर नहीं निकलने दें। मगर तारिक शाम को अपने दोस्त की सालगिरह पर उसे तोहफा देने गया। अपने आदमी और पुलिसवालों को निजाम ने सूचना दी मगर तारिक का पता नहीं चला। उसकी कार मिल गयी। "बड़े बेटे के इस तरह गायब हो जाने से निजाम की जिन्दगी भी बदल गयी। उसे दिल का दौरा भी लगा। अब उसकी दृष्टि अपनी बेटी नादिरा के हाथ पीले करने पर लगी। इस्लामाबाद का एक लड़का पसंद हुआ। नादिरा की शादी के बाद तारिक की शादी की बात उठी। निजाम को अख्तर पर विश्वास था कि वह जिस चीज में हाथ डालता था, धन बरसना शुरू होता। दिल ही दिल में अख्तर ने तय कर रखा था कि जब तक दिल व दिमाग से मम्मी-डैडी तारिक के गम से बाहर निकल कर उसकी मौत की हकीकत कबूल नहीं कर लेंगे, वह शादी नहीं करेगा, वरना जो लड़की ब्याह कर आएगी, वह भी तो अख्तर पर अपना हक जताएगी। (वही, 81)

मुल्क में सिन्धु देश आन्दोलन के साथ महाजिरों को सियासी 'ब्लेक मेलर' का खिताब दे दिया था। सिन्धियों के लिए कोटे की बात सरकार नजरअंदाज न कर सकी। महाजिर भौमी आंदोलन भी अपने साथ हो रही ज्यादती का इजहार अपनी तरह से कर

रहा था। ऊपर से अफगान शरणार्थियों ने पूरे पाकिस्तान में फैलकर अजीब समा पैदा कर दिया था। लोग आपस में खून के प्यासे हो रहे थे। आगजनी, लूटपाट, बम के धमाके, औरतों की बेइज्जती चार सूबों के बीच अब कोई बुरी बात नहीं रह गई थी। पाँचवी कौम अपनी पहचान की माँग कर रही थी। 'यह खालिस्तान का चक्कर अजीब उठ गया है।' निजाम के द्वारा लेखिका ने मानो यह सोचा होगा। बँटवारे के दूसरे पहलू के रूप में खालिस्तान की माँग का लेखिका ने समर्थन किया कि पाकिस्तानी लाहौर तब भारत का हिस्सा बनेगा–"फिक्र काहे की, यार, खालिस्तान बना, तो अपना लाहौर कराची सैयद साहब के मुताबिक हिन्दुस्तान से वापस मिल जाएगा, फिर तुम्हें दुख काहे का, मेरे यार?" शहाणी ने जोर से कहकहा लगाया। शहाणी पाकिस्तानी पंजाबी-सिंध इलाके में रहनेवाला सरदार है, जो अपने स्वत्व की मांग करता हुआ भी भारत माटी में पाकिस्तान की जमीन को पुनः मिलाने का ख्वाब देखता है।

आखिर निजाम जब दिल्ली हवाई अड्डे पर उतरता है, वहाँ उसका बेटा अख्तर यह महसूसता है कि कराची और दिल्ली बराबर है। महानगरीय जीवन में बहुत कुछ समान स्थितियाँ होती हैं। शहरीकरण के सारे लक्षण विश्व की किसी भी कौम में बराबर लगते हैं। अपने गाँव के पुरानेपन पर टिप्पणी की जाती है, "किससे मिलवो, भैया, पुराने लोगन मा से अब कोई नहीं बचा। बूढ़े मरखप गए। जवान नौकरी करै लागै। कुछ अपनी जमीन बेच-बाच शहर में पक्का मकान खड़ा कर लिहिन। कुछ अपने माँ-बाप का साथ ले गए, जैसे हम। छः महीने शहर मा, छः महीना गाँव मा। भाभी ने निजाम की बात सुनकर कहा। (वही, 191)

पाकिस्तानी राजनीति का जिक्र एकाध संदर्भों में है। जैसे निजाम का यह प्रस्ताव–"यहाँ के मुसलमान जलकर कह रहे हैं कि वह चुप ही रहा करते तो हमारी भलाई थी, क्योंकि यहाँ के नेता उसका दूसरा ही अर्थ निकालते हैं।" (वही, 125), अंततोगत्वा उपन्यासकार का लक्ष्य ही यह रहा–"सच पूछे तो बँटवारा हमारी सोच का, हमारी भावना का हिस्सा बन चुका है। इस मानवीय विलाप से हम आज भी निकल नहीं पाए हैं, शायद अगले पचास वर्ष तक इससे निकल भी नहीं पाएगे।" "मैं लाहौर का हूँ। ना शहर भूला, ना दोस्त, ना वह खुश्बू आज भी तालिब मुझे ख्वाबों में नजर आता है।" प्रो. ज्वालाप्रसाद जैसे बुद्धिजीवी से ऐसा कहलाना देशभक्ति का ही निदान है कि प्रवासी भी वह गिरमिटिया है, जिसके दिल में मातृदेश के प्रति लगाव बना रहता है। पूरे एक शहर के मालिक बनने पर भी निजाम का जीवन तृप्ति से नहीं गुजरा। उसका अजीब दिल है, "पछतावा... बहुत पछतावा हो रहा है बेटे। तुम से क्या छिपाना। कुछ मजा नहीं आया जिन्दगी में सब कुछ पाकर भी। क्या खोया, यह आज समझ में आया।" (वही, 127) हिंदू रीति-रिवाजों पर मुसलमानों का कहीं-कहीं समझौता नहीं होता कि कलक्टर गयासुद्दीन से सेठजी का यह आग्रह कि पूजा में वे शरीक हो जाएँ, सुनकर अख्तर और निजाम चौंक जाते हैं। हिंदुत्व की पहचान का चिह्न बनकर यहां पूजा शब्द को लिया

जाता है। भारतवासी चाहे मुसलमान हो, हिंदू रस्म-रिवाजों को धीरे-धीरे अपनाते रहे, मगर कट्टरपंथी मुसलमान उससे ताल्लुकात नहीं रखता। लेखिका ने इसे ध्वनित कराने का प्रयास किया कि उपर्युक्त संदर्भ को लिया, "(अख्तर और निजाम के) चेहरे का बदला रंग किसी से छिपा न रह सका।" एक कलक्टर को शहर के रईसों से भी गहरा रिश्ता रहता है, गयासुद्दीन का एक प्रसंग लेकर लेखिका ने इसे व्यक्त किया–"चचा, ये शहर के नामी सेठ हैं। समझे शहर इन्हीं के कन्धों पर टिका है।" (वही, 127) निजाम को उस धनी व्यक्ति से परिचय कराते हुए कलक्टर का यह कथन उपभोक्तावादी संस्कृति का परिचायक होता है। बाजार के प्रभुत्व से कार्यपालिकाओं का हाथ इतना कमजोर होता है कि किसी भी अर्थतंत्र में करोड़पतियों का सहारा लिया जाना पड़ता है। आर्थिक उदारीकरण और निजीकरण की भूमंडलीकृत अवस्था में सत्ता को भी नवउपनिवेशी माहौल से समझौता करना पड़ता है।

उपन्यास के अंत में मातृभूमि की महिमा बखानी गयी है। जिस निजाम के लिए भारत से बाहर चैन की साँस लेना मुश्किल था, पाकिस्तान जिसे घुटन सा लगा है, वहाँ पाकिस्तान में जने उसका बेटा अख्तर यह महसूसता है–"सच डैडी, इस घुटन को, जो हमें बुरी लगती है। उसका मैं आदी हो चुका हूँ। मछली को पानी से निकाल दें, तो क्या वह जी पाएगी? उसी तरह अगर मेढक को समन्दर के गहरे पानी में डाल दें, तो क्या वह जी पाएगा? मर जाएगा डैडी...वह मर जाएगा।" (वही, 130), अंत में भी भारत से वापस जाने का मन निजाम का नहीं होता, "मेरा वीजा बढ़ नहीं सकता क्या?" यह प्रश्न उसके अहं का सूचक है कि वह मातृभूमि की गंध में ही मर-मिटना चाहता है। राजनय किसी एक नागरिक के लिए तो बदला नहीं जाता, आखिर टूटे दिल से उसे वापस पाकिस्तान लौटना ही पड़ा।

आलोच्य उपन्यास के नामकरण पर भी लेखिका ने 'दो शब्द' में लिखा कि उन्हें यह शीर्षक कैसे पसंद आया। वे लिखती हैं[5] "चंद साल पहले 'सिब्ते हसन' की किताब 'माजी के मजार' पढ़ने को मिली। यूँ तो पूरी किताब ने मुझे प्रभावित किया मगर जो शब्द मेरे जहन में गहरे उतर गए वे भाषा के बारे में थे कि जब किसी भी जबान का कोई बोलनेवाला नहीं बचता तो वह जबान 'मुर्दा' कहलाती है मगर उस जबान के बाद मुहावरे दूसरी किसी भाषा में जाकर जिन्दा हो सकते हैं और समय के गुजरने के साथ उनका प्रयोग उस जबान में इस तरह खप जाता है कि वे उस जबान का हिस्सा लगने लगते हैं।...किताब खत्म करने के काफी दिनों बाद भी 'जिन्दा मुहावरे' की गूँज विभिन्न स्तरों पर बजती रही और दिमाग अपने आप सृजनात्मक दूरियां तय करने लगा।" इस प्रकार पाकिस्तानी जीवन पर बोलनेवाली लेखिका यह घोषित करती है कि उसकी जबान मुर्दा नहीं बन सकती। समान संदर्भ में बांग्लादेशी लेखिका तसलीमा नसरीन को अपनी जबान पर काबू पाने का शक नहीं था कि उन्होंने 'लज्जा' जैसी ऐतिहासिक रचना लिख डाली। शीर्षक को सार्थक बनाने की कोशिश भी 'ज़िन्दा मुहावरे' में की गयी है, और

उर्दू भाषा के प्रयोग के द्वारा संवाद के पूरे क्षणों को जीवंत भी बनाया है। कहीं भी भारत-पाक के राष्ट्रनेताओं या राजनीतिज्ञों पर ज्यादा कुछ नहीं लिखा कि वे राजनीतिक ग्रंथ रचकर इसे एक ऐतिहासिक दस्तावेज बनाना चाहा हो। खालिस्तान की माँग की प्रोक्ति सांदर्भिक है कि मुख्य पात्र निजाम की जबान से एक जिज्ञासापूर्ति के लिए मानो रची गयी। एक बात पर इतना गौर नहीं किया गया कि महाजिरों की बस्तियां पाक-अधीन कश्मीर में भी ज्यादा बनी हैं, जिस पर शोध की संभावनायें भी हैं। साहसी वृत्ति से ही ऐसे संदर्भों से जूझना पड़ता है, जो कि पाठकों की लेखिका से आशा बनी रहती है। प्रस्तुत उपन्यास की कथा पाकिस्तान में कराची और इस्लामाबाद के आर-पार फैलाव माँगती है, जो कि कश्मीरी समस्या का एक सूत्र ही पकड़ी हुई है।

इस प्रकार 'ज़िन्दा मुहावरा' में वह सब कुछ है, जो जिन्दा दिलों को मिलाने की कड़ी बनकर प्रवासी जीवन की यंत्रणाओं का पर्दाफाश करता है। एक ही परिवार के माध्यम से दो देशों की कहानी यहां रची गयी है। बंटवारे के उपन्यासों में नासिरा शर्मा जैसी महिला लेखिका की कलम की मजबूती और अनुभव का विशाल दायरा एक अद्यतन दस्तावेज का रूप यहाँ लिया जा रहा है। लेखिका का स्त्रीविमर्श पहले और बाद की कृतियों में भी मौजूद है। फिर भी मुस्लिम नारी के संघर्ष को सुगरा, सबीहा, हुमैरा जैसी पात्रों के द्वारा दर्शाने का श्रम किया गया। 'इस सदी की औरत की आवाज' का संपादन करती हुई जो बौद्धिक अनुभव उपन्यासकर्त्री को मिला, उसका ठोस प्रमाण भले ही यह उपन्यास नहीं हो, फिर भी यहाँ नारी को पलायनवादी नहीं बनाया गया। लाहौर, कराची और इस्लामावादी पाकिस्तानी प्रदेशों की भौगोलिक और भौतिक विशेषताओं से भी पाठक को यहाँ अवगत कराया गया है। पाक-अधीनस्थ कश्मीर को शायद राजनीतिक समस्या मानकर लेखिका ने छोड़ भी दिया हो। अस्तु, बँटवारे से उत्पन्न मानवीय एवं मनोवैज्ञानिक समस्याओं पर केन्द्रित आलोच्य उपन्यास इक्कीसवीं शताब्दी की सशक्त रचना अवश्य है। बँटवारे ने आम आदमी को, मध्यवर्ग को कहाँ से कहाँ पहुँचाया, इसका यह जीता जागता प्रमाण है। आतंकवादियों से निपटने का कोई भी माहौल लेखिका ने नहीं दिया, शायद उनकी रचना की पृष्ठभूमि में वह प्रदेश और समस्यायें शामिल नहीं भी हो। महिला लेखन कहकर इस 'जिंदा मुहावरा' को हाशिये पर रखा नहीं जा सकता। भूमिका में ही व्यक्त किया गया कि विषय चाहे 'मुर्दा' (मुर्दा जबान) जैसा लगे, मगर अभिव्यक्ति की मौलिकता और वाणी की सहजता से यह उपन्यास उल्लेखनीय रचना अवश्य है।

टिप्पणी-संदर्भिका

1. Peter Barry, 1997, Beginning Theory, Chennai, T.R. Publications Pvt. Ltd. p. 75
   –Virginia Wolf, (A Room of One's Own) suggests that language use is gendered so that when a woman turns to novel writing, she finds that there is no common sentence ready for her use." Ibid, p. 126

2. "More needs She the devine than the physician.

3. वर्तमान साहित्य, मार्च 2000, गाजियाबाद, पृ.-10-14

4. हंस, नवंबर 2002, नई दिल्ली, अक्षर प्रकाान, पृ.-25

5. नासिरा शर्मा, 2001, जिंदा मुहावरा, दो शब्द, नई दिल्ली, वाणी प्रकाशन, पृ.-7

–मातृभूमि दैनिक, अक्टूबर 23, 2005, मातृभूमि प्रिंटिंग प्रेस, कालिकट।

–उषा यादव, 1999, हिन्दी की महिला उपन्यासकारों की मानवीय संवेदना, नई दिल्ली, राधाकृष्ण प्रकाशन।

–बच्चनसिंह, 2000, हिन्दी साहित्य का दूसरा इतिहास, वही।

–राकेश कुमार, 2003, नारीवादी विमर्श, पंचुकूला, आधार प्रकाशन।

–क्षमा शर्मा, 2003, स्त्रीवादी विमर्श : समाज और साहित्य, नई दिल्ली, राजकमल प्रकाशन।

–रोहिणी अग्रवाल, परख, हंस, नवंबर 2002, पृ.-90-91

–Charu Gupta, 2002, Sexuality, Obscenity, Community : Woman, Delhi, Permanant Black.

–Charu Gupta, 2003, Muslims and the Hindu Public in Colonial India, New York, St. Martin Press.

–Hans Bertens, 2003, Literary Theory : Basics, London, Routledge.
Mirnada Fricker & Jennifer Hornsby, Ed. : 2000, Feminism in Philosophy, London, Cambridge University Press.

–महादेवी वर्मा, 1994, शृंखला की कड़ियाँ, दिल्ली, राधाकृष्ण प्रकाशन।

–नासिरा शर्मा, 2001, जिंदा मुहावरा, नई दिल्ली, वाणी प्रकाशन।

–हंस, अप्रैल 2003, सितंबर 1992, (पृ. 25), नई दिल्ली, अक्षर प्रकाशन।

–वर्तमान साहित्य, गाजियाबाद, अक्टूबर 2001, मार्च 2002, जून 2002

प्रकृति के प्रांगण में खुली मन की खिड़की

के. एम. जयकृष्णन

बहुत छोटा बहुत सुन्दर हो सकता है; बड़े और उससे बड़े की चाहतों से जीवन जिन औपभोगिक गोरखधंधों में उलझ गया है उसका ब्यौरा अन्यत्र कई उपन्यासों में सुलभ है। चाँद की लिप्सा में जीवन को ठींकरा बनानेवाले निम्न मध्यवर्गीय पात्रों से युक्त उपन्यास शायद अधिक प्रासंगिक और यथार्थ लग सकता है। लेकिन विनोदकुमार शुक्ल उपन्यास के प्रथम पन्ने में अनगिनों में से एक अनगिन न होकर गणनीय बनने की दास्तान को यों लिखते हैं, ''उपन्यास में पहले एक कविता रहती थी।'' यह उपन्यास की आड़ में कविता या कविता के नकाब में उपन्यास....? 'अनगिन से अकेली एक संगिनी जीवन भर' के दर्शन में आप एक परितृप्ति से ओतप्रोत, सादगी भरी, सरल लेकिन वैयक्तिक घनिष्ठता से संपूर्ण प्राकृतिक जीवन की आदिम झलकियाँ देख पाएँगे। भौतिक अभावों की कटु यथार्थ स्थितियों के बीच कल्पना की कमनीय 'भाषा-प्रस्तुति' और लय में मानसिक अनुभवों की हजारों खिड़कियाँ बिना किसी व्यवधान से आहिस्ता खुल जाती हैं। दीवार में रहनेवाली खिड़की एक नहीं हो सकती है, कथ्य में शायद वह एक ही थी!

नब्बे के दशकों में लिखित उपन्यासों में सामाजिक समस्याओं की भरमार है। राजनीतिक दृष्टि से सही होने (Politically Correct) की पूर्वनिश्चित परिकल्पनाओं से प्रेरित होकर लिखे गए कई उपन्यास बहुचर्चित रहे हैं। सांप्रदायिक समस्या फिर एक बार प्रखर होकर उपन्यासों में अवतरित हो गई है। नारी मुक्ति तथा दलित राजनीति के समसामयिक तेवरों से भरे पूरे अनेक आख्यान अब उपलब्ध हैं। प्रयोगधर्मी उपन्यासों के प्रयोगों से भी पाठक परिचित हो गए थे। क्या विनोदकुमार शुक्ल का यह उपन्यास पर्यावरण या परिस्थिति के प्रसंग में लिखा गया एक प्रयोगपूर्ण उपन्यास है या उनके अन्य दो उपन्यासों की कड़ी में आनेवाला एक और जो उनकी संपूर्णता के लिए अनिवार्य है? निम्न मध्यवर्गीय जिन्दगी की यह कहानी किसी भी मायने में विराट दिक-कालों को अपने में समेटते हुए किसी गंभीर उद्देश्य या दर्शन के बोझ से स्वयं झुकी हुई रचना नहीं है, न यह भारत के स्वतंत्रता पूर्व या स्वातंत्र्योत्तर इतिहास को तमाम तामझाम से पिरोनेवाला समाज-राजनीतिक कथ्य। ठीक इसी आधार पर विनोदकुमार शुक्ल का उपन्यास नकारात्मक दृष्टि से भी सख्त खण्डित हो गया है। ''चर्चित उपन्यासकार

विनोदकुमार शुक्ल का उपन्यास 'दीवार में एक खिड़की रहती थी' (1997) भी बहुप्रशंसित तथा अति प्रतिष्ठित (साहित्य अकादमी पुरस्कार 1999) होने के कारण महत्त्वपूर्ण स्थान का अधिकारी है। इस उपन्यास की प्रशंसा इसलिए अधिक हुई है कि इसमें काव्यात्मक शैली, लय और बुनावट में एक मध्यवर्गीय अध्यापक की संघर्ष कथा और आशा-आकांक्षाओं का चित्रण है। इसके पूर्व भी उनके उपन्यास 'नौकर की कमीज' (1979) तथा 'खिलोगे तो देखेगा' (1996) को भरपूर प्रशंसा मिली थी। उन उपन्यासों को भी काव्यात्मक लय और प्रस्तुति के लिए सराहना मिली थी। किन्तु इन उपन्यासों को पढ़कर मुझे हमेशा यह प्रश्न कुरेदता रहा है कि पाठक काव्यात्मक लय ढूँढ़ने के लिए उपन्यास के पास क्यों जाए? यदि गद्य की तारीफ इस आधार पर करनी है तो रवीन्द्र वर्मा के 'निन्यानबे' का गद्य उस कलात्मक लय को बरकरार रखते हुए भी कथात्मक संवेदन का बेहतर निर्वाह करता है। लगता है इन उपन्यासों को प्रायोजित चर्चाओं का लाभ मिला है। उपन्यास इतने अच्छे नहीं जितना उनका शोर मचा है।'' (पुष्पपाल सिंह, 'हिंदी उपन्यास : नब्बे के बाद का परिदृश्य, 'अक्षर पर्व', दिसंबर 2001-पृ.-103

यह लंबा उद्धरण इसलिए दिया गया है कि इसका संबंध इस लेख के पहले चरण में उद्धृत शुक्लजी के जुमले और उससे जुड़े प्रश्नचिह्न से है। उपन्यास या कविता...? इस उपन्यास में ढूँढ़ा गया लय वास्तव में भाषा अथवा शैली का लय है या जीवन का लय? जीवन में निःसृत लय उसकी भाषिक अभिव्यक्ति के अंतरंग सरगम में निहित है तो यह सारसंपुष्ट और उदात्त लय है। उपन्यासकार असल में कवि होते हैं तो उनके गल्प में अपेक्षित अनुभव कविता का एक वृहद् 'एक्स्टेंशन' होगा ही। कवि-उपन्यासकारों के कथा-साहित्य में कला रूपकों का शानदार निर्वहण पर्याप्त या कुछ अधिकता में सतत विद्यमान है। गलतफहमी न हो जाय कि यह एक अति सरलीकृत व्याख्यान की भूमिका है। कवि के गल्प को परखने की पद्धतियों में अनेक प्रकार की आपत्तियाँ निहित हैं। कवि होना उपन्यास की कथात्मक संवेदनशून्यता का अग्रिम जमानत भी नहीं है। कला और साहित्य बिंबों और रूपकों के जरिए ज्ञानार्जन की प्रक्रिया है। ज्ञानार्जन की अथाहता में बिंबों और उनके सौन्दर्य वास्तव को एक साथ भूलना तथा बिंबों की अनुभूति-प्रवाह और भाषा-प्रासों में डूबकर ज्ञानार्जन की स्थल-काल सत्ताओं को पूर्ण रूप में नकारना—दोनों अर्ध और अपूर्ण हैं। साहित्य समकाल में अर्थ और प्रास का प्रतीक है। संवेदनात्मक ज्ञान और ज्ञानात्मक संवेदन का सामंजस्य साहित्यिक अनुशीलन की चरम आवश्यकता है। विनोदकुमार शुक्ल इस शिकायत का शिकार हो गये थे कि उन्होंने छत्तीसगढ़ के मुक्ति-संघर्ष, मध्यप्रदेश के आदिवासियों का शोषण तथा उसके खिलाफ हिंसात्मक प्रतिरोध, नक्सली गतिविधियाँ आदि समस्याओं को अपने कथाख्यानों में स्थान नहीं दिया है। चारों ओर आग लग जाने के पौरुषपूर्ण समय में दीवारों पर खिड़कियाँ खुलवाने की, कल्पनात्मक कविता लिखनेवाले पर आरोपों की बौछार बरसी गयी थी। याद रखिए ठीक इसी आंचलिक क्षेत्र को केन्द्र बनाकर और एक 'रचनाकार'

लगातार लिख रही थी। ''मैत्रेयी पुष्पा ने छत्तीसगढ़ी जीवन पर 'इदन्नमम', 'बेतवा बहती रही' में वहाँ के शोषण, अत्याचार व सरकारी योजनाओं की आर्थिक प्रवृत्तियों में होते पक्षपात, मजदूर वर्ग के उपेक्षापूर्ण नारकीय जीवन के यथार्थ का संवेदनमय चित्रण किया है। यह सब नारी जीवन को केन्द्र में रखकर हुआ है।'' (डॉ. सत्यदेव त्रिपाठी, हिन्दी उपन्यास : समकालीन विमर्श, पृ.-66)। समसामयिकता के खिलाफ जाने का परिणाम या दुष्परिणाम इस तरह होता है।

शुक्लजी के उपन्यास भी उनकी कविताओं के समान रूप-गठित हैं। शुक्लजी की कविता दरअसल मानव संबंधों और आस्थाओं की कविता है। पारिवारिक पवित्रता के निर्मल वातावरण में मानव, आस-पड़ोस, प्रकृति, नदी, तालाब, जंगल, फूल, फल, चिड़िया, जानवर, आसमान सभी से एक साथ अटूट बंधन में कैद हैं। यह निजी दुनिया बहुत छोटी हो सकती है लेकिन अपनी संपूर्णता में वह बेनज़ीर है। इस उपन्यास के हर एक अध्याय के शीर्षक उनकी कुछ कविताओं के जैसे हैं। उनके दूसरे कविता संग्रह का शीर्षक है—'वह आदमी चला गया नया गरम कोट पहनकर विचार की तरह।' एकाध अध्यायों के शीर्षक काव्य बिंबों के सूक्ष्म मानसिक धरातल के सदृश्य रहे हैं जैसे 'हाथी आगे आगे निकलता जाता था और पीछे हाथी की खाली जगह छूटती जाती थी' या 'दृष्टि के जल से बुझकर सूर्य चन्द्रमा हो गया था और अल्पना का बना हुआ कमल पानी में तैर रहा था'। भारतीय मध्यवर्ग जिस रफ्तार से औपभोगिक सैलाब में बहता जा रहा है यह उपन्यास उनकी तनिक भी परवाह नहीं करता। इस उपन्यास का निर्मल माहौल सभी प्रकार के उथल-पुथलों और मंडियों की चमकदमकों से हजारों मील दूर पर उपस्थित है। न यहाँ सांप्रदायिकता की आग है, न यहाँ उत्तराआधुनिक बाजारों की नारेबाजी, न यहाँ दलितों या नारियों के आक्रामक आवेग। उपन्यासकारों से सृजित कल्पित जगहों या शहरों से पाठक वर्ग तादात्म्य हो गए थे। वेसेक्स (Wessex), योकनपटोफा (Yoknapatofa) या माकोन्डा (Makonda) अंग्रेजी उपन्यासों के माध्यम से चिरपरिचित तो हो गए हैं। 'दीवार में खिड़की रहती थी' उपन्यास में चित्रित जगह कथा वास्तविक है या माया-निर्मित है? क्या इसके पात्र हाड़-मांस से युक्त वास्तविक समाज या जीवन में पाए जानेवाले सजीव, ठोस, मूर्त स्वरूप तो नहीं है?

इस उपन्यास में छत्तीसगढ़ प्रकृति अपने संपूर्ण चितकबरे रूप में बखूबी चित्रित हो गई है। इस उपन्यास का मुख्य पात्र रघुवर प्रसाद बाईस-तेईस साल का काला, किंतु आकर्षक व्यक्ति है जो एक निजी महाविद्यालय का गणित व्याख्याता है। रघुवर प्रसाद के माता-पिता और एक छोटा भाई पचास किलोमीटर दूर 'धरमपुरा' गाँव में रहते हैं। उसका विद्यालय सत्तर हजार आबादीवाले बस्ती से आठ किलोमीटर दूर पर था। उसकी बड़ी बहन उसी शहर में थी। जीजा एक ट्रांसपोर्ट ऑफिस में क्लर्क थे। उसकी शादी हुई बारह दिन हो गए थे। रघुवर प्रसाद एक छोटे से कमरे में रहता था। उस एक कमरेवाले घर में एक दरवाजा और एक खिड़की है। उसकी पत्नी सोनसी है। सारा उपन्यास

पढ़कर सन्देह हो सकता है कि आखिर इसमें हुआ क्या है....? घटनाएँ इसमें लगातार होती नहीं हैं। अतिसाधारण पात्र रघुवर प्रसाद और सोनसी एक अतिविशिष्ट माहौल में स्वप्न जैसा जीवन बिताते हैं और रमते हैं। इस औपन्यासिक संसार में मनुष्यों के अलावा एक हाथी, बन्दर, कई प्रकार के पेड़, पौधे, फूल, फल, चिड़ियाँ, पहाड़, नदी इत्यादि के अभूतपूर्व माहौल का चित्रण हो गया है। लोक स्वरूपों के पुनर्जागरण का एक अति-मंथर अनुभव इस उपन्यास को एक बेजोड़ जिंस में शामिल करता है। आंचलिक बोलियों तथा रंग-रूपों के खास इस्तेमाल और व्याख्या के बतौर यह होता नहीं है, बल्कि एक विशिष्ट कथा रस तथा आख्यान व कथोपकथनों से यह संभव हो जाता है। आँचलिक न होते हुए भी आँचलिकता और निरे देशीपन की यह छटा अत्यंत लुभावनी है। भोलेभाले बच्चे सरीखे बेदाग मनवाले मानव निर्मल प्रकृति की आबोहवा में अपने जैव स्वरूपों के आदि-सत्तात्मक क्रीड़ा स्थल में बेरोकटोक लीला करते गुजरते हैं। विशिष्ट जन-संस्कृति जो प्रकृति के साथ सामंजस्य स्थापित करती है, अपनी सामुदायिकता-सामूहिकता पर आधारित है, श्रम रस में बसी हुई है और उत्सवधर्मी भी है। संस्कृति के ये अभागे वहाँ के हर एक चरित्र का स्वरूप गढ़ने का काम करते हैं। रघुवर प्रसाद और सोनसी इस उत्सवधर्मिता के फूल-पराग जल-थल में पल-पल उल्लसित करते हुए अपने आप भूलते हुए प्रकृति के विराट स्वर्गीय परिवेश में आमग्न हो जाते हैं। यह खिलंदड़पन भाषिक नहीं है बल्कि जीवन व्यवहार, रहन-सहन तथा उस जीवन दर्शन से संबंधित है जो जीवन को आय-व्ययों, व्यापारों तथा भौतिक उपादानों का सम्मिश्रण नहीं मानता है। दृश्य सभी कुछ वही होते हुए भी दर्शन में नित-नवीनता आने के पीछे का गुर यही होता है। स्थानीयता के प्रति विशेष सहजता और एक प्रकार की स्वाभाविक देशज चेतना उत्तरआधुनिकता का नया संस्कार बनकर सृजन में अंकित हो गया है। महानता के मिथ की धज्जियाँ उड़ाते हुए, अति साधारण कथा तंतु और साधारण पात्रों से युक्त इस लघुजीवन की लघुकथा में और कुछ तथ्य उभरता नहीं है। पति-पत्नी संबंध की सुदृढ़ता और दांपत्य स्नेह का खास भारतीय अनुपम संसार बसाया हुआ है। उत्तराधुनिक भौगोलिक परिवेश में चुनने में गुलाम होते हुए भी, चयन में प्रतिरोध करते हुए औसतन इंसान अपनी प्रति-संस्कृति की दीवारें इस प्रकार खड़ा करते हैं ताकि उनमें आवागमन के लिए खिड़की सदा खुली रहती है।

भूत और भविष्य के बारे में तनिक भी चिंतित न होकर, सिर्फ वर्तमान के उज्ज्वल क्षणों में अति और इति ताकना एक विशिष्ट दृष्टिकोण के कारण संभव होता है। "आज के दिन आज की चिड़ियों की चहचहाहट सुनाई दे रही थी। खिड़की से जो पेड़ दिख रहे थे, वे आज के पेड़ की तरह दिख रहे थे।...वही पुराना नीम का पेड़ आज का पेड़ था। आम के पेड़ों की पत्तियाँ आज हरी थीं...जिन्हें अगले वर्ष निकलना था, धोखे से इसी वर्ष निकल गई थीं।" (पृ. 11)। घर में आनेजाने के लिए दरवाजा होता है। खिड़की तो हवा के लिए है, धूप, खुशबू और चिड़ियों के लिए है। व्यावहारिक लोग दरवाजे से होते

हुए आवागमन करते हैं। रघुवर प्रसाद और पत्नी सोनसी खिड़की से कूदकर बाहर जाते हैं और फिर कूदकर अंदर आते हैं। छोटे-छोटे बच्चे जो 'ग' में 'ऊ' की मात्रा गुड़िया हैं, रघुवर प्रसाद के कमरे में झाँककर अंदर उनके रास्ते देखते थे। ''जैसे वे बैठे होते तो उनके खड़े होने का रास्ता वे पढ़ रहे होते तो उनकी सीटी बजाने का रास्ता'' (पृ. 12)। बच्चों के आने से उनके कमरे की चारदीवारी के अकेलेपन में एक खिड़की और खुल जाती थी। खिड़की से आनेवाली हवा से उनको अच्छा लगता है। यह देखने और एहसास करने का दस्तूर है। शर्त यह है कि बच्चों का जैसा मन, सदा खुली रहनेवाली खिड़की का खुलापन। तब सीमातीतता अफलातूनी नहीं होती। ("...A free mind, an Innocent mind and three fore a completely silent mind, such a mind has no limit." J. Krishnamoorthi. 'The flame of Attention'.)

दरअसल रघुवर प्रसाद के एक कमरेवाले घर की खिड़की प्रकृति के प्रांगण में खुली मन की खिड़की है जिससे होकर वे जासूसी यथार्थ की बेशुमार रंग लीलाओं में सुध-बुध खोकर मग्न हो जाते हैं। ''यह सारी जगह रघुवर प्रसाद के मन की जगह थी। गोबर से लिपी पगडंडी भी मन की पगडंडी थी। साफ-सुथरा आकाश उड़ने के लिए मन का आकाश था।'' (पृ.-49)। मन रूपी खिड़की का प्रयोग इस उपन्यास में कई बार प्रत्यक्ष होता है। ''....खिड़की से आकाश दिखता था, इसलिए खिड़की से झाँकते हुए बच्चे आकाश से झाँकते हुए लगते थे। वे छोटे-छोटे देवता की तरह खिड़की से कूदकर अन्दर आना चाहते थे।'' (पृ.-54)। पत्नी ने कहा, ''खिड़की से हाथी नहीं जा सकेगा।'' ''हाँ'' रघुवर प्रसाद ने कहा। पत्नी ने सुना, ''मन की खिड़की है। हाथी क्यों नहीं जाएगा।'' पत्नी ने कहा, ''मन की खिड़की और बड़ी होती तो ठीक था। मन का हाथी बड़ा है।'' ...दरवाजा खोल देंगे तो हाथी केले के जंगल को खिड़की की हवा से सूँघ लेगा और खिड़की से चला जाएगा। (पृ.-53)। खिड़की मन की कल्पना है तो दरवाजा एक व्यावहारिक यथार्थ है। विनोदकुमार शुक्ल बाहर चल रही सामाजिक आँधियों का एहसास खिड़की और दरवाजे के माध्यम से करवाते हैं—''रघुवर प्रसाद ने दरवाजा खोला तो दरवाजा झटके से खुल गया। जोर की हवा ने धक्का दिया था। जमीन पर रखा हुआ गिलास हवा से लुढ़क गया। दीवारों में लगा कैलेण्डर कीला समेत उखड़ गया। कमरे में धूल भर गई। उतना सब कुछ हुआ जब कि रघुवर प्रसाद ने तत्काल दरवाजा बन्द कर दिया था। खिड़की बन्द करने की किसी को याद नहीं थी। ज़रूरत भी नहीं थी। खिड़की से धीरे-धीरे अच्छी हवा आ रही थी। खिड़की से बाहर शांत था।'' (पृ.-55)

बोध ग्रहण के वातायनों की सफाई के बारे में 'विलियम ब्लेक' का उद्‌गार है : "If the doors of Perception were cleansed, everything would appear to man as it is, infinite." इसी अकलंकित खिड़की से होकर प्रकृति मनुष्य की ओर आ रही है। प्रकृति और मनुष्य के बीच के अंतर्विरोधों का तिरोभाव आधुनिक युक्ति संकल्पनाओं के परिवेश में संभव नहीं है।

"क्या हम अपने आप खिड़की से बाहर जा रहे हैं।"

"नहीं, खिड़की का बाहर अन्दर आ रहा है।"

"तालाब पहले आया फिर तालाब का किनारा आया।"

"पगडण्डी पहले आई फिर धरती आई।"

"तारे पहले आए फिर आकाश आया।"

"पेड़ का हरहराना पहले आया फिर पेड़ आए।"

"फिर तेज हवा आई।"

"महक आई।"

"महक के बाद फूल खिले।" (पृ. 100)

मन की खिड़की से विशाल आकाश की अनंतता ताकना, आपस में चिट्ठी लिखना तथा पढ़ना एक अजीबोगरीब अनुभव है। इस प्रसंग में भावगीतात्मक मानविकता (Lyrical humanism) का स्वर मुखरित होता है। "मैं भी खिड़की से तुम्हारे देखे हुए आकाश को देख लूँगी।" रघुवर प्रसाद का आकाश देखना रघुवर प्रसाद का चिट्ठी लिखना होगा। चन्द्रमा सोनसी के लिए लिखा हुआ संबोधन होगा। तारों की लिपि होगी जिसे तत्काल सोनसी पढ़ लेगी। रघुवर प्रसाद कसौटी के पत्थर पर लेटकर एक बड़ा आकाश देखेंगे। बड़ा आकाश लंबी चिट्ठी होगी। आकाश एक-दूसरे को लिखी चिट्ठी होगी। (पृ.-151)

एक बार विभागाध्यक्ष को रघुवर प्रसाद के घर की खिड़की से होकर जाने का मौका मिला। "विभागाध्यक्ष ने खिड़की से आती हुई हवा को महसूस किया। जंगली फूलों की आती गंध थी। चिड़ियों के कलरवों को उन्होंने सुना। आकाश साफ था। सूर्य था, पर उतनी गर्मी नहीं थी। गोबर से लीप दी पगडण्डी थी। विभागाध्यक्ष को लगा कि उन्होंने लंबी पूँछवाली शाह बुलबुल को देखा है। विभागाध्यक्ष को यह बहुत अच्छी जगह लगी। पतली छोटी नदी मिली, नदी का पानी स्वच्छ और ठंडा था। पानी इतना साफ था कि पानी के नीचे छोटे-बड़े पानी के तराशे हुए तरह-तरह के गोले पत्थर दीख रहे थे। उन्होंने पेट भर पानी पिया। एक आम का पेड़ मिला। जिसमें लबालब आम भरे हुए थे। उन्होंने रघुवर प्रसाद की सुन्दर पत्नी को देखा।" (पृ. 44, 45)। वास्तव में यह एक फंतासी दुनिया है। मन की खिड़की से होकर आन्तरिक सफर करने पर ही वहाँ पहुँच सकेगा। "पगडण्डी में कहीं-कहीं गोबर की पपड़ी के नीचे से हरी दूब के गुच्छे निकल आए थे। ये दूब के गुच्छे पूरी पगडण्डी पर पैर रखने के लिए हरे मखमल के टुकड़ों की तरह लग रहे थे। इस तरह हवा में गीलापन था। पगडण्डी के बाईं तरफ पगडण्डी के साथ-साथ चट्टानें थीं। इन्हीं चट्टानों के बीच से ऊपर से कहीं पानी फूटकर बह रहा था। उसकी तेज आवाज आ रही थी।...बरगद में छोटे-छोटे लाल फल लगे थे। जमीन पर फल बिखरे पड़े हुए थे। एक बड़ा काले मुख का बन्दर पेड़ पर बैठा हुआ चुन चुन कर बरगद के फल खा रहा था।" (पृ.-46)। विभागाध्यक्ष और रघुवर प्रसाद काली बूढ़ी

अम्मा की चाय पी लेते हैं। वाकई स्त्री और प्रकृति का आन्तरिक स्वरूप एक ही प्रकार का है। स्त्री के संस्पर्श के बाद ही मानव सही मायने में प्रकृति के लावण्य का अनुभव कर सकेगा। ''बड़ी सुन्दर जगह है रघुवर प्रसाद। यह जगह मुझे मालूम नहीं थी।'' ''जी सर, मैं भी नहीं जानता था। शादी के बाद यहाँ आया तब थोड़ा मालूम हुआ। सोनसी के आने के बाद ठीक मालूम हुआ।'' (पृ. 46)। विभागाध्यक्ष दूसरे दिन अकेले गोबर से लिपी पगडण्डी ढूँढ़ने निकले। तहसील ऑफिस और बस स्टैण्ड की ओर गए। बस स्टैण्ड के आसपास बहुत गंदगी थी। मन की खिड़की सही ढंग से खुली नहीं है तो यथार्थ की गंदगी ही मिलेगी।

रघुवर प्रसाद और सोनसी के 'मधु-चन्द' मनाने का एक अनोखा 'अक्स' इस उपन्यास में बारीक कलात्मकता के साथ खींचा गया है। ''...स्थिर जल में केवल स्तनों की परछाईं में कंपन था। या जल में कंपन था। यह पता नहीं चल रहा था। हो सकता है स्तनों में कंपन हो तो जल में स्तनों की परछाई में कंपन हुआ हो और परछाई के कंपन से जल में। पत्थर पर खड़ी वह इतनी मांसल और ठोस थी कि लगता था कि एक भी कदम आगे बढ़ाएगी तो तालाब का सारा पानी एक उछाल लेगा। तत्काल हृदय में हुए उत्कापात के पत्थर की गढ़ी प्रतिमा का ठोसपन और दूर से गर्म लगता था। जब उसने साड़ी को जाँघ तक खोंसा तो लगा कि पत्थर चन्द्रमा का होगा या बृहस्पति का। अगर चन्द्रमा का होगा तो रंग पत्थर का ऐसा ही था जैसे चन्द्रमा दूर से दिखता है सुबह।'' (पृ.-50)। यह नखशिख नहीं, एक कुशल शिल्पी की कातर आँखों का भावुकता भरा भावभीना श्रद्धातिरेक है। ''जहाँ पानी स्थिर था वहाँ स्वस्तिक था। जहाँ दोनों हाथ थे वहाँ चक्र था। जहाँ पैर थे वहाँ शंख बना था। कमल के फूल का अल्पना पत्नी के लेटने से छुप गया था। थोड़ी दूर पर एक मछली बनी थी। सन्नाटा था। शकरखोर चिड़िया रघुवर प्रसाद की पीठ पर ऊपर नीचे फड़फड़ाती बैठी रही थी। पत्नी की दृष्टि सामने सुबह के सूर्य से फिसल गई तब भी उसकी आँख में आँसू आ गए। जब उन्होंने दुबारा आँख खोली तो दृष्टि के जल से सूर्य बुझकर चन्द्रमा हो गया था। और शाम हो गई थी। फिर रात हो गई। वे उठे तो ऐसे उठे जैसे दूसरे दिन की सुबह थी। शकरखोर चिड़िया उड़ गई थी। (पृ.-50)। तांत्रिक यौन चिह्नों के जासूसी वातावरण में मोहानुभवों की मुग्धता दिल में लबालब भरकर छलकती है। थल-कालों के अतिक्रमण के बाद फिर यथार्थ का आभास यों है।–''पत्नी ने कहा 'देर हो गई, मुझे कपड़ा धोना है' 'साबुन तो तालाब में गिर गया है।' फिर वे दोनों सफेद कमलों से भरे हुए तालाब में तैरने लगे। इतने में बूढ़ी अम्मा चाय का दो कप लेकर आई और गोबर से लिपी उस जगह पर लाकर धर दी जहाँ अल्पना मिट गई थी।'' (पृ.-51) देहानुभवों की अलग किस्म की छटा इस प्रसंग में भी यों वर्णित हैं–''उड़ते हुए बाल और उड़ता हुआ अंचल पंख की तरह पत्नी को सचमुच उड़ा न ले जाए, सोचकर रघुवर प्रसाद ने पत्नी का हाथ जोर से पकड़ लिया।...सोनसी की साड़ी लगता है हवा उड़ा ले गई थी, पर वह नग्न नहीं थी। हवा में

उड़कर जाती हुई रंगोली ने उसे ढाँक-लिया था। वह रंगोली की साड़ी पहने हुई थी। हवा जब थम गई तो पेड़ों, फूलों, दूबों की गन्ध जो फैल गई थी वह पेड़ों, फूलों, दूबों के आसपास सिमटने लगी।...एक पेड़ के पास जो बरगद का पेड़ था वहाँ तीज, त्योहारों के दिन की पूजा स्थल की सुगंध थी। उसी के पास एक पेड़ का तना मुकदम काला चिकना था, वह शिवलिंग की तरह का पेड़ था। गोबर की लिपीपुती जगह पर उस पेड़ के नीचे आँखें मूँद सोनसी लेटी हुई थी...सोनसी को जानबूझकर रघुवर प्रसाद का कुछ भी करना मालूम नहीं पड़ रहा था। सोनसी को टाँके हुए जो रंगोली का आवरण था वह गोबर से लिपी जगह पर पूर्ववत चौक पूरे हुए जैसे अंकित था। तभी सोनसी की बाईं बाँह पर टाँय टाँय करता एक पक्षी आकर बैठा।'' (पृ.-57)

रूप, रस, गंध, नाद, स्पर्श के अन्तरगुंफित अनुभवों के ताने-बाने में यौनानुभव उसकी संपूर्णता में प्रकृति के विराट-वक्ष-स्थल में निर्मल धार्मिक परिप्रेक्ष्य में आभासित होता है। ''देखो तो मेरे कंधे पर कोई पक्षी बैठा है।'' पत्नी ने पूछा। उसके अपने भूले अस्तितव से उसकी आवाज आ रही थी। सोनसी के हिलने डुलने से पक्षी सरकता तो उसके पंजे के नाखून कन्धे पर गढ़ते। ''हाँ एक सुन्दर हरा तोता है। पहाड़ीकरन हैं। इसका कण्ठ फूट गया है। तोता गहरी साँस और फुसफुसाहट को याद कर लेगा।' ''मैं उसे बता दूँगा कि हम पति-पत्नी है। रघुवर प्रसाद ने कहा।'' (पृ. 58)। अवैध यौन संबंधों के बारीक देह-वर्णनों के औपन्यासिक अतिरेकों के बीच पति-पत्नी का यह ठेठ भारतीय आत्म संस्पर्श अत्यंत मर्मांतक हो गया है। यह इन्द्रधनुषी आभा जरा फिर देख लीजिए, ''सोनसी डुबकी से निकलते ही बालों को पीछे झटकारती तो अर्धचक्र बनाती बूँदें बालों से उड़तीं तब रघुवर प्रसाद को उन बूँदों की तरफ इन्द्रधनुष दिखाई देता। सोनसी के गीले बालों को झटकारने से क्षण भर को इन्द्रधनुष बन जाता था।'' (पृ.-58) देह संसर्गों के मुक्ति स्थलों को विनोदकुमार शुक्ल ऐन्द्रिक मांसल स्वरूपों में सीधे प्रकट नहीं करते बल्कि काव्य रूपकों की घुमरियों में लपेटकर चित्रकारिता की अमूर्त बारीकियों में नादात्मकता के साथ पेश करते हैं। ''....और रघुवर प्रसाद नाड़ी टटोल रहे थे। नाड़ी केवल वहाँ नहीं थी....छाती से धकधक टटोला जा सकता था। रघुवर प्रसाद को लगा कि हाथी के ऊपर उनकी पत्नी गोद में बैठी है। रात का काला हाथी था उसकी सूँड धरती तक झूल रही थी। रात हाथी की चाल की तरह ऊपर नीचे डोलते हुए जा रही थी। वे पत्नी को सँभालकर पकड़े हुए थे। अँधेरे में काई की तरह फिसलन होती है ऐसा रघुवर प्रसाद को लगा। पत्नी फिसल जाती थी।'' (पृ.-34)

बहुस्वरताओं के कई अनुस्वरों की 'सिंफणी' हम रघुवर प्रसाद और सोनसी की ऐकांतिक बातचीतों में सुनते हैं। ऊपर वर्णित सिलसिले के बाद अँधेरे में पत्नी ने पूछा, ''बस स्टैंड से रिक्शे में आए थे।'' ''नहीं पैदल आया था।'' पत्नी ने सुना कि रघुवर प्रसाद घोड़े पर आए थे। ''हाथी नहीं मिला'' पत्नी ने पूछा। रघुवर प्रसाद ने सुना कि पत्नी पूछ रही है—रिक्शा नहीं मिला था? ''मिला था पर पैदल आया। पैदल आने से पैसे

बच गए थे। पास ही बस स्टैंड है।'' पत्नी ने सुना घोड़े के पैसे नहीं देने पड़े थे। बस स्टैण्ड पास है। यह संलाप जारी है। ''...थक गए तो एक टिपरिया चाय की दुकान में चाय पी।'' थक गए तो एक खंडहर जैसी पुरानी सराय में केसरिया दूध पिया–पत्नी ने सुना। ''अच्छी गरम चाय थी।'' गाढ़ा गरम दूध था–पत्नी ने सुना।...''उड़कर सबसे पहले कहाँ जाएँगे?'' ''जहाँ छह महीने क रात होती हो।'' रघुवर प्रसाद ने कहा। पत्नी को भी यही सुना। (पृ.-35)

देहानुभव के बाद भाषानुभव बिल्कुल बदल जाने का अंतरंग संलाप यहाँ घटित होता है। यहीं आकर 'सिंफणी' अपनी उच्च स्थायी में मूर्च्छित होती है। वाकई यह बहरों का हास्यास्पद संवाद नहीं है। आन्तरिक कान और आन्तरिक चक्षु से सुनने-देखने का असुलभ आत्मोत्सव है। ऐसे संलापों का संगीत इस उपन्यास में यत्र-तत्र गुंजायमान है। ''रघुवर प्रसाद कुछ बोलते थे पर सोनसी उसको कल्पवृक्ष की तरह सुन रही थी। वृक्ष को सुनने में उसने वृक्ष की फुनगी को, एक-एक पत्ती को, हरे फलों को सुना। एक हरे फल का उसने पकना सुना। उसने फल का मीठा होना सुना। एक फल को उसने कच्ची अमिया की तरह खट्टा सुना। फल के पकने के बाद उसने मंजरी को मादक सुना। वह बार-बार फूल खिलने और फल के पकने को सुन रही थी। सुनने का मेला लगा था। अपने शरीर के अन्दर उसने वृक्ष की जड़ को सुना। आखिरी में उसने वृक्ष के बीज को सुना।'' (पृ.-121)

सुनने की इस मेला में संगीत की परिचर्या अपने चरम लक्ष्य की ओर बढ़ जाती है। ताल, लय, सुर के इस अभौम अनुभव के कारण ही यह उपन्यास एक अलग कोटि की काव्यात्मकता जगजाहिर कराता है। तालाब में परछाईं पड़ने की लगातार आवाज सुनने के लिए साधारण कान काफी नहीं है। सोनसी के अन्दर एक तालाब है उसमें रघुवर प्रसाद की परछाईं पड़ी हुई है। सब कुछ 'लय' में विलयित होने का संसार फिर मुखरित है, ''लय का दृश्य था, तालाब लय का तालाब था, पेड़ लय का था। पेड़ में खिले फूल लय के थे। लय की पगडण्डी थी। रघुवर प्रसाद के पैरों में चलते हुए थिरकन थी। आकाश से लेकर धरती तक सोनसी और रघुवर प्रसाद का घराना था।'' (पृ.-132) प्रकृति के हर अंग से एक घनिष्ठ आत्मीय संबंध कायम रहता है तो आकाश और धरती तक सब कुछ अपना घराना हो सकता है। लेकिन 'होमोसापियन' की वर्तमान जीवन दुर्दशा हमें अलग ढंग से जीने और सोचने की प्रेरणाएँ देती हैं। हाल ही में प्रकाशित एक वैज्ञानिक किताब में (जो एक शोध प्रबंध है) यह गंभीर विचार परिचर्चित है कि मानवी दिमाग एक जैव केन्द्रित विश्व में ही रूपायित है न कि एक यंत्र चालित विश्व में। "Dr. Kellert a professor of Social ecology at yale postulates that interaction with nature has had an important effect on a wide range of human characterstics including intellect, emotions and aesthetics. Separate people from nature, he argues and they will be Pschologically poorer...the brain evolved in a biocentric world, not a machine regulated world." ('Biophila' Dr. Edward O Wilson, Science and technology, Indian Express, Dec., 17, 1993)

गणित पढ़नेवाले रघुवर प्रसाद के चुटकुलों में एक अजीब किस्म का लॉजिक (Logic) काम करता है। उनके सोचने के ढंग में भी कभी-कभी यह हावी हो जाता है। विभागाध्यक्ष कभी रघुवर प्रसाद के सवालों से हैरान हो जाते हैं। हँसने-हँसाने की यह जीवन्त प्रक्रिया खून में घुल गई है तो जीवन उन सारी कठिनाइयों और अभावों के बीच में भी तप्त नहीं हो जाता। साइकिल की दुकान के पास आए हाथी और साधु को देखकर वे सोचते हैं, "ऐसा नहीं था कि हाथी के पैर की हवा निकल गई हो। हवा भरवाने की उसकी मंशा नहीं होगी।" (पृ.-15) हाथी पर बैठकर भूतपूर्व राजा के सब्जी खरीदने बाजार आने के बारे में रघुवर प्रसाद सोचते हैं "...घूमने फिरने के लिए हाथी पर बैठना ठीक है। काम पर जाने के लिए नहीं। घोड़ा तो ठीक होगा।" "हाथी सड़क के किनारे नग्न होकर पेशाब कर रहा था।"

इस उपन्यास के संवादों में कहीं एक विशिष्ट प्रकार के 'विडंबनापूर्ण कथन' या 'विट के रंग' का उक्ति-चातुर्य सुनने को मिलेगा। यह विनोद है या विचार अंदाज लगाना सरल नहीं है। "मैं अचानक एक दिन चला जाऊँगा।" साधु ने कहा। "क्या हाथी पर जाओगे?" "हाथी अचानक एक दिन नहीं जा सकता। वह जिस दिन जाएगा रोज की तरह जाएगा।" "...जंगल में छुपकर बनारस जाने का एक ही तरीका है कि जंगल भी साथ-साथ बनारस चले और जंगल के अन्दर हाथी चलता रहे।" (पृ.-44) परमानन्द श्रीवास्तव शुक्ल जी की इस प्रवृत्ति पर टिप्पणी करते हुए लिखते हैं–"भाषा में विडंबना और व्यंग्य विनोद का रचाव अटपटेपन को सार्थक युक्ति के रूप में देखने का परिणाम है।" (परमानन्द श्रीवास्तव–'साधारण का अर्थमय पाठ: उपन्यास का पुनर्जन्म' (पृ.-182) इस उपन्यास में एक 'हाथी' मानव चरित्र के समान चित्रित हुआ है। हाथी की दुनिया में मानव शरीक होने की कथा दिलचस्पी से कही गई है। काले जानवरों से रघुवर प्रसाद को एक विशिष्ट लगाव है। वे तो स्वयं काले हैं। हाथी पर रघुवर प्रसाद महाविद्यालय जाने लगा। हाथी को देखकर रघुवर प्रसाद की पत्नी एक छोटी लड़की की तरह खुश थी। हाथी पर चढ़ने के पहले जूते उतारने के बारे में साधु रघुवर प्रसाद को बतलाते हैं कि हम हाथी का सम्मान करें। रघुवर प्रसाद सोचते हैं "हाँ हाथी के साथ सम्मान का व्यवहार करना चाहिए था। हाथी से कहते तुम कहीं जाना नहीं हम आते हैं तो शायद वह हमारा कहा समझ जाता और जाने के पहले हमारा रास्ता देखेगा।...इस बस्ती में वह एक सीधा-सादा शाकाहारी प्राणी था। वह इतना सीधा-सादा था जितना एक हिरण जंगल में हो सकता था।" कभी साधु हाथी को रघुवर प्रसाद के घर के सामने छोड़कर कहीं चला जाता है। जब रघुवर प्रसाद साधु से कहता है कि हाथी को देखकर डर लगता है तो साधु कहते हैं "कुछ दिन में यह डर चला जाएगा।" हाथी से डर प्रतिदिन कम हो रहा था। बीड़ी पीनेवाला लड़का हाथी के लिए डाल काटता था। हाथी को नहाने, खिलाने रमाने में रघुवर प्रसाद, सोनसी और लड़का मग्न हो जाते हैं। एक

बार रघुवर प्रसाद कहते हैं, "मेरा परिचय हाथी, एक बड़ा जीव, कुछ न कुछ करना होगा।" रघुवर प्रसाद और सोनसी हाथी की भाषा की पहेली बुझाने लगते हैं। एक बार रघुवर प्रसाद हाथी की देखभाल के लिए विभागाध्यक्ष को छुट्टी का आवेदन पत्र देता है। साधु के चले जाने के बाद रघुवर प्रसाद बन्दित हाथी को स्वतंत्र करा देता है। "उस एक हाथी को खोल देने में उन्हें उतनी खुशी हो रही थी कि अँधेरे में इधर-उधर उनके आगे पीछे अँधेरे का स्वतंत्र हाथियों का जलूस निकला हुआ लग रहा था।"

निम्न मध्यवर्गीय जीवन के अभावों का क्रूर यथार्थ इस उपन्यास की लयात्मक भावुकता के बीचोंबीच अपनी मनहूस शक्ल सूरत दिखाता रहता है। देहाती विद्यालयों की अति दयनीय दशा का बखान इस प्रकार है—"वहाँ (जोरा गाँव में) यह महाविद्यालय था। यह खपरैल की छतवाला लंबी बैरकनुमा दाऊ के बाड़े में था। लाइन से कमरे बने थे। मिट्टी की दो फुट मोटी दीवाल थी। सामने एक लंबी दालान थी। दीवालें छुट्टी मिट्टी से पुती थीं। बरामदे में बड़े-बड़े आले बने थे।....महाविद्यालय का फर्श गोबर से लिपापुता था। तीन कक्षाओं में बेंचें रखी थीं और एक-एक टेबिल। कुर्सी नहीं थी। कुर्सी की कमी थी।...महाविद्यालय से लगी हुई एक झोंपड़ी में प्राथमिकशाला थी। माध्यमिक स्कूल गाँव में नहीं था। इस गाँव और पास के शहर के लिए यह एक अतिरिक्त महाविद्यालय था। शहर के अन्दर भी एक महाविद्यालय था।" (पृ.-14, 23) यहाँ गरीब छात्रों की शिक्षा की स्थिति इस प्रकार रही है "महाविद्यालय को खुले तीसरा साल था। तीनों सालों के कुल अड़तीस विद्यार्थी थे। प्रथम वर्ष में अट्ठारह विद्यार्थी भर्ती डुए थे। तीसरे वर्ष की कक्षा में केवल नौ विद्यार्थी थे।" (पृ.-20)

निम्न मध्यवर्गीय जीवन की सरलता नहीं तो अभाव का वास्तविक चित्र यों है—"रघुवर प्रसाद पत्नी और गृहस्थी के हिसाब से चीजें इकट्ठी कर रहे थे। एक चारपाई थी, चारपाई चौड़ी थी। फिर भी उनको यह समझ में नहीं आ रहा था कि उनको एक चारपाई और रखनी चाहिए या नहीं। बड़ी बहन ने शक्कर, चाय, पत्ती, जीरा, राई इत्यादि चीज़ें रखने के लिए टिन के और प्लास्टिक के पुराने डिब्बा-डिब्बी दिए थे। आटा रखने के लिए टिन का सुन्दर नया डिब्बा थ्बा।...कमरे के दाहिने कोने को चौका बना दिया गया।....किराए की टट्टी भी मकान से कुछ दूर हटकर पीछे बनी थी। टट्टी में बिजली नहीं थी। तीस रुपए का कमरा और आठ रुपए की टट्टी का अनुपात ठीक नहीं बैठता था।" (पृ.-25) मध्यवर्गीय जीवन संस्कृति जिन चीजों की ऐश-आराम के लिए लालायित रहती है (टी.वी., फ्रिज, ए.सी., कार, सोना, मकान...) उनके बरक्स रघुवर प्रसाद और सोनसी की जिन्दगी को क्या हम फिलहाल जिन्दगी मानने के लिए तैयार हैं।

गरीबी का दर्द मन को चुभा लेनेवाले कई सन्दर्भ इस उपन्यास में बहुत मार्मिक रूप में चित्रित हैं। पिताजी रघुवर प्रसाद से घर पैसे थोड़ा ज्यादा भेज दिया करने के लिए कहते हैं। 'छोटू' को बीमारी है और माँ भी खाँसते-खाँसते बेदम हो जाती है। "होम्योपैथी की दवा भी महँगी हो गई है। एक छोटी-सी शीशी पाँच रुपए की। हफ्ता

भर दवाई चलती है।'' (पृ.-29) पिताजी भी बीमारियों से बहुत परेशान हैं। ''दिखना कम हो गया है। बायीं आँख से बहुत कम दिखता है दाहिनी आँख में जोत बाकी है। मोतियाबिन्द हो रहा है। घुटने में बहुत दर्द होता है। काम करने पर थकावट लगती है। उठकर खड़े हो तो चक्कर आ जाता है।'' रघुवर प्रसाद सोचते हैं—''उसका वेतन अच्छा होता तो वंह बताता कि एक पुत्र अपने पिता की किस तरह परवाह करता है। पिता की छोटी-छोटी अपेक्षाओं के सामने वह असहाय हो जाता था वह अच्छा पुत्र नहीं समझा जा रहा है।'' (पृ.-30) पत्नी की वेशभूषा में भी अभाव की सादगी का आकर्षण निहित है। वह नायलोन की साड़ी पहनी हुई है। लाख और काँच की ढेर-सी चूड़ियाँ पहनी थीं। त्योहार देखने रावणपाटा जाते समय रघुवर प्रसाद पिताजी का पन्द्रह साल पुराना एक कुरता पहनता है। रघुवर प्रसाद के पिताजी बाहर जाते समय हमेशा एक खाली झोला लेकर जाते हैं। ''उन्हें लगता था कि बहुत जरूरत की चीज बहुत सस्ते में कभी भी अचानक दिख जाएगी तो खरीदकर रखने के लिए झोला होना चाहिए। झोला नहीं भूलते थे। पैसे भूल जाते थे।...कितनी चीजें होती हैं पर ये जान जाते हैं कि वे हमारे लिए नहीं हैं। छोटा-सा बच्चा जान जाता है। छोटू जान गया था। देख लेने से वस्तुओं को पा जाने का सुख मिल जाता तो कितना अच्छा होता। मिठाई को देखते ही खाने का सुख। ऐसा होता तो दिखाने के लिए थोड़ी चीजें होतीं और सबकी जरूरत पूरी हो जाती। अनजानी खुशी सोच-समझकर हुए दुख को भी दूर कर देती थी।'' (पृ.-73)

चीजें जो हमारे लिए नहीं यह जानकर उसका जानबूझकर उत्सर्ग करने का अभ्यास किसी भी योग-साधना या 'जीने की कला' (Art of living) से भी अधिक महत्तर है। अभाव की संस्कृति मानव को यों सोचने के लिए प्रेरित करती है। गरीबी, बीमारी सब कुछ होते हुए भी ये लोग जीवन के बारे में ज्यादा चिंतित हैं। ''बचे जीवन को देख लेने के बाद फुरसत मिलेगी तब मृत्यु को देखेंगे। जीवित आँख से मृत्यु नहीं, जीवन दिखता है।'' (पृ.-75)

संयुक्त पारिवारिक जीवन की सुरक्षा, ममता और परस्पर परवाह के कई उल्लेखनीय प्रसंग इस उपन्यास में उपलब्ध हैं। खास देसी आस्था को भारतीय मानव मूल्य कहें तो असमीचीन नहीं होगा। बुजुर्गों के पैर छूने का सिलसिला इस उपन्यास में बहुत सहज रूप में घटित होता है। ''सिर झुकाए पत्नी ने सुना और धीरे से 'हाँ' कहा। रघुवर प्रसाद को पत्नी का 'हाँ' सुनना बहुत अच्छा लगा।''

सास-बहू संबंध की स्नेहिलता की सुगंध हमें मुग्ध कर देती है। जनप्रिय धारावाहिकों की सास-बहू संघर्ष को निराधार बनानेवाला यह जीवन सन्दर्भ ध्यान देने योग्य है—''जब बहू ने अम्मा के पैर छुए तब अम्मा ने अपने कान से सोने की एक छोटी पल्ली उतारी और कहा, बहू इरो तू रख ले, एक कान में पहन लेना दूसरे कान का छोटू की दुलहन के लिए है।'' सोनसी को बुखार है जानकर अम्मा खाना बनाने की तैयारी करने लगती है। अम्मा बेटे और उसकी पत्नी को देने के लिए अपने साथ दो कोसे की थाली और

एक टठुलिया लाती है। अम्मा पूड़ियाँ यह सोचकर भेजती है कि बहू को आटा सानना न पड़े। भारतीय परिवार में पिताजी को सुख तभी मिलता है जब "बेटे की गृहस्थी की खटरपटर आँख मूँदें सुनना उन्हें सुख दे रहा था। उनको लगता होगा चलो बेटे की गृहस्थी हो गई।" (पृ.-31) सोनसी के ससुर सोनसी के पच्चीस रुपये की थाती से खरीदे गए चप्पल पहनकर पूरे घर में घूमते हैं। सास-ससुर से सोनसी का रिश्ता प्यार, विश्वास और आदर का है। नफरत, संघर्ष और स्वार्थ का नहीं।

रघुवर प्रसाद के न रहने पर 'पड़ोसी', मेहमानों का आतिथ्य सत्कार करते हैं। यह उपन्यास परिवार के विघटन के बरक्स परिवार के सुघटन का आख्यान बन गया है। इसमें भारतीय दांपत्य जीवन की सर्जनात्मक भाव भंगिमाओं को शक्तिशाली ढंग से रेखांकित करने का महत्त्वपूर्ण प्रयास हो गया है। विख्यात आलोचक चन्द्रकांत बांदिवडेकर के शब्दों में "प्रकृति, छोटा समाज, परिवार, पीढ़ियाँ जिस प्रकार एक मजबूत, स्नेहिल और संवादपूर्ण स्तर पर चैतन्यपूर्ण ढंग से जी सकती हैं, दूसरा विलक्षण विश्वसनीय चित्र इसमें जीवंत रूप में साकार किया गया है, (चन्द्रकांत बांदिवडेकर, 'हिन्दी उपन्यास, विगत पचास वर्ष', 'अक्षरा' Oct-Dec-2000, पृ.-73)।

भारतीय दांपत्य, पारिवारिक एकता और मानवीय संबंधों की श्रेष्ठता का जो बखान इस उपन्यास में हो गया है वह बेजोड़ है। स्थानीय पेड़, पौधे, फल तथा पोशाकें, गहनों का जिक्र इस उपन्यास में बार-बार आता रहता है। सिरस, गूलर, मुनगे, बिही, शीशम जैसे वृक्ष, मकोई, छुईयाँ, भटे, तरोई की बेल जैसे फल और तरकारी, टटुलिया, पोलका, बिछिया, पैरा, पिछौरी, कथरी जैसे गहने, ओढाव इत्यादि।

विख्यात चित्रकार पोल गागिन (Paul Gaugin) के ताहिती (Tahiti – Polenasian island) के समान चमचमाते रंगों में रंगायित एक फंतासी स्थलिका में पाठक फिसलकर पहुँच जाते हैं जहाँ सागर की डगमगाती तरंगों के बदले नदी, पहाड़, तालाब, जंगल, जानवर, पेड़ पौधे, चिड़ियाँ तथा अद्भुत आबोहवा से युक्त मुक्त आवास का सुकून बरकरार है।

सोनसी एक अर्थ में रघुवर प्रसाद की पत्नी और प्रेयसी है तो और एक आयाम में वह चराचर प्रकृति है। इस उपन्यास के अन्तिम भाग में एक विशिष्ट सन्दर्भ है। रघुवर प्रसाद सोनसी के विरह में अँधेरे में यूँ कहते हैं, 'नहीं है' तो कहीं से एक आदमी बार-बार पूछता है 'कौन नहीं' है भाई। यह उपन्यास गहराई में पढ़कर कह सकेगा कि इसमें सब कुछ है फिर भी कोई भी नहीं है। इसमें अन्तरंग अनुभवों की घनिष्ठता है, प्रकृति है, प्रकृति में आमग्न डूबे हुए इन्सान हैं, पशु-पक्षी हैं, पेड़-पौधे हैं, वनस्पति हैं, देशी संस्कृति है, जिन्दगी की शराफत है।

पश्चिमी तूफानों के औपभोगिक आवेगों से यदि कोई बचाव हमारे लिए मुमकिन है तो वह यह प्रति-संस्कृति होगी। दरवाजा खुल जाए तो (ए. एम. एफ. के लिए, वर्ल्ड बैंक के लिए, बहु राष्ट्रीय मुनाफाखोर कंपनियों के लिए यह तूफान अन्दर आ जाएगा

और सब कुछ नेस्तनाबूद हो जाएगा। सदा खुली खिड़की से प्रकृति अन्दर आती है और मानव उस विराट प्रकृति से आत्म संबंध स्थापित कर सकेगा। यह मन की खिड़की की खूबसूरती है। "उन्हें मालूम नहीं था कि पगडण्डी पर चलना था। पर पगडण्डी को मालूम था इसलिए वह रघुवर प्रसाद के चलने के रास्ते पर थी। रघुवर प्रसाद को टीले पर आना था। यह रघुवर प्रसाद को नहीं मालूम था। टीले को मालूम था। इसलिए जहाँ रघुवर प्रसाद आए थे वह टीले पर था।"

मायिक अर्थ ध्वनियों से गर्भित इन पंक्तियों को पढ़कर मन कुछ पल तल्लीन होकर उस विराट ध्यान में निर्लीन होता है जहाँ शुद्ध वर्तमान का कटि-स्थल से अनाहत डमरू नाद अनुगूँजित होता है। यहाँ भी प्रकृति कुछ अजनबी रहस्यात्मकता ओढ़कर मानव प्रकृति से अलग-थलग होकर कहीं ओझल स्थित रहनेवाली सत्ता स्वरूप में अवतरित नहीं है।

फासीवादी शिनाख्त का ऐतिहासिक दस्तावेज़

प्रो. वी. के. अब्दुल जलील

किसी भी देश-काल के संदर्भ में यदि धर्म, जाति या नस्ल के आधार पर अवाम का बँटवारा होने लगे, और जिन्दगी के तमाम पहलुओं पर जन-जन के बीच भेदभाव बरतने लगे, किसी जाति विशेष के काबू में प्रशासन की बागडोर आवे और उसके तारतम्य में अन्य जातियों को हेय समझा जाय और उनको सत्ता से पृथक रखा जाए। वह फासीवादी रूप ग्रहण करता जाएगा। यह तो दीगर बात है कि समाजवाद या साम्यवाद जैसा समत्ववादी दर्शन जब नालायक हाथों में पड़ता है जो उसमें भी फासीवादी मिजाज दिखने लगता है। विघटित सोवियत संघ इस बात की जबर्दस्त टिप्पणी दर्ज करता है। यह सोच कि समाज विशेष के कुछ लोगों की नस्ली सभ्यता, संस्कृति और इतिहास दूसरों से बढ़कर है, ऐसी उर्वर भूमि है जहाँ निश्चित ही फासीवाद पनप उठता है। वस्तुस्थिति यह है कि रक्तशुद्धि एवं पुरुषवर्चस्ववादी सिद्धांत फासीवाद को तरजीह देते हैं। नीत्शे द्वारा वैचारिक स्तर पर लागू किया हुआ 'योग्यतम टिकता है' वाले डार्विनियन सिद्धांत पर पलता फासीवाद एक खास संस्कृति का दर्शन है। सन् 2000 में विरचित कमलेश्वर के 'कितने पाकिस्तान' में यह मुद्दा केन्द्रस्थ है क्योंकि यह उपन्यास मजहबी फासीवाद के तहत विघटित होते देशों, ध्वंस होती सभ्यताओं एवं संस्कृतियों के साथ खून बहाती सत्ताओं की कहानी, इतिहास, मिथक एवं वर्तमान के व्याख्यान एवं आख्यान के जरिए सुनाता है। पाकिस्तान जहाँ एक ओर अलगाववादी मानसिकता का सूचक है वहाँ दूसरी ओर भारत में ही नहीं, तमाम दुनिया में व्यापती मजहबी फासीवाद की निष्ठुर करतूतों की वजह से विभक्त होते मुल्कों एवं सत्ता के लिए विनष्ट होती मानवता की भी दास्तान है।

उपन्यास में दुनिया भर की भिन्न-भिन्न संस्कृतियों एवं सभ्यताओं के आख्यान व व्याख्यान अतीत के इतिहास और मिथकों के जरिए कलात्मक अन्विति के साथ हुए हैं। जो संस्कृति या सभ्यता असली समस्याओं से कतराती है और आत्मालोचन से भयग्रस्त है वह देश में त्रासदियों को पैदा करती है। उपन्यास में विवृत ऐतिहासिक सच्चाई इस बात की इजाजत देती है कि सत्तासीन ताकतों द्वारा मजहब और तहजीब का गलत प्रयोग अनेकानेक त्रासदियों की पैदाइश करता है। पाकिस्तान की पैदाइश को ऐसी त्रासदियों में गिना जाता है। अतः यह तो अनिवार्य है कि मजहबी फासीवाद-मानव-विरोधी

शक्तियों पर रोक न लगे तो दुनिया भर के बहुधर्मी देशों में भी अलग-अलग पाकिस्तान बनते जायेंगे। ऐसे विभाजनों के त्रासद हादसों से, जिनके चश्मदीद गवाह पाकिस्तान के जन्म के वक्त हम थे छुटकारा भी न होगा। उपन्यास में सांप्रदायिक फासीवादी ताकतों द्वारा इतिहास को तोड़-मरोड़ने की प्रवृत्ति को सप्रमाण व्याख्यायित करने का प्रयास भी है। उपन्यास में कल्पना-प्रसूत अदालत की सृष्टि करके अर्दली महमूद और अदीब जैसे पात्रों के माध्यम से प्रागैतिहासिक, मिथकीय ऐतिहासिक एवं समकाल के गवाहों को पेश करवा के ऐतिहासिक और मौजूदा सच्चाई को कहलवाने की टेकनिक है। पाँच हजार वर्ष की समय-सीमा में निर्धारित यह उपन्यास अतीत, वर्तमान और भविष्य के साथ पाठक को इस नजारे से जुड़वाता है कि अतीत और वर्तमान दोनों समान रूप से भविष्य का इशारा देते हैं।

तमाम ऐतिहासिक तथ्यों का जानकार उपन्यासकार अदीब के माध्यम से कहलवाता है कि दुनिया के सब मुल्कों में नफरत का पाकिस्तान बनाने के प्रयास जारी हैं। दुनिया के हर कोने में वह चाहे बोस्निया हो, साइप्रस हो, टूटे सोवियत यूनियन हो, अब के बने रशियन फेडरेशन हो, अफगानिस्तान हो, हर व्यक्ति नफरत के सहारे अपने ही लोगों के खिलाफ दूसरा पाकिस्तान ईजाद करना चाहता है। उपन्यास में यहूदी लेखक अमेस ओज यहाँ तक कह उठता है कि आदमी की पहचान अब नफरत पर निर्भर है। नफरती एकता के लिए अतीत काम आता है। इतिहास के पास अतीत को सही रास्ते पर लाने की दृष्टि है। पर जानबूझकर अतीत तर्क की पद्धति को स्वीकार नहीं करता, वह केवल आंशिक सत्यों को स्मृति की कहानियों में बदल देता है और उसे सदियों जवित रखता है। नफरत एक ऐसा स्कूल है जिसमें पहले खुद को प्रताड़ित, अपमानित और दंशित किया जाता है। अतः घृणावादियों के तर्क इकहरे हैं। उसके पास अधिक बातें नहीं होतीं। वे हजारों-लाखों मुखों से एक ही स्वर में बोलते हैं, एक-से प्रश्न उठाते हैं, एक-सी दलीलें देते हैं। यही नफरती एकता की पहचान का चिह्न है जिसका आधार फासीवाद है। इसी का समर्थन पाकर दुनिया के भिन्न-भिन्न मुल्कों में पाकिस्तान बनते जा रहे हैं। मजहबी बुनियाद पर बने मुल्क पाकिस्तान की असलियत का पता उपन्यास के पात्र इनाम नाजिश को तब चला जब वह पश्चिम पाकिस्तान पहुँच गया था। इसके पहले बंगाल में रहते वक्त जो जीवनानुभव प्राप्त हुआ उससे यह सीख उसको मिली थी कि मजहब के नाम पर कौम को तय करना गलत था। इमाम नाजिश पाकिस्तान में व्यतीत अपने जीवन की त्रासद कहानी का बयान देते हुए कहता है कि नफरत की राजनीति का समर्थक बनकर वह पाकिस्तान पहुँचा था जहाँ उसको भूमिगत रहना पड़ा। उसकी गैरमौजूदगी में उसकी बीवी ने अध्यापन कार्य से मिली आमदनी से घर की जिम्मेदारी सँभली थी। इसलिए इमाम नाजिश को तौबा विवश कहना पड़ा—''मैं नफरत के सैलाब का हिस्सा बना, पर मेरी बीवी एक नई तामीर के सैलाब का हिस्सा बनी....।''[1]

पुराने जमाने से लेकर अब तक के लम्बे अर्से में दुनिया भर को अपने मजबूत पंजों

में जकड़ रखने का फासीवाद का जो जोरदार प्रयास हुआ है उसका बयान उपन्यास में यत्र-तत्र मिलता है। मिथकीय अलौकिक कथाएँ एवं मौखिक रूप में चलती रही पुराकथाएँ कैसे पौराणिक इतिहास में बदली हैं और इन्हीं से धर्म कथाएँ कैसे बनी हैं और इन धर्म कथाओं से संकीर्ण धर्मों की पैदाइश कैसे हुई है इनका भी मजेदार ढंग का बखान उपन्यास के पन्नों में बिखरा पड़ा है। काकेशस की आर्यसभ्यता का वारिस कहने में अपने आपको आत्मतुष्ट माननेवाला जर्मनी के फासीवादी नाजी हिटलर के प्रत्यक्षानुभव से पाठक चौंक जाता है। इसी सभ्यता में जन्मे बर्बर मनुष्य की जो दास्तान उपन्यास में प्रस्तुत है वह देखते ही बनती है–'...और मारदुक ने ही तब सृष्टि की रचना की थी। उसने अपने दादा अनु को आकाश का सम्राट बनाया था। अपने पिता इया को धरती का। और तब मारदुक ने एक महामन्दिर बनाया ताकि आकाश के देवता और ईश्वर–जो उसकी प्रजा थे धरती पर आयें तो आराम से ठहर सकें–और इसी महामन्दिर को बेबीलोन पुकारा गया...उसी मारदुक ने अपनी पूर्वजा तियामत से शरीर को फाड़कर अन्य भौतिक सत्ताओं की उत्पत्ति की...खंडित शरीर की पीड़ा से जब तियामत की आँखें आँसुओं के सैलाब से भर गईं तो वहीं से दजला और फरात नदियाँ निकलीं और सृष्टि कथा का शुभारंभ हुआ। तियामत की हड्डियों और रक्त से ही तब बर्बर मनुष्य का जन्म हुआ।'[2] यों बहुत ही नाटकीय ढंग से मिथक, पुराकथाओं और इतिहास के जरिए फासीवादी आतंक की अवतारणा उपन्यास में दर्ज है।

उपन्यास में यह बात दुहरायी जाती है कि भारत के इने-गिने उच्चवर्ग के लोगों की फासीवादी संकीर्ण मानसिकता ने ही ब्राह्मण ग्रंथों के आधार पर मनुष्य को ब्रह्मा के अलग-अलग अंगों से पैदा करने का सिद्धांत ढूँढ़ लिया था। इसी अलगाववादी तत्त्वों से प्रभावित ब्राह्मणों ने ही यहाँ अपना-अपना पाकिस्तान बनाया लिया था। उपन्यास में अदीब और सलमा के बीच चलते जीवंत संवादों में ब्राह्मणवादी अत्याचारों, वर्णवादी अनाचारों और ईश्वरवादी आस्था को स्थापित करने वाले ग्रंथ होने का आरोप उपनिषदों पर दर्ज है। बनती-बदलती संस्कृतियों की ओर भी यहां संकेत है। संस्कृतियों के बनने में धर्म का आधार है, पर समय-प्रवाह में वे धर्म से मुक्त होकर मानव-संस्कृतियों में बदल जाती हैं। पर यह फासीवादी आर्यजाति संस्कृति को धर्म की ओर खींचती रही। अंततः यह इस जाति के पराभव का कारण बना। इसी मानसिकता से प्रेरणा पाकर एक छोर पर लोकमान्य तिलक आजादी के आन्दोलन को गणपति उत्सव से जोड़कर इसे आजादी का हिन्दू आन्दोलन बनाने में कार्यरत रहे और दूसरे छोर पर इकबाल और सर सैयद अहमद खाँ मजहबी रंग अख्तियार करने में व्यस्त थे। हिन्दुओं और मुसलमानों के इस बढ़ते फासले का अंग्रेजों ने फायदा उठाया था। अपने स्वार्थ-हित में अंग्रेजों ने इस खाई को और भी गहरा किया था। सावरकर जैसे क्रान्तिकारी हिन्दूवादी बनता गया। इस नस्ल में आये नाथूराम गोडसे के हाथों गाँधी जी का कत्ल हुआ था। इस दौरान हिन्दू और मुसलमान एक-दूसरे को शंका भरी दृष्टि से देखते रहे। मुसलमानों में यह आशंका

बनी रही कि सत्ता हथियाने मात्र में नेहरू की धर्म-निरपेक्षतावादी दृष्टि के स्थान पर हिन्दुत्ववादी दृष्टि को अहमियत मिलती रहेगी। अपने फायदे के लिए साम्राज्यवादी ताकतों के इतिहास ने जिन्ना साहब को बनाया था, जिन्ना साहब ने इतिहास नहीं बनाया था। उपन्यास में यह बयान दर्ज है कि दुनिया भर में फासीवादी अलगाववादी समर्थकों की संख्या दिन-ब-दिन बढ़ती जा रही है। आज दुनिया में प्रतिरोधी स्वर बुलंद करनेवाले बहुत ही विरले हैं। यदि ऐसे लोग मिलते होते तो सोवियत यूनियन नहीं टूटता, यूगोस्लाविया में बोस्निया मुसलमानों की निर्मम हत्या न होती, सोमालिया में लोग अकाल से न मरते और फिलिस्तीनी इस्राईल की सीमा पर मौत का इंतजार न कर रहे होते।

हिन्दुस्तान में जो दकियानूसी ब्राह्मणवाद बरकरार था उससे असरदार होकर यहाँ का इस्लाम भी उसका शिकार हुआ है। इस्लाम के तहत जो सूफी उदारवाद जन्मा था उसे इस इस्लामी ब्राह्मणवाद ने तिरस्कार किया था। इन इस्लामी ब्राह्मणों ने हिन्दुस्तानी इस्लाम को हिन्दू वर्णाश्रम धर्मवाले साँचे में ढाल दिया था। इतिहास गवाह है कि जातिवाद के चलते सदियों पहले हिन्दू हारा था, उसी प्रकार इसी के चलते मुगल सल्तनत भी हारी थी। जैसे हिन्दू क्षत्रिय का साथ हिन्दू दलित ने नहीं दिया था वैसे मुगल क्षत्रिय का साथ मुस्लिम दलित ने नहीं दिया था। उपन्यास में जोरदार ढंग से यह बात जाहिर हुई है कि इस्लामी ब्राह्मणवाद के चलते सम्राट अकबर की तमाम कोशिशें नाकाम हुई थीं; जहाँगीर एवं शाहजहाँ पूरी तरह इसके शिकार हुए थे, इस्लाम के नाम पर औरंगजेब मुसलमान ब्राह्मण बनकर इन्सान परस्ती को छोड़कर मजहब परस्ती के नाम पर चल पड़े थे।

अकबर और दाराशिकोह ने हिन्दुस्तान में सभ्यता और संस्कृति के समीकरण का बहुत बड़ा ऐतिहासिक कार्य करने की पहल उठायी थी। और औरंगजेब ने उस ऐतिहासिक कार्य को नाकामयाब सिद्ध करना चाहा और अपनी मुगल सल्तनत को बरकरार रखने के लिए एक इस्लामी इलाके की परिकल्पना की थी जो इन्सानी मुहब्बत पर नहीं, बल्कि नफरत पर आधारित था। औरंगजेब की यह परिकल्पना हिन्दुस्तान की सामाजिक संस्कृति के खिलाफ थी। यही कारण है कि औरंगजेब मुगल सल्तनत का आखिरी बादशाह हुआ था जिसने एक जिद्दी मुसलमान बादशाह बनकर मराठों से हारकर अंततः अंग्रेजों को सत्ता सौंपे जाने का रास्ता खोल रखा था।

उपन्यास में अदीब की अदालत में मौजूद इतिहास के प्रोफेसर मुहम्मद हबीब को जरा भी शंका इस बात में नहीं है कि औरंगजेब ने अपनी ज़रूरत के लिए इस्लाम का इस्तेमाल किया था। हिन्दुस्तान का बादशाह बन बैठने के लिए दाराशिकोह मुराद जैसे भाइयों को मरवाने में, सबसे बड़े भाई शुजा को देश-निकाला करने में और अपने पिता को बन्दी बनाने में इस्लाम और शरीयत उनके रास्ते में बाधा के रूप में नहीं आयी थी। अतः इतिहास गवाह है कि औरंगजेब ने तख्त हासिल करने के लिए फासीवाद रूख अपनाया था। मुगल सल्तनत हासिल करने के इरादे से औरंगजेब मुल्लाओं का गुलाम बना था। अपने भाई दाराशिकोह से उत्तराधिकार छीनने और हमेशा के लिए उससे

उत्पन्न असुरक्षा से बचने के उद्देश्य से उसका कत्ल करने में औरंगजेब को धर्मांध उलेमाओं की मदद लेनी पड़ी थी ताकि उसके नृशंस कारनामों पर कोई उँगली न उठाए। इसके बदले में उसके प्रशासनिक कार्यों में मजहबी घुसपैठ शुरू हुई थी। संगीतकारों, शायरों और ज्योतिषियों को निष्ठुर अवमानना सहनी पड़ी थी। मुगलिया शाहंशाह का हिन्दुओं के त्योहारों में शामिल होने का रिवाज बन्द हुआ था। गद्दीनशीन हिन्दू राजाओं का शहंशाह द्वारा तिलक लगाने की प्रथा कुफ्र मानी गयी थी। सूफियों द्वारा पैगम्बर मुहम्मद के जन्मदिन पर गाये जानेवाले भजन और शियाओं के मोहर्रम के त्योहार पर पाबन्दी लगा दी गयी थी। राजदरबार में घटिया मुल्लाओं एवं मौलवियों के निर्देशन में इस्लाम की उदारवादिता को भूलकर उस धर्म को स्वार्थी सीमाओं में कैद कर दिया गया था। इसके दूरगामी प्रभाव का दुष्परिणाम भारत आज भी भोगता आ रहा है।

औरंगजेब ने जहाँ इस्लाम धर्म का मुगल साम्राज्य की गद्दी हासिल करने के लिए इस्तेमाल किया था, वहाँ दाराशिकोह इस्लाम को सिर्फ मुसलमानों के धर्म के रूप में नहीं, एक विराट मानवधर्म के रूप में फैलाना चाहता था। दाराशिकोह इस दिशा में अपनी नाकामयाबी को मानते हुए उपन्यास में अदीब से बताता है–'मैं ही हूँ वह बदनसीब शहजादा! जो औरंगजेब के पाकिस्तान को बनने से नहीं रोक पाया।'[3]

इतिहास की विडंबना है कि पुराने जमाने से लेकर आज तक दुनिया के कई मुल्क मजहबी परस्ती के शिकार बने हैं और बनते जा रहे हैं। मिसाल के तौर पर सोमालिया में शान्ति कायम करने गये पाकिस्तानी लश्करों की लाशों की ढेर लगी थी। बोस्निया में हत्या किये गये मुसलमानों की लाशों को कफन में बाँधकर सजाया जा रहा था। अजरबेजान में लाशों की कतारें लगी थीं। नाइजीरिया में अनेकों शहीद हुए थे। काश्मीर की लाशों में मुसलमान लोग थे, और पंडित लोग भी। इस्लाम के नाम पर अफगानिस्तान कब्रिस्तान बनता जा रहा है।

इतिहास के पन्ने पलटते-पलटते अतीत के ऐसे पात्र उपन्यास में सामने आते हैं जिनके माध्यम से उपन्यासकार ऐतिहासिक सच्चाइयाँ परत-दर-परत खोलकर रख जाता है। मुगल सल्तनत के संस्थापक बाबर के बारे में जो गलतफहमियाँ बरकरार हैं उन्हें खुद बाबर और दूसरे पात्रों द्वारा दूर करने की कोशिश उपन्यास में है। अदीब के आदेशानुसार बाबर और राणा सांगा दोनों कब्र से उठकर अदालत में खड़े हो जाते हैं। राजा सांगा बाबर पर आरोप लगाता है कि वह इस्लाम फैलाने भारत में आया था। इस आरोप की अवास्तविकता को सिद्ध करते हुए बाबर का कहना है कि यह हिन्दुस्तान जो है सोने का मुल्क था जिस पर कब्जा करना ही उसका लक्ष्य था। उसका दुश्मन हिन्दुस्तान का हिन्दू नहीं बल्कि आगरा का मुसलमान बादशाह इब्राहीम लोदी था। इब्राहीम लोदी पर हमला करने के लिए राणा सांगा और लोदी के चचा पंजाब के सूबेदार दौलतखां लोदी ने उसको संदेश भेजा था। पर असलियत यह है कि पराजित पक्ष कभी-कभी इस तरह की स्मृतियों को संचित करके एक दूसरा ही मनोवांछित इतिहास लिख देता है।

उपन्यास में इतिहास का प्रोफेसर मुहम्मद हबीब यह ऐतिहासिक सफाई पेश करता है कि मुहम्मद बिन कासिम से लेकर बाबर तक जो भी बादशाह हिन्दुस्तान में आये थे वे मध्य कालीन युग के यश और धन के लिए हिन्दुस्तान को लूटने आये थे। इस्लाम एक मजहब के रूप में अलग था, पर जो मुसलमान बना उसने अपनी लूटमार के लिए इस्लाम ने नहीं, इस्लाम स्वीकार करनेवाले मुसलमानों ने हमले किए थे। इन लोगों ने इस्लाम का परचम उठाया। यह भी ध्यातव्य है कि हिन्दुस्तान के हिन्दुओं पर इस्लाम में मौजूद राज्यशक्ति के महत्त्व को पहचाना था। फौजों में जोश भरने के लिए इस्लाम का सहारा लिया जाता था। मिसाल के तौर पर बाबर की फौज हिन्दुस्तान के मौसम को बर्दाश्त न कर पाने के कारण वापस चलने के लिए बाबर तक पर दबाव डाल रही थी। जबकि धन दौलत और ओहदों क पेशकश उन्हें रोक देने में असफल हो रही थी तब मजबूरी में उसने मजहब का वास्ता अपनाया था।

बोस्निया, सोमालिया, ब्राजील और बोलीविया इत्यादि मुल्कों में जो त्रासद घटनाएँ हुई हैं और होती जा रही हैं, इस बात का रेखांकन है कि पूरी दुनिया में मानवाधिकारों पर हस्तक्षेप हो रहा है; हिंसा, हत्या, कष्ट, उत्पीड़न, यातना और बेईमानी के तूफानी झोंके उमड़ते रहे हैं। नब्बे के दशक में हिंसात्मक सांप्रदायिक दंगों में बहते खून में भारत की राजधानी दिल्ली पर सत्ता आजमाने का डरावना शब्द चित्र उपन्यास में है–'खुद भारत में रक्त के तालाबों में कमल उगाये जा रहे हैं।'[4] मजहब के बहाने सत्ता हथियाने का फासीवादी तरीका यहाँ शब्दबद्ध है। समकालीन दौर में दुनिया भर में छा रहे फासीवादी आतंक को दिखाते हुए उपन्यास में अदीब का कथन है–'जो घटित हो रहा है, पर घटित होता हुआ दिखाई नहीं देता, जो सुनाई पड़ता है पर सुना हुआ प्रतीत नहीं होता, जो सोचा जा रहा है पर सोचा हुआ मालूम नहीं पड़ता, जो समझा जाता है पर समझ में नहीं आता...यही हमारे समय की त्रासदी है...क्योंकि हम सब मूल्यबोध के बावजूद मूल्यहीनता की चपेट में हैं।...'[5]

मजहबी फासीवाद से जनमती नफरत का माहौल दुनिया के भिन्न-भिन्न मुल्कों में नजर आता है। यहूदियों और फिलिस्तीनियों में अपने-अपने पाकिस्तानों की दीवारों को मजूत करने की जद्दोजहद जारी है। बोस्निया में सर्बों और क्रोट लोगों ने मुसलमानों पर बर्बर अत्याचार किये हैं। यूगोस्लाविया के क्रोट, सर्ब और मुसलमान लोग एक साथ रहना नहीं चाहते थे। अतः यूगोस्लाविया में तीन अलग-अलग पाकिस्तान बन गये हैं।

इतिहास और संस्कृतियों के पन्ने पलटते-पलटते उपन्यासकार में यह अवधारणा जम जाती है कि 'कोई भी संस्कृति पाकिस्तानों के निर्माण के लिए जगह नहीं देती। संस्कृति अनुदार नहीं उदार होती है। वह मरण का उत्सव नहीं मनाती, वह जीवन के उत्सव की अनवरत शृंखला है....इसी सामाजिक संस्कृति की जरूरत हमें है क्योंकि वह जीवन का सम्मान करती है।'[6] अदालत में उपन्यासकार बाबर से कहलवाता है–'मैंने नहीं चाहा था कि भारत में समझदारी और सहिष्णुता की एक नई संस्कृति जन्म ले

....वह संस्कृति जिसे सूफी संतों ने मंजूर किया था।'[7] धर्म या मजहब जिन्दगी की सच्चाइयों से हमेशा सदियों पिछड़ा रहता है यही तमाम बेबुनियाद पाकिस्तानों की बुनियाद डालते हैं। मिस्र, टयुनिसिया, तुर्की, अलजीरिया, सोमालिया, लेबनान और इराक में मुसलमान मुसलमान से भिड़ता है जोकि धर्मांधता की लड़ाई है, धर्म की नहीं। दरअसल धर्मान्धतावादी तर्कों से पाकिस्तानों में से और पाकिस्तान बनते जाएँगे।

उपन्यास में वक्त इतिहास का वक्ता बनकर आता है। अपने स्वार्थ हित के लिए मजहब का गलत इस्तेमाल करनेवाले राजाओं का सही रूप दिखाते हुए वक्त कहता है–'अपने स्वार्थों के लिए सब मजहब को मानते थे, लेकिन मजहब की बात कोई नहीं मानता था।'[8]

मजहबी परस्त समाज में पुरुष वर्चस्ववाद को बरकरार रखना एक प्रकार से फासीवादी मिजाज है। इस पुरुषवर्चस्ववादी नीति के खिलाफ उपन्यास की नारी पात्र सलमा जोरदार वकालत करती है कि हजरत हुसेन तो सिर्फ कर्बला में शहीद हुए थे पर मुसलमान औरत के लिए पूरी जिन्दगी ही कर्बला बनी है। जो भी धार्मिक समाज हो उसमें औरत मर्द की संपत्ति मात्र है। यही वजह है कि ऋषि गौतम ने अपनी निर्दोष पत्नी अहल्या को अभिशाप देने में कोई संकोच नहीं दिखाया था। ऋषि गौतम जैसे ब्राह्मणों ने अपने श्रमजीवियों को शूद्र तो बनाया था ही इन लोगों ने औरत को भी दंड देकर शूद्र की श्रेणी में डाल दिया था।

फासीवाद का पूर्वरूप वैदिक युग के आर्यों में भी पाया जाता है। इन वैदिक आर्यों ने अपने स्वार्थों के लिए समाज को विभाजित कर दिया था। उपन्यास में एक वयोवृद्ध बोधिवृक्ष के जरिये वैदिक युग के वर्णवादी अत्याचार यों दृश्यबंध हुए हैं–'आर्यों को वर्णवाद एक अप्राकृतिक सिद्धांत है क्योंकि ब्राह्मणों की पत्नियों को भी मासिक धर्म के चक्र से गुजरना पड़ता है। वे भी गर्भवती होती हैं। वे भी बच्चे को जन्म देती हैं उन्हें दूध पिलाती और उनका पालन-पोषण करती हैं...इतने भी यह आर्यब्राह्मण जिनका जन्म स्त्रियों की कोख से होता है, यह वादा करते हैं कि वे ब्रह्मा के मुख से पैदा हुए हैं.... ब्रह्मा के मुख में गर्भाशय नहीं हैं।'[9]

उपन्यास में अदीब यह दर्ज करता है कि ब्राह्मणवाद दुनिया की तमाम सभ्यताओं और धर्मों के पतन का कारण बना है। मिस्र की सभ्यता में पुरोहितवाद और ब्राह्मणवाद भारत में आने के बहुत पहले ही पैदा हुए। मिस्र में देवताओं के नाम पर चढ़ाया प्रसाद वहाँ के मन्दिरों के पुजारियों के पेट में जाता था। इन मन्दिरों से उनका वैभव बढ़ जाता था। वे श्रम, फौजीसेवा और करों से मुक्त थे। सुख-सुविधा भोगी और विलासी पुरोहित-पुजारी और ब्राह्मण ही मिस्र की सभ्यता के पतन की वजह बने। वैसे ही सुमेरियन सभ्यता के ब्राह्मण स्वार्थी होते ही उस सभ्यता का विनाश हुआ। उस विनष्ट सभ्यता पर बेबीलोनियन सभ्यता निर्मित हुई। पर बेबीलोनियन की इस सभ्यता में जब कुलीनता का दंभ जन्म हुआ तब उसका भी विध्वंस हो गया। असीरियन, हित्ती,

आर्मीनियन, हिब्रू, एरोयेन और ग्रीक सभ्यताएँ भी उपर्युक्त ब्राह्मणवाद या पुरोहितवाद के दंभ पर धराशायी हो गयीं।

राजा टोडरमल भारत के तमाम ऐतिहासिक तथ्यों के आधार पर अदीब को बताता है कि कभी किसी भी सदी में इस देश का विभाजन नहीं हुआ था। आर्यकाल, रामायण काल और महाभारत काल से गुजरते हुए अंग्रेजी शासन-काल के पूर्व तक भारत की स्थिति यही बनी रही थी। सिकन्दर, शक, हूण और मुहम्मद बिन कासिम से लेकर तुर्क, अफगान और मुगल तक भारत में आये थे और इस देश को अपने अधीन में लाये थे। पर ये इस देश के टुकड़े नहीं कर सके। इन लोगों ने भारत की अखण्डता को स्वीकारा था। पर अंग्रेजी की सौदागिरी नीति की वजह से पाँच हजार पुराना यह देश अपने इतिहास में पहली बार विभाजन का शिकार हुआ। सन् 1857 के प्रथम, पर असफल संगठित स्वतंत्रता आन्दोलन के बाद अंग्रेज कौम ने खास तौर पर एच. आर. नेविल ने जो फैजाबाद गजेटियर तैयार किया उसमें जानबूझकर यह दर्ज किया कि बाबर अयोध्या में एक हफ्ता ठहरा और इसी ने राममन्दिर को मिसमार किया। इतिहास को यों तोड़-मरोड़े जाने की अंग्रेजी साजिश यह थी कि हिन्दू और मुसलमान एक-दूसरे से भिड़ते रहें ताकि मुक्तरूप से वे भारत के लूटमार में लगे रहें और उनके प्रशासन कार्य पर कोई प्रतिबंध न लगे।

पर वस्तुस्थिति यह है कि भारत का सभ्यताबोध पाँच हजार वर्षों लंबे अर्से में यदि इतिहास के अनेकों दुर्धर्ष प्रहारों के बावजूद जिन्दा रहा तो केवल इसलिए कि भारत में आदिम जीवन के दर्शन सूत्र सिर्फ पोथियों के भीतर नहीं समकालीन भारतीयों की स्मृतियों में प्रवहमान है। अनेक विदेशी आक्रमणों ने इस भारतीय सभ्यता को रौंदकर विकृत जरूर किया, पर इस सभ्यता-संस्कृति-मूलगामी चिंतन बीजों की अवधारणाओं को नष्ट नहीं कर पाया। यह तो निर्विवाद है कि उपन्यास के मिथकीय एवं ऐतिहासिक आख्यानों व व्याख्यानों में लेखक की यह चिंता परोक्ष रूप से तो सही, दर्ज है।

उपन्यास में यह दर्ज है वैश्वीकरण और उदारीकरण के तहत बाजारवादी जोंकें स्वायत्तता संपन्न देशों को विभाजित करके उनमें सांस्कृतिक प्रतिरोध की शक्ति विखंडित करने के प्रयास में हैं। मिसाल के तौर पर अमेरिका ने नाटों नाम के राक्षसीय फासीवादी संगठन को जन्म देकर सर्बिया और यूगोस्लाविया पर हमला करके आजाद भूखण्ड सर्बिया के इलाके कोसोवो को श्मशान बना दिया है। ये बाजारवादी ताकतें उस विभाजित कौम का सारा खून चूसती जा रही हैं। धर्म और इतिहास इन फासीवाद शोषकों के हाथों में खिलौने बनकर उत्सव मनाते अपने ही विभाजित अंग के दुश्मन और अपने ही विनाश का कारण बन जाते हैं। इस प्रकार बड़ी सभ्यताओं को तोड़-मरोड़कर उन्हें कैद करने के लिए विभाजन का यही रास्ता उन असभ्य संस्कृतियों ने चुना है। इसी विध्वंसकारी ताकत के हमले के चलते कोसोवो में लाखों मौत के घाट उतरे हैं और लाखों लाख लोगों के विस्थापन के कारण वीरान हो चुका है। नाटो राक्षसों के बर्बरता पूर्ण

मिसैली हमले में वायुमंडल और जल विषाक्त हो गये हैं। सर्बिया में लाखों मासूम बिना मौत मरते जा रहे हैं।

दुनिया में जिस मुल्क में इस प्रकार का विभाजन हो गया है वहाँ निश्चय ही इस प्रकार की त्रासदियाँ देखने को मिलेंगी। गांधीजी को पाकिस्तान की पैदाइश का पता जब मिला तब वे बोल उठे थे कि अच्छा होता यदि वे उनके शरीर को बाँट लेते। बँटवारे से उपजती हिंसा का पूर्वानुमान गाँधी जी को था। गांधीजी के भीतर यह विचार सदैव था कि गलत फैसलों से हिंसा उपजती है और हिंसा से अपसंस्कृतियाँ और रक्तपात। दरअसल पाकिस्तान गाँधी जी के इस चिंतन और चिंता का मूर्तिमान दृष्टांत था। चीन के अदीब लू-सून के द्वारा उपन्यास में यह ऐतिहासिक सत्य अभिव्यक्त है कि प्राचीन की एक बड़ी सभ्यता को मुनाफाकांक्षी अंग्रेज सौदागरों ने अफीम की अर्ध बेहोशी में डाल दिया था। अंग्रेजों ने स्वार्थ-हित में अधीनस्थ देशों की जाति को अकर्मण्य बनाकर पूर्वजों की परछाइयाँ छीनकर उनको संस्कृतिविहीन करना चाहा है। बड़ी सभ्यताओं को निस्तेज करने का यही तरीका इन विदेशी लुटेरों ने अपनाया है। यूरोप के सारे देशों के धर्म को सत्ता का हथियार बनाने का फासीवादी उपक्रम इन सत्ताकांक्षियों ने कर रखा है।

फासीवादी हरकतों ने दुनिया भर को तहस-नहस करने में कोई कसर नहीं छोड़ी है। उपन्यास में प्रस्तुत ऐतिहासिक तथ्य इसके लिए सबूत है। कोलम्बस ने जिस नई दुनिया को तलाश रखा था वहाँ मौजूद आदिम सभ्यताओं पर पुर्तगाली-स्पेनी लुटेरों ने हमला किया था। दुनिया में ऐसी कई मिसालें हैं। हरनांदो कोर्टेस ने माया सभ्यता को कुचल डाला है, अजटेक कबीले के हजारों नौजवानों को मार डाला है और जंगलों को जला डाला है। अमेरिका, त्रिनिडाड, कनाडा, मेक्सिको, क्यूबा, पनामा, ब्राजील, पेरू आदि भूखण्डों में उपनिवेश स्थापित किये जा रहे हैं। नीग्रो गुलामों को जानवरों की तरह नीलाम किया जा रहा है।

दुनिया भर में फासीवाद की चरमसीमा हिटलर के समय में थी जिसका उल्लेख उपन्यास में है। आर्य हिटलर ने प्रयोगशालाओं का शुद्धीकरण आरंभ कर दिया था जिसमें अनार्य चुन-चुनकर बर्खास्त हुए थे; यहूदी वैज्ञानिक मजबूरन पलायन कर चुके थे; अल्बर्ट आइंस्टाइन जैसे नामी वैज्ञानिकों को जर्मनी छोड़ना पड़ा था।

उपन्यास के अन्त में कबीर और अदीब के बीच चलते संवादों के माध्यम से बीसवीं सदी के अन्तिम दशक में भारत पर छाये फासीवादी आतंक को शब्दबद्ध करने का प्रयास है। इस फासीवादी आतंक और ध्वंस को फैलानेवाले ऐसे धर्मान्ध पागल हैं जो पोखरन में शक्तिपीठ की स्थापना में लगे हैं और साथ ही विस्फोट की जहरीली राख धूल की तरह बाँटने भी लगे हैं। इन पागलों ने ही नब्बे के दशक के पूर्वार्द्ध में सोमनाथ से रथ यात्रा प्रारंभ की थी। अंततः यही फासीवादी धर्मान्ध रथयात्रा ही भारत की धर्मनिरपेक्ष भावना की प्रतीक बाबरी मस्जिद को गिराने की वजह बनी।

भारत के मध्य युग में फैले धर्मान्ध पागलपन के खिलाफ संत कबीर ने जबर्दस्त

आवाज उठायी थी। उपन्यास में इक्कीसवीं सदी की दहलीज पर कबीर का पुनः अवतार हुआ है क्योंकि तब के समान अब भी मजहबी फासीवाद का पाशविक रूप और बर्बरता के साथ दिखने लगा है। उपन्यास के समापन में आज का कबीर ऐलान करता है—'पहला बोधिवृक्ष में पोखरन में लगाऊँगा, फिर सरहद पार करके दूसरा वृक्ष मैं चगाई की पहाड़ियों में लगाऊँगा।'[10] क्योंकि बोधिवृक्ष की जड़ें नीलकंठ की तरह फासीवाद के क्रूर कारनामों का सारा जहर पी लेंगी।

अतएव उत्तर-आधुनिकता का यह विश्वास निराधार नहीं है कि तमाम इतिहास एक गप्प है जिसमें सच को ढूँढ़ना चुनौती भरा कार्य है। इतिहास अतीत और वर्तमान की जो दीवार बनाता है उसे रचनाकार ढहा देता है ताकि हम इतिहास की शवपरीक्षा कर सकें और उन मुर्दों से बात कर सकें। उनसे बातचीत करने का मतलब है—जटिलताओं को सुलझाने के नुस्खे खोजना और पाना। शवपरीक्षा के इस नुस्खे को पाकर ही उपन्यासकार इतिहास और स्मृति के अथाह सागर में डुबकी लगाकर मोती लाते हैं।

मौजूदा संदर्भ में यह उपन्यास देश में छाये सबसे बड़े संकट के संबंध में एक चेतावनी है साथ ही साथ प्रतिरोधी स्वर बुलन्द करने का आह्वान भी। अपने स्वार्थ हित में सत्ताधारी फासीवादी ताकतों ने उदारीकरण एवं वैश्वीकरण के नाम पर देश का बाजार विदेशी सौदागरों के लिए खोल रखा है। यह नीति जारी रखी जाय तो आनेवाले दिनों में भारत आर्थिक एवं राजनीतिक गुलामी के जाल में फँस जाएगा। उपन्यास में यह संकेत भी है कि देश के सामने लड़ाई का उन्माद खड़ा करके जाली देशभक्ति का कृत्रिम वातावरण बनाके असली समस्याओं से अवाम का ध्यान हटाने की साजिश रचने में सत्तासीन फासीवादी ताकतें लगी हैं। ऐसे युद्धजन्य जहरीले वातावरण के प्रतिरोध में कलात्मक ढंग से दखल करने में उपन्यासकार की काबिलियत देखते ही बनती है।

इसलिए यह उपन्यास भारत में ही नहीं बल्कि तमाम दुनिया में इतिहास और समय के साथ व्यापते फासीवादी कारनामों की दास्तान है जिसमें यह उम्मीद सदैव बनी रहती है कि दुनिया भर में एक के बाद दूसरे पाकिस्तान बनाने की खून से सनी यह परंपरा अब खत्म हो। इस दिशा में 'कितने पाकिस्तान' की रचना-धर्मिता मुकम्मल है, सराहनीय भी।

संदर्भ

1. कमलेश्वर, कितने पाकिस्तान, पृ.-94
2. वही, पृ.-96
3. वही, पृ.-215
4. वही, पृ.-179
5. वही, पृ.-179
6. वही, पृ.-182
7. वही, पृ.-182
8. वही, पृ.-218
9. वही, पृ.-257
10. वही, पृ.-362

स्त्री के उत्पीड़ित से उत्पीड़क होने की कथा

डॉ. बी. सुधा

मधु भाधुडी का लघु उपन्यास है 'अनादि अनन्त'। कलेवर की दृष्टि से छोटा होने के बावजूद भी इसमें स्त्री जीवन की उन विडंबनाओं को उकेरा गया है, जो उसे उत्पीड़क बनने को प्रेरित करती हैं।

भारतीय समाज में स्त्री होना एक कलंक है। पुत्री जब धरती में पहला प्रकाश देखती है, तब से उसे अपमान, उपेक्षा, अवमानना का जहर दिया जाता है। स्त्री जीवन की इस नियति को कई रचनाकारों ने अपनी रचनाओं का आधार बनाया है। प्रभा खेतान ने अपना एक लेख 'बांहर भीतर की दुनिया' में लिखा है कि माँ के गर्भ से ही स्त्री को अस्वीकृति मिलती है। नाभि टटोलकर, चेहरा निरखकर, खट्टा या मीठा पूछकर, उल्टियाँ जल्दी शुरू हुईं या देर से आदि जाँच परखकर परिवार की और समाज की बड़ी-बूढ़ी औरतें यह ऐलान कर देती हैं कि वह बेटे की माँ बनेगी या बेटी की...बेटी पैदा होती है ठंडी उच्छ्वासों के बीच उसकी पहली रुलाई सुनकर मन की आवाज गूँज उठती है—बेटी आ गई? अपमान का यह पहला पड़ाव....हमारे समाज में जितनी भी समस्याएँ हैं सब प्रायः सामाजिक क्षेत्र से ही पनपती हैं और वे कहीं-न-कहीं स्त्री से जुड़ी हुई भी होती हैं। प्राचीन काल की सामन्ती अवस्था में कच्ची उम्र में ही बच्चियों के मन में यह बात भर दी जाती थी कि पति परमेश्वर होता है। हृदय से सम्पूर्ण भक्ति उसे अर्पित करनी चाहिए, भले ही पति लम्पट, मूर्ख, धोखेबाज ही क्यों न हो। तब से परमेश्वर की उपाधि प्राप्त पुरुष वर्ग स्त्रियों पर शोषण करना अपना जन्म सिद्ध अधिकार मानता आ रहा है। समाज में स्त्री की दयनीय स्थिति का कारण एक तो उसका स्त्री होना है दूसरा इस तरह के संकीर्ण आचारों को उस पर लादना है। वैसे मध्यवर्ग की स्त्रियों के सामने ही सबसे अधिक समस्याएँ होती हैं। हर तरह के नियम कानून उन्हीं पर थोपे जाते हैं।

विश्व चाहे कितना भी विकास कर ले, फिर भी स्त्री के प्रति एक आम धारणा यह बनी हुई है कि, उसका संसार उसकी दुनिया, घर परिवार, रिश्तेनातों को पकड़ कर बैठने में ही है। उसकी रचनात्मकता का संसार बहुत छोटा है। नारी शोषण का यह कितना विकृत स्वरूप है 'अनादिअनन्त' की कमली इसी शोषण की शिकार है, उसके अन्दर की

रचनात्मकता और उसकी व्यावहारिकता को अनदेखा कर उसे घर के चूल्हे-चक्की में खदेड़ दिया जाता है। गुड़ियों के खेल से ज्यादा गणित के सवालों को सुलझाने में रुचि रखने वाली कमली घरेलू समस्याओं में उलझ जाती है। भारतीय समाज में निम्न-मध्यवर्ग की लड़कियों की यही स्थिति होती है। जीवन को पूर्वनिर्धारित दिशा की ओर ले जाने में ही उनकी भलाई होती है। कमली भी अपने जीवन के इस पूर्वनिर्धारित दिशा की ओर बिना किसी शिकवा शिकायत के ले चलती है और चौधरी खानदान की बहू बन जाती है और पूरे परिवार के लिए 'शिकारे की माँजी' बनकर रह जाती है। यही भारतीय स्त्री का यथार्थ है।

लेखिका के द्वारा व्यक्त भयावह सत्य यह है कि पुरुष वर्चस्व के चलते सदियों से स्त्रियाँ मानसिक और शारीरिक रूप से पीड़ित होती थीं और आज भी पीड़ित हो रही है। पुरुष वर्चस्व का विकृत रूप चौधरी में है। जब कभी भी चौधरी का कुंठित मन आहत हो उठता है, उसकी प्रतिक्रिया वह कमली पर उतारता है। एल. एल. बी. की परीक्षा में अनुत्तीर्ण होने पर चौधरी दुखी होकर घर लौटता है। ससुराल में उसकी नाक कट जाएगी यह सोचकर वह परेशान हो जाता है। अपने आत्म सम्मान पर पहुँची चोट पर मरहम पट्टी लगाने की क्षमता उसमें नहीं थी लेकिन सोयी पड़ी अपनी पत्नी कमली पर आतंक करने का साहस उसमें भरपूर था। चौधरी जैसे खानदानी पुरुष के लिए यह घोर अपमान की बात थी कि उसके आने के पहले उसकी पत्नी सो जाए। अपनी इस बेइज्जती का बदला वह तुरन्त लेता है, "घने बालों को एक मुट्ठी में मरोड़ते हुए, दूसरी से दो चार धूँसे लगा दिया। इससे पहले कि कमली रोती या चिल्लाती, उसके शरीर पर कुछ टँगे हुए, कुछ चिपके हुए कपड़ों को पाशविक बल से चीर-फाड़कर अलग कर दिया। इसी आवेग से अपनी भूख मिटाते हुए कमली को तोड़-मरोड़ कर रख दिया।" (पृ.-11) बलात्कार से चौधरी के टूटे हुए आत्म सम्मान को राहत मिली या नहीं, मगर कुछ पलों के लिए असहायता की भावना से मुक्ति मिल जाती है।

स्त्री जीवन के लिए यह कितनी बड़ी विडम्बना है कि उसे स्वयं अपने पति द्वारा पीड़ित होना पड़ रहा है। आँखों में आँसू लिए कमली अपने दाम्पत्य जीवन में हो रहे शोषण और अन्याय का हिसाब बनाये रखती है। इस सन्दर्भ में अल्बर्ट कामू के विचार बहुत ही सार्थक प्रतीत होते हैं। कामू ने लिखा है कि "हमारी गर्दन किसी के पाँवों तले दबी हो और हम विरोध की एक आवाज भी न निकालें तो उसका सीधा अर्थ यह है कि शोषण में हमारी भी भागीदारी है।" अधिकांश स्त्रियाँ शोषण, मानसिक प्रताड़न, शारीरिक यातना आदि सह लेती हैं। लेकिन शोषण के तरीके वह भूलती नहीं है। दाम्पत्य जीवन के कटु अनुभवों को वह सँजोती जाती है शायद आगे काम आ सके...।

समाज जैसे-जैसे विकास की ओर गतिशील होता जा रहा है वैसे-वैसे स्त्रियों की स्थिति विकृत होती जा रही है। इससे यह सत्य स्पष्ट हो जाता है कि स्त्रियों की नियति हर काल में हर देश में एक जैसी है चाहे वह आदिवासियों का कस्बा हो या अमेरिका

का समृद्ध परिदृश्य। स्त्रियों की यह अवस्था सम्पूर्ण महिला लेखन की केन्द्रीय चिन्ता का विषय है। स्त्रियों की नियति के बारे में प्रभा खेतान ने अपने उपन्यास 'छिन्नमस्ता' में लिखा है 'औरत कहाँ नहीं रोती? सड़क पर झाड़ू लगाते हुए, खेतों में काम करते हुए, एयरपोर्ट पर बाथरूम साफ करते हुए या फिर सारे भोग और ऐश्वर्य के बावजूद मेरी सासुजी की तरह...हजारों सालों से इसके ये आँसू बहते आ रहे हैं।' कमली की विवशता भी यही है। भोग भी आँसू लिए हुए और इसी भोग के परिणाम हैं चौधरी के तीन बच्चे। सृष्टि के जैसे अपने नियम होते हैं। धरती चाहे या न चाहे पर फाग अपनी छटा से उसकी गोद भर ही जाता है जिस कमली से फाग की सुरभि-सुहावनी सदा छिपी रही, उसकी कोख मगर खाली न रही....जिस अंधे ने रंग नहीं देखा हो उसे क्या पता कि उसने क्या नहीं पाया, मगर जिसकी आँखों ने सावन की फुहार न देखी हो उसे अनायास उस फुहार से उठती महक की लहर ताजा कर जाती है या उसकी भीगी हवाओं का स्पर्श सहला जाता है। कमली उस लहर के अनोखे जादुओं से अपरिचित रही। यद्यपि उसने चार सन्तानों को जन्म दिया। (पृ.-14)

स्वातन्त्रयोत्तर रचनाओं में स्त्री-पुरुष के दैहिक रिश्तों की सार्थक अभिव्यक्ति हुई है क्योंकि देह को झुठलाया नहीं जा सकता। परन्तु स्त्री-पुरुष के संबंधों में देह से परे एक और रिश्ता होता है वह है स्नेह और आत्मीयता का जो सभी पति-पत्नियों में नहीं होता। कमली और चौधरी के बीच के संबंध का कोई आत्मीय आधार नहीं है तभी तो चौधरी की मृत्यु पर वह आडम्बरपूर्ण ढंग से पति के अन्तिम संस्कार करने का निश्चय करती है।

पति की बेरुखी का शिकार होकर कमली अस्त-व्यस्त तो हो जाती है, लेकिन वह अपना ससुराल नहीं छोड़ती जैसे राजी सेठ के उपन्यास 'तत्सम' की वसुधा करती है। कमली जीवन की समस्याओं को चुनौती मान कर मुक्ति का नया रास्ता ढूँढ़ निकालती है और बड़ी चतुराई के साथ चौधरी जैसे निष्ठुर खूँखार जीव को पटाती है। कमली की व्यावहारिकता उसे एक नयी दिशा की ओर ले जाती है। चौधरी खानदान के पुरुषों के उतरन और जूठन धोने के साथ-साथ वह बाह्य दुनिया से भी संबंध जोड़ती है। उच्च पद पर आसीन अपने जीजा नरेन्द्र सहगल की सहायता से चौधरी की जमीन पर डेरी स्थापित करने का प्रबंध करत है और बड़े प्यार से चौधरी के बेवकूफ भाइयों की जमीन चौधरी के नाम करवा लेती है। इतने सालों से उनका जूठन और उतरन साफ करने का कुछ तो फायदा मिलना चाहिए। कमली धीरे-धीरे चौधरी खानदान के गँवारों को लेकर तरक्की की एक-एक सीढ़ी चढ़ने लगती है। और पलक झपकते ही कमली चौधरी की सारी सम्पत्ति की मालकिन बन जाती है और उसके देवर कमली के डेरी फार्म के साध ारण कर्मचारी। कमली को अपने जीवन का सही अर्थ नजर आने लगता है और इस सही अर्थ की तलाश में उसे जाने अनजाने कई बीहड़ मार्गों से गुजरना पड़ा है।

ससुराल से प्राप्त आतंक में कमली बहुत ही ज्यादा दृढ़ चित्त और स्वावलम्बी बन

जाती है। स्त्री जागरण के लिए आर्थिक स्वावलम्बन पर कई लेखिकाओं ने बल दिया है। यह तो एक यथार्थ है, लेकिन इस उपन्यास के कथ्य में नयी बात यह है कि एक स्त्री अकेली समस्त यातनाओं को सहते हुए बड़ी चतुराई के साथ सारे अधिकार अपने हाथों में ले लेती है और जैसे ही अर्थ और अधिकार उसके हाथों में आ जाते हैं। तो हर आम सत्ताधारियों की तरह उसमें भी शोषक स्वरूप उभरने लगता है। अतीत में उसके साथ हुए शोषण की प्रतिध्वनियाँ अब भी उसे अपने वर्तमान में सुनाई पड़ने लगती हैं और वे अनुगूँज ही उसे शोषक बनने को प्रेरित करते हैं।

कमली का वर्तमान अतीत की तुलना में बहुत ही ज्यादा मजबूत और सम्पन्न है। आज उस परिवार में बेटों के साथ बहुएँ भी हैं। कमली शोषक व्यक्तित्व जीवन के अतीत के उन क्षणों को भूल नहीं पाता जब उसे दिन-रात चौधरी खानदान की खुशी के लिए दमतोड़ मेहनत करनी पड़ती थी और हर रोज रात को चौधरी के अत्याचारों को सहना पड़ता था। हर आम स्त्रियों की तरह कमली यह कभी नहीं चाहती कि उसका पति सदैव उसके साथ रहे। चौधरी की अनुपस्थिति कमली को गहरी राहत पहुँचाती है। क्योंकि चौधरी का साथ होना उसके लिए मानसिक और शारीरिक रूप से यातनाओं को सहना है। शोषण का यही तरीका वह अपनी बहू रेनु पर आजमाती है। कमली के अधिकार, शक्ति और उसके आर्थिक फैलाव को देखकर सब उसके इशारे पर चलने को तैयार हो जाते हैं। बेटे भी माँ के सामने भीगी बिल्ली बने रहते हैं क्योंकि अपने जेब खर्च के लिए उन्हें माँ के सामने हाथ पसारने पड़ते हैं। हर निर्णय में कमली की अपनी पक्की राय होती है फिजूल खर्च के लिए वह किसी को भी एक पैसा नहीं देती। यहाँ तक कि चौधरी भी मरते वक्त तक कमली से पूछे बगैर कुछ करता नहीं था।

कमली इस उपन्यास का सबसे जीवन्त और विलक्षण पात्र है। वैवाहिक जीवन के प्रारम्भ में जिन तकलीफ परिस्थितियों से वह गुजरती है उसे कभी वह भूल नहीं पाती है उन अनुभवों को वह अपने साथ अनन्त काल तक ले चलती है। जीवन के ये कटु अनुभव ही उसे नये सिरे से जीने को प्रेरित करते हैं। कमली का नया गढ़ा हुआ व्यक्तित्व शोषक का रूप धारण करता है वह स्त्री संबंधी पुरानी धारणा जैसे, "स्त्री रक्षा की पात्रा है, पिता कौमार्य से उसकी रक्षा करता, पति युवावस्था में और वृद्धावस्था में पुत्र उसकी रक्षा करता है।" का खंडन करती है। वह अपनी क्षमता और व्यावहारिक बुद्धि से यह स्थापित करती है कि उसे किसी अवस्था में किसी पुरुष के संरक्षण की आवश्यकता नहीं है बल्कि इस उपन्यास में कुछ उलटा ही घटित होता है। कमली के संरक्षण में उसके पति, देवर और उसके दो लड़के और उसकी बहुएँ आ जाते हैं। कमली यह चाहती है कि सत्ताईस साल पहले कमली जिस मकान में बहू बनकर आई थी और जिन यातनाओं को उसने सहा था उसी तरह उसकी बहू भी उसी मकान में रहे और उसी की तरह यातनाओं को सहे। कमली के आदेशानुसार उसकी बहू महीने की पूरी तनख्वाह पति प्रदीप के हाथों सौंप देती है और पैसे-पैसे के लिए मोहताज होती है।

कमली के सम्पर्क में आने वाली स्त्रियाँ विशेषकर उसकी बहुओं के दुखड़े उपन्यास के कथ्य को पुष्ट करते हैं। स्त्री की यह नियति है कि उसे हर वांछित और अवांछित स्थिति को बर्दाश्त करना पड़ता है चाहे वह नौकरीपेशा स्त्री हो या घरेलू किस्म की स्त्री। हर कहीं उसके श्रम और देह का शोषण होता ही रहता है। यहाँ रेमु जैसी स्वतंत्रचेता आत्मनिर्भर स्त्री पति और सास के सामने पंगु प्रतीत होती है। शादी के तीन साल बाद जब रेनु माँ नहीं बनती तो बाँझ होने की लेबिल भी उस पर लग जाती है। लेकिन नियति रेनु को जल्दी ही एक बच्ची की माँ बना देती है। ऐसे माहौल में माँ बनना रेनु के लिए एक महान उपलब्धि है। वह अपने पाँवों के नीचे जमीन महसूस करती है कि वह बाँझ नहीं है यह साबित हो गया था। पहली बार रेनु का सामाजिक स्तर ऊँचा हुआ था। जब कुँआरे रह जाने के भय से छुटकारा मिला था। अब बाँझ होने के डर से भी उसे मुक्ति मिल जाती है। अब उसका स्तर कुछ और ऊँचा हो जाता है। (पृ.-95) बच्ची के जन्म से कमली और प्रदीप में कोई विशेष प्रतिक्रिया नहीं होती क्योंकि हमारा समाज तो पुरुष सत्तात्मक समाज है। घर में पुरुष सन्तान के जन्म से ही शहनाइयाँ बजती हैं, मिठाइयाँ बँटती हैं, वस्त्र दान होता है और बच्चियों के जन्म से तो हर कहीं मायूसी छायी रहती है।

दफ्तर का काम और पारिवारिक समस्याएँ रेनु को एक हाशिये पर डाल देती हैं। अपना एक भरा-पूरा परिवार होते हुए भी वह अकेली है। रेनु का पति जीवन की संवेदनाओं को रौंदनेवाला एक दरिन्दा है। पत्नी को मारना-पीटना वह पुरुषत्व की निशानी मानता है। पति के दैहिक शोषण को रेनु सहती जाती है। उसकी रुलाई घर की चारदीवारों के अंदर ही घुट कर रह जाती है। रेनु के रोने की आवाज से कमली को गुस्सा आता है वह सोचती है, 'यह रोना कैसा? इन्हीं दीवारों से घुट-घुट कर आँसू पिये थे मैंने तो इस चुड़ैल को सिसककर रोने की छूट किसने दी।' (पृ.-87)

एक स्वतंत्र आत्मनिर्भर स्त्री की यह स्थिति है तो अशिक्षित पराश्रित स्त्री की अवस्था हो सकती है। प्रसिद्ध लेखिका कृष्णा अग्निहोत्री ने अपने प्रसिद्ध उपन्यास 'नीलोफर' में यह स्पष्ट किया है कि स्त्री चाहे शिक्षित हो या अशिक्षित, आत्मनिर्भर हो या पराश्रित स्त्री की नियति सर्वत्र एक सी है वह हर कहीं शोषित पीड़ित होने के लिए अभिशप्त है।

मधु भाधुडी ने कमली के चरित्र को नये ढंग से तराशा है। ऐसे स्त्री पात्र कथा लेखन में कम ही आये होंगे। रेनु जैसी स्त्रियों की समस्याओं को उकेरते हुए लेखिका यह साबित कर रही है कि स्त्री की संभावनाओं का दमन किया जा रहा है। उसे स्वयं अपने हित और मानवता के हित में स्वतंत्रता मिलनी चाहिए। इसके लिए सिर्फ आर्थिक स्थिति बदलना ही काफी नहीं है बल्कि नैतिक, सामाजिक व सांस्कृतिक समस्याओं से भी परिवर्तन की पूरी जरूरत है जिनको बदले बिना स्त्री की स्थिति सुधारी नहीं जा सकती।

यह उपन्यास कई अन्य स्थितियों पर भी प्रकाश डालता है। समाज में व्याप्त स्वार्थपरता, भ्रष्ट राजनीति, अर्थहीनता आदि इसके कथ्य से संश्लिष्ट है। एक घरेलू स्त्री के व्यक्तित्व में आनेवाले जबर्दस्त परिवर्तन को लेखिका ने प्रस्तुत सन्दर्भ में स्पष्ट किया है। कमली ने तेजसिंह को घर पर आमन्त्रित किया। मुहल्ले का संसद सदस्य कमली से मिलने आया है। कमली ने एक लाख रुपये का चेक उसे भेंट की। सांसद ने विनम्रतापूर्ण उसे स्वीकार कर कमली के पैर छुए। उससे आशीर्वाद लिया और यह प्रार्थना की कि वे चुनाव अभियान में योगदान दें। पूरा माहौल गद्‌गद हो गया....चुनाव प्रसार में कमली भी मुहल्ले में जाने लगी....घर का हुलिया बदलते देख रेनु भौंचक्की थी। (पृ.-97)

पूरे उपन्यास से सामाजिक और पारिवारिक परिस्थितियों के बदलते परिदृश्य दृष्टिगत होते हैं। एक भरेपूरे परिवार को अपनी ऊँगली पर नचाने वाली स्त्री केन्द्र में है तो बेटे और बहुएँ परिधि में।

एक बार कमली बीमार पड़ती है। बीमारी की अवस्था में भी वह अपना रौब नहीं छोड़ती। रोगग्रस्त कमली को ऐसा बोलते सुन बेटे सोचते हैं कि कमली बेहोशी की अवस्था में बड़बड़ा रही है। मगर रेनु जानती है कि ''यह अवचेतन धारा है जो सदियों से बहती आ रही है और अनन्त बहती चली जाएगी।'' कमली के रोग शैया में देखकर बेटों की आँखें चाबियों की खोज करती हैं। रोगग्रस्त कमली बेटों की मानसिकता को महककर चाबियों को टूटे पाँव के प्लास्टर के अन्दर सुरक्षित रखती है। वह चाबियों को न तो बेटों को सौंपना चाहती है और न ही बहुओं को, क्योंकि उसे स्वतंत्रता के साथ जीना है और जीने के लिए उसके पास भीष्म पितामह का वरदान है।

इस तरह 'अनादि अनन्त' का कथ्य बहुआयामी है। इसे प्रस्तुत करने के लिए मधु भाधुडी ने यथार्थपरक शिल्प को अपनाया है। कहीं भी दुरूह प्रयोगों का चक्कर नहीं है। लेखिका ने विविधता से भरे कई चेहरे इस उपन्यास में प्रस्तुत किए हैं। कहीं विद्रोह है तो कहीं कुंठा, तो कहीं अर्थ के प्रति अजीब-सी कशिश, जिसके सामने सारे संबंध धूमिल होते नजर आ रहे हैं।

सत्ता के इतिहास के उत्तर-औपनिवेशिक आयाम

डॉ. बी. विजयकुमार

साहित्य और इतिहास के बीच जो अंतःसंबंध है, वह कोई नयी बात नहीं है, सदियों से स्वीकारी हुई है। रामायण, महाभारत आदि से लेकर वर्तमान भारतीय साहित्यिक परिप्रेक्ष्य में भी इस अंतःसंबंध के कई महत्त्वपूर्ण आयामों को आसानी से ढूँढ़ा जा सकता है। स्वातंत्र्योत्तर हिन्दी कथा-साहित्य में, विशेषकर उपन्यासों में, इतिहास के माध्यम से वर्तमानकालीन संकट के कई बिन्दुओं को रेखांकित करने का सृजनात्मक प्रयास हुआ है। ये रचनाएँ, तथाकथित ऐतिहासिक उपन्यासों से काफी हद तक भिन्न दिखायी देती हैं, क्योंकि इनके पीछे रचनाकारों की एक ठोस सामाजिक प्रतिबद्धात्मक दृष्टि कायम है, जो उनके रचनाकालीन परिवेश की विसंगतियों की अनिवार्य उपज है। यशपाल, भीष्म साहनी, श्रीलाल शुक्ल आदि पिछली पीढ़ी के कथाकारों के लेकर प्रियंवद, उदय प्रकाश जैसे आज के कथाकारों तक उपरोक्त प्रतिबद्धात्मक दृष्टि के विभिन्न मायनों के कई उदाहरण मिलते हैं। प्रियंवद का सन् 2000 में प्रकाशित उपन्यास 'परछाईं नाच' इस परंपरा में एक महत्त्वपूर्ण कदम माना जा सकता है।

'परछाईं नाच' का आधार डेढ़ सौ सालों से भी पुराना भारतीय स्वतंत्रता संग्राम है। इतिहास की इतनी लंबी काल-सीमा के बावजूद प्रस्तुत उपन्यास का रुख इत्रिहास की ओर नहीं है, स्पष्टतः समकालीन भारतीय समाज की बहुआयामी विसंगतियों की ओर है, जो हमारी राजनीतिक और सांस्कृतिक कुरूपताओं की वास्तविकता का उद्घाटन करने में सक्षम है। शायद इसलिए ही उपन्यासकार ने पुस्तक के अंत की कृतज्ञता में स्पष्ट किया है कि, "यह इतिहास नहीं है। इस कथा में कोई ऐतिहासिक सत्य निर्मित नहीं किया जा सकता है। तथ्य भी पूरी तरह प्रामाणिक और पूर्ण नहीं है। इतिहास की घटनाओं को एक कथा की तरह, इस आख्यान में प्रस्तुत किया गया है—बस। अंततः यह एक उपन्यास ही है।"[1] इस स्वीकारात्मक टिप्पणी का उद्देश्य यही होगा कि एक सामान्य ऐतिहासिक उपन्यास के नजरिए से इसकी आलोचना करके इसकी सार्थक संभावनाओं को नष्ट न कर दिया जाए। इतिहास और समकालीन परिवेश के कालगत अंतर के होते हुए भी मानवीय विडंबनाओं की समानान्तर स्थितियों को, जो आज के मनुष्य के सामने प्रश्नचिह्न खड़ा करती हैं, पकड़ने का सराहनीय प्रयास 'परछाईं नाच' में हुआ है। इसमें उपनिवेशवादी राजनीतिक परिवेश में सत्ता की साम्राज्यवादी सभ्यता के

बहुआयामी पहलुओं और बाजारीकरण की संस्कृति के बीच अपने अस्तित्व की चिन्ता में छटपटाती मानवीय आत्मा की कटु नियति को उसकी विकरालता में दर्शाया गया है। उपनिवेशवादी संस्कृति, जो अब भारत में अपनी जड़ें गहराई में धँसा चुकी हैं, की एक-एक परत को 'परछाईं नाच' उजागर करता है। बेशुमार विस्फोटक भीतरी पहलुओं के बावजूद इस संस्कृति का जो बाहरी आकर्षण है, उसके मायाजाल से वशीभूत एक व्यापक जन-समुदाय का प्रतिनिधित्व उपन्यास का केन्द्र पात्र अनहद करता है। 'बौना', जो उपन्यास में भौगोलीकरण, उपनिवेशवाद, बाजारीकरण आदि खतरनाक तत्वों से संबद्ध प्रतीकात्मक पात्र है, अनहद को उसकी तनाव-भरी जीवन स्थितियों से पनाह के लिए उसके सामने इस प्रकार का मोह-जाल बिछाता है। वह अनहद से कहता है–"हाँ ...आज रात फिर तुम हमारे साथ छत पर चलोगे। आज हम तुम्हारी यह पुरानी काया, मन, मस्तिष्क, संस्कार संबंध सब बदल देंगे। उस अद्भुत 'हिरण्यगर्भ' से तुम्हारा पुनर्जन्म होगा जिससे यह सृष्टि जनमी है...."[2] इस तथ्य से बौना वाकिफ़ है कि अनहद एक कायापलट के लिए लालायित जरूर है। इसलिए उस कायापलट की एक प्रकार की अलौकिक प्रस्तुति ऐसी भाषा में वह अनहद के सामने करता है कि उसके अंदर जो आम जनता है, उसके मन में उस कायापलट के प्रति मोह दुगुना हो जाता है और धीरे-धीरे औपनिवेशवादी ताकतों के सामने अपनी अस्मिता को खो बैठती है।

यद्यपि किंशुक नामक प्रगतिशील विचारधारा के नवयुवक के द्वारा उपनिवेशवादी सभ्यता की कई ऊलजलूल अपरिभाषित परतों को उद्घाटित करने का प्रयास होता है, तथापि अनहद की मानसिकता पर उसका सही असर इसलिए नहीं पड़ता क्योंकि उक्त सभ्यता की जड़ें उसमें इतनी हावी थीं। हमारे आज के समाज में व्यक्ति की उपस्थिति मात्र एक भीड़ के रूप में हो गयी है, एक स्वस्थ सामाजिक की भूमिका प्रायः गायब हो रही है। किंशुक की राय में अनहद एक ऐसी भीड़ का प्रतिनिधि है, जिसे आसानी से किसी भी रूप में टाला जा सकता है। उपनिवेशवाद के पक्षधर साम्राज्यवादियों के लिए यह आसानी का काम है क्योंकि वे जानते हैं कि इस भीड़ की संवेदना का क्षेत्र पर्याप्त सीमित है। इस तथ्य का परिचय कराते हुए किंशुक अनहद को इस प्रकार समझाता है–"भीड़ सिर्फ संख्या है....अस्तित्व नहीं है....विचार नहीं है। तुम भी अभी इसी भीड़ा का हिस्सा हो जो चुपचाप सड़क पर बायें हाथ चलती है, जो चुपचाप परंपराओं, कानून, धर्म के कोड़ों के आगे झुकी रहती है, जो मंदिर देखकर दोहरी हो जाती है...जो लिखे हुए तरीकों से प्यार करती है....उत्सव मनाती है....जो घोषित शब्दों से मृत्यु ग्रहण करती है। इस भीड़ के सब निर्णय दूसरे लेते हैं। तुम भी वही हो, इसलिए तुम्हारे जीवन के निर्णय भी दूसरे ले रहे हैं।"[3] यह भीड़ वैचारिक धरातल पर पिछड़ी होते हुए भी कई प्रकार की आशाएँ, स्वप्न आदि मन में सँजोये रखती है, जिनकी पूर्ति की झलक औपनिवेशवादी संस्कृति ने उसकी दी है, जिसकी ओर यह भीड़ लपक रही है–"ये सब तुम्हारे सपने को फौरन पकड़ लेंगे। तुम इनको किस तरह, कितना बड़ा और कितना चमकदार सपना

दिखा सकते हो, यह तुम्हारा काम है।"[4] अनहद के मालिक की यह टिप्पणी इस संदर्भ में सार्थक सिद्ध होती है। अपनी झोंपड़ियों से इस भीड़ को भारी संख्या में निकालकर वहाँ रेल की पटरियाँ बनाकर वहाँ बौना अपना और एक नया साम्राज्य स्थापित करना चाहता है जिसके बदले भीड़ को कई तोफ मिलनेवाले हैं। अनहद के मालिक के शब्दों में, "बौने उसके परिवार के व्यक्ति को मिल में नौकरी देंगे। यदि परिवार में बड़ा पुरुष नहीं है तो, जब तक बच्चा बड़ा नहीं होता, औरत को काम मिलेगा।"[5]

सबसे बड़ी विडंबना यह है कि जब जनता भौगोलीकरण की देन इस उपनिवेशवादी संस्कृति के त्रासद पहलुओं और उनके विकराल परिणामों से परिचित होकर उसके खिलाफ कदम रखने की कोशिश करती है, अक्सर समय बीत जाता है। उपन्यास के अन्त में अनहद की बेचैनी, अकुलाहट और प्रतिक्रिया की नाकामयाब कोशिश आदि के सहारे उपनिवेशवादी संस्कृति की प्रत्याशित भीषण परिणति को फैण्टसीनुमा शैली में दिखाया गया है।

यह ऊपर संकेतित है कि 'परछाईं नाच' में भौगोलीकरण और उपनिवेशवाद से संबद्ध कई दूसरे भीषण विकल्पों को भी दर्शाया गया है। बाजारीकरण और इस बाजार दुनिया में विज्ञापन का प्रसार ऐसे दो प्रमुख विकल्प हैं। इन विकल्पों की प्रस्तुति के लिए उपन्यास में एक उप-कथा का चयन प्रियंवद ने किया है। अनहद के मालिक गंगा का पानी बेचनेवाले की कथा से यह धीरे-धीरे उद्घाटित हुआ है। भारत में आजकल पेयजल की बिक्री एक बड़े व्यवसाय का रूप धारण कर चुकी है। छोटी-छोटी स्थानीय व्यावसायिक संस्थाओं से लेकर राष्ट्रीय और अंतर्राष्ट्रीय कंपनियों ने इस व्यवसाय में अपनी जड़ें मजबूती से डाल दी हैं। इसका नतीजा यह हो गया कि भारत के प्रायः सभी राज्यों में पेयजल की ऐसी कई कंपनियाँ कार्यरत हैं। इन कंपनियों की संख्या दिन-ब-दिन बढ़ती जा रही है, परिणामतः उनकी अपनी अस्मिता भी संकट में पड़ गयी है क्योंकि आपसी प्रतियोगिता बुरी तरह बढ़ गयी है। विज्ञापनों के सहारे वे बाजार में अपने अस्तित्व की रक्षा के लिए तरह-तरह के खतरनाक और समाज-विरोधी तत्त्वों को भी अपनाती जा रही हैं। गंगाजल का बोतल बनानेवाला मालिक अनहद जैसे नवयुवक के मस्तिष्क का पूरा फायदा उठाकर मूल्य-विरोधी रास्तों से मनमाने ढंग से भड़कता है। इन रास्तों की गंदगियों और आपदाओं से अनभिज्ञ अनहद अपने मालिक की कंपनी की सफलता के लिए अपना तन और मन न्यौछावर करता है। अनहद का तेज और सजग मस्तिष्क पानी की शुद्धता के स्थान पर उसकी पवित्रता पर इसलिए जोर देता है कि शुद्धता सभी कंपनियों का आम दावा है जबकि पवित्रता इस क्षेत्र में एकदम अलग चीज है। अनहद यह भी जानता है कि भारत जैसे देश में पवित्रता के नारे का प्रभाव समाज की शिराओं में कैसी गहरी छाप छोड़ेगा। यही नहीं, पानी के मूल गुण और उसकी जरूरत के स्वरूप को भी अनहद बदलता है। अपनी योजना को इस प्रकार वह मालिक के सामने प्रस्तुत करता है—"हम अपने पानी की शुद्धता पर उतना जोर नहीं देंगे जितना

कि पानी की पवित्रता पर। ...हमारा पानी धर्म और अध्यात्म का पानी होगा। मनुष्य को देवताओं के लोक में ले जानेवाला....उसके पुरखों की तड़पती, अभिशप्त अतृप्त आत्माओं को मुक्त करानेवाला होगा।....दूसरे शब्दों में वह आदमी यह पानी खरीदेगा जो प्यासा नहीं होगा।....इस तरह हम पानी के मूल तत्त्व, गुण, उसकी असली जरूरत और करोड़ों साल से चले आ रहे रूप, प्यास को ही, अपने पानी से हटा देंगे।''[6] इस अजीब पेय-जल की बिक्री का उपयुक्त बाजार भी अनहद की तेज बुद्धि ढूँढ़ निकालती है—''हमारा ग्राहक अनपढ़ होगा, गँवार होगा, खेतों, कारखानों का मजदूर होगा, पत्थर तोड़ते खदानों में काम करते मकान बनाते लोगों का होगा। आदिवासियों का, बूढ़ों का ...साधु-भिखारियों का, अनाथों का, विधवाओं का होगा। चौराहों-फुटपाथों पर सोनेवाले का, घूँघट में जीने-मरनेवाली औरतों का होगा।''[7] इस बाजारू सभ्यता को और भी उपजाऊ और उर्वर बना देने के लिए अनहद उसमें प्राचीन भारतीय संस्कृति, धर्म, दर्शन आदि सभी तत्त्वों की कलई सही मात्रा में करने के लिए नहीं चूकता—''इस तरह पानी की बिक्री के साथ-साथ आपका सामाजिक महत्त्व और सम्मान भी बढ़ेगा। ईश्वर का दिया हुआ पानी बेचते हुए भी आप महान बनेंगे।....आपका व्यापार अंततोगत्वा भारतीय संस्कृति, अस्मिता, धर्म, दर्शन, परंपराओं का प्रतीक बन जाएगा, इन सबकी पुनर्रचना करेगा।''[8] उपनिवेशवादी सभ्यता में साम्राज्यवादी ताकतों के साथ-साथ संस्कृति, धर्म, दर्शन आदि मूल्यवान क्षेत्रों के तत्त्वों को जिस बेईमान तरीके से उपयोग में लाया जाता है, इसका ज्वलंत उदाहरण यह गंगाजल की बिक्री संबंधी प्रकरण पेश करता है।

भारतीय बाजार के उपर्युक्त विध्वंसात्मक बाहरी स्वरूप के समानान्तर चलनेवाली एक भीतरी दुनिया भी मजबूती पा रही है, जिसके कई विकल्पों को भी प्रियंवद ने बखूबी दर्शाया है। यह कहना कि आज भारतीय बाजारू संस्कृति में सबसे अधिक बिकाये जानेवाला माल आम आदमी के सपने हैं, आलंकारिकता के बावजूद एक अकृत्रिम सच्चाई ही है। अनहद का मालिक इस सच्चाई के एकदम वाकिफ है इसलिए वह अनहद को यह उपदेश देता है कि, ''यही सपना तुम बौनों को भी बेचोगे....या उन बस्तीवालों को भी। एक ही सपना दोनों अलग-अलग तरह से देखेंगे।....बेचे जानेवाले सपने में, देखे जानेवाले सपने का कोई तत्त्व नहीं होना चाहिए।...शाखाओं की तरह एक सपने से दूसरे सपने को फूटना चाहिए। ऐसे सपनों में आदमी भटकता रहता है। वह भूल जाता है कि उसका असली सपना क्या था?''[9] किंशुक का विद्रोही और जनवादी मन अनहद की रक्षा का प्रयास करना चाहता है, क्योंकि वही एकमात्र व्यक्ति है, जो इस कटु सत्य का जानकार है कि बाजारीकरण की इस मूल्यभ्रष्ट दुनिया में आम आदमी की अस्मिता बुरी तरह पिसती जा रही है। उसकी राय में आम जनता का सबसे अधिक और बुरा फायदा उठायी जानेवाली इस संस्कृति में उसके अस्तित्व का नामोनिशान ही नहीं रहेगा। किंशुक अनहद से इसलिए यह सवाल उठाता है कि, ''सब दर्ज हो रहा है और तुम?....ढूँढ़ो, खुद को ढूँढ़ो, कहाँ हो तुम? बिकनेवालों में? खरीदनेवालों में? मुहर लगानेवालों में? गवाही

देनेवालों में? बेचनेवालों में? भंडुओं में? दलालों में? कहाँ हो तुम?''[10] अनहद जैसे सोच-समझवाले बुद्धिजीवी की इस परिणति से उसका प्रगतिशील मन विक्षुब्ध हो उठता है और उसकी कड़ी प्रतिक्रिया वह यों अनहद से प्रकट करता है–''तुम मेरी इस बात को अच्छी तरह समझ लो, कि दुनिया में कोई भी और बौने का यह काम करे तो मैं छोड़ दूँगा...पर अगर तुमने बौने की तरफ से कोई भी करारनामा तैयार किया तो मैं तुम्हें गोली से भून दूँगा।''[11]

'परछाईं नाच' एक ऐसा उपन्यास है, जिसके केन्द्र में सर्वहारा वर्ग या सामान्य जनता है। उनकी अपनी ख्वाहिशें हैं, रंगबिरंगे सपने हैं, लेकिन प्रतिकूल सामाजिक और तत्संबंधी परिस्थितियों के प्रभाव के कारण वे उनको असलियत में परिणत नहीं कर पाते हैं। उपन्यास के अंत में अनहद अपने साथी किंशुक के सामने अपनी अस्तित्वगत चिंताओं को अकुलाहट के साथ यों प्रकट करता है–''क्या है यह सब?'' अनहद बुदबुदा रहा था–''आखिर कितने लोग मेरी हत्या करना चाहते हैं? कितने जाल बुने जा रहे हैं। मेरे चारों ओर? नुकीले दाँतवाला? बौना? चिंगारिया? तुम भी? सब अलग-अलग या फिर मिलकर एक साथ? आखिर मैं ही क्यों?''[12] प्रियंवद ने आम आदमी की स्थिति को उसकी असलियत में प्रस्तुत किया है। आज हमारे तरह-तरह के सामाजिक सरोकारों के बीच आम आदमी की दखलंदाजी बेशक एक अनिवार्य बात है, बावजूद इसके प्रतिदान के रूप में, अस्तित्वहीनता का एक कड़वा एहसास ही उसे चखने को मिलता है। 'परछाईं नाच' में चिंगारियां के माध्यम से लेखक इसी बात की व्यंजना करते हैं–''मैं वही अंतिम मनुष्य हूँ जिसने अपने श्रम का मूल्य कभी नहीं पाया। समाज के लिए उसका अस्तित्व इतना नगण्य है कि वह उसके द्वारा किये श्रम का कोई महत्त्व....कोई मूल्य नहीं समझता। जबकि प्रकारान्तर और परोक्ष से उस श्रम को पूरा समाज भोगता है। इस समाज की यह विचित्र बुनावट है और इस मनुष्य के श्रम की कथा बहुत बड़ी है। मैं इसी कथा में हूँ।''[13] उपन्यास में आमतौर से जिस आम आदमी की सही तस्वीर खींची गयी है, वह एक ओर महाकवि रवीन्द्रनाथ ठाकुर जी की याद दिलाती है तो दूसरी ओर मुक्तिबोध की। किंशुक एक बार इस सर्वहारा जनता की सही तस्वीर अनहद के सामने खींचता है–''ये इन्सान विचित्र थे। इनके लिए दवा की एक गोली, एक बाल्टी पानी, दस रुपए का एक नोट, मिठाई का एक टुकड़ा जीवन का लक्ष्य थे...वरदान थे। ये बहुत बड़ा सपना देख पाते थे तो बस भर-पेट खाना....एक छप्पर...स्वस्थ शरीर...और एक बिना डर का जीवन। ये इसी तरह जीते रहते थे। पता नहीं किस विश्वास या भ्रम से ये हिम्मत नहीं हारते। अपराधी नहीं बनते। उनके चारों ओर जो है उसे लूटते नहीं...आत्महत्या नहीं करते। चुपचाप...पीठ झुकाये...मांस गलाते...हड्डियाँ तोड़ते...अलग-अलग तरीके से जिन्दा रहने की लड़ाई लड़ते हैं। मुझे लगा कि मैं भी इन लाखों लोगों के बीच आ गया हूँ।''[14]

आम आदमी के इस संघर्ष का सिर्फ बाहरी पहलू ही नहीं, इसके समानान्तर चलनेवाली, इससे भी बदतर एक अंदरूनी स्थिति भी है। इस प्रकार के बाहरी और

भीतरी संघर्ष के बीच आज का आम आदमी उसी तरह पिसता जा रहा है कि जिस प्रकार मुक्तिबोध का 'ब्रह्मराक्षस'। इस भीतरी संघर्ष की भयावहता को अनहद के सामने किंशुक यों पेश करता है–"हर मनुष्य अपना-अपना यह युद्ध लड़ रहा है। अपने-अपने तरीके से वह चुपचाप उसमें संलग्न है। क्षत-विक्षत है और पराजित हो रहा है। उसका आंतरिक भाव-जगत ही अब वह रणक्षेत्र है जिसके अँधेरों में दुन्दुभियाँ नहीं बजतीं पर शव गिरते हैं। शस्त्र नहीं चलते पर मृत्यु का स्पर्श, मर जाने का आतंक हर क्षण होता है। ये युद्ध अब नहीं रुकेंगे। इन्हीं युद्धों से अब इतिहास बनेगा, न्याय मिलेगा, अस्तित्व बचेगा।"[15] उपन्यासकार का संकेत स्पष्ट है कि अस्तित्व के लिए होनेवाली यह लड़ाई आनेवाले दिनों में अधिक तीव्रतर होगी और यही नहीं आगामी पीढ़ी की प्राथमिक आवश्यकताओं में इस लड़ाई का भी महत्त्वपूर्ण स्थान होगा।

'परछाईं नाच' की एक महत्त्वपूर्ण विशेषता यह है कि इसमें 'भय' नामक मनोविकार का एक पूरा संसार ही रचा गया है। वर्षों पहले रामचन्द्र शुक्ल जी ने 'भय' शीर्षक अपने निबंध में भय के जितने नये और संभावित प्रकारों की ओर इशारा किया है, उस शृंखला में कई और नयी कड़ियों को प्रियंवद जोड़ देते हैं। इस उपन्यास में, काव्यशास्त्रीय शब्दावली में कहा जाए तो, भय अंगी रस है। इस भय का संबंध आम जनता की ज़िन्दगी की बेबसियों और विद्रूपताओं से है, जहाँ यह भय धीरे-धीरे त्रास का रूप धारण करता है।

'परछाईं नाच' की पृष्ठभूमि उत्तर-औपनिवेशिक परिवेश है, इसलिए जिस 'भय' का संकेत ऊपर दिया गया है, उसकी परख भी इसी जमीन में करना उचित होगा। परिवेश चाहे जो भी हो, गरीब जनता के सामने सबसे बड़ी चुनौती भूख ही है, इस तथ्य को किसी काल-सीमा में बाँधा नहीं जा सकता। इसके बावजूद अनहद के माध्यम से उपन्यासकार ने शायद इस तथ्य को रेखांकित करने की कोशिश की है कि उपनिवेशवादी सभ्यता में बढ़ते जीवन में भूख के समानान्तर चलनेवाले या उससे भी बदतर भयोत्पादक पहलू हैं। अपने भय की संकीर्णताओं को सुलझाते वक्त स्वयं अनहद को लगता है कि यह अपरिभाषित भय, जो साम्राज्यवादी संस्कृति की उपज है, भूख के भय से ज्यादा असरदार है।–"अनहद को लगा फिर पसीना आ रहा है। भय फिर एड़ी से ऊपर चढ़ रहा है। यह भूख का भय नहीं था....अनहद ने सोचा। भूख का भय खाल के ऊपर नहीं आता। उसमें पसीना नहीं आता...होंठ नहीं सूखते....उँगलियों की पोरें सुन्न नहीं होतीं। भूख का डर खाल के नीचे-नीचे रेंगता है। बढ़ता रहता है। अँधेरी सीलन में दीमक की तरह। वह अचानक खत्म नहीं होता....जिस तरह भूख अचानक खत्म नहीं होती। ये उन्हीं दोनों के भय थे। उन्होंने फिर घेर लिया अनहद को।"[16] नुकीले दांतवाले से, बौने से, अनहद के प्रस्तुत भय का विस्तार से जो चित्रण उपन्यास में है, उसमें यही तथ्य धीरे-धीरे उजागर होता है। अनहद भूख की विडंबना को समझनेवाली आम जनता के प्रतिनिधि के साथ-साथ एक शिक्षित नवयुवक भी है, इसलिए अपने अंदर दिन-ब-दिन

घनीभूत होते जा रहे भय की छानबीन और उसका विश्लेषण भी वह कर सकता है, परिणामतः उसे महसूस होता है कि औपनिवेशिक शक्तियों के प्रति जो आशंकाएँ उसके मन में हैं, वे ही भय का रूप धारण कर रही हैं।

साम्राज्यवादी संस्कृति में आम आदमी के उपरोक्त भय का पूरा फायदा खतरनाक ढंग से उठाया जा रहा है। साम्राज्यवादियों को अपनी योजनाओं की व्यावहारिक परिणति के लिए उचित माध्यमों का चयन करना है। सामान्य जनता में भय के तथाकथित खतरनाक पहलुओं का बीज बोकर वे उन्हें अपने लायक बना लेते हैं। नुकीला दाँतवाला अनहद को समझा लेता है कि चिंगारिया के समान बौना भी इस प्रकार डर को हथियार बनाकर अनहद को माध्यम बना रहा है। "वह तुमको माध्यम बना रहा था। तुमको तैयार कर रहा था। तुम्हारे दिमाग-मन...शरीर को नियंत्रित करना चाहता था। उसी तरह जिस तरह और दूसरे सब अपने लिए गुलाम तैयार करते हैं। उनको हमेशा ऐसे कुछ लोगों की तलाश होती है। तुम उसके लिए हथियारों की सप्लाई के एक उचित और सुरक्षित माध्यम थे। तुम इस शहर में थे, पढ़े-लिखे थे, अकेले थे। देखने में सभ्य हो, कोई संदेह पैदा नहीं करते, डरपोक लगते हो। तुम सर्वश्रेष्ठ माध्यम बन सकते थे। इसीलिए उसने तुमको तैयार किया।"[17] असल में एक ही सिक्के के पहलू होने के नाते नुकीला बौने के खिलाफ यह प्रतिक्रिया व्यक्त नहीं करता है, बल्कि उसका उद्देश्य और भी गूढ़तम है, और वह नव-उपनिवेशवादी संस्कृति का सही चित्र पैदा कर देता है। उसका लक्ष्य अनहद के मन में चिंगारिया और बौने के प्रति डर पैदा करते हुए उसको और उसकी चेतना को यथासंभव अपनी ओर खींचना है, जिसके कारण उसके कामों में सुगमता आ जाए।

'परछाईं नाच' का किंशुक प्रियंवद की लेखकीय प्रतिबद्धता और निष्पक्ष तथा स्वतंत्र सामाजिक जागरूकता का प्रमाण है। वर्तमान भारत की शिक्षित, बौद्धिक युवापीढ़ी की असलियत को किंशुक के माध्यम से भली भाँति रेखांकित किया गया है। आज के बुद्धिजीवी नवयुवकों के पास अपने ठोस विचार हैं, तर्क हैं, सपने हैं, महत्त्वाकांक्षाएँ हैं, परन्तु इन सबको यथार्थ के धरातल में लाने का व्यावहारिक पहलू ही उसकी पकड़ के बाहर है। इसका यह मतलब नहीं है कि वह व्यावहारिकता से अनभिज्ञ है या उससे दूर है। सच्चाई यह है कि सत्ता की प्रभुता और प्रभाव के कारण उसकी सारी योजनाएँ कुचली जा रही हैं। किंशुक कहता है—"वे सब बुद्धिमान...पवित्र...भोले और स्वप्न देखनेवाले थे। उनके पास आदर्श थे...नयी दुनिया के स्वप्न थे। ...उसके स्वप्न, पंख-कटे पक्षी की तरह लिथड़ रहे थे। उसकी संवेदना...उत्साह...योग्यता को सत्ता के निकृष्ट लोगों ने अपने जंगली खुरों से रौंद दिया था। वे जो इस देश का सब-कुछ बदल सकते थे, धीरे-धीरे परास्त, सिर झुकाये, एक भीड़ बनते जा रहे थे।"[18] अपनी पीढ़ी की इस दर्दनाक स्थिति से किंशुक बेहद परेशान है और वह भरसक अपनी पीढ़ी को मुक्ति के दरवाजे के निकट लाना भी चाहता है।

किंशुक अपनी खूबियों से पूरी तरह परिचित है। एक शैक्षिक बौद्धिक व्यक्ति के तौर पर अपनी उन खूबियों का विश्लेषण वह यों करता है कि, "मैं समय के पार देख सकता हूँ। मैं सामान्य व्यक्ति के मुकाबले अपने मस्तिष्क का कुछ प्रतिशत अधिक प्रयोग कर सकता हूँ इसलिए मेरे पास मनुष्य की कुछ शक्तियाँ, कुछ सामर्थ्य अतिरिक्त रूप से हैं। इस तरह समझ लो कि मेरे पास सूँघने की शक्ति मनुष्य और कुत्ते के बीच की है, देखने की मनुष्य और गिद्ध के बीच की...साँप की तरह आहट पहचानने की ह ...कबूतर की तरह मेरी स्मृति है।"[19] भारत में किंशुकों की संख्या कम नहीं है, लेकिन विडंबना यह है कि उनके विचार, तर्क, स्वप्न जैसे कच्चे मालों का आजकल न तो फायदा उठाया जाता है और न उसे सफल परिणति की ओर ले जाने का प्रयास किया जाता है। दूसरी ओर सत्ता और राजनीति उसके रास्ते पर प्रतिशोध भी खड़ा करती रहती है क्योंकि इन दोनों के रास्ते उसके रास्ते से एकदम भिन्न हैं, जहाँ मूल्यों, विचारों, तर्कों और सार्थक स्वप्नों की कोई भूमिका नहीं है, अलावा इसके, सत्ता की आत्म-केन्द्रित प्रगति में ये तत्व बाधक भी सिद्ध होते हैं।

आज सत्ता की शक्ति बौद्धिकता से भी आगे की है। इसलिए किंशुक की कोशिशों के बावजूद साम्राज्यवादियों के शिकंजे से न वह अनहद को बचा पाता है और न अपने आपको। उपनिवेशवादी संस्कृति की पोषक सत्ता आम आदमी, बौद्धिक, भीड़, समाज आदि के बीच के पार्थक्य को भली-भाँति समझती है। इसलिए वह अपने अधिकार-क्षेत्र में व्यक्ति और भीड़ की उपस्थिति और उनके कार्यकलापों से झकझोरती नहीं है। परन्तु बौद्धिक या शिक्षित विचार-संपन्न व्यक्तियों और एक प्रतिकृत समाज से वह अवश्य डरती है क्योंकि समाज में उपरोक्त तत्त्वों की अस्मिता जितनी बुलन्द हो जाएगी, सत्ता का जादू और पैठ उतने दुर्बल हो जाएँगे। इसलिए उनकी हर कोशिश यही होती है कि आम जनता या भीड़ को अपने पास यथासंभव रखे, जिसके लिए बौद्धिक युवा पीढ़ी की मदद जरूरी है क्योंकि इनकी अपरिमित शक्तियों से वाकिफ हैं। इसलिए ही 'परछाईं नाच' का बौना पहले अनहद को और अनहद की मदद से किंशुक को अपने लक्ष्यों की पूर्ति का कच्चा माल बनाने का कार्य करता है। आम आदमी से पढ़े-लिखे व्यक्ति की ओर आकर वहाँ से बौद्धिक युवा पीढ़ी के मस्तिष्क का फायदा उठाने का जाल बौना फेंकता है, जिसमें उनकी ही जीत होती है। सत्ता और बौद्धिक युवा पीढ़ी के बीच की इस लड़ाई को उपन्यास में कई कोणों से दिखाया गया है। किंशुक की विचित्र शक्तियों की पहचान बौने में है—"उसके पास विचित्र शक्तियाँ हैं।...वह आकाशवाणी करता सकता है...सपनों के ऐसे अर्थ निकाल सकता है...देवताओं को प्रकट कर सकता है...रहस्यमय भाषा से...पहेलियों से लोगों को डरा सकता है।"[20] किंशुक की पहचान जिस सही अंदाज में बौना करता है, उसी प्रकार बौनों की अस्मिता की सही पहचान किंशुक के पास भी है—"वे सचमुच मायावी हैं। ये देखने में ऐसे हैं...पर ऐसे हैं नहीं। इनकी उमर बहुत है। ये हमेशा बौने भी नहीं रहते। कोई भी रूप बदल लेते हैं। लोगों

का भय इनके प्राण, इनकी असली शक्ति है। अगर डर कहीं भी है तो ये अमर हैं। इस भय की सर्जना करना इनका अंतिम उद्देश्य है। इसके लिए इनके पास अपना एक मायालोक है। ये मनुष्य की बलि लेते हैं। उसके मन, विवेक, आत्मा की भी।''[21]

बौने के प्रति जरूरी प्रतिशोध के स्वरूप और उसकी अहम अनिवार्यता से किंशुक सचेत है। उस मानसिकता की उपज को किसी विचारधारा के अंतर्गत वह स्थान भी नहीं देना चाहता है क्योंकि वह आसानी से पकड़ पाता है कि वह आम जनता की जिजीविषा की जमीन से उपजी है। उसके शब्दों में, ''पर क्यों? घबराओ मत...यह किसी साम्यवादी पार्टी का घोषणापत्र नहीं है...न नेहरू का आदर्श समाजवाद...न उद्योगों में श्रमिकों की आर्थिक भागीदारी का स्वप्न है...न सहकाति या सामूहिकता का कोई प्रयोग है। यह हमारी नंगी निष्ठुर, स्वार्थी जरूरत है। उतनी ही क्रूर और हिंसक जितनी कि बौनों की। यह हमारी जिन्दा रहने की अपनी लड़ाई है। इसी तरह जीते रहने से इनकार करने की चेष्टा है...बस।''[22]

अनहद और किंशुक यद्यपि शिक्षित युवा पढ़ी के दो पहलू हैं, तथापि उनमें चिंतन की स्तरीयता का अंतर अवश्य है। अनहद की गहरी दृष्टि पूँजीवादी सभ्यता की खाइयों को अवश्य पकड़ पाती है लेकिन उपनिवेशवादी या उत्तर उपनिवेशवादी सभ्यता की अंधी गलियों में खतरनाक मोड़ों को ढूँढ़ निकालने की और उनके विपक्ष में खड़ा होने की ताकत उसमें नहीं के बराबर है। इसलिए एक ही सिक्के के, अर्थात साम्राज्यवाद के, दो पहलू बौने और नुकीले दाँतवाले के अपृथकत्व को वह आत्मसात नहीं कर पाता। एक को वह अपना दुश्मन समझ लेता है तो दूसरे को अपना शुभचिंतक मानने की गलती भी करता है। अनहद से भिन्न किंशुक पूँजीवाद और साम्राज्यवाद के उत्तर-औपनिवेशिक ताकतों और कार्यकलापों से हर क्षण सावधान है। वह न सिर्फ बौने और नुकीले के बीच के अपृथकत्व से परिचित है बल्कि दोनों के बीच के तिलस्मी गुट का पोल भी खोलता है। अनहद को समझाते हुए किंशुक की यह टिप्पणी इसका प्रमाण प्रस्तुत करती है कि ''नहीं...ऐसा मत करना...ऐसा करोगे तो वह नुकीले दाँतवाला तुम्हें छोड़ेगा नहीं। वह और बौना एक ही रेखा के दो बिन्दु हैं जो देखने में अलग-अलग हैं, पर एक-दूसरे से जुड़े हैं। नुकीले दांतवाला तुम्हें इसीलिए डरा रहा है कि तुम उतनी ही तेजी से बौने की शरण में चले जाओ। यही बौना चाहता है।''[23]

प्रियंवद का क्षेत्र साहित्य से ज्यादा इतिहास है इसलिए एक इतिहासकार की गहरी विवेचन-दृष्टि 'परछाईं नाच' में पायी जाती है। इसमें उल्लेखनीय यह है कि उन्होंने इतिहासकारों के द्वारा किये गये इतिहास के अध्ययनों की कई भूलों की ओर इशारा किया है। मेटकाफ नामक पात्र उपन्यास में इस प्रकार इतिहास के आलोचक की भूमिका निभाता है। मेटकाफ के बहाने प्रियंवद ने इसका विस्तृत विवेचन प्रस्तुत किया है कि हमारा सिर्फ इतिहास ही नहीं, बल्कि इतिहास-बोध और इतिहास-दृष्टि भी गलत, त्रुटिपूर्ण या विकलांग है। मेटकाफ के मस्तिष्क में यह ख्याल कौंध आता है कि हत्याओं

की वीर रस युक्त कहानियों को कैसे आजादी की लड़ाई की संज्ञा दी जा सकती है?–"मैं हैरान था यह देखकर कि लुटेरों...डाकुओं...और ऐयाश राजाओं की लूट... हत्याओं को इतिहास की सबसे बड़ी आजादी की लड़ाई बना दिया गया था। वे निकम्मे ...नपुंसक इसके महान योद्धा थे। वे पूजे जा रहे थे...उनकी वीरता के गीत गाये जा रहे थे।"[24] वह हैरानगी में पूछता है कि "...जिन्होंने मासूम औरतों, बच्चों की हत्याएँ की थीं...जो युद्ध से भागने की सार्वजनिक घोषणाएँ कर रहे थे, वे ही नायक बना दिये गये थे। यह कैसी आजादी की लड़ाई थी?"[25] मेटकाफ इतिहास के दोगलेपन से दहकान को सचेत भी करता है। "यह इतिहास दोगला होता है—इसे मत भूलना बच्चे। इससे कभी कोई नतीजा मत निकालना। इसपर विश्वास मत करना। यह कुछ नहीं होता। यह वही होता है जैसा तुम इसे चाहते हो। सच तो यह है कि दुनिया का सारा इतिहास जला देना चाहिए। यह सिर्फ घृणा को जन्म देता है। यह अविश्वसनीय तरीके से घृणा को हजारों साल तक अपने अंदर पाल सकता है...उसकी पूरी उत्तेजना, हिंसा, निकृष्टता को अखंडित रखते हुए...उनकी अनेक सूरतों के साथ।"[26] इसलिए इसे इतिहास की संज्ञा देने से वह इनकार करता है और कहता है कि वह सत्ता का इतिहास है या युद्ध का सत्य है।

हमारे इतिहास बोध और दृष्टि पर किये गये इस करारे प्रहार का उद्देश्य मात्र हमारी अतीत संबंधी कमियों को दिखाना नहीं लगता। लड़ाइयाँ और हत्याएँ राजसत्ता के समान तो अवश्य नहीं, बल्कि रूप बदलकर अब भी जारी हैं और उन हत्याओं और लड़ाइयों का झूठा इतिहास भी निर्मित किया जा रहा है। सत्ता की ओर से जनता को, खासकर आम जनता को, उस झूठे इतिहास की झूठी छाया में शरण लेने के लिए मजबूर कराया जा रहा है। मेटकाफ से मिली अंतर्दृष्टि और अपनी वंश परंपरा की लंबी गुलामी की कड़ुवाहट से मिली अपने पिता दहकान की क्रान्ति-चेतना ने चिंगारियां को इस इतिहास और इतिहास-कर्ताओं से लोहा लेने की ताकत प्रदान की।

पुरानी महान विचारधाराओं के बदले हुए सामाजिक व राजनीतिक परिप्रेक्ष्य में प्रासंगिकता पर भी प्रियंवद ने विचार किया है। उदाहरण के लिए उपन्यास का क्रान्तिकारी पात्र दहकान गाँधीवादी विचारों से प्रभावित होने के बावजूद आज के परिवेश में उन विचारों के सामाजिक पुनरुत्थान या समाज निर्माण के संदर्भ में उपादेयता पर प्रश्नचिह्न डालता है। क्योंकि जो लड़ाई उसको और उसकी आगामी पीढ़ी को लड़नी है, उसके लिए गाँधीवाद का प्रतिशोध एक सही औजार उसे प्रतीत ही नहीं होता। उसकी मान्यता है कि गाँधीवादियों की जो लंबी परंपरा है, उसमें गाँधीजी के विचारों और दर्शनों पर विश्वास रखने वाले और उसको अमल करनेवालों की संख्या दिन-ब-दिन घटती जा रही है। गाँधीवादियों के स्थान पर मुखौटा पहने हुए साम्राज्यवादियों और शोषकों को ही उसने देखा है, इसलिए उसका मन गाँधीवाद से विचलित हुआ। "मैंने कुछ दिनों तक गाँधी के तरीके से चीजों को समझना चाहा। उसके आन्दोलन से अपने गाँव, कस्बे को जोड़ा। पर मेरा विश्वास उस पर से बहुत जल्दी खत्म हो गया। वह हमारी

मुक्ति का रास्ता नहीं था। वह हमारी अपनी लड़ाई नहीं थी। वे सब जमींदार...सूदखोर ...महाजन...किसानों की जमीन हड़पनेवाले...पीढ़ियों से उनको बँधुआ बनाकर बेगार करानेवाले भी गाँधीवादी थे। हमें सिर्फ अंग्रेजों से ही आजादी नहीं चाहिए थी। इनसे भी चाहिए थी। गाँधी के पास हमारी इस आजादी की कोई साफ तस्वीर नहीं थी।''[27] गाँधीवाद पर दहकान की इस टिप्पणी के जरिए आज के जमाने के पददलित राजनीतिक मूल्यों और नेताओं की सफेदपोशी पर प्रियंवद का परोक्ष विमर्श अवश्य है। गाँधीवाद का नारा लगानेवालों की ओर से होनेवाली समाज विरोधी करतूतों से आज हमारा समाज सक्रिय है, इस तथ्य को नजरअंदाज नहीं किया जा सकता।

गाँधीवादियों के प्रतिलोम और समाज-विमुख विचारों की अपेक्षा नक्सलवाद में प्रियंवद ज्यादा संभावनाएँ देखते हैं। फिर भी आज के उपनिवेशवादी परिवेश में जिस भौतिक और मानसिक गुलामी का शिकार भारत की सामान्य जनता को होना पड़ता है, नक्सलवादी विचारों के सहारे भी उससे मुक्ति की संभावनाएँ लेखक देखते नहीं हैं। 'परछाईं नाच' में नक्सलवाद के समर्थक और प्रवर्तक चिंगारिया के मुँह से लेखक ने इस तथ्य का संकेत दिया है–''बहुत हत्याएँ की हैं मैंने। हमारी यह लड़ाई किसी गुस्सायी भीड़ का पागलपन नहीं है। एक सोची-समझी कोशिश है। पर कुछ भी उस तरह नहीं बदला, जैसे मैं सोचता था। गुरिल्ला लड़ाई, छीनी हुई बंदूकें, लूटी हुई फसलें, जलाये हुए दस्तावेज, अनेक हत्याओं के बाद भी गुलामी कम नहीं है। कर्ज चुकाती पीढ़ियाँ हैं–किसानों से मजदूरों में बदलते लोग हैं। वही पुलिस है...दमन है...आतंक है। वही जमींदार-सूदखोर, वही भूखे-नंगे करोड़ों लोग हैं।''[28] इसके बावजूद बढ़ती हुई समाज-विरोधी ताकतों को परास्त करने के लिए तो नहीं, कम-अज-कम उनके सामने अपनी अस्मिता को बनाये रखने के लिए क्रान्तिकारी विचारों को सुरक्षित रखना लेखक अति जरूरी समझते हैं। इसलिए चिंगारिया जीत की संभावना से शंकित होते हुए भी उसके पूर्वजों से उसे मिली क्रान्ति-चेतना को आगामी कई पीढ़ियों में संक्रमित करना चाहता है–''इस लड़ाई में मैं जीता तो नहीं...पर कुछ खोया भी नहीं। एक बात समझ पाया हूँ। लड़ने से बचा रहा वर्ना बहुत पहले खत्म हो जाता। सुलगिनी...झुलसिया...कंजिया...अँगरुआ की तरह। लड़ने से आत्मा बची, अस्तित्व बचा, मनुष्य होने का गरिमा-बोध बचा। हमें अब सिर्फ यह युद्ध...यह संघर्ष ही बचा सकता है।...मैं प्रतीक्षा कर रहा हूँ। जिस तरह दहकान ने मुझे यह दिया, मुझे तैयार किया, उसी तरह मैं भी इस वंश को आगे बढ़ानेवाली आत्मा को तैयार कर सकूँ।''[29]

'परछाईं नाच' अस्तित्ववादी परिप्रेक्ष्य में लिखे गये उपन्यास का भ्रम अवश्य देता है। परंतु उपन्यास की प्रतीकात्मकता, सांकेतिकता या फैण्टसियों की कई गुत्थियों को सुलझाते हुए उसकी औपन्यासिक संवेदना की गहराइयों तक पहुँच जाए तो लगेगा कि यह उपन्यास तथाकथित अस्तित्ववादी उपन्यासों की कतार में शामिल नहीं है। इसका कारण तो यही है कि 'परछाईं नाच' में अस्तित्ववाद की चर्चा नहीं है, अस्तित्व की चर्चा

है। आधुनिकता के दौर में, एक विचारधारा के रूप में हिन्दी कथा-साहित्य में अस्तित्ववादी दर्शनों का जो बोलबाला था, उससे 'परछाईं नाच' अतर्कित रूप में भिन्न है। उस जमाने में व्यक्ति की मानसिकता के रूपायन में, उससे संबद्ध परिवेश के बहुमुखी आयामों के प्रभाव को रेखांकित करने से अधिक रचनाओं में अस्तित्ववादी दर्शन की सैद्धान्तिक भंगिमाएँ स्थान ग्रहण कर लेती थीं, जहाँ पात्रों की मानसिकता और ये दार्शनिक भंगिमाएँ अक्सर समानान्तर रेखाओं के रूप में आगे जा रही थीं इससे भिन्न 'परछाईं नाच' में अनहद, किंशुक-दहकान, चिंगारिया, सदाशिव, शैमल आदि पात्रों की अस्तित्वगत चिंताएँ उनके परिवेश की उपज है, न अस्तित्ववादी दर्शन की और उसे पूरी तरह भारतीय कहा जा सकता है। आम जनता के सामान्य भय, हताशा आदि से शुरू होकर दहशत, त्रास या विडंबना के कई विकराल और अपरिभाषित सूत्रों से गुजरनेवाले पात्रों की चिंताएँ काफी हद तक प्रासंगिक हैं, जिनकी व्याख्या के लिए एडलर, सार्त्र, युंग जैसे पश्चिमी दार्शनिकों की विचारधाराओं में डुबकियाँ लेने की कोई जरूरत नहीं है।

यद्यपि 'परछाईं नाच' का कथ्य उत्तर-आधुनिक जीवन-स्थितियों से संबद्ध है, तथापि लेखक ने रूप विधान की दृष्टि से आधुनिकता के कई शिल्प संकेतों का प्रयोग किया है। इसे पुरातनता की ओर झुकाव या प्रगति-विरोध की संज्ञा देना ठीक नहीं होगा। उल्टे, यह लेखक की कुशलता और कलात्मक अवबोध का परिचय ही देता है। क्योंकि उपन्यास की कथा एक लंबी काल-सीमा को अपने में शामिल करती है, जिसे औपन्यासिक स्वरूप देने का कोई भी सामान्य उपक्रम उसकी संरचना को तोड़-मरोड़ सकती है या स्थूलता के कारण उसकी गंभीरता पर आघात भी पहुँचा सकता है। इस तथ्य से अवगत प्रियंवद ने उपन्यास में आद्यन्त प्रायः प्रतीकात्मक भाषा और सांकेतिक शैली का प्रयोग किया है। इस प्रतीकात्मकता में काफी ठोस प्रतीक भी हैं, जैसे, बौना, नुकीला दाँतवाला, कछुआ, सूअर, कुतिया, कोयल, चिड़िया। इनमें बौने और नुकीला दाँतवाला पूरी तरह प्रतीकात्मक हैं और उनकी प्रतीकात्मकता को अंत तक निबाहा भी गया है।

उपरोक्त ठोस प्रतीकों में बौने की प्रस्तुति पूरी अर्थवत्ता के साथ हुई है। 'बौना' शब्द का जो वाच्यार्थ है, उससे काफी दूर उसका संबंध पुराण के वामन अवतार से आसानी से जोड़ा जा सकता है। अपने गुरु शुक्राचार्य के बार-बार अनुरोध के बावजूद वामन के भौतिक वामनत्व में निहित भीषण विशालत्व की पहचान राजा बलि नहीं कर पाये, और उसकी खौफनाक तब्दीली उनकी पाताल-यात्रा में ही हो गयी। आज साम्राज्यवाद, औपनिवेशिक संस्कृति, सत्ता की विकरालता आदि से ओतप्रोत तो ऋणात्मक ताकतें विश्व जनता के सामने खड़ी हैं, राजा बलि के समान हम भी उसके बाहरी वामनत्व से निर्भीक और एक हद तक आश्वस्त भी हैं, क्योंकि मानव की जययात्रा में इसका कोई हस्तक्षेप नहीं होगा। उपन्यास में बौना स्वयं अपनी व्याख्या यों देता है—"हम कई हैं। मैं तुम्हारे पास आया हूँ। मैं इस समय तुम्हारे पास हूँ...और दूसरी

जगहें हैं। हम सब जगह हैं। हम सर्वश्रेष्ठ हैं। हम अनंत शक्तियों के मालिक हैं। एक दिन ब्रह्मांड में सब-कुछ हमारा होगा। हमारे तीन डगों में यह अंतरिक्ष, यह धरती, यह पाताल होगा। हम संख्या में बहुत नहीं हैं पर पृथ्वी पर फैले इन करोड़ों लोगों को हम अपनी मुट्ठी में रखेंगे।''[30] जिस तरह शुक्राचार्य वामन के लक्ष्यों को अपनी अंतर्दृष्टि के सहारे समझ पाये और ऐन मौके पर राजा को सतर्क भी किया, उसी तरह आज की औसत बुद्धिजीवी नयी पीढ़ी साम्राज्यवाद के असली स्वरूप से अभिज्ञ अवश्य है और सार्थक संकेत भी दे रही है। लेकिन उनके तर्जनी संकेतों के बावजूद शिक्षित युवा पीढ़ी सहित आम जनता आज निश्चिंत है। इस विडंबनात्मक मानसिकता की अप्रत्याशित परिणति को किंशुक और अनहद की पराजय के रूप में उपन्यास के अंत में दिखाया गया है। बौने के अलावा नुकीला दाँतवाला, सुअर, कोयल, चिड़िया, कछुआ आदि कम महत्त्वपूर्ण प्रतीकों का भी सफल प्रयोग 'परछाईं नाच' में हुआ है।

प्रतीकात्मकता की दृष्टि से उपन्यास की शीर्षक पूरी तरह सांकेतिक है। अनहद और किंशुक सहित उपन्यास में वर्णित आम जनता में भय या खौफ, एक प्रकार की 'परछाईं' पैदा करती है। बौने और नुकीले की परछाईं से अनहद अवश्य डरा हुआ भी है। परछाईं की उपस्थिति के एहसास से उत्पन्न भय असलियत के भय से भी ज्यादा प्रभावशाली होता है। परछाईं की प्रतीति में आशंका की मात्रा असलियत से ज्यादा होती है। क्योंकि जब तक असलयित से साक्षात्कार नहीं होता, तब तक स्थायी रूप से भय मन में रह ही जाता है। 'परछाईं' का एक व्यंग्यार्थ भी उपन्यास में मिलता है। वह यह है कि आम जनता, जिसका प्रतिनिधित्व अनहद करता है, बौने नुकीले आदि की अपने पास उपस्थिति के बावजूद भी उनकी असलियत से पूरी तरह परिचित नहीं हो पाती है, या पाती है तो भी काफी देरी हो जाती है। उसके पास ऐसी ताकतों के व्यक्तित्व के कई अपरिभाषित पहलू अब भी मौजूद हैं, जिनकी परिभाषा, किंशुक जैसे विचारशील बुद्धिजीवी की सचेतन भागीदारी के होते हुए भी सामान्य जनता नहीं कर पाती है और अपने लिए सर्वनाश की अथाह गहराइयों का सृजन भी करती है।

गुलामी के पट्टे का उल्लेख भी प्रतीकात्मक है। इसका उद्देश्य मात्र ऐतिहासिक संकेत देना नहीं है, बल्कि कई सालों से जनता के द्वारा भोगी जानेवाली वैचारिक, दार्शनिक या तात्विक गुलामी की ओर संकेत करना भी है। उपन्यास में अनहद के मस्तिष्क और उसके कार्यकलापों में यह गुलामी साफ परिलक्षित है। प्रतिरोध का एक क्षीण पहलू उसमें अवश्य है, इसके अलावा उसके शुभचिंतक किंशुक के स्वस्थ एवं प्रबल प्रतिरोध की मदद भी उसे मिल जाती है। इतना होने पर भी सत्ता, राजनीति आदि के अनगिनत तंतुओं के द्वारा बुनाये गये जाल में वह बुरी तरह फँस जाता है। 'परछाई नाच' के अंत में अनहद इस गुलामी के जाल से अवश्य परिचित हो जाता है, लेकिन तब तक वह सत्ता का गुलाम बन चुका था।

'परछाईं नाच' की भाषा कुछ खास जगहों को छोड़कर, प्रायः काफी सांकेतिक,

संश्लिष्ट और अर्थबोध के गहरे संदर्भों से युक्त है। फिर भी प्रियंवद की खासियत इसमें है कि उन्होंने प्रसंगानुकूल उपयुक्त शैली का चयन किया है। उदाहरणार्थ, अनहद और शेमल के रागात्मक संबंधों का जिक्र जितनी जगह हुआ है, वहाँ भाषा का छायावादी रुख अवश्य प्रतिबिंबित है। लेकिन इसके विरुद्ध, कई जगहों में जहाँ सत्ता की विकरालता, उपनिवेशवाद का खुरदरा रूप, बाजारीकरण आदि से संबंधित चर्चा है, वहाँ भाषा यथार्थ का संस्पर्श भली भाँति करनेवाली बल्कि सांकेतिक बन जाती है। यही नहीं, यथार्थ के गहरे पहलुओं की अभिव्यक्ति के लिए फैण्टेसी नुमाशैली का प्रयोग करने में भी लेखक नहीं चूकते हैं। बौने द्वारा अनहद के प्रतीकात्मक व्यक्तित्वान्तरण का प्रकरण और उपन्यास के अंत में अनहद का भीषण स्वप्न आदि इस दृष्टि से उल्लेखनीय है। ऐसी जगहों में फैण्टेसी का इतना कलात्मक इस्तेमाल हो गया है कि यथार्थ की परतें एक-एक करके हमारे सामने उसके असली रूप में उद्घाटित नजर आती हैं।

'परछाईं नाच' एक पूर्ण प्रतिबद्ध रचना है। प्रियंवद ने अपने समय और परिवेश का सही अवलोकन किया है और हमारे सामने काफी सार्थक संकेत भी प्रस्तुत किये हैं कि हमारे अनाड़ीपन या बेरुखी के कारण वर्तमान भारतीय समाज पुनः इतिहास की उन काली सुरंगों की ओर लौट रहा है जहाँ मनुष्यता दमघोट वातावरण में दिन काट रही थी। मूलतः साहित्यिक व्यक्तित्व के न होते हुए भी इस सच्चाई की कलात्मक अभिव्यक्ति में प्रियंवद बड़ी हद तक सफल निकले हैं। आगे के समय में, प्रतिबद्ध औपन्यासिक प्रतिमानों की चर्चा में, अपने समय और समाज की धड़कनों को, आत्मसात करनेवाले महान उपन्यासो की पंक्ति में 'परछाईं नाच' का स्थान जरूर होगा।

संदर्भ

1. परछाईं नाच, 'कृतज्ञता', पृ.-220
2. वही, पृ.-204
3. वही, पृ.-118
4. वही, पृ.-181
5. वही, पृ.-182
6. वही, पृ.-123
7. वही, पृ.-124
8. वही, पृ.-124
9. वही, पृ.-184
10. वही, पृ.-187
11. वही, पृ.-189
12. वही, पृ.-188
13. वही, पृ.-41
14. वही, पृ.-66
15. वही, पृ.-19
16. वही, पृ.-45
17. वही, पृ.-93
18. वही, पृ.-66
19. वही, पृ.-67
20. वही, पृ.-106
21. वही, पृ.-112
22. वही, पृ.-116
23. वही, पृ.-117
24. वही, पृ.-141
25. वही, पृ.-142
26. वही, पृ. 142-43
27. वही, पृ.-146
28. वही, पृ.-148
29. वही, पृ.-148-49
30. वही, पृ.-102

भारतीय साम्यवाद के अंतर्द्वंद्व की परख

डॉ. वी. जी. गोपालकृष्णन

मार्क्सवादी चिन्तन सर्वहारा वर्ग की मुक्ति से जुड़ा हुआ चिन्तन है। सर्वहारा वर्ग का जो जीवन-संघर्ष चलता रहता है, उसे वर्ग-संघर्ष से अभिहित किया गया है। इस संघर्ष में सिर्फ दो वर्ग हैं—साम्राज्यवादी बुर्जुआ वर्ग तथा सर्वहारा मेहनतकश वर्ग। इन दोनों वर्गों के बीच स्थापित शोषणकारी व्यवस्था वर्ग-संघर्ष की भूमिका तैयार करती है। इस व्यवस्था में बुर्जुआ वर्ग अल्पसंख्यक है और सर्वहारा वर्ग बहुसंख्यक। फिर भी बहुसंख्यक के शोषण करने की प्रक्रिया बरकरार रखने में अल्पसंख्यक वर्ग कामयाब हो जाता है। क्योंकि इस बुर्जुआ वर्ग के पास धन है और धन से हासिल सत्ता की ताकत है। जबकि बहुसंख्यक सर्वहारा वर्ग, आबादी के लगभग 80 प्रतिशत होते हुए भी अशिक्षा, अज्ञान, अंधविश्वास, शोषण आदि का शिकार बनकर दुर्बल है। वह संगठित नहीं है। अपनी सारी ऊर्जा मेहनत पर व्यय करने के बावजूद दो जून रोटी वह कमा नहीं पाता। आधा पेट या खाली पेट उसे रहना पड़ता है। उसे यह पता नहीं कि उसकी मेहनत को क्या हो रहा है। अपनी आजीविका चलाये रखने के लिए उसे निरंतर संघर्ष करना पड़ता है। यह संघर्ष भी अक्सर निरर्थक हो जाता है। क्योंकि उसका संघर्ष टुकड़ों में होनेवाला संघर्ष है। वह संगठित संघर्ष कर नहीं पाता। शोषण से मुक्ति के लिए इस असंगठित वर्ग को संगठित करने की जरूरत पर कार्ल मार्क्स ने जोर दिया था। उन्होंने दुनिया भर के मेहनतकश लोगों से एकजुट होने का आह्वान किया था। किन्तु मेहनतकश वर्ग अपने-आप में एकजुट नहीं हो पाता, क्योंकि उसका जीवन परिवेश उसके अनुकूल नहीं है। उसमें वर्ग-बोध पैदा करके ही उसे एकजुट कर पाएगा। ऐसी स्थिति में सर्वहारा वर्ग को संगठित करने का दायित्व किस पर है, यह प्रश्न उपस्थित हो जाता है।

आधुनिक भारतीय संदर्भ में, कम्युनिज्म के द्वारा समाजवादी समाज की स्थापना की प्रक्रिया को तेज बनाने की बात चल रही है। इस कार्य में बहुत से लोग संलग्न भी दिखाई देते हैं। यह कार्य मुख्यतया दो तरह से चल रहा है—एक ओर मजदूरों और कर्मचारियों को संगठित करके ट्रेड यूनियन की स्थापना द्वारा है, तो दूसरी ओर बुद्धिजीवियों के द्वारा मार्क्सवाद की सैद्धांतिक बहस के जरिए। सामाजिक तौर पर ट्रेड यूनियन कार्यकर्ता व मध्यवर्गीय बुद्धिजीवी जो कार्य कर रहे हैं, दोनों का मतलब एक ही

है--समाजवादी समाज की स्थापना। दोनों का लक्ष्य एक होते हुए भी दोनों के मार्ग अलग-अलग हैं। दोनों में यह भावना प्रबल है कि अपना रास्ता सही है और दूसरे का गलत। इसलिए अक्सर दोनों एक दूसरे के समानांतर चलते हैं। दोनों एक-दूसरे के कार्य-कलाप को हीन भावना से देखते हैं। इसलिए दोनों में सहयोग की बात ही नहीं उठती। सर्वहारा वर्ग की मुक्ति के लिए प्रयत्नरत मार्क्सवादी विचारधारा के दो गुटों के बीच का मुठभेड़ एक व्यापक संघर्ष को दुर्बल बना रहा है। भारत में कम्युनिस्ट पार्टियों की दुर्बलता का यह भी एक प्रमुख कारण है। केडर पार्टी माननेवाली मार्क्सवादी पार्टी के मुख्य कार्यकर्ता और प्रचारक भी कैसा आचरण कर रहे हैं, यह भी आश्चर्य पैदा करनेवाला तथ्य है।

स्वयं प्रकाश का उपन्यास 'बीच में विनय', भारतीय संदर्भ में, कम्युनिस्ट पार्टियों, खासकर मार्क्सवादी पार्टी को उनके सारे गुण-दोषों के साथ आँकने का प्रयास है। मेहनतकश वर्ग की क्रान्ति को लक्ष्य करके कार्यरत बहुत सारे राजनीतिक दल भारत में हैं जिनके नाम के साथ कम्युनिस्ट, मार्क्सवादी, लेनिनवादी, समाजवादी, नक्सलवादी आदि कई शब्द जुड़े हुए हैं। इतनी सारी कम्युनिस्ट पार्टियों का लक्ष्य एक—क्रांति—होते हुए भी वे एक मंच पर बैठ नहीं पातीं। यह क्यों है? चौंकानेवाली बात यह है कि एक कम्युनिस्ट पार्टी का सबसे बड़ा दुश्मन दूसरी कम्युनिस्ट पार्टी है, पूँजीवादी वर्ग नहीं। इतना ही नहीं, भारत की कम्युनिस्ट पार्टियों में सबसे प्रबल मार्क्सवादी पार्टी विभिन्न मोर्चों पर संघर्ष करते हुए भी, उन सभी मोर्चों को समन्वित कर नहीं पाती। खासकर ट्रेड यूनियन तथा मध्यवर्गीय बुद्धिजीवी के द्वारा वर्ग-संघर्ष को आगे बढ़ाने के जो प्रयत्न चल रहे हैं, उन्हें एकत्रित करने का प्रयास दिखाई नहीं देता। मेहनतकश लोगों को एकजुट होने का आह्वान देनेवाले ही विभिन्न मोर्चों पर अपनी-अपनी लड़ाइयाँ लड़ रहे हैं। इस संदर्भ में, भारत की मार्क्सवादी पार्टी की अवनति के कारणों को ढूँढ़ने का प्रयास उपन्यासकार स्वयं प्रकाश 'बीच में विनय' में कर रहे हैं। वे मार्क्सवादी पार्टी को सचेत भी कर रहे हैं कि मार्क्सवाद से प्रभावित होकर पार्टी में आए बहुत सारे नवयुवक पार्टी के नेताओं के 'ईगो क्लेश' में, बीच में पड़कर, युवक विनय के समान शहीद बन जाते हैं। पूँजीवादी, साम्राज्यवादी शोषण से सर्वहारा वर्ग को मुक्त करने में कम्युनिज्म ही सफल भूमिका निभा सकता है, इस विश्वास के साथ उपन्यासकार मार्क्सवादी पार्टी के भीतर के अंतर्विरोधों को विश्लेषित कर रहे हैं।

'बीच में विनय' उपन्यास में कामरेड लक्ष्मण माधव और प्रोफेसर भुवनेश चतुर्वेदी, जो क्रमशः ट्रेड यूनियन नेता व मार्क्सवादी सैद्धांतिक हैं, के माध्यम से मार्क्सवादी पार्टी की भीतरी समस्याओं को उद्घाटित करने का प्रयास किया गया है। लक्ष्मण माधव कांकरिया सेठ के जिनिंग मिल का मजदूर है। वह मजदूरों के साथ रहकर उनके लिए संघर्ष करने में विश्वास रखता है। नेता बनकर भी साधारण-सा, साधारण मजदूर का जीवन बितानेवाला लक्ष्मण माधव कई बार मालिकों से पिटकर, निरंतर संघर्ष करके

कामरेड बन गया था। जनता के दुःख-दर्दों को मिटाने के लिए संघर्षरत कामरेड जनतंत्रीय अधिकारों से दूर रहना चाहता है। वह पार्टी और पीड़ित लोगों के लिए जी रहा है। इसलिए कामरेड मजदूरों का प्रिय नेता है।

प्रोफेसर भुवनेश मार्क्सवाद का समर्थक एवं बुद्धिजीवी है। वह मिलनसार आदमी है। विश्लेषण व तर्क करने की क्षमता के कारण कालेज के बहुत सारे नवयुवक भुवनेश की ओर तथा मार्क्सवाद की ओर आकर्षित हो जाते हैं।

कामरेड लक्ष्मण माधव की व्यवहार-कुशलता व भुवनेश की सैद्धांतिकता दोनों से प्रभावित युवक है विनय मोहन श्रीवास्तव उर्फ विनय। विनय साधारण परिवेश में जीनेवाला एक टाइपिस्ट है। जिन्दगी के अभावों से समझौता करनेवाला विनय एक युवा कवि भी है। विनय इन दोनों के बीच पड़ा हुआ है। दोनों में दूसरों को अपनी ओर खींचने के कुछ तत्त्व हैं। दोनों मार्क्सवाद एवं समाजवाद के लिए कटिबद्ध हैं। किन्तु दोनों के रास्ते अलग-अलग हैं। कामरेड ने मार्क्सवाद को किताब से नहीं, संघर्षमय जीवन से सीखा है। कटु जीवनानुभवों से उसने मार्क्सवाद का साक्षात्कार किया है। यह गर्व उसमें है। इसलिए पुस्तक के जरिए मार्क्सवाद को सीखने के प्रति कामरेड के मन में उपहास की भावना है। विनय के हाथों में मार्क्स की 'पूँजी' देखकर व्यंग्य के साथ कामरेड का कहना है—"अरे भाई फील्ड में आओ। काम करो। उससे सीखता है आदमी। किताबी बातों में क्या है?" ('बीच में विनय', पृ. 26)। किन्तु भुवनेश मार्क्स की 'पूँजी' को जनसाधारण के लिए रचित ग्रन्थ नहीं मानता। उसके विचार में यह एक शाश्वत संदर्भ ग्रन्थ है जो तमाम पूँजीवादी अर्थशास्त्रियों के जवाब में लिखा गया है। विनय भुवनेश के तर्कों से प्रभावित होते हुए भी उसका झुकाव कामरेड के प्रति अधिक है। क्योंकि कामरेड में दूसरों को अपनी ओर खींचने की अपूर्व क्षमता है और यह उसकी समर्पण भावना के कारण है। इसलिए ही विनय भुवनेश या उसकी बेटी ऋचा द्वारा निर्देशित कविताओं की अपेक्षा कामरेड द्वारा सूचित मजदूरों के लिए गीत लिखना पसंद करता है—"वह जानता था कामरेड जैसे गीत चाहते हैं, वैसे गीत वह जरूर लिखेगा—लिखे बिना वह रह ही नहीं सकता।" (पृ. 42)। मेहनतकश वर्ग के प्रति कामरेड की जो आत्मीयता है वही विनय को उसके लिए लिखने को मजबूर कर रही है।

कामरेड का नाम सुनने मात्र से भुवनेश के स्वर में व्यंग्य उभरकर आता है। जब विनय यह कहता है कि कामरेड को किताबी ज्ञान में विश्वास नहीं, बल्कि व्यावहारिक ज्ञान पर वह बल देता है, तो भुवनेश की तेज प्रतिक्रिया है कि—"देखो कैसी खतरनाक बात है।" (पृ. 67)। किन्तु विनय समझ नहीं पाता कि किसी सिद्धांत की, व्यावहारिक धरातल पर, परख कैसे खतरनाक हो सकती है? किसी सिद्धांत को व्यावहारिक तौर पर परखे बिना उसे कैसे सही सिद्ध कर सकता है—"डाक्टर, इंजीनियर, मोटर-मैकेनिक, लाइनमैन—कोई भी जब तक व्यावहारिक धरातल पर काम नहीं करेगा, उसे पता ही क्या चलेगा? पायथागोरस की थ्योरम हो या ग्रेशम का नियम हो या मार्क्सवाद—खास बात

तो जिंदगी में उसका प्रयोग और उपयोग ही है। यह तो स्वयंसिद्ध है। इसमें खतरनाक क्या है?'' (पृ. 67)। भुवनेश का मानना है कि क्रांति बेहूदगी है। कोई भी सिरफिरे, अनपढ़ लोग मिलकर कर सकते हैं। लेकिन मार्क्सवाद बेहूदों द्वारा स्थापित नहीं हो सकता। उसके लिए एक सुनियोजित रणनीति की जरूरत है। भुवनेश का मानना है कि ''मार्क्सवाद भी एक 'खाका' है। सारी दुनिया के लिए एक नई व्यवस्था का वैज्ञानिक स्वप्न। वह सिर्फ राजनीति ही नहीं, दर्शन भी है, इतिहास भी है, विज्ञान भी है।...हर चीज की एक पद्धति, एक योजना, एक सिलसिला, एक शैली, एक प्रक्रिया है...सिर्फ क्रांति बेचारी ऐसी है...जो कभी भी...कोई भी...चार सिरफिरे अनपढ़ लोगों को इकट्ठा कर, जोशीले नारे उछालकर लफ्फाजी में मुँह से थूक के छींटे उछालकर...कर लेगा। हूँह। बेहूदा! बिल्कुल बेहूदा!'' (पृ. 67-69)। मार्क्स का उद्धरण देकर भुवनेश अपने कथन का समर्थन करता है कि–''क्रांति कोई व्यक्ति या पार्टी नहीं करती। जनता करती है, पूरा देश करता है...और उसको अंजाम तक पहुँचाने के लिए सर्वहारा की पार्टी बहुत जरूरी होती है। और पार्टी कई मोर्चों पर एक साथ काम करती है।'' (पृ. 68)। विभिन्न स्तर के संगठन, मोर्चा, संघ, महासंघ का गठन कर, विभिन्न विभागों को उनके आर्थिक हितों के प्रति सचेत कर राजनीतिक प्रशिक्षण दिया जाता है। इस प्रकार सुसज्जित सर्वहारा की क्रांति चेतना और बलिदान से ही क्रांति संभव हो सकती है। भुवनेश यहाँ राजनीतिक प्रशिक्षण की अनिवार्यता पर बल देता है।

उपन्यासकार इस तथ्य पर प्रकाश डाल रहे हैं कि सर्वहारा वर्ग में, राजनीतिक प्रशिक्षण द्वारा क्रांतिकारी चेतना भरने का दायित्व जिन कम्युनिस्टों पर है, वे आपस में लड़ रहे हैं। वे एक दूसरे को सबसे बड़ा दुश्मन मान रहे हैं। ''कम्युनिस्ट कम्युनिस्टों को पूँजीवाद, सामंतवाद और साम्राज्यवाद से भी बड़ा दुश्मन मान रहे हैं।'' (पृ.69)। इतना ही नहीं, सत्ता की भटकन में कम्युनिस्ट पार्टियाँ विरोधी दलों के पक्ष में चली गयीं। साम्प्रदायिक व प्रतिक्रियावादी तत्त्वों के साथ-हाथ मिलाने में भी उन्हें शर्म नहीं आती। सत्ता की चंद सीटों के लिए वे बुर्जुआ पार्टी की स्थिति में आ गयीं। परिणामतः कम्युनिस्टों की क्रांतिकारी चेतना नष्ट हो गयी। पचास साल की उनकी उपलब्धियाँ हैं, ''विग्रह, भटकाव और संशोधनवाद।'' (पृ. 69)। प्रोफेसर भुवनेश कम्युनिस्ट पार्टियों के साथ ट्रेड यूनियन की बदहालत पर भी अपना रोष प्रकट करता है। उसके अनुसार मजदूरों की बौद्धिक चेतना और समझ के स्तर को बढ़ाने का कोई प्रयास नहीं हो रहा है। मजदूरों की लड़ाई शोषण के खिलाफ वर्ग-संघर्ष के स्तर पर उठती नहीं, बल्कि क्षणिक आर्थिक लाभ पर केन्द्रित होती है। ''कौन-सी लड़ाइयाँ लड़े जा रहा है वह लगातार?...प्रमोशन की, बोनस की, ग्रेच्युटी की...पैसे की...तनखाह...मजदूरी बढ़ाने की ...वेतन आयोग और वेतन में समानता की। कहीं कोई तालमेल नहीं उसका दुनिया के मज़दूरों से...दूसरे मजदूरों के उद्योगों से...मजदूरों की राजनीति से। उसके लिए पूँजीवाद, साम्राज्यवाद, सामंतवाद–सब उसका मिल-मालिक है। उसकी सारी लड़ाई थोड़ी-सी

राहत, थोड़े-से आर्थिक लाभ, थोड़े-से टुकड़ों पर समेटकर रख दी है हमने। आर्थिक प्रश्नों तक सीमित कर दी है उसकी सारी सोच।'' (पृ. 69)। अतः संघर्ष-भावना के स्थान पर समझौता होता है। भुवनेश का आरोप है कि ट्रेड यूनियनों का चरित्र भी बुर्जुआ हो गया है। इसलिए मजदूर आंदोलन भी टुकड़े-टुकड़े में हो रहा है। इंटक, एटक, सीटू, हिन्दू मज़दूर सभा, भारतीय मज़दूर संघ...कई खेमों में होनेवाला मजदूर-संघर्ष अंततः शोषकों के पक्ष में ही चला जाता है। मजदूरों को पढ़ाने के बजाय उसका इस्तेमाल किया जा रहा है। प्रायः योग्य, कुशल और प्रतिष्ठित मजदूरों के स्थान पर शारीरिक ताकत दिखानेवाला कोई भी प्रतिष्ठित नेता बन जाता है। जब वह नेता पढ़ता नहीं, तो वह कैसे औरों को पढ़ाता? भुवनेश अपना विचार प्रकट करता है—''पर किधर ये लोग जा रहे हैं।...इसका एकमात्र और स्पष्ट कारण है कि इन्होंने पढ़ना बंद कर दिया है।'' (पृ. 70)। भुवनेश ने उत्तेजना और भावुकता के साथ अपने विचार को प्रस्तुत किया है। लेकिन उस भावुकता और उत्तेजना के पीछे मानवीय सहजता और उष्णता ही दिखाई देती है। भुवनेश को भारत के पूरे ट्रेड यूनियन आंदोलन व पूरे कम्युनिस्ट आंदोलन से खीझ है। विनय के मन में यह शंका जाग उठती है कि आपस में लड़नेवाले कम्युनिस्टों का विरोध कर क्या भुवनेश स्वयं सारे कम्युनिस्ट आंदोलनों के खिलाफ हो रहा है? या कम्युनिज्म के ही विरुद्ध हो रहा है? ''पर क्या यह एक विचित्र विरोधाभास नहीं कि हर कम्युनिस्ट द्वारा दूसरे दो कम्युनिस्टों को गलत साबित किए जाने से क्षुब्ध भुवनेश खुद दो ही नहीं, तीनों कम्युनिस्टों को गलत साबित कर रहे हैं।'' (पृ. 71)। मार्क्सवादी बुद्धिजीवियों द्वारा कम्युनिज्म को बचाने के बहाने कम्युनिजम के खिलाफ बोलते देखकर लेखक अपना क्षोभ प्रकट कर रहे हैं। उपन्यासकार यह भी व्यक्त करते हैं कि भुवनेश जैसे बुद्धिजीवी अपनी वाणी में आदर्शवादी हैं, जबकि व्यावहारिक तौर पर शुद्ध अवसरवादी। विनय की मर्जी के बिना उसकी शादी करने का प्रस्ताव उसके पिता रखते हैं। यह बात सुनकर मार्क्सवादी भुवनेश की प्रतिक्रिया है कि विनय के घरवालों को क्लास देना पड़ेगा। जबकि एक दिन अपनी बेटी ऋचा को विनय के कमरे में पाकर भुवनेश विचलित हो जाता है और वह विश्वास भी नहीं कर पाता कि ऋचा और विनय के बीच कोई खास रिश्ता है। एक अच्छे घर के प्रोफेसर की लड़की का एक साधारण लड़के के साथ प्रेम की कल्पना तक वह कर नहीं पाता। फिर है शादी की बात। एक आदर्शवादी मार्क्सिस्ट बुद्धिजीवी का मुखौटा यहाँ गिर जाता है।

मार्क्सवाद के सिद्धांतों से प्रभावित होकर या किसी व्यक्ति के असर से कम्युनिस्ट पार्टी में आनेवाले नौजवानों की जिज्ञासाएँ पूरा करने या उनसे बहस करने के लिए कोई तैयार नहीं होता। सर्वहारा वर्ग का नेतृत्व देनेवाले नेता अक्सर सवालों से बचाव का मार्ग अपनाते हैं—''माना यह जाता था कि बातचीत करना काम नहीं, काम से बचने का बहाना है जो बुद्धिजीवियों की ही शोभा देता है।'' (पृ. 80)। उपन्यासकार स्वयं प्रकाश विनय के माध्यम से यह आरोप लगाते हैं कि नेता लोग कम्युनिस्ट दलों पर आकर्षित

होनेवाले नौजवानों को सैद्धांतिक बुनियाद प्रदान करने का कोई प्रयास नहीं करते। मार्क्सवादी सिद्धांतों से अपरिचित इन नौजवानों को केवल इस्तेमाल किया जा रहा है। नेताओं के आदेशों का पालन करना मात्र उनका दायित्व हो गया है। सवालों, शंकाओं के लिए कार्यक्रम में कोई स्थान न रह गया है। इसलिए मार्क्सवादी चिंतन समय-सापेक्ष न होकर रूढ़िवादी बनता जा रहा है। ''किसी भी समस्या, किसी भी सवाल पर सहचिंतन वहाँ नहीं होता था। हर चीज का बना-बनाया, रटा-रटाया जवाब वहाँ होता था—द्वंद्ववाद और समाजवाद। ये अपने ज्ञानदान में सारे उदाहरण मार्क्स-लेनिन के देते थे।'' (पृ. 80) और सवालकर्ताओं से मार्क्स-लेनिन का साहित्य पढ़कर आने का उपदेश भी देते हैं? लेखक व्यंग्य मारते हैं कि जब वे स्वयं पढ़ ही लेंगे तो इन नेताओं से पूछने की ही क्या ज़रूरत है? नवागतों के प्रति हीनभावना रखनेवाले इन नेताओं के भाषणबाज भोंपों से भड़क कर, मार्क्सवाद की ओर आकृष्ट हुए बहुत सारे नवयुवक भाग जाते हैं। उपन्यासकार इस प्रकार की स्थिति को 'एक संभावनापूर्ण भविष्य की हत्या' मानते हैं।

गावर्राबाद की ओर आकर्षित होनेवाले लोगों के मन में उपजनेवाले कुछ बुनियादी सवाल भी उपन्यास में प्रस्तुत किए गए हैं—''रूस और चीन आपस में क्यों लड़ते हैं? चीन ने भारत पर हमला क्यों किया? भारत की कम्युनिस्ट पार्टियाँ मिलकर एक क्यों नहीं हो जातीं? उनमें क्या मतभेद हैं? ट्रेड यूनियनें अलग-अलग और परस्पर प्रतिद्वंद्वी क्यों हैं।'' (पृ. 81)। लेकिन शंकाओं के लिए कोई व्यक्त स्पष्टीकरण नहीं मिलता। यह स्थिति पार्टी अनुयायियों में निराशा पैदा करती है।

कम्युनिस्टों के बारे में पक्षधर लोगों के विचार पर ही नहीं, बल्कि तटस्थ रहनेवाले और कम्युनिज्म को दूर से देखनेवालों के विचारों पर भी उपन्यासकार चर्चा करते हैं। अक्सर नेताओं से यह उत्तर मिलता है कि राजनीति को दूर से मात्र नहीं देखना है। क्योंकि सामाजिक और राजनीतिक यथार्थ कटु है। ''जो राजनीति को दूर से जानते हैं वे उसे भी कोई पिकनिक स्पॉट, कोई मुर्गमुसल्लम, कोई सीन-सीनरी, कोई सांस्कृतिक कार्यक्रम समझते हैं। क्योंकि इन्होंने किसी आदमी को ट्रक से कुचलकर मरते नहीं देखा ...भूख से तंग आकर आत्महत्या करते नहीं देखा...ऐयाश लोग दौलत के नशे में औरत के जिस्म पर कैसे चील-कौवों, गिद्धों की तरह टूटते हैं।'' (पृ. 82)। इन सामाजिक यथार्थों से साक्षात्कार किए बिना राजनीति को समझ नहीं पायेंगे। कामरेड लक्ष्मण माधव राजनीति को जिन्दगी की क्रूर वास्तविकता से जूझने की प्रक्रिया मानता है। खासकर कम्युनिस्टों की राजनीति। दूर से राजनीति को जाननेवाले, असल में, राजनीति एवं जीवन-यथार्थों से अनभिज्ञ हैं। ऐसे लोगों ने न अपने जीवन में उतरे क्रूर यथार्थों का अनुभव किया है, न दूसरों की जिन्दगी की कटु सच्चाइयों को सामने से देखा है। ऐसे में राजनीति पर इलजाम लगाना आसान है। कामरेड जैसे नेता राजनीति को व्यावहारिक मानते हैं। उनके अनुसार अवाम के बीच उतरे बिना कोई राजनीतिज्ञ बनता नहीं। इसलिए कामरेड के मन में सैद्धांतिक बहसों के प्रति हीन भावना है—''इस हिंसा का

जवाब काहे से दोगे? कविता से? नहीं कामरेड। राजनीति कमरे में बैठकर बहस करने की या किताबों में मुँह घुसाने की चीज नहीं है।'' (पृ. 83) कामरेड के अनुसार सर्वहारा वर्ग को सत्ता स्वयं ही प्राप्त होती नहीं, बल्कि उसे छीनना पड़ता है। ऐसे छीनते वक्त रक्त-प्लावन हो सकता है। इसलिए ही कामरेड बुद्धिजीवियों की राजनीति को किताबी राजनीति कहकर मजाक उड़ाता है। सामाजिक भेदभाव के प्रति आक्रोश की जरूरत पर वह बल देता है—''जब तक इस सब के लिए एक गुस्सा, एक धधकती हुई नफरत तुम्हारे दिल में नहीं है, राजनीति तुम्हारे किसी काम की नहीं, और न तुम राजनीति के किसी काम के।'' (पृ. 83)। कामरेड का तर्क सार्थक होते हुए भी, विडंबना की बात यह है कि एक मूल लक्ष्य की ओर अग्रसर कम्युनिस्ट दलों के बीच बैर क्यों है, इस प्रश्न का कोई मुकम्मल जवाब नहीं मिलता।

अपने-अपने दृष्टिकोण से देखें तो बुद्धिजीवी भुवनेश और नेता कामरेड लक्ष्मण माधव के विचार तर्क-सम्मत हैं। उनके विचारों का आधार मार्क्सवाद है, उनका लक्ष्य क्रांति करना है, समाजवाद और साम्यवाद की स्थापना करना है। किन्तु दोनों के विचार दो भिन्न रास्तों पर चलनेवाले हैं। एक तो सैद्धांतिक मार्क्सवाद पर बल देता है, तो दूसरा व्यावहारिक मार्क्सवाद पर। दोनों में इस समझ का अभाव है कि वे दोनों परस्पर पूरक हैं। जबकि भुवनेश और कामरेड अपने पक्ष को सही तथा दूसरे को गलत सिद्ध करने का प्रयास करते रहते हैं। कम्युनिस्ट नेताओं का ऐसा आचरण ही भारत में कम्युनिस्ट दलों की सबसे बड़ी दुर्गति है। गरीबी, भूख, बेरोजगारी जैसी समस्याओं के दलदल में फँसी देश की अस्सी प्रतिशत आबादी के बीच भी कम्युनिस्ट दल उनके मुक्तिदाता के रूप में उभर न पाने का एक मुख्य कारण यही है। सर्वहारा वर्ग की मुक्ति के लिए जिस ऊर्जा का प्रयोग करना है, उसका आपसी लड़ाई के लिए प्रयुक्त होते देखकर, उपन्यासकार अपना गुस्सा, क्रोध, निराशा वगैरह विनय के द्वारा प्रकट करते हैं। कम्युनिज्म की ओर आकृष्ट विनय जैसे नवयुवक, वर्ग-संघर्ष के स्थान पर पार्टी के आभ्यंतर संघर्ष को देखकर अनिर्णय की स्थिति में पहुँच जाते हैं। परिणामतः सर्वहारा वर्ग को जिस कम्युनिज्म पर आशा थी वह नष्ट होती जा रही है। इस व्यथा को उपन्यासकार स्वयं प्रकाश ने इस उपन्यास में अभिव्यक्त किया है।

व्यवस्था के विरोध के नाम पर पार्टी द्वारा गुंडागर्दी को प्रश्रय देने पर भी प्रश्नचिह्न लगाया जाता है। एक ओर गुंडागर्दी शुरू हो जाए तो दूसरी ओर भी गुंडातत्व सक्रिय हो जाएगा। इसका दुष्परिणाम यह हो सकता है कि व्यवस्था के परिवर्तन में सिद्धांत के लिए कोई स्थान न रह जाएगा। किन्तु कामरेड इस विचार से सहमत नहीं। क्योंकि जब चारों ओर सर्वहारा वर्ग पीड़ित, दमित, शोषित जीवन बिता रहा है तथा व्यवस्था के सभी तंत्र धन-केन्द्रित हो गये हैं और उस तंत्र में सर्वहारा का कोई स्थान नहीं है, तो ऐसी स्थिति में उसे अपनी रक्षा के लिए प्रतिक्रिया करनी पड़ती है। जब व्यवस्था की पंचायत, नगरपालिका, कोर्ट आदि से अवाम को नीति मिलती नहीं, तो वे क्या करेंगे? व्यवस्था

में कहीं भी उन्हें घुसने नहीं देंगे तो वे क्या करें? क्या ऐसे लोगों को सिद्धांत सिखा सकेंगे? यदि वे कुछ बोलें, तो उन्हें गुंडा कहेंगे। कामरेड का मानना है कि, ''अगर वो अपना हक माँगने की बजाय छीन लेता है तो आपको तो खुश होना चाहिए।'' (पृ. 133)। इस दृष्टि से वह गुंडागर्दी को मिलिटेंसी कहना पसंद करता है। बुद्धिजीवी और सर्वहारा के बीच के वैचारिक अंतर को भी, लेनिन का उद्धरण देकर, कामरेड व्यक्त करना चाहता है—''कामरेड लेनिन ने एक बार कहा था—समझदारी ही ईमानदारी है। इसलिए उन्होंने इंटेलीजेंट और इंटेलीजैंट वर्कर में फर्क किया था। एक अपने काम को समझदारी से करता है, दूसरा काम को समझदारी से करने का नतीजा भी समझता है।'' (पृ. 132)। नतीजा समझकर काम करनेवाला ही श्रेष्ठ है, यही कामरेड का विचार है। सैद्धांतिकता और व्यावहारिकता के बीच तर्क-वितर्क चलता रहता है।

उपन्यासकार सिर्फ कम्युनिस्ट दलों की खामियों को ही नहीं व्यक्त करना चाहते, बल्कि उसकी खूबियों पर भी प्रकाश डालते हैं। उनके अनुसार कम्युनिस्ट लोग दूसरों से भिन्न दिखाई देते हैं। कामरेड का कहना है कि, ''कम्युनिस्ट को हमेशा गलतियाँ सुधारने के लिए अपने को खुला रखना चाहिए, जोकि मैं समझता हूँ कि मैं भी हूँ। बल्कि शायद कम्युनिस्ट ही हैं जहाँ आप महासचिव को भी आत्मालोचना के लिए कह सकते हैं, और वह करता भी है। सिर्फ कम्युनिस्ट हैं जिन्होंने खुले तौर पर अपनी ऐतिहासिक भूलें स्वीकार की हैं, खुले दिल से, बगैर लीपापोती के।'' (पृ. 134)। अपनी भूलें सुधारने की जो इच्छा-शक्ति कम्युनिस्टों में है, वह उसे अन्य राजनीतिक दलों से अलग कर देती है।

कम्युनिस्टों के आक्रामक हो जाने के आक्षेप को भी अपने ढंग से स्वयं प्रकाश देखना चाहते हैं। समाज में कई मूल्य और कद्रें निर्धारित हैं जो गरीब अवाम के हित में नहीं, बल्कि एक खास वर्ग के वर्गीय हितों की हिफाजत के लिए हैं। अहिंसा, दया आदि इस श्रेणी के पद हैं जिनका अवाम के खिलाफ इस्तेमाल किया जाता है। किंतु संघर्षशील जनता ऐसे धोखे मूल्यों में फँसनेवाली नहीं। कामरेड लक्ष्मण माधव स्पष्ट शब्दों में व्यक्त करता है कि, ''हर चीज के पीछे एक वर्ग का स्वार्थ है।...और जहाँ तक गरीब की मिलिटेंसी का सवाल है तो कामरेड वह तो लड़ेगा। तुम्हें अच्छा लगे या तुम उसे गुंडा कहो, कुछ भी कहो। एक हद तक सब्र भी करेगा। फिर हथियार उठा लेगा। भटक भी सकता है। पर इसलिए तो हम-तुम हैं कि भटकने न दें।'' (पृ. 135)। यहाँ स्पष्ट है कि वर्ग-संघर्ष में दया, करुणा आदि के लिए कोई स्थान नहीं है। क्योंकि व्यवस्था तो बर्बरता के साथ मेहनतकश वर्ग पर व्यवहार करती है। ऐसी व्यवस्था पर निर्ममता से ही प्रहार करना पड़ता है। उपन्यासकार इस तथ्य को उद्घाटित कर रहे हैं कि व्यवस्थागत मूल्यों को तोड़कर ही शोषकों का प्रतिरोध संभव है।

कम्युनिस्ट दल के बुद्धिजीवी और साधारण नेता के बीच जो 'ईगो क्लेश' हो जाता है, उसपर भी उपन्यासकार चर्चा करते हैं। ये दोनों एक-दूसरे को शंका की दृष्टि से देखते हैं। प्रोफेसर भुवनेश कामरेड पर यह आरोप लगाता है कि वह भुवनेश को

इस्तेमाल करना चाहता है। वह अपने तर्क को सैद्धांतिक स्वरूप प्रदान करता है और कार्यकर्ताओं और हमदर्दों के प्रति पार्टी या पार्टी लीडरशिप के नजरिए पर प्रश्नचिह्न भी लगाता है–''विश्व-बिरादरी की बातें हम करते हैं और जुड़ना चाहते हैं किस लेवल पर? एक-दूसरे के परिवारों से अनभिज्ञ, एक-दूसरे की पारिवारिक-मानसिक समस्याओं से अनजान। एक-दूसरे की मानसिक, पारिवारिक, आर्थिक समस्याओं से बेखबर। एक-दूसरे की पृष्ठभूमि और तैयारी से बेखबर...ये किस तरह के रिश्ते हैं?...ये इस्तेमाल करने और इस्तेमाल होने के रिश्ते हैं। ये शोषण के रिश्ते हैं। ये इन्सान को उपभोक्ता वस्तु समझने के रिश्ते हैं।'' (पृ. 142)। प्रोफेसर भुवनेश का मानना यह है कि पार्टी कार्यकर्ताओं और अनुयायियों की क्षमताओं और सीमाओं से भी पार्टी अनभिज्ञ है और इसलिए उनका गलत इस्तेमाल किया जा रहा है। हरेक की क्षमता के अनुरूप कोई दायित्व सौंपा नहीं जाता। इसलिए उनकी क्षमताओं का सदुपयोग नहीं होता, और पार्टी भी आगे बढ़ नहीं पाती। भुवनेश पार्टी पर यह तीखा आरोप लगाता है कि नेतृत्व को जय-जयकार मिलनेवाले, झंडाबरदार बनानेवाले कार्यक्रमों में ही रुचि है। इसलिए साम्यवाद की कक्षाएँ चलाने, अशिक्षित कर्मचारियों को शिक्षित करने, स्टडी सर्कल चलाने आदि में पार्टी रुचि नहीं रखती। ''क्योंकि यह पार्टी का प्रोग्राम नहीं है। क्योंकि यह पार्टी की प्राथमिकता भी नहीं है।'' (पृ. 144)। इसलिए साम्यवादी पार्टी भी पूँजीवादी मानसिकता से ग्रस्त हो गयी है। जनता को अज्ञान के अँधेरे में रखकर शोषण करना पूँजीपति का लक्ष्य है, तो साम्यवादी नेतृत्व अपने पद को बरकरार रखना चाहता है। नेता पर अनुयायी प्रश्नचिह्न न लगाएँ। इसलिए उसे ज्ञान से वंचित रखना है। कम्युनिस्ट पार्टी के स्वरूप में जो परिवर्तन आ गया है, उसे भी उपन्यासकार यहाँ उद्घाटित कर रहे हैं। किसी भी अधिकार या पद के प्रति कम्युनिस्ट नेताओं में मोह नहीं हो जाता था। जनता के लिए जीवन बिताकर, जनहित में अपना जीवन सौंपकर वे स्वयं जननेता बन रहे थे। वे जनता के बीच जीवन बिता रहे थे। किन्तु आज नेता यह चाहते हैं कि जनता उन्हें मानें, जनता उनके नेतृत्व को स्वीकार करें, और वे ही उनके मुक्तिदाता हैं। यहाँ नेता-जनता के बीच हमसफर का भाव नहीं, बल्कि दाता और स्वीकर्ता का भाव है। पार्टी अनुयायियों को उनकी क्षमता के अनुसार पार्टी कार्यक्रमों में शामिल करने का प्रयास न करने पर ही भुवनेश अपना एतराज प्रकट करता है। 'कल्पनाशील और रचनात्मक दिमागों को हर जगह चुनौती मानकर दबाये जाने' का इल्जाम भी वह लगाता है। समाज के प्रगतिशील बुद्धिजीवियों को किनारे धकेलकर साधारण व्यक्तियों की पार्टी नेतृत्व पर आने की असहिष्णुता उपन्यास में प्रकट की गयी है।

बौद्धिकता और व्यावहारिकता के बीच का जो संघर्ष कम्युनिस्ट दलों में चलता रहता है, उसे विभिन्न कोणों से उद्घाटित करने का प्रयास उपन्यास कर रहे हैं। कामरेड लक्ष्मण माधव बौद्धिकता को अधिक महत्त्व देता नहीं। इतना ही नहीं, वह उसे नाहक चीज भी मानता है। उसका मानना है कि ''आदमी बातों से नहीं बदलता कामरेड, काम

से बदलता है।'' (पृ. 146)। अवाम की रोटी, कपड़ा जैसी बुनियादी जरूरतों की पूर्ति का प्रयास किये बिना भौतिकवाद पर होनेवाला बौद्धिक भाषण जन-मानस की समझ से परे हो जाएगा। विडंबना यह है कि बुद्धिजीवी हो या नेता, दोनों एक-दूसरे को परस्पर पूरक के रूप में देख नहीं पाते। इसलिए ही जब भुवनेश कामरेड के घर पहुँचकर विश्वास नहीं कर पाता कि एक यूनियन नेता झोंपड़ीनुमा एक कमरे में जी रहा है। अब भुवनेश को कामरेड संबंधी अपना पूर्वग्रह छोड़ना पड़ता है, पर पूर्णतया नहीं।

छात्रों को राजनीति से जुड़ना है या नहीं, यह चर्चा आजकल जोरों से चलती है। यह तर्क प्रस्तुत किया जाता है कि छात्रों की राजनीति से गरीब लड़कों का भविष्य बरबाद हो जाता है। जबकि पक्षधर लोगों का कि मानना है कि छात्रों को राजनीति से दूर रखने से अराजनीतिकरण और अराजकता को प्रश्रय मिलता है। महाविद्यालय में पढ़नेवालों को मताधिकार प्राप्त है। इसलिए उसके लिए राजनीतिक बोध भी अनिवार्य है। ''इन लोगों को वोट देना चाहिए, लेकिन किसी पार्टी का मेनिफेस्टो मालूम नहीं होना चाहिए। यही बात है क्या?'' (पृ. 181)। कामरेड का मानना है कि गरीब लड़कों को पढ़ाई की जो सुविधा दी जाती है, उसे चुरानेवाले सवर्ण, संपन्न के खिलाफ लड़ना भी गरीब लड़कों का दायित्व है। इस लड़ाई के लिए राजनीतिक समझ अनिवार्य हे। किन्तु मध्यवर्ग प्रायः इस तर्क से सहमत नहीं होता। वह विद्यार्थियों का दायित्व सिर्फ पढ़ना ही मानता है। वह अपने बच्चों के भविष्य से ही ज्यादा चिंतित है।

वैज्ञानिक उपलब्धियों के प्रयोग के संबंध में भी मार्क्सवादियों के बीच निरंतर संघर्ष चलता रहता है। नवीन यंत्रों को अक्सर मेहनतकश वर्ग के हित के विरुद्ध घोषित किया जाता है और उसका विरोध भी किया जाता है। अतः वैज्ञानिक उपलब्धियों को नकारने का आरोप मार्क्सवाद पर किया जाता है। जबकि मार्क्सवादियों का तर्क है कि वैज्ञानिकता की नकार की बात नहीं है, बल्कि मनुष्य की प्राथमिकता की बात है। जो भी वैज्ञानिक उपलब्धि मनुष्य की बुनियादी समस्याओं का हल ढूँढ़ निकाल नहीं सकता, वह नकार करने योग्य है। भूखे को पहले रोटी मिलनी चाहिए। गरीब छात्रों को पहले मेज-कुर्सी मिले, फिर चूड़ीबाज। इस प्रकार दो भिन्न कोणों से मार्क्सिज्म को देखने-परखने का जो प्रयास हो रहा है, उसमें प्रायः समझौते का भाव नहीं, बल्कि संघर्ष की भावना है। परिणामतः जिस महान लक्ष्य को लेकर मार्क्सवादी पार्टी को आगे बढ़ना है, प्रायः अपने भीतरी मन-मुटाव से पार्टी दुर्बल होती जा रही है। मध्यवर्गीय बुद्धिजीवी एवं साधारण नेता लोगों के बीच के इस संघर्ष में पार्टी में विश्वास रखनेवाले पार्टी कार्यकर्ता और अनुयायी ही असमंजस में पड़ जाते हैं और कोई निर्णय न कर पाने से पार्टी से विमुख हो जाते हैं। अतः मार्क्सवादी पार्टी क्षीण हो जाती है और इस संदर्भ में शोषणकारी ताकतें अपने प्रहार को तेज बना देती हैं।

पार्टी के हितैषी साधारण लोग यह चाहते हैं कि पार्टी के नेता और बुद्धिजीवी दोनों अपने-अपने अहं को व्यापक जन-हित में छोड़ दें और समझौतापरस्त होकर

कार्यरत हों। यदि अपने-अपने वैयक्तिक हितों को छोड़ दें, तो मार्क्सवादियों में मतभेद का कोई कारण दिखाई नहीं देता। जब शोषणकारी ताकतें सारे मतभेद को अलग रखकर मार्क्सवादियों के खिलाफ एक हो रहे हैं, तो मार्क्सवादी लोग शायद अनजाने ही सही उनके द्वारा तैयार किये गये 'विभाजित कर तोड़ने' की साजिश के शिकंजे में पड़ जाते हैं। भुवनेश और कामरेड के बीच रहे विनय का कहना है कि, "जहाँ तक मेरा ख्याल है हम सब मार्क्सिस्ट हैं। हम सबकी विचारधारा एक है। हम सबका लक्ष्य भी एक है। और हम सबका देशकाल भी एक है। एक ही समाज। बल्कि एक ही शहर अभी तो क्या हम लोग आपस में लड़ते रहने की बजाय मिलकर काम नहीं कर सकते?" (पृ. 184)। पार्टी के उच्च स्तर के लोगों के आपस में लड़ते रहने का परिणाम यह है कि नवयुवक क्रांति के अपने सपने को पूरा नहीं कर पाते।

भारत की कम्युनिस्ट पार्टियों की सबसे बड़ी दुःस्थिति यह है कि पार्टी के नवागतों को सैद्धांतिक तौर पर कम्युनिस्ट बनाने का प्रयत्न नहीं किया जाता। अतः पार्टी में रहकर भी कोई कम्युनिस्ट नहीं बनता। किन्तु नेता लोग शायद इस यथार्थ से अनभिज्ञ हैं। कम्युनिस्ट दलों के इस खोखले स्वरूप को उद्घाटित कर विनय का कहना है कि, "हमारे यहाँ कम्युनिस्ट पार्टियाँ बनाने की कोशिश तो बहुत की गई है, लेकिन कम्युनिस्ट बनाने की कोशिश लगभग नहीं के बराबर की गई है। यह मानकर चला गया है कि कोई कम्युनिस्ट पार्टी में आ गया तो कम्युनिस्ट तो बन ही जाएगा। बल्कि यह तक मानकर चला गया कि जब कोई कम्युनिस्ट पार्टी में आ गया तो अपने आप ही कम्युनिस्ट बन ही गया।" (पृ. 200)। फलतः सैद्धांतिक आधार के अभाव में आदमी जल्दी ही भटक जाता है, तब उसे पार्टी से निष्कासित किया जाता है और एक नया गुट जन्म लेता है। जिसमें कम्युनिज्म की सही जानकारी होती है वह मेहनतकश लोगों के लिए अपनी जान कुर्बान करने के लिए तैयार हो जाता है। जो कम्युनिज्म को अच्छी तरह नहीं जानता, वह अपने हितों की रक्षा न होने पर पार्टी से अलग हो जाता है और पार्टी के खिलाफ एक अन्य 'कम्युनिस्ट' दल का गठन करता है। विनय के विचार से एक सच्चा कम्युनिस्ट कर्मठ और दमकता हुआ होता है। इसलिए विनय ऐसे क्रांतिकारियों का स्वप्न देखता है जो भविष्य में क्रांति कर सकें।

जो जितना भी मार्क्सवादी हो, वह परंपरागत विश्वासों से मुक्त दिखाई नहीं देता। असल क्रांतिकारी बनने के लिए मनुष्य की रूढ़िवादी धारणाओं को बदल देना है। रूढ़िवादी परिवारवाले, बच्चे के जन्म से लेकर ही क्या-क्या अंधविश्वास उस पर डाल देते हैं। इसके लिए अशिक्षा ही मुख्य कारण है। शिक्षित भी बचपन के रूढ़िवादी परिवार के प्रभाव से मुक्त नहीं हो पाता। इसलिए बचपन से ही बच्चों को एक नयी दुनिया की शिक्षा देनी पड़ती है।

भारतीय संदर्भ में मार्क्सवाद को परिभाषित करने का प्रयास नहीं किया गया है। मार्क्सवाद एक वैज्ञानिक दर्शन होते हुए भी उसे भारत में लागू करना है तो सामाजिक

संदर्भों से उसे जोड़ देना है। शिक्षा, स्त्री-पुरुष संबंध, विवाह, धर्म, नैतिकता, न्याय जैसे सामाजिक प्रश्नों का देश की संस्कृति से और उससे जुड़ी हुई व्यवस्था से संबंध है। व्यवस्था को बदलना है, तो लोगों में व्यवस्था को बदलने की चाह पैदा करनी है। जब तक लोगों के मान-मूल्य, जीवन-पद्धति और सोच-समझ नहीं बदलेगी, तब तक उनमें व्यवस्था को बदलने की चाह भी पैदा नहीं होगी। सामंतवादी मूल्यों पर आधारित संस्कारों को बदलने से ही यह संभव होगा। मार्क्सवाद को सिर्फ कम्युनिज्म के रूप में ही भारतीय जानते हैं। लेकिन भारत में मार्क्सवाद को एक सांस्कृतिक आंदोलन का भी रूप ले लेना है। तभी वह सामंती मूल्यों को तोड़कर समाजवादी समाज की स्थापना के प्रयास में सक्षम हो सकेगा। शिक्षा के क्षेत्र में यह कार्य शुरू करना है। विनय का मानना है कि इसलिए मार्क्सवादी पार्टी को सबसे पहले बच्चों को आदर्श शिक्षा देने की बात सोच लेनी चाहिए।

नेता लोगों के साथ ही साथ मध्यवर्ग का अपना जो महत्त्व होता है, उसे उपन्यासकार व्यक्त करते हैं। वर्ग-संघर्ष में मध्यवर्ग का भी अपना दायित्व है। इस दायित्व को उसे निभाना है। सर्वहारा का नेतृत्व मध्यवर्ग को ही लेना है। ''सर्वहारा का नेतृत्व आसमान से नहीं टपकेगा। वह जादू से क्रांति का अग्रदूत नहीं बन जाएगा। उसे शिक्षक चाहिए, कभी न थकनेवाला। निःस्वार्थ, कर्मठ और समर्पित, जो उनके साथ बरस के बरस गाँव में रह सके। और ऐसे शिक्षक निम्न मध्यवर्ग से ही आ सकते हैं।'' (पृ. 203)। सामाजिक बदलाव में शिक्षा का महत्त्व घोषित करते हुए विनय का कहना है कि शिक्षकों का नया दायित्व अपना लेना चाहिए। ''तब इनसे पढ़कर जो लड़के निकलेंगे, उम्मीद है कि वे वस्तुमोही और उपभोक्ता संस्कृति के परजीवी और आत्मकेन्द्रित पुर्जे नहीं, सचमुच के इनसान होंगे, इनसान...जिनके सीने में इनसान का दिल धड़कता है और जिसके दिल में दूसरे का दर्द व्यापता है।'' (पृ. 204)। विनय भारतीय कम्युनिस्टों का एक स्वप्न भी देखता है, जो शायद हर एक भारतीय कम्युनिस्ट का स्वप्न है। बलिष्ठ, तेजस्वी, सूरज से आँख मिलानेवाला हिन्दुस्तानी कम्युनिस्ट को जन्म देना चाहता है विनय। वह जीवन को कविता की तरह जीना चाहता है। समाज के निम्न वर्ग से सीखकर, उसे सिखाकर एक नये इनसान का ढाँचा वह तैयार करना चाहता है। असफलता की चिंता उसे सताती नहीं। ''हम पार्टी की पहलकदमी की प्रतीक्षा में बीतते और बुढ़ाते नहीं रह सकते। हमें यह प्रयोग करना ही होगा। अगर यह असफल भी हो गया तो भी यह एक भव्य असफलता होगी, और अंत में दरिद्र होकर नहीं, समृद्ध ही होकर निकलेंगे।'' (पृ. 204)। मुक्तिबोध के विचारों को नया रूप प्रदान कर उपन्यासकार स्वयं प्रकाश ने मनुष्य पर अपनी गहरी आस्था प्रकट की है। असफलता को भी भविष्य की सफलता के रूप में बदलने की भावना उनमें दिखाई देती है।

जब मार्क्सवाद की प्रयोग संबंधी तर्क-वितर्क मार्क्सवादी पार्टी में चलता रहता है, तो उसी समय ही शोषणकारी ताकतें गरीबों की जमीन हड़पने की साजिश भी रचती हैं।

सही समय पर ही इस साजिश से अवगत होकर जन-आंदोलन को नेतृत्व देनेवाले कामरेड को विपक्षियों के आरोप के साथ अपनी पार्टी के भीतर से भी विरोध का सामना करना पड़ता है। उसके दुश्मनों का उस पर आरोप है कि वह पाकिस्तान का जासूस है। समस्या को धार्मिक और सांप्रदायिक रूप भी दिया जाता है। लेकिन कामरेड विचलित नहीं हो जाता और वह मजदूरों के पक्ष में रहकर आरोपों का जवाब देता है—"मैं मजदूर हूँ और मजदूरों का धरम होता है मेंहनत। उसके भगवान होते हैं उसके ये दो हाथ। और उसका मंदिर-मस्जिद होता है वो जगह जहाँ वह काम करता है। उसका ईमान होता है उसकी रोजी और उसकी किताब होती है इनसानियत। बस..." (पृ 238)। कामरेड का यह ऐलान एक कम्युनिस्ट का ऐलान है, किसी भी मेहनतकश का, सर्वहारा का ऐलान है, कम्युनिज्म में विश्वास करनेवालों का ऐलान है। धर्म और सांप्रदायिकता से परे मनुष्यता पर विश्वास करने का संदेश भी यहाँ है। मार्क्सवाद सिर्फ मनुष्यता पर ही विश्वास करता है। किन्तु पार्टी के ऐसे कुछ नेता भी निकलते हैं जो वोट की राजनीति को महत्त्व देते हैं और तात्कालिक लाभ के लिए दूरगामी लक्ष्य को किनारे कर देते हैं। ऐसा पार्टी नेतत्त्व ही, जमीन हड़पनेवालों के विरुद्ध के संघर्ष में, कामरेड लक्ष्मण माधव के खिलाफ रह जाता है। क्योंकि "पार्टी ने देशभर में अपनी इकाइयों को सांप्रदायिक एकता पखवाड़ा मनाने का कार्यक्रम दे रखा था। पंजाब के बारे में शिक्षित करने को कहा गया था। उस बारे में लक्ष्मण माधव ने कुछ नहीं किया, और एक स्थानीय इशू को इतना ज्यादा महत्त्वपूर्ण मान लिया।" (पृ. 235)। बिना शर्त आंदोलन वापस लेने का आदेश भी पार्टी नेतृत्व लक्ष्मण माधव को देता है। वरना अनुशासन की कार्रवाई की जाने की धमकी भी दी जाती है। लेकिन कामरेड इस धमकी को नजरअंदाज करके अपने आंदोलन को जारी रखता है। क्योंकि वह मानता है कि पार्टी का निर्णय सर्वहारा के हित के विरुद्ध है। दूसरी ओर शीतलमाता के जीर्णोद्धार के नाम पर निकाली गयी शोभा यात्रा से गुंडे धरना करते मजदूरों व कामरेड पर आक्रमण करते हैं। कामरेड को बचाने की कोशिश में विनय पर लाठियों की बारिश होती है और अस्पताल में वह दम तोड़ता है। इस प्रकार मार्क्सवादी पार्टी के भीतरी संघर्ष के बीच पिसकर तथा व्यवस्था और सर्वहारा के बीच के संघर्ष में व्यवस्था का शिकार बनकर विनय जैसे एक साधारण कम्युनिस्ट की, असमय में मौत हो जाती है। शोषण रहित, एक समाजवादी समाज का स्वप्न बाकी रखकर, आभ्यंतर संघर्ष से दुर्बल होती मार्क्सवादी पार्टी के सामने एक प्रश्न चिह्न बनकर विनय की मौत रह जाती है।

'बीच में विनय' उपन्यास के द्वारा स्वयं प्रकाश ने भारतीय साम्यवादी आंदोलन के स्वरूप को परखने का प्रयास किया है। उपन्यासकार का कहना है कि "यह उपन्यास सिर्फ यह बताने की कोशिश है कि जब भारत में साम्यवादी आंदोलन के पचास वर्ष पूरे होने में अधिक समय नहीं था, एक कस्बे में कम्युनिस्ट किस तरह आचरण कर रहे थे और किन कठिनाइयों से किस तरह जूझ रहे थे। संभव है इस तरह हम अपने

अंतर्विरोधों को अधिक साफ तरीके से देख पाएँ!" (भूमिका, पृ. 7)। द्वंद्वात्मक भौतिकवाद को अपना आदर्श माननेवाली मार्क्सवादी पार्टी के अंतर्द्वंद्व को उद्घाटित करने में उपन्यासकार को सफलता मिली है। उपन्यास में यह स्पष्ट विचार अभिव्यक्त किया गया है कि कम्युनिज्म के प्रचार-प्रसार में संलग्न नेताओं के बीच के आपसी मन-मुटाव में एक पूरे समाज का स्वप्न टूटता जा रहा है। मार्क्सवादी सिद्धांतों की खामियों के कारण नहीं, बल्कि उन्हें प्रयुक्त करनेवाले लोगों की अपरिपक्वता के कारण ही एक जनपक्षधर चिन्तन समाज में असफल प्रतीत हो रहा है। उपन्यासकार ने यह भी सिद्ध किया है कि जब मार्क्सवादी दल अपने भीतरी संघर्ष में दुर्बल होता जा रहा है, तब बुर्जुआ एवं सांप्रदायिक शक्तियाँ मजबूत होती जा रही हैं। परिणामतः जन-सामान्य उनका शिकार बन जाते हैं और उनका समाजवादी समाज का स्वप्न मिट्टी में मिल जाता है। भारतीय संदर्भ में, विभिन्न कम्युनिस्ट दलों को, व्यापक जनहित में एक हो जाने तथा सर्वहारा वर्ग के संघर्ष को जन-क्रांति का स्वरूप प्रदान करने का संदेश स्वयं प्रकाश देते हैं। साम्राज्यवादी व सांप्रदायिकतावादी शिकंजे में पड़े भारत की मुक्ति का एकमात्र मार्ग कम्युनिज्म ही है। इसलिए कार्ल मार्क्स के आह्वान के संदेश को, सही अर्थ में समझकर कम्युनिस्टों को एकजुट होकर संघर्ष करने की प्रेरणा दे रहे हैं स्वयं प्रकाश।

उत्तर-संस्कृति की ताज़ा तस्वीर

डॉ. के. वनजा

अक्सर उपन्यास ऐसा होता है कि वह निरंतर प्रवहमान कथा होगा। लेकिन श्री उदयप्रकाश का उपन्यास 'पीली छतरी वाली लड़की' पढ़ते वक्त एक कहानी का रस मिलने से ज्यादा वर्तमान भारत की ताजा खबरों का एक पुलिंदा मिलता है। कोई भी खबर कहीं भी खटकती नहीं है। वर्तमान भारत के कई ज्वलंत मुद्दों को, सचमुच के मुद्दे भूमण्डलीकरण के बुरे जवाब के रूप में उद्‌भूत हैं, इनका कहीं खुलकर चित्रण है तो कहीं-कहीं संकेत मात्र से हमें सोचने एवं विचारने में मजबूर करते हैं। शंभुनाथ के विचार यहाँ उल्लेखनीय हैं कि ''राष्ट्रीय जागरण के आदर्शों को रौंदते हुए उप-सांस्कृतिक उभार जातिवाद, संप्रदायवाद, क्षेत्रीयतावाद आदि बुरे तत्वों से सुसज्जित है। ऐसे ही उभारों को उत्तर-आधुनिकतावादी लेखक भूमण्डलीकरण का जवाब बनाना चाहते हैं।'' (संस्कृति की उत्तरकथा)। इसलिए आज साहित्य, राजनीति, समाजशास्त्र, इतिहास आदि तमाम मुद्दों का विचार-विमर्श संस्कृति के विवेचन से बचकर निकलना असंभव है। इस अंधी सुखवादी संस्कृति ने नवजागरण और रोमांटिक युग के महान आदर्शों को मिटाना शुरू कर दिया है। इसलिए इसे उत्तर-आधुनिक संस्कृति भी कहा जाता है।

रेमंड विलियम्स के अनुसार, ''संस्कृति बौद्धिक, भौतिक और आध्यात्मिक तीनों हैं अतः पूर्णता के साथ जीना है।'' (कलचर एंड सोसायटी)। संस्कृति किसी समूह या समाज का गुण हो सकती है। (नोट्स टुवर्ड्स द डेफिनिशन ऑफ कल्चर—टी. एस. इलियट)। इन दोनों परिभाषाओं से यह कहा जा सकता है कि संस्कृति आदमी को आवृत करनेवाला वह परिवेश है जो जीवन को पूरी तरह नियंत्रित करता है। आज हमारे जीवन को नियंत्रित करनेवाली शक्ति साम्राज्यवादी शक्ति है। इन साम्राज्यवादी शक्तियों के कारण उपभोगवाद, सांप्रदायिकता, क्षेत्रीयता, आतंकवाद, आदि के कुप्रभाव हमारे ऊपर पड़े। इसे भूमंडलीकरण जैसे आलंकारिक नाम से पुकारा गया। उदयप्रकाश का 'पीली छतरीवाली लड़की' इसी दृष्टि से आज की हमारी छलनामय संस्कृति का सच्चा दस्तावेज़ है।

उपन्यासकार सच्चे ग्लोबलाइजेशन और बाजारीकरण के खिलाफ नहीं हैं। दरअसल आदमी द्वारा वस्तुओं का उपभोग कतई बुरी बात नहीं है। लेकिन यहाँ खुद आदमी वस्तु

बन रहा है, यानी बाजारतंत्र का शिकार बन रहा है। स्वप्न देखने की स्वतंत्रता भी यहाँ छीन ली जाती है। उपन्यास के नायक का शब्द सुनिए कि "मैं बाजार का विरोधी नहीं हूँ। लेकिन मार्केट कोई 'कलक्टिव ड्रीम' नहीं है। यह कोई यूटोपिया नहीं है। इसमें कोई स्वप्न नहीं देखा जा सकता। इसमें ऐसा कुछ नहीं है जो उदात्त, विराट और नैतिक हो। मुनाफा, नगदी, लाभ, घाटा...इसके सारे 'इनग्रेडिएंट्स' क्षुद्र और छोटे हैं। यह लालच, ठगी, होड़, स्वार्थ और लूटखसोट के मनोविज्ञान से परिचालित होता है।" (पीली छतरीवाली लड़की, पृ. 43)। अमेरिका और यूरोप के कुछ अमीर देश ऐसे थे, जो व्यापारी देशों में बदल गए थे और तीसरी दुनिया के समाजों को उन्होंने अपनी मंडियों में तब्दील करके उन्हें उथल-पुथल, विघटन, हिंसा और अपने दलालों से भर दिया था। एक-एक कर उन समाजों और अतीत के उन सार्वभौम देशों के सारे पुर्जे, सारे अंग, सारे अवयव विखंडित होकर एक-दूसरे से टकरा रहे थे, बिखर रहे थे। ग्लोबलाइजेशन से सारी दुनिया एक गाँव बन रही है तो क्यों दुनिया भर इस अलगाव का चित्र नजर आ रहा है। इस सिलसिले में उपन्यासकार यह जाहिर करना चाहते हैं कि ग्लोबलाइजेशन का बुरा असर ही हमारे देश पर पड़ा है। काश्मीर के हिन्दू अपना घर-जायदाद छोड़कर शरणार्थी बने हुए हैं। कलकत्ते के गैर बंगाली और बंबई के गैर मराठी भयभीत हैं। मणिपुरवाले भारत से अलग होना चाहते हैं। ईसाई पादरी स्टेंस अपने नन्हे बच्चों के साथ अपनी कार के भीतर जल क्यों रहा है। ये सभी ग्लोबलाइजेशन के नतीजे हैं।

आज भारत में सांप्रदायिकता एवं जातीयता इतनी बढ़ गई है कि शांति का माहौल सब कहीं भंग हो रहा है। विश्वविद्यालय के अध्यापकगण खुद जातीयता, वंशीयता एवं सांप्रदायिकता को बढ़ावा देते हैं। यहाँ की राजनीति में जातीयता की अहं भूमिका है। उपन्यास इसकी मिसाल है कि राम को फासिस्ट बनाकर राजनीति में राम का बुरा इस्तेमाल हो रहा है। आज राम ब्राह्मण बन गया। उपन्यासकार बाबरी मस्जिद का ध्वंस और कारगिल युद्ध को भी सांप्रदायिक नफरत का दुष्परिणाम घोषित करते हैं। वे प्रश्न करते हैं कि क्या यही है आज का राष्ट्रवाद। उनके अनुसार आज भारत का राष्ट्रवाद मुसलमानों से नफरत और अंग्रेजों की चापलूसी के सिद्धान्त पर आधारित है। यह राष्ट्रवाद सिर्फ पाकिस्तान के सामने हथियार उठाता था और पश्चिम की नवऔपनिवेशिक ताकतों के सामने अपनी पूँछ निकालकर हिलाना शुरू कर देता था। जिस लुटियन ने भारत के लोगों को बर्बरता का चिह्न वनमानुष तक माना उस लुटियन के द्वारा निर्मित राष्ट्रपति भवन तक की इमारतों पर हम भारतीय गर्व करते हैं। ये सभी आज के नवउपनिवेशवाद के निदर्शन है।

वर्तमान राजनीति का इतना खुला चित्र उपन्यासकार ने पेश किया कि वह भारत की प्रचलित संस्कृति का अभिन्न अंग है। सरकार है तो कई पार्टियों की खिचड़ी है। सारी दालें एक साथ नहीं उबलतीं। वैसे ही इस खिचड़ी सरकार की हर पार्टी परस्पर अपने हक के लिए, ओहदे के लिए सदा लड़ रही है। ऐसा डाँवाडोल शासन हमारे देश

की मुखमुद्रा बन गई है। मंत्रिमंडल को मंत्रियों के बायोडाटा का अगर पता चला तो वे सबसे बड़े धोखेबाज, गुंडा, मुजरिम होंगे। मंत्रियों के पीछे व्यापारियों, व्यवसायियों, ठेकेदारों, प्रोपर्टी डीलर्स आदि की पूरी ताकत होगी। मुजरिमों के गिरोह की मदद हासिल होगी। गुंडागिरी की वजह से देश में कोई सुरक्षित नहीं है। पार्टी फंड बढ़ाने में हवाला आदि का इस्तेमाल किया जाता है।

आर्थिक तंत्र में उदारीकरण को अपनाया गया। इकोनमी सुधार करने के लिए सारी सब्सिडी को खत्म किया गया। यह किसानों के सर्वतोन्मुखी नाश की वजह बन गया। बाहर से इंपोर्टेड चीज़ें लाई गईं। ऐसी हालत में किसानों को खुदकुशी के बगैर और कोई चारा नहीं था। सोयाबीन, सूरजमुखी और तिलहन की खेती करनेवाले किसान पहले ही बरबाद हो चुके थे। यह आर्थिक सुधार भूमण्डलीकरण का हिस्सा है।

आज जो हिंसावृत्ति एवं हत्याकांड बढ़ रहे हैं इस पर उपन्यासकार नायक राहुल के जरिए चिंता जताते हैं। आतंकवादियों से या काश्मीर मुद्दे को लेकर नहीं तो उत्तर पूर्व प्रदेशों की समस्या, पता नहीं लोग कीड़ों की तरह मर रहे हैं। उग्रवादी संगठन, चोरी-डकैती, बलात्कार आदि से जनजीवन त्रस्त है। यह भारत में सीमित एक मुद्दा नहीं है बल्कि संपूर्ण दुनिया इनके गिरोह में है। असंख्य ऐसी घटनाएँ रोज हो रही हैं। "नीचे जमीन पर फूटी हुई ढोलक पड़ी थी, उसके बगल में करताल और मंजीरे और उनके बगल में कुछ लाशें। उन्हें पुलिस ने, बी. एस. एफ. ने, सी. आर. पी. एफ. ने, आतंकवादियों से किसी माफिया गिरोह या तस्कर ने, किसी कट्टरपंथी ने, तालिबान हिजबुल ने, या रणवीर सेना ने, नक्सलवादियों ने, अच्छन गुरु ने, दाऊद ने, किसी मंत्री के एस. पी. जी. ने एक साथ अंधाधुंध फायरिंग करके, किसी ज्वाएंट आपरेशन" (पीली छतरीवाली लड़की, पृ. 57)। इन विकृतियों का सच्चे अर्थ में मूलभूत कारण सांप्रदायिकता है। इसे हमारी आज की उपभोगवादी संस्कृति ने बढ़ावा दिया है।

आदिवासी जनता एवं पिछड़े वर्ग के प्रति उपन्यासकार हमदर्दी जताते हैं। आदिवासियों का जीवन बिलकुल प्राकृतिक है। राहुल के मामा इनकी तारीफ करते हुए इन हाशिए के लोगों को केन्द्र में लाने की जरूरत को समझाने की कोशिश करते हैं। इनके अनुसार आदिवासी मासूम लोग प्रकृति का नाश किए बिना प्रकृति के साथ मिलकर प्रकृति की पुष्टि के लिए सहयोग दे रहे हैं। पारिस्थितिक सजगता के इस जमाने में उपन्यासकार इसके प्रति भी फिक्र करते हैं। राहुल के मामा की मान्यता है कि आदिवासियों ने भारत के निर्माण के लिए अनन्य योगदान दिया। लेकिन हमारे इतिहास-लेखकों ने उनकी उपेक्षा की। राहुल केमिस्ट्री में पोस्टग्रेजुएट है, लेकिन मामा से प्रेरित होकर मानवविकास के विभिन्न परिणामों एवं जाति-नस्लों को समझने के लिए पुनः आंथ्रोपोलजी लेकर पढ़ने का निर्णय लेता है। राहुल के मामा भारत के इतिहास को नए ढाँचे पर तैयार करने की ओर इशारा करते हैं, जिससे पहले इतिहास द्वारा उपेक्षित वर्ग इसके अंतर्गत जगह पा सके।

फिलहाल हमारे भारतीय समाज में पुराने दर्शनों, आदर्शों को धूल में मिला दिया गया। आदमी भोगी बन गया। वियाग्रा आदि कामोत्तेजक वस्तुओं का उपभोग बढ़ गया। सारे टी. वी. चैनलों एवं कम्प्यूटरों में भोग सभ्यता का प्रचार हो रहा है। इसी वजह से युवापीढ़ी पर इसका बुरा असर पड़ रहा है। रिश्ते-नाते की आर्द्रता नष्ट हो रही है। इस उपन्यास में नायिका के पारिवारिक संबंध में इस शिथिलता का अंदाजा लगाया जा सकता है। मंत्री पिता और गुंडा भाई से बिलकुल अलग होकर अकेलापन एवं घुटन भोगनेवाली नायिका समकालीन संस्कृति की उपज है।

देश की उपभोगवादी संस्कृति में सौन्दर्य प्रसाधन एवं सौन्दर्य को सबसे प्रमुख स्थान दिया गया है। स्त्रियों के सौन्दर्य प्रसाधन, आभूषण और फैशन के विज्ञापन दिखाते हैं कि ये स्त्री-स्वाधीनता के चिह्न हैं जबकि उनके पीछे यह सोच होती है कि स्त्री उपभोग की वस्तु है। युवापीढ़ी के सामने फिल्मी जिंदगी और फिल्मी सितारे आदर्श बन गए हैं। उपन्यास के नायक राहुल ने इसलिए यूनिवर्सिटी के जिम में जाना शुरू किया था जिससे वह सलमान खान की तरह अपनी भुजाओं, कमर और धड़ बना सके। इसके बाद "रेनवेन का काला चश्मा, रेंग्लर या लेविस की एक जींस, पैंट और एक टीशर्ट, नशिके के सॉक्स और बुडलैंड का बढ़िया जूता।" (पृ. 8)। आज की छद्म संस्कृति में सलमान खान या ऐश्वर्या राय कई कंपनियों या कई वस्तुओं के विज्ञापन हैं। सौन्दर्य प्रतियोगिताओं में भाग लेने के लिए नारियाँ कई सौन्दर्य संसाधनों का इस्तेमाल कर अपने शरीर की नेचुरालिटी को खो देती हैं। विश्वसुन्दरियों की जो कतार भारत में है, इनका नाम एक-एक करके उपन्यासकार उपन्यास में प्रस्तुत करते हैं जिससे वे यह दिखाना चाहते हैं कि इनका उपभोग कैसे हो रहा है। सर्वत्र ब्यूटी पार्लर उग आया। सबसे ज्यादा सौन्दर्य संसाधनों की बिक्री भारत में हो रही है। सौन्दर्य संसाधनों का निर्माण प्रयोगशालाओं में वैज्ञानिकों द्वारा संपन्न हो रहा है। वहाँ नारियाँ पुरुषों के हाथ की कठपुतलियाँ बन रही हैं। समाज के प्रतिष्ठित लोग भी सौन्दर्य प्रतियोगिता को प्रतिष्ठा का साधन समझते हैं। उपन्यास में वाइस-चांसलर भी मणिपुरवाले विद्यार्थी की हत्या से जब विश्वविद्यालय को छुट्टी देनी पड़ी तब वहाँ होनेवाली सौन्दर्य प्रतियोगिता को स्थगित करने पर चिंता जताते हैं।

उपन्यासकार के मन में यह सन्देह उठता है कि भारत की नई पीढ़ी क्या आनेवाले दिनों को आकार देगी? "क्या इंडिया का नया 'एक्स-वाई' जेनरेशन वह है जो टी. वी. में, सिनेमा में, फैशन परेडों और दिल्ली-मुंबई-कलकत्ता-बंगलूर से निकलनेवाले अंग्रेजी के रंगीन अखबारों में पेप्सी पीता, क्रिकेट खेलता, पॉप म्यूजिक एलबम में नंगी-अधनंगी लड़कियों के साथ हिप्पियों जैसा नाचता या ज्यादा से ज्यादा दौलत कमाने के लिए एम. एन. सी. की नौकरियों के लिए माँ-बाप को लतियाता और तमाम परंपराओं पर थूकता हुआ अमेरिका, कनाडा, जर्मनी भाग रहा है या नया जनरेशन वह है, जो आसाम, मिजोरम, मणिपुर, आंध्र, कश्मीर, बिहार, तमिलनाडु से लेकर तमाम नरक जैसे पिछड़े

इलाकों में ए. के.-47, बारूदी नारन्दी सुरंग, तोड़-फोड़ और हताश हिंसक वारदात में शामिल है। जिसके एक हाथ में पेप्सी, बगल में एक अधनंगी मॉडल और जेब में क्रेडिट कार्ड और वीजा है या वह जिसकी आँखें लाल हैं, जिसके माँ-बापों को पिछले पचास सालों में शासकों द्वारा लगातार ठगा गया है और जिसके हाथ में फिलहाल हथियार है और जिसे हर रोज मुठभेड़ों में मारा जा रहा है?'' (पृ. 66) नई पीढ़ी के इस चित्र में आज की सच्चाई एवं आज की संस्कृति का विखंडित रूप प्राप्त होता है। क्या इनके हाथ में हमारा भविष्य सुरक्षित और सुनहला रहेगा?

आज की व्यापारी संस्कृति में कला और साहित्य का वह स्रोत सूख जाता है जो युग-युग से व्यक्ति और समुदाय की पारस्परिकता और उनकी आपसी संप्रेषणीयता का जनक और पोषक रहा है। एकमात्र मकसद मुनाफा होने की वजह कलाकार की भावना समुदाय की भावना से बिलकुल भिन्न हो जाती है। इससे कला का अवमूल्यन संभव हो जाएगा। विज्ञापन के कोलाहल में भोले आदमी की आवाज सुनने के लिए कोई नहीं होगा। इस उत्तर-संस्कृति में किसी को कला के प्रति कोई दिलचस्पी नहीं होगी। ''लोग प्रेमचन्द, तॉलस्ताय, गाँधी या टैगोर का नाम तक भूलने लगे। किताबों की दुकानों में सबसे ज्यादा बिक रही थी बिलगेट्स की किताब 'दि रोड अहेड'। (पृ. 12)। साहित्यकारों एवं कलाकारों को उपाधि देकर आदर सम्मान करना भी हमारी छद्म संस्कृति का भाग बन गया है। जो योग्य है उनकी अस्वीकृति होती है। नाकाबिलों की तारीफ होती है। ये साहित्यकार या कलाविद भी कई कंपनियों के उस्ताद बनकर विदेश जाते हैं, पद्मभूषण, पद्मश्री आदि से अलंकृत हो जाते हैं।

उपन्यासकार जब भारत के वर्तमान लहूलुहान यथार्थों को उपन्यास में उकेरते हैं तब बीच-बीच में भारतीय संस्कृति और आदर्शों के गरिमामंडित दो पात्र गाँधी और बुद्ध की याद दिलाते हैं। अहिंसा, सत्य, सेवाभाव आदि को बढ़ाने एवं गुलामी की जगह आजादी को प्रतिष्ठित करने तक भारतीय जनजीवन के सर्वतोन्मुखी विकास के लिए आर्थिक, राजनीतिक, धार्मिक, सामाजिक, सभी क्षेत्रों से संबंधित अपने परिष्कृत एवं उच्च विचारों से भारतीय जीवन की गाँधी ने बिलकुल नया उन्मेष देकर सप्राण बना दिया। गाँधी जी की आज की प्रासंगिकता कई संदर्भों में कम शब्दों में है तो भी बड़े अर्थ में उपन्यासकार ने इशारा किया था। नेलसन मंडेलना ने गाँधी जी के संबंध में जो कहा वह यहाँ विचारणीय है—''आज के संदर्भ में केवल गाँधी ही विकसित औद्योगिक समाज की एक संपूर्ण समीक्षा है। अन्य लोगों ने इसके सर्वसत्तावाद की आलोचना की है इसकी उत्पादन की व्यवस्था की नहीं। गाँधी विज्ञान और टेक्नोलाजी के विरुद्ध नहीं, लेकिन वे काम के अधिकार को प्राथमिकता देते हैं और मशीनीकरण का वहाँ तक विरोध करते हैं यहाँ वह इस अधिकार को छीन लेता है। गाँधी का विचार है कि बृहद् मशीनरी एक आदमी के हाथ में इतनी दौलत इकट्ठा कर देती हैं कि वह बाकी लोगों पर जुल्म करता है। गाँधी छोटी मशीन के पक्ष में है, वे चाहते हैं कि व्यक्ति के काम करने के औजार

उसके नियंत्रण में हो। उन दोनों में एक-दूसरे पर निर्भरता और प्रेम का रिश्ता हो। आज जब हम रोजगार को छीननेवाली अर्थव्यवस्थाओं के चंगुल में हैं–ऐसी अर्थव्यवस्थाएँ, जिसमें मुट्ठी भर लोग उपभोग करते हैं, जबकि अवाम भुखमरी के शिकार हैं–ऐसी स्थिति में हम इस बात के लिए बाध्य हैं कि अपने वर्तमान वैश्वीकरण के मूलाधारों से गौर करें और गाँधी के विकल्प पर पुनर्विचार करें (मुक्ति का महायोद्धा गाँधी–टाइम पत्रिका)। सचमुच आज का जो सांस्कृतिक संकट है इससे भारत को बचाने में गाँधी विचारधारा को एक अच्छा हथियार मानने में कोई आपत्ति नहीं है। उपन्यासकार के शब्द सुनिए–"वह आजादी किसके लिए थी, जो साबरमती के एक बूढ़े संत ने अपने क़रिश्मे से, बिना तलवार और ढाल के वैष्णव जन ते तेणे कहिए जो पीर पराई जाणे रे, गाते हुए पचास से कुछ साल पहले पैदा की थी? क्या उस संत को इसलिए पिस्तौल से उड़ा दिया गया था, जिससे वह भविष्य में कभी कोई करिश्मा पैदा न कर पाए?" (पृ. 66) आज की हमारी गुलामी पर व्यंग्य करते हुए उपन्यासकार सवाल करते हैं–"क्या पश्चिम की कंपनियों के राज के खिलाफ इस बार गदर फिर होगा? क्या इस बार ईस्ट इंडिया कंपनी सरकार की फौज उस स्वाधीनता संग्राम को 1857 की तरह फिर कुचल डालेगी और फिर उसके बाद क्या कोई अधनंगा, लंगोटी लगानेवाला, वंचितों और दरिद्रों का एक नया प्रतीक फिर कहीं इस अंधकार में से निकलकर आयेगा और सटोरियों, दलालों, अपराधियों और ठगों की इस भ्रष्ट बाह्मन-बनिया बाज़ार-व्यवस्था को निहत्थी चुनौती होगा। इस मार्केट एंपायर में जो सूरज एक बार फिर नहीं डूबता दिखायी देता, वह बंगाल की खाड़ी या हिन्द महासागर में फिर एक बार डुबा दिया जाएगा।" (पृ. 67-68)। साम्राज्यवाद और उपनिवेशवाद की गिरफ्त में है भारत। क्या इसे बचाने के लिए पुनः गाँधीजी का जन्म होगा?

संक्षेपतः यह उपन्यास भारत के सांस्कृतिक संकट से उत्पन्न नाजुक स्थिति का अवबोध प्रदान करता है। अतः यह उपन्यास उत्तर-उपनिवेशवादी संस्कृति की ताजी तस्वीर है।

रुणियाबास की अन्तःकथा बनाम उपेक्षितों की अन्तःकथा

डॉ. सुजा सी.

सांस्कृतिक संकट के संदर्भ में बिखरे हुए मूल्यों को फिर से बटोरने की दृष्टि से जितेन्द्र भाटिया का उपन्यास 'जुस्तजू'-ए.-निहाँ उर्फ रुणियाबास की अन्तःकथा' का खास महत्त्व है। उपन्यास की मूल संवेदना इस सवाल से जुड़ी हुई है—"अपनी या किसी दूसरे आदमी की समूची गुजरी हुई जिन्दगी को क्या किसी सूरत में दुबारा जिया जा सकता है? यह अपने परिवेश में मिसफिट होनेवालों और अपने से लगे-बँधे लोगों से काट दिए जानेवालों के मन में उभरनेवाला सवाल है। उपन्यासकार ने आज की मानसिकता की उस भयानक विसंगति का पर्दाफाश किया है जो हर माहौल में समझौतापरस्ती से काम लेने की विवश करती है।

स्वतंत्र अखबार 'नवहिन्द समाचार' का खोजी पत्रकार और हाइडेलबर्ग के एक प्राइवेट अस्पताल का फिसियोथैरेपिस्ट डेविड दोनों की गतिविधियों के इर्द-गिर्द उपन्यास का कथ्य विन्यसित है। ओझलबाबा अथवा रामगोपाल चोरडिया से संबंधित रहस्य से दोनों कैसे आकर्षित हो गए, इसका बहुत ही सहज ब्यौरा उपन्यास में मिलता है।

'नवहिन्द समाचार' का संपादक पारीक साहब मंत्री की चमचागिरी पर बहुत ध्यान देनेवाला है। अखबार के दिवाली अंक के लिए वे मुख्यमंत्री पर लंबा-चौड़ा फीचर तैयार कर रहे थे। उस फीचर में मुख्यमंत्री के व्यक्तिगत और पारिवारिक जीवन की अन्तरंग तस्वीर पेश होनेवाली थी। इस सिलसिले में खोजी पत्रकार को मुख्यमंत्री के पुश्तैनी गाँव डूँगरपुरा जाना पड़ा। मुख्यमंत्री के भानजे और आधा दर्जन डोबरमैन कुत्तों का सामना करने की जिम्मेदारी से वह बच निकलता नहीं। इण्टरव्यू कबाड़ा हो गया। परन्तु यह उसकी चिन्ता का विषय नहीं रहा। लौटते समय बस का ऐक्सल टूट गया। जल्दी शहर पहुँचने के इरादे से कंडक्टर के कहे अनुसार ढलान के पार सीधी पगडंडी पर डेढ़ेक मील चलने के अपने निर्णय को लेकर वह चिन्तित हो जाता है, क्योंकि दो-तीन फर्लांग आगे बढ़ने पर ही उसे अपनी भूल का एहसास हुआ।

ढलान के आखिरी छोर पर कुछ वृक्ष, झाड़ियाँ और एक पुराना सा नामालूम खँडहर दिखाई पड़ा। पगडंडी पर कुछ आगे जो अहाता दिखाई पड़ा, बरसों से कोई उधर से गुजरा नहीं है। वहाँ कुछ ही दूरी पर मिट्टी की मेंड़ के पास एक मरियल पेड़ था।

उसके इर्द-गिर्द घाघरे-चोली वाली एक अधेड़ औरत पूजा के अन्दाज में परिक्रमा कर रही थी। उसके पास एक दुबला-पतला बूढ़ा जमीन पर बैठा था। उसके सामने एक थाली रखी हुई थी। अधेड़ औरत उसके पूछने पर बताती है कि उनका बेटा बीमार है और वे ओझल बाबा से उसकी जिन्दगी की भीख माँगने आए हैं।

अन्तर्यामी ओझल बाबा को लेकर खोजी पत्रकार का मन आशंकित होता है। पगडंडी के दुकानदार से वह इसके संबंध में पूछताछ करता है तो उसका कहना है–"बाबा-शाबा कुछ नहीं, वहाँ साठ पैंसठ का एक खूसट धूणी रमा के बैठा है, जो किसी को पास फटकने नहीं देता। अन्धविश्वासी लोगों ने ही यह अफवाह फैलाया है कि बाबा मुरादें पूरी करता है। उस बुड्ढे का नाम रामगोपाल चोरडिया है, जो पिछले चालीस सालों से उस खँडहर में रहता है।" दुकानदार की इस टिप्पणी से वह आकृष्ट होता है और सोचता है कि बाबा ने इतना लंबा एकान्त क्यों वरण किया। बाबा के प्रति एक अजीब किस्म का आकर्षण उसमें पनपने लगता है। उसे लगता है कि बाबा के निजी जीवन के कुछ और ही सूत्र या पेंच खोले बिना इस दुनिया की तह तक पहुँचना असंभव है। इस कारण से वह पारीक साहब के असाइनमेंट को हाशिये पर रखकर लौट जाने के अपने इरादे को स्थगित कर देता है।

डेविड अपनी बीवी से झगड़ा करके घूमने के इरादे से जर्मनी से हिन्दुस्तान आ गया। रास्ते में किसी राहगीर से उसे ओझलबाबा का पता चला और पिछले एक हफ्ते से उस नामुराद बाबा की तलाश को वह अपना दायित्व समझ लेता है।

खोजी पत्रकार और डेविड ओझल बाबा की तलाश को क्यों इतना महत्त्व देता है? वास्तव में ये दोनों भिन्न-भिन्न परिवेश के हैं। किन्तु दोनों की मानसिकता के रूपायन में जिन व्यक्तियों और परिस्थितियों का हाथ रहा है, उनमें एक अजीब तरह की समानता है। बाबा अपने समाज से कटकर चालीस बरसों से खँडहर में रहने लगे थे। व्यक्ति को अपने समाज और सारे संबंधों से काट देनेवाले कई कारण होते हैं। समाज से निर्ममता से काट दिए जाने पर व्यक्ति अपने अस्तित्व को लेकर चिन्तित होता है। बाबा के इस निर्णय में नयापन अवश्य है, जो खोजी पत्रकार और डेविड को प्रभावित करता है।

दरअसल बाबा के संबंध में जान लेने के पहले ही खोजी पत्रकार इस सवाल से जूझता था कि पैंतीस सालों की जिन्दगी को एक अलग सिलसिले से दुबारा जिया जा सकता है? जीवन के हर मोड़ पर अपनी नाकामयाबी और समझौतापरस्ती से वह ऊब गया था। इसी बिन्दु पर आकर वह बाबा से गहरी आत्मीयता का अनुभव करता है।

आधुनिक जीवन की विसंगतियों को एक-एक करके उद्घाटित करने का प्रयास इस उपन्यास में लक्षित है। सबकुछ से समझौता करते हुए विचार और आचरण की दृष्टि से विरोधी रुख अपनाकर एक प्रकार का अधूरा और असफल जीवन जीने की विवशता आज के समय की पहचान है।

खोजी पत्रकार अपने को टटोलता है। वह अपनी शंकाग्रस्त मानसिकता से उबरता

नहीं है। वह याद करता है—"एक सीमा से आगे मुझे न सिर्फ हर उद्देश्य के औचित्य पर शक होने लगता था, बल्कि संयोग कुछ ऐसा पड़ता था कि वक्त के साथ यह शक सही साबित होता था।" उसकी इस शक्की मानसिकता के रूपायन में उसके अध्यापकों की महत्त्वपूर्ण भूमिका है। गणित के मास्टर सोहनलाल जी अपनी पत्नी से पिटते थे और बदले में क्लास के बच्चों को बेंत से इतनी पिटाई करते थे कि उन्हें जो आता था, वह भी भूल जाता था। वैसे ही छात्रों के जवाब सुनते ही सो नहीं, सो नहीं दुहरानेवाले काशीप्रसाद गुरुजी की असहमति सूचक मुद्रा उसे अपने आगामी जीवन में हमेशा याद आती रही। इस प्रकार जीवन भर व्यर्थता और ऊब का सामना करता हुआ खोजी पत्रकार बाबा के साथ अपने को जोड़ने की कोशिश करता है। बचपन की यादों में खो जाते वक्त भी उसे अपनी दोगली जिन्दगी की निरर्थकता का अहसास होता है—"सदियों से आने के सिलसिले में माँ और दादी की व्यस्तता भरी जिन्दगी और इन उद्यमी औरतों के जीवन कलाप के विपरीत उसकी अपनी जिन्दगी थी, जिसमें सुबह से शाम तक की हर अनियमितता को शक या ऊब की निगाहों से देखने और जमाने के सारे टुच्चेपन पर हिकारत महसूस करने के बावजूद किसी मोड़ पर जाकर स्वयं उस सारे कमीनेपन में शामिल हो जाना उसके लिए अनिवार्य हो जाता था। क्या इस दोगली जिन्दगी से बच निकलने का कोई आसान रास्ता था, या कि मेरे लिए भी इस सारी गहमागहमी से दूर कोई वीरान खँडहर या बर्फीली वादियों में छिपी कोई गुमनाम कन्दरा मुकर्रर कर दी गयी थी?"

जीवन की निरर्थकता के जिक्र मात्र से कोई रचना महत्त्वपूर्ण नहीं होती। इस उपन्यास में खोजी पत्रकार के जीवन की गतिविधियों को बहुत ही तटस्थता से दर्शाया गया है। उपन्यासकार का प्रिय या अप्रिय पक्ष कौन सा है, इस ओर तनिक भी संकेत इसमें मिलता नहीं है। पक्ष-प्रतिपक्ष के प्रति अतिरिक्त सम्मान या उपेक्षा की भावना भी यहाँ नहीं है। अतः किसी भी प्रकार के पूर्वग्रह के बिना सचाई से सीधे हम साक्षात्कृत होते हैं। खोजी पत्रकार का ऊब भरा दफ्तरी जीवन उपन्यास में पूर्ण रूप से प्रक्षेपित है—"दफ्तर की जिन्दगी में एक खौफनाक किस्म की तटस्थता थी। दुनिया की बुरी से बुरी खबरें न्यूजरूम के बाहर रखे टेलिप्रिंटर से आकर टकरातीं, और फिर बिना हमें छुए, बारह प्वांट की स्याही में जमकर पत्थर हो जातीं। गर्मियों में कूलर की हवा पूरे दफ्तर को एक शिथिलता से भर देती और अपनी-अपनी कुर्सियों पर पत्थर बने हम प्रेसगिल्ड से आनेवाली ताजा खबरों का उदासी से इंतजार करते चले जाते।" यह तटस्थता और उदासी भरा इन्तजार मात्र पारीक साहब के अखबार के कर्मचारियों की विवशता नहीं है। यह निस्संगता आज की सचाई है।

लगातार अपने को निकम्मा महसूसनेवाले खोजी पत्रकार का यों सोचना स्वाभाविक है कि एक कामचोर इन्सान को ट्रेनी की हैसियत से अखबार में रखके पारीक साहब ने बड़ी भारी गलती की है। पारीक साहब की मुसलसल 'भैंचो' गीरी से तंग आकर उसने एक बार दफ्तर से सचमुच इस्तीफा दे दिया था। यह वह समय था जब हिन्दुस्तान और

पाकिस्तान में तनाव चल रहा था। वह बतौर ट्रेनी जर्नलिस्ट शहर के तमाम शादी-ब्याहों और अन्य विविध चूतियापों का साप्ताहिक ब्यौरा नवहिन्द समाचार के शनिवारी कॉलम में लिखता था। देश की राष्ट्रभाषा पारीक साहब को नहीं आती थी। अतः खोजी पत्रकार को स्पष्टीकरण देना पड़ा। पारीक साहब प्रतिक्रियान्वित हुए बिना नहीं रहा—"शहर में फोकट की दावतें खा-खाकर उस पर 'भोत चर्बी' चढ़ने लगी थी।" उसको यह आरोप सही लगता है, लेकिन उसके भाग खड़े होने के पीछे इस काम के तमाम अतिरिक्त फायदों के बावजूद वह भयानक व्यर्थता का एहसास था। वास्तव में अपभ्रष्टता और निकम्मेपन के उस एहसास से वह ऊपर उठना चाहता था जो इधर घुन की तरह उसे भीतर ही भीतर खाये चला जा रहा था। पारीक साहब यह सब समझ गया था। वह याद करता है—"परचानेवाले अन्दाज में उन्होंने मुझे समझाया था कि मैं अपने लायक कोई बेहतर और कम अपभ्रष्ट काम की तलाश जारी रखूँ और तब तक मुझे ऐसा अलौकिक काम मिल नहीं जाता, जब तक वे मुझे एक दूसरा अधिक सार्थक असाइनमेंट देने की कृपा फरमा सकते हैं।" किस्सा कोताह यह कि इस तरह वह उस पतनशील अखबार के लिए प्रदेश के सुदूर, दुर्गम इलाकों में हगने-मूतने लायक सामग्री जुटाने के 'खोजी पत्रकारिता' वाले वर्तमान धन्धे में आ गया था।

बेगैरत और सपाट जिन्दगी की भयानक उद्देश्यहीनता खोजी पत्रकार को लगातार घबराहट प्रदान करती थी। इसी घबराहट की वजह से ही वह दूर-दराज के जिले तहसीलों के ऐसे असाइनमेंट कबूल करने लगा था, जिनमें बीहड़ होटल सरायों में रातें गुजारनी पड़ती थीं और घर गृहस्थीवाला कोई भी इज्जतदार आदमी जिनका जिम्मा लेने से कतराता था। उसकी इस विकट उपयोगिता को ध्यान में रखकर ही पारीक साहब भी सारी बदजबानी और गाली गलौज के बावजूद एक हद से आगे उससे उलझना बन्द कर देता था। क्योंकि अपने पतनशील अखबार को पतन से बचाना पारीक साहब के लिए सबसे बड़ी चुनौती रही है।

विचार और व्यवहार के गहरे फासले को पाटने की कोशिश कोई करता नहीं है। अगर कोई इस ओर बढ़ता है तो व्यर्थता का एहसास और भी गहराने लगता है। ऊब और व्यंग्य के मिलेजुले भावों में डूबे अपने दफ्तर के सहयोगियों के चेहरे वह कभी भूलता नहीं, जिनके बीच अपनी ओजस्वी भाषा में वह सांप्रदायिकता का विरोध करने की संवैधानिक जरूरत, सरकारी दफ्तरों में फैले भ्रष्टाचार, बाँसवाडा के गाँव के सामने देखी गई अस्पृश्यता की भयानक मिसाल, बंबई के मिल मालिकों द्वारा बँधुआ मजदूरों के आर्थिक शोषण, स्त्रियों की सांस्कृतिक मुक्ति, उपभोक्ता संस्कृति का जहरीला प्रभाव जैसे ज्वलंत मुद्दों पर अपनी असहमति व्यक्त करता था। लेकिन विवश होकर अपने इन जोरदार विचारों को खारिज करता हुआ उसे पारीक साहब की हिदायतों के मुताबिक बहुत ही शर्मनाक काम करना पड़ता था, जिसकी उपन्यास में खुली प्रस्तुति हुई है, और यह हमारे नैतिक पतन का ही प्रमाण है।

पारीक साहब का अनुभवी वक्तव्य हमेशा सच साबित होता है कि सारी चिनगारियों के बावजूद यह 'भैंचो' खोजी पत्रकारिता एक सुलभ मगर भोथरे औजार से अधिक कुछ नहीं थी। एक ऐसा औजार जिसे खाने के बाद दाँतों के बीच फँसा सौंफ का दाना निकालने या धूप में हाथ मोड़कर पीठ खुजलाने के लिए तो काम में लाया जा सकता था, लेकिन ले-देकर जिसके इस्तेमाल से उस दुनियावी दफ्तर में या उससे बाहर किसी भैण के ढक्कन का कुछ भी उखड़ पाने की कोई संभावना नहीं थी। ऐसी कटु सचाइयों का सामना करते-करते उसके भीतर पैंतीस सालों की जिन्दगी को एक अलग सिलसिले से दुबारा जीने की एक हल्की और तकरीबन अदृश्य-सी लालसा रही है। उसका मन यह स्वीकारने को तैयार नहीं कि इस लालसा के पीछे अपने किये की व्यर्थता का एहसास था और ही कोई भारी महत्वाकांक्षा भी।

यह तो सही है कि खोजी पत्रकार और डेविड बाबा के एकान्तवास से संबंधित बातों से आकृष्ट हो जाते हैं, बाबा के वरण को संभावनापूर्ण मानते हैं, उसकी असलियत का पता लगाने में जुट जाते हैं और बाबा को तलाशने के सारे उपक्रम भी लगभग समान हैं परन्तु दोनों का मिलन बाद में ही होता है। बहरोड के एक मोटल में ठहरकर डेविड अपना अभियान शुरू कर देता है और एक मोपेड किराए पर लेता है। खोजी पत्रकार धर्मशाला में रहकर एक साइकिल किराए पर लेता है और दिन भर बसनोदा, रुणियाबास गाँवों में जाकर बाबा से संबंधित तमाम जानकारी इकट्ठा करने लगता है। रात के वक्त उस असुरक्षित बियावान जंगल में बाबा के सारे रहस्यों को जानने और उसे सरेआम पकड़ लेने की ताक में बैठा रहता है। तार के टूटे हुए हिस्से की ओर रोशनी की एक लंबी-सी फाँक अचानक लपकी तो किसी अंदरूनी ताकत से चालित होकर उस लौ की ओर वह दौड़ जाता है। जिस तेजी के साथ वह बाबा की ओर दौड़ा है, लगभग उतनी ही रफ्तार से बाबा की नामुराद छाया भी उसकी ओर लपकी है। एक क्षणांश में ही उसने बाबा के इकहरे जिस्म को इस तरह हाथ में दबोच लिया था कि वह किसी भी सूरत में छूटकर भाग न पाए। तब एक आश्चर्यजनक अनुभूति से गुजरते हुए उसने पाया था कि बाबा की बेजान बाँहें भी लगभग उतनी ही शिद्दत के साथ उसकी गर्दन के गिर्द किसी ऑक्टोपस की तरह जकड़ने लगी थीं। उपलब्धि के उस चरम क्षण से गुजरते हुएउसे महसूस हुआ कि अनाम जंगली खुशबू में लिपटा चालीस वर्षों से अप्राप्य वह दुर्लभ यथार्थ किसी घायल कस्तूरी मृग की तरह परास्त उसके ठीक सामने लगभग उसे छूता हुआ धीरे-धीरे शिथिल होता चला जा रहा है।'' बहुत ही कुतूहलतावर्द्धक यह दृश्य उपन्यास के शिल्प की सफलता को दर्शानेवाला है। बहुत ही संयम से इस सत्य का प्रक्षेपण उपन्यास में हुआ है कि खोजी पत्रकार ने जिस शख्स को धर दबोचा था, वह बाबा नहीं, बल्कि टी-शर्ट निक्करधारी अंग्रेज डेविड है। उस अँधेरे में डेविड भी उसे बाबा समझने की भूल कर बैठा था।

डेविड और खोजी पत्रकार को तुच्छ और कामचोर माननेवाले लोग अलग-अलग

हैं। लेकिन उनकी मानसिकता एक ही तरह की है। डेविड की पत्नी एक अच्छे-खासे ओहदे पर काम करती है। उसकी नजर में डेविड एक खास सनकी और आत्मकेंद्रित किस्म का आदमी है, जो यह भी नहीं जानता कि अपनी विवाहित जिंदगी में उसे क्या अपेक्षाएँ रखनी चाहिए। खोजी पत्रकार याद करता है कि पारीक साहब और सहकर्मी उसे ऐंग्री ओल्डमैन पुकारते हैं और उसकी सहेलियाँ उसमें किलर इंस्टिंक्ट की कमी की शिकायत करती थी। डेविड के सवाल—तुम्हारे उस बदजबान मिस्टर पारीक और मेरी हैमबर्गियन बीवी में क्या ज्यादा फर्क है?—से खोजी पत्रकार को लगता है "पारीक साहब और हैमबर्ग में पली-बढ़ी डेविड की मार्था में गजब का साम्य था। उन दोनों के सारे फिकरे, मुहावरे और तमाम व्यंग्य भरे ताने एक ही फैक्टरी के एक ही फर्मे से कटकर बाहर निकले लगते थे। दोनों के सीने में एक ही तरह का नासूर खदबदा रहा महसूस होता था। दोनों की नजरों में डेविड और मैं एक ही तरह के तुच्छ, कामचोर और नाशुक्रे प्राणी थे।" ऐसी उपेक्षा की वजह से ही अपनी असली हैसियत के लिए विकल्प ढूँढ़ने का उतावलापन खोजी पत्रकार के मन में घर कर रहा है और डेविड भी जयपुर जाकर हवामहल की फोटो खींचने के अपने तयशुदा इरादे को मुलतवी कर कसम खाता है कि बाबा का पता लगाए बगैर वह उस जगह को छोड़कर कहीं नहीं जाएगा। अतः डेविड में एक अजीबोगरीब निश्चयात्मकता और दृढ़ता है, और खोजी पत्रकार का हर आचरण शक्की मानसिकता से परिचालित है। यह शायद रैडिकल और लिबरल विचारों का नतीजा हो सकता है। इसी मकसद को काफी वरीयता देने के कारण उपन्यास में डेविड और खोजी पत्रकार को एक ही समय में बाबा की तलाश में निकलते दर्शाया गया है, यह एक हद तक अतिरंजनापूर्ण अवश्य है।

रुणियाबास की अन्तःकथा की तह में लाडनबाई की दर्द और यातना भरी कथा भी शामिल है। ओझलबाबा को अपने सारे अलौकिक संदर्भ से हटाकर मनुष्य के धरातल पर ले आने में लाडन बाई उर्फ भगवती देवी के जीवन की गतिविधियों का योगदान है। ओझलबाबा के अस्तित्व पर शक होते वक्त भी लाडन की कारुणिक छवि अपना अलग अर्थ-संदर्भ खोलती है। रुणियाबास के लोगों के अनुसार, "बाबा पन्द्रह कोस दूर बसनोदा गाँव का निवासी था। बाबा के चमत्कारिक कैरियर की शुरुआत के लिए इसी गाँव की भगवती नाम की महिला जिम्मेदार थी, जो अपनी जवानी में सर्टिफाइड बाँझ थी, लेकिन हर शाम बिना नागा चहारदीवारी के बाहर बाबा के लिए खाना रखने की दो वर्ष की अथक तपस्या के बाद जिसे पुत्र-रत्न की प्राप्ति हुई थी। इस घटना के बाद बाबा के दर्शन के लिए दूर-दराज के इलाकों से भी जनता आने लगी।" बसनोदा गाँववाले रामगोपाल चोरडिया नाम का एक सनकी नौजवान को जानते थे। बचपन में माँ की मृत्यु, बाप से झगड़ा करके गाँव छोड़कर चला जाना निश्चित बातें हैं। लेकिन कोई भी निःसन्देह कह नहीं सकता था कि उस खँडहर का ओझलबाबा वही रामगोपाल चोरडिया था। खोजी पत्रकार बाबा और रामगोपाल चोरडिया को दो अलग-अलग

खानों में बाँटकर देखने लगता है। तभी वह महसूस करता है कि ओझल बाबा की सही गलत स्मृति के साथ वह वही सब कर रहा है, जो गणित के सोहनलाल मास्टर जी, बायोलॉजी के सर, पारीक साहब और उसके बड़े भाई सहित सैकड़ों लोगों ने अब तक उसके साथ किया था। इसी वजह से बाबा की संभावनाओं को यूँ ही अनदेखा करना उसे बिल्कुल ही अन्याय लगता है और उसके प्रति एक सहानुभूति सी वह अनुभव करने लगता है। बाबा को वास्तविकता की जमीन पर उतारने की अनिवार्यता से उसका मन जूझने लगता है। उसे यह निहायत जरूरी लगा कि खोजबीन की अगली अनिवार्य कड़ी के रूप में भगवती देवी को इतिहास के पन्नों से निकालकर बाहर वर्तमान में ला खड़ा करना है।

लाडनबाई अपनी कोठारी में अकेली रहती हैं तीन बरस पहले एक हादसे में अपने जवान बेटे की मौत की खबर सुनने के बाद वह अचानक पत्थर हो गयी थी। तब से किसी ने उसे बोलते नहीं सुना था। लाडन के राजमिस्त्री बेटे की मौत अधिकार से जुड़े हुए लोगों की हृदयहीनता का परिणाम है। लाडन की दुर्दशा पर भी हम कितनी निर्ममता से पेश आते हैं, उसका उपन्यास में सही चित्रण है—तहसील के डाक्टरों, कम्पाउण्डरों और बड़े नौसिखिए सबकी कोशिश बेकार रही। बीच में उसे दस दिनों के लिए शहर भी ले जाया गया था। लेकिन लाडन की झुर्रियों से ढँका जिस्म शहरी छोकरों को रिसर्च स्कालरशिप और एक अदद महत्वाकांक्षी डाक्टर को एम. डी. की डिग्री दिलवाने के अतिरिक्त किसी काम न आ सका था। ''लाडन की दुर्दशा और बेटे की असमय मृत्यु पर बाबा को निश्चिंत जानकर खोजी पत्रकार को गुस्सा आ जाता है। लेकिन दूसरे ही क्षण वह समझौतापरस्ती से काम लेता है—''अपनी हताशा और मजबूरी की तरह वह बाबा भी शायद हताश और मजबूर हो।''

मनुष्य को अनदेखा करने की वजह से उसका जीवन किस तरह बर्बाद हो जाता है, उसके प्रति उपन्यास में गहरी चिन्ता व्यक्त की गई है। डेविड को साथ लेकर खोजी पत्रकार लाडन बाई के पास जाता है। वर्षों से किसी कोमल हाथ के स्पर्श से वंचित लाडनबाई के कन्धे से गर्दन तक के भाग को डेविड धीरे-धीरे मथने लगा तो उसके चेहरे का दहशतजदा भाव पिघलने लगा। लाडन के गले को उसने दोनों तरफ से दबाया और उसके रूँधे हुए गले से एक हल्की सी घरघराहट के बाद एक तीखी दर्दनाक चीख बाहर निकली। उसकी आँखों में डेविड अपनी माँ को देख लेता है। वह हमेशा इस विचार से बेचैन है कि उसने अपनी मम्मा के प्रति न्याय नहीं किया है। डेविड की बूढ़ी माँ एक खस्ताहाल ओल्डएज होम में है और उसकी पत्नी सरकार की तरफ से मिलनेवाले भत्ते की ताक में रहती है। हर दूसरे दिन वह उनसे फोन पर बात करता था। माँ की याददाश्त कमजोर पड़ती जा रही है और अपने घर का फोन नंबर भी उसे याद नहीं। दीवारों पर सिर पटक-पटककर रोना और जबर्दस्ती नर्सों द्वार नींद का इंजेक्शन देना आम बात बन गयी है। उसकी माता अपने दुनियादार बेटे और बहू के साथ कुछ बाँट लेना चाहती थी।

वह शायद उसके पिता के संबंध में हो सकता है। डेविड जब गर्भ में था तभी उसके यहूदी पिता नाजी कैंपों के शिकार हो गए थे और वह उन्हें स्पीलबर्ग की फिल्म शिंडसर्ल में ढूँढ़ने और पहचानने की कोशिश करता था। डेविड की पत्नी उसके स्वभाव के लिए उसे पिता से विरासत में मिले यहूदी ख़ून को दोषी मानती थी। लाडनबाई को देखकर खोजी पत्रकार अपनी दादी की याद में भावविभोर हो जाता है। "दादी की यादों जैसे ही वह ग़ुमशुदा लड़की जो दीवार की ओर मुँह करके चुपचाप रोया करती थी और जिसका चौबीस दिनों का बकाया हिसाब अब भी हमारे कैशियर के ड्राअर में बंद पड़ा था, उसकी खामोश सिसकियों को हम क्यों महसूस नहीं कर पाए थे? उसके दुःख का वजन क्या लाडनबाई की खामोशी जितना ही विकराल नहीं था और उसे दुःख की निरंतरता में हम सब क्या बराबरी के हिस्सेदार और गुनाहगार नहीं थे?" अपने दफ्तर की उस खामोश लड़की के प्रति उसने अपने सहयोगियों के समान उपेक्षा और निर्ममता से आचरण किया है। इससे वह सचमुच बेचैन हो उठता है।

खोजी पत्रकार को अपना खोजी अभियान बेकार लगता है। परन्तु डेविड को अपने निर्णय से अलगाना असंभव था। एक अव्यक्त अवसाद के गिरफ्त में आ जाने के बाद अन्त में तहखाने में उन दोनों ने जिसकी भेंट की, उसको उपन्यास में काफी सहजता से शब्दबद्ध किया गया है "सामने पथरीले फर्श पर एक ताजा अधखाया अमरूद पड़ा था और उसी के क़रीब ऐन हमारे सामने सफेद बालोंवाला एक नंगधड़ंग बूढ़ा मुँह के बल औंधा गिरा पड़ा था...गर्मी के बावजूद उसका वह शरीर बेहरकत और निर्जीव था। उसका चेहरा बेहद मामूली था और वहाँ किसी तरह का कोई भाव न था, न भय, न दया, न करुणा, न खुशी या दुःख, न महत्वाकांक्षा, न अवसाद।"। इस तरह ओझल बाबा के रहस्य की तलाश पूर्ण हो गयी। दोनों उलटे पाँव तहखाने की सीढ़ियों से ऊपर चढ़ आये। सुबह की रोशनी फूटने वाली थी। गाँव वाले अपने अनकहे दुःख से निस्तार पाने के लिए रोज की तरह चढ़ावा लेकर आ रहे थे। उनकी जिज्ञासु नजरों से अपने आपको छिपाना दोनों ने उचित समझा। खोजी पत्रकार के मन में फिर वही सवाल उठ खड़ा हुआ कि अपनी या किसी और की समूची गुजरी हुई जिन्दगी को किसी सूरत में दुबारा जी पाना क्या संभव था? लेकिन वह अनुभव करता है कि उसके भीतर का वह डरपोक शक्की पत्रकार अब कहीं चला गया। उसे लगा "डेविड की सवालिया आँखें शायद पूछना चाह रही थीं कि उसकी तरह क्या मैंने भी उस तहखाने के भीतर उसके यहूदी पिता के लहूलुहान चेहरे का अक्स पहचान लिया था...?" सारी मायूसी और थकान के बावजूद डेविड ने आँख मारी तो खोजी पत्रकार को लगता है—"शायद वह मुझे तसल्ली देना चाह रहा था कि घबराओ मत, ये (गाँववाले) और हम सब एक ही नाव पर सवार हैं। या फिर यह भी हो सकता है कि मेरी ही तरह उसने भी इस गुत्थी का कोई तोड़ ढूँढ़ निकाला हो और अब उसकी यह हरकत रुणियाबास की बोलतीबंद लाडनबाई की आवाज वापस लाने को लेकर किए गए किसी खुशनुमा अन्दरूनी फैसले

का संकेत मात्र रही हो...

आज संपूर्ण जीवन में एक प्रकार की जड़ता व्याप्त है। व्यक्ति उसे तोड़ने को तड़प रहे हैं। भीतर और बाहर की यह तड़प ऐसी तलाशों का कारण बनती है। लेकिन इसे एक 'खुशनुमा अन्दरूनी फैसला' मानना सचमुच उस बदली हुई मानसिकता का ही सूचक है, जिससे जीवन में नई संभावनाओं का द्वार खुलता है।

'जुस्तजू-ए-निहाँ उर्फ रुणियाबास की अन्तःकथा' की घटनाओं का एक सहज प्रवाह है। इसमें प्रयुक्त भाषा की रचनात्मकता विशेष ध्यान आकर्षित करनेवाली है। अतः 'जुस्तजू-ए-निहाँ उर्फ रुणियाबास की अन्तःकथा' आधुनिक जीवन की अन्धी दौड़ में पीछे छूटनेवालों का साथ देने पर जोर देनेवाला उपन्यास है।

देहाती दुनिया के बदलते तेवर

डॉ. चित्रा पी.

सृजनात्मकता की दृष्टि से उत्तर शती के हिन्दी उपन्यास पर्याप्त समृद्ध दिखाई पड़ते हैं। वर्तमान समय के उपन्यासों में वस्तु-विन्यास की जो विविधता पाई जाती है वह विशेष उल्लेखनीय है। आमतौर पर उपन्यासों में जीवन-यथार्थ का स्वर ही मुखरित हुआ है। नारी-जीवन और दलित-जीवन के यथार्थ पर आधारित अनेक महत्त्वपूर्ण उपन्यास सामने आए हैं। समाज में सदियों से उपेक्षित या तिरस्कृत रहनेवाले दलित और नारी की अवस्था समय के साथ जरूर बदलती आयी है। इस बदलाव को कई लेखकों ने अपने उपन्यासों के लिए विषय बनाया है। ऐसे एक सशक्त एवं सफल रचनाकार के रूप में मिथिलेश्वर ने अपनी पहचान बना ली है।

'यह अंत नहीं' मिथिलेश्वर का सफल उपन्यास है जिसमें देहाती दुनिया के बदलते तेवरों को पकड़ने का प्रयास हुआ है। युवा दलित-दंपति जोखन और चुनिया के जीवन-संकट और संघर्ष के माध्यम से मानव-जीवन के उच्चतर आदर्श की खोज उपन्यासकार का लक्ष्य मालूम पड़ता है। चुनिया की तनाव-भरी जीवन-यात्रा के दौरान स्त्री-शक्ति को उभारने का प्रयास भी सराहनीय है। उपन्यास के अध्यायों—'तेज बारिश में', 'पुरवा हवा', 'फागुन की रात', 'जेठ की दुपहरी', 'घनहर खेतों के गाँव', 'बदलते मौसम' और 'चैती फसल' में आंचलिकता के स्पष्ट चिह्न उभर आते हैं।

भवदेव पांडेय के कथनानुसार—'यह अन्त नहीं' का प्रस्ताव है नारी महाशक्ति का अन्वेषण। इसे उपन्यास की तलवार भी कह सकते हैं। लेखक ने कथा-प्रस्ताव को 'चुनिया' की देह से लेकर दिमाग तक के ऊबड़खाबड़ रास्तों द्वारा गंतव्य तक पहुँचाने का नया प्रयोग किया है। चुनिया श्रम-संस्कृति में पली-बढ़ी, पिछड़ी जाति की नारियों की उत्तर-उद्धृत है जिसमें प्रतिरोध-संघर्ष और परिवर्तन की आधुनिक आकांक्षाएँ मूर्त हुई हैं। लेखक ने 21वीं सदी में स्त्री-शक्ति के बृहत्तर बोध के पैमानों की तरह चुनिया के चरित्र की प्रस्तुति की है।''[1]

साधारण मानव की जिजीविषा और जीवन-संघर्ष को लेकर चलनेवाले उपन्यास का आरंभ तूफानी मौसम में होता है। भोजपुर जिले के खवासडीह गाँव में एक तूफानी

रात में जुड़वाँ बच्चों—चुनिया और बुंतु—का जन्म होता है। "लेकिन यह अजीब संयोग घटित हुआ कि चुनिया के जन्मते ही ही बारिश थम गई। तूफान शांत हो गया। कुछ लोग इसे चुनिया के जन्म का चमत्कार मानने लगे। पर कुछ लोग इसे बारिश की फूट गई मियाद! जो हो, लोगों की जान में जान लौट आई।"[2] जन्म के अवसर पर ही नहीं, बीच-बीच में चुनिया को अपने जीवन में आँधी-तूफान का सामना करना पड़ता है। लेकिन कुदरत ने उसे इतना मजबूत बना दिया था कि बड़े-से-बड़े संकट को भी झेल लेती है। वह अपने आपको समझाती है कि, "मौसम की खराबी और हवा-पानी की बदसलूकी का सामना तो उसे करना ही पड़ेगा। जो मौसम और हवा-पानी की खराबी से डर जाते हैं उन्हीं पर इसका असर भी होता है। जो इससे भिड़ जाते हैं, उस पर इसका जोर नहीं चलता।"[3]

चुनिया का पिता नरोत्तम कहार बनिहार के रूप में श्रवणसिंह के यहाँ काम करता था। जब से चुनिया गोद में लेने लायक हो जाती है तब से बाबू उसे अपने साथ लेकर काम पर जाने लगे। धीरे-धीरे वह बाबू के काम में हाथ बँटाना भी शुरू करती है। बचपन से ही अपने को मेहनती साबित कर लेती है। तेज बारिश की परवाह किए बिना चुनिया अपने जुड़वां भाई बुंतु के साथ मछली पकड़ती। स्कूल की माँगों का पूरा कर पाने में माँ-बाप असमर्थ होने के कारण चुनिया-बुंतु एक दो वर्ष से अधिक पाठशाला में टिक नहीं सके। लेकिन जीवन की पाठशाला के विभिन्न अनुभवों ने उन्हें इस दुनिया में रहने लायक बना ही लिया।

चुनिया श्रवणसिंह के यहाँ नौकरानी बनकर आ जाती है। पहले अपने बाबू के साथ खेतों में उन्मुक्त विचरनेवाली चुनिया घर के अन्दर दिन भर खटते रहने में घुटन महसूस करने लगी। फिर भी माँ-बाप के समझाने पर वह अनायास ही अपने को इसके अनुरूप ढाल लेती है। मालिक के घर की परिधि को अपनी नियति मान कोल्हू के बैल की तरह आँख मूँदकर उनकी गृहस्थी में जुत जाती है। श्रवणसिंह का बेटा अगम चुनिया को फुसलाने की ताक में लगा रहता है। लेकिन चुनिया उसका इरादा भाँप लेती है और अपने को बचाकर चलती है। उसकी मीठी बातों में आनेवाली वह नहीं थी। उसकी हरकतों से वह पकती गयी, और सतर्क होती गयी। ऐसा होने पर भी मौका पाकर अगम उसकी आबरू लूटने की कोशिश करता है। उसी क्षण अपने नारीत्व और स्वाभिमान पर आँच न आने देने के लिए वह सिंहनी बनकर उस पर टूट पड़ती है। वह पागलों की तरह उसका गला दबोचकर झिंझोड़ती है और उसे घायल कर देती है। नरोत्तम और श्रवणसिंह आकर ही उसे शांत करा लेते हैं और अगम को छुड़ा लेते हैं।

"चुनिया गाँव के स्त्री-नियतिवाद के विरुद्ध क्रियाशील यथार्थों का प्रतीक बन जाती है। पिछड़े गाँवों में यौन-लिप्सुओं की शिकार बनती औरतों की विकल्पहीनताओं को तोड़कर नारी को पुरुषवादी समाज के लिए चेतावनी के रूप में उभारना आज के आंचलिक उपन्यासों की आवश्यकता बन गयी है। 'यह अन्त नहीं' में मिथिलेश्वर ने

इसी प्रस्ताव-बिन्दु को उपन्यास के रूप में प्रस्तुत किया है।''[4]

गाँव के अमीर लोगों की अपनी धन-दौलत की सुरक्षा को लेकर परेशानी उठानी पड़ती है तो गरीबों को अपनी जवान बहू-बेटियों की सुरक्षा को लेकर चिंतित रहना पड़ता है। लड़कियों के लिए अपना घर ही सबसे सुरक्षित स्थान होता है। लेकिन चुनिया को अपने ही घर में बदमाशों का सामना करना पड़ता है। गाँव के बदमाश छोकरे रात के वक्त घर में घुसकर चुनिया पर आक्रमण करते हैं तो वह अपना बचाव और जवाबी हमला, दोनों करने लगी। ''चुनिया बड़टोली की छोकरियों की तरह नाजुक कमजोर और भीरु नहीं थी। किसी पुरुष के डराने-धमकाने और उसके खूँखार रूप से आतंकित होकर समर्पित होने की बात तो उसके जीवन के शब्द-कोश में कहीं थी ही नहीं। वह मरने-मारने में विश्वास करती थी, जीते-जी किसी के हाथ जाने में नहीं।''[5]

शासन-सरकार और कोर्ट-कचहरी तक दलितों की पहुँच होने का चित्रण करके उपन्यासकार ने दलितों के लिए आत्म-पहचान की आवश्यकता पर भी जोर दिया है। चुनिया के भाई बुंतु पर जो जानलेवा आक्रमण होता है वह नन्हटोली और बड़टोली के बीच के संबंधों में एक नया आयाम खोलता है। पहले बनिहार-चरवाह लोग दबते-सहते रह जाते थे। लेकिन उनकी सुधरी हुई हालत का रेखांकन करके उपन्यासकार ने दलितों को समाज में उचित स्थान दिलाने का पक्ष-समर्थन किया है। नरोत्तम द्वारा बड़टोली पर केस की शुरुआत कर उनको चुनौती देने का साहस दिखाना एक अभूतपूर्व घटना थी। गाँव में पहले कभी ऐसा नहीं हुआ था। बड़टोली के छोकरे कुछ गड़बड़ी कर जाते हैं तो घरवाले अपने धनबल और जनबल से उसे दबा देते थे। बुंतु पर आक्रमण की घटना पर भी वे धनबल से शुरुआत करने लगे। लेकिन नया दारोगा नरोत्तम जैसे लोगों के वर्ग से आनेवाला था। इसलिए ही रुपए लेकर अपने लोगों पर होनेवाले जुल्म को बर्दाश्त करनेवाला नहीं था। वह जिनके बीच से आया था, उनके लिए अपनी वफादारी के प्रति अडिग था। जब बड़टोली के लोगों को यह निश्चित हो गया कि अब वे केस से बच नहीं पायेंगे तो वे सुलह के लिए तैयार हो जाते हैं। नरोत्तम की इच्छानुसार पंचनामा तैयार हो जाता है जिनके अनुसार वे छोकरे और उनके अभिभावक नरोत्तम और उसके परिजनों के साथ कोई भी बुरा व्यवहार न करने के लिए शर्तबद्ध थे। इस प्रकार पंचनामे के अनुसार बुंतु पर हमले की गुंजाइश समाप्त हो जाती है।

मजदूरों की संगठन-शक्ति का एहसास लोगों को तब होता है जब चुनिया का पति जोखन काम के बीच दुर्घटनाग्रस्त हो जाता है। जोखन कल्लन सेठ के भवन निर्माण में मिस्त्री का कार्य कर रहा था। छत की ढलाई का काम हो रहा था। ढलाई बीच में छोड़कर जाना असंभव था। जोखन पूरे उत्साह और फुर्ती से अपना काम सँभाल रहा था। अचानक पाँव झूठा पड़ने पर चौथी मंजिल से धड़ाम से नीचे गिर जाता है और बेहोश हो जाता है। उसका एक हाथ और एक पैर टूटकर टेढ़ा हो जाता है खबर पाकर कल्लन सेठ तुरंत उसे अस्पताल ले जाता है। जब लोगों को इसकी सूचना मिल जाती

है तो अस्पताल में पत्रकारों, राजनीतिज्ञों की भीड़ लग जाती है। सेठ के लोग जोखन को रुपए देकर मामले को खत्म करना चाहते थे तो मिस्त्री-मजदूरों ने मिलकर नगर में सेठ की दुकानें बंद कराकर जुलूस निकालते हैं। सेठ जोखन के पास अपने लोगों को भेजकर यह समझाने की कोशिश करता है कि ये आन्दोलनकारी जोखन की दुर्घटना को लेकर अपनी रोटी ही सेंक रहे हैं। सेठ को लूटना ही उनका वास्तविक लक्ष्य है। ये सारे राजनीतिक दाँव-पेच नेता लोगों के इशारों पर ही होते हैं। इसलिए सेठ से समझौता करके आन्दोलन को रोकने में ही जोखन की भलाई है। लेकिन जोखन इसके लिए तैयार नहीं होता। लोगों की संगठित शक्ति उसका साथ दे रही है, तभी तो सेठ उसके इलाज में इतने तत्पर हैं। वरना ऐसे में दूध की मक्खी की तरह निकाल फेंकना ही सेठ-साहूकारों की आदत है। जोखन के पास दूसरे राजनीतिक दल का नेता भी आता है और सेठ से रुपया लेकर समझौता करने को कहता है। जब उसे मालूम होता है कि जोखन उसकी बातों में आनेवाला नहीं है तो धमकी देकर चला जाता है। अगले ही दिन रात के समय जोखन पर जानलेवा आक्रमण होता है। चुनिया की सतर्कता और साहस से कातिल पकड़ा जाता है और जोखन गहरी चोट से बच जाता है।

इन्द्रासन श्रीवास्तव के परिवार से चुनिया-जोखन का संबंध बड़टोली और कहारटोली के बीच की दूरी को पाट देता है। इन्द्रासन श्रीवास्तव बड़टोली का होने पर भी सामंती मानसिकता से मुक्त आदमी था। अपनी मेहनत और ईमानदारी से जोखन और चुनिया दोनों श्रीवास्तव-परिवार का दिल जीत लेते हैं। और उनके सच्चे मददगार और वास्तविक हितैषी साबित होते हैं। इन्द्रासन श्रीवास्तव के खेत के परती रह जाने की नौबत आने पर मालिक-मालकिन चिन्तित हो जाते हैं। यह देख चुनिया उन दोनों को संकट से उबारती हुई कहती है कि जोखन इसको हल करने के लिए कोई न कोई रास्ता निकाल ही लेगा और उनका खेत परती रहने से बच जाएगा। जोखन उनकी मदद के लिए भरसक प्रयत्न करता भी है। वह उनसे कहता है, "हम चाहे जैसे आपके खेतों में खेती कराएँ, कराकर रहेंगे...। अब आप हम पर छोड़कर निश्चिन्त हो जाएं। हम खुद लोगों से पूछ लेते हैं....। कोई भी जोतदार तैयार नहीं होगा, तो हम स्वयं उसमें खेती करेंगे. ...भाड़े पर जोताई कराकर बीज डाल देंगे...। आपके खेतों के परती रहने का सवाल ही पैदा नहीं होता।"[6]

श्रीवास्तव के खेतों की बदौलत हरिचरन मजदूर से किसान बना था और नन्हटोली में हैसियतवाला हुआ था। अन्य सालों की अपेक्षा फसल कुछ कमजोर हुई थी, इस बात का ख्याल रखते हुए श्रीवास्तव, जो फसल हुई है उसका एक हिस्सा ही माँग लेते हैं। लेकिन जवाब में हरचरन एकदम सख्त होकर मनी बिलकुल न देने का मन बना लेता है। तब श्रीवास्तव खेत उससे छुड़ा लेते हैं। बदले में हरिचरन सभी को श्रीवास्तव के खेत में काम करने से मना कर देता है। खेती का समय बीतने पर भी कोई मनीदार खेत के लिए नहीं आया तो श्रीवास्तव चिंतित हो उठता है। स्वामी के लिए खेती का परती रह

जाने से बढ़कर अपमानजनक कोई बात नहीं होती थी। संकट की इस घड़ी में चुनिया और जोखन ही उनके मददगार सिद्ध होते हैं। हरिचरन की मानसिकता को समझ जोखन उससे कहता है, ''संगठन के नाम पर गलत लड़ाई लड़कर हम कभी कुछ नहीं पा सकेंगे हरिचरन। दोस्त और दुश्मन की पहचान हमें अच्छी तरह होनी चाहिए।...गलत आधार पर छेड़ा गया संघर्ष कभी सफल और व्यापक नहीं होता है। जो कमजोर हो उसे दबा दें और जिसे मजबूत समझें, उससे डर जाएँ, यह एकदम मुनासिब नहीं। मैं ऐसे संघर्ष का साथी और समर्थक नहीं हो सकता...। अपनी गलतियों और कमियों को गोलबंदी की आड़ में सही करार देना अपनी गोलबंदी में सेंध लगाना है...उसकी जड़ को आधारहीन बनाना है।''[7]

पूरी नन्हटोली में घूमकर जोखन लोगों को वास्तविक स्थिति समझा देता है। इसके फलस्वरूप हरिचरन श्रीवास्तव से नये सिरे से समझौते के लिए तैयार होता है। श्रीवास्तव की खुशी की सीमा नहीं थी। श्रीवास्तव परिवार के लिए उन दोनों पति-पत्नी ने जो किया था और जितनी तत्परता दिखाते थे, उससे कम श्रीवास्तव-परिवार उनके लिए नहीं करता था। जैसे श्रीवास्तव-परिवार के मन में जोखन और चुनिया की भूमिका अंकित होती जा रही थी, वैसे ही श्रीवास्तव-परिवार का स्नेह-सहयोग भी जोखन-चुनिया के मन में समा गया। धन-दौलत, मान-मर्यादा, जाति-पाँति, सामाजिक प्रतिष्ठा सभी दृष्टियों से दो अलग खेमे में रहनेवाले इन दोनों परिवारों की मानसिक एकता, परस्पर विश्वास और सहयोग आपसी संबंधों के नए आयाम को खोल देता है।

चुनिया और जोखन शादी के बाद शहर में आकर बसने का सपना देख रहे थे। लेकिन जोखन की दुर्घटना के पश्चात कल्लन सेठ जीवन-भर की आजीविका के लिए जोखन के योग्य काम सौंप देते हैं जिसे वह स्वीकार कर लेता है। इस प्रकार वह रघुनाथपुर गाँव में सेठ के मछली-तालाब का रखवार बन जाता है और उस तालाब के किनारे ही आ बसते हैं। अपनी हालत से वे संतुष्ट भी थे। जहाँ की रोटी खाते हैं उसी को अपना ठौर मान बैठते हैं। लेकिन चोर-डकैतों का डर और दंगे-फसाद की वजह से उस गाँव में भी रहना दूभर हो गया। लेकिन गाँव छोड़कर भाग जाने और कहीं और ठौर तलाशने को भी वे दोनों अनुचित ही मानते थे। चुनिया का कथन है—''हमें कहीं नहीं भागना है जोखू। इस गाँव की मिट्टी अब हमारे तकदीर से सट गई है। इस गाँव में ही हम रहेंगे। गाँव के लोग दूसरे मामलों में हमें जहाँ खोजेंगे, हमसे जो सहयोग लेंगे, हम तैयार रहेंगे। बाकिर मार-काट की इस लड़ाई में हम किसी का साथ नहीं देंगे। इस पर भी जाति-बिरादरी के नाम पर कोई हमें मारने पहुँच आए तो हम लड़ेंगे....अपने इस घर में लड़कर ही मर जाएँगे। कोई जबरदस्त हमें मारना चाहेगा तो जीते जी हम भी उसे नहीं छोड़ेंगे...।''[8]

चुनिया और जोखन का विश्वास था कि जिस गाँव के खूँटे से उनका भाग्य बंधा हुआ है उसे उजड़ने से रोकना उनका धर्म है। रघुनाथपुर की बड़टोली परस्पर मरने-मारने

पर उतारू था। दोनों ओर के लोग मारे जाते हैं, सारे गाँव में कुछ दिनों तक आतंक फैला रहता है। दोनों ओर के लोग हथियार रखने के बाद भी पहले की तरह एक-दूसरे से हिल-मिल नहीं पा रहे थे। उनके बीच जो दरार पड़ी थी, वह ज्यों की त्यों बनी रही। तभी चुनिया यह सुझाव देती है कि, "हमें बस यही करना है कि नन्हटोली वालों से जाकर कह दें कि बड़टोली वालों ने पचायत का संदेश भेजा है। एक ही गाँव में अब इस तरह एक-दूसरे के दुश्मन बनकर वे जीना नहीं चाहते....। इसी तरह बड़टोली वालों से कह दें कि नन्हटोली वालों ने पंचायत का संदेश भेजा है।"[9] अपनी इस योजना के अनुसार वे नन्हटोली और बड़टोली में घूम-घूमकर पंचायत और समझौते की बात बता देते हैं। यह सुनकर दोनों ओर के लोग चैन की साँस लेते हैं। इस सूचना के फैलते ही गाँव का खौफनाक और मायूस आलम बदल जाता है। सारे गाँव में जैसे जिन्दगी लौट आयी। जोखन और चुनिया का यह प्रयास संपूर्ण गाँव की भलाई को लेकर होनेवाला था। यह उनके लिए अपूर्व और अनूठा अनुभव था। रघुनाथपुर आने और रहने की सार्थकता तो जैसे उस कार्य की सफलता पर निर्भर थी।

रघुनाथपुर की आम पंचायत का मुखिया घमाड़ी राय जोखन को पंच घोषित कर देता है तो बड़टोली और नन्हटोली के लोग अपनी सहमति प्रकट करते हैं। पंचायत प्रमुख के पद पर बैठकर उसे लगा कि इतने सारे लोगों का विश्वासपात्र बन जाना कोई मामूली बात नहीं। उसने महसूस किया कि लोगों की नजरों में वह श्रद्धेय बन गया है। रघुनाथपुर को तबाही से बचाने के लिए दोनों तरफ के लोग तैयार हो जाते हैं। एक ही गाँव के बिगन चौधरी, छठु उपाध्याय, महूँगू, फुलकेसिया और खदेरन की हत्या हो जाती है। किसने इन लोगों की हत्या की, यह किसी को मालूम नहीं था। बिना जाने सब एक-दूसरे को दुश्मन मान बैठते हैं। जोखन के नेतृत्व में पंचायत होती है। लोगों को अपने मन की भड़ास निकालने का अवसर प्राप्त हो गया। सब के सब इन निर्मम हत्याओं पर हार्दिक दुख प्रकट करते हैं और दुबारा ऐसा अपने गाँव में न होने देने का संकल्प भी लेते हैं। लोगों को मालूम हो गया कि नन्हटोली के बिना बड़टोली का काम नहीं चल सकता, वैसे ही बड़टोली के बिना नन्हटोली का काम भी। शहर के लोगों की तरह एक-दूसरे से हटकर नहीं, गाँव में सब एक-दूसरे से सटकर और एक-दूसरे के साथ खटकर ही रह सकते हैं। गाँववालों के विचारों में यह परिवर्तन लाने का श्रेय जोखन और चुनिया को ही जाता है। पंचायत स्थल पर उपस्थित पुलिस प्रमुख का कथन इसी बात की पुष्टि करता है—"रघुनाथपुर के लोग अब टकराहट के पक्ष में एकदम नहीं हैं। समझौते के लिए पूरा मन बनाकर आए हैं। हमारे होने और प्रशासन के चाहने पर ये शांत नहीं हुए थे, किन्तु अपनी इच्छा पर अब ये स्वयं नियंत्रण में आ गए हैं...। मैं तो यह कहता हूँ कि बाहर से किसी को हम तब तक रास्ते पर नहीं ला सकते जब तक उसके खुद के अन्तर से परिवर्तन शुरू न हो...।"[10]

जोखन और चुनिया का सामाजिक महत्त्व जैसे बढ़ता गया वैसे उनके वैयक्तिक

जीवन में भी खुशहाली नजर आने लगी। श्रीवास्तव परिवार शहर जाने से पहले अपने पुश्तैनी घर और खेत जोखन-चुनिया के जिम्मे सौंप जाते हैं। दोनों पति-पत्नी मिलकर खूब मेहनत करते हैं और गेहूँ, मटर, चना, खेंसारी, सरसों, ईख आदि की खेती दमदार होने लगी। उनके दरवाजे गाय और भैंस बँधी नजर आतीं। घर में लक्ष्मी की उपस्थिति से चुनिया जैसे साक्षात् अन्नपूर्णा बन जाती है। हर जरूरतमंद व्यक्ति को उनसे सहायता प्राप्त होती थी। "चुनिया और जोखन का महत्त्व इसी बिन्दु पर कायम हुआ कि अपनी मध्यस्थता से लोगों के आजिज आ चुके मन को उन्होंने एक आदर्श संगठित रूप प्रदान किया था। अगर वे ऐसा नहीं करते तो लोगों के बदले मिजाज फिर बहक जाते या अनिश्चितता के भँवर में फँस गतिहीन हो जाते, इसलिए चुनिया और जोखन को अब रघुनाथपुरवासी अपने गाँव का वरदान मानने लगे थे।"[11]

ऐसे में एक दिन अचानक जोखन का अपहरण हो जाता है। बुंतु और जोखन का मित्र खेलाड़ी उसे हर जगह ढूँढ़ कर हार गए। रघुनाथपुर में आपात् बैठक आयोजित की गयी। बैठक में तय किया गया कि पुलिस के केस के साथ जोखन की खोज में अविलंब निकला जाए। सारा गाँव जोखन की खोज में निकल पड़ा। हसन बाजार, खवासडीह, पहाड़पुर और शहर में श्रीवास्तव के यहाँ, हर कहीं लोगों ने दौड़ लगायी। लेकिन जोखन नहीं मिला। हसन बाजार के मुंगेरी पानवाले से यह सूचना मिली कि उसने सुबह कुछ लोगों के साथ जोखन को एक कार में जाते हुए देखा था। इससे यह निश्चित हो गया कि जोखन का अपहरण हो गया है। पति के गायब होने पर दो दिन तक चुनिया रोती-बिलखती रही। लेकिन तीसरी रात अपने अंदर के उठे तूफान और झंझावात के अनुसार वह सक्रिय हो जाती है। उसे लगा इस तरह हाथ पर हाथ रखकर बैठने से जोखन मिलनेवाला नहीं है। साथ-साथ जीने मरने के वादे किए थे उन्होंने तो उसे कमर कसकर निकलना ही चाहिए। रात को सब लोगों के सो जाने पर चुनिया अपना देसी अस्त्र निकालकर वस्त्रों में छिपा रखकर बाहर निकल पड़ी। हसन बाजार पहुँचने पर आटा शहर जानेवाली जीप मिल जाती है। वह सीधे श्रीवास्तव के घर पहुँच जाती है। श्रीवास्तव के इस कथन से चुनिया अपने निर्णय को और मजबूत कर लेती है, "युद्ध में लड़नेवाला पराजय की परिणाम की चिन्ता से पहले ही दहल उठे तो वह क्या खाक लड़ेगा?...यह जीवन और इस जीवन की समस्याएँ एक समर ही है चुनिया इस समर की चिन्ता से दुहरे होकर हम इसका समाधान कभी नहीं कर सकते...।"[12]

वे दोनों डी. एम. से मिलकर सारी बातें बता देते हैं। फिर एस. पी. से भी मिलते हैं। इसके बाद चुनिया हाथ रखकर बैठना नहीं चाहती थी, तो बिना किसी को खबर किए जोखन की खोज में निकल पड़ी। कभी सामने पड़ती नदी पार करती, तो कहीं तपती जमीन पर अनवरत पैदल चलती वह इस अभियान में आगे निकल गयी। "निरंतर की खोज में हारती, थकती चुनिया कभी किसी कस्बे की सराय में सो रहती, तो कभी किसी बस-स्टैंड के मुसाफिरखाने की भीड़ में दुबक जाती...तो कभी किसी गरीब किसान

के दरवाजे पनाह पाती तो कभी किसी टोले की किसी बुढ़िया की झोंपड़ी में उसका दुख बाँटती।''[13]

ऐसे नौ दिनों तक की भागदौड़ विफल होने पर चुनिया को लगता है कि अब ऐसे भटकते रहना व्यर्थ ही है। सुखराम डिहरा में रात गुजारने के बाद सुबह वह रघुनाथपुर लौट चलने का मन बना लेती है। लेकिन उसी एक अप्रत्याशित क्षण में वह जोखन को अपनी आँखों के सामने देख लेती है। अचानक चार-पाँच लोगों को खेतों के रास्ते आते हुए देख वह उन्हें चोर-लुटेरे समझ बैठती है। उनकी नजर से बचने के लिए वह एक वृक्ष पर चढ़कर घने पत्तों वाली एक मजबूत डाली पर अपने को छिपा लेती है। उन लोगों के निकट पहुँचते ही चुनिया जान गयी कि चार लोगों ने मिलकर उसके जोखन को ही बंदी बना लिया है। अपने आवेग को शांत करती हुई चुनिया सोचने लगती है कि अब उसे सोच-समझकर कदम बढ़ाना चाहिए ताकि जोखन को उनसे सकुशल छुड़ा सके।

जब वे जोखन को लेकर चलने लगे तो वह भी चुपचाप सधे कदमों से उनके पीछे हो लेती है। गाँव से बाहर के आखिरी घर में उन्हें जोखन को लेकर घुसते हुए वह देख लेती है। रात के सन्नाटे में वे लोग उसे और कहीं ले न जाएँ इस विचार से वह रात भर जागकर उस घर पर अपनी निगाह चौकस रखने का निश्चय कर लेती है। सुबह होते ही वह उस टोले के पास के गाँव की ओर चल पड़ती है। गाँव में घुसकर वहाँ के लोगों से सारी बातें बताकर वह सहायता माँगती है। पुलिस चौकी में भी जाकर सूचना देती है। जैसे ही वह वापस पहुँच जाती है, पीछे ही ठाकुरबाड़ी की चेकपोस्ट की पुलिस के साथ बलरामपुर के लोगों की बड़ी संख्या भी आ जाती है। पुलिस तथा लोगों को आते देखकर मनन तथा उनसे साथी बाहर निकलकर दरवाजे पर ताला लगा देते हैं और चुपचाप निकल भाग जाते हैं। बारह दिनों से बंद रहनेवाला जोखन अकेली चुनिया के संकल्प और साहस से बच जाता है। इस घटना से जैसे चुनिया को एक नया परिवेश प्राप्त होता है और लोग उसके असामान्य साहस को देखकर साक्षात दुर्गा मानने लगे।

बुरे दिन बीतने पर भी चुनिया लापरवाह नहीं बनती। जोखन से वह कहती है—''यह अंत नहीं जोखू...। इसे अंत मानकर हम फिर धोखा खा जाएँगे।...खून-खराबा और लड़ाई-झगड़े से गाँव को उबारकर भी तो हमने अइसा ही सोचा था। बाकिर इसके चलते अपने जी को हल्का नहीं करना। फिर जइसा होगा, देखेंगे, जितना बन सकेगा करेंगे। हम हइसा तिनका नहीं कि कोई फूँककर उड़ा दे। वइसा गाजर-मूली नहीं कि चट से कोई काट दे।...बाकिर अब हमें भी चेतकर और संभलकर रहना है...। हरसठे किसी पर भरोसा नहीं करना है। अपने गाँव को बदल गया जान पूरी दुनिया को बदल गया नहीं बूझना है।....''[14]

चुनिया के मुँह से सहज निकली इस बात से यही स्पष्ट होता है कि इस जीवन में मनुष्य के लिए अपना कर्म और संघर्ष ही विश्वसनीय है; मार्ग और मंजिल का कोई भरोसा नहीं। फिर भी ग्रामीण जीवन की अन्तहीन समस्याएँ उसे हताश नहीं बनातीं,

बल्कि सकारात्मक ढंग से उनसे जूझने का साहस प्रदान करती हैं। जोखन और चुनिया इस तरह जूझते-जूझते जिस सच्चाई से अवगत हो जाते हैं उसे इन शब्दों में समेटने की कोशिश उपन्यासकार ने की है–"उनके साथ जो हुआ, वह अंत नहीं। फिर किसी वैसी घटना की पुनरावृत्ति हो सकती है। पर कब और कैसे होगी, उन्हें ज्ञात नहीं। लेकिन जब और जैसे हो, उसके प्रतिकार के लिए तब और तैसे उससे उन्हें फिर जूझ पड़ना होगा। फिर लड़ उठना होगा...। उसके समक्ष समझौता नहीं करना होगा। बिना लड़े हार नहीं माननी होगी। अपना यह कर्म और संघर्ष ही उनके हाथ है....।"[15]

संदर्भ

1. भवदेव पांडेय–स्त्री महाशक्ति की भूमिका की पहचान, आलोचना–जुलाई-सितंबर, 2001, पृ. 118
2. मिथिलेश्वर, यह अंत नहीं, पृ. 8
3. मिथिलेश्वर, यह अंत नहीं, पृ. 40
4. भवदेव पांडेय स्त्री महाशक्ति की भूमिका की पहचान, आलोचना-जुलाई-सितंबर, 2001, पृ. 119
5. मिथिलेश्वर, यह अंत नहीं, पृ. सं.-65
6. वही , पृ. 254
7. वही , पृ. 255
8. वही , पृ. 280
9. वही , पृ. 324
10. वही , पृ. 332
11. वही , पृ. 334
12. वही , पृ. 346
13. वही , पृ. 358
14. वही , पृ. 389
15. वही , पृ. 389

इतिहास का पुनर्पाठ

के. राजेश्वरी

सांस्कृतिक सजगता के तहत मनुष्य परिवेश को अपने अनुकूल बनाने में सक्षम होता है। इस अनुकूलन के दौर में वह इतिहास का सहारा लेकर अन्तर्विरोधों व विसंगतियों के बीच से अपने अनुकूल की स्थितियों का विश्लेषण करता है। सार्थक इतिहास बोध समय सापेक्ष चुनाव की माँग करता है। वर्तमान समस्याओं की जड़ें अतीत में हैं। अतः इतिहास के प्रति हमारा रुख क्या है, इस पर निर्भर है हमारा वर्तमान और भविष्य। तीनों का संवाद एक सांस्कृतिक अनिवार्यता है। शिवकुमार मिश्र के शब्दों में 'इतिहास समय सापेक्ष संस्कृति की आँख है, जीवन चेतना का प्रत्यक्षदर्शी है और भविष्य की संभावनाओं का व्याख्याता विश्लेषक और मीमांसक है।' (दर्शन, साहित्य और समाज) जाहिर है कि इतिहास वर्तमान की प्रेरणा और भविष्य की संभावना है। हालाँकि वर्तमान दौर में इस सच्चाई को नजरअंदाज करने की प्रवृत्ति को बढ़ावा दिया जा रहा है। एक ओर भूमण्डलीकरण और उत्तर-आधुनिकता के अवसरवादी गठजोड़ में इतिहास के अन्त की घोषणा हो रही है। इसके तहत हमारे प्रतिरोधी संकल्प को नष्ट करने का प्रयास भी जारी है। दूसरी ओर इतिहास को भयावह मुद्राओं में दोहराने का प्रयास हो रहा है। इस प्रतिगामी समय में इतिहास से वाकिफ होना अनिवार्य है।

यह भी गौरतलब है कि इतिहास में वर्चस्वशाली सत्ता का नियन्त्रण आम बात है। अपने वर्चस्व को बनाये रखने के लिए सत्ता व्यवस्थातन्त्र को अपने अनुकूल बनाती है। इसी सिलसिले में हर सत्ता अपने मुताबिक इतिहास को निर्धारित करती है। हमारे इतिहास के कई थल ऐसे हैं जो सत्ता केन्द्रों द्वारा प्रायोजित हैं। खास नजरिए से इतिहास की मनगढ़ंत व्याख्याएँ हो रही हैं। अठारह सौ सत्तावन के स्वाधीनता संग्राम का इतिहास भी इस हस्तक्षेप की मिसाल है। विद्रोह को महज एक घटना में सीमित करना, राष्ट्रीय घटना के रूप में जातीय स्मृति में उसकी महत्ता पर सन्देह करना, एक प्रतिक्रियावादी आन्दोलन में सीमित रखना, ब्राह्मणों की धर्मान्धता से फूट पड़े सिपाही गदर में सीमित करना, गदर के क्रान्तिकारियों को घोर हिंसावादी घोषित करना, नेतृत्व सामन्ती होने की वजह से सामन्ती आन्दोलन के रूप में देखना आदि इसी तथ्य की ओर इशारा करते हैं। यानी प्रथम स्वाधीनता संग्राम को सरलीकृत करने का प्रयास हो रहा है। ऐतिहासिक

तथ्यों पर सत्ता की खामोशी तोड़कर यथार्थ के उद्‌घाटन का प्रयास कमलाकान्त त्रिपाठी ने 'पाहीघर' उपन्यास में किया है। इतिहास के गौरवान्वित क्षण को अपने में समेटने के साथ ही साथ संग्राम की असफलता के कारणों को बेपर्दा किया गया है। ताकि भूलों के परिमार्जन का मौका मिले। उपन्यास में अठारह सौ सैंतालीस से सत्तावन तक के अवध का ऐतिहासिक परिदृश्य भी तत्कालीन समस्याओं के साथ प्रस्तुत हुआ है। कमलाकान्त त्रिपाठी का यह सत्यान्वेषण वर्तमान नव साम्राज्यवादी दौर की समस्याओं पर नये सिरे से विचार करने की प्रेरणा देता है।

नवाबी वंश के ग्यारहवें व अन्तिम शासक वाजिद अली शाह, लॉर्ड डलहौजी, स्लीमैन, ऊहरम, हेनरी लॉरेन्स, बेगम हजरत महल, नाना साहब, राना बेनी माधो, राजा हनुमन सिंह, कुँवरसिंह सरीखे ऐतिहासिक पात्रों व स्वाधीनता आन्दोलन से जुड़ी घटनाओं के साथ उपन्यास पेश हुआ है। साथ ही साथ अवध के छोटे से बसौली के गुरुदत्त दुबे के परिवार और आसपास के निर्धन परिवारों की कल्पित कहानी भी उपन्यास में जीवन्त हो उठी है।

वर्तमान नव उपनिवेशवादी दौर में सकारात्मक शब्द अपने छद्म रूप में प्रस्तुत हो रहे हैं। वैश्विक समानता की लफ्फाजी की आड़ में गुलामी का मौन प्रसार हो रहा है। समानता और सहयोग के नाम पर गुलाम बनाने का यह तरीका नया नहीं है। सिर्फ मुखौटे में बदलाव आया है। साम्राज्यवादियों ने हमें उपनिवेश बनाने में भी यही चाल चलाई थी। यह तथ्य उपन्यास में उजागर हुआ है। इतिहास गवाह है कि यहाँ राजाओं में सत्ता के लिए खींचातानी हुआ करती थी। ऐसे माहौल में कभी-कभी मौकापरस्त अंग्रेजों के इशारे पर राजा चुने गए। वे अपनी साजिश के अनुकूल उम्मीदवार को गद्दी पर बिठाते थे। उनके प्रतिद्वन्द्वियों को नष्ट करके शाश्वत मैत्री के लिए बाध्य भी करते थे। प्लासी युद्ध इस चालाकी की मिसाल है। अपने सैन्य बल से राजाओं को प्रतिद्वन्द्वियों से सुरक्षित रखने के वायदे के आधार पर अधिक से अधिक धन की लूट भी हुई। सबसे पहले लूट के जरिए आर्थिक आत्मनिर्भरता की तबाही हुई। फिर राजनैतिक स्वायत्तता भी नष्ट की गयी। दोनों स्थितियों में साम्राज्यवादियों द्वारा अपने शोषण के अनुकूल नीतियाँ निर्धारित करने के लिए देशों पर दबाव डाला गया। अवध के नवाब वाजिद अली शाह के पुरखों ने मैत्री के नाम पर फिरंगियों से समझौता किया। अब वह उनकी लपेट में है। अवध के नवाबीशासन को केन्द्र में रखकर सल्तनत और ईस्ट इंडिया कंपनी के पेचीदे रिश्ते का पर्दाफाश उपन्यास में हुआ है।

गद्दी पर बैठने के बाद नवाब अपनी सारी ऐय्याशी छोड़कर अवध में सुधार लाने की सोचता है। प्राथमिकता देशी फौज की हालत सुधारने व तादाद बढ़ाने को दी गयी। अवाम के साथ तालुकेदारों व जमींदारों की मनमानी रोकने के लिए इसकी सख्त जरूरत थी। क्योंकि हर तालुकेदार के पास हथियारबन्द सिपाहियों की छोटी फौज है। अतः वे पुलिस या कानून के बस में नहीं आयेंगे। लेकिन नवाब कम्पनी के नियम-कानून मानने

के लिए बाध्य था। नवाब के फौजी सुधार की माँग पर 'रेजिडेंसी की चेतावनी आई कि यदि फौज पर खर्च किया गया तो सरकार की माली हालत बिगड़ जाएगी। और खर्च करना है तो पुलिस महकमे के सुधार पर खर्च करना चाहिए जिससे अमन-कानून की हालत बेहतर हो सके।' (पाहीघर, पृ. 25) साम्राज्यवादी अपनी कूटनीति के तहत एक ओर अवध की हालत को बिगाड़ने की साजिश रचते हैं और दूसरी ओर अपने आपको अमन-कानून के हिमायती दिखाकर नवाब को बिगड़ती हालत सुधार लाने की चेतावनी देते रहते हैं। अवाम के मन पर फिरंगियों की शरारत का गहरा असल दिखाई देता है। उनकी प्रतिक्रिया यों प्रकट हुई है कि 'नवाबी जैसी धाँधलेगर्दी किसी भी राज में नहीं है। कुछ भी हो फिरंगी कानून के पाबन्द है। शेर और बकरी एक घाट पानी पीते हैं उनके यहाँ।' (पृ.-44) यानी अवाम को भटकाते हुए उन्हें देशी शासन के खिलाफ करने की साजिश रचते हैं ताकि प्रकारान्तर से सत्ता को अपदस्थ करने की कामना पूरी हो सके। सुरक्षा के बहाने देशी फौज को अपने इशारे पर नचानेवाली कठपुतलियों में तब्दील करने की कोशिश भी जारी रखते हैं। न्याय के नाम पर अन्याय करने की साम्राज्यवादी कूटनीति की ओर सिपाही कालिबकस का इशारा है कि 'वे इतना सोच विचारकर धीरे-धीरे आगे बढ़ते हैं।...पहले वो बादशाह पर कोई इल्जाम लगाएँगे। नहीं तो दरबार में ही कोई बबाल खड़ा कर देंगे। तब अपना मकसद पूरा करेंगे। यही उनका तरीका है। अवाम और फौज दोनों को अपने साथ मिलाए बिना वो आगे नहीं बढ़ते।' (पृ. 62) यही अंग्रेजी की राजनैतिक पैंतरेबाजी है।

कम्पनी की जकड़ इतनी मजबूत थी कि नवाबी को अपने फौजी सुधार का इरादा छोड़ना पड़ा। सुरक्षा की खातिर नवाब भी साम्राज्यवादियों का मुखापेक्षी हो गया। शर्तों और समझौतों के जरिए देशी शासकों को अपने नियन्त्रण में रखकर अपना कब्जा जमाने की रणनीति से वाजिद अली शाह वाकिफ भी हैं 'अब आई नई आफत। रेजिडेंट कह रहा था बड़ा लाट हार्डिंग पंजाब के दौरे के समय लखनऊ देखने आना चाहता है। क्या सबब हो सकता है उसके आने का?...होगा वही पुराना पचड़ा अमन-कानून की हालत, रिआया की तकलीफें।...सात समुन्दर पार से आकर जाने क्यों उन्हें हमारी रिआया की तकलीफें सतानें लगीं। सारा खेल मुल्क को हड़पने का है। क्या शातिर कौम है यह? सबको मुगालते में रखे रहे कि व्यापार करने आये हैं और मौका पाते ही रिआया के अमन-चैन के नाम पर राज खड़ा करने लगे। कैसी होशियारी से एक के बाद एक मुहर चलते हैं।' (पृ. 26) नवउपनिवेशवादी दौर में भी स्थापित सत्ता को अस्थिर रखकर अपनी शोषणपरक नीतियों को बरकरार रखने की साम्राज्यवादी रणनीति में कोई परिवर्तन नहीं आया है और देशों को बाजार बनाने का मतलब भी उपनिवेश बनाना ही है। बिना प्रतिरोध के खतरे उठाये सीधे मुल्क पर अधिकार जमाने का कारगर औजार बाजारीकरण का दबाव है। बाजारीकरण की जकड़ आज और भी मजबूत है।

उपन्यास में इस ओर स्पष्ट संकेत है कि हमारी राजनीतिक कमजोरियाँ किस कदर

हमारी चुनौती बनती जा रही हैं। तत्कालीन राजनीतिक व्यवस्था अपनी अन्दरूनी विडम्बनाओं के साथ उपन्यास में पेश हुई है। वाजिद अली शाह बार-बार सोचता है कि 'हम फिरंगियों के इतने मोहताज क्यों हैं?' (पृ. 27) खतरे से वाकिफ होकर भी वह यथार्थ का सामना नहीं करता। अंग्रेजों ने ऐसा जाल बुन रखा था कि बिना जोखिम उठाये कुछ हासिल करना असंभव था। ऐसी स्थिति में अपने श्रम के बलबूते इस मकड़जाल से उबरने की कोशिश भी नवाब की ओर से नहीं होती देश हित के अनुकूल निर्णय लेने और उसे कार्यान्वित करने की जिम्मेदारी के बरक्स वाजिद अली शाह अपने में डूबे रहा। उसने खतरे से वाकिफ होकर भी आँखें बन्द कर दीं। कम्पनी की माँग पर कर्जे दी गयी और इलाके सौंप दिये गए। ताकि किसी न किसी तरह उसे अपनी गद्दी कायम रखनी थी। अपनी स्वार्थता की पूर्ति में यानी सत्ता कायम रखने के इरादों के साथ नवाब समझौतापरस्त बना रहा। सत्ताधारी वर्ग का यह निकम्मापन और कतराने की प्रवृत्ति ही देश के सन्दर्भ में सबसे बड़ी चुनौती है। एक ओर देश को हड़पने की साजिशें चल रही हैं दूसरी ओर अन्य ताकतवर तबकों के भी अपने-अपने स्वार्थ रहे तालुकेदार रिआया को, नाजिम और अमीनों को चूसने में लगे थे। सभी को अपनी-अपनी जेबें भरने की फिक्र थी। बादशाह को हरम के चोंचलों, नाच गाने की महफिलों, इश्क और शेरों-शायरी से फुरसत नहीं थी। (पृ. 38) स्पष्ट है इन्हीं परिस्थितियों के चलते फिरंगी यहाँ पैर जमाने में सक्षम निकले थे।

नवाबी सल्तनत और कम्पनी से पेचीदे रिश्ते का तभी खुलासा होता है जब अवध के मुआयने के लिए डलहौजी का आगमन होता है। अवध में सुधार लाने के लिए, यह जानकर ही कि नामुमकिन है, नवाब को दो साल का वक्त दिया गया था। अब वह पूरा हो रहा है कि कम्पनी के शिकंजे को तेजी से कसने के लिए डलहौजी द्वारा स्लीमैन की नियुक्ति होती है। अफवाहों पर केन्द्रित रहकर वह नवाबी शासन के खिलाफ पूरी मुस्तैदी से रपट लिखता है। स्लीमैन ने अवध के शासन का हक छीनने के लिए रीजेंसी कौंसिल बनाने की राय भी दी ताकि शासन की बागडोर अपने हाथों में आ जाए। लेकिन डलहौजी ने अपनी दूरगामी सोच के तहत अवध को हमेशा के लिए हड़पने की योजना बनायी कि ऊटरम की रपट के साथ एक नोट लगाकर इंग्लैंड भेज दिया। इसमें सिफारिश की कि अवध के बिगड़ना शासन के आधार पर अठारह सौ एक की सन्धि को रद्द कर और अंग्रेजी फौज हटा देने की धमकी देकर नवाब को एक नई सन्धि के लिए मजबूर किया जाए।' (पृ.-74) इंग्लैंड के फरमान पर तुरंत कार्यवाही के लिए ऊटरम को लखनऊ वापस बुला लिया गया। ऊटरम डलहौजी के इस आदेश को लेकर लखनऊ पहुँचता है कि नयी सन्धि पर बादशाह के हस्ताक्षर न करने पर अवध पर जबरन कब्जा जमा लिया जाएगा। साथ ही यह अफवाह भी फैलती है कि रेजिडेंट के पीछे बड़ी फौज भी आ रही है कि और वह बादशाह को कैद करने पर आमादा है। डलहौजी की इस कार्यवाही से ऊटरम काफी बेचैन है कि इस पर 'दरबारी क्या रुख अख्तियार करेंगे?

आम जनता पर क्या असर होगा? दूर देहात के तालुकेदार, जमींदार और रिआया इस खबर को कैसे लेंगे? कहीं देहातों में बगावत हो गई तो मामला पेचीदा हो जाएगा।' (पृ. 88) ऊटरम भलीभाँति जानता है कि अवध पर कब्जा करने पर जनता के भड़क उठने की संभावना को नजरअंदाज करने का मतलब खतरा मोल लेना होगा। इस आशंका के तहत नयी साजिश रची गयी कि बादशाह को दिलासा दिया गया कि उनकी हैसियत और सम्मान बरकरार रहेगा। साथ ही साथ बादशाह और उसके आश्रितों को निश्चित वजीफा भी दिया जाएगा।

दरअसल सत्रह सौ चौरासी की बक्सर की लड़ाई में नवाब शुजाउद्दौला के हटने के साथ ही अवध में नवाबी शासन का खात्मा होना था। ऐसा इसलिए नहीं हुआ कि राज्यों को एक दूसरे के खिलाफ करते हुए अपना उल्लू सीधा करना फिरंगियों का लक्ष्य रहा। खास नजरिए से एक के बाद एक करके साम्राज्यवादियों से समझौते के लिए देशों पर दबाव डालने का क्रम भी जारी रहा। अब दिल्ली, मराठा और पंजाब को दबाने के बाद गुड्डानुमा राज्य के रूप में अवध को बनाये रखना वाजिव नहीं रहा। अवध पर जबरन कब्जा करने से होनेवाले खतरे से भी फिरंगी वाकिफ थे कि 'एकाएक हड़पने का मतलब होता सारी देशी ताकतों को असली खतरे से आगाह कर देना, जिससे वे कम्पनी के तिजारती मुखौटे के पीछे छिपी साम्राज्य-लिप्सा को पहचान जाती और आपस के भेद भुलाकर अंग्रेजों के खिलाफ एकजुट हो जातीं।' (पृ. 91) साम्राज्यवाद कभी भी जनता को एकजुट होने का अवसर नहीं देता। एक ओर अल्पमत की जनता में नयी महत्वाकांक्षा पैदा करके अपने पीछे चलने को मजबूर करता है तो दूसरी ओर बहुसंख्यक को अपनी रोटी के लिए तरसने की स्थिति पैदा कर देता है। नयी योजनाओं की घोषणाओं और वादों के जरिए इन दोनों को अलग-अलग खेमों में बनाये रखने की साजिश भी चलाता है। कम्पनी शासन व जनतांत्रिक शासन में डेढ़ सौ बरसों का अंतर होते हुए भी साम्राज्यवादी शोषणकारी नीतियों में खास कोई परिवर्तन नहीं हुआ है। अवध का इतिहास इस तथ्य को ही प्रकाश में लाता है कि सहयोग का अतिरिक्त दबाव किस कदर खतरनाक साबित हो सकता है। अपनी आर्थिक स्थिति को दूसरों के सुपुर्द करने का अंजाम भी इससे भिन्न नहीं है।

प्रथम स्वाधीनता संग्राम को सरलीकृत करने की साजिशों से जवाबदेह होने का प्रायास जरूर उपन्यास की उपलब्धि है। नवाबी शासन के खात्मे के साथ प्रतिरोध की संभावनाओं को नष्ट करने के लिए नवाबी सेना को तोड़ने का कार्य हुआ। साठ हजार सैनिकों में से चुनकर केवल पन्द्रह हजार को फिरंगी फौज में शामिल किया गया। नवाब के आश्रितों को वजीफा देने का वादा भी पूरा नहीं हुआ। अवध को फायदेमन्द दिखाने के लिए अफीम पर भारी चुंगी लगाने की वजह से बौखलाहट में कई अफीमचियों ने अपनी जान दे दी। पूरे अवध पर फिरंगियों का दबदबा था। ताकतवर तबकों पर भी अंग्रेजों का कब्जा मजबूत होता गया। उनके कोट और गढ़ियाँ गिरा दी गयीं। तालुकेदारों

को साल का पूरा लगान एकमुश्त जमा करने का आदेश मिला। कमरतोड़ ब्याज पर कर्ज लेने पर भी बकाया रकम चुकाने में वे अक्षम निकले। वक्त की मोहलत के लिए दी गईं उनकी अर्जियां नामंजूर कर जेल में डाल दिया गया। उपन्यास के बिखरे अंशों से यह भी जाहिर होता है कि आम जनता भी उत्पीड़न के शिकार थी। दमन, उत्पीड़न और लूट के बढ़ने के क्रम में अवध का असन्तोष भी बल पकड़ता गया। फिरंगियों की बेइंसाफी से पूरा अवध अफसोस में था।

व्यापक तौर पर असन्तोष का माहौल छा गया। सब मौके की ताक में थे। उपन्यासकार के शब्दों में, 'शहर और देहात, सब जगह एक सी आँधी चल रही थी। यदि किसी कोने से जरा-सी चिनगारी उठती तो सारा अवध लप् से जल उठता। और कम्पनी की छावनियों में शहर और देहात दोनों आकर जुड़ते थे।' (पृ. 107) फौजी छावनियों में भी खबरें फैलीं कि तालुकेदार और जमींदार बदहवास घूम रहे हैं। इससे अवाम को होनेवाली तकलीफों से भी सिपाही काफी चिन्तित नजर आते हैं। उनके शब्दों में 'एकमुश्त लगान जमा करने को कहा गया है। तालुकेदार कहाँ से करेगा? जाएगा तो रिआया के सर पर ही। और उनकी कुमकों में कौन है, रिआया है लोग ही तो।' (पृ. 109) इन आशंकाओं के रहते सिपाहियों का वेतन भी बन्द हो गया। इन परिस्थितियोंवश विद्रोह की चिन्ता बल पकड़ती गयी। यह भी गौरतलब है कि यह चिन्ता अस्थायी उत्तेजना का नतीजा नहीं थी। अवध की सुरक्षा की जिम्मेदारी लेने के बाद कम्पनी ने फौजी छावनियाँ कायम रखी थीं। इनमें अवध के जवानों की बहुतायत थी। अवध को हड़पने के लिए कम्पनी द्वारा कुहासे में चल रही हलचलों से सिपाही वाकिफ थे। उन्हीं के शब्दों में 'बड़े हाकिमों को अच्छी तरह मालूम है कि कम्पनी ने हमारे दम पर ही इस मुल्क को जीता है और हमारे दम पर ही उसका राज कायम है।...इसीलिए तो उन्होंने अभी तक अवध को नहीं छुआ।...बंगाल सेना में अवध के इतने जवान भरे हैं। अवध पर कुछ हुआ तो क्या ये चुपचाप बैठे रहेंगे।' (पृ. 62) जाहिर है कि वे पहले से ही दृढ़ संकल्प थे।

जहाँ तक ब्राह्मणों की धर्मान्धता से फूट पड़े विद्रोह में सीमित करने का सवाल है, यह ऐतिहासिक सच्चाई के खिलाफ है। फौजी शिविरों में अधिकांश ब्राह्मण और ठाकुर थे। कारतूसों में गाय और सूअर की चर्बी का बेहद इस्तेमाल होता था। फौजी छावनियों में यह खबर फैलती है कि राशन के आटे में हड्डी का चूरा मिला है। इससे धर्म बिगड़ने का भय बना रहा। उस दौर में धर्म के साथ छेड़खानी के जरिए हिन्दू-मुसलमानों की धार्मिक संवेदना को झकझोरने का काफी प्रयास हो रहा था। दूसरी ओर ईसाई धर्म का प्रचार भी बल पकड़ता रहा। सिपाहियों के शब्दों में 'हमारी बुजदिली से उन्होंने यह मुल्क हथियाया अब इसी का फायदा उठाकर वे हमारा दीन बिगाड़ रहे हैं। वे तो चाहते हैं उन्हीं के मुल्क की तरह यह मुल्क भी किरिस्तान हो जाए। फिर चैन से यहाँ राज करेंगे।' (पृ. 110) एक ओर अपने धर्म के नष्ट होने का भय और दूसरी ओर ईसाई धर्म को

लादकर अपने वर्चस्व को स्थापित करने की साम्राज्यवादी साजिश की आशंका बलवती होती गयी।

ईसाई धर्म को थोपने का प्रयास मात्र नहीं, धर्म के नाम पर जनता के मन में दरारें पैदा करने का क्रम भी जारी था। धर्म के नाम पर मनुष्य को आपस में बाँटने का कार्य सदियों से हो रहा है। अपना मतलब साधने के लिए हर युग में राजनीति ने धर्म का इस्तेमाल किया। यह साझेदारी आज भी जारी है। मन्दिर-मस्जिद विवाद के पीछे सालों की साजिश छिपी है। उपन्यास में अठारह सौ चौवन के आस-पास अयोध्या में बाबरी मस्जिद के नाम पर हुए दंगे-फसाद का हादसा सूचनाओं के साथ प्रस्तुत हुआ है। साम्प्रदायिक दंगों को उकसाकर अपना उल्लू सीधा करनेवाले फिरंगियों की चाल अमीन शेख मुनव्वर अली के शब्दों में बेपर्दा हुई है, 'सब फिरंगी की चाल है। पर्दे के पीछे से वही खेल रहे हैं। हिन्दू मुसलमान दोनों बुजदिल है जो उनकी चाल में आ जाते हैं। ...बाबर को मस्जिद बनवाये तीन सौ साल से ऊपर हो रहा है कि नहीं? इस बीच वह बराबर टूटती ढहती रही, पर किसी को उसकी मरम्मत की फिक्र नहीं हुई। न कोई वहाँ नमाज पढ़ने आया, न इबादत करने। अब एकाएक मौलवियों को नई मस्जिद बनवाने की धुन कैसे सवार हुई।' (पृ. 84) फिरंगियों की शरारत से प्रभावित होकर मौलवी अमीर अली मुसलमानों को इकट्ठा कर हिन्दुओं की हनुमानगढ़ी पर धावा बोलने लगा। दूसरी ओर फिरंगी देश को हड़पने की ताक में था कि अमन के पक्षधर दिखाने के लिए बड़ी फौज दंगे की जगह तैनात की गयी।

डॉ. वेल्स की बेहूदी हरकतों से तंग आकर सिपाहियों ने उस पर हमला किया। उसके बंगले में आग लगा दी कि वेल्स को बंगला छोड़कर भागना पड़ा। पकड़े गये सिपाहियों पर मुकदमा चल रहा था। फिरंगी वाकिफ थे कि सिपाहियों के बिगड़ने की गुंजाइश है। उन्हें दबाने के लिए हेनरी ने भी भेदनीति की चाल चलाई। सिपाहियों को दिशाहीन करने के लिए उनके मन में साम्प्रदायिक जहर घोलने का प्रयास हुआ कि उन्हें बहादुरी की शानदार विरासत मिली है, 'उन्हें ऐसा कुछ भी नहीं करना चाहिए जिससे पुरखों द्वारा कमाए गए नाम पर धब्बा लगे।...काफी घूम फिर कर वह हिन्दू-मुसलमान मसले पर आ गए। औरंगजेब और हैदरअली की बुराई कि उन्होंने हजारों हिन्दुओं को जबरन मुसलमान बनाया, मन्दिर तोड़े, देवी-देवता नष्ट किए। फिर रणजीत सिंह की बुराई कि उन्होंने कभी मुसलमानों को लाहौर की ऊँची शानदार मस्जिदरारें से अजान नहीं लगाने दी।...आपको पता होना चाहिए केवल अंग्रेजी हुकूमत में हिन्दू और मुसलमान दोनों का दीन महफूज रह सकता है।' (पृ. 138-139) साम्प्रदायिक फूट पैदा करके सिपाहियों को गुमराह करने का प्रयास हुआ। साथ ही वफादारी के लिए चुने गये सिपाहियों को इनाम भी दिया गया। एक ओर पकड़े गए सिपाहियों पर कोर्ट मार्शल की तलवार लटक रही थी तो दूसरी ओर एकाध सिपाहियों ने इनाम स्वीकार कर बेवफाई की। फौजी शिविर में यह असन्तोष का कारण बना। बीच में यह खबर भी मिलती है

कि मेरठ और दिल्ली में फिरंगियों का सफाया हो गया। और ईरान व रूस में भी फिरंगियों के खिलाफ विद्रोह फूट पड़ा है। इन परिस्थितियोंवश विद्रोह फूट पड़ा था। उकसाने की तमाम कोशिशों के बावजूद भी हिन्दू-मुस्लिम एकता की अनिवार्यता के प्रति अवाम को सचेत करने का प्रयास हुआ था। उपन्यास में जुटाये गये परिदृश्य से स्पष्ट होता है कि औपनिवेशिक लूट के खिलाफ प्रकट हुई आम घृणा ही विद्रोह के रूप में फूट पड़ी थी।

प्रारंभिक दौर में विद्रोह जरूर फौजी बगावत में सीमित रहा और असंगठित भी। अधिकांश सिपाहियों में दूरगामी नजरिए व गहरी सूझबूझ का नितान्त अभाव था। सब पर लूट सवार थी। दुर्बली, सुमेरसिंह जैसे सिपाही वाकिफ थे कि 'मारकाट करने, बंगले लूटने और जलाने से क्या हासिल होनेवाला है? फिरंगी से लड़ने के लिए बड़ी सूझबूझ, बड़े ठंडे दिमाग की जरूरत है।' (पृ. 152) उपन्यास में कई प्रसंग ऐसे हैं जो बागियों की असंगठित, निरंकुश मारकाट, खून, लूट-खसोट, आगजनी जैसी मनमानियों पर प्रकाश डालते हैं। नेतृत्वहीनता और असंगठित होने की वजह से प्रारंभ से ही बगावत की सफलता के प्रति आशंका प्रकट हुई थी। छिटपुट जगह-जगह विद्रोह फूट पड़ने के कारण फिरंगियों को बदला लेने के लिए काफी अवकाश प्राप्त हुआ। बीच-बीच में जश्न मनाने में डूबे रहने के कारण सिपाही कभी-कभी भूल बैठे कि उन्हें काफी दूर का रास्ता तय करना है। प्रकारान्तर से लड़ाई के इन्तजाम के लिए एक फौजी पंचायत बनी। लेकिन वह भी आपसी फूट का क्षेत्र बन गयी। सुल्तानपुर रिसाले के बरकद अहमद को सरगना चुना गया। मौलवी अहमदुल्ला शाह जिसका अवाम और सिपाहियों पर गहरा असर था, फौजी पंचायत की नीतियों से सहमत नहीं था। मौलवी ने सिपाहियों की लूटपाट पर रोक लगाने के लिए जगह-जगह फौजी चौकियाँ कायम कर दी। यह कदम पंचायत की राय के खिलाफ था। इस पर खींचातानी शुरू हुई आम राय के अभाव में लड़ाई भी रुक-रुक कर चलती रही।

तालुकेदारों व जागीरदारों की गद्दारी और अवसरवादिता भी नाकामयाबी के कारणों में से हैं। कई तालुकेदारों ने कम्पनी शासन के फिर से लागू होने की आशा में फिरंगियों को शरण दी। कई लोगों ने इस प्रतीक्षा में फिरंगियों को आश्रय दिया कि फिरंगी राज कायम रह गया तो फिरंगियों को सौंप कर इनाम लेंगे और सिपाहियों के जीतने पर उनके हवाले करके वाहवाही लूटेंगे। मौकापरस्त लोग हमेशा हवा के रुख की ताक में रहते हैं। सत्ताधारी वर्ग कितना नृशंस क्यों न होना जब तक अपने हितों की पूर्ति करेगा तब तक ये मुट्ठीभर स्वार्थ उनकी तरफदारी करेंगे। जब दूसरा पल्ला भारी हो जाएगा तब वे भी जल्दी पल्ला पलट देंगे। ऐसे लोगों में न कोई सामाजिक चेतना होती है, न राष्ट्रीय चेतना। कई तालुकेदारों के अनुसार, 'जिन अंग्रेजों ने रूस की इतनी ताकतवर दस लाख फौज को हरा दिया, जिनके सामने ईरान और चीन के बादशाह ने घुटने टेक दिये, इनसे यह तिलंगे सिपाही क्या खाकर लड़ेंगे।' (पृ. 257) इन पूर्वाग्रहों के

साथ प्रारंभिक दौर में तालुकेदार हरम में दुबककर बैठ गए। अपनी भूमिका निभाने में इसलिए भी हिचकते थे कि अधिकांश तालुकेदारों ने कम्पनी की हुंडियों में पैसा लगा रखा था। कम्पनी शासन के खात्मे के साथ इनके पैसे भी हाथ से छूट जाएँगे। इन परिस्थितियों में फिरंगियों को फौजी बगावत को दबाने की काफी सुविधा प्राप्त हुई। तालुकेदारों जैसे अवसरवादियों की निरन्तरता आज भी टूटी नहीं है। सामाजिक स्तर पर होनेवाले आन्दोलनों को ठुकराने में खास भूमिका ये ही निभाते हैं। अपने आपको तटस्थ और अराजनीतिक घोषित करनेवाले लोग ही सामाजिक परिवर्तन के लिए सबसे बड़ी बाधा हैं।

सिपाहियों को घोर अपराधी घोषित करते हुए सिपाही विद्रोह को शर्मनाक माननेवाले लोग फिरंगियों के वहशीपन को नजरअन्दाज करते हैं। उपन्यास में अंग्रेजों के बर्बररूप थोड़े विस्तार के साथ प्रस्तुत हुए हैं। सिपाहियों में बहुतों को खुले आम फाँसी दी गयी। दहशत फैलाने के लिए लाशें देर तक लटकी छोड़ दी गयीं। अवाम भी वहशीपन के शिकार हुए। मसलन ''बैल और घोड़े नहीं मिले तो किसानों को पकड़ कर उनसे फौजी गाड़ियाँ खिंचवाईं...आसपास के तमाम गाँव जला दिए। कई बूढ़े बच्चे और अपाहिज जो घरों से निकल नहीं पाए, उन्हीं के साथ जल मरे। कई जगह तो वहशत में गोरे सिपाहियों ने बच्चों को औरतों की गोद से छीनकर जलती हुई आग में फेंक दिया। लोगों को धड़ाधड़ फाँसी पर चढ़ाया गया।'' (पृ. 265) दमन के बढ़ने के क्रम में फौजी विद्रोह नया मोड़ लेता है। एक आन्दोलन का नक्शा भी प्राप्त होता है। बेगम हजरत महल की माँग पर तालुकेदार अपनी फौज भेजने लगे। कालाकांकर के तालुकेदार राजा हनुमनसिंह लाल प्रताप सिंह, कुँवरसिंह, कानपुर के नानासाहब भी विद्रोह में शामिल हुए। कुँवर और हनुमनसिंह की सलाह पर कई तालुकेदार पाल्हा बदलने लगे। वे अपनी कुमुके के भेजने लगे। नई पल्टनों की भरती हुई। भारी तोपों की मरम्मत का इन्तजाम हुआ। अवध में लखनऊ को छोड़कर सभी ओर फिरंगी हारते गये। सारी तैयारी लखनऊ में रेजिडेंसी का घेरा तोड़ने को थी। काफी सूझबूझ के साथ लड़ाई आगे बढ़ी। अवध की पूर्वी सीमा का गाँव जौनपुर फिरंगियों के खिलाफ अलग रुख अपना रहा था कि किसान भी विद्रोह में शामिल होने लगे 'खेतों खलिहानों को छोड़कर के किसांन तरह-तरह के कपड़े पहने चाँदा बाँगा में इकट्ठा हो गये।...औजार के नाम पर किसी के पास भाला तो किसी के पास गँडासा तो किसी के पास सिर्फ लाठी होती।' (पृ. 262) सिपाहियों को विद्रोह की प्रेरणा देनेवाले साधु के शब्दों भी स्पष्ट है कि गाँव से अवाम भी विद्रोह में शामिल हो रहे हैं 'म्लेच्छों को देश से निकालने के लिए गाँवों का एक-एक आदमी लड़ने को तैयार है।' (पृ. 270) जाहिर है कि आम जनता ने भी फिरंगियों के शासन में खराबी देखी थी। वे भी औपनिवेशिक दासता के खिलाफ उठ खड़ी हुईं। उल्लेखनीय है कि विद्रोह खास हस्तियों में सीमित नहीं था। व्यापक जन आन्दोलन की अनिवार्यता के प्रति उस दौर में भी लोग सजग थे। उपन्यासकार यही

सिद्ध करना चाहते हैं कि अठारह सौ सत्तावन का विद्रोह सिपाहियों में सीमित नहीं था। आम आदमी की भागीदारी से विद्रोह को जन आन्दोलन का नक्शा प्राप्त होता है। इसीलिए लखनऊ को छोड़कर अवध के अन्य प्रदेशों में तत्काल ही सही फिरंगियों को हराने में सफलता मिली थी। जाहिर है कि किसी भी आन्दोलन में अवाम की भूमिका को हम कभी नकार नहीं कर सकते।

अवध में तत्काल फिरंगियों को हार मानना ही पड़ा। पूरा अवध सिपाहियों के कब्जे में था। बिरजीसी सरकार भी कायम हुई। तालुकेदारों को लगा कि अवध में फिरंगी राज हमेशा के लिए खत्म हो गया और अब सरकार की तरफदारी करने में ही भलाई है। तमाम तालुकेदार अपनी कुमुकें लेकर लखनऊ को पहुँचने लगे। अंग्रेजों ने गुरखों की मदद माँगी। गुरखों को साथ लेकर फिर फिरंगियों ने जमकर लड़ाई लड़ी। इधर देशी फौज में कभी-कभी बाधाएँ आती रहीं। जौनपुर में फिरंगियों के खिलाफ जो फौजी बन्दोबस्त हुई उससे सब नाखुश थे। फिरंगी हाकिमों के लिए मौजमस्ती का इन्तजाम करनेवाला गुलाजिम हसनयार खां को चकलेदार बनाया गया। उसने यह चकलेदारी रोब-दाब बढ़ाने के इरादे से स्वीकार की थी। सिपाहियों में जो जोश उमड़ा था इसमें ढीलापन आ गया। कम ही सही तालुकेदारों ने फिरंगियों की सहायता की और बागियों के खिलाफ साजिश भी रची। और दरबार में पूरे मन से लड़ाई का साथ देने वाले बेगम हजरत महल और मौलवी अहमद उल्ला थे। यहाँ भी खराबी यह थी कि मौलवी अपनी धर्मान्धता और अहं के चलते दूसरे पक्ष को समझने में असमर्थ रहा। वे आपस में जुड़ नहीं पाये। दूसरी ओर फौजी पंचायत को भी अपने स्वार्थों की चिन्ता थी। फिर भी सिपाहियों ने वफादारी दिखायी। वे जान पर खेलकर लड़े। किसी ने भी समझौता नहीं किया। लाल प्रताप की हत्या हुई और मौलवी को भी धोखे से मार दिया गया। फिर भी शंकरपुर के तालुकेदार राना बेनी माधो ने आजादी का अलख जगा रखा। इसके बावजूद भी अवध हाथ से छूट गया।

विद्रोह में सामन्ती चिन्तन के बोल-बाले का आभास जरूरी मिलता है। कइयों ने गद्दारी भी की। लेकिन ऐसे सामन्तों की भी कमी नहीं है जिन्होंने अपनी भूमिका वर्ग के तौर पर नहीं निभायी। फिरंगियों की फौज में शामिल होने के बावजूद भी सिपाही मानसिक तौर पर उपनिवेश बनने से अपने आपको बचा पाये थे। आम आदमी की भागीदारी आजादी के आग्रह का परिणाम थी। औपनिवेशिक लूट के खलाफ तमाम सीमाओं के बावजूद भी जनता ने एकजुट होकर संघर्ष किया। यह एक आकस्मिक घटना नहीं थी। यह आजादी की लड़ाई थी कि कहीं स्वराज्य की आवाज भी बुलन्द हुई थी। सूचनाओं के साथ यह तथ्य भी उपन्यास में उजागर हुआ है 'क्या हम सब का राज नहीं हो सकता? ऐसी हुकूमत जिसमें सिपाही और रिआया, अमीर और गरीब सब साथ हिस्सा लें, जैसे गाँव की पंचायत में होता है।....क्या कहता था वह इस तरह के राज को, कौन-सा लफ्ज इस्तेमाल किया था उसने...सुराज, स्वराज्य...क्या कभी वह दिन आएगा?'

(पृ. 258) इस स्वराज्य की आकांक्षा ने समाज के विभिन्न सामाजिक और धार्मिक स्तर के लोगों को एक साथ खड़ा किया। हमारी जातीय स्मृति में अठारह सौ सत्तावन की तूफान की अहमियत को सरलीकृत नहीं किया जा सकता। यह हमारी राष्ट्रीय व राजनीतिक चेतना का ही सबूत है। प्रदीप सक्सेना के शब्दों में 'यदि उनमें उच्च राजनीतिक चेतना नहीं होती तो वे विश्व की सबसे धूर्त, लुटेरी और क्रूर व्यवस्था, जाति और कभी न डूबने वाले सूर्य को धता नहीं बता सकते थे। जो दुर्ग अजेय था, जो लूट, बेईमानी, दगाबाजी, जघन्य हत्याकाण्डों, रिश्वत और नस्ली घमण्ड की सामग्री से बना था, उस पर आक्रमण शून्य राजनीतिक चेतना को नहीं दर्शाता। यदि राजनीतिक चेतना कोई यथार्थ वस्तु है उत्पीड़क-शोषक विदेशी राजसत्ता को उलट देने का प्रयास ही सर्वोत्तम राजनीतिक कर्म है। यदि राजनीतिक चेतना की ऊँचाई वर्ग संघर्ष की ऊँचाई को व्यक्त करती है तो 1857 में यह तीव्रतम बिन्दु पर थी। सभी वर्गों से संघर्ष सिर्फ साम्राज्यवाद के खिलाफ हुआ। और सबसे विशाल वर्ग-किसान वर्ग ने इसे दृढ़, ठोस और विस्तृत आधार प्रदान किया।' (1857 और नवजागरण के प्रश्न : पुनःसमीक्षा और प्रतितर्क, पृ. 299)।

खास व्यक्तित्वों व उनकी लड़ाइयों में इतिहास को सीमित रखना अवाम के साथ धोखा है। इतिहास में उनकी केन्द्रीयता को कभी झुठलाया नहीं जा सकता। हमारा इतिहास उनके असंख्य संघर्षों का इतिहास है। अतः इतिहास में उनकी जगह दर्ज करना साहित्य की प्रतिबद्धता है। अवाम की संघर्षरत जिन्दगी के इतिहास को पूरी ईमानदारी के साथ प्रस्तुत करने का प्रयास 'पाहीघर' के उपन्यासकार ने किया है। सामन्तों द्वारा दबाये जानेवाले किसानों की बदहाली का चित्रण उपन्यास में हुआ है। गुरुदत्त दुबे का परिवार अपने पुश्तैनी गाँव कन्तित की पण्डागिरी छोड़कर, दशरथपुर के तालुकेदार रायसाहब के इच्छानुसार कम दामों में बसौली का पाहीघर और आसपास की जमीन खरीदता है। गुरुदत्त दुबे के बेटे शंकर की लगन और मेहनत से प्रभावित होकर रायसाहब उसे बसौली और आसपास के दो गाँवों का मालगुजार बनाता है। छोटा दुर्बली शादी के तुरन्त बाद फिरंगी फौज में शामिल हो जाता है। जमींदार बनने के बाद शंकर के व्यक्तित्व में भी सामन्तीपन चढ़ता है। आसपास के अहीर किसानों पर उसका दबदबा रहता है। पाहीघर की देखरेख करनेवाले बगल के जैकरन अहीर का परिवार है। सालों पहले रायसाहब ने जैकरन को भी दो बीघा ज़मीन जोतने बोने के लिए दे रखा था। लेकिन उसके पास पट्टा नहीं था। शंकर जैकरन के खेत को भी अपने कब्जे में रखना चाहता है। लेकिन गुरुदत्त के कहने पर और जैकरन की बेटी रूपा के साथ शंकर का अवैध संबंध होने की वजह से खेत जैकरन के पास ही रहने देता है।

जब हमल गिराने के बाद रूपा की मृत्यु होती है तब शंकर के जैकरन के साथ व्यवहार में भी बदलाव आता है। ऊपर से शंकर को यह खबर भी मिलती है कि फिरंगी जमीन की पड़ताल के लिए आ रहे हैं। प्रमाणों के जल जाने की वजह से वे फिर से

बन्दोबस्त करनेवाले हैं और किसानों की सुनवाई के बाद खेत को पक्का कर देने की संभावना भी है। जब फिरंगी पहली बार बन्दोबस्त के लिए आये तब जैकरन ने खेत को उसके नाम दर्ज करने की माँग की थी। दोबारा उसकी संभावना को नजरअंदाज करने का मतलब दो बीघे जमीन का शंकर के हाथ से छूटना होगा। एक ओर शंकर के मन में जमीन की चिन्ता बल पकड़ती जा रही थी, दूसरी ओर जैकरन खेत बोने की तैयारी में था। बौखलाकर शंकर जैकरन को हल बन्द करने का आदेश देता है कि 'खेत दिया था तुम्हें किरी एवज में। सेंत में ही दिया था।...किससे पूछकर तैयारी की थी? ऐसे ही अपना समझ लिया था।' (पृ. 324) मजबूरन जैकरन को खेती छोड़कर जाना पड़ा। जरूर उसके मन में प्रतिशोध की भावना उमड़ पड़ी थी। उसका चेहरा आक्रामक भी हुआ। हालाँकि सामन्ती परिवेश में जमींदार के खिलाफ आवाज उठाने की गुंजाइश ही कहाँ? जैकरन को निराश रहना पड़ता है। पाहीघर और मालगुजार का दबदबा भी ऐसा था कि बाकी अहीर लोग भी अन्दर ही सुलगकर रह गये। जैकरन किसी न किसी तरह अपनी प्रतिक्रिया दर्ज करना चाहता है। अगले दिन वह जहर खाता है और अहीर टोली को बुलाकर पाहीघर से नाता तोड़ने की मांग करता है। अहीरों के मन पर आतंक जमाता है कि जहर खाकर मरने के कारण वह प्रेत बनेगा। जो उसका कहना नहीं मानेगा उसकी जिन्दगी बरबाद कर देगा। आत्महत्या के द्वारा जैकरन सामन्ती व्यवस्था के खिलाफ अपनी प्रतिक्रिया भी दर्ज करता है कि 'यह चोला छोड़कर जा रहा हूँ। पाहीघर के ऊपर। उस बाभन के ऊपर।...देखना निपात हो जाएगा उसका। डीह हो जाएगा पाहीघर।' (पृ. 326) जैकरन की मृत्यु के बाद सारे अहीर गाँव छोड़कर चले गए। इससे मजदूर मिलना नामुमकिन हो गया कि सारा काम शंकर को अपने हाथ से करना पड़ता है। दूसरी ओर फिरंगियों द्वारा जमीन के नये बन्दोबस्त के बाद शंकर की मालगुजार से काश्तकार में तब्दीली भी हुई। इधर गदर में दुर्बली की मृत्यु भी होती है। पाहीघर की शान-शौकत तबाही के कगार पर थी कि अहीर टोली में जैकरन के चौरे पर पूजा हो रही थी। प्रेत से ऊपर जैकरन को ग्रामदेवता की हैसियत मिल रही थी।

जैकरन की आत्महत्या, प्रकारान्तर से ग्रामदेवता की हैसियत प्राप्त होना और पाहीघर का उजड़ना ये ही सन्दर्भ हैं जहाँ सामन्ती व्यवस्था के शोषण तन्त्र के खिलाफ प्रतिरोध दर्ज हुआ है। यहाँ पाहीघर का उजड़ना जरूर किसानों की जिन्दगी को दूभर बनानेवाली शोषणकारी व्यवस्था का उजड़ना है। यही उपन्यास की बुनियादी आकांक्षा भी है। 'पाहीघर' के उपन्यासकार ने ऐसा परिदृश्य जुटाया है कि साम्राज्यवादी और सामन्तवादी शोषण के खिलाफ आम जनता का दोतरफा संघर्ष उजागर हुआ है।

भूमण्डलीकरण की अवधारणावाले नवउपनिवेशवादी दौर में अठारह सौ सत्तावन के इतिहास का यह पाठ किस तरह वाजिब होता है, यह अहम सवाल है। तमाम प्रतिरोधों के बावजूद भी हम अब भी गुलाम बनते जा रहे हैं, यह मुद्दा जरूर हमें राजनीति की ओर ले जाता है। सांस्कृतिक स्मृतिलोप हमारी राजनीति का खास चरित्र

बन रहा है। आजाद देश के शासक इतिहास को भूल बैठे हैं। अपने दायित्वों व अधिकारों के प्रति वे निस्संग होते जा रहे हैं। ऐसे माहौल में भूमण्डलीकरण को यहाँ जगह मिल रही है। ईस्ट इण्डिया कम्पनी के लुटेरों को भी पीछे छोड़ने वाली यह शोषण पद्धति गुलामी के मौन प्रसार में कामयाब हो रही है। इतिहास के वाजिद अली शाह ने सुरक्षा की खातिर और अपना सत्ता कायम रखने के इरादे के साथ कम्पनी से समझौता किया। समझौते की यह निरन्तरता आज बल पकड़ रही है। सत्ताधारी वर्ग साम्राज्यवादियों के मुखापेक्षी होकर रोज शर्तों वाले समझौते पर हस्ताक्षर कर रहे हैं। विश्व व्यापार संगठन, विश्वबैंक और आई. एम. एफ. के इशारे पर देश की नीतियाँ निर्धारित हो रही हैं। उपनिवेशवादी दौर में देशों को अपने गिरफ्त में रखकर ऋण के रूप में सम्पत्ति को लूटने का कार्य हुआ। हमारी अर्थव्यवस्था खोखली होती गयी। वाजिद अली शाह सरीखे निकम्मे शासक वर्गों के रहते राजनीतिक स्वायत्तता भी तबाह हुई। अब नव उपनिवेशवादी दौर में लुटेरे भूमण्डलीकरण व उदारीकरण का मुखौटा पहनकर आये हैं। उदारीकरण के तहत ऋण का मुक्त वितरण हो रहा है। कर्जों के मकड़जाल में फँसाकर उन्हीं के इशारे पर देश को चलाने के लिए बाध्य किया जा रहा है। उपनिवेशवादी और नवउपनिवेशवादी दौर में भी यहाँ के दिमागों को अपनी गिरफ्त में रखने में साम्राज्यवादी सक्षम हो रहे हैं। सत्ताधारी वर्गों की अवसरवादी गठजोड़ की राजनीति के चलते देश को हड़पने की जरूरत नहीं है। क्योंकि हम उसे देते आ रहे हैं। यही कारण है कि गाँधीजी ने मानसिक स्वराज्य पर अतिरिक्त बल दिया था। उपन्यासकार ने ऐतिहासिक परिप्रेक्ष्य में वर्तमान यथार्थ को ही अंकित किया है। साम्राज्यवादियों के खिलाफ ही नहीं बल्कि देशी राजनीति के विरुद्ध भी हमें लड़ना है। आम आदमी के इस दोतरफा संघर्ष को उपन्यासकार ने उद्घाटित किया है।

धर्म और राजनीति की साझेदारी आज तीव्रतम बिन्दु में है। धर्म का उग्रराजनीतिकरण हो रहा है। धर्म शोर में तब्दील होता जा रहा है। इस धर्मान्धिता के तहत नव साम्राज्यवादी साजिशों से अधिकांश लोग बेखबर हैं। उपन्यास में एक ओर जिक्र हुआ है कि धार्मिक कठमुल्लेपन का शिकार होकर अवध पर कब्जा जमाने के लिए कुहासे में चल रही भेद नीतियों से अधिकांश लोग अनजान हैं। इसीलिए वे कहते हैं 'फिरंगी राज में न ऊँच-नीच का भेद है न जात-पाँत का। जो कुछ धरम मरजाद रह गया वह भी चला जायेगा।' (पृ. 44) असल में इसी धर्मान्धता का ही फिरंगी फायदा उठा रहे थे। उपन्यास में संस्कृत पंडित शिवगुलाम के लिए 'स्वधर्मे निधनं श्रेयः परधर्मो भयावहः' है। (पृ. 44) मौकापरस्त फिरंगियों को हमारे धार्मिक तनाव के माहौल से अपना मतलब साधने का खूब अवसर प्राप्त हुआ। दरअसल सत्ता को बनाये रखने के लिए मन्दिर-मस्जिद के नाम पर अपना उल्लू सीधा करने की कोशिश मुगलों से शुरू हुई थी। शेख मुनव्वर अली के शब्दों में 'वहाँ जो मन्दिर अभी है उसे बनवाने का हुक्म बक्सर की लड़ाई में जाते वक्त खुद शुजाउद्दौला ने किया था। हिन्दू सिपाहियों को खुश रखना था न। बाबर को

मुसलमान सिपाहियों का हौसला बढ़ाना था तो मन्दिर तोड़कर मस्जिद बनवाई। और शुजाउद्दौला को हिन्दू सिपाहियों को खुश करना हुआ तो फिर से नया मन्दिर बनवा दिया। हुक्मरानों ने हमेशा मजहब का इस्तेमाल ऐसे ही किया है।' (पृ. 84) फिरंगियों ने फिर से मन्दिर-मजिस्द के नाम पर साम्प्रदायिक तनाव पैदा किया। धर्म और राजनीति की मिलीभगत में शोषण का सिलसिला आज भी जारी है। उपनिवेशवादी शासन के खात्मे के बाद जनतान्त्रिक शासन की स्थापना के बाद भी इसमें कोई परिवर्तन नहीं आया है। सत्ता हासिल करने के लिए धर्म का इस्तेमाल हो रहा है। धर्मावलंबियों को वोट बैंक के रूप में प्रयुक्त किया जा रहा है।

हमारे इतिहास के सबसे गौरवान्वित क्षण यही हैं कि उकसाने की तमाम कोशिशों के बावजूद भी प्रथम स्वाधीनता संग्राम के दरमियान हिन्दू-मुस्लिम एकता की अनिवार्यता के प्रति लोग सजग थे। उपन्यास में मौलवी अहमदुल्ला शाह सरीखे व्यक्तियों की धर्मान्धता का संकेत अवश्य हुआ है। लेकिन व्यापक तौर पर हिन्दू-मुस्लिम एकता उमड़ पड़ी। साम्राज्यवादियों को यह एकता नागंजूर थी कि वहीं से हिन्दू-मुस्लिम के साथ छेड़खानी शुरू हुई। भेद नीति का सिलसिला जारी रखा गया। जातीय विस्मृति का ही परिणाम है कि साम्राज्यवादियों की अवसरवादिता की गिरफ्त में आकर देश का विभाजन हुआ, गांधीजी की हत्या हुई, बाबरी मस्जिद का ध्वंस हुआ, गुजरात में नरहत्या भी हुई। धार्मिक उन्माद के तहत आज पुनरुत्थानवाद को प्रोत्साहन मिल रहा है। सांस्कृतिक राष्ट्रवादी, जो फासिज्म का प्रतिरूप है, अतीत के नरसंहारों को आगे खड़ा करके अपनी आक्रामकता को वैधता दिला रहे हैं। यहाँ संस्कृति को हिन्दुत्व से जोड़कर उसे साम्प्रदायिक बनाने की कोशिश जारी है। इसके तहत अल्पसंख्यकों के खून को धर्म से जोड़कर उनका नरसंहार हो रहा है। सबसे शर्मनाक भी यही है कि साम्प्रदायिक उन्माद के तहत यहाँ खून का हिसाब हो रहा है कि हिन्दू का है या मुसलमान का। यहाँ की मूलजाति आर्य है या द्रविड़, इस पर अब भी बहसें हो रही हैं। फिर भी अन्तिम धारणा बनाना नामुमकिन है। उसी प्रकार भारत की समावेशी संस्कृति को भूलकर हिन्दू-मुसलमान विवाद को प्रश्रय दिया जा रहा है। इस पर भी अन्तिम धारणा कहाँ तक संभव बन पायेगी, इस सच्चाई से वाकिफ होकर भी अलगाववादी हिंसा जाति व धर्म के नाम पर तेज हो रही है। उपन्यास में धर्म से परे इन्सानियत पर जोर देनेवाले पात्र के रूप में शेख मुनव्वर अली की प्रस्तुति हुई है। अली के पूर्वज कायस्थ हिन्दू थे। मुगलों के दौर में मुसलमान बन गये थे। उपन्यासकार इस तथ्य को ही प्रकाश में लाया है कि हिन्दू-मुसलमान सम्बन्धी विवाद निरर्थक है। इसमें भूमण्डलीकरण के पैरोकारों की भूमिका को भी नजरअंदाज नहीं किया जा सकता। वे दावा कर रहे हैं कि वैश्विक मूल्य के तहत साम्प्रदायिक समस्याएँ थम जाएँगी। लेकिन दूसरी ओर वे जाति, धर्म और नस्ल के नाम पर राष्ट्रों के बीच तनाव पैदा कर रहे हैं। क्योंकि उदारीकरण की आड़ में जो शोषण नीतियाँ लागू हो रही हैं उसके खिलाफ जन-रोष का उभरना स्वाभाविक है। जनता के

विरोधी रवैये को दबाकर रखने के लिए उन्हें भटकाने की कोशिश जारी है। धर्म, जाति, नस्ल व सम्प्रदाय के नाम पर जनता की एकता को तोड़ने का हर संभव प्रयास हो रहा है। विभाजन का सिलसिला आज तीव्रतम बिन्दु में है। काबिले गौर है कि मन्दिर-मस्जिद विवाद के दरमियान ही साम्राज्यवादियों की आर्थिक नीतियाँ यहाँ लागू हो गयी थीं।

औपनिवेशिक लूट के खिलाफ आम घृणा के प्रकट हुए संग्राम की स्मृति नव औपनिवेशिक दौर में अनिवार्य हो गयी है। सीमाओं के रूप में साथ ही सही औपनिवेशिक लूट के खिलाफ प्रतिक्रिया दर्ज हुई थी। भूलों को सुधारते हुए व्यापक तौर पर जन क्रान्ति की जरूरत दिन-ब-दिन बढ़ती जा रही है। दूसरी ओर हमें विभाजित करके प्रतिरोधी संकल्प को नष्ट करने का प्रयास हो रहा है। विचारधाराओं के बावजूद भी व्यापक तौर पर प्रतिरोधी कदम नहीं के बराबर है। अवसरवादी कठमुल्लेपन के तहत अलग-अलग खेमों में बँटकर एक-दूसरे पर कीचड़ उछालने के लिए आज विचारधाराओं का प्रयोग हो रहा है। यह उपन्यास जरूर हमें सोचने के लिए मजबूर करता है।

नई संघर्षभूमि में नारी की रचनात्मक क्षमता दर्ज करने की मंशा

डॉ. हरिणी

आठवें दशक की बहुचर्चित कथाकार चित्रा मुद्गल ने विज्ञापन-जगत की चकाचौंध दुनिया को अपने प्रधान चरित्र के लिए अखाड़ा बनाया है। अंकिता इस नई संघर्षभूमि में अपनी सत्ता-प्रतिष्ठा के लिए नारीमुक्ति और नारी-स्वातन्त्र्य की गुहार करती है। मगर अपने पैरों तले की जमीन को भूलकर नहीं। हालाँकि अपनी एक ठोस जमीन की तलाश में वह कई वारदातों की शिकार भी बनती है। अंकिता इस उपन्यास की धुरी है जिसके इर्द-गिर्द इसकी कथा घूमती है। दरअसल यह उपन्यास महानगरीय जीवन के बहुमुखी तथा बहुरंगी रूप का इजहार है। और उपन्यासकार ने वस्तुस्थितियों की तासीर कायम रखने के लिए नारी-पात्रों का कारगर इस्तेमाल किया है। उनके वैयक्तिक संदर्भों को वरीयता देते हुए मौजूदा दौर की कारोबारी दुनिया के तमाम करिश्मे दर्शाए गए हैं। विज्ञापन जगत, जहाँ मर्दों की निरंकुशता हावी होने का वहम है, वहाँ एक औरत मध्यवर्गीय परिवार की लड़की अंकिता अपनी हिम्मत और होशियारी से सरासर चौकड़ी भरती रहती है। अपने पेशे में उसकी कारसाजी का ठिकाना नहीं रहता। उसकी महत्वाकांक्षा की इयत्ता नहीं होती। किसी भी दगाबाजी में न फँसकर बड़ी संजीदगी से विज्ञापन जगत के बदलते पैंतरों के मुताबिक वह अपना पासा फेंकती है। घोर स्त्रीवादी अंकिता जिन्दगी में किस हद तक कामयाब हुई, यह जरूर चिन्ता का मजमून है।

माँ एवं भाइयों के सख्त विरोध के बावजूद अंकिता सुधांशु को अपना जीवन-साथी चुनती है। वह स्पष्ट बताती है कि घरवालों की इजाजत के बगैर उन्होंने पहले ही रजिस्टर्ड मैरेज कर ली थी। बेटी के दुस्साहस से अम्मा जरूर नाखुश होती है, मगर जिस दिन बेटी अपने पति को छोड़कर घर वापस आती है, अम्मा उस दिन से कई बीमारियों की शिकार भी बनती है। 'फिल्मरस' की अस्थायी नौकरी छोड़कर उसे 'ऑब्जर्वेशन' में स्थायी नौकरी का मनसूबा है। मैथ्यू की सौजन्यता एवं सहयोग से वह बेहद कृतकृत्य भी हो जाती है। इसलिए अंकिता 'ऑब्जर्वेशन' के फ्रीलांसर्स के बुरे सलूक के बावजूद, वहाँ भी थोड़ा समय काम करने का निर्णय लेती है। माँ के ऑपरेशन के बाद वह पूरे इत्मीनान से शहर वापस आती है कि वह खुद बड़ी सनाथ है।

सुंधाशु के ख्यालों में वह प्रायः डुबकी मारने लगती है। अपने और सुधांशु के रिश्ते की अव्यवस्था में अंकिता, जिन्दगी की अस्थिरता खोजती रहती है। ''लेकिन एक क्षण उसे बोध हुआ था कि जिन विभ्रमों को जिन्दगी के मायने बनाकर बड़प्पन के आडम्बर में घिरी हुई बैठी है—पाखंड है।''

जिन्दगी भर पति का गुलाम बनकर जीने से उसे निहायत परहेज है। वह सुधांशु से बताती है कि बच्चे का मरना अपनी जिन्दगी से पति का निष्कासन है। सुधांशु भी तमतमाकर कहता है कि अगर बच्चा जिन्दा रहता तो वह सदा पति को पत्नी से जोड़े रहता। जब एक साथ रहना दोनों के लिए बेकाबू हो जाता है, दोनों अपनी-अपनी राहें लेने को मजबूर होते हैं। अंकिता, माँ, बड़े भैया तथा घर की सुरक्षा से सदैव लोकापवाद की नाजुक स्थितियों से बचती रहती है।

स्वाभिमानी अंकिता, किसी भी हमदर्दी बर्दाश्त नहीं करती है। पति से प्रताड़ित, तिरस्कृत एवं क्षुब्ध उसका मन फिर किसी दूसरे के सामने नहीं झुकता है। हालाँकि माँ दूसरी शादी की बातें हमेशा करती रहती है।

तलाकशुदा स्त्रियाँ समाज की नजर में प्रायः खरा नहीं उतरती हैं। सब कसूरवार की भाँति, संदिग्ध दृष्टि से देखेंगे भले ही औरत बेकसूर ही क्यों न हो। उसका किसी अन्य पुरुष का गुणगान तक शंका की चिनगारियों के फूटने का कारण बनता है। हरीन्द्र, अंकिता का मित्र है और सविता उसकी पत्नी है। सविता एक ऐसे किस्म की नारी है जो खुद हरीन्द्र की प्रशंसा करके खुश होती है। मगर अंकिता के मुँह से हरीन्द्र की तारीफ का एक लफ्ज तक उसे बेसब्र बनाता है। वह कतई अपने दकियानूसी चिन्तन से उबर नहीं पाती है। पति द्वारा उपेक्षित पत्नी के प्रति वह वाकई संवेदनशील है, मगर पति की ज्यादतियों के खिलाफ होकर जब पत्नी अपना घर छोड़ती है तो उसके आत्मविश्वासी रवैये, आत्मसम्मानपूर्वक जीवन, स्वतन्त्र व्यक्तित्व की बात, सविता को पच नहीं पाती। ''इसलिए कि वे वस्तुतः उस औरत के जुझारू व्यक्तित्व के समक्ष स्वयं को बौना महसूस करती हैं।''

सविता का चरित्र बेपर्द होते हुए सामान्य स्त्री-मनोविज्ञान भी बेनकाब होता है। चित्राजी ने स्त्री-मानस को बारीकी से पकड़ने की उसका सूक्ष्म अंकन करने की कोशिश की है। कई स्त्रियाँ ऐसी भी हैं जिनके भीतर पति की रूढ़िवादिता एवं संकीर्णता से राहत पाने की इच्छा तो होगी किन्तु उनमें अंकिता का जैसा आत्मविश्वास न होगा। फलतः वे दम घुटकर अपना जीवनयापन करने को लाचार होती हैं। मगर नारियों का रवैया भी कुछ निराला होता है कि जब कोई स्त्री अपने पति की नृशंसता के विरुद्ध धावा बोलने लगती है तो ये स्त्रियाँ उसकी तारीफ करते नहीं थकतीं क्योंकि उस खास मामले में वे खुद की नियति का प्रतिबिम्ब देखती हैं।

अंकिता अपने मित्रों की तरफ बड़ी आत्मीयता एवं वफादारी बरतती दिखाई देती है। मेहता की पत्नी की आत्महत्या से अंकिता खूब बेकरार होती है। मेहता अंकिता के

सम्मुख ही अपने विकृत दाम्पत्य जीवन की पोल खोलता है। मेहता की पत्नी कोकिला नैतिकता की लक्ष्मण-रेखा लाँघकर अपने देवर से यौन-सम्बन्ध रखती थी। वैसे मेहता इसके काबिल नहीं रहा और वह पत्नी के अनैतिक सम्बन्धों के प्रति उदार था। मगर वह उच्छृंखलता की हद तक पहुँच गई तो मेहता बेकाबू हो गया। मेहता पछताता रहा कि यदि वह कोकिला को इतनी छूट न देता तो ऐसा हादसा न होता। मानसिक तनाव एवं सामाजिक अवमानना के भँवर में फँसे मेहता को अंकिता की बातों से राहत मिलती है।

अंकिता के कैरियर में एक महत्त्वपूर्ण घुमाव तब आता है जब वह हरीन्द्र के निर्देशानुसार साप्ताहिक 'आरंभ' में नियमित स्तंभ 'आईना' लिखने लगती है। व्यवस्था के भीतर जोड़-तोड़ में लगे व्यक्तियों की खाल उतर जाय, यही हरीन्द्र, अंकिता से करवाना चाहता है। अंकिता, राजनीति में उतनी मशगूल भी नहीं। इसके बावजूद वह लिखना शुरू करती है क्योंकि सामाजिक व्यवस्था, राजनीति से किनाराकशी नहीं कर सकती। अंकिता की सृजनात्मक ऊर्जा हरीन्द्र ही पहचानता है भले ही वह घोर स्त्रीवादी ही क्यों न हो। व्यक्ति प्रायः सड़ी हुई मान्यताओं में गोता लगता रहता है। फिलहाल उसे आँखें खोलकर दुनिया को देखना है। अतः अंकिता नारीवादी का लबादा उतारकर सामाजिक संदर्भों तथा राजनीति की संश्लिष्टता की अनचीन्ही राहों की अन्वेषी बन जाती है। इस सिलसिले में 'संवाद' में स्थायी नौकरी के साक्षात्कार के लिए भोजराज की सिफारिश भी मिलती है।

सुधांशु को पाने के लिए अंकिता को जाति, धर्म एवं परंपरा के दुर्गम रास्ते से गुजरना पड़ता है। पति के घरवालों से उसे लांछित भी होना पड़ता है। अंकिता का बुलन्द आत्मविश्वास ही सुधांशु को उसकी ओर खींचता था और पति से बिछुड़कर वह प्रायः ज्यादा संवेदनशील और भावुक हो उठती है।

अंकिता के चरित्र को सँवारने में अम्मा की खास भूमिका है। अनपढ़ वह भले ही है, मगर उनके जीवनानुभवों के विशाल फलक तथा सयानी जीवन-दृष्टि पर अंकिता को गर्व है। "मजबूती अपने अंतरमन में ही होती है बिट्टी! कोई उसे किसी को दे नहीं सकता। हाँ, उसका मनोबल खींचकर वह उस दृष्टि को विकसित करने में अवश्य सहायक सिद्ध हो सकता है...जो भीतर की अदृश्य शक्ति को अन्वेषित कर व्यक्ति को चुनौतियों का सामना करने का साहस और आत्मविश्वास प्रदान करती है...जिनमें वह शक्ति अन्वेषित नहीं हो पाती, वे संघर्ष से पलायन कर आत्मघात को प्रवृत्त होते हैं। या समझौते को...।"

वर्तमान परिवेश में नौकरीपेशा स्त्रियों की तादाद में इजाफा तो जरूर हुआ है, मगर साहित्यिक रिपोर्टिंग करनेवाली या निर्भीक स्तंभ लिखनेवाली महिलाओं की संख्या कम है। इसके लिए अंकिता का अपना स्पष्ट बयान है। वह यह मानती है कि अंग्रेजी और हिन्दी की तुलना करते वक्त लोग हिन्दी को थोड़ा निचले स्तर पर रखते हैं तथा हिन्दी पत्रकारों को कम पारिश्रमिक दिया जाता है। यह दरअसल, भाषा की अस्मिता का

सवाल है, न कि भेदभाव या पक्षपात का। यह रूढ़ मानसिकता की उपज है। यह नजरिया जरूर बदलना होगा। एकाध लोगों से यह मुमकिन भी नहीं, तमाम परिवेश का सवाल है। कुछ महिलायें अपनी असुविधाओं तथा मजबूरियों के बावजूद इस क्षेत्र में बाकायदा लिखती हैं, लेकिन इनकी संख्या कम है।

अंकिता, महिलाओं के निराले सलूक से भी नाखुश हैं। एक पल संजीदगी से बातें करनेवाली जबान दूसरा पल छिछली बातें करने से नहीं हिचकती। ऐसा ओछापन उससे सहा नहीं जाता है। तो भी उसकी सख्त स्त्रीवादी दृष्टि उपन्यास के पग-पग पर द्रष्टव्य है। इसके पक्ष में बोलते वक्त अंकिता बेहद भावुक हो उठती है। सहयोगी तिलक इसके विपक्षी हैं। उसका मंतव्य यह है कि स्त्री ही सदा स्त्री की दुश्मन रही है। माँ, बहन, सास, ननद, प्रेमिका जैसे रूपों में। और नारी-मुक्ति की आड़ में वह बेकसूर मर्द को दोषी ठहराती है। पुरुष की साझीदारी इसमें है ही नहीं। किन्तु ऐसे सिद्धान्तविहीन फतवों से अंकिता जिद करती हुई आगे बढ़ती है। उसकी मान्यता यह है कि समाज का ढाँचा पुरुषों द्वारा सृजित होता है और स्त्री पर व्यवस्थाएँ थोपी जाती हैं। तिलक कहता है कि पुरुष ने ऐसी सीमाएँ स्त्री की सुरक्षा हेतु रखी हैं। और स्त्री का स्वार्थ उन्हें कुचलता है। अंकिता प्रतिवाद यों करती है कि नारी गाय या भैंस नहीं। उसे बाड़े में कैद रखने के बजाय पुरुष ने क्यों उसे आत्मरक्षा का सबक नहीं सिखाया? क्योंकि पुरुष को अपना राजपाट छिन जाने का डर होगा। स्त्री के उज्ज्वल भविष्य का पूरा यकीन भी उसे है : "समय जरूर लगेगा मगर सीमाएँ हटेंगी—भोग्या और देवी के बीच पिसती हुई स्त्री के लिए आत्मसम्मानपूर्ण समाधान खोज ही लेगी।" वह पुरुष और स्त्री की बराबर साझीदारी की कायल है। परन्तु पुरुष के अहंवादी शोषण स्वरूप से उसे हर्ज है।

परिवेश के निरन्तर संघात से अंकिता टूटती नहीं, पस्त होती नहीं। वह आत्महत्या की बात नहीं सोचती है; अपने वजूद के लिए दनादन संघर्ष करती रहती है; पुरुष जाति से, अपने परिवारवालों से, समाज से तथा व्यवस्था से। भीतरी रिक्तता का एहसास उसे होता है, लेकिन दुःख-दर्द की फेहरिस्त थामे चलती नहीं है। इस आत्मस्वीकृति का बोध उसे औसत नारी के जायज हकों के लिए लड़ने की प्रेरणा देता है। तभी तो वह रेलवे स्टेशन में ही सही, स्त्री का नंगा पोस्टर देखकर तिलमिला उठती है और स्त्री की इस बेइज्जती के लिए स्त्री को ही जिम्मेवार मानती है।

अंकिता का चरित्र जिन्दगी के उतार-चढ़ाव के अनगिनत स्तरों से गुजरता है। पहले सरस्वती कॉलेज की लेक्चररशिप से वह वंचित होती है, फिर आब्जर्वेशन से निष्कासित होती है, फिल्मरस में स्थायित्व प्राप्त न कर सकता है। इन सबका अंजाम भोजराज के 'माध्यम' के मुख्य कार्यकारी अधिकारी के रूप में होता है। विज्ञापन जगत में अंकिता की शोहरत बढ़ जाती है कि भोजराज उसे अपने यहाँ स्थायी नौकरी देने को बेहद उत्सुक हो जाता है। मीडिया में उसके दाखिले से उत्पाद की माँग में रातों-रात बढ़ती होती है।

अपने पेशे में अंकिता सदैव पूर्णता की माँग करती है। इसके लिए वह किसी प्रकार का खतरा उठाने को उतारू है। भोजराज के खिलाफ आवाज उठाने से अपनी स्थायी नौकरी के छूट जाने की नाजुक स्थिति में भी वह खुल्लमखुल्ला अपना हर्ज जाहिर करने से नहीं डरती।

यह गौरतलब है कि अंकिता में आत्मगौरव तथा आत्मसम्मान का अतिरेक होने पर भी अपनी हिमाकत का परिणाम भोगने में उसे संकोच नहीं। किसी भी मूल्य पर वह नाइन्साफी कबूल नहीं करती। वह चुनौतियों का डटकर सामना करती रहती है। जज्बातों का सवाल ही नहीं उठता है।

विज्ञापन-जगत में 'माध्यम' की जड़ जमाने की खातिर अंकिता जी-जान से काम करने लगती है। विज्ञापन संसार के प्रत्येक स्पन्दन से वह वाकिफ होती है। एक्रेडीशन प्राप्त करने की दरकार भी उसे ज्ञात है। बजट में इजाफा करने का तौर-तरीका वह खोज निकालती है। मगर असलियत का पता उसे मेहता से मिलता है कि अंकिता की जहीन एवं मेहनत का शोषण करके ज्यादा मुनाफा पाने की तरकीब इसके पीछे है। काले धन को सफेद बनाने का उपक्रम है। इस निराली संस्कृति की कूटनीति तथा साजिशों से अवगत होने पर भी अपनी कर्मठता एवं चालाकी से अपने दफ्तर को किसी भी नाजुक हालत से उबारती है। प्रतिष्ठित कलाकारों के अभाव में नए चेहरों को प्रशिक्षण देकर अपेक्षित प्रभाव अर्जित करने में वह कामयाब होती है। हालाँकि इसके दरमियान परेशान और संत्रस्त होती है। क्योंकि चारों ओर स्वार्थांध लोग हैं जो व्यक्ति नहीं सिर्फ आँकड़ों जैसे असंवेदनशील हो गए हैं। व्यस्तता की वजह से अंकिता को स्तंभ लिखना बन्द करना पड़ता है।

चित्रा मुद्गल ने एक बड़े एवं विस्तृत परिप्रेक्ष्य को अपने इस उपन्यास के लिए चुना है। जीवन के प्रति उनकी जो आस्थावादी दृष्टि है, इसकी पुष्टि के लिए मुख्य कथा के साथ कई एक कथासूत्रों और जीवनखंडों का समानान्तर प्रयोग उन्होंने किया है। जीवन को उसकी समग्रता में आत्मसात करने की वजह से अनगिनत व्यक्तियों, घटनाओं, संदर्भों, क्षणों तथा व्यक्तियों के तीखे तजुर्बों की अन्विति, एक आन्तरिक सामंजस्य द्रष्टव्य है। मुख्य पात्रों के चारित्रिक विकास में इनकी खास भूमिका भी लक्षित होती है।

भोजराज और उनकी 'बा' का अंकिता के चरित्र-गठन में विशेष योगदान है। भोजराज नारियों की खूब कदर करते रहे जिसका व्यक्तित्व 'बा' के साफ-सुथरे व्यक्तित्व से जरूर प्रभावित है।

अम्माँ की अप्रत्याशित मृत्यु से अंकिता निहायत थक जाती है। परंपरा, धर्म और पुरानी मान्यताओं की कायल अम्माँ परिवारों के सभी सदस्यों, भाइयों एवं बहुओं को जोड़नेवाली कड़ी थी। मगर अम्माँ की चिता के ठंडी होने से पहले अपने घर की तमाम चीजों का बँटवारा होते देखकर अंकिता आगबबूला हो जाती है। मनहूस वातावरण में

ताऊजी की धृष्टता तथा उद्दण्डता उसे बेसब्र बनाती है। दर-दर ठोकरें खाकर भी किसी के सम्मुख सर न झुकानेवाली स्वाभिमानी अम्माँ की औलादें पथराई संवेदनाओं से बोझिल मन से ताऊजी की मनमानी देखती रही हैं। छोटी बहू रीना भी अम्माँ के वचनों की रक्षा नहीं कर पाती है। पति के परित्याग के बाद भी जो घर अंकिता को अभय देता रहा, उस घर में संपत्ति का बँटवारा दर्दनाक है। किन्तु अनपढ़ी अम्माँ, दूरदर्शी थी। उन्होंने वसीयत तैयार की थी जिसमें अपनी बिट्टी की सुरक्षा-सलामत की पूरी गुंजाइश थी। शरीर और मन से आहत अंकिता सिर्फ इतना बोल पाती है कि जिस घर ने उसे कभी असुरक्षा का भान तक न होने दिया, उससे कभी न निकालना।

भारत के मध्यवर्गीय परिवार में अंकिता की परवरिश हुई थी। अम्माँ एवं भाइयों के लाड़-प्यार से वंचित होना वह कभी नहीं चाहती थी। सुधांशु गमी बाँटने के लिए आता है। अपने दाम्पत्य की यादों में खोकर वह उस पर पुनर्विचार करती है। सुधांशु के भीतर के अहंकारी पुरुष की निरंकुश प्रवृत्ति से वह सदा एतराज करती थी, न कि पति सुधांशु से। और अंकिता ने सिर्फ अपने भीतर की स्त्री का सम्मान पति से चाहा था। अपने अस्तित्व का स्वीकार। यहाँ अपने परिचित परिवेश से उखड़ने का स्त्री का दुःख है और पुनः उससे ही जुड़े रहने की कामना भी। अपने घर से बेगाना होना अंकिता कभी नहीं चाहती है।

मध्यवर्गीय जनता जिस जड़ मानसिकता की गुलाम होती आई है, उससे वह कभी उबर नहीं सकती है। अन्यथा अपने घर और अम्माँ के पवित्र हाथों से सुसज्जित वस्तुओं का बेरहम अलगोझा मुर्दों-जैसा नहीं देखा जा सकता। अम्मा अंकिता के लिए शक्ति-पुंज थी जिसके ढहने से वह सचमुच बेपनाह होती है।

अंकिता, भले ही सुधांशु से अलग अपने ही दायरे में आबद्ध है, वह अन्तर्मुखी या आत्मकेन्द्रित नारी नहीं है। असाधारण दबावों या संघातों का पूरा तीखेपन के साथ टकराने का साहस उसमें है। तभी तो सुधांशु के पुनः एकजुट होने के प्रस्ताव को वह ठुकराती है। हालाँकि उसके दिल में सुधांशु के प्रति मोह बरकरार है। "सुधांशु जी, औरत बोनसाई का पौधा नहीं है...जब जी चाहा उसकी जड़ें काटकर उसे वापस गमले में रोप लिया...वह बौना बनाए रखने की इस साजिश को अस्वीकार भी तो कर सकती है।"

कथावस्तु के विकास के साथ-साथ अंकिता का चरित्र भी कई अन्तर्विरोधी स्तरों से गुजरता नजर आता है। उसकी वफादारी तथा ईमान से कई 'समाजसेवियों' की हरकतें झुठलाई जाती हैं, उनका स्वार्थ सिद्ध नहीं होता है। अतः ऐसे लोग अंकिता को जलील करने के लिए आमादा होते हैं। इन लोगों को वह 'बिच्छू' मानती है जो किसी भी परिस्थिति में अपना मिजाज बनाए रखते हैं। अंकिता किसी भी मूल्य पर अपने उसूलों को नहीं छोड़ती है। ऐसी औकात में वह किसी का सलाह-मशविरा कबूल नहीं करती है। अपनी ओर लगाए गए फिजूल आरोपों से हार भी नहीं मानती। मैथ्यू द्वारा उसकी प्रतिष्ठा पर कीचड़ उछाड़ दिए जाने पर वह आगा-पीछा न देखकर त्यागपत्र देने

का तैयार होती है। आत्मसम्मान को चोट पहुँचाई जाती है तो बे-सिर-पैर के इल्जामों के सम्मुख वह नहीं झुकती है। शैलेन्द्र से उसका मुँह-तोड़ जवाब बेमिसाल है : ''माध्यम चकला नहीं है शैलेन्द्र जी, नारी की देह की नुमाइश पर वह अपने लिए रोटी नहीं सेंक सकती! आप जा सकते हैं।'' अंकिता का मंतव्य यह है कि किसी भी कारोबार में सफलता की पहली कुंजी उसमें ली गई गहरी दिलचस्पी है और आपसी विश्वास है। उसके टूटने पर वह कारोबार भी पिछड़ जाएगा।

अपने कैरियर में अंकिता पारदर्शिता निभाने का प्रयत्न करती है। 'माध्यग' के निजी थिएटर 'मालविका' का उद्घाटन इसका अनुपम उदाहरण है। अपनी वजह से 'माध्यम' को किसी प्रकार की हानि न हो, इसका पूरा ख्याल वह सदा रखती है। उसके महत्वाकांक्षी मन में निजी एजेंसी खोलने का मनसूबा भी निकलता है। लेकिन मेहता के मतानुसार वह उसे छोड़ती है।

अपनी दोस्त नीता के लिए अंकिता स्वयं बहन है और उसकी बेटी के लिए 'माँ' होने को भी वह तैयार होती है। अंकिता पर नीता का इतना इत्मीनान है कि वह अपनी औलाद की देखरेख का भार उसे सौंप देती है।

अंकिता का चरित्र पूर्णरूप से भारतीय परंपरा का पैरोकार है तो नीता का चरित्र पाश्चात्य संस्कृति की पैरवी करता है। 'ऑब्जर्वेशन' में वह अंकिता के साथ काम करती है। उसे लेकर कई अफवाहें फैल जाती हैं। पूरे विभाग में बॉस की वह चुगली करती है तथा छिछली टिप्पणी की पात्र बनती है। अंकिता उसे एक अलमस्त व्यक्तित्व महसूस करती है। अपने 'इमेज' के ओछा होने का जरा भी डर उसे नहीं; खुद अपनी नियति निर्धारित करती आगे बढ़ती है। जिस मैथ्यू को लेकर अंकिता को वहम था कि वह एक भद्र शख्स है, नीता ने ही उसके असली चेहरे से परिचित कराया।

अंकिता की बनिस्बत नीता ज्यादा यथार्थवादी नजर आती है। वह स्थायी नौकरी को लेकर बेबस नहीं होती क्योंकि वह जानती कि नौकरी और प्रतिभा की अलग-अलग हैसियत है। प्रतिभा खरीदी जा सकती है। इस दुनिया में ग्लैमर की अहमियत है। ग्लैमरस होने से कामयाबी भी हासिल होती है। उसका जीवन-दर्शन थोड़ा निराला भी है। व्यवस्था से जोड़े बगैर उससे जूझना नामुमकिन है। हवा में हाथ-पैर मारना बेकार है। खुद को जरा लचीला बनाकर व्यवस्था से संपृक्त होकर उसका तिलिस्म तोड़ना होगा। अपने तीखे अनुभवों के आधार पर उसने एक जीवन-दृष्टि आत्मसात की है : ''यहाँ जीने की, जी पाने की पहली शर्त है—विशिष्ट दिखना, विशिष्ट करना, विशिष्ट होना, विशिष्ट बनना...''

चित्राजी ने इस उपन्यास में नारीपात्रों की खास मानसिकता के विभिन्न परिपार्श्वों का बयान किया है। नीता का चरित्र अंकिता के समानान्तर चलता है। नीता और अंकिता जीवन के दो कगारों पर स्थित हैं। जीवन को देखने-परखने, समझने और उसे बसर करने के इनके रवैये भिन्न हैं। नीता एक ऐसी औरत है जिसे मूल्यों या आदर्शों

का मुलम्मा चढ़ाकर जीने में एतबार नहीं होता। उसमें रागात्मक तत्त्वों की ओर इतना खिंचाव है कि अपने जिस्म को बेचकर ही सही, ऐयाशी में आकण्ठ डूब जाती है। इसे वह जीवन में प्रगति मानती है। मॉडलिंग की चकाचौंध दुनिया में वह अलमस्त बहती जाती है। आम्रपाली की अपनी प्रथम सफलता में नीता झूमती है। कम कपड़ों में अपना बदन प्रदर्शित करने में उसे कोई दिक्कत नहीं है। अंकिता और नीता में इस बात को लेकर मुठभेड़ होती है। नीता के सामने नैतिकता-अनैतिकता का सवाल ही नहीं उठता। उसकी नज़र में ऐसी हरकत स्त्रीत्व की बदतमीज़ी भी नहीं। क्योंकि स्त्रीत्व के बारे में उसकी परिकल्पना के मापदंड अलग हैं। स्त्रीत्व मोमबत्ती की तरह मामूली-सी आँच से पिघलनेवाला नहीं। ऐसा बेहया प्रदर्शन अंकिता नहीं मानती। दरअसल इन दो विरोधी चरित्रों के द्वारा चित्राजी का भारतीय पाश्चात्य संस्कृति के प्रति अपना अनुभवजन्य नजरिया विवृत्त होता है। वे जरूर मानती हैं कि आधुनिक लड़कियाँ बेजुबान कठपुतलियाँ नहीं हैं जो सामाजिक गतिविधियों या कार्यकलापों से खारिज अपने परिवेश तक से उखाड़ी गई हैं। नीता और अंकिता लगातार संघर्षों के सिलसिले में भी अपने अस्तित्व के लिए छटपटाती है। हालाँकि इस आत्मान्वेषण के लिए दोनों ने अलग-अलग राहें अपनाई हैं।

नीता के चरित्र में समाज-निरपेक्षता की भनक तक नहीं है। 'नैतिकता' जैसी खोखली मान्यता से उसे सख्त विद्रोह है। स्वीकृत सामाजिक मंतव्यों और वैचारिकता के लिए नीता एक चुनौती बन जाती है। चित्राजी ने नीता के चित्रांकन में भी अपने सामाजिक सरोकार की तफसील पेश की है, मगर एक अलग कठघरे में। नीता के चिन्तन में पाश्चात्य विचारधारा का संस्पर्श बहुत विदित है, जो स्त्री-पुरुष की बराबरी का ऐलान करती है। नीता 'ऑब्ज़र्वेशन' से 'पूर्णा' पहुँचती है और उसके प्रबन्ध निदेशक मि. सुधीर गुप्ता से अनैतिक सम्बन्ध रखने में भी नहीं हिचकती है जो शादीशुदा हैं। माँग में सिन्दूर भर, किसी का गुलाम घोषित करना और जिन्दगी भर उसके इशारे पर नाचना नीता के अनुसार मूर्खता है। ऐसी औरतों को समाज से निष्कासित करना चाहिए जो इस तरह चहारदीवारी के भीतर दम घोंटकर जीती हैं। पुरुष की भाँति नारी को भी फरेबी तर्जनाओं से, झूठी मर्यादाओं से रिहा होना है। सेक्स में पवित्रता-अपवित्रता की गुंजाइश नहीं।

नीता का निजी जीवन-दर्शन है, जीने का निजी तरीका है, खास जीवन-शैली है। वह किसी को अपने ऊपर एक भिन्न-विचार थोपने नहीं देती। वह सही-गलत की परवाह नहीं करती। अपने को ज्यादा आधुनिक बनाने के जोश में वह न अपनी माँ की सुनती है, न अंकिता की। सुधीर की पत्नी अर्चना की भी भर्त्सना करते नहीं हिचकती। वह डींग मारती है कि नीता, अर्चना नहीं; सुधीर से उसका रिश्ता दृढ़ है, 'परिपक्व मानसिक जुड़ाव' है। समाज में कुचर्या का केन्द्र बनकर जीने में भी नीता ओछापन महसूस नहीं करती है। अंकिता जब अपनी उद्विग्नता प्रकट करती है कि सुधीर नीता को

छोड़कर किसी अन्य के संग जुड़ेगा तब भी नीता अपने जज्बातों को ठोस समझ बैठती है। मगर जल्दी ही सुधीर की असली कुरूप मनोवृत्ति से वह वाकिफ होने लगती है। नीता पहचानती है कि सुधीर काम-संबंधों का भूखा है; उसकी सारी ख्वाहिशें टूट जाती हैं। प्रसूतिगृह में दाखिल होने से लेकर तमाम नाजुक हालातों में सुधीर का साथ उसे नहीं मिलता है।

खुद के कड़वे तजुर्बों के फलस्वरूप वह अपनी बेटी को मुक्त मनुष्य बनाने का संकल्प करती है। सामाजिक मान्यताओं की जिरह में अनुशासित जीवन बिताना या बच्ची को ऐसे मूल्यों की ओर सचेत बनाना उसकी नीयत कतई नहीं है। ''मुक्त मनुष्य अनाथ नहीं होगा। समाज के रूढ़ि नियम-धर्म के घोर अनुशासन में आबद्ध होकर क्या जीना इतना ही क्रूर, अमानवीय नहीं है? तब अगर जीना कठिन होगा उसके लिए तो वह मनुष्य के अस्तित्व की स्वायत्तता का संघर्ष होगा...कम-से-कम वह पिंजड़े की दारुण अपेक्षाओं से तो मुक्त होगा, जो वर्तमान समाज में व्यक्ति को अपने होने की कीमत में रूप में रोज़-दर-रोज़ मरते हुए चुकानी पड़ती है।''

अफ़वाहें फैल जाती हैं कि सुधीर अपनी पत्नी अर्चना के पास लौट आया है। नीता, अर्चना के उपहास की शिकर बन जाती है। एक संवेदनशील निर्देशक को फिल्म-निर्माण के दौरान अपनी फिल्म से जो संवेदना होती है, सिर्फ वही खिंचाव है सुधीर को नीता की ओर। नीता का मानसिक संतुलन खो जाता है; उसे मनोचिकित्सक की पनाह में जाना भी पड़ता है।

नीता में गजब की सहनशक्ति है। बेहद जीवंत और कमाल का आत्मविश्वास उसके व्यक्तित्व की खासियतें हैं। वह अकसर दावा करती है कि उसका निश्चय पत्थर की लकीर जैसा है। जटिल परिस्थितियों से लगातार जूझकर अपने वजूद को बनाए रखने की कोशिश करती है। फिर भी उसमें आदर्शों का अंबार नहीं ढोती है। यही अहंवादी मानसिकता नीता को आत्मघात तक ले जाती है। उन्मुक्तता तथा उच्छृंखलता का अंजाम होता है। यह अन्तर्विरोध नीता के चरित्र को द्वन्द्वात्मक स्तर पर प्रतिष्ठित करता है। सदैव स्फूतिपूर्ण मुद्रा उसके चेहरे पर होती है। मामूली नारियों जैसी चंचलता उसमें नहीं है। जिन्दगी भर वह जो चाहती रही, सब कुछ हासिल करती रही : ख्याति, अर्थ, मनचाहा जीवन जीने की आजादी, निरंकुशता। ऐसी नीता अंत में क्यों आत्मविरत हुई? सुधीर द्वारा त्याज्य होने की वजह से? मोहभंग का कसाव? नीता अपने शरीर को संपत्ति मान बैठी थी; उसके तिलिस्म के टूटने से शायद उसे जीवन तक निरर्थक लगा होगा। ''शायद वह बेहद कमजोर लड़की थी, भीतर से खोखली, ऊपर से पुख़्ता होने का भ्रम देती....लेकिन सिर्फ प्राप्ति ही जीवन का पर्याय नहीं है, नहीं सोचा उसने?'' अंकिता समझा गई कि 'पूर्णा' की हर बदलती मॉडल सुधीर की प्रेमिका हुआ करती है और नीता उसके लिए कई लड़कियों में से सिर्फ एक।

चूँकि नीता की मौत सहज नहीं है इसलिए सुधीर बेहद चिंतित होता है। अपनी

अम्माँ की मृत्यु से अंकिता शिथिल तो हुई थी, उसके ऊपर नीता की मृत्यु। नीता का अनुपस्थिति उसे खूब अखरने लगती है कि विपरीत ध्रुवों की मानसिकता के बावजूद वे दोनों सुदृढ़ मैत्री से बँधी हुई थीं। आयु-भर नीता चर्चा का विषय रही। मृत्यु को भी उसने चर्चा का विषय बनाया।

पाश्चात्य संस्कृति से प्रभावित नीता ने जीवन को एक नई परिभाषा में बाँधना चाहा। अंकिता भारतीय संस्कृति की हिमायती रही। नारी चाहे स्त्रीवाद या नारीमुक्ति का जितना भी नारा लगाए, उसे पुरुष की हिफाजत जरूरी है। अतः जो लड़की भारतीय परिवेश में साँस लेकर बड़ी होती है, उसे अपनी जमीन ही उचित होगी, परदेशी वातावरण या उधार ली गई संस्कृति नहीं। नीता का निशाना यहीं चूक जाता है। गुलछर्रे की अपनी सरहद होती है। नीता की तकदीर इसकी अनुबंध है। जिन्दगी भर आत्मगौरव का एहसास कराके अंत में आत्मनिर्वासित होना विडम्बना नहीं है?

अंकिता और नीता-उपन्यास की दो नायिकाएँ आपस में पूरक हैं। दो विरोधी मनःस्थितियों, जीवन-पद्धतियों, दृष्टियों की हकदार होने पर भी एक के बगैर दूसरे का ठिकाना नहीं है। चित्राजी ने दोनों चरित्रों को अपनी तमाम क्षमताओं, संभावनाओं तथा कमजोरियों के साथ सामाजिक संदर्भों से जोड़ दिया है। दरअसल, यह रचना दो आत्मसजग औरतों की दास्तान है। ये दोनों स्त्रियाँ सामाजिक तथा राजनीतिक गतिविधियों की सिर्फ तमाशबीन नहीं है। बल्कि अपनी एक जमीन के लिए दो भिन्न चौखटों का सृजन करती हैं। अंकिता अहम्मन्यता के साथ अपने खेमे के भीतर तथा नीता स्वीकृत बन्धनों तथा रूढ़ियों को झुठला के दूसरे दायरे में आबद्ध। मगर नीता इस आपाधापी में हार जाती है। और उसकी यह हार परोक्ष ढंग से सधे हुए जीवनमूल्यों की जीत है जो उपन्यासकार के गहरे इन्सानी सरोकार के साथ प्रकट है।

इदन्नमम् : एक समीक्षा

डॉ. सी. जे. प्रसन्नकुमारी

बहुचर्चित समकालीन कथाकार मैत्रेयी पुष्पा के उपन्यास 'इदन्नमम्' का प्रथम संस्करण सन् 1994 में निकला। संवेदना की गहराई में लिखी यह कृति समकालीन उपन्यास को एक मील पत्थर है। 'इदन्नमम्' श्यामली और सोनपुरा नामक उत्तर भारत के दो पिछड़े गाँवों के साधारण लोगों के भोगे हुए जीवन की कथा है। यह उपन्यास उन निरीह ग्रामीण लोगों का महाकाव्य है जो किसान न रह सके और मजदूर भी न बन पाए।

'इदन्नमम्' में श्यामली और सोनपुरा के तीन पीढ़ियों के आत्मसंघर्ष एवं बाह्य संघर्ष को वाणी मिली है। उपन्यास के आरंभ में सोनपुरा के स्वर्गीय जागीरदार सुभाग सिंह की पत्नी और वहाँ के भूतपूर्व प्रधान महेन्द्र सिंह की माँ बऊ (दादी) तेरह साल की अपनी पोती मंदाकिनी को लेकर सोनपुरा के श्यामली जा रही है। सोनपुरा में स्वयं बनाए अस्पताल के उद्घाटन के सिलसिले में महेन्दर की हत्या के बाद उनकी पत्नी प्रेमचंद चेयरमैन रतन यादव के साथ जाती है। बऊ और प्रेम के बीच इसलिए मामला चल रहा है कि बऊ की संपत्ति के एकमात्र वारिस मंदा को प्रेम अपने साथ रखना चाहती है।

पुलिस और रतन यादव के लोगों से मंदा की सुरक्षा का दायित्व लेनेवाले श्यामली के जागीरदार दादा पंचमसिंह का अपना संयुक्त परिवार है। दादा की खेती और खजाने को सँभालनेवाला छोटा भाई गोविन्द सिंह और उनका परिवार—बड़ा छोटा यशपाल और उसकी बहू कुसुमा, छोटा भाई अमर सिंह और पंचम के इकलौते पुत्र, दारोगा विक्रम का पुत्र मकरन्द के बीच मन्दा और बऊ का आगमन होता है। इस परिवार में पंचम से लेकर डाकू डब्बल बब्बा, स्कूलमास्टर बन्ने साहब, पड़ोसी मुसलमान चीफ साहब तक आपस में घनिष्ठता एवं मित्रता का संबंध है। यहाँ पंचमसिंह के निर्देशानुसार बऊ के जागीर की जिम्मेदारी गोविन्दसिंह और केस की जिम्मेदारी चीफ साहब के हाथ में आ जाती है।

बऊ के लिए यह नयी जानकारी है कि उच्च नीचता, छुआछूत एवं रूढ़िवादिता से ग्रस्त सोनपुरा से भिन्न है श्यामली। मकरन्द के निकट संपर्क से मंदा को भी यह बोध होता है कि पाँच कक्षा की उसकी शिक्षा अपर्याप्त है। पुलिस से बचने के लिए छोटी मंदा को गाँव से गाँव रातोंरात भेज दिया जाता है। पन्द्रह साल की उम्र में वह बिरगवाँ के अधेड़ उम्र के कैलास मास्टर के बलात्कार का शिकार बनती है। श्यामली वापस आने पर यद्यपि उसकी सगाई मकरन्द से होती है, मकरन्द के माता-पिता बेटे की इच्छा के

विरुद्ध सगाई तोड़कर उसे शहर ले जाते हैं। माँ प्रेम द्वारा केस वापस लेने पर, शारीरिक एवं मानसिक रूप से टूटी मंदा, बऊ से सोनपुरा वापस जाने की जिद्द करती है।

तेरहवें अध्याय में बऊ और मंदाकिनी सोनपुरा वापस आती हैं। पर बऊ जिन्दगी क 40-50 साल गुजरे गाँव को पहचान न पायी, गाँव का शहरीकरण हो रहा है, ग्रामीणों की खेती और भूमि नष्ट हो चुकी है। संगठन के डर से पहाड़ियाा के ठेकेदार इन्हें क्रेशरों में काम नहीं देते। मंदा और बऊ के लिए वज्रपात की बात थी कि उनकी सारी जागीर गोविन्द सिंह ने अभिलाख को बेच दी है। यहाँ अनुभवी मंदा बऊ से ज्यादा बुजुर्ग लगती है–'दोष किसका है? हमारी न? हम क्यों गए पराये गाँव? क्यों नहीं लड़े अपनी धरती पर?' गाँव में अस्पताल खोलकर अपने पिता की इच्छा की पूर्ति करने के लिए आयी मंदा ग्रामीणों की विवशता, लाचारी एवं गरीबी से दुखी हो जाती है–'अन्धेरा ही अन्धेरा है बऊ। एक तो अपने गाँव के आदमी हिम्मतवार नहीं, दूसरे सरकार बहरी है, तीसरी रावण का राज हो रहा है इस गाँव में।' कायले के महाराज जो पूर्वश्रम में मजदूर नेता था, के उपदेश पर मन्दा क्षयग्रस्त समाज को सुधारने का प्रण लेती है।

मंदा गाँव के प्रधान, द्वारिका कका एवं अन्य ग्रामीणों सहयोग से ट्रैक्टर खरीदकर ठेकेदार भइयाजी की मदद से किसान से भिखारी बने गाँववालों की समस्या को एक हद तक सुलझाकर अपने सार्वजनीन जीवन की शुरुआत करती है। अभिलाख के मजदूर लच्छो की टप्परिया में मंदा गरीबी और बीमारी का तांडव देखती है। भील जाति क अवधा भी जंगल सरकारी हो जाने से बेरोजगार बनकर गरीबी और बीमारी में आगे बढ़नेवाला स्त्रीपात्र है। माँ प्रेम से मिली रुपये से दूसरा ट्रैक्टर खरीदनेवाली मंदा को अभिलाख अपने रास्ते से हटाना चाहता है। अभिलाख के लिए खुफिया का काम करनेवाला जगेसर भी कुँआरी लड़की की मान-मर्यादा और इज्जत का ध्यान दिलाकर मंदा का जीना हराम कर लेता है।

मंदा के परिश्रम के फलस्वरूप सोनपुरा के अस्पताल में नियुक्त हुए डाक्टर इन्द्रनील का जल्दी ही तबादला हो जाता है। मंदा को यह जानने में देर नहीं लगती कि चुनाव में क्रेशर के मजदूरों के वोट को लक्ष्य करके थोड़े दिन के लिए अस्पताल में डाक्टर और कम्पाउंडर की व्यवस्था की थी। मंदा के उपेदश पर ग्रामीणों द्वारा चुनाव का बहिष्कार, अभिलाख के बेटे से जगेसर की बेटी सगुना कही सगाई, फिर अभिलाख द्वारा सगुना पर बलात्कार की कोशिश, सगुना द्वारा अभिलाख की हत्या और स्वयं आत्महत्या की कोशिश, झांसी के अस्पताल में सगुना की मृत्यु, अभिलाख के पोस्टमार्टम रिपोर्ट पर सगुना की माँ की गिरफ्तारी, इन घटनाओं की प्रेरिका के रूप में पुलिस द्वारा मंदा की खोज जैसी घटनाएँ समकालीन अत्याचार, अन्याय और शोषण के जीवन्त चित्रण हैं। अपने हितैषियों के उपदेशों की परवाह किए बिना मुसीबतों और झंझटों का सामना करते हुए अन्याय के खिलाफ लड़ने का दृढ़ संकल्प लेकर सोनपुरा वापस आनेवाली मंदा सचमुच नारी शक्ति का प्रतीक है।

इस नायिका प्रधान उपन्यास में कथाकार ने भारतीय समाज की किसी भी समस्या को अछूता नहीं छोड़ा है। इस उपन्यास में रेखांकित प्रमुख समस्या है नारी शोषण। इस उपन्यास का ताना-बाना नारी शोषण और नारी संघर्ष की घटनाओं से बुना है। यौवन में विधवा बनी बऊ का अनुभव है कि लोगों की आँखें जायदाद और जमीन पर था। वृद्धावस्था में गोविन्दसिंह संरक्षक बनकर उनकी संपत्ति हड़प लेता है। महेन्दर की विधवा प्रेम का संरक्षक बनकर आनेवाला रतन यादव उसकी जागीर बिकवाकर बूढ़े के साथ उसकी दूसरी शादी भी करवा देता है और बऊ के खिलाफ कोर्ट में मुकदमा दाखिल करवाता है। प्रेम के शब्दों में–'रतन से हेलमेल उसी दिन टूट गया, जब उसने हमारी जमीन बिकवा दी। इमें कैसे-कैसे मजबूर किया था, वह कथा तो रहने ही दो बिन्नु और बहुतेरे दुख हैं कहने सुनने को।' नाबालिग मंदा भी यहाँ शोषण मुक्त नहीं। साँवले रंग और गाँव-गाँव में भटकते रहने का आरोप लगाकर मकरन्द के माँ-बाप उसे बहु बनाने से इनकार करते हैं। पन्द्रह साल की उम्र में वह बलात्कार का शिकार बनती है। इस उपन्यास का दूसरा पात्र कुसुमा के पति द्वारा तिरस्कृत होने पर सम्मिलित परिवार के विशेष माहौल में अविवाहित अमरसिंह की दया और प्यार का पात्र बन जाती है और कुमार को जन्म देती है। कुसुमा के रहते घर में सौत लानेवाले पति यशपाल की दृष्टि में–'यह न अब हमारी ब्याहता और न दाऊजू के हिस्से के मालिक। नाजायज संतान पैदा करके हक माँगने चली है।' मजदुरानी अहल्या पर मोहित होकर जगेसर का पहाड़िया खरीदना, उसके साथ अलग टप्परिया बसाना, ऊब जाने पर रुग्णता का आरोप लगाकर, निकृष्ट जानवर के समान ठुकरा देना, पहाड़िया बेचकर बीवी बेटी के पास वापिस आना सब नारी शोषण के दयनीय चित्र हैं। जगेसर की बीवी और बेटी सगुना दोनों घर में पति और पिता के अत्याचार एवं शराबी मनःस्थिति से पीड़ित हैं। सगुना पर अभिलाख के बलात्कार की कोशिश, सगुना की आत्महत्या, अभिलाख की हत्या के आरोप पर सगुना की माँ की गिरफ्तारी, पुलिस द्वारा मंदा की खोज आदि नारी शोषण के नंगे चित्र मैत्रेयी पुष्पा जैसी महिला कथाकार की तूलिका ही खींच सकती है। तुलसिन-गणेशी दद्दा, लीला-अभिलाख का अनैतिक सम्बन्ध भी नारी शोषण का एक अलग पक्ष है। अभिलाख की मजदुरानी अवधा के नाबालिग लड़की की शादी में जहरीले जन्तु को भोजन बनाने से दूल्हा-दुलहन सहित सारे लोगों की मृत्यु में, मजदूरों को भूखों मरने के लिए विवश करनेवाले ठेकेदार, पहाड़िया मालिकों का विकराल रूप प्रकट है। श्यामली के सांप्रदायिक दंगे में अनाथ बनी बन्नेसाहब की बेटी का आजीविका के लिए 'धन्धा' करना भी नारी शोषण के एक अलग रंग का द्योतक है। इस प्रकार इदन्नमम् में नारी शोषण के विविध रंग और ढंग पूरी सहजता एवं विकरालता के साथ समेटने में पुष्पाजी को सफलता मिली है। लेकिन इस शोषण और अत्याचार का सामना करके उसके खिलाफ संघर्ष करनेवाले दो स्त्री पात्र हैं इस उपन्यास में। वे हैं–मन्दा और कुसुमा। दादा पंचमसिंह को छोड़कर सारे ससुरालवालों के विरोध के बावजूद भी कुसुमा श्यामली में रहने की दृढ़ प्रतिज्ञा लेकर मंदा से कहती है–'ताजिन्दगी दादा ने बेबस

लाचार और दीनहीनों के लिए लड़ाई लड़ी है, बिटिया, हम तो उसी जागीर की वारिस बनना चाहती हैं। दादा की इस थाती के सहारे दाऊजू की श्यामली में रहेंगे, बसेंगे, जिन्दगी की अन्तिम घड़ी तक।' संक्षेप में यह उपन्यास आद्यन्त नारी शोषण के खिलाफ नायिका मंदा के संघर्ष की कहानी है।

साधारण दलित मजदूर वर्ग की आजीविका से लेकर शिक्षा के क्षेत्र के आरक्षण तक की स्वातंत्र्योत्तर भारत की सारी राजनीतिक, सामाजिक समस्याओं को उपन्यास में समेटकर पाठक को सोचने के लिए बाध्य करती हैं कथाकार मैत्रेयी पुष्पा जी। कायले के महाराज का शिष्य भृगुदेव जो पूर्वाश्रम में हरिदास नामक डाक्टरी का छात्र था, प्रथम परीक्षा में अव्वल आता है, पर अन्य छात्र उसे हीनता की दृष्टि से देखते हैं क्योंकि वह अनुसूचित जाति का है। इसी कारण से उसकी प्रतियोगिता में मिली डाक्टरी की सीट को मानने के लिए तैयार नहीं था। आरक्षण के गुण दोष की भी इस उपन्यास में चर्चा की हुई है।

उपन्यासकार ने इदन्नमम् के पात्रों को काल्पनिक बताया है, पर लगता है कि हर एक पात्र बुन्देलखण्ड की ही नहीं, समस्त भारत के विवश, अभावग्रस्त ग्रामीण जनता के प्रतीक हैं। ये पात्र हाड़ मांस से बने सौ प्रतिशत यथार्थ मनुष्य हैं। श्यामली और सोनपुरा के ही नहीं सारे भारत के साधारण जनजीवन की अंतरंग धड़कन पाठक इस उपन्यास में सुन सकते हैं। सांप्रदायिक दंगे, चुनाव, नौकरशाही की रिश्वतखोरी, राजनीति का ढोंग, मजदूरों का शोषण, सम्मिलित परिवार की गृहस्थी, जागीरदार एवं ठेकेदारों की कपटता, उनकी चापलूसी में स्वयं धोखे में पड़नेवाले निरीह ग्रामीण, विधवा की दयनीय दशा, जैसी समस्याओं के साथ गाँव के गीत, पर्व, आहें, रूढ़ि और परम्पराओं में जकड़ी ग्रामीण जनता के हृदय की 'धड़कन' है 'इदन्नमम्'। लोककथा की अनायासता में दो पिछड़े गाँवों के तीन पीढ़ियों के दोहरे संघर्ष की कथा को इतनी स्वाभाविकता से उभारना कोई आसान कार्य नहीं। इसके हर एक पात्र अपनी भाषा में बोलते हैं। भाव संवेदना एवं भाषिक संरचना का ऐसा दुर्लभ तालमेल, सहजता एवं सरसता उपन्यास को जीवन्तता प्रदान करती है।

उपन्यास का शीर्षक इदन्नमम्—यह मेरा नहीं, मेरे लिए नहीं—सार्थक है। नायिका मंदा की जिन्दगी तो अपना नहीं, अपने लिए नहीं। सशक्त, आत्मनिर्भर, विकसित, शिक्षित सोनपुरा ही उसका लक्ष्य है, जिसके लिए समर्पित है मन्दा की जिन्दगी। यहाँ कथा को शीर्षक से जोड़ने में कथाकार की प्रतिभा प्रकट है।

औपन्यासिक विधा के सारे भेद दलित उपन्यास, आंचलिक उपन्यास, नारी मुक्ति का उपन्यास, राजनीतिक उपन्यास, समस्या प्रधान उपन्यास—जैसे सारे शीर्षक इदन्नमम् के लिए अनुयोज्य लगते हैं। यह उपन्यास केवल मन्दा नामक निरीह त्यागी, दृढ़ संकल्पव्रता युवती की कथा नहीं बल्कि आंतरिक एवं बाह्य संघर्ष से ग्रस्त महिलाओं की जिन्दगी की निशानी है। यह बुंदेलखण्ड की ग्रामीण संस्कृति की धरोहर है, इसकी रचना द्वारा कथाकार स्वयं बुन्देलखण्ड की संस्कृति के पहरेदार बन गयी है।

पीली आँधी में उजाले की तलाश

डॉ. के. पी. बरली

हिन्दी साहित्य में प्रभाखेतान का एक महत्त्वपूर्ण स्थान हैं। प्रतिष्ठित उपन्यासकार तथा अस्तित्ववादी चिन्तक आदि दृष्टियों से उनका महत्त्व सराहनीय है। विशेषकर नारी विषयक कार्यों में उनकी भागीदारी सक्रिय रूप से है। उनके प्रसिद्ध उपन्यास हैं—छिन्नमस्ता, तालाबन्दी, आओ पेपे घर चलें, पीली आँधी आदि। जीवन संघर्षों का सामना करते हुए आगे की ओर बढ़नेवाले मारवाड़ियों की कहानी कह रही है लेखिका इस उपन्यास में। इस उपन्यास के माध्यम से लेखिका हमारे सामने कई समस्यायें प्रस्तुत करती हैं जैसे राजस्थान के अकाल, राज-रजवाड़ों का शोषण, सांप्रदायिक दंगे, मारवाड़ियों के जीवन संघर्ष, संयुक्त परिवार की कठिनाइयाँ आदि। इस संयुक्त परिवार में तीन पीढ़ियों की स्त्रियाँ हैं—चाची, बड़ी माँ और सोमा।

राजस्थान का परिवेश इतना भयानक हो जाता है कि लोग पानी के लिए तड़पते ही रहते हैं। हमेशा खाली धूल का बवंडर उड़ता है फिर अनावृष्टि और अकाल इन्हीं कारणों से लोग वहाँ से पलायन के लिए अभिशप्त हैं। किशन और उनका परिवार उपन्यास के केन्द्र में है। किशन के भाई रामेश्वर को धाडैतियों से गोली लग गयी। घर में रामेश्वर की विधवा पत्नी और बूढ़े माँ बाप को छोड़कर किशन अपनी पत्नी और बेटे के साथ कलकत्ते की ओर भाग जाते हैं। राजस्थान के परिवेश इन शब्दों में, "काकोजी कल ही तो माँ जी को बता रहे थे...राम की मां, तुम तो छप्पनिये के अकाल की तो कल्पना नहीं कर सकती...ढोर-डंगर की तो किसकी चिंता थी। चारों तरफ हड्डियों के, कंकाल के ढेर लग गए थे। प्यास से आदमी तड़फड़ाने लगे थे। भूख और गरीबी देखी नहीं गई। दिन में एक बार बाजरे की लाप्सी मिल गई या किसी को दो टिक्कड़ खाने को मिल गए तो बहुत बड़ी बात थी। क्या करते लोग रोजगार की खोज में सब निकले। सेठ, साहूकार निकले, उनके मुनीम गुमाश्ते निकले। कोई अजमेर, मालवा की ओर गया, तो कोई बंबई की ओर।"[1] सुजानगढ़ का वातावरण ऐसा ही है। "वहाँ पानी तो कहीं नहीं है। ढोर-डंगर तड़फड़ा रहे हैं। प्यासी धरती की छाती फटी जा रही है।"[2] "गरमी भी तो कैसी गरमी नस-नस को सुखा डाले, ऐसी लू चलती है।"[3]

अकाल के कारण किशन के परिवार रतनगढ़ से सुजानगढ़ आए। लेकिन वे वहाँ भी रह नहीं सकते। वहाँ का वातावरण इतना भयानक हो गया कि रामेश्वर भाया गोली से मारे गए। सारा धन लूट लिया। इसलिए किशन अपनी पत्नी और दोनों बच्चों के साथ रातोंरात भाग गया। सात दिन की यात्रा के बाद किशन दिल्ली पहुँच गए। तब भी उनके कानों में कुँवर मानसिंह की चिंघाड़ गूँज रही थी। "किशनिया तू बचपन का भायला है इसलिए छोड़े दे रहा हूँ। लेकिन मेरे खिलाफ कुछ भी बोला तो तेरा वंश मिटा कर रख दूँगा। यहाँ गढ़ी में रहना है तो मुँह बंद रखना समझ गया न।"[4] बाद में वे दिल्ली से कलकत्ते की ओर रवाना हुए। ट्रेन यात्रा के बीच किसी क्रांतिकारियों ने रेल की लाइन उड़ा दी। धाडौतियों के भय से किशन का कलेजा धक-धक करने लगा, पास बैठे दोनों बच्चों को समेट लिया, उसकी पत्नी राधाबाई का हाथ गहने की कोथली पर चला गया। बात पूछने पर समझ गया कि दिल्ली से एक जाट रेल में चढ़ा था। गंजड़ी था साला बिना पूछे अंग्रेज साब बहादुर के डब्बे में चढ़ गया। वहाँ खड़े गार्ड ने जब देखा तो जोरों से धक्का दे दिया, लेकिन गिरते ही जाट अपने साथ गार्ड को भी लेकर गिरा, दोनों पहिए के नीचे कट गए। रायबक्संगगज में कपड़े की दुकान खोलना उनका उद्देश्य था। गाड़ी दूसरे दिन रात धनबाद स्टेशन पर रुकी। किशन चन्द्र अपने बीवी बच्चों के साथ गाड़ी से उतरा।

सुजानगढ़ की शासन व्यवस्था की ओर भी उपन्यास में संकेत है। राजा रतनसिंह के बेटे मानसिंह की शासन व्यवस्था से ये मारवाड़ी लोग बहुत पीड़ित थे। प्रजामंडल का विरोध रजवाड़े करते हैं। देश में चारों ओर आग लगी हुई थी। स्वतंत्रता आंदोलन जोर पकड़ रहा था साथ ही हिन्दू-मुस्लिम का वैर भाव भी। "दो साल से बिरखा हुई नहीं फसल के नाम पर बाजरा, कैर फली। इस बार तो मनीरे की बेल भी सूख चली, मतीरे नहीं फलेंगे, नहीं तो कार्तिक में खेत में जब मतीरे पकते तो एक वक्त तो मतीरों से ही पेट भर जाता था। गायों के थन सूखने लगे। दूध कम होने लगे। बछड़े मांडे हो गए। किसान खेती करे तो किससे करे सुजानगढ़ के राजा को प्रजा की ओर ध्यान देने की फुर्सत कहाँ? सेठ, साहूकारों से भी कुआँ नहीं खुद पाया। गरीबी, भूख और प्यास।"[5] शासक का प्रजा के प्रति असीम कर्त्तव्य है। एक अच्छे शासक को प्रजा के साथ तालमेल स्थापित करते रहना अति महत्त्वपूर्ण है। लेकिन इसके विरुद्ध एक ओर अंग्रेज सरकार, दूसरी ओर बिगड़े रईस, राजे-रजवाड़ों के बेटे। न इनमें शिक्षा की रुचि, न राजकाज की संस्कृति, सिर्फ शराब पीना और उद्धत भाव से कामुक जीवन बिताना ही उसके जीवन का सार है। राजा उमंग सिंह जी में प्रजा के लिए लगाव था लेकिन रतन सिंह जी तो प्रजा की रक्षा करने में सर्वथा अक्षम हैं।

"सुजानगढ़ में लोगों में भुखमरी है, राजे-रजवाड़ों की झूठी शान-शौकत है। कंपनी सरकार की चालबाजियां हैं। वहाँ कुछ भी सुरक्षित नहीं। ब्राह्मण संस्कृत भूलने लगा है। राजा, प्रजा की रक्षा नहीं करता।"[6] मारवाड़ियों का जीवन बहुत कठिन है। कर्ज और घर

के खर्च दोनों के बीच इनकी जिंदगी पिस रही है। उन्हें बंगाल का वातावरण बहुत अच्छा लगा। चारों तरफ पानी ही पानी है, और हरियाली ही हरियाली। लुगाई के गहने गिरवी रखकर उसने व्यापार करना प्रारंभ किया। वहाँ से स्टेशन मास्टर शीलबाबू के साथ उनका निकट संपर्क हुआ। शीलबाबू क्रांतिकारी हैं। देश भक्ति के गीत लिखते हैं। किशनबाबू और उनके परिवार को ठहरने की व्यवसीा लाल बिसेसर के धर्मशाला में हो गई। शीलबाबू के पत्र के सहारे किशनबाबू का कलकत्ते के म्हालीराम जी से परिचय हुआ। कलकत्ते से कपड़े खरीदकर हाटिया में बेचना उनका लक्ष्य था। शीलबाबू की सहायता से किशन ने दुकान बनायी। शीलबाबू के मत में बंगाली बड़े मासूम हैं। लगातार पीढ़ियों तक अंग्रेजी हुकूमत ने इनका शोषण किया। बंगालियों की अज्ञानता का फायदा अंग्रेज बनिए उठा रहे हैं। अंग्रेजी के अक्षर में ये झूठा इतिहास लिख रहे हैं, "मारवाड़ियों को अंग्रेजी पढ़ने से मना कर दिया था। किशनबाबू ने भी माधो को अंग्रेजी पढ़ने से मना कर दिया। उनका विश्वास यह था कि अंग्रेजी पढ़ने से धर्म भ्रष्ट हो जाएगा, ईसाई हो जाएगा।"[7] अंग्रेजों ने बंगालियों को गुलाम बनाया। उसने अंग्रेजी के विरुद्ध नारा लगाया। अंग्रेजों ने रजवाड़ों को रायबहादुर की पदवी देकर उन्हें अपने काबू में रख दिया। लेकिन शीलबाबू इस पद से संतुष्ट होनेवाले न थे। वे अंग्रेजों से स्वतंत्रता चाहते थे। स्वराज चाहते थे। पुलिस आकर शीलबाबू को पकड़कर थाने ले गई। जाते-जाते शीलबाबू ने नारा लगाया। स्वराज आंदोलन, समाज सुधार की बातें प्रायः होतीं। इसी बीच एक और हादसा हुआ जिससे कलकत्ते का मारवाड़ी समाज हिल उठा। सुराजियों के चक्कर में दो-तीन मारवाड़ी युवकों को पुलिस पकड़कर ले गई और किसी भारी पैसेवाले मारवाड़ी के यहाँ बम के गोले मिले।

चाचा की मृत्यु के छह महीने बाद माधो सुजानगढ़ गया। गाँव वैसा का वैसा था। प्रजामंडल का विरोध रजवाड़े करते हैं। लेकिन जनता सहयोग दे रही है। माधो को जितना प्यार अपने छोटे भाई सांबर से था और किसी से नहीं। पत्नी के प्रति वह अपनी जिम्मेदारी समझता उसको मान इज्जत से रखता।

देश में चारों ओर आग लगी हुई थी। स्वतंत्रता आंदोलन जोर पकड़ रहा था, साथ ही हिन्दू-मुस्लिम का वैर भाव भी। गद्दी पर खबरें आती रहती थीं, लेकिन माधो ऊपर से अनजान और असंपृक्त बना रहता। साधारण गरीब बाणिए की पीड़ा का, त्रासदी का कोई अंत नहीं। क्रांतिकारी शीलबाबू के साथ माधो का नाम अंग्रेज हाकिम के सामने उछल गया था। लालाजी को रायबहादुर की पदवी मिली थी शीलबाबू को जेल की सजा।

माधो की पत्नी को मिरगी की बीमारी थी। इसलिए वह बहुत दुखी था। पहली पत्नी की मृत्यु के बाद उसने दूसरी शादी की। पत्नी का नाम पद्मावती था। पद्मावती एक गरीब परिवार की लड़की थी। दहेज देने के लिए पिता के पास कुछ न था। विवाह के पहले पद्मावती का जीवन ऐसा था कि गाँव में ढोर चराती और कभी कुओं से पानी खींचती। लेकिन विवाह के बाद वह राजरानी बन गई। ताऊजी उसकी सुंदरता से रीझ

गए। पहली वाली ताई सास बड़े घर की बेटी थी। बड़े बाबू होशियार आदमी था। समाज में सरपंच था। अपनी आधी पाती पद्मावती के नाम में कर गए। उनका जीवन इतना ठाट-बाट से हो गया कि नौकर-चाकर, मुनीम-गुमाश्तों से धर भरा रहता, रुपया वे अपने हाथ से बोरी में भर-भरकर रखते थे। चाँदी की खिल्लियाँ कमरे में पड़ी रहतीं। सोने का मोटा छड़ गिनकर तिजोरी में रखती थी।

बंगाल में हमेशा व्यापारी आते, दलाल आते, परदेशी आते, गद्दी की संस्कृति क्रमशः विकसित हो गई थी। यह एक समूह की संस्कृति थी कुछ लोगों की प्रवासी वाणियों की संस्कृति थी। धन के साथ स्थानीय लोगों से भी संपर्क बढ़ता जा रहा था। आपसी झगड़े, वैमनस्य, रुपये-पैसे का कलह, गद्दी संस्कृति ने बड़े धनिक सेठों को सरपंच बना दिया था। वे दोनों पक्ष की बात सुनते और अपना मत दे देते। मामला-मुकदमा, कानून, राजनीति इससे सभी दूर रहना चाहते। समाचारों के माध्यम से ही वहाँ बसे हुए लोगों के अस्तित्व का, जीवित रहने का, होने का औचित्य स्थापित होता, और जब बाहरी दुनिया का कोई समाचार नहीं रहता तब मुनीम, गुमाश्ते अपने-अपने परिवारों की गाँव की किस्से-कहानियों की बातें करते।

बनारस में रहते वक्त राधाबाई (चाची) की मृत्यु हो गई। दोनों बेटे माधो और सांवर उनकी पत्नियाँ, बच्चे, ओझजी सभी राधाबाई की मृत्यु के समय उनके सामने उपस्थित थे। राधाबाई की मृत्यु के बाद रूंगटा परिवार की व्यवस्था में कोई फर्क नहीं आया। सब कुछ जैसे चलता था वैसे ही चल रहा था। सुराणाजी पर माधो बाबू की निर्भरता बढ़ती चली गई थी। सुराणाजी की पत्नी और बच्चे हमेशा के लिए वहीं रहने लगे। चाची की मृत्यु के दो साल के अंदर माधो बाबू को लंग कैंसर की बीमारी हुई। पद्मावती के बारे में सोचकर वह विह्वल हो गये। पद्मावती को कोई संतान न थी। वे सांवर के बच्चों को अपने बच्चे समझते थे।

संयुक्त परिवार में आशा-आकांक्षाओं का गला घोंट दिया जाता है और घर का प्रत्येक सदस्य घुटन भरी जिन्दगी जीने लगता है। परिवार का मुखिया प्रायः सोचता है कि संयुक्त परिवार के टूटने से उसके घर की इज्जत कम हो जाएगी। रूगटा हाउस का पूरा नियंत्रण ताईजी पर निर्भर था। ताईजी के बिना घर सूना था। घर में छह भाई बहन है। सबसे बड़ी रेवा बाई, बड़े जेठ मोहन, बड़ी भाभीजी लता, फिर भाई साहब, राजू भैया, उमाबाई, कुसुम बाई, गौतम सब उस घर में रहते थे। घर के सारे काम-काज, आर्थिक एवं सामाजिक कार्य सब इस घर में बड़ी माँ के निर्देशन से होते हैं। सोमा की शादी के कुछ साल बाद ही रेवा बाई विधवा हो गई थी। रेवा बाई के पति का अचानक हार्ट फेल हो गया था। मोहनबाबू की दो संतानें संगीता और अरुण दोनों की शादी हुई थी। रेवा बाई की दो संतानें हैं उन बच्चों को ताउजी ने पाला। रूँगटा हाउस में कई प्रकार की कठिनाइयां सोमा झेलती थी। वहाँ कोई पार्टी हो तो महिलाएं सजी धजी गुड़िया-सी अलग खड़ी नजर आती थीं, पुरुषों का माहौल एक ओर अलग था। घर में

आई बहुओं को जितने गहने मिले थे, वे सब ताईजी की अलमारी में रखे हुए थे। फिर वे जितने रुपये कमाते थे उन सबको हिसाब ताईजी के सामने बताना पड़ता। घर के सारे खर्चों का हिसाब बड़ी भाभीजी के सामने बताना पड़ा। रुपया-रुपया, पैसे-पैसे का हिसाब अलग रखा था। घर में बहुत अधिक लोग होते हुए भी ताईजी ने उन सबको पाला-पोसा।

गौतम और सोमा का जीवन, सोमा की जिन्दगी का हर कोना ताईजी को मालूम था। फिर भी ताईजी को सोमा के प्रति प्रेम था, ताईजी की मृत्यु के समय सोमा वहाँ पहुँची थी। उसके सिरहाने पर बैठी हुई थी। आखिरी साँस गिनती हुई उनका हाथ पकड़ रखा था।

सुजीत यादवपुर विश्वविद्यालय में अंग्रेजी के प्रोफेसर हैं, सोमा स्वयं सिटी कालेज में पढ़ाती है। विवाह के पन्द्रह वर्ष बाद भी गौतम-सोमा को एक बच्चा नहीं हुआ। सोमा को अपने भविष्य के संबंध में चिन्ता थी।

''मेरा यौवन? मेरे सपने? मैं भविष्य देखना चाहती हूँ। लेकिन कौन-सा भविष्य? आखिर एक गृहस्थिन का भविष्य क्या हो सकता है। पति का सुख, संतान की प्राप्ति लेकिन शादी के इतने साल हो गए और अभी तक सोमा की गोद नहीं भरी थी।''[8]

इसलिए गौतम को छोड़कर प्रोफेसर सुजीत के साथ वह रहने लगी। गौतम ने कानूनी रूप से तलाक नहीं दिया। प्रोफेसर सुजीत विवाहित हैं। दोनों के बीच एक अवैध संबंध था। सुजीत की पहली पत्नी चित्रा, सोमा के आने पर अपनी चार साल की बेटी मुनमुन के साथ घर छोड़कर बिना कुछ कहे चली गई। ''विवाह के संबंध में सुजीत का विचार यह था कि विवाह एक संस्था है, रजिस्ट्री के कागजों पर सही किया हुआ नाम है। तलाक की व्यवस्था कानून ने बनाई है। कानून मनुष्य के स्वभाव को समझकर ही बनाया जाता है। यदि दो व्यक्ति एक साथ नहीं रह सकते, यदि कोई गहरी कमी हो, तब इस बंधन को तोड़ा भी जा सकता है। बल्कि तोड़ ही देना चाहिए।''[9]

गौतम ने कानूनी रूप से तलाक नहीं दिया। ताईजी ने ही नहीं दिया। अब बच्चा भी हो गया। उनके जीवन की यह परम उपलब्धि है। सुजीत के मन में अपने इस संबंध में प्रति कोई अपराध बोध नहीं। पन्द्रह वर्ष के बाद सोमा रूँगटा हाउस में पहुँची, ताईजी की मृत्यु के समय। घर के सभी लोगों की नजरों में वह परिवार का कलंक थी। लेकिन ताईजी के मन में सोमा के प्रति विशेष प्यार था। इसलिए मृत्यु के समय उसे देखने की इच्छा प्रकट थी। ताईजी ने सोमा के हाथ से तीन-चार चम्मच गंगाजल पिया और फिर वह बेहोश हो गई।

भाषा की दृष्टि से देखें तो इस उपन्यास में कहीं-कहीं मारवाड़ी भाषा का प्रयोग मिलता है। उदाहरण–

''अरे मेरी लाडो तू इतनी समझदार कब से हो गई? कहते हुए ताईजी ने सोमा को बाँहों में भर लिया था निमली बाई गालों पर हाथ रखकर मीठे स्वरों में गा उठीं।[10]

पिया मैमद लेज्या, भरिया घहण धर भात,
पिया कुंडल लेज्या, भरिया बहण घर भात,
गोरी कईयां जाऊ? नूतण नै आई नहीं भैण,
छोटी सी नणदल कितनों तो करयो यों गुमान
ताईजी ने झूमते हुए स्वर मिलाया।
पिया बानै कोई ये न जाण, आपा नै जाणे संसार।

संयुक्त परिवारों का विघटन आज के संदर्भ में दिखाई देता है। आज की युवा पीढ़ी संयुक्त परिवार को अपने व्यक्तित्व विकास में बाधक मानती है। यहाँ लेखिका इसके विरुद्ध परिवार के सारे सदस्यों को एक सूत्र में बाँधने में सफल बन गयी है। एक चीज जो सबको जिन्दा रखती है, वह है प्रेमाघर छोड़कर गये सोमा भी ताईजी की मृत्यु के समय रूँगटा हाउस में वापस लौट आती है। अब विवाह व्यक्ति की सामाजिक और नैतिक आवश्यकता मात्र नहीं रह गया। इसका कारण नारी स्वातंत्र्य है। उपन्यास में कहीं-कहीं सांप्रदायिक दंगे का संकेत है। मारवाड़ियों का जीवन संघर्ष इस उपन्यास का मुख्य विषय है। जितने भी कठिन वातावरण में भी उन सबको झेलते हुए वे जीवन में आगे की ओर बढ़ रहे हैं। अकाल तथा क्रूर शासकों के शोषण के कारण देश से पलायन करनेवाले मारवाड़ियों की कहानी कह रही है इस उपन्यास में। इस पलायन में अपने घर में बिछुड़ने की पीड़ा है। जीवन का अभाव, कुछ सपने, कुछ पाने की ललक, जीवन की चकाचौंध उन्हें बार-बार अपनी तरफ आकर्षित करती है। बाणिए सारा जीवन, पीड़ा से भरा पड़ा है उसके जीवन में त्रासदी का कोई अंत नहीं। दो टुकड़े रोटी के लिए परदेस में जाना पड़ा। किशन, माधो, चाची आदि इसके दृष्टान्त हैं। उनके जीवन में सब कहीं अँधेरा फैल गया है। पंडित जी के कथन इस प्रकार हैं।—"सेठजी ज्येष्ठ नक्षत्र है पानी की आस छोड़ो, सावन भादों भी सुख जाएगा। धरती खिले कैसे? अनाज हो कैसे...पाप करम तो बढ़ते जा रहे हैं। राजा शराब में डूबा रहता है उसको प्रजा का ख्याल कहाँ?"[11] इस अँधेरे से उजाले की तलाश मारवाड़ियों का जीवन लक्ष्य है। इस प्रयत्न में वे सफल हो गये। चाची से लेकर सोमा तक पहुँचनेवाली इस परंपरा में बड़े बदलाव आ गये।

संदर्भ

1. पीली आँधी, प्रभा खेतान, पृ. 3
2. वही, पृ. 8
3. वही, पृ. 9
4. वही, पृ. 18
5. वही.-11
6. वही, पृ. 23
7. वही, पृ. 66
8. वही, पृ. 226
9. वही, पृ. 241
10. वही, पृ. 224
11. वही, पृ. 8

थारू की व्यथा-कथा

निम्मी ए. ए.

हिन्दी के मशहूर कथाकार संजीव ने अकसर उपेक्षित एवं अछूती जनजातियों की अन्दरूनी तकलीफ को वाणी देने की सराहनीय कोशिश की है। उनके 2000 में प्रकाशित 'जंगल जहाँ शुरू होता है' उपन्यास में हालाँकि जंगल अपने विविध रूपों और अर्थ-छवियों के साथ केलेडेस्कोपिक अन्दाज में खुलता और खिलता नजर आता है। अपराध यहाँ पहाड़ की तरह नंगा खड़ा है, जंगल की तरह फैला हुआ है; नदियों में दूर-दूर धुल रहा है; अतः भूगोल की भूलभूलैया में डोल रहा है। फिर भी उपन्यास के केन्द्र में बिहार के पश्चिमी चंपारण की थारू जनजाति की कथा है। इस अंचल की तमाम विसंगतियों के समग्र अंकन द्वारा उपन्यासकार ने अपनी औपन्यासिक दृष्टि का भी परिचय दिया है। प्रस्तुत अंचल विशेष के ऐतिहासिक, भौगोलिक एवं सांस्कृतिक जीवन को बहुत ही निकट से देखने-परखने का प्रयास लेखक द्वारा हुआ है। बहरहाल, उनकी निगाहें डाकू को जन्म देनेवाली जालिम व्यवस्था पर टिकी हुई हैं। वे उस स्खलित व पदभ्रष्ट व्यवस्था पर अवश्य थूकते हैं। सर्वथा वे इस डाकू समस्या पर मानवीयता की दृष्टि से सोचने को हमें मजबूर करते हैं। दरअसल इसके पीछे उनकी समाजशास्त्रीय दृष्टि ही काम करती है। अतः उनका नजरिया मनुष्य के अन्दर उग रहे जंगल पर है। उपन्यास में अपनी परिधि में आनेवाले कई अछूते संदर्भों को उद्घाटित किया गया है। इसमें जीवन दर्शन की व्यापकता के साथ-साथ आंचलिकता का विस्तार भी मिलता है।

प्रस्तुत उपन्यास सचमुच जनतन्त्र व विकास के लाभों से वंचित सामन्ती व सरकारी गठजोड़ व उत्पीड़न के शिकार हाशिये के लोगों की दर्दनाक दास्तान है। थारू जनजाति की संस्कृति व अस्मिता के प्रश्न दार्शनिक अमूर्तन में विलयित न होकर जीवन की ठोस सच्चाइयों में नई अर्थवत्ता हासिल करते हैं। 'मिनी चम्बल' के क्षेत्र की थारू जनजाति को जंगल में मजबूरन संघर्षमय और शोषित जीवन बिताना पड़ता है। जो कि स्वाधीन भारत में अभाव, पिछड़ापन, शोषण, यंत्रणा, उत्पीड़न, विस्थापन, भूख जैसी समस्याओं से त्रस्त हैं। वे एक ओर सेठ-साहूकारों के शोषण से प्रताड़ित हैं तो दूसरी ओर डाकुओं की कुरीतियों से। इन सबसे बढ़कर उन्हें पुलिस के अन्याय व अत्याचार भी सहने पड़ते हैं। ऐसा महसूस होता है कि सारा कानून गरीबों के लिए है। जनता के

खोये हुए विश्वास को पुनः बहाल करने के उद्देश्य से निकल पड़नेवाले पुलिसकर्मी अन्ततोगत्वा अपने लक्ष्य से स्खलित दिखाई पड़ते हैं। डाकू लोग धमकी देकर थारूओं से खाना बनवाते हैं और बदलौवल कुछ भी नहीं देते। बिसराम बहू जो कि अपनी दुलारी की मृत्यु से बेहारल है, डाकू (परशुराम) को खाना बनाकर देने के जुर्म में थानेदार के मार-पीट की शिकार बनती है। आम जनता की बदनसीबी है कि वे इन गैर-कानूनी करतूतों के खिलाफ आवाज तक नहीं उठा सकते। उल्टे, अन्दर ही अन्दर इसे हजम करना पड़ता है। कहाँ का इन्साफ है जो कोई डाकू की मदद करेगा, जबरन पुलिस बिना जमानत के बन्द कर देगी। मलिकार (ठेकेदार) को तो कभी कोई बन्द नहीं करता। सारा कायदा मुफसिल के लिए है। बिचारा बिसराम, एक ओर जमींदार ने खेती हड़प ली तो दूसरी ओर मलिकार ने भैंस को पकड़ रखा है। घर में चूल्हा तक नहीं जलता। बिसराम अपनी नियति व सरकार की मजाक उड़ाते हुए बुनता रहता है—'गौरमिंट कोई हँसी-खेल है। सब शेरों का शेर है। जब तक सोचा है, जितना चाहो उछल-कूद कर ले देह पर एक बार जागकर दहाड़ा कि सब चूहे बिल में।' (पृ. 31) जाहिर है यहाँ थारू संस्कृति पर हस्तक्षेप करनेवाले सेठ-साहूकारों का पर्दाफाश किया गया है। बिसराम के जरिए लेखक ने तमाम खेतिहर मजदूरों की टीस को यूँ अभिव्यक्त किया है—'पहले चीनी मिले बन्द हुईं, फिर खेत बंधक हुए, भैंस गई, मेहरारू मरन-सेज पर और बेटी को साँप ने डँसा।' (पृ. 82)

उपन्यास में जिस थारू जन-जाति के जीवन संघर्ष व दुःखदर्दों को शब्द-बद्ध किया है, वहाँ प्रजातन्त्र व विकास एक प्रहसन के सिवाय और कुछ भी नहीं है। अतः राजनीतिक सत्ता व प्रशासन तंत्र जिस डाकू समस्या को कानून व्यवस्था का मसला बनाकर 'ऑपरेशन ब्लैक पाइथन' सरीखे अभियानों के जरिए निपटाना चाहते हैं, निस्संदेह आम जनता की आँख में धूल झोंकने के बराबर है। यहाँ संजीव ने उस 'जनतन्त्र' का विखंडन किया है जो समाज के प्रभुत्वशाली वर्ग द्वारा अपहृत कर लिया गया है। राजनीति सर्वथा डकैतों को बढ़ावा देती मिलती है। केन्द्रीय मन्त्री दूबे जी डाकुओं की सहायता से चुनाव जीतते हैं। फिर वे डाकुओं को सहारा देते हैं। चूँकि पिछले चुनाव में पार्टी फंड में लाख-लाख वसूल कर दिये थे। अतः मन्त्रीजी उनके एहसानमन्द हैं। राजनीति व प्रशासन का अपराध की दुनिया से गठबन्धन का खुलासा केन्द्रीय मन्त्रीजी के शब्दों में यूँ द्रष्टव्य है : 'ऊ डाकू ठहरे और हम ठहरे मन्त्री—उसी सरकार के मन्त्री, जो डाकू मरवाने पर ईनाम देगी—ऑपरेशन ब्लैक पाइथन! और ऊ जो पुलिस के अपीसर लोग आए हैं, उन्हीं पर ये जिम्मेदारी है डाकू मारने की।' (पृ.-36) जाहिर है राजनीति एक ओर डकैत उन्मूलन का दिखावा करती है तो दूसरी ओर उसे खाद डालती है। अतएव एक ओर ऑपरेशन का नाटक होता है तो दूसरी ओर अधिकारियों पर काबू। अतः हर पार्टी का गुप्त रूप में जंगल पार्टी से रिश्ता है।

यकीनन ही राजनीतिक पतन एवं व्यवस्थागत विसंगतियों का विस्तृत चित्रण

आलोच्य उपन्यास में हुआ है। डाकू परशुराम को भी अपने राजनीतिक बल का अहसास है, इसीलिए वह डी. एस. पी. कुमार जैसे ईमानदार पुलिस अफसरों को यह धमकी दे सकता है कि 'तुम जिस मन्त्री का वरदान पाके अजर-अमर बना घमंड से ऐंठ रहा है, ऊ भी हमरे बनावल है।' (पृ. 41) संजीव बिना किसी लाग-लपेट के एकदम सीधे यह प्रश्न अपने उपन्यास की अन्तर्वस्तु में विन्यस्त करते हैं कि 'क्या राज्य की कल्याणकारी अवधारणा और वचनबद्धता से बाहर पड़ते हैं जोगी जैसे लोग?' (282) यह निरीह-सा दिखनेवाला जोगी असाधारण क्रिमिनल है। दुनिया में अब ऐसा कोई भी कुकर्म उससे छूटा नहीं है। सारे जुर्म का पुण्यस्थल है इन्हीं का मानस। मसलन, झूठ, दंगा, फरेब, पशु से लेकर औरतों तक की चोरी और बलात्कार, बैटी बेचवा, गाँजा-भंग से लेकर हथियारों तक की स्मगलिंग, भ्रूण से लेकर शिशु और नर हत्या तक। आगे संजीव आक्रोश उठाता है कि आखिरकार इस जोगी को बनाया किसने, 'सत्ता' व्यवस्था, संस्कृति और विकास के हड़बोंग की नाजायज संतान है यह जोगी।...क्या हक है उन्हें संस्कृति पर लेक्चर पोंकने की? (पृ.-283) लेखक राजनीति के अपराधीकरण को गहराई से पेश करते हुए उसकी परतों को खोलने का संकल्प करते हैं कि 'अगर जोगी, मलारी और काली और श्यामदेव अपराधी हैं तो परशुराम, लल्लन, चन्द्रदीप और मुख्यमंत्री और वे तांत्रिक क्या हैं? (पृ. 283) परशुराम जैसे जानमारू डाकू का चुनाव में जीतकर आना वस्तुतः प्रजातन्त्र की मूल्य च्युति की एक और मिसाल है। जनतन्त्र के नाम पर कैसे, जाति और कमीनगी के प्रपंचतन्त्र यहाँ उजागर हुए हैं।

यह भी गौर करने की बात है कि जनतन्त्र का चौथा स्तम्भ भी सत्ता व अपराध तन्त्र की साजिश से मुक्त नहीं है। नमूने के तौर पर जगदम्बा की दारुण नियति को ही ले सकते हैं। जगदम्बा जब तक पीत पत्रकारिता करता रहा, बोतल और दूसरी सुविधाओं पर बिकता रहा, दारू सप्लाई करता रहा, डकैतों का साथ देता रहा, तब तक सुरक्षित और शानदार जिन्दगी जीता रहा, लेकिन जैसे ही उसने सही पत्रकारिता या सच की डगर पकड़ी न अफसरों को सुहाया न जमींदारों को, न डाकुओं को। जगदम्बा की बर्बर हत्या को भी सब सोख गए, खबर देनेवाला कोई खबर तक नहीं बन सका।

सत्ता प्रशासन और अपराध का यह जंगल तन्त्र परशुराम और परेमा सरीखे जिन भस्मासुरों की खेती कर रहा है, संजीव ने इसको भली-भाँति उजागर करने का प्रयत्न किया है। इसके अतिरिक्त परशुराम को मास्टर मुरली पांडे से शिकायत है कि, एक बार ई भी कहे देते कि परशुराम गरीबों का मदद करता है, जिसको इन्साफ नहीं मिलता, उनको इंसाफ देता है।...कराइम कंटरोल करता है। (पृ. 274) परन्तु मुरली पांडे की साफ समझ है कि ऐसे जालसाज उस धरती पुत्र परशुराम के लिए अपमान ठहरते हैं। पांडेय द्वारा ग्रामोत्थान दल गठित करना अपने दायित्व के प्रति पूर्णतः सजग होना है। उनका दायित्वबोध हाशिये पर जीवन बितानेवाले पिछड़ों की वकालत में संलग्न है। मुरली पांडे दुर्दम्य जिजीविषा और गहरे सरोकार के हिमायती हैं। अतः वे आजीवन गलत मूल्यों व

सड़ी-गली मान्यताओं का विरोध करते हैं। डाकू समस्या को लेकर उनके अपने विचार एवं उपाय हैं। वे इसका उन्मूलन क्षेत्रीय ऊर्जा से करने की कूवत रखते हैं। अतएव जिन्दगी भर मिशन की तरह कार्यरत हैं। उनका 'ग्राम सुरक्षा दल' भटक जाने पर भी वे निराश नहीं होते। उनका तर्क है कि 'जब अपराधी जनता को मोबिलाइज कर अपना उल्लू सीधा कर सकते हैं तो हम उन्हें मोबिलाइज कर उनके और अपने बचने का तरीका क्यों नहीं ढूँढ़ सकते? जब अपराधी पैरलेल गवर्नमेंट्स (समान्तर सरकारें) चला सकते हैं तो हम पैरलेल सेल्फ डिफेंस क्यों नहीं खड़ा कर सकते?' (पृ. 75) फिर डाकू परशुराम उन्हें अपने पक्ष में करना चाहता है तो वे निडर होकर कहते हैं, 'इस पूरे क्षेत्र में इजी मनी इजी सेक्स, इसी सक्सेस यानी पैसा, औरत और सफलता को आसानी से हासिल कर लेने की हवा के विरुद्ध मैं लोगों को मरते दम तक खड़ा करने की कोशिश करता रहूँगा।' (पृ. 273) जाहिर है मास्टरजी की यह साफगोई उपन्यासकार की उस गहरी अन्तर्दृष्टि का नतीजा है जो परशुराम की चुनावी जीत को पिछड़ों दलितों के सशक्तीकरण के सरलीकृत नुस्खे के रूप में प्रस्तुत कर जनतन्त्र की विकृति व सत्तातन्त्र के बलात हरण के रूप में अनावृत करती है।

दरअसल उपन्यासकार ने इस उपन्यास में अपराध के समाजशास्त्र की पड़ताल करते हुए आखिर उसकी जड़ तक जाकर उसके मूल सबबों को ढूँढ़ निकालने की भरसक चेष्टा की है। उसका मन्तव्य है कि कोई भी जन्म से डाकू नहीं बनता। परिवेश ही इसके लिए कुसूरवार है। इस परिवेश को भी उन्होंने बराबर परिभाषित किया है। जैसे उस क्षेत्र की प्राकृतिक दशा, भूमि सुधार का अभाव, ढील प्रशासन, पोलिटिकल शेलटर, रोजगार की समस्या, राजनीति, धर्म, टिपिकल भौगोलिक स्थिति आदि कारक तत्त्व इसके मूल में निहित हैं। बिसराम के भाई काली ने भी डाकू की जिन्दगी स्वयं नहीं चुनी थी। वह भी क्या करता 'हक की कमाई माँगने पर ठेकेदार के पास पैसे नहीं हैं और हराम की कमाई डकारनेवाले दुराचारी लुटेरे परशुराम के लिए पन्द्रह हजार। (पृ. 93) उसे जिन्दगी में हतक के सिवा और कुछ हासिल नहीं हुआ। परेमा, परशुराम, बिन्दा, गोकुल सरीखे डाकुओं की एक ही कथा रही। नारायणी नदी की तबाही से हर साल दो-चार गाँव का नाश होता ही रहता है। मकान ढह जाने पर, जमीन नष्ट होने पर वे पूरी तरह अभावग्रस्त होकर इन जमींदारों के व मिल मालिकों की शरण में आते हैं। जबरन वसूली बेगारी, बलात्कार, दमन, सबकी ट्रेनिंग यहीं से मिलती है। कुछ दिनों के पश्चात वे सोचने लगते हैं कि जमींदार और सेठ-साहूकार अगर हमारे ही बल पर यह गुण्डागर्दी, लूट, डकैती सब करते हैं तो हम खुद क्यों नहीं कर सकते? तब से ये स्वतन्त्र डकैती व फिरौती का वसूलन करना शुरू करते हैं। 'जबरन चन्दा वसूली' पार्टी फंड, बूथ कैप्चरिंग, लठैती! परेमा, परशुराम, बिन्दु गोकुल सब की एक-सी दास्तान। (पृ. 105) एक और गौर करने की बात है कि ये आम जनता व जमींदार इनकी शक्ति का स्रोत हैं। 'डाकू या अपहरणकर्ता इन्हीं के पैरासाइट हैं।' (पृ. 8) स्पष्ट है कि जाति-धर्म,

जमींदारी, पुलिस या अर्द्धसैन्य बल के आज के डेवियेटेड संस्कार, मौजूदा अफसरशाही और मौजूदा राजनीति का अपराधीकरण या अपराध का राजनीतिकरण ही डकैतों को फीड-बैक दे रहे हैं।

संजीव ने धार्मिक एवं जातीय जकड़बन्दी के विमर्श पर भी बल दिया है। फेंकना दुसाध हो या काली थारू सबके पूर्वज 'सूर्यवंशी छत्तरी राजा थे। रानी भाग के गुहा में शरण ली।...महाराना प्रताप....ई सब हमरी ही जाति के थे।' (पृ. 189) दुसाधों की वंशकथा के मुताबिक मुसलमानों का डिमांड था कि कोई भी दुलहन हो, पहली रात उनके साथ बितानी पड़ेगी। 'सब कौम ने मान लिया। एक हमीं थे, जो नहीं मानने। भाग गए जंगल में। कन्दमूल फल खाए। जब नहीं सपरा, मरने लगे तो चोरी करने लगे।' (पृ. 188) फिर थारू तो अपने मूल निवास गढ़वाल इसलिए भागे कि मुगलों ने गढ़वाल पर हमला किया। लड़ाई लम्बी खिंच गई। गढ़वाली राजपूतों की शिकस्त अमूमन तय थी। कहीं उनकी आबरू खतरे में न पड़ जाए सो राजपूतानियों ने अपने नौकरों के साथ भागकर यहाँ इस इलाके में पनाह ली। इसमें क्षेत्रीय जनजाति की अस्मिता, स्वतन्त्रता व आर्थिक शोषण के प्रश्नों की, समाज की मुख्यधारा से टकराहट को विस्तृत फलक पर चित्रांकन मिलता है। मसलन काली और फेंकन का वंश इतिहास कितना भी गौरवमय रहा हो, किन्तु परशुराम जैसे डाकुओं की मुख्य धारा उन्हें किस निगाहों से देखती थी। 'अब थारू धागड़ भी, जौन बा से डकुआए लगलन। छेड़-भेड़ से खेती होता तो आदमी बरद काहे को पासेता?' (पृ. 148) यानी कि डाका डालना यादव जाति में जन्मे परेमा और परशुराम की सहज परिणति थी। फिर मजे की बात यह है कि इत्तेफाक से रक्षक व भक्षक एक ही जाति का ठहरते हैं 'मेड फोर ईच अदर!' (पृ. 104) और एक बात यह है कि अत्याचार सभी पर होता है, मगर प्रतिक्रिया वही करते हैं जो कि मिलिटेंट होते हैं। प्रान्त में तो इनकी संख्या भी ज्यादा है जो कहीं गहरे इमोशनल सिक्योरिटी भी देती है। इसी घमंड की बदौलत डाकू परशुराम यादव चमारों, दुसाधों, धोबियों, कुम्हारों, लुहारों व नोनियाओं का केस हरगिज नहीं लेता।

प्रस्तुत उपन्यास व्यवस्था के हथकण्डों के नीचे दबे दलितों के जीवन गाथा का दस्तावेज है। लिहाजा राजनीतिक जालसाजी एवं दाँवपेंच की जंजीरों में जकड़ी थारुओं की जिन्दबी बद से बदतर है। बहरहाल पुलिस व्यवस्था में जो-जो विसंगतियाँ हैं, अन्तर्विरोध हैं उन्हें हू-ब-हू उभारने की कोशिश संजीव द्वारा हुई है। उनकी राय में पुलिस अपराधियों का सबसे बड़ा संगठित गिरोह है। बिना सोच-समझ के पूर्व नियोजित धारणा के तहत वे अपने कारनामों का लगातार इस्तेमाल करती हैं। संजीव जी जोड़ते हैं बेवजह लोगों को प्रताड़ित करने के बजाय उन्हें अपने दिमाग से काम लेना चाहिए। चूँकि डाकू समस्या अपने बुनियादी रूप में एक मानवीय समस्या है कि मारपीट एनकाउंटर की आड़ में हत्या और डकैतों की तरह अपहरण कर उनको ब्लैक मेलिंग करना जख्म पर मरहम लगाना न होकर उसे खरोंचना है। बल्कि उन्हें आत्मसमर्पण का

मौका दिया जाना चाहिए ताकि वे एक सम्मानित जिन्दगी में वापस आकर समाज की बेहतरी के लिए कुछ कर सकें। मात्र डी. एस. पी. कुमार ही पुलिस की निर्मम करतूतों से सरक पड़ता हुआ दिखाई दे रहा है। सचमुच वे उपन्यास का 'आल्टर इगो?' है। कुमार की यह धारणा है कि डाकू समस्या कोई ऊपर का कवच नहीं है कि हम उसे खरोंचकर फेंक दें। बल्कि इसकी जड़ों में तरह-तरह के अनुत्तरित प्रश्न हैं जो इसके लिए सरीखे प्रेरक तत्व हैं। अतः कुमार का प्रत्येक प्रश्न पाठकों के अन्तस में बैठने तथा उस पर सोचने में सक्षम है। पुलिस की तरफ से अपहरण बहिष्कार हेतु जो कार्यवाही हो रही है वे सब अन्त में फिजूल साबित होती है। काली का यह प्रश्न कुमार को असमंजस में डाल देता है, मगर उसे कोई भी तर्क वजनी नहीं लगा कि 'आप पुलिसवाले! काली की फिरौती के लिए उसके निर्दोष भाई बिसराम को पकड़ रखना, उस पर टॉरचर करना क्या है यह?' (पृ. 137) पाँच वर्षों के दुर्निवार मशक्कत के बाद कुमार कुछ भी खत्म नहीं कर पाता और जिस शाम परशुराम की चुनावी जीत के जश्न से सड़कों पर दीवाली मनाई जा रही थी, उसी शाम वह अपनी हार मानकर जनतन्त्र की फरेबी दुनिया से विदा लेता है। उपन्यास के अन्त में कुमार का यह पराजय बोध और ठाकू परशुराम यादव की विजयमुद्रा महज नाटकीय समक्षमता न होकर जो संपूर्ण सामाजिक विडंबना लिये हुए है, वह जीवन व समाज में उपन्यास की अन्तरंग पैठ व गहरी सामाजिक राजनीति अन्तर्दृष्टि के बिना मुमकिन नहीं है।

खेतिहर मजदूर से डाकू और डाकू से नेता बनने के परशुराम के महज किस्से को संजीव ने काले उजले की सरलीकृत खेमेबन्दी से परे जिस जटिल सामाजिक विमर्श में विन्यस्त किया है, वह अत्यन्त विश्वसनीय व प्रामाणिक बन पड़ा है। वस्तुतः डी. एस. पी. कुमार द्वारा काली सरीखे डाकू के हृदय परिवर्तन हेतु राहुल सांकृत्यायन की पुस्तक 'भागो नहीं दुनिया को बदलो' व विवेकानन्द आश्रम की पुस्तक 'दिमाग को कैसे नियन्त्रिक करें' भेंट करना संजीव को अक्सर सोशल एक्टिविस्ट के दर्जे में रखने में कामयाब हुआ है। डाकू होने के बावजूद काली की भाषा में नेक इन्सानियत का जो पुट मिलता है वह भी गौर करने योग्य है। दरअसल यह सब रचनाकार के पात्रों के साथ तादात्म्य की सहज परिणति है।

प्रस्तुत उपन्यास में वाकई डाकू समस्या बनाम हाशिए की जिन्दगी का बहुत ही यथार्थवादी चित्रण उपलब्ध है। प्रताड़ितों की इस जिन्दगी को विश्लेषित करने के नाते उसे अपराध की शरणस्थली के रूप में चिह्नित कर 'सभ्य' समाज के अन्य की शत्रु छवि में ढाला गया है। मसलन उपन्यास के बिसराम और काली बेतिया इलाके का जिस थारू जनजाति से आये हैं वे कंगाल की जिन्दगी जी रहे हैं। थारुओं के राजपूतवंशी होने के मिथक का भेदन उपन्यासकार काली के प्रतिरोध के माध्यम से यूँ करता है, 'इतिहास कुछ रहा भी हो तो, सड़ गलकर बदबू दे रहा है।' (पृ. 137) यहाँ थारू क्षेत्र की अन्धजन्य मानसिकता की बखूबी पेशकश मिलती है।

वास्तव में नारी ही तमाम धार्मिक शोषण का शिकार बनती है। पुलिस, डाकू व जमींदार उसे प्रताड़ित एवं प्रवंचित करते हैं। उपन्यास का एक और प्रसंग यहाँ उद्धृत करना असमीचीन न होगा। पंडिताइन ने फेंकन की बहू से हाथ-पाँव टीप देने (मालिश करने) को कहा था, इस पर फेंकन बहू ने इनकार किया था, 'हमसे आपका देह छुवा जाएगा' (पृ. 92)। लेकिन इतनी-सी बात का उसे बड़ा मोल देना पड़ता है। इसी की बदौलत अनपढ़ पंडाइन अपना ऊँच जात के गुमान में फेंकू दुसाध की बहू को अपने पति और भाई द्वारा अपमानित कराती है। फेंकन तथा काले उक्त घटना की चश्मदीद गवाह हैं। फिर भी पंचायत ने एक स्वर से यह फैसला सुनाया कि 'सुन्नर पांडे या उनके साले ऊँची जात के आदमी फेंकन बहू जैसी नीच जाति के साथ यह कर्म बिलकुल नहीं कर सकते। (पृ. 92) डाकू बनने के बाद काली ने भी औरतों का पर्याप्त शोषण किया। मगर उसका अपना उसूल है, 'औरत किसी बड़ी जाति की होनी चाहिए। चूँकि' जाति का पता चलने पर वह दुनिया बदलती नजर आती है। इसी जाति से मान और अपमान जुड़ा हुआ है।' (पृ. 207) बहरहाल नारी को यह अभिशाप है कि उसे एक ओर पुलिस के हवालात व मार-पीट झेलनी पड़ती है तो दूसरी ओर डाकू व सेठ साहूकारों के बलात्कार की शिकार। यहाँ बी. डी. ओ. वाला निष्कर्ष खरा उतरता है, 'आज की थारू कन्याएँ सदा साफ भड़कीले कपड़ों में सैक्स को उत्तेजित करती चलती हैं, चाहे उन कपड़ों की कीमत उन्हें नंगी होकर ही क्यों न चुकानी पड़े। (पृ. 279)

संजीव ने प्रस्तुत उपन्यास में समूचे क्षेत्र में मौजूद अन्यान्य मुद्दों का इस कदर निर्वाह किया है कि प्रत्येक तर्क व वितर्क की स्थितियाँ अपने में समाधान ढूँढ़ती हुई नजर आती हैं। मसलन दूध पीने से अनर्थ होने संबंधी थारुओं के अन्धविश्वास को मुरली पाण्डे प्रश्नों के घेरे में यूँ पेश करते हैं, 'हिरण का मांस अनजाने में खा लेने पर तो तुम बिचारी बिसराम बहू को इतना बड़ा दंड दे रही हो तो जिसने हिरण मारा उसका नाश क्यों नहीं कर देती? गाय का दूध लाचारी में बच्ची को पिला दिया बिसराम ने तो अनर्थ हो गया, लेकिन मलिकार उसकी भैंस ही ले गए उनका क्या कर रही हो?' (पृ. 30) यहाँ उपन्यासकार इस विडम्बना को भी रेखांकित करता है कि हिरण का मांस और गाय का दूध, जो बिसराम सरीखे थारू परिवारों को सहज उपलब्ध है इससे भी वे धार्मिक परम्परागत षड्यन्त्री अन्धविश्वासों के चलते किस तरह वंचित कर दिये जाते हैं। इस बिन्दु पर उपन्यासकार द्वारा यह प्रश्न उठाना भी वाजिब है कि 'आखिर इन थारुओं में अपने इस शोषण के विरुद्ध कोई आक्रोश क्यों नहीं उपजता? अपना कोई नायक क्यों नहीं खड़ा कर पाई यह जाति?...अगर नारियाँ ही पुरुषों से जीवन्त हैं तो नायिका ही खड़ी होती कोई?'' (पृ. 280)

संप्रेषण माध्यम चाहे सिनेमा हो या साहित्य प्रेम, सद्भावना व भाईचारे का संवाहक होना चाहिए। फिलहाल वे सत्ता के गठबन्धन द्वारा देश में अपराध, लंपटता, गुंडागर्दी और दादागिरी के बीज चुपके-चुपके बोने की कोशिश करते हैं। वस्तुतः डाकुओं

को प्रतिष्ठा देनेवाली मक्कारी व्यवस्था का बखिया उधेड़ने का जोरदार प्रयत्न यहाँ मिलता है। प्रायः महत्त्वपूर्ण पदों पर बैठे लोगों की मनमानी के तहत ही ऐसे डाकुओं की महिमामंडित करती है। बेतिया की यह दुर्घटना शायद इस कदर शर्मनाक व बर्बर न हुई होती अगर 'शोले' न आई होती। 'शोले ने कितने जहरीले डकैत और गुंडे पैदा किए, यह समय ही बताएगा, मगर तब तक पानी सिर के ऊपर जा चुका होगा।' (पृ. 71)

संजीव के अन्य उपन्यासों के बराबर पारिस्थितिक संदर्भ का भी जिक्र इसमें हुआ है। उपन्यास के शीर्षक के साथ जुड़े 'जंगल' मात्र पर्यावरणीय व प्राकृतिक संदर्भ न होकर आदिवासियों के क्षरण की कथा को भी तरजीह देते हैं। बहरहाल प्रकृति से पृथक मानव का अस्तित्व नामुमकिन है। अक्सर मानव इस हकीकत से बिलकुल मुँह मोड़ते हैं कि वह प्राकृतिक धरोहर को बचाने के बजाय उसे और ही और कलुषित बनाता ही रहता है। शायद लोगों की अशिक्षा एवं अन्धविश्वास ही इसके लिए उत्तरदायी हैं। उपन्यास का एक प्रसंग है कि बिसराम बहू की दुलारी को साँप ने काटा। बनकटा गाँव के बुजुर्गों की राय में लाश को न जलाया जा सकता है न गाड़ी। उनकी रूढ़िगत मान्यता के अनुसार लाश को केले के तने से लपेटकर गंगा नदी में प्रवाहित किया जाना चाहिए। प्रायः वे मानते हैं कि 'कई बार तो गंगा मइया खुद ही खींच लेती हैं विष और मुर्दा जी उठता है।' (पृ. 22) मगर वे इस तथ्य से अनभिज्ञ हैं कि इस प्रकार नदी में लाशों का संचयन व प्रवाहन से जल प्रदूषित होता है। लाशों के सड़ने से वायु भी बराबर मलिन होती है। परन्तु थारू तहजीब को यही फजीहत है कि वे इस गैर-कानूनी व प्रदूषित मान्यता का पालन करते हैं।

निष्कर्षतः संजीव ने कथ्य की मौलिकता, भाषा की जादूगरी व गहरी अन्तर्दृष्टि द्वारा अपने परिपक्व औपन्यासिक दृष्टि का जो परिचय इस उपन्यास के जरिए दिया है वह यकीनन ही सराहनीय है।

खान मजदूरों का जिन्दगीनामा

इंदु पी. एस.

संजीव का उपन्यास 'सावधान नीचे आग है' कोयला खदानों के दमघोंटू माहौल में जीने के लिए अभिशप्त मजदूरों की जीवन गाथा है। 'सतह के नीचे' और 'सतह के ऊपर', शीर्षकों में यह उपन्यास बँटा हुआ है। उपन्यास का परिवेश बिहार के झरिया, धनबाद क्षेत्र का कोयलांचल है। जिसके तहत चंदनपुर गाँव आता है। चंदनपुर खदान भारत के दूसरे खदानों से बिलकुल अलग है। यह प्रगति के हिसाब से यंत्रीकृत है। विष्टुदा के शब्दों में, ''चंदनपुर इज़ चंदनपुर द प्राइड आफ आवर कंट्री।...चंदनपुर को समझना आसान नहीं द मोस्ट मोडर्न एंड द मोस्ट कम्प्लीकेटेड। चंदनपुर एक पहेली है जिसे हर किसी को खुद ही बूझना पड़ता है।'' दरअसल चंदनपुर एक भूल-भुलैया है जिसमें उतरने के बाद वहाँ से निकलना आसान नहीं। संजीव ने इस उपन्यास में माध्यम से कोयलांचल के अमानवीय शोषण एवं दमन को अखिल भारतीय परिवेश में देखने का प्रयास किया है। वे भारत के तमाम खान मजदूरों की दर्दनाक जिन्दगी की जीती-जागती तस्वीर हमारे सामने उकेरते हैं। जो व्यवस्था झरिया के कोयलांचल के लाखों लोगों की जान से खेल रही है वही पूरे देश के खदानों में कार्यरत मजदूर परिवारों की बदहालत के लिए भी दोषी है।

असल में खदान माफिया, सरदार चन्द्रकिशोर सिंह, गजाधर सिंह, अनूपसिंह, रामजी तिवारी और बुझारथसिंह जैसे कंट्रेक्टर ही खदान चलाते हैं। इन्हीं की यूनियन है। सूदखोर, दारूखाने पुलिस और जायज और नाजायज सब इन्हीं के ही चलते हैं। सिक्योरिटी से लेकर सेक्ररेटिएट व मंत्री तक सभी महत्त्वपूर्ण बिन्दुओं पर इनके आदमी तैनात हैं। ये ठेकेदार मजदूरों को बहुआयामी शोषण का शिकार बनाती है। मर्दों को काम के लिए कुत्तों की तरह पूँछ हिलाना पड़ता है और अगर नौकरी मिल भी गयी तो पूरी मजूरी मिलेगी नहीं। मजदूरों के पेमेण्ट के दिन ही अपना सूद वसूल करने के चक्कर में जबरदस्ती उनकी पूरी की पूरी तनख्वाह छीन ली जाती है। बाद में उन्हें उधार की शराब, उधार का अनाज और उधार का कपड़ा-लत्ता लेने के लिए मजबूर कर दिया जाता है। वे अकेले नहीं, अन्य अनेक शामिल हैं और इन सबके लिए अलग-अलग इलाका बँटा हुआ है और इनमें आपसी सह अस्तित्व के रिश्ते कायम हैं। इनके अपने-अपने खेमे के मजदूर हैं, दलाल हैं, कच्ची शराब बनाने और बेचने की दुकानें हैं, इनका धंधा दलाली

के साथ यूनियनबाजी भी है। ये "सब इंटक के लेकिन स्वार्थ की लड़ाई में इंटक में भी कई-कई खेमे हैं, जैसे कांग्रेस में। ये अलग-पार्टी भी क्यों न बना लें, इनका चरित्र नहीं बदलता।" जिन यूनियन के नेताओं को मजदूरों की सहायता एवं उनके हक के लिए लड़ना चाहिए वे अपने फायदे के लिए दलाली करते हैं। मैनेजमेंट के साथ अनैतिक साँठ-गाँठ करते हैं। जितने ठेकेदार हैं कोल बेल्ट में, सब प्रत्यक्ष या परोक्ष ढंग से यूनियन के ही आदमी हैं। सतह पर झगड़ा यूनियनों के बीच होता है, पर अंदर ही अंदर ठेकेदारी पर अधिकार जमाने का झगड़ा चलता है। ये अपने जिले और अपनी जाति के लोगों को भरती करने की कोशिश करते हैं। इन्हीं की तूती चलती है। अपनी जायज व नाजायज माँग मनवा सकते हैं।

झानू जैसे कुछ मजदूर अपने ऊपर होनेवाले अत्याचारों से अभिज्ञ हैं। यानी जमीन की सतह के हजारों फूट नीचे जोखिम भरी दमघोंटू स्थितियों में जी तोड़ काम करनेवाले मजदूर अपने प्रति होनेवाले अत्याचारों को पहचानते हैं। झानू के शब्दों में, "ई न्याय है? हियाँ पर कोई ट्रेनिंग है कि एक तरह का मजदूर को दूसरा तरह के मजदूर से लड़ा दो काल हमारा गाँव अंगाकड़ीहा में हम लोग से मैनेजमेंट का झगड़ा हुआ तो हमारा खिलाफ लड़ने को कौन गया?–हियाँ का मजूर आज ऊ मजूर का ओ. टी. और एक्टिंग का सवाल आया तो उसका खिलाफ किसको ठेला गया? अपरंटीस को काल अपरंटीस को सजा देना होगा तो किसको अपरंटीस का खिलाफ खड़ा करेगा–असिस्टेंट मैनेजर और ओवरमैन को–शाट फायरर को। हम पूछता कि कोई नियम-कानून भी है कि सिर्फ ये ई फूट डालो और राज करो।"

उपन्यास आज की राजनीति के खोखलेपन के साथ प्रशासन एवं उनके माफिया द्वारा मजदूरों के शोषण की प्रामाणिक तस्वीर पेश करता है। राजनीतिक पतन एवं व्यवस्थागत विसंगतियों ने भारतीय जनमानस को बहुत गहराई तक आहत किया है। आज राजनीति की 'नीति' पूर्णतः लुप्त हो गयी है। राजनीति ने मनुष्य की तमाम संवेदनाओं का अपनी स्वार्थ पूर्ति के लिए दोहन किया है। साथ ही इसने विकास से हमेशा नाजायज़ फायदा उठाने का प्रयत्न भी किया है। इस शोषण व्यवस्था पर यों टिप्पणी की गई है, "शोषणमुखी व्यवस्था में हम जितना हाथ-पाँव मारकर निकलना चाहते हैं, उतना ही उसमें डूबते जाते हैं।" चंदनपुर में यूनियन के लोग तक मजदूरों के साथ नहीं हैं बल्कि उनकी शोषक दल के साथ अनैतिक साँठगाँठ है। यूनियन ठेकेदारों के हाथों में है और वे अपनी कुर्सी का गलत इस्तेमाल करते हैं। इसके लिए गुंडों तक की सहायता ली जाती है। उपन्यास में ऐसी पेशकश है कि, "महात्मा गाँधी के आशीर्वादी चित्र के नीचे खाली कुर्सी। कुर्सी एक मंच है, जिस पर एक-एक कर कई शख्सियतें बैठती, लोप होती हुई नजर आती श्रीपाल सिंह, चंद्रकिशोर सिंह, बुझारथ सिंह, जावेद मियाँ। कुर्सी एक छिनाल है, जिसके पास गुण्डों का जोर हो उसी का इस पर अधिकार है। वीर भोग्या वसुंधरा। मगर ये बेचारे मात्र भरत हैं, चरण-पादुका की

सेवा-भर कर सकते हैं। कुर्सी एक ठप्पा है मैनेजमेंट का। यह यूनियन मैनेजमेंट की मैनेजमेंट द्वारा और मैनेजमेंट के लिए है।

इस कोयलरी में मजदूरों से ज्यादा से ज्यादा कोयला निकलवाने की धुन में खदान का जनरल मैनेजर भट्ट सुरंग के नीचे गैलरी के मोड़ से क्रासकट करवा देता है। उसकी लापरवाही से भयंकर दुर्घटना हो जाती है। सभी सुरंगों में पानी भर जाता है। यहाँ ऊधमसिंह और हजारों मजदूर जलसमाधि लेते हैं। प्रशासन और राजनीतिज्ञों की तरफ से जानबूझकर पानी निकालने में इसलिए देरी की जाती है कि मजदूरों के जीवित निकल आने पर सारे झूठ का भंडाफोड़ हो जाएगा। वर्ल्ड बैंक का जो पैसा चंदनपुर के आधुनिकीकरण के लिए दिया गया है, उसे अपने को निर्दोष सिद्ध करने के लिए व्यय किया जाता है। लाशें सड़ रही हैं और गंध, चील, कौए नोच रहे हैं। कोयले के टॉप मैनेजमेंट और स्वयं प्रधानमंत्री तक को भी शायद इस घपले की जानकारी नहीं। उन्हें चिन्ता सिर्फ इस बातं की है कि थू-थू न हो। मृतकों की संख्या तीन सौ इकावन हो, या सात सौ इकावन—यह मुद्दा भी जूते के अनुसार पाँव बनाकर पेश करने के समान है। अगर संख्या बढ़ गयी तो वह विश्व की सबसे बड़ी दुर्घटना हो जाएगी। मृत मजदूरों की संख्या जो कि हजार के आसपास है, पर हाजिरी रजिस्टर के अनुसार सिर्फ तीन सौ इकावन है। पार्लियामेंट में भी इस हादसे के सम्बंध में कई सवाल पूछे गये यहाँ तक कि एक सासंद ने चौधरी और मुकुल की मौत को हत्या साबित करने की कोशिश की। लेकिन सरकार इस तरह के हादसों के प्रति जो रवैया अपनाती है उस पर टिप्पणी देखिए—सरकारें आती हैं, सरकारें जाती हैं। बातें कुछ दूर सरककर फिर यहीं आ जाती हैं। एक चंदनपुर का गड़ा मुर्दा ही तो नहीं, लाखों-करोड़ों समस्याएँ हैं। इस दुर्घटना का सबसे महत्त्वपूर्ण सबूत हाजिरी रजिस्टर को सर्वेप्लान के साथ ऊधमसिंह का साथी आशीष लेकर भागता है ताकि प्रशासन की पोल खुल जाय। परन्तु प्रशासन से मिले माफिया सरदारों का गुंडा आशीष से वे दस्तावेज छीनकर सारे सबूत गायब कर देता है। जिससे जनरल मैनेजर भट्ट तथा उसके सभी अधिकारी बच निकलते हैं।

भूमण्डलीकरण से उत्पन्न विकृतियों का प्रभाव जीवन के हर स्तर पर दिखायी देता है। उसका बदतर प्रभाव परिस्थिति, दलित एवं नारी पर ही पड़ रहा है। आज जो विकास हो रहा है उसके अमानवीय पक्ष को नजरअंदाज किया जा रहा है। यह सर्वमान्य रूप से मान लिया गया है कि विकास की एक ही संभव, दिशा है—पश्चिमी औद्योगिकीकरण की, लक्ष्य है ज्यादा से ज्यादा उपभोग की वस्तुओं का ईजाद और उनका वृहद पैमाने पर उत्पादन। इसके लिए विशाल मात्रा में संसाधन के रूप में माल और ऊर्जा की जरूरत है। एक बात हम अकसर भूल जाते हैं कि मनुष्य भौतिक पदार्थों का जनक नहीं होता वह इनका रूपांतरण ही कर सकता है।

उपन्यास में अशास्त्रीय तौर पर होते खनन कार्य की वजह से धनबाद, चंदनपुर, आसनसोल इलाकों की आरण्य संस्कृति पर पड़ते पारिस्थितिक आघातों का दस्तावेज भी

पेश किया गया है। मनुष्य के लालच की शिकार बनकर यह आरण्य संस्कृति चरमरा रही है। सार्वजनिक रूप से यह स्वीकार किया गया है कि खनन उद्योग की गतिविधियाँ बहुत बड़े भू-भाग को प्रभावित करती हैं। खनन के लिए जंगल साफ कर दिए जाते हैं। यों नंगे हो चुके पहाड़ों में भूस्खलन, धंसान आदि दुर्घटनाएँ बढ़ जाती है। कोयला खानों के आसपास बिखरी काली धूल के नीचे दबकर धरती निर्जीव हो जाती है। इसके परिणाम स्वरूप खनन गतिविधियों से बच गई वनस्पति बहुधा इन धातु-पदार्थों की महीन परत से ढक कर पूरा इलाका वनस्पति-विहीन हो जाता है। इन क्षेत्रों में खनिज निकासी के एवज में केवल वनर्स्पति और जीवों पर ही संकट नहीं आता, बल्कि जीव जगत और प्राणी जगत के जीवन का आधार मानी जानेवाली उपजाऊ मिट्‌टी भी ऊसर हो चुकी होती है।

उपन्यास में इसका दिलकश चित्रण है कि पानी की किल्लत से पूरा इलाका प्यासा रह गया है। खान के अन्दर जो पानी इकट्‌ठा होता है वही पानी लोगों को अपनी रोजमर्रा की जरूरतों के लिए सप्लाई किया जाता है। वह विकास कार्य गरीबों को शुद्ध जल की एक बूँद के लिए तरसने पर मजबूर कर देता है–"आज हालत ई कि नीचे कोइलारी के चलते ऊपर पानी ही नहीं टिकता। सिरिफ एक पानी के बगैर पिछलका धान मर गया। अब कुआँ तालाब, जोर (नाला) किसी में पूरा पानी नहीं कि पटा ही दें। पहले कम से कम परब-त्योहार में दामोदर नेहा आते थे, अब ऊहाँ सपना हो गिया।" ये पहाड़ी अंचल एक जमाने में स्वच्छ सुन्दर श्यामल स्वस्थ प्रकृति के लिए मिसाल था। वहाँ आज प्रदूषण इतना बढ़ गया है कि साँस लेना दूभर हो गया है। "आग की नदी दामोदर और धुआँसे का शहर झरिया! कुहासा नहीं, धुआँसा धूल, धुआँ और कुहासा।"

उपन्यास में इसका भी चित्रण है कि करोड़ों रुपयों का गैस जलकर नष्ट हो रहा है और अंगारडीहा इलाके की जमीन बैठ रही है। आज ईंधन की जरूरतों की आपूर्ति के लिए जंगल साफ किया जा रहा है। पेट्रोल और उसके उप उत्पादों के अधिक उपयोग से ओजोन परत में भी दरारें पड़ने लगी हैं। ऐसे हालातों के मद्देनजर संजीव ने उपन्यास के जरिए सरकार के अलावा सेंट्रल फुअल रिसर्च इंस्टिट्यूट एवं स्कूल ऑफ माइन्स जैसी संस्थाओं का ध्यान भी इस ज्वलंत समस्या की ओर खींचने की कोशिश की है। लाखों वर्षों के बाद ही ऐसे खनिज पदार्थ या गैस धरती अतल गहराइयों में रूपायित होते हैं। उसकी कीमत जाने बिना बर्बाद होने दिया जा रहा है। आज के global warming के संदर्भ में इस पर नये सिरे से सोचा जाना चाहिए–"ध्रुव की बर्फ पिघल गयी समुद्र फैलकर निगल गया धरती को, इस काले पानी के ताबूत में मियम्राण आखिरी आदमी है वह दुनिया का।" प्रलय का जिक्र करते हुए संजीव ने यहाँ समकालीन समय की सबसे बड़ी पारिस्थितिक विसंगति एवं त्रासदी global warming की ओर इशारा किया है। उन्होंने यह आशंका जाहिर की है कि इसी तरह मनुष्य प्रकृति की तरफ से लापरवाही बरतते रहे तो वह दिन दूर नहीं है कि यह सारी धरती प्रलय के चपेट में आ जाएगी।

यह उपन्यास दलितों पर होनेवाले अत्याचारों के साथ उनके दर्दनाक जीवन का

दृश्य भी खोलकर रखता है। उपेक्षित और अछूती जनजातियों के संघर्ष को प्रस्तुत करते हुए अपनी अलग-अलग पहचान भी साबित करता है। गाँव में संघर्षमय जीवन से गुजरते आदिवासियों में पिछड़ापन, शोषण विस्थापन, भूख जैसी समस्याओं को गहरी संवेदना के साथ प्रस्तुत किया गया है।

उपन्यास में हम देखते हैं कि आदिवासियों को झूठे वादे देकर, झूठे दबाव दिखाकर, झूठे दिलासे देकर यानी उन्हें बहला-फुसलाकर आहिस्ते-आहिस्ते उनकी सारी जमीन हड़प ली जाती है। फिर उन्हें अपनी धरती के एवज में सिवाय धिक्कार के कुछ हासिल नहीं होता। झानु के लफ्जों में, ''आस्ते-आस्ते सारा जमीन दखल कर लिया। हमारा बोलो हम कहाँ जायेगा, बोलो, बोला नौकरी देगा, वो कर देगा, सोना से मढ़ देगा क्या किया बोलो।'' गाँव की सामंती शक्तियाँ यानी भभीखन राय जैसे लोग इनसे जमीन छीनने की कोशिश करते हैं। इन्हें गुंडों से पिटवाते हैं। इनकी औरतों पर बुरी नजर डालते हैं। जब ये खिलाफ आवाज उठाते हैं तो उसे कुचल दिया जाता है। गरीब आदिवासियों की जमीन की पैमाइश करने सिक्योरिटी गार्ड के जवान, एजेंट आहूजा तथा दलपति भभीखन राय सदल बल आते हैं तो आदिवासी झानु स्थानीय मर्द-औरत बच्चों के साथ उनका सामना करता है। गठे बदनवाली जामुनी औरत पर बभीखनराय छटपटाकर गिर जाता है। इसके बावजूद रामप्रसाद ओझा जैसे अन्य स्थानीय लोगों की काहिली, गरीबी, उदासीनता की वजह से संघर्ष अन्ततः सफल नहीं हो पाता। झानु अकेला हो जाता है और वह सोचता है—''हियाँ पे सब गियान पाप है, कुछ लोग हमरो से ज्यादा होशियार हो गये हैं, खंड खंड लड़ाई लगेगा, खंड-खंड स्वास्थ्य के लिए खंड-खंड मौवत मरेगा कुत्ता का मौवत।'' संजीव गरीब दिलों में जलती हुई इस आग को वर्षों से खदान के भीतर जलती हुई आग से जोड़ते हुए प्रतीकात्मक तौर पर रेखांकित करते हैं, ''भूगर्भ की वर्षों की दबी आग जब सतह को फोड़कर निकलता है, लाख दबाइगे नह दबती नहीं। ऑक्सीजन से संबंध काट देने पर भी नहीं। इतना आसान है संबंध काट देना दरारों से मिल जाती है आक्सीजन। रोलर चलवाकर भरने-भर दीजिए, गैस फाड़ देगी उसे।''

उपन्यास कामगर औरतों के माध्यम से नारी शोषण की विभिन्न परतों को भी पेश करता है। खौफनाक माहौल का चित्रण करते हुए यह दिखाने की भरपूर कोशिश की गई है कि किस तरह कामगर औरतों का शोषण ठेकेदारों, पूँजीपतियों, अफसरों द्वारा हो रहा है। उपन्यासकार ने इस ओर भी इशारा किया है कि किस तरह नौकरी के क्षेत्रों में नारी को एक जिस्म के रूप में देखा जाता है और पैसे और दो वक्त की रोटी के लोभ में उनका यौन शोषण होता है।

यहाँ हम देखते हैं कि नौकरी भी आदमी की काबिलियत और लगन देखकर नहीं बल्कि खूबसूरती के आधार पर दी जाती है। चंदनपुर में हालत यह है कि मर्दों को नौकरी नहीं मिलती। बल्कि औरतों को बिन माँगे मिल जाती है—''मरद बेकारी का

शैतान लिये घूमें और औरतों को मिले काम।" "का कहें साहब, गरीब का जोरू गाँव भर का भौजाई होता है न।" हादसे के बाद हालत और बदतर हो जाती है। हादसे में किसी के पति गुजर गये तो किसी के पिता और किसी के भाई। अनगिनत औरतें लाचार, बेबस और अनाथ हो गयीं। दलालों ने इसका फायदा उठाया और गिद्धों की तरह इन पर टूट पड़े। गूँगी, कपालकुंडला, जैसी कई लाचार लड़कियों को उन्होंने चकलाघर में बेच दिया।

उपन्यास का आखिरी अध्याय फैंटेसी शैली में यथार्थ की विद्रूपताओं को प्रस्तुत करता है। यह आदि से अंत तक प्रतीकात्मक है। इसमें लेखक ने चंदनपुर खदान के शोषण को राष्ट्रीय स्तर पर चल रहे शोषण के साथ जोड़कर देखने का प्रयत्न किया है। वे तमाम नरमेधों के पीछे शोषक वर्ग की भूमिका का पर्दाफाश करते हैं। इस पूरे प्रसंग में ऑपरेशन ब्लू स्टार, इंदिरा गाँधी की हत्या, हिंदू सिख दंगे, पाँच सितारा होटलों के पॉप संगीत और लोकसभा चुनावों के परिणामों के आपसी संबंध को दिखाया गया है। साथ ही समसामयिक समाज में व्याप्त प्रतिक्रियाविहीनता, निस्संगता को भी वाणी देने की कोशिश की गई है।

आज की युवापीढ़ी की संकल्पहीनता और कमजोरी को लेखक ने बहुत मजबूती से अतनू दा के शब्दों में प्रस्तुत किया है, "तुम जवान थे, मेरी तरह बूढ़े नहीं। तुमने प्रेसिडेन्सी में नक्सलवादी छात्रों की संगत की है, मेरी तरह दलाली की दुनिया में उम्र नहीं गुजारी। गूँगी का मामला हो या कमीशन का तुम में एक बार संकल्प जागा और हजार बार विकल्प। जब तुम इतने दृढ़ मनोबल के नहीं थे तो क्या जरूरत थी लड़ाई मोल लेने की।...जानते हो, ये बीच-बीच के संशयग्रस्त आदमी ही सबसे ज्यादा नुकसान करते है समाज की बात भड़का देंगे और किनारे सरकने लगेंगे।"

उपन्यास की भाषा परिवेश और संदर्भ के बिलकुल अनुकूल है। कोयला खानों की तथा उससे जुड़ी हुई ग्रामीण अंचल की जिन्दगी को उन्होंने बहुत बारीकी से रेखांकित किया है। उनकी भाषा, वहाँ के रहन-सहन, संस्कृति, बोली-बानी और उस खास परिवेश को प्रस्तुत करने में सक्षम है। भोजपुरी शब्दों के माध्यम से साक्षात्कार कराने का प्रयास भी हुआ है। उपन्यास में जगह-जगह लोक-परंपरा से जुड़े गीत और भाव का चित्रण भी है।

संक्षेप में संजीव ने 'सावधान नीचे आग है' के माध्यम से बहुआयामी शोषण की गिरफ्त में पड़ी मजदूरों की जिन्दगी के उत्पीड़न की न केवल वास्तविक तस्वीर खींची है बल्कि इसके खिलाफ उभर आते मजदूर आन्दोलनों के अंतर्विरोधों को भी पहली बार अत्यंत बेबाकी से पाठक के सामने रखा है। साथ ही हमारे समाज के जीवंत मनुष्य को निर्जीव बनाते तमाम अभिजन समाज के हथकंडों की पोल भी खोल दी है।

'दन्तकथा' में मानव प्रकृति का परिदृश्य

डॉ. श्रीलता विष्णु

जिन्दगी में जो कुछ भी घिनौना है, कुरूप है, असुन्दर है, बीभत्स है, उन सबसे हम प्रायः नफरत करते हैं और उन्हें प्रकट करने में शर्म महसूस करते हैं। लेकिन जिसे हम सुन्दर और पवित्र समझते हैं जीवन को सुन्दर और पवित्र बनाने में वह बहुधा व्यर्थ सिद्ध होता है। जीवन की संपूर्ण सुन्दरता और पवित्रता संभवतः उसके घिनौनेपन और उसकी बीभत्सता की प्रेरणा से ही जन्म लेती है।"[1] अपने आत्मकथात्मक प्रारंभिक उपन्यास 'समर शेष है' में अब्दुल बिस्मिल्लाह साहब की यह टिप्पणी सत्य की ही निकटतम स्वीकृति है। इस कथन की अन्तर्निहित सच्चाई वस्तुतः उनके समग्र साहित्यिक जीवन से संबंध रखती है। इसलिए हम मान सकते हैं कि बिस्मिल्लाह जी ने स्वानुभूति के साक्ष्य पर उपर्युक्त कथन प्रस्तुत किया है। समाज में फैले शोषण की कुरूपता से ही बिस्मिल्लाह की लेखनी को उपन्यास लेखन में आगे बढ़ने की ऊर्जा मिली है। काव्यानुभूति या सर्जनात्मक भावानुभूति से संबंधित एक बड़ी सच्चाई को ही श्री अब्दुल बिस्मिल्लाह ने यहाँ पर रेखांकित किया है। संवेदनशील लेखक को सदा उत्तेजित करनेवाला विषय जीवन के सौन्दर्य और सुखात्मकता के अनुकूल चलनेवाली प्रवृत्ति नहीं, प्रत्युत उसके विरुद्ध चलनेवाली प्रवृत्ति है। यही यथार्थवादी चेतना को प्रेरित करती है। बिस्मिल्लाह ने अपने चारों तरफ के समाज को गहरी साँसों से देखा और यह महसूस किया कि उसकी बाहरी कुरूपता और घिनौनापन उसके अन्तरंग का परिचायक नहीं है। उन्होंने अपने से ही बार-बार यह प्रश्न किया कि इस समाज के लिए यह निपट गरीबी और दाने-दाने के लिए दूसरों के मुँहताज होने की नौबत में निरन्तर रहना क्या आवश्यक या उचित है? क्या उसमें से उबरने का कोई रास्ता नहीं? क्या जीवन में ऐसी दयनीयता का वह सचमुच हकदार है? इसका उत्तर ढूँढ़ते हुए ही उन्होंने अपने पात्रों की अन्तर्वृत्तियों का चीरफाड़ किया। इसके फलस्वरूप उन्होंने पाया कि यह सरासर अन्याय है। निरन्तर काम करते जाना श्रमजीवी वर्ग की स्वाभाविक जीवन-सरणी है। उसमें उसकी कोई फरियाद नहीं है। पर अशिक्षा और धर्मभीरुता के अन्ध कारागार में वह हमेशा के लिए डाल दिया गया है। ऐसे अन्धेरे में टटोलनेवाले उसका शोषण किया जा रहा है, खून चूसा जा रहा है, इसका उत्तरदायित्व किसका है? इसमें से समाज की असमान अर्थव्यवस्था

और तज्जनित विसंगतियों की ओर जागरूक कथाकार की दृष्टि खिंच जाती है। यह मानव जीवन के यथार्थ का एक पहलू है। अब्दुल बिस्मिल्लाह के प्रायः सारे उपन्यासों में यथार्थ का यह परिपार्श्व चित्रित किया गया है। 'समर शेष है', 'जहरबाद', 'झीनी झीनी बीनी चदरिया' जैसे इनके प्रमुख उपन्यासों में यथार्थ का यह पहलू अनावृत मिलता है। लेकिन इस यथार्थ का एक दूसरा भी पहलू है उसमें कथाकार मनुष्य की निर्मम क्रूरता, लोलुपता, स्वार्थ, सहानुभूति शून्यता जैसी तामसी वृत्तियों की कुरूपता और घिनौनापन देखता है और व्यथा एवं दर्द से अभिभूत होकर मानव की इन प्रवृत्तियों को चित्रित करने और वैसे उनकी निन्दा करने के लिए अभिप्रेरित होता है। 'दन्तकथा' लिखने की यही मूल प्रेरणा लगती है।

मनुष्य की यह धारणा है कि अन्य प्राणियों पर वह चाहे कुछ भी और कैसे भी व्यवहार कर सकता है, "क्योंकि सुख-दुख, हर्ष-विषाद, हँसी-मुस्कान—सब पर वे केवल अपना ही अधिकार समझते हैं। वे अनंत काल से अपने अलावा अन्य सभी जीवन-जंतुओं को भावनाहीन समझते आए हैं। वे यह मानते हैं कि एहसास करनेवाला दिल केवल उन्हीं के पास होता है।"[2] इस कारण वे इच्छानुसार जीव-जन्तुओं की हत्या करते हैं, और मृत जीव की लाश को शौक से खाते हैं। हाँ, मारे जानेवाले प्राणियों को वे हलाल करके खाते हैं। वे अपने लालच की पूर्ति के लिए बड़ी लापरवाही से जीवों को मारते हैं और उसे हलाल नाम देकर स्वयं धार्मिक बनते हैं। 'दंतकथा' में मुर्गे के मुँह से होकर स्वयं लेखक कहता है कि इन्सान के लिए, "मुर्गों का दिल तो तवे पर तलकर खाने की चीज होता है। उसमें अर्थात् मुर्गे में धड़कन तो भले ही होती तो पर भावना नहीं होती।"[3] ऐसी क्रूर हिंसा करने का अधिकार मनुष्य को किसने दिया है? प्राणि हत्या करते समय मनुष्य विरले ही यह सोचता है कि उन मूक जन्तुओं के भी जान होती है। वह समझता है कि जीव-जगत पर अपना एकाधिकार चला सकता है। क्या चन्द चाँदी के टुकड़ों पर किसी की जान ली जा सकती है? मारे जाने वाले प्राणी को और भी नाना अत्याचार भोगने पड़ते हैं। अब्दुल बिस्मिल्लाह ने अपने कथा-नायक मुर्गे के जीवन में घटित ऐसे कतिपय अत्याचारों का विवरण देकर 'दन्तकथा' प्रस्तुत की है। बिस्मिल्लाह साहब का यह उपन्यास बेचारे असहाय प्राणियों पर मनुष्य के घृणित आचरणों पर प्रकाश डालता है। इस उपन्यास का मुख्य पात्र एक मुर्गा है जिसे तरह-तरह के परिवेशों और परिस्थितियों पर रखा जाता है और प्रत्येक अवसर पर उसके जीवन में क्या बीतता है उसे वह स्वयं आत्मकथात्मक शैली में वर्णित करता है। पहले वह गाँव के एक बूढ़े के यहाँ पला था। जब वह मुर्गे-मुर्गियों के जिबह करने की निर्ममता और कठोरता देख-देखकर बड़ा हुआ था। उसकी माँ मुर्गी निहायत सुन्दर समझी जाती थी पर वह किसी कारणवश एक दिन बीमार हुई तो घरवाले उस दिन उसी को ही जिबह करने पर उतर आए! कथा का मुर्गा कहता है, "बीमार परिन्दे को मार डालना तो जैसे उनके लिए (आदमियों के लिए) एक अनिवार्य कर्त्तव्य ही था क्योंकि वह शायद यह मानकर चलते

थे कि इसे आखिरकार मर ही जाना है।"[4] मुर्गा आगे कहता है कि उसकी माँ ने अंडा देना शायद बन्द किया था। अतः वह मालिकों की उपयोगिता की चीज नहीं रही। बिस्मिल्लाह जी मुर्गे के मन में मानो प्रवेश करके लिखते हैं "मनुष्यों का यह समाज, जो अपने को सभ्य, बुद्धिमान, विकासशील और न जाने क्या-क्या कहता है, मेरे देखने में आया कि असल में यह शुद्ध रूप से उपयोगितावादी, लाभवादी और स्वार्थी है। यह अपने आगे संसार के सभी जीवों को तुच्छ समझता है और यह मानकर चलता है कि वे समस्त प्राणी इसकी सेवा और इसकी भूख शांत करने के लिए बने हुए हैं।"[5] इसलिए वह घोड़ों, गदहों और बैलों और ऐसे ही अन्य जानवरों को बाँध रखता है और उनके ऊपर बोझ लादकर या अन्य प्रकार से कष्ट देकर उन पर कठोर आचरण करता है। यही नहीं वह बकरियों, हिरनों, खरगोशों और मुर्गे-मुर्गियों को बड़ी बेसब्री से मारकर खा जाता है। मुर्गा कहता है मैंने किसी ऐसे मनुष्य को नहीं देखा जो शेर, बाघ या चीते की पीठपर बोझ लादता हो अथवा उसे मारकर खा जाता हो। स्पष्ट है कि यह सारा अमानवीय अत्याचार दुर्बल और कमजोर पर ही उतारा जाता है। मनुष्यों में भी दुर्बलों को प्रबल व्यक्ति ऐसा ही पीड़ित करते हैं। शोषक और शोषित का यह अन्तर सब कहीं वर्तमान है। फिर हत्या करने का तरीका भी बेहद दर्दनाक है। वहाँ प्राणियों की पीड़ा और तड़प की कोई परवाह नहीं की जाती। बच्चों के लिए यह एक अच्छा-खासा तमाशा है। जिसका जिबह करना हो, उस मुर्गे या मुर्गी को पकड़कर उसकी टाँगों को हत्यारा अपने पाँवों से दबाकर और उसकी गर्दन के मांस को अपने बच्चे से पकड़वाकर उसकी खास रग पर झुरी चलाता है। खून का फव्वारा उस मुर्गे के गले से जैसे ही छूट जाता है तो बच्चे ताली बजाकर अपनी प्रसन्नता प्रकट करते हैं। यहाँ वह मुर्गा तड़प-तड़पकर प्राण छोड़ देता है तो उसकी कटी गर्दन से छूटनेवाले खून पर उसी मुर्गे के ही संगी साथी टूट पड़ते हैं। थोड़े से शोषण और उत्पीड़न के उस माहौल में शहर और गाँव के बीच कोई अन्तर नहीं रहता।।

जैसा कि ऊपर कहा गया 'दन्तकथा' एक परिन्दा मुर्गे की आपबीती का वर्णन है। मुर्गे के जीवन में तत्काल घटित घटनाओं की अभिव्यक्ति के रूप में संपूर्ण कथा कही जाती है। बीच-बीच में उस मुर्गे की बोध-धारा अनवरत प्रवाहित हो रही है और साथ ही साथ स्मृतियों के रूप में पूर्व घटित बातें बतायी जाती हैं और उनमें भावी के स्वप्न चित्त भी मिला दिये गए हैं। कथाकार ने अनोखी शिल्पकला यहाँ पर दिखायी है। वे जगह-जगह नायक मुर्गे के अनुभवों की तुलना मानवों के अनुभवों से भी करते आगे बढ़ते हैं, यही नहीं उस मुर्गे की जिजीविषा और संघर्षप्राणता का सजीव चित्र भी अंकित करते हुए कथागति को आगे ले जाते हैं।

यह उपन्यास जैसे-जैसे विकसित होता जाता है। वैसे-वैसे मुर्गे-मुर्गियों का अथवा पूरे परिन्दों के समाज से मानव समाज की तुलना भी प्रस्तुत करके कई बातों में मनुष्य समाज को गया बीता और अधम साबित किया गया है। एक उदाहरण देखिए : मुर्गा

मनुष्य स्वभाव की टिप्पणी करता हुआ कहता है कि, "यह प्रवृत्ति मनुष्यों में ही मैंने पायी कि जिस वस्तु का उपयोग भद्रजन नहीं कर पाते, उसे अपनी ही जाति के उन लोगों को देकर पुण्य अर्जित किया करते हैं जो उन्हीं के कारण दीन-हीन अवस्था में अपने दिन व्यतीत करते हैं।"[6] मुर्गे का यह निरीक्षण मनुष्य जीवन और उसकी टेढ़ी भावनाओं पर कसा हुआ व्यंग्य है। मनुष्य की अधमता की ओर वह इशारा करता है। मानव के पुण्य विधाता भगवान को भी वह अपनी हीन भावना से धोखा देना चाहता है। वैसे ऐसी नीचता और अधमता मनुष्य जाति के आरंभ से लेकर उसके साथ है। [कठोपनिषद के विश्वजीत यज्ञ करने के लिए प्रवृत्त उद्दालक (नचिकेता का पिता) भी यही करता है। उसने भी तो बूढ़ी और दूध न देनेवाली गायों को दान करके पुण्य अर्जित करना चाहा था।] कहने का आशय यह है कि अब्दुल बिस्मिल्लाह की दृष्टि बड़ी गहराई से मानव मनोभावों को परख लेती है।

मनुष्य की हृदयहीनता और उपयोगितावादी दृष्टि, परदेशी को अपने से शरीफ मानने की अधम मानसिकता जैसी बातों में ही नहीं बल्कि अपनी जगह को साफ-सुथरा रखने में भी मनुष्य समाज बड़ा पिछड़ा हुआ है। अपने खाने के पदार्थों को स्वच्छ रखने में मनुष्य कहीं कोई गौर नहीं करता। चाहे वह मुर्गा-मुर्गी हो या उसके अण्डे हों, उनको ऐसी गन्दी परिस्थितियों में रखा जाता है जैसे उन जीवों को भी शर्म आ जाय।

मुर्गा अपनी आपबीती का बखान जारी रखते हुए कहता है कि परिन्दों को एक जगह से दूसरी जगह ले जाते वक्त यह भी ध्यान नहीं रखा जाता कि वे भी साँस लेनेवाले जीव हैं और उन्हें भी रहने के लिए स्थान होना चाहिए। बहुधा उनके पैरों और डैनों को इस तरह बाँधा जाता है कि वे हिलडुल न पाएँ। उनकी चोंच को भी डोरी की जकड़ से बन्द किया जाता है, क्योंकि दूसरे प्रकार से उनके बोलने पर ताला लगाया नहीं जा सकता। अनीति के खिलाफ आवाज उठानेवाले जीवन्त व्यक्तियों को मुँह इसी प्रकार से बन्द करने का शोषक तरीका बहुत पुराना है, कथाकार उसकी ओर ही यहाँ कटाक्ष करता है। विचारशील और समझदार जीव है मनुष्य। लेकिन उसके कई आचरण विकसित चेतनावाले प्राणी के नहीं है। अब्दुल बिस्मिल्लाह का यथार्थवाद मात्र मार्क्सवादी यथार्थ पर ही टिका या बँधा नहीं हैं। जिन्दगी की दीन-हीन दशा चाहे परिन्दे की हो या आदमी की उससे सच्चे कलाकार का संवेदनशील हृदय हमदर्दी से व्यथित हुए बिना नहीं रह सकता। पर जहाँ कहीं भी वह शोषण के विरुद्ध टक्कर लगानेवाली बुद्धि और संघर्षशीलता प्रकट होती है, कलाकार उसके पक्ष में खड़ा हो जाता है और इसका हिमायती होता है अन्यथा कोई भी प्राणी शोषण-तंत्र से कभी निस्तार नहीं पा सकता। ऐसे प्राणी या व्यक्ति को प्रेरणा देना तथा उसे क्रान्तिकारी और सबल करना किसी भी मानवतावादी साहित्यकार का कर्तव्य है। अब्दुल बिस्मिल्लाह की सच्ची प्रगतिशीलता ही यहाँ प्रकट होती है। तभी तो उन्होंने अपने आख्यानक के केन्द्र में एक संघर्षरत मुर्गे को प्रतिष्ठित किया है। वह मुर्गा ऐसा है जिसे अनेक उत्पीड़नों को बेवजह झेलना पड़ता है।

गाँव से शहरी परिवेश में वह लाया जाता है पर उत्पीड़नों में कहीं कोई ढीलापन नहीं आया। समुंदर में विलय पाने के लिए पहाड़ी नाले में बहाए जानेवाले किसी सूखे पत्ते के समान मौत के मुँह की ओर दौड़ाए जानेवाले उस मुर्गे की यंत्रणाओं में कहीं कोई कमी नहीं आयी। गाँव और शहर के जीवन में केवल यही एक अन्तर था कि गाँव में वह खुले वातावरण में दाना चुगने छोड़ दिया जाता था। लेकिन शहर में उसे अनेक साथियों के साथ एक छोटी जगह में ठूँस दिया गया था। हाँ, वहाँ गाँव में मुर्गों का अम्मावाला मुर्गा या मुन्नी का मुर्गा, सलमा का मुर्गा या मुर्गी जैसे प्यार से कहा जाता था। पर उनको भी आतंक और मृत्यु-भय की परिस्थिति ज्यों की त्यों थी। वहाँ भी मनुष्य की घातक संस्कृति सब-कहीं परिव्याप्त थी। मुर्गे-मुर्गियों का जिबह करते समय काटी जानेवाली गर्दन से खून के फव्वारे वहाँ भी छूट जाते और दूसरे मुर्गे उसी खून पर अटूट पड़ते। जैसे दलित शोषित का खून चूसने के लिए उसके ही साथी टूट पड़ते हैं। थोड़े में शोषण और उत्पीड़न के अव्याहत वातावरण में शहर और गाँव में कोई अन्तर नहीं है, वह सर्वव्यापक है। ऐसे में जिबह करने के उद्देश्य से हमारे कथानायक मुर्गे को भी पकड़ने की चेष्टा की गई तो निपट जिजीविषा से वह एक नाबदान के तंग दायरे में घुसकर अपने प्राण बचा लेता है। जीवन सभी को प्यारा होता है, मुर्गे को भी वह प्यारा है। अतः उस तंग नाबदान के गलियारे में सिकुड़कर चलते हुए उस मुर्गे ने सोचा कि किसी भी भाँति मैं बच जाऊँगा, इस अधम मालिक के हाथों नहीं मर जाऊँगा। निरन्तर पैर नीचे से चलनेवाले पानी के जाड़े को सहते हुए, भूख को झेलते हुए नाबदान से छोड़ी जानेवाली गन्दी चीजों को खाते हुए एक पूरा दिन वह मुर्गा सोचता रहा। उस चेतन प्राणी की बोध-धारा नाबदान के अन्दर के गन्दे पानी की तरह लगातार चलती रही। पर मुर्गा अपनी नियति पर आठ-आठ आँसू बहाता नहीं, डटकर खड़ा होता है। उसने याद किया कि अभी-अभी मनुष्य के सबल चंगुल से वह निकलकर इस नाबदान में आया है। उस एक याद से ही उसकी सारी थकान दूर हो गई। उसके शब्दों में उपन्यासकार कहता है कि "याद भी कितनी बढ़िया चीज है कि उसके आते ही सारा दुख-दर्द विलीन हो जाता है। इस मायने में अतीत को याद करने से ज्यादा बढ़कर कोई सुख नहीं।"[7] उपन्यास में प्रस्तुत ऐसे जीवन-निरीक्षण बड़े ही मार्के के हैं। वास्तव में उपन्यास को पठनीय और संग्रहणीय बनानेवाले तत्त्व ऐसे ही निरीक्षण हैं। इनसे लेखक की आशावादी दृष्टि भी प्रकट होती है।

इस कलाकार का व्यंग्य भरा परिहास भी बड़ा मार्मिक है। बिहारी की अन्योक्ति के समान 'घाव करैं गंभीर' का कथन इनके व्यंग्य के विषय में भी चरितार्थ होता है। मुर्गा कहता है कि मैं मूलतः गँवई था। यदि शहरी होता तो वहाँ वाले अतिथि की संतुष्टि के लिए मैं अब तक कुर्बान कर दिया जाता।– तो मुझे मरने के बाद स्वर्ग मिलता क्योंकि मैंने खाद्य बनकर "चन्द भद्रजनों को खुश किया है जिनकी दुआएँ मेरी रूह के साथ परलोक तक जाएँगी पर मैं गँवई था ना? ठेठ गँवार। गँवार वैसे तो सीधा होता है मगर

वह अड़ जाए किसी बात पर तो फिर उसका कोई बिगाड़ नहीं सकता।"[8] मुसलमान के इस धार्मिक अन्धविश्वास पर यहाँ लेखक ने चुभती टिप्पणी की है। (वस्तुतः 2500 वर्ष पहले हिन्दू समाज की ऐसी अंध धार्मिकता–"वैदिकी हिंसा हिंसा न भवति" वाली कल्पना के विरुद्ध बगावत करनेवाले भगवान बुद्ध का आविर्भाव हुआ था।)

मुर्गे ने अपने शत्रु को पहचान लिया था। लड़ने के लिए नहीं तो अपना बचाव करने के लिए वह कटिबद्ध हो गया। मुर्गा कहता है कि उसके शत्रु के रोएँ-रोएँ में हत्या की नीयत झलक रही थी पर वह हत्या को हत्या के रूप में नहीं ले रहा था। "गोया मुझ-जैसे प्राणी का मारा जाना मारा जाना ही नहीं। हत्या तो राजाओं की होती है, वीरों की होती है, या फिर स्त्रियों और बच्चे की होती है। यह कोई हत्या है? यह तो बस एक खेल है।"[9] आदमी की निष्ठुरता को–उसकी अमानवीयता को इससे ज्यादा जोरदार शब्दों में कदाचित ही कोई धिक्कार सकता हो!

नाबदान के अन्दर सिकुड़कर रहते समय वह मुर्गा यह भी महसूस करता है कि खुला आकाश और खुला वातावरण जीने के लिए कितना आवश्यक है जो उस हालत में वह बिल्कुल नहीं पा सकता था। उस गलियारे में दीवार से सटकर आगे-पीछे न चल सकने की अवस्था में बाहर की प्रकृति और वर्षा के मनोरम दृश्यों के स्मृति-चित्र उसके भीतर मँडराते रहे। यद्यपि उसे अपनी मौत का डर सरासर सताता रहा फिर भी यादों में वह अपने प्रेम-संबंध के विषय में अपनी पेई की रोमानी स्मृति में दानों के लिए चूँ चूँ करते चलनेवाले नन्हे-नन्हे बच्चों के विषय में सपना देखता रहा। अब्दुल बिस्मिल्लाह का यह जीवन-बोध उन्हें उच्च श्रेणी का कलाकार बनाता है। चाहे मनुष्य हो या मुर्गा जीने के लिए ऐसे आशा भरे स्नेहिल सपनों का साथ आवश्यक है।

मुर्गे की यातनाओं की अनुभूति के गत्यात्मक चित्रण के साथ बीचोंबीच उसके स्मृति-चित्र, बोध-धारा भविष्य की स्वप्निल कल्पनाएँ मनुष्य संस्कृति के साथ उसकी संस्कृति की तुलना और मनुष्य की कठोर और स्वार्थी प्रकृति पर ताना एवं व्यंग्य-ऐसे अत्यन्त सटीक टेकनीक का उपन्यासकार ने यथावसर इस्तेमाल किया है। जहाँ कहीं प्रसंग मिला है, वहाँ मनुष्य के शोषण की रीतियों और तरीकों तथा अन्धे भेदभावों को भी खोलकर दिखाया गया है। एक जगह मुर्गे की याद में साँप जैसे विषैले जीवों को भी लाया गया है यह दिखाने के लिए कि ज़हरीलेपन में इन्सान उनसे बहुत आगे बढ़ गया है। लेखक हमें याद करता है कि खून चूसने के विषय में आदमी और साँप समान हैं। पर साँप काटता है सभी पर, पर आदमी खून चूसता है कमजोर आदमी का ही और खून करते समय इसका ख्याल रखता है कि उसका शिकार किस मजहब का है। हिन्दू केवल मुसलमान का ही खून कराता है और मुसलमान केवल हिन्दू का ही। मुर्गा एक बात पर अपने को बेहद भाग्यवान मानता है कि भगवान ने उसे हिन्दू या मुसलमान नहीं बनाया है। वह ईश्वर से प्रार्थना करता है कि वे अगले जन्म में भी मुर्गा ही बनाएँ, मनुष्य होने पर हिन्दू था मुसलमान बनना ही पड़ेगा।

इस प्रकार बढ़िया शिल्प का प्रयोग करके 'दन्तकथा' की जीवंत अन्तःकथा रची गई है। औपन्यासिक विस्तार की दृष्टि से यद्यपि यह शंका भी हो सकती है कि इसे उपन्यास कहना कहाँ तक ठीक है? नाबदान के अन्धगलियारे के तंग माहौल में निपट जिजीविषा के बल परिस्थितियों से जूझकर आगे बढ़नेवाले संघर्ष-प्राण मुर्गे के हृदय में प्रकृति और आकाश के सजीले चित्रों के साथ धरती और मनुष्य की अन्तरंग और बहिरंग प्रकृतियों को प्रतिबिंबित करके प्रदर्शित करनेवाले अब्दुल बिस्मिल्लाह की कला की बारीक कारीगरी आधुनिक हिन्दी उपन्यास की विस्मायक उपलब्धि है। उससे भी मुख्य बात बिस्मिल्लाह की अन्तर्भेदिनी पैनी जीवन-दृष्टि है जो मानव और अन्य जीव-जगत के व्यवधानों के आर-पार बेरोकटोक चलती है और दोनों के साम्य-वैषम्यों की तुलना करके मनुष्य की हीन हिंसालुता और स्वार्थलिप्सा को रेखांकित करने में प्रवृत्त होती है। पशु-पक्षियों को कथापात्रों का दर्जा देकर लिखे गए पंचतंत्र, हितापेदश जैसे प्राचीन आख्यानकों के तर्ज पर लिखी जाकर भी अब्दुल बिस्मिल्लाह की 'दन्तकथा' नये शिल्प के प्रयोग से नवीन भंगिमा से आकर्षक बनी हुई है। वास्तव में यह दन्तकथा थोड़े ही है, यह सत्य कथा है। नित्य घटित होनेवाली किसी भी मुर्गे की आत्मा की कथा है। मनुष्य जीवन के परिपार्श्व पर विकसित होने वाली मुर्गावाली यह कथा निर्मम और स्वार्थी मानव स्वभाव के यथार्थ की भी कथा है। उसे प्रतिफलित करके दिखाना ही उपन्यासकार का विशिष्ट उद्देश्य है। यह न तो प्रतीक कथा है और न समासोक्ति है और न फैण्टसी या अन्योक्ति है। यह प्रत्यक्षतः केवल एक मामूली और असहाय जीव की कहानी है। पर वह इस कलाकार के औपन्यासिक प्रयोग में एक नया और मौलिक परिच्छेद बना हुआ है। यही कारण है कि अब्दुल बिस्मिल्लाह की सधी कलम से चित्रित औपन्यासिक कथाओं में यह मुर्गे की कथा सबसे अलग और सबसे निराली खड़ी हुई है क्योंकि इसमें एक लाचार मुर्गे के व्यपदेश के सहारे मानव प्रकृति और उसके परिदृश्य की पृष्ठभूमि में कलाकार का दिल ही बोलता है।

संदर्भ

1. समर शेष है : अब्दुल बिस्मिल्लाह, पृ. 118
2. दन्तकथा, पृ. 28
3. वही
4. वही, पृ. 19
5. वही, पृ. 20
6. वही, पृ. 42
7. वही, पृ. 10
8. वही. पृ. 11
9. वही, पृ. 12

बदलते संबंधों की तलाश

डॉ. शीला टी. नायर

श्रीमती मृदुला गर्ग का उपन्यास 'मैं और मैं' 1984 ई. में रचा गया है। कथ्य प्रस्तुति की विशिष्टता के कारण इस उपन्यास का स्थान अस्सीयोत्तरी उपन्यासों में प्रमुख है। मानवीय संबंध किस हद तक क्रूर, अमानवीय हो सकता है, इस बात को मृदुला गर्ग एक ही वर्ग (लेखक) के दो व्यक्तियों के माध्यम से व्यक्त करती हैं। संपन्नता और अभाव के बीच अचानक वर्ग चेतना खाई की तरह फैलती जा रही है और ऐसी स्थिति में आदमी अपराध करता है।

महानगरीय जीवन की यह त्रासदी है कि यहाँ के आम आदमी अपने चारों तरफ एक लक्ष्मण रेखा खींचकर, उसी के मध्य जीवन बसर करते हैं और रेखा के बाहर के व्यक्तियों से उनका कोई संबंध नहीं। इस कारण उनके परिचय का क्षेत्र और साथ ही मानवतावादी भावनाएँ भी सिमटकर रह गई हैं। इस उपन्यास में नायिका माधवी का एक अलग ही नारी रूप उभरकर सामने आया है। जो पाठकों को भावात्मक और वैचारिक दोनों ही धरातल पर झिंझोड़ता है।

इस उपन्यास में स्त्री-पुरुष संबंधों का रूप केवल प्रेमी-प्रेमिका या पति-पत्नी का नहीं है। कामकाजी महिला, किस प्रकार के पुरुषों को अपने चारों ओर पाती है, हालांकि उसकी अपनी इच्छाएँ, महत्वाकांक्षाएँ ही ऐसे ताने-बाने बुनती हैं कि वह उसमें फँसती चली जाती है। माधवी एक लेखिका है और आगे बढ़ने की ललक हर प्राणी की तरह उसमें भी है। यही ललक उसे एक छद्म चरित्रवाले कौशल से मिलती है। जिसका चित्रण माधवी स्वयं इस प्रकार करती है—"अब किसी आदमी से यह तो कहा नहीं जा सकता—आप बेपनाह बदसूरत हैं, आपकी सूरत देखकर मैं वितृष्णा से सिहर उठती हूँ।"[1]

कौशल अपनी शतरंज पर माधवी को गोटी बनाकर चलता है और माधवी भी उसकी चाल में आ जाती है। मृदुलाजी ने कौशल का चित्र पूरी निष्ठा से खींचा है जो लेखिका के व्यापक अनुभव और सूक्ष्म मनोवैज्ञानिक ज्ञान का परिचायक है। दैनिक जीवन के व्यवहार—जिनमें चालाकी, धोखेबाजी आदि का भी पुट रहता है, को उपन्यास में बखूबी प्रस्तुत किया गया है। कौशल कुमार हमेशा माधवी से पैसा ऐंठता रहता है—"अवश्य लौटाऊँगा। सौ रुपये मिलते ही आपका पैसा लौटा दूँगा, इस वक्त हाथ तंग है। ऐसा कीजिए, आप मुझे बीस रुपये और दे दीजिए, पैसा मिलते ही इकट्ठा तीस

दे जाऊँगा। कौशल ने एक साँस में इस अहंकार के साथ कहा कि संकुचित माधवी उसकी तरफ आँख उठाकर देखने का साहस न कर सकी, चुपचाप अंदर से बीस रुपये लाकर उसके हाथ पर रख दिए।''[2] धन के अभाव में व्यक्ति किस हद तक निम्न स्तर तक उतर सकता है और किस तरह जीवन से लड़ता हुआ, थक हार कर अपने को पशु तुल्य बना लेता है, यही 'मैं और मैं' के कथ्य में उभरकर आया है।

यह उपन्यास गरीब के प्रति सिर्फ बौद्धिक सहानुभूति रखने वाले उच्च मध्यवर्गीय व्यक्तियों के दयाहीन चेहरे को सामने लाता है। माधवी, घरेलू नौकर हरिचरण की पत्नी को बीमारी में भी 'एडवान्स' नहीं देती है। उत्पादन में सक्रिय भागीदारी करने वाले श्रमिकों का खून चूस कर जीने वाले वर्ग, और उनके द्वारा किए जाने वाला फरेब निश्चय ही बुराई है। वे एक-दूसरे को ज्यादा से ज्यादा धोखा देकर जीवित रहने की बात सोचते हैं। कौशल का निष्क्रिय स्वाभिमान, अहं इस प्रक्रिया का परिणाम है, जिसकी चरम सीमा पर पहुँचते ही सारे नैतिक मूल्य व आदर्श ढह कर गिर जाते हैं।

माधवी संपन्न घर की नारी है। वह लेखिका है, एक लेखिका के रूप में प्रशस्ति प्राप्त करना चाहती है। इन महत्वाकांक्षाओं के कारण वह गरीब कौशल से दोस्ती करती है लेकिन कौशल उससे पैसे लेकर ब्लैकमेल करता जाता है। इस उपन्यास के माध्यम से लेखिका ने गरीबी की हालत का वर्णन किया है। कौशल सोचता है—''माधवी जो कहती है,...बीमार पड़ती हूँ तो एक तरह अच्छा लगता है! अकेले बिस्तर पर सपाट लेटकर बाहर के संसार से कटकर एकदम रचनाशील हो उठती हूँ।...एक बार उसके घर आकर बीमार पड़े तो पता चले। खुरदरी ठंडी जमीन के एक कोने में फटे कंबल में लिपटे पड़े काँपते रहो और बार-बार पास से गुजरते मैले, बिवाई फटे पैरों को देखते रहो। पैर पास आकर ठिठकते भी तो नहीं, बस कोसकर निकल जाते हैं कि साला आधा कमरा घेरकर पड़ गया। दूसरों की ठोकरों में पड़ा आदमी क्या लिखेगा और कहाँ छुपाकर रखेगा अपनी निजी सम्पत्ति? एक अलमारी तक तो है नहीं, जरूरत भी नहीं है। दिन में कपड़े देह पर टंगे रहते हैं, जिस रात धुले, रसोई में रस्सी पर लटक जाते हैं।''[3]

इस उपन्यास की नायिका माधवी प्रगतिशील नारी है। वह हर बाधाओं के बावजूद अपना कार्य बखूबी निभाती चलती है। घर का कार्य हो या लेखन दोनों क्षेत्रों में वह दक्ष है। माधवी सोचती है—''कौन-सी भूमिका अदा करोगी आज, माँ की या लेखिका की? संसार एक रंगमंच है, शेक्सपियर ने कहा था, जिस पर हम नाटक करते हैं, रोज नया नाटक, नई भूमिका, कभी आदर्श पत्नी, कभी स्वतंत्र प्रेम में आस्था रखनेवाली प्रेयसी। कभी सुघड़ गृहिणी, कभी मुखर बुद्धिजीवी। कभी वर्गीय अहंकार से भरी सोशलिस्ट, कभी वर्ग-विभेद से विमुख लेखिका। लिखे ऐसी स्त्री की कहानी? जो जीवन जीती नहीं, बस एक के बाद एक भूमिका निभाती चलती है।''[4]

माधवी एवं कौशल दोनों ही लेखक वर्ग से संबंध रखने वाले हैं। लेकिन माधवी अपने पूँजीपतिपति के कारण बहुत ही सुख-सुविधा से रहती है। जबकि कौशल की

स्थिति उसके बिल्कुल विपरीत है। इसलिए उसके मन में अपने से हीन भावना होती है तथा माधवी के प्रति विद्रोही भावना। डॉ. मूलचन्द गौतम लिखते हैं कि—"संपन्नता और अभाव के बीच अचानक वर्ग चेतना खाई की तरह फैलती जाती है और आदमी वह सब कुछ कर बैठता है जो अपराध, अनैतिकता की सीमा में आता है।"[5]

कौशल एक ऐसा लेखक है जो अमीरों के चोंचलों से नफरत करता है जब भी उसे अमीरों के प्रति नफरत दिखाने का मौका मिलता है तो वह चूकता नहीं है। कौशल माधवी पर व्यंग्य कसता है—"दंगे के दौरान किया गया कत्ल आपके लिए कत्ल नहीं है। मुझे ऐसे लोगों से नफरत है जो सामाजिक अपराधों को अपराध नहीं मानते। जानती है, सामूहिक रूप से किया गया अपराध कहीं ज्यादा संगीन होता है, कहीं अधिक अमानवीय पर आपके वर्ग के लोग ऐसा नहीं समझते। कैसे समझेंगे। समाज का पैसा बटोरकर लाखों लोगों को भूखा मरने के लिए मजबूर करते हैं पर उसे चोरी नहीं मानते। हाँ, अपने घर से कोई दो रोटी उठा ले जाए तो चोर-चोर की चीखों पुकार से आसमान सिर पर उठा लेते हैं। नफरत है मुझे आपके वर्ग के लोगों से...।"[6]

माधवी कों अपने लेखन पर गर्व है लेकिन कौशल कहता है कि जिस शोषण की कहानी माधवी कहती है कि अनुभव से नहीं कहती। अनुभवहीन लेखन वास्तविकताओं से बहुत परे है। कौशल कहता है—"तुम नहीं जानतीं क्योंकि तुम पीड़ा के सूक्ष्म रोड़ पकड़ सकती हो, उसके आधारभूत स्थूल रंग को नहीं। मैं जानता हूँ स्थूल पीड़ा को। जब बासी रोटी को कच्चे प्याज से खाने के लिए आदमी तरस जाता है, जब घर के भीतर बच्चा जन्म ले रहा होता है और बाहर मकान की कुर्की हो रही होती है, जब घर का सामान उठाकर बाहर फेंक दिया जाता है और तेज बुखार से कँपकँपाते बच्चे को खुली सड़क के हवाले कर देना पड़ता है।"[7]

कौशल के माध्यम से यह व्यक्त है कि न्याय से वंचित बहुसंख्यक समुदाय अब सो नहीं रहा है, वरन् अपने आस-पास घटित वास्तविकताओं को ज्यादा सजग होकर देख रहा है। कौशल माधवी को उसकी दयनीय परिस्थिति के कारण छलता है। वीरेन्द्र सक्सेना का कहना है कि—"जब तक कौशल कुमार जैसे व्यक्तियों को निर्मित करने वाली स्थितियाँ समाज में मौजूद हैं, तब तक कौशल कुमार जैसे व्यक्ति समाज में रहेंगे ही, और वे अपने मन, वचन और कर्म से माधवी जैसों को छलेंगे ही।"[8]

सामाजिक परिवर्तन की स्थितियाँ, सत्ता और श्रम के संघर्ष तथा आम आदमी की जिंदगी की पहचान में अस्सीयोत्तरी हिंदी उपन्यास सर्वथा सफल है। इस दशक का उपन्यास भूख से तड़पते इन्सान, व्यवस्था की मार से रौंदा हुआ युवा आक्रोश तथा अपनी अस्मिता की लड़ाई लड़नेवाले युवा-मानस के विभिन्न स्वरूप और उनकी चेष्टाओं की परख में बेहद ईमानदार है। राकेश 'मैं और मैं' उपन्यास में कहता है—"भारत जैसे अल्पविकसित देश में श्रमिकों का ही इस्तेमाल होना चाहिए। कीमती मशीनें वहाँ भला कोई क्यों खरीदेगा जहाँ खुद इन्सान को मशीन बनाया जा सके। जब श्रमिकों के हाथ

इंसानी बदन के हिस्से नहीं, कल पुर्जे बन जाते हैं, तभी तो उद्योगपति सफलता की सीढ़ी पर पैर रखते हैं।''[9]

अस्सीयोत्तरी उपन्यास लेखन अधिक आक्रामक, सामाजिक जीवन की विसंगतियों के कारण आक्रोश से भरा हुआ तथा युवा पीढ़ी की जुझारू मानसिकता और इस मानसिकता को तोड़ने वाली सत्ता के विभिन्न चेहरों की पहचान में सजग और सतर्क है। कौशल मन में सोचता है–''वर्ग चेतना को परिपक्व होने में न जाने कितने दशक लगेंगे। पर तब तक हाथ पर हाथ रखकर नहीं बैठा जा सकता। बड़ी लड़ाई लड़ने के लिए अपने को तैयार करना पड़ता है। और उसके लिए जरूरी है कि छोटी-छोटी मुठभेड़ों में जीत हासिल करके अपना हौसला बढ़ाते रहें। एक-एक सर्वहारा एक-एक बुर्जुआ को हरा सके, यह भी कोई कम नहीं।''[10]

मृदुला जी ने सामाजिक मोहभंग को जिस नजरिये से देखा है, यह केवल सृजन और कला के अवरोध तक सीमित न होकर पूरे समाज में व्याप्त जड़ता फरेब और परजीवीपन का परिणाम है। पूरा उपन्यास दृश्यात्मक ढंग से प्रायः संवादों के माध्यम से लिखा गया है। इसमें प्रत्येक घटना और दृश्य पूरे विस्तार एवं सघनता के साथ पाठक के सम्मुख उद्‌घाटित होता चलता है और वह उसे स्वाभाविक लगता है। उपन्यास में जो नाटकीय स्थितियाँ उभरती हैं, वे भी अत्यंत सहज लगती हैं और कहीं भी अतिनाटकीय आरोपित प्रतीत नहीं होतीं।

यह उपन्यास, लेखक, लेखन और वास्तविक जिंदगी के संबंधों की जाँच-पड़ताल करता है। झूठ और सच के सापेक्ष पारदर्शी पर्दे के पीछे मायालोक के रहस्यों को दिखाता है। दरअसल इसमें सृजन और सर्जक के दोहरेपन से उत्पन्न फरेब का ही संसार है।

संदर्भ

1. मृदुला गर्ग, मैं और मैं, पृ. 2
2. वही, पृ. 14
3. वही, पृ. 40
4. वही, पृ. 10
5. डॉ. मूलचन्द गौतम, उपन्यासकार, मृदुला गर्ग, पृ. 17
6. मृदुला गर्ग, मैं और मैं, पृ. 53
7. वही, पृ. 68
8. वीरेन्द्र सक्सेना, मृदुला गर्ग, मैं और मैं, दस्तावेज, जनवरी 1986 पृ. 89
9. मृदुला गर्ग, मैं और मैं, पृ.142
10. वही, पृ. 193

वृद्ध जिन्दगियों के बहुविध यथार्थ

डॉ. चन्द्रकला त्रिपाठी

'अंतिम अरण्य', 'समय सरगम' और 'गिलिगडु' वृद्ध जिन्दगियों पर केन्द्रित उपन्यास हैं। 'दौड़' में वृद्ध जिन्दगियाँ उपस्थित अवश्य हैं किन्तु अत्याधुनिक समय द्वारा पीछे छोड़ दिये गये उन अस्तित्वों के रूप में जो परिपाटीबद्ध सामाजिक-सांस्कृतिक मूल्यों को किसी सामाजिक जिम्मेदारी के तहत नहीं बल्कि अपनी उपस्थिति और महत्त्व को बनाये रखने की युक्ति के रूप में रखना चाहते हैं। इस उपन्यास के केन्द्र में भूमण्डलीय विश्व की संस्कृति की अनुकूलता में बदलते भारत के अत्याधुनिक ढाँचे से उभरते सामाजिक, सांस्कृतिक प्रश्न और तनाव हैं। शेष तीनों उपन्यासों में वृद्ध जिन्दगियों की सच्चाई या परिणति के अलग-अलग रूप व्यक्त हैं। 'अंतिम अरण्य' मनुष्य की मृत्यु की अनिवार्यता के मोड़ से जीवन के ज्यादा करीब जाकर शरीर की क्षीणता और व्याधि से ज्यादा अपनी पूर्व स्मृतियों, आसक्तियों और सदमों में पुनः आवाजाही से निर्मित एक मेटाफिजिकल किस्म का पाठ है।

'अंतिम अरण्य' वस्तुतः निर्मल वर्मा की वृद्धावस्था की स्थिति, नियति या आकांक्षा का विमर्श मात्र नहीं है बल्कि इसके द्वारा भी वे मनुष्य की स्मृति, चेतना और नियति संबंधी अपनी अवधारणाओं और विश्वासों के कई रूपक निर्मित करते हैं। उनके द्वारा निर्मित मनुष्य के चारों ओर घटनाओं का केऑटिक संसार है। यही वह इतिहास है जो मनुष्य की जैविक नैसर्गिक प्रकृति को साँचे में ढाल कर नष्ट कर देता है। इसे वे मनुष्य के आत्म-निर्वासन का इतिहास कहते हैं, इसीलिए इसका निषेध कर इसके बरअक्स स्मृति और मिथ की पवित्रता, पूर्णता और आलोक को मनुष्य की चेतना के विकास के लिए ज्यादा भरोसेमन्द मानते हैं। यहाँ 'कलाकृति' को उनके द्वारा दी गई परिभाषा देखनी चाहिए। वे लिखते हैं—''कलाकृति का सच मनुष्य को उसकी स्मृति में लौटाना हे, इसमें वह उस आत्मचेतना को प्राप्त कर सकता है जिसे इतिहास ने धूमिल कर दिया है'' इसलिए 'अंतिम अरण्य' के मेहरा साहब के गिर्द वह गहरा एकांत बुना गया है जिसमें वे निर्विघ्न अपनी स्मृति में लौट सकें। 'अंतिम अरण्य' में आई मृत्यु चाहे वह दीवा की हो अथवा मेहरा साहब की, लेखक उसे जीवन के अंत की तरह नहीं लिखना चाहता। देखा जाए तो संतों के लिए आकांक्ष्य पूर्णता या पूर्ण कामना भी उनके

लिए जरूरी चीज नहीं है। यद्यपि स्मृति की अविच्छिन्नता की उनकी प्रतीति भारतीय चिंतन रूपों से मिलती-जुलती है। वस्तुतः वे जीवन-मृत्यु विषयक अपनी धारणाओं को भारतीय और योरोपीय चिन्तनों के भीतर अपने ढंग की आवाजाही से निर्मित करते हैं। स्मृति और मिथक उनके लिए इसी के अन्तर्गत पवित्र और मान्य हो जाते हैं तथा यथार्थ जीवन के क्षरण, मूल्य भंग और अमानवीय के अनुभव से वे अपने उन निषेधों का निर्माण करते हैं जिनमें योरोप के सन्देह और अलगाव की गूंज तो है किन्तु वे बिल्कुल वैसे ही नहीं हैं। निर्मल वर्मा का पूरा पाठ आधुनिक संसार के विनष्ट की पहचान और उससे मुक्ति के लिए एक दूसरी दुनिया रचता है। इस दूसरी दुनिया के मनुष्य की मुक्ति 'अँधेरे से स्मृति के आलोक में लौटने का क्षण है।' यहीं से उनकी गोपन उक्तियाँ रूप लेती हैं कि मनुष्य का सत्य पूर्णतः ज्ञात नहीं होता उसके पीछे एक समूचा अंधकार भी छुपा होता है। यह मनुष्य के आत्म-खंडित जीवन की यातना है जिसे नकार कर जीवन सुन्दर नहीं हो सकता।

'अंतिम अरण्य' के चरित्र भी ऐसे ही अँधेरे की यातना से घिरे इस धरती के अधूरे आत्मखंडित व्यक्तित्व हैं। जिनकी पूर्णता को कलाकृति अपने सत्य से निर्मित करती है। मेहरा साहब के भीतर अंधकार और प्रकाश की ऐसी भग्नता-पूर्णता मौजूद है किन्तु सहअस्तित्व में नहीं। मेहरा साहब वृद्ध व्यक्तित्व की प्रचलित छवि में नहीं मिलेंगे। वे कमजोर चिड़चिड़े खाँसते हुए वह वृद्ध व्यक्तित्व नहीं है जो दूसरों का अपने प्रति ध्यान और सेवाभाव चाहने के लिए अजीबो-गरीब हरकतें करता हो या संसार में अपने थके तन-मन के कारण निरर्थक हो जाने के बावजूद संसार में बना रहना चाहता हो। नहीं यह प्रचलित अन्तर्मन है जिसमें उसकी भोग-लालसायें, विकृतियाँ, उम्मीदें या पछतावे पहचाने गये हैं। वस्तुतः यह लौटते हुए सफर के उस यात्री का सघन एकान्त है जिसमें स्मृतियाँ उसके लिए दुखते-थके शरीर या मृत्यु भय से बड़ी हैं। मेहरा साहब वस्तुतः निर्मल वर्मा का अपनी धारणाओं और अनुभवों को व्यक्त करने का सबसे मुफीद निमित्त हैं। इस बिन्दु से वे मनुष्य की मानवीय संभावनाओं को अवरुद्ध करने वाली चीजों की पहचान के साथ-साथ उसकी अनकही-अनछुई यातनाओं को स्पर्श करना चाहते हैं। इस यातना में अपराध-बोध, आत्म-पीड़न और आत्म-निर्वासन की गहरी गूढ़ उलझनें हैं, बहुत अमूर्त रहस्यमय और अतीन्द्रिय भी। निर्मल वर्मा इसी के जरिये वह पवित्रता संभव करना चाहते हैं जो मनुष्य को उसकी प्रेत इच्छाओं से मुक्त करती है। वाचक को अपनी स्मृति दर्ज कराते हुए संभवतः वे प्रकाश के लिए अँधेरे में लौटते हैं। वाचक के यहाँ विच्छिन्नता में आती हुई ये स्मृतियाँ मेहरा साहब के भीतर निरंतर अविच्छिन्न हैं।

पहाड़ और प्रकृति के बिम्ब निर्मल वर्मा के मेटाफिजिकल अर्थ की संरचनाओं को सघन करते हैं। इस प्रकार उनका मनुष्य को जरा-मरण से परे देखने का अर्थ पूरा होता है। वाचक मेहरा साहब को सबसे पहले जिस लैण्डस्केप में देखता है उसमें वृक्ष हैं, हवा, डूबता हुआ सूरज, ऊपर परिंदों का उड़ता झुण्ड, आकाश और तारे भी। इसमें मेहरा साब

को ढलान पर देखना, इसी दृश्य में विदा लेते सूरज को शामिल करना, वृक्ष के झुण्ड को अंतिम लिखा जाना और आकाश और तारों के बावजूद '...और कुछ नहीं...' लिखा जाये तो क्या यह सब कुछ एक कलाकृति के लिए जुटाया गया संयोग है या इसके कुछ निहितार्थ हैं। जाहिर है कि निर्मल वर्मा ने यहाँ अवश्य 'मौन का अनछुआपन' शामिल किया होगा। वाचक इस दृश्य में मेहरा साहब के लिए लिखता है–'तीसरा हाथ होता तो शायद उसे अपने कंधों पर रख लेते और खुद अपने सहारे नीचे आते चले जाते....' इस तरह वह मेहरा साहब के उस एकांत के बारे में बताते हैं जो उनकी विशिष्टता से बना है। मेहरा साहब भद्रलोक के सुसंस्कृत व्यक्ति हैं, पाठकों ने लक्ष्य किया है कि वे स्वयं दूसरों की निजता और एकांत का सम्मान करते हैं, चाहे वह प्रकृति का हो या मनुष्य का। उनके एकांत में भी कोई आसानी से प्रवेश नहीं कर सकता, उनकी बेटी भी नहीं। अपने बाहरी स्थापत्य में भी मेहरा साहब सबके लिए ऐसे ही सुदूर हैं, अगम्य और दुर्बोध। वे शांत और अन्तर्मुख हैं किन्तु अपने भीतर किसी गहरे अभिशाप से टकराते हुए। उनकी देह भी उनकी ऐसी गहरी यातनाओं को ही मुखर करती है जो न अवसाद है, न ही डर या पछतावा बल्कि एक तड़प है, जो लौ की तरह काँपती हुई जाग रही है। इस प्रकाश के सम्मोहन से निर्मल वर्मा घिरे हुए हैं। निर्मल वर्मा इन्द्रियातीत अनुभवों के लेखक हैं। वृद्धावस्था के दुख, अभाव या आकांक्षायें उनके लिए स्थूल, संसारी रूपों में नहीं हैं बल्कि आत्मिक शांत और भव्य हैं। मृत्यु भी अपने रहस्य के चरम में है और जीना स्थूल उत्तेजनाओं या आकर्षणों से निर्बन्ध है। यह केवल मेहरा साहब के लिए नहीं बल्कि वाचक और निरंजन बाबू के लिए भी है। एक संत का सा निर्वेद किन्तु पीड़ा की निरंतरता के साथ। सिमिट्री में लेटी हुई दीवा भी एक रूपक है, देह की यातनाओं से जूझती हुई भी मृत्यु को सहजता में पाने के लिए तड़पती किन्तु जीवन से जुड़ी हुई। दीवा की स्मृति भी मेहरा साहब की यातना है। तिया की माँ के प्रति भी अपराध बोध में रुके हुए हैं। ऐसे ही अर्थों से घिरी हुई मृत्यु निर्मल वर्मा के यहाँ कहीं देह के अंत से पहले घटित हो जाती है तो कहीं देह के अंत के बाद भी नहीं होती।

मेहरा साहब को लेखक ने प्रायः 'अँधेरे, शांति और निरावेगता में देखा है। वे जहाँ हैं, बाहर की दुनिया वहाँ बाहर ही छूट गयी है। स्मृतियाँ साफ हैं किन्तु स्थानों की याद छूट गयी है। यात्रायें, घटनायें, काफी हद तक शेष हैं। डॉक्टर साहब निरंजन वाचक अन्ना जी और तिया सब इस स्मृति की लीला को जानते हैं, साथ-साथ होने पर वे सव इसे कहीं न कहीं स्पर्श करते हैं। मृत्यु में निहित अर्थ को मेहरा साहब एक आधुनिक भारतीय की तरह देखना चाहते हैं जो ठीक-ठीक पुनर्जन्म के रूप में नहीं है बल्कि पुनः स्मृति में है, उस सार और पवित्रता में जिसमें घटनायें बीती हैं जीवन नहीं।

इस प्रकार अंतिम अरण्य में वृद्ध जीवन के जरा और मरण, इतिहास और स्मृति, प्रतीक और मिथक जैसे सिलसिले शांत भव्य और भाववादी हैं। यहाँ बुढ़ापा अपनी गरिमा, सहनशीलता और एकांत के अर्थ के अंत तक रक्षा में है इसलिए वह अकेला है,

अपने लौटने के सफर के अँधेरों को समझने और प्रकाश को पाने के लिए आत्म के भीतर अपनी लय को खोजता हुआ निरंतर।

निर्मल वर्मा अपने पाठ में जीवन मृत्यु इच्छा और पदार्थ संबंधी पारम्परिक दार्शनिक अर्थों को भी तोड़ते हैं। मेहरा साहब की मृत्यु के बाद श्राद्ध को वे उसके प्रचलित अर्थ से तोड़कर उसमें इच्छाओं की अपवित्रता से मुक्त होने की बात रखते हैं। निसर्ग का विराट रूपक भी संभवतः मनुष्य की संभावनाओं का अर्थ देना चाहता है।

'समय सरगम' के ईशान में मेहरा साहब की सी दार्शनिकता और अतीन्द्रिय प्रतीतियाँ हैं किन्तु आरण्या इस अमूर्त के प्रति बहुत तीखी और आलोचनात्मक है। ईशान और आरण्या को कृष्णा सोबती कहीं दो पुराने, कहीं वरिष्ठ नागरिक कहीं दो सयाने लिखती हैं। अलग-अलग तरीके के अपने अनुभवों के साथ वे पके और पुराने हुए हैं। ईशान अपने भरे-पूरे परिवार के बाद अकेले हुए हैं, पत्नी की मृत्यु हो चुकी है। अध्यात्म से जुड़ते समझते हुए वे अपनी भावनात्मक निर्भरता खोजते हैं। सुविधा और संपन्नता का संसार यहाँ भी है किन्तु उसका विस्फोट नहीं है। ईशान और आरण्या की चेतना धन के पतन और अश्लीलता में गर्क नहीं है। उनके आत्मिक सामाजिक छोर खुले हुए हैं यह अवश्य है कि यह यथासंभव वाली स्थिति है। ईशान और आरण्या के द्वारा लेखिका कुछ और बूढ़ी जिन्दगियों में प्रवेश करती है। वहाँ स्वार्थों तथा सुविधाभोगों से विघटित पारिवारिक मूल्य है जिन्होंने परिवार की भावनात्मक संरचना को पूरी तरह से नष्ट कर दिया है। आरण्या की अनुभव पकी जिन्दगी में सच्चाइयाँ हैं। वह कहती भी हैं कि—परिवार की सांझी श्रीसम्पदा और संपन्नता में निहित है। आप इस साझेपन के हिस्सेदार हैं तो स्नेह, ममता भी प्रचुर होंगी। नहीं तो—

दमयंती और कामिनी की जिन्दगियाँ इस सच्चाई का जीवित दृष्टांत बन जाती हैं। संपन्न घर परिवार वाली दमयंती पति की मृत्यु के बाद पुत्रों की संवेदनहीनता झेलती हुई अन्ततः एक रहस्यमय मौत मर जाती है। अविवाहिता कामिनी के भाई उसकी सम्पत्ति हड़पने के लिए घिनौने षड्यंत्र करते हैं। सफल उद्यमी प्रभुदयाल भी बेटों की जिन्दगियों को सफलता का एक रूप देकर खुद के जीने के लिए थोड़ा स्पेस चाहते हैं किन्तु एक गुमनाम रहस्यमय मौत मर जाते हैं। ईशान और आरण्या के निकट सघन होते हुए ये अनुभव उन्हें हिला गये हैं। 'समय सरगम' में लेखिका ने मनुष्य की जिन्दगी उम्र, आकांक्षा और अंत को किसी दार्शनिक रचाव के बिना देखना चाहा है। बूढ़ों को घेरने वाली असुरक्षा और भावनात्मक सदमों के सन्दर्भों को अमूर्त करने की कोशिश उनके यहाँ नहीं है। ईशान और आरण्या की सादगी भरी, सक्रिय जीवन शैली में कहीं इसके विरुद्ध डटे रहने के भी अपने संकेत हैं। यह अपनी आत्मनिर्भरता को बनाये रखने की सबसे जरूरी जुगत है। स्मृति काल प्रकृति के साथ अँधेरे-उजाले यहाँ भी हैं किन्तु अपने वस्तुगत संदर्भों के साथ। कृष्णा सोबती का गद्य संकेतों के साथ अनकहे को भी कला के लिए अपनी कृति में शामिल करता है किन्तु अमूर्तमन या रहस्य में नहीं। 'समय

सरगम' में वृद्धों के नक्शे में शरीर क्षय के साथ जिजीविषा निर्वेद्य या अवसाद के सन्दर्भ संसार के ठोस ब्यौरों के साथ देखे गये हैं। लेजर क्लास के बूढ़ों की दुनिया के गिर्द संवेदनहीन परिवारों और समाज के बर्ताव उन्हें और कमजोर बनाते हैं। यहीं कहीं बूढ़े तन में भी ताजा बनी रहने वाली आकांक्षाओं के जंजाल हैं। भद्र लोक के बूढ़ों की इस दुनिया में ईशान और आरण्या अपनी भावनात्मक आत्मनिर्भरता को और पक्का करते हुए अपने व्यक्तित्व की स्पष्ट भिन्नताओं के बावजूद अन्ततः एक-दूसरे के साथ रहना चुनते हैं।

कथा के बीच के हिस्से में जैसे उन्होंने बाहर की जिन्दगी के साथ पकते अपने अनुभवों के साथ एक दूसरे को परखा भी है। यह प्रेम है जो उनके परस्पर भरोसे को पक्का करता है और जिन्दगी को अंत से पहले सुन्दर बनाया गया है। गिलिगडु की दुनिया ज्यादा ठोस और आवयविक है। महानगरीय मध्यवर्ग के भीतर भयानक व्यक्तिवादिता से उभरती जीवन शैली में मानवीय सरोकार और संबंधों के प्रति जवाबदेही का पक्ष पूरी तरह से गायब हो चुका है। बाबू जसवंत सिंह अपनी पत्नी की मृत्यु के बाद अवसादग्रस्तता का शिकार होने से बचने के लिए बेटे के पास दिल्ली चले जाते हैं। बेटे की स्मृति में कहीं पिता के कठिन अनुशासन और कड़ा बर्ताव है। वह मन से उनके करीब नहीं है किन्तु सामाजिक दायित्व के तहत उनके लिए बालकनी को कवर करा कर रहने की जगह बनाता है। बहू सुनयना में उनके प्रति कोई भावनात्मक निकटता नहीं है। बच्चों के पास अपनी अत्याधुनिक व्यस्ततायें हैं। कुछ दिनों तक अपनी अनुपयोगिता में अकेले और उपेक्षित छूटे जसवंत सिंह उनके कुत्ते टॉमी को टहला कर थोड़े उपयोगी हो जाते हैं। वे आहत हैं क्योंकि बेटे के घर में टॉमी की स्थिति उनसे ज्यादा सत्कारपूर्ण है। सम्पत्ति के लिए बेटे बहू के साथ बेटी के भी लामबंद हो जाने पर जसवंत बाबू को भारी सदमा लगता है। रोग जर्जर शरीर को किसी तरह चलाता मन इस अक्षौहिणी से घिर कर निपट अकेला हो जाता है। बेटे के घर में उनके विरुद्ध व्यूह रचनाओं के तमाम संदर्भ हैं। उधर कर्नल स्वामी भी ऐसे ही तिरस्कृत अकेले और उदास हैं किन्तु अपनी गिलिगडु के जिन्दगी से भरे सहारे से प्रसन्न जिन्दादिल और सक्रिय दिखाई देते हैं। यह जिन्दगी जसवंत सिंह का बहुत गहरा सहारा बन जाती है। किन्तु कर्नल स्वामी की सुबह की सैर लगातार अनुपस्थिति से चिंतित जब वे उनका घर ढूँढ़ कर वहाँ पहुँचते हैं तो उन्हें उनकी कल्पना की असलियत ज्ञात होती है। वे स्तब्ध रह जाते हैं। कर्नल स्वामी का अकेलापन और अंत उनकी जिन्दगी को एक मोड़ दे जाता है। चित्रा मुद्‌गल का यह उपन्यास वृद्धों की जिन्दगी के नरक के हर हिस्से को खोलता है। बाबू जसवंत सिंह ने एक अधिकार भरा सम्मानित जीवन जिया है। बुढ़ापे में ऐसे तिरस्कृत हो उठने की स्थिति का वे सामना करते हैं। अपनी अवहेलनाओं के जवाब में वे बोलते हैं, अपना प्रतिरोध दर्ज कराते हैं, भले ही इससे उनकी तकलीफें और बढ़ जाती हैं। इस प्रकार पीड़ाओं की अन्तर्मुखी संरचना की स्थिति चित्रा मुद्‌गल ने नहीं चुनी है। उसी क्षण से बाबू जसवंत सिंह अपनी भावनात्मक निर्भरता के छोर पा जाते हैं। वे हैं उनकी गिलिगडु, यानी सुनगुनिया की बच्चियाँ रामवती-सोमवती।

जाहिर है कि वृद्धों की जिन्दगी की सच्चाई के अधिक मूर्त हिस्सों को लेकर चली यह औपन्यासिक कृति अपने रास्तों से एक संदेश भी खोजती है जो किसी हद तक संवेदनहीन होते चले जाते परिवारों के बरअक्स वंश, नस्ल, जाति, वर्ण वगैरह को तोड़कर जीने के लिए ज्यादा खुली मानवीय जमीनों की ओर संकेत करती है।

'दौड़' की समस्या दूसरी है। रेखा और राकेश काफी हद तक आधुनिक माता-पिता हैं अपने बेटे क स्वतंत्रता को स्पेस देने वाले। वे अपने बेटे के जीवन में आदर्श और यथार्थ का खुद के लिए सुविधाजनक तालमेल चाहते हैं किन्तु भौचक्के होकर उनके उत्तर-आधुनिक जीवन और तर्कों को देखते-सुनते हैं। पवन और स्टेला की स्वाधीनता उनके वजूद को बौना साबित करने वाली साबित होती है। पवन और स्टेला को लेखिका ने बहुराष्ट्रीय पूँजी आधारित भारतीय समाज की 'दौड़' की अनुरूपता में निर्मित व्यक्तित्वों के रूप में देखा है। यह कहीं ज्यादा चुनौतीपूर्ण और जोखिम भरे अनुभव क्षेत्र हैं जिनमें वृद्ध अपने तमाम विश्वासों, कल्पनाओं और भविष्य की तैयारियों का पिछड़ जाना अनुभव करते हैं। वे भावनात्मक सुरक्षा के लिए जिस घर को नये-पुराने मूल्यों से बना संवार रहे थे उस घर के लिए ही इस दौर में कोई संभावना नहीं बची है। पवन और स्टेला कैरियरिस्ट हैं परिवार, संस्कृति, समाज, संबंध जैसी चीजों पर सोचना भी वे व्यर्थ समझते हैं। इनकी जगह सुविधाभोग से लकदक उनका वक्त उभर रहा है जिसके प्रति उनके तर्क बहुत कठोर ढंग से स्पष्ट हैं।

पारंपरिक परिवारों के भावुक ताने-बाने उनकी जिन्दगी की जरूरतों के निकट अपनी पर्याप्तता खो चुके हैं। उनके निकट जीवन-मूल्यों के तमाम प्रचलित रूप निरर्थक हो चुके हैं। इस उपन्यास का तनाव सर्वाधिक यही है। यहीं रेखा और राकेश अपना सबसे मूल्यवान सहारा खो देने के भौचक्केपन में हैं। ममता कालिया बड़ी सावधानी से अपने उपन्यास के इस अंत को यथार्थवादी उपन्यासों की प्रचलित आयरनी की रूढ़ि या अवसाद से बचाती हैं। यह कृति उपभोक्ता समाजों से उभरती चुनौतियों और जोखिमों के प्रति अनिवार्य हो चली जवाबदेही के अनिवार्य विमर्श में है। इस तरह हिन्दी कथासाहित्य के पिछड़ेपन का पाप भी काफी हद तक कटता है। इस तरह 'दौड़' बूढ़ों की जिन्दगी की अनुपयोगिता के प्रश्न को ज्यादा यथार्थवादी ढंग से उठाता है। रक्तचाप, डिप्रेशन, मधुमेह, एकांत स्मृतियाँ, बीमारी और मृत्यु के घटाटोप से बाहर बुढ़ापा यहाँ इतिहास के सघनतम भौतिकतावादी हिस्से से टकरा रहा है। यह उनके विश्वासों, मूल्यों, परंपराओं की पुनः परीक्षा का जोखिम भरा समय है। सभी चीजों को ज्यादा कठोर, संवेदनहीन और प्रोफेशनल कसौटियों से गुजरना है। ममता कालिया इसे ही जाँचने की प्रक्रिया में हैं।

इस प्रकार इन चारों उपन्यासों में वृद्ध जिन्दगियों का भिन्न भिन्न तरीके से देखा जाना लेखकीय दृष्टियों की भिन्नता का परिणाम है। जाहिर है कि लेखकीय दृष्टियाँ अपनी वर्गीय रुचियों, सौन्दर्यबोधीय मूल्यों से निर्धारित होती हैं। यथार्थ से उनके रिश्ते

भी इन्हीं आधारों पर तय होते हैं। निर्मल वर्मा के लिए उपन्यास एक कलाकृति है साथ ही उनकी भाववादी किस्म की रचनात्मक निजता है जो जीवन के स्थूल हिस्सों को उनके पाठ से तिरोहित कर देती है अतः उनके वृद्धों के दुख भी अशरीरी हैं। 'समय सरगम' में कृष्णा सोबती महानगर के पाशजीवन हिस्सों में वृद्ध जिन्दगियों की सार्थकता का एक नया छोर खोज लेती हैं जो काल्पनिक भले ही न हो किन्तु वैयक्तिक अवश्य है। 'गिलिगडु' में वृद्ध जीवन की परनिर्भरता, रोग, असुरक्षा और भय को ठोस सामाजिक सन्दर्भों में देखा गया है तथा 'दौड़' के निष्कर्ष उपभोक्ता समय की जटिलताओं से टकरा रहे हैं।

कुल मिलाकर औसत भारतीय वृद्ध जिन्दगियों के काफी हिस्से इन उपन्यासों की जद में हैं।

शेषयात्रा और नारी अस्मिता

डॉ. गीतकुंजम्मा सी.

सामाजिक जीवन का व्यापक एवं गहराई से चित्रण करनेवाली एक साहित्यिक विधा है उपन्यास। विगत दर्शकों में भारतीय समाज में भारी परिवर्तन हुए हैं। आधुनिकता एवं परंपरा के बीच संघर्ष होना स्वाभाविक है। साहित्यकार अपनी पैनी दृष्टि से आधुनिकता एवं परंपरा का विश्लेषण करता है और समाजानुकूल तत्त्वों को खोजने का प्रयास करता है। इसकी अभिव्यक्ति उनकी रचनाओं में होती है। अंग्रेजों के संपर्क से भारतीय लोकमानस की विचारधारा में नया मोड़ आया। नारी संबंधी धारणा में भी परिवर्तन हुआ। स्वतंत्रता प्राप्ति के बाद साहित्य के स्वरूप में भी भारी परिवर्तन हुआ। उपन्यास क्षेत्र में लेखिकाओं के पदार्पण को कुछ सीमा तक हिन्दी उपन्यास के परिवर्तन के लिए उत्तरदायी माना जा सकता है। महिला उपन्यासकारों ने निजी अनुभवों के आधार पर आधुनिक भारतीय नारी की सामाजिक स्थिति एवं उसकी मानसिकता को अपनी रचनाओं में प्रस्तुत किया है। नारी-पुरुष के बदलते संबंधों, नारी के तनावों और छटपटाहट, उसकी द्वन्द्वग्रस्त मानसिकता, मुक्ति की कामना को महिला उपन्यासकारों ने सूक्ष्म एवं मार्मिक अभिव्यक्ति दी है। स्वातंत्र्योत्तर काल के सिद्धहस्त महिला उपन्यासकार हैं मन्नू भंडारी, उषा प्रियंवदा, कृष्णा सोबती, मृदुला गर्ग, मेहरुन्निसा परवेज आदि।

समकालीन महिला उपन्यासकारों में उषा प्रियंवदा का स्थान प्रथम श्रेणी में आता है। देश-विदेश का अनुभव उनकी उपन्यास रचना का मूल स्रोत है। लेखिका ने सामाजिक तथा वैयक्तिक परिप्रेक्ष्य में नारी के बदलते-बिगड़ते-सँवरते अनेक रूपों को अपनी रचना का आधार बनाया है। महानगरीय जीवन संत्रास और पाश्चात्य जीवन परिवेश उनके उपन्यासों का केन्द्र बिन्दु है। इसमें समकालीन जीवन की परिवर्तनशीलता और नारी संबंधी मूल्यों को अपने निजी दृष्टिकोण से आँका है। उनके चार उपन्यासकार प्रकाशित हैं। 'पचपन खंभे लाल दीवारें' उनका प्रथम उपन्यास है जिसमें उपन्यास ने मध्यवर्गीय पारिवारिक जीवन यथार्थ एवं उसकी समस्याओं का चित्रण किया है। इसकी नायिका सुषमा परिवार प्रतिबद्धता में अपनी वैयक्तिक भावना और प्रेम का बलिदान करनेवाली मध्यवर्गीय नारी की प्रतीक है। छात्रावास के पचपन खंभे और लाल दीवारें उनके दायित्व की, कुंठा की, पद की, गरिमा की और अपने परिवार की दीवारें हैं जिनमें

रहकर वह ऊब तथा घुटन का एहसास करती है। घर की जिम्मेदारियों के सम्मुख अपने प्यार को ठुकरा देती है। उनका दूसरा उपन्यास है 'रुकोगी नहीं राधिका' जो मध्यवर्गीय पारिवारिक जीवन समस्याओं से संबंधित है। इसमें पारिवारिक संबंधों की टूटन है। वैयक्तिक स्वतंत्रता के लिए पारिवारिक बन्धन तोड़नेवाली युवती का चित्रण है। प्रस्तुत उपन्यास उषा प्रियंवदा की उपन्यास यात्रा का दूसरा चरण है। सुषमा से अलग व्यक्तित्व है इसका। वैयक्तिक सुख की चाह होने पर भी पारिवारिक बन्धन में जकड़कर स्वतंत्रता प्राप्त करने में असमर्थ नारी है सुषमा, लेकिन राधिका वैयक्तिक स्वतंत्रता के लिए पारिवारिक बंधन तोड़ने को भी तैयार है। स्वच्छन्द विचारोंवाली आधुनिक युवती है राधिका। किसी प्रकार का रूढ़िगत बन्धन स्वीकार नहीं करती। पारिवारिक, सामाजिक मान्यताओं का इनकार करती है—जो आप चाहते हैं वही हमेशा क्यों है? क्या मेरी इच्छा कुछ भी नहीं है? मैं आपकी बेटी हूँ यह ठीक है पर अब मैं बड़ी हो चुकी हूँ और मैं जो चाहूँगी वही करूँगी। राधिका में विद्रोह का स्वर प्रमुख है। तीसरा उपन्यास है 'शेषयात्रा' जो प्रस्तुत लेख का आधार है। पूर्ववत उपन्यासों की कड़ी में आते हुए भी इनमें अन्तर है। पहले उपन्यासों के नारी पात्र नारी स्वतंत्रता की माँग करते हैं। प्रस्तुत उपन्यास का नारी पात्र अनुका व्यक्ति-स्वातंत्र्य की माँग नहीं करती। पति की वापसी की प्रतीक्षा करती है वह। पति के प्रति समर्पण की भावना है उसमें। जब उसे तलाक के कागज मिलते हैं तब वह बिल्कुल बिगड़ जाती है। सहेली दिव्या की सहायता से आत्मनिर्भर बन जाती है। प्रस्तुत उपन्यास के संबंध में आगे विस्तार से विश्लेषण करेंगे। उनका चौथा उपन्यास है अन्तर्वंशी। प्रस्तुत उपन्यास की रचना भी विदेशी परिवेश में हुई है। विदेशी जीवन की यांत्रिकता, संवेदनहीनता आदि इसमें मिलती है। बदलते जीवन मूल्यों तथा पीढ़ियों के संघर्ष की स्थिति, अस्तित्ववादी चिंतन से प्रभावित होकर, परंपरागत जीवन मूल्यों का खंडन आदि का चित्रण है इमसें। रुकोगी नहीं राधिका—उषा प्रियंवदा, पृ. 5। उषा प्रियंवदा द्वारा लिखित 'शेषयात्रा' उपन्यास में नारी व्यक्तित्व के दो रूप उभर आते हैं एक जो अपनी स्वतंत्र सत्ता खोकर पुरुष की अनुगूँज मात्र रहकर जीने का और दूसरा, स्त्री का वह रूप, आधुनिकता का सबसे सार्थक पक्ष जो अपने अस्तित्व की लड़ाई लड़ रही है और अपने बलबूते पर अपना अस्तित्व स्थापित करने वाली। नारी का यह दूसरा रूप उनकी उपन्यास यात्रा के मील का पत्थर बन गया है। 'अन्तर्वंशी' में उषा प्रियंवदा ने तमाम सामाजिक जटिलताओं के बीच नारी को एक व्यक्तित्व और गरिमा प्रदान करने का प्रयास किया है। सामाजिक मूल्यों के परिवर्तनों के परिणामस्वरूप व्यक्ति जीवन और समाज जीवन के मूल्यों में परिवर्तन हुआ। सामाजिक जीवन में व्याप्त नैतिक मूल्यों की गिरावट और उनसे उत्पन्न संघर्ष को लेखिकाओं ने अपने उपन्यासों के माध्यम से सामने लाने का प्रयास किया है। परम्परा से चले आते प्रेम, विवाह, नैतिकता, न्याय, ईश्वर आदि से संबंधित मूल्यों में परिवर्तन आ गया है। भारतीय समाज में जैसे-जैसे लोग देहातों में कस्बों से। कस्बों में नगरों में और नगरों से महानगरों में बसते

गये हैं, वैसे -वैसे उनके जीवन बोध में अन्तर आता गया है, उनके आपसी संबंधों में भी बदलाव आ गया है। दांपत्य संबंधों में भी भारी अन्तर आ गया है। यह बदलते हुए परिवेश का ही परिणाम है। उषा प्रियंवदा ने सामाजिक तथा वैश्विक परिप्रेक्ष्य में पति-पत्नी संबंध के बदलते-बिगड़ते-सँवरते रूपों को अपने उपन्यासों में उभारा है।

पति-पत्नी संबंध का विघटन प्रस्तुत उपन्यास की समस्या है। आधुनिक जीवन में दांपत्य संबंधों की सबसे बड़ी विद्रूपता यह है कि पति-पत्नी के बीच संबंधों में एक टूटन और अलगाव सा है। दांपत्य संबंधों की कटुता का एक सशक्त कारण है पति पत्नी के बीच एक तीसरे की उपस्थिति। स्वभावगत उच्छृंखलता को अतिरिक्त पति-पत्नी का मानसिक स्तर पर विषम होना भी किसी तीसरे के प्रति आकर्षण का कारण बनता है। विवाह पूर्व और विवाहेतर काम संबंधों की जानकारी के परिणामस्वरूप पति-पत्नी के परस्पर संबंध में एक दरार-सी पड़ जाती है। पाश्चात्य परिवेश में लिखे गये उपन्यास होने के नाते इसके पात्र भी पाश्चात्य संस्कृति के शिकार हो गये हैं चाहे वह भारतीय हो। नितांत पारंपरिक पद्धति पर चलकर वंचना का शिकार होने पर, संत्रस्त होकर इसकी नायिका अनुका आत्मनिभरता व व्यक्ति-स्वातंत्र्य अर्जित करती है। उपन्यास के प्रारंभ में अनुका का ऐसा रूप सम्मुख आता है जो अपने पति की हर ख्वाहिश पूरी करने में समर्पित पत्नी का। हर शाम वह पति के लौटने का इन्तजार करती रहती है। वह पति के प्रति हमेशा कृतज्ञ रहती है। भारतीय नारी की या भारतीय संस्कृति की पारंपरिक पद्धति पर चलकर पति की इच्छा के अनुसार अपने को ढालनेवाली शत प्रतिशत भारतीय नारी। पति को परमेश्वर मानने की भावना है उसमें। वह जीवन की वास्तविकता से बहुत दूर थी। अचानक अपने प्रति पति के व्यवहार में कुछ बदलाव वह महसूस करती है। धीरे-धीरे प्रणव जो डॉक्टर है, उनका मन अस्पताल की दुनिया से हटकर फिल्मी दुनिया में केन्द्रित होने लगा। धीरे-धीरे उसे जीवन की वास्तविकता की पहचान होती है। दोनों के संबंध में कुछ दरार पड़ती है। ननद की चेतावनी ने अनु पर कोई प्रभाव नहीं डाला। उसने फिल्मी डायरेक्टर चन्द्रिका से अपने भाई को बचाने की चेतावनी दी थी। अनु को अब वह मालूम हुआ कि वह पति के लिए एक बोझ बन गई है। तीसरे की उपस्थिति से उनके दाम्पत्य जीवन में दरार पड़ी। अनु ने यह पाया कि प्रणव के कदमों में एक बेचैनी है। ज्योत्स्ना से अनु ने यह समझ लिया कि चन्द्रिका से प्रणव का संबंध ठीक नहीं है। शादी के पहले भी अन्य स्त्रियों से प्रणव का संबंध था। उसे यह मालूम हुआ कि वह अभी तक जीवन की वास्तविकता से बहुत दूर था। जिन्दगी की जो गाड़ी आराम से पटरी पर चली जा रही थी, जैसे लड़खड़ाने लगी है। अब वह स्वयं अपने दिल का टूटना सुन रही है। उसके दिल को कोई पंजे में पकड़कर ऐंठ रहा है। अनु को महसूस हुआ कि वह जीवन में धोखा खायी हुई है मेरा सारा डिवोशन, प्रणव के चरणों पर निछावर हो जाना, सब कुछ झूठा पड़ गया। प्रणव की बेवफाइयाँ मन से जाती नहीं। भारतीय परंपरा में पली हुई नारी होने के कारण वह पति के मिलन की प्रतीक्षा में जीती

है। उनका विश्वास था कि उनका प्रेम पति को जीत लेगा। पारिवारिक समस्याओं से जूझती अनु को दिव्या अपनी अलग पहचान बनाने की प्रेरणा देती है। उसे जीवन की सच्चाई का बोध होता है। पुरानी परंपरा में जकड़ा अपने जीवन को व्यावहारिक बनाने के लिए अपने मन को नये ढाँचे पर रूपायित करने लगी। भावुकता को छोड़कर विवेक ग्रहण करती है। नारी की परंपरागत सामर्थ्य हीनता को अनुकरणीय रूप में तोड़ती है। दिव्या की सहायता से डाक्टर बन जाती है। वह वंचना का शिकार होने पर संत्रस्त होकर आत्मानिर्भरता, व्यक्ति-स्वातंत्र्य अर्जित करती है। स्वयं प्रणव को भी यह मानना पड़ा कि इन दस सालों ने अनु के साथ न्याय किया है, उसे निरवारा है तोड़ा नहीं। आत्मविश्वासी, संतुलित, लापरवाह-सी सादगी से भरपूर एक पूर्ण युवती है अनु। पाश्चात्य संस्कृति का एक सकारात्मक स्वरूप—स्वावलंबन की प्राप्ति—यहाँ नजर आता है। संसार परिवर्तनशील है। बदलते समय के साथ जीवन को देखने का आदमी का नजरिया बदलता है। नारी की स्थिति में भी, उनके दृष्टिकोण में भी बदलाव आ गया है। आज की नारी अपने खोल से बाहर निकली है। नारी अपनी सारी दुर्बलता पीछे छोड़ने में आदी हो गयी है। आपदा की मार पड़ने पर कमजोर भी होती है, बिलखती भी है, लेकिन वह अपने अनुभवों से नई शक्ति-नई ऊर्जा ग्रहण करती है। अपनी जिन्दगी को अधिक व्यावहारिक बनाने में वह समर्थ होती है। इस प्रयास में नारी की जीत होती रहती है। अनु की शेषयात्रा भी नारी के इस नये सोच से, नई पहचान से शुरू होती है। अपने नवोदित आत्मविश्वास के बल पर पुरुष द्वारा छले जाने पर भी जीवन में सफलता पाती है। उषा जी का यह नारी पात्र भावुकता के स्थान पर निश्चय ही विवेक को ग्रहण करता है। 'शेषयात्रा' के द्वारा उषाजी ने यह स्थापित किया है कि, ''नारी जीवन का यथार्थ दलित और आश्रित रहना ही नहीं बल्कि उसकी निजता उसका स्वावलंबन ही उसका यथार्थ है।'' यथार्थ को पहचानकर, टकराकर आत्मविश्वास के साथ आगे बढ़कर अपनी आइडेंटिटी बनाये रखने में सफल होती है। जीवन की शेषयात्रा विजयगाथा में परिणत होती है। उषाजी ने नारी को परंपरागत सामर्ध्यहीनता की छवि छोड़कर नए आत्मविश्वास की द्युति से प्रदीप्त कर दिया। नारी का एक परंपरावादी रूप है—पुरुष की परछाईं बनकर जीना। लेकिन आज बीसवीं शताब्दी में परिस्थिति बदल गई है। अब नारी पुरुष की परछाईं मात्र नहीं है। बल्कि उसका स्वतन्त्र अस्तित्व सामने आने लगा है। प्रस्तुत उपन्यास की नायिका अनुका में एक ओर परंपरावादी रूप है तो दूसरी ओर समय के अनुसार, परिवेश के अनुसार बदलने की नारी की क्षमता भी द्रष्टव्य है। युग-युगों से नारी अनेक समस्याओं की शिकार होती आई है। आज उसमें जागृति आई है और समस्याओं का डटकर मुकाबला कर रही है। अपनी अस्मिता बनाए रखती हैं।

विवाहेतर सम्बन्ध स्थायी मनःतुष्टि नहीं दे पाते। वे प्रायः स्वार्थपरक होते हैं। अन्त में तन मन का टूटन ही होता है। नीरजा, विभा, चन्द्रिका, नमिता से भी प्रणव का संबंध था। चन्द्रिका के कारण ही अनु और प्रणव के बीच का संबंध टूटता है। अन्त में अपने जीवन में पराजित होकर पूर्व पत्नी अनु के सम्मुख आता है।

पाश्चात्य संस्कृति का चित्रण प्रस्तुत उपन्यास की दूसरी विशेषता है। जीवन यथार्थ उनके उपन्यासों की खासियत है। पूर्व और पश्चिम दोनों सभ्यताओं के बीच रहकर उन्होंने उपन्यासों का सर्जन किया है। उन्होंने जीवन के यथार्थ एवं अद्भुत सत्य को उपन्यासों में अभिव्यक्त किया है। भारतीय और पाश्चात्य वातावरण की टकराहट इसका विषय है। इसके नायक प्रणव ने भारतीय होते हुए भी भारतीय संस्कारों को छोड़ दिया है। लेकिन अनुका विदेश में रहते हुए भी अपने संस्कारों को भूलने में असमर्थ रहती है। यों संस्कारों के भूलने और न भूलने का संघर्ष इन दोनों के बीच चलता रहता है। इन दोनों के माध्यम से लेखिका ने दो विचारधाराओं के संघर्ष को उभारा है।

पश्चिमी देशों में स्त्री-पुरुष संघर्ष बहुत ढीला ही है। वे समय-समय पर साथी और पत्नी को बदलते हैं। भारतीय संस्कृति के अनुसार पुरुष पत्नी की पवित्रता पर बहुत जोर देती है और स्त्री भी पति के अतिरित परपुरुष से प्यार नहीं कर सकती। पाश्चात्य संस्कृति से प्रभावित प्रणव का विवाह के पूर्व और बाद में भी अन्य स्त्रियों से संबंध है। नीरजा, विभा, डायवोर्सी आदि। डाक्युमेंट्री डायरेक्टर चन्द्रिका से उसका संबंध होता है और इसका परिणाम है अनुका से उसका तलाक। प्रणव के माध्यम से लेखिका ने यह चित्रित किया है कि विदेशी देशों में स्त्री और पुरुष आसानी से, स्वतन्त्र रूप से एक दूसरे को तलाक दे देते हैं और किसी से भी संबंध स्थापित कर लेते हैं। अनुका इस विदेशी संस्कार को अपनाने में असमर्थ रहती है। चन्द्रिका से प्रणव का संबंध जानकर वह दुःखी हो जाती है, टूट जाती है। पगली सी हो जाती है। प्रणव अस्पताल में उसकी भरती करता है। पति के वापस आने की प्रतीक्षा में है अनुका। पति की लंपटता के प्रति विद्रोह न करने वाली निर्बल नारी के रूप में उसका चित्रण हुआ है। उनका सारा डिवोशन, प्रणव के चरणों पर निछावर हो जाना सब झूठ बन जाता है। दिव्या के भाई से उनका पुनर्विवाह होता है। भारतीय आदर्श को संस्कृति को छोड़ने में अनुका असमर्थ ही रहती है। विद्रोह की भावना उसमें तनिक नहीं है। प्रणव ने उनके प्रति अन्याय तो किया है लेकिन अन्त में उनकी अवस्था देखकर उसे सहानुभूति ही होती है—''इतना दर्द? अकेले ही झेला?'' नारी हृदय की कोमलता की ओर लेखिका ने इशारा किया है।

निष्कर्ष रूप में हम कह सकते हैं कि पारिवारिक समस्याओं से जूझती नारी को अपनी अलग पहचान बनाने की प्रेरणा देती है लेखिका 'शेषयात्रा' के माध्यम से। अपने जीवन की शेषयात्रा में अनुका सफल बन जाती है। मूल्य परिवर्तन से सामाजिक परिवेश का ढाँचा भी परिवर्तित होता है। प्राचीन मूल्यों का वर्तमान सन्दर्भ में पुनर्मूल्यांकन और आवश्यकतानुसार उनमें वांछित परिवर्तन लाना ही सांस्कृतिक जागरण है। 'शेषयात्रा' के माध्यम से लेखिका ने सांस्कृतिक जागरण ही प्रस्तुत किया है।

हाशिए के यथार्थ का छप्पर

डॉ. सजी. आर. कुरूप

समकालीन संदर्भ में दलित साहित्य की चर्चा जोरों पर है। दलित आंदोलन का संबंध भी इसके साथ असन्दिग्ध रूप से है। यह वर्ग दबाव की जिस पीड़ा को भोगता आ रहा है उसकी सहज प्रतिक्रिया के रूप में इसका आविर्भाव हुआ है। साहित्य विमर्श के सीमित दायरे से बढ़कर दलित विचार अपनी सांस्कृतिक भूमिका अख्तियार करता है। दलित लेखक स्वयं को समूह का प्रतिपुरुष समझता है। उसके कन्धों पर अपने वर्ग का दायित्व है। उसका वर्ग समाज की मुख्यधारा से अलग था। उससे समाज दूर था। वे सौभाग्य जिन्हें उसके वर्ग से सदा छीना जाता रहा है, उन्हीं को पुनः प्राप्त करने के लिए ये लेखक रचनाबद्ध हैं। समाज के दमित लोगों की पीड़ा, विवशता, भूख, गरीबी, निषेध आदि के यथार्थ चित्रण के साथ-साथ मोह, आशा, संघर्ष, करुणा आदि का समन्वय दलित रचना की विशेषता है। यथार्थ के चित्रण के साथ-साथ संघर्ष के तनाव के कारण दलित रचना अन्य साहित्य विधाओं से अपनी अलग अस्मिता बनाती है। यही भिन्नता दलित लेखन की सफलता का कारण हो जाती है। दलित आन्दोलन का इतिहास बहुत पुराना है। कभी उग्रता से, कभी ठंडेपन से उसकी निरन्तरता बनी रही है। तमाम भारतीय भाषाओं में आज दलित साहित्य को लेकर बहस जारी है।

यथार्थ का चित्रण और संघर्ष के तनाव का संयोग 'छप्पर' नामक उपन्यास में हम ठीक तरह देख सकते हैं। 'छप्पर' श्री जयप्रकाश कर्दम का रचा हुआ। हिन्दी का पहला दलित उपन्यास है। समाज के दमित लोगों के यथार्थ चित्रण, शोषण के खिलाफ संघर्ष, परिवर्तन की आशापरक दृष्टि आदि इस उपन्यास में एक साथ सम्मिलित है। केवल दलित जनता को ही नहीं, पूरे मानव जाति को प्यार करनेवाला, सब कहीं समानता चाहनेवाला, समाधान की इच्छा रखनेवाला एक दलित मन छप्पर में देख सकते हैं। अहिंसा एवं शांति पर आधारित विद्रोह की सशक्तता का का वह प्रमाण है। उपन्यास का नायक एक समय विद्रोही है, शान्ति का वक्ता है, सहिष्णुता एवं प्यार रखनेवाला है।

'छप्पर' एक परिवर्तनकामी उपन्यास है। इसमें दलित चेतना की अभिव्यक्ति दर्शनीय है। इसमें मातापुर नामक गाँव के तथा वहाँ की शोषित जनता के नवजागरण की कथा है। इसकी कथावस्तु एक मजदूर परिवार के युवक चन्दन की शिक्षा के लिए

जद्दोजहद की कहानी है, जिसमें उसकी माँ रमिया और पिता सुक्खा को गाँव के ब्राह्मणों, बनियों और ठाकुरों द्वारा मिलकर उत्पीड़ित किया जाता है कि वह सदियों से चली आ रही परंपराओं को तोड़कर अपने लड़के को शहर में पढ़ने क्यों भेज रहे हैं? इससे समाज के उच्चवर्गीय लोगों की नाक कट जाएगी। लेकिन चन्दन के परिवारवाले इन दबावों के सामने झुकने को तैयार नहीं थे। इसके परिणामस्वरूप उसे बेघर होना पड़ता है। सुक्खा का एकमात्र सपना है कि बेटा पढ़-लिखकर बड़ा आदमी बन जाए। इसके लिए वह कुछ भी करने को तैयार है। माँ-बाप की अदम्य इच्छा एवं त्याग की आग में जन्मा एक प्रतिक्रियाबद्ध मन चन्दन के विद्रोह को आग लगाता है। निम्न जाति के लोगों की शिक्षा निषेध करनेवाले सवर्ण सत्ता का तथा उससे विद्रोह करनेवाले दलित मन का चित्रण यहाँ हमें मिलता है। शिक्षा एवं उद्योग का वैभव सदियों से उस वर्ग को निषिद्ध था। चन्दन के माँ-बाप उसके प्रति, उसकी शिक्षा एवं भविष्य जीवन के प्रति उत्सुक है। उसके पिता सुक्खा जानते हैं कि पढ़ाई से ही सब कुछ हासिल किया जा सकता है। जब चन्दन की माँ पूछती है कि और आगे पढ़कर कौन सा कलक्टर बन जाएगा तो वह अपनी पत्नी को समझाता है–"चुप रह पगली, कोई पेट से बड़ा बनकर आता है। पढ़-लिखकर बड़े बनते हैं सब। क्या पता कल को हमारा चन्दन भी कलेट्टर या दारोगा बन जाए। अपनी चिंता छोड़, हमें थोड़े दुख उठाने पड़ रहे हैं तो क्या, दुख के बाद ही सुख आता है। हमारे दिन भी बहारेंगे कभी न कभी।"

यातनाओं तथा दुख के पीछे आनेवाले सुखमय दिन की, कभी न कभी बहारे जानेवाले जीवन की इच्छाएँ शोषित जनता के मन में हमेशा कायम हैं। मेहनत-मजदूरी करनेवाले लोगों के जीवन का यथार्थ चित्रण उपन्यास में है। उनकी गरीबी का, विवशता का, भूख का असली चित्र सुक्खा और रमिया के जीवन में देख सकते हैं। बेटे के लिए सब कुछ त्याग करने पर भी अंत में जीवन यातनाएँ उनको विवशता के परकोटे में पहुँचाती हैं। अपनी क्षुधा को शान्त करने के लिए, जीवन-मरण के संकट पार करने के लिए, वे हमेशा परेशान रहते हैं। फिर भी ठाकुर-ब्राह्मण लोगों के सामने हाथ पसारना वे पसन्द नहीं करते। व्यवस्था की उन कठोर बर्बरताओं से वे घृणा करते हैं। ठाकुर को मिलने के लिए कहनेवाली पत्नी से सुक्खा कहता है–"कुछ सोच-समझकर बात किया कर रमिया! जिन लोगों ने कहीं का नहीं छोड़ा हमको, जिनकी बर्बरता और अत्याचारों के कारण आज यह हालत है हमारी। मनुष्यता के इन हत्यारों से दया की उम्मीद करती है तू। पूरे कसाई हैं ये तो, खून में रंगे हुए हैं इनके हाथ। ये हलाल तो कर सकते हैं। बहाल नहीं।" दलितों की विवशता को सूक्ष्मता के साथ अंकित करने में उपन्यासकार सफल हुआ है। उनके हताश मन की जो पहचान दलित लेखक को हुई है, उसको लेखक ऐसे व्यक्त करता है–"रमिया को लगा कि वह पानी से भरे किसी गहरे तालाब में गिर पड़ी है। इसके हाथ-पैर बँधे हैं। उसका डूबना निश्चित है।" उपन्यास का संवेदन सूक्ष्म है।

उपन्यास के दो और पात्र भी शोषण का शिकार हैं, कमला और उसके बापू

हरिया। सामूहिक बलात्कार की शिकार हुई कमला का एक बेटा है। मालिकों से नोचे हुए शरीर और व्यथित मन से वह व्यवस्था के प्रति संघर्ष करनेवाले चन्दन का सहयोग करती है। चन्दन के श्रम से उसको अपने बापू वापस मिलते हैं। शोषित वर्गों के लिए लड़नेवाले चन्दन के मन की आग को तेज करने में कमला की पीड़ा भी कारण हो जाती है। ''उस समय बलात्कारियों में से कोई भी उसके सामने होता तो वह उसका गला दबाए बिना नहीं छोड़ता।'' दलित बच्चों को शिक्षा देने के लिए चन्दन एक स्कूल चलाता है और वहाँ कमला के बेटे को भी भर्ती कर देता है।

चन्दन उपन्यास का केन्द्र पात्र है, वह अपने समाज में परिवर्तन लाने के लिए आन्दोलन की अगुवाई करता है। दलित लेखक को सतत सतानेवाली पीड़ा यही समाज है जो अनीति से भरा हुआ है और असमानता में जीनेवाला है। उसका विश्वास है कि उसका लेखन इस/व्यवस्था में बदलाव लाने के लिए है। केवल जन्म के आधार पर व्यक्ति को श्रेष्ठ या हीन मानने की भावना के विरुद्ध वह आवाज उठाता है। 'छप्पर' में चन्दन लेखक की जीभ है–''यदि समाज हमें समानता का दर्जा नहीं देता, वह हमें हमारे मनुष्यत्व के साथ स्वीकार नहीं करता, यह समाज का दोष है।''

वह समझता है कि उसके वर्ग को दमित या शोषित रखने में धार्मिक व्यवस्थाओं का भी हाथ है। सवर्ण सत्ताधीन धर्म पर उसे यकीन नहीं है, ''समाज, धर्म द्वारा प्रेरित और संचालित है, हमारी सामाजिक स्थिति धार्मिक आदेशों का ही परिणाम है। 'धर्म-ग्रन्थ' ही हमारे शोषण और अत्याचार की जड़ें हैं। इन जड़ों को उखाड़ फेंकने की जरूरत है। और उसके लिए जरूरी है कि लोग अधिक से अधिक पढ़ें ताकि इन धर्म ग्रन्थों में निहित अन्याय और असमानता के दर्शन को समझ सकें तथा अन्याय, शोषण और असमानता के विरुद्ध संघर्ष करने के लिए स्वयं को तैयार कर सकें।'' अन्धविश्वासों में जकड़े हुए दलितों को शिक्षा प्रदान करने की आवश्यकता पर लेखक जोर देता है। मानसून लाने के लिए यज्ञ का आयोजन करनेवाले झुग्गी निवासियों का चन्दन विरोध करता है और समझाता है कि यह मात्र अन्धविश्वास है और कुछ नहीं। वे लोग चन्दन की बातों से प्रभावित होते हैं और यज्ञ करने के विचार को त्याग देते हैं। यहाँ एक दलित युवक के विचारों की समाज द्वारा स्वीकृति ही स्पष्ट हो रही है। इससे समाज में उसकी हैसियत बढ़ जाती है और आगे बहुत कुछ करने की प्रेरणा उसे मिल जाती हे।

वास्तव में चन्दन आधुनिक दलित चेतना के प्रतीकात्मक पात्र के रूप में पाठकों के सम्मुख आता है। जिस परिपक्वता के साथ वह अपने मित्रों को समझाता है वह आज की युवा दलित पीढ़ी के लिए काफी विचारणीय एवं स्वीकार्य है। वह अपने मित्र रामहेत को समझाता है कि सामान्य विद्यार्थी की तरह तुम भी सब कुछ कर सकते हो, लेकिन सिर्फ दिमाग, इरादा और इच्छा शक्ति से काम नहीं बनेगा। इसके लिए जाति के लेबल को पार करना होगा जो कि दलितों के रास्ते में पत्थर सी बनी हुई है। वह अपने दोस्तों को बुनियादी सत्य समझाते हुए कहता है, ''केवल सामाजिक रूप से ही हमारी परिस्थिति

भिन्न नहीं है, बल्कि आर्थिक, राजनीतिक और शैक्षणिक प्रत्येक क्षेत्र में हम पिछड़े हैं। हमें प्रत्येक क्षेत्र में ऊपर आने की जरूरत है, लेकिन सबसे पहले जरूरत है सामाजिक सम्मान की। यदि तुम्हारे पास सामाजिक हैसियत है तो तुम्हारे लिए हर कहीं गुंजाइश हो सकती है। यदि तुम्हारी कोई सामाजिक हैसियत नहीं है तो चाहे तुम कोई काम कर लो, कितना भी धन कमा लो, इन सबका कोई महत्त्व नहीं। पैसा भी जीवन का एक फैक्टर है, मैं इससे इनकार नहीं करता, लेकिन उससे पहले जरूरी है, समाज में तुम्हारी हैसियत का होना।''

चन्दन का दूसरा एक और दोस्त है नन्दलाल, जो वकील बनकर खूब पैसा कमाना अपना एकमात्र उद्देश्य मानता है। उनके अनुसार पैसा आना चाहिए चाहे वह किसी भी तरह से हो। यानि कि वह बड़ा आदमी बनने के लिए साम, दाम, दण्ड, भेद आदि सभी का सहारा लेना चाहता है। यहाँ नन्दलाल आम आदमी की तरह ही सुख चैन की तरफ भागना चाहता है। साध्य के लिए साधनों की पवित्रता पर विश्वास नहीं करना चाहता। भारतीय समाज में नन्दलाल जैसे व्यक्ति उपरोक्त संदर्भ को समझने की भूल प्रायः करते हैं। इस प्रकार के विचारवालों को समझाते हुए आम दलित चेतना का विचार यों व्यक्त करते हैं–''खाने के लिए अच्छा भोजन, पहनने के लिए अच्छा कपड़ा और रहने के लिए अच्छा मकान कौन नहीं चाहता? मेरे कहने का तात्पर्य यह नहीं है कि हमें इन सब के लिए प्रयास नहीं करना चाहिए। मैं भी चाहता हूँ यह सब, लेकिन सिर्फ मैं यह करना चाहता हूँ कि इसके साथ-साथ अपने समाज के उत्थान और विकास की ओर भी ध्यान दिया जाना चाहिए। सदियों से गुलामी और दासता की जंजीरों में जकड़ा रहा है हमारा समाज। खाली पेट, नंगे तन और टूटे-फूटे छान-झोंपड़ों में बसर करने की विवशता, यही रहा है सैकड़ों, हजारों वर्षों से हमारे समाज का यथार्थ। लोग पढ़-लिख गए हैं, लेकिन हमारा समाज, हमारे नाते-रिश्तेदार सब के सब उस स्थिति में हैं। उन सबकी निगाहें हमारी ओर हैं। यदि उनके उत्थान की ओर हम ध्यान नहीं देंगे तो कौन देगा? और क्या तुम चाहोगे कि हमारे कुटुम्बी नाते-रिश्तेदार सदा जिल्लत की जिन्दगी जीते रहें।'' यहाँ चन्दन अपने मित्रों को यह समझाता है कि व्यक्तिगत हित के साथ-साथ समाज का हित भी आवश्यक है। इससे प्रभावित होकर वे सब सामाजिक उत्थान में हाथ बँटाने का संकल्प लेते हैं। वे यह प्रतिज्ञा करते हैं कि वे जहाँ भी जिस क्षेत्र में रहेंगे वे अपने समाज के लोगों के उत्थान के लिए काम करेंगे। यहाँ एक प्रकार की नयी चेतना को जाग्रत करने में चन्दन सफल हो रहा है जो कि एक जनान्दोलन का रूप ले लेता है और दलित एकजुट होकर धार्मिक, आर्थिक और सामाजिक शोषण के विरुद्ध विद्रोह कर देते हैं।

दलित लेखक हमेशा सत्य की खोज करते हैं। समस्याओं के प्रति उसकी दृष्टि वास्तविक है। उसका मन फकीरनुमा है। चन्दन के चरित्र को यथासंभव संयमित एवं संतुलित बनाये रखने का प्रयास जयप्रकाश कर्दम ने किया है। शोषक वर्ग या सवर्ण सत्ताधारी वर्ग के प्रति उसके मन में तीखा विद्रोह है, साथ ही साथ सहिष्णुता भी। ठाकुर

साहब की बेटी रजनी चंदन के द्वारा चलानेवाले सामाजिक परिवर्तन में उसका साथ देनेवाली है। वह अपने पिता जैसे लोगों के कारनामों का घोर विरोध करती है, और उन्हें सजा दिलाने की इच्छा रखती है। लेकिन चन्दन का मत अलग है—"सजा कोई समाधान नहीं है रजनी। सजा देने के बजाय व्यक्ति को सुधार देने का प्रयास किया जाना चाहिए। व्यक्ति को उसकी गलती का एहसास हो जाए और वह अपनी गलती को सुधार ले—इससे अच्छी कोई बात नहीं हो सकती। मैंने महसूस किया है कि ठाकुर साहब को अपने किये के प्रति ग्लानि और पछतावा है। कल ठाकुर साहब की मानसिकता दूषित थी, लेकिन यदि आज उनकी मानसिकता में बदलाव आया है या आ रहा है तो यह शुभ का संकेत है और इसका स्वागत किया जाना चाहिए।"

'छप्पर' में चन्दन की अगुवाई की सफलता की भी सूचनाएँ मिलती हैं। उसने लोक-मानस को झकझोर-सा दिया। जन्म के आधार पर नहीं, अपितु गुण-कर्म तथा योग्यता के आधार पर मनुष्य की श्रेष्ठता नापनेवाली एक नयी व्यवस्था की ओर छप्पर हमें ले जाता है। चन्दन के अथक प्रयासों का सुखद परिणाम उसके समाज में जरूर होता है। समाज में एक नयी चेतना जन्म लेती है। "इस चेतना के जाग्रत होते ही समाज में मिथ्या-विश्वास और आडंबरों का विरोध शुरू हुआ तथा आस्था और अनुष्ठानों को औचित्य-अनौचित्य की कसौटी पर परखा जाने लगा। मनुष्य के जन्म से लेकर मृत्यु तक होनेवाले धार्मिक और सामाजिक अनुष्ठानों के सहारे फलने-फूलनेवाले पण्डे-पुरोहितों के परम्परागत व्यवसाय को भी जबरदस्त झटका मिला।"

चन्दन के आन्दोलनकारी कामों में साथ देनेवाली रजनी का पात्र उपन्यासकार ने बहुत सफलता से सृजित किया है। सवर्ण कुल में जन्मी रजनी हमेशा शोषितों के लिए दुखित है। वह सदियों से चली आ रही शोषण प्रक्रिया को समझदारी से समाप्त करना चाहती है। अब तक जो अन्याय और शोषण लोगों पर होता आया है उसका तो वह कुछ नहीं कर सकती। पर अब से वह अपने यहाँ किसी भी प्रकार के शोषण और अन्याय को होने नहीं देगी। यही उसका संकल्प है। रजनी जिस सपने की कामना करती है उसी प्रकार समाज में परिवर्तन होता है। लेकिन इस सपने को साकार बनाने के लिए चन्दन और रजनी अपने आप को भूलकर मेहनत करते हैं और जनता में दलित चेतना जगाने तथा उन्हें समाज के सवर्णों के समकक्ष लाने में सफल होते हैं।

दलित आन्दोलन के परिणामस्वरूप अन्यायमुक्त एक नयी सामाजिक व्यवस्था की कल्पना को ही उपन्यासकार ने दर्शाया है जो कि वर्तमान दलित आन्दोलन का लक्ष्य है। उन्हें पूरी उम्मीद है कि जिस प्रकार चन्दन और रजनी के सामाजिक कार्यों से मौजूदा सामाजिक व्यवस्थाओं में परिवर्तन हुआ उसी प्रकार वर्तमान सामाजिक व्यवस्था में भी जरूर परिवर्तन होगा।

सामाजिक क्रान्ति के लक्ष्य को ध्यान में रखकर इसका ताना-बाना बुना गया है। इसलिए इसके अनुरूप ही उपन्यासकार ने अपने पात्रों एवं चरित्रों का सृजन किया है।

चन्दन और रजनी इस उपन्यास के मुख्य पात्र हैं जो नए मूल्यों एवं परिवर्तनों के वाहक हैं तो सेठ दुर्गादास, काणे पण्डित, ठाकुर हरनामसिंह आदि प्रतिगामी शक्तियों के वाहक के रूप में सामने आते हैं। यहाँ सुक्खा और रमिया सामाजिक परिवर्तन लाने के संघर्ष में लगे अपने पुत्र चन्दन को पूरा सहयोग देते हैं। अपनी वृद्धावस्था में भी वे पुत्र के उद्देश्य को अपना उद्देश्य मानकर बड़े से बड़ा त्याग करने के लिए तत्पर रहते हैं।

उपन्यासकार ने यहाँ भारतीय समाज के दलित आन्दोलन और उससे हुए परिवर्तनों को केन्द्र में रखकर इस उपन्यास का सृजन किया है। उपन्यास का विशेष जोर दलितों में शिक्षा के प्रसार पर है ताकि वे अपने अधिकार एवं हैसियत समझ पाएं और उसके लिए प्रयत्न करें। उपन्यास में इस आन्दोलन को चलाने के लिए अहिंसा के मार्ग को अपनाया गया है जो बिलकुल सराहनीय है। इस प्रकार दलित साहित्य की एक प्रतिनिधि रचना के रूप में यह उपन्यास सफल निकला है। यह स्पष्ट करता है कि दलितों के लिए दलितों को ही लड़ना है। उनके लिए लड़ने या आवाज उठाने के लिए वर्तमान व्यवस्था में कोई राजनीतिक या सामाजिक दल मौजूद नहीं है। दलित मुक्ति आन्दोलन के मार्ग में जितनी कठिनाइयाँ हैं उन सबको दर्शाते हुए उन्हें उन सबके परे ले जाने में उपन्यासकार सफल हुआ है।

अंधाधुंध में आकाशदीप जैसा

मिनीप्रिया आर.

संबंधों की बरकरारी पर इंसान कहाँ तक विश्वास रखता है, रिश्तों के आपसी निभाव के लिए उसकी क्या कसौटी है, इंसान-इंसान के बीच का फासला किसी पर कितना असर पैदा करता है—ये प्रश्न घुलमिलकर एक बहुत बड़ा सवाल बनते जा रहे हैं—सिर्फ सवाल। गिलिगडु उपन्यास जवाब को तलाशता हुआ यही बड़ा-सा सवाल है। जवाब खोजते-खोजते एक ओर जहाँ कर्नल स्वामी की जिंदगी रुक जाती है, वहीं दूसरी ओर बाबू जसवंत सिंह की जिंदगी के रुक जाने तक जीवित रहने की मजबूरी है। एक ओर वैयक्तिक संबंधों के शिकंजे से बचने की बेचैनी है तो दूसरी ओर वैयक्तिक संबंधों से अलग न रह पाने की मानसिक विवशता है। यह उपन्यास समकालीन मानव जीवन के आंतरिक व बाह्य, दोनों स्थितियों को एक साथ झाँकने की कोशिश है।

बुढ़ापा जिंदगी का वह खास मोड़ है, जहाँ पहुँचकर इंसान जिंदगी के बिखरे हुए टुकड़ों को एक साथ जोड़कर फिर से देखने की कोशिश करता है—उसकी समग्रता में। बाबू जसवंत सिंह और कर्नल स्वामी के लिए बुढ़ापा जिंदगी और मौत के बीच का पुल बन जाता है। जसवंत सिंह जहाँ पारिवारिक माहौल से उत्पन्न होनेवाली त्रासदी से गुजरते हैं, वहीं कर्नल स्वामी इसी त्रासदी को सपने में बदल देते हैं—वह सपना जो एक बुजुर्ग का है, जो अनेकों में बहुत कम भाग्यशालियों को उपलब्ध होता है। अनुपलब्धता में रंगीन सपनों के माध्यम से अपने जीवन में तसल्ली बाँधना उनके लिए अत्यंत जरूरी है—जीने के लिए, जीवन को बनाए रखने के लिए। औलादों के साथ इन दोनों बुजुर्गों के रिश्ते नाम के वास्ते हैं। उनमें कोई निष्ठा नहीं, आस्था नहीं जो एक औपचारिकता मात्र है। भीतर से न चाहने पर भी, न मानने पर भी एक साथ रहने की मजबूरी। ऐसे संदर्भ में एक बहुत ही नुकीला सवाल उठ खड़ा होता है—ऐसे जीवन का अर्थ ही क्या है। रिश्तों को इस प्रकार आपसी बोझ के रूप में ढोने पर दूसरे के प्रति जो प्यार और पारस्पर्य है, वे गिर जाते हैं। मोहब्बत के बिना इंसानियत कहाँ तक तड़पती रहेगी, बिना प्यार के रिश्तों की गहराई मिट जाती है। हाँ, वजन जरूर बढ़ जाता है। समकालीनता की यह विशेषता है कि भौतिक परिस्थितियाँ बढ़ती जाती हैं, जीवन की सुविधाएँ बढ़ती हैं, मगर आंतरिक स्तर पर इंसान खोखला है, कोई किसी की कदर नहीं करता, सब

रिश्ते औपचारिक बन जाते हैं। 'गिलिगडु' के पात्र कर्नल स्वामी और जसवंत सिंह, दोनों ही बुढ़ापे के वजन को उठाने के बावजूद रिश्तों में प्यार की आकांक्षा बरकरार रखते हैं सुबह इन दोनों की सैर और आपसी बातचीत इसी के सबूत हैं।

हकीकत जब दिल दहलानेवाला पीड़ा बन जाती है, तब उससे बचने की कोशिश इंसान में स्वाभाविक उभर आती है। साथ ही सुनहरे सपनों को हकीकत में उतारने की चेष्टा भी। फ्रायड के मुताबिक सपनों का संबंध सपने देखनेवाले के वैयक्तिक इतिहास के सुदूर जीवन की चाहतों से है। यही प्रवृत्ति कर्नल स्वामी में नजर आती है। निजी जिंदगी में हासिल न होनेवाली 'गिलिगडु' को हमेशा वे सपने में देखा करते हैं। स्कूल से लौटते ही गिलिगडु उन्हें नए सीखे गीत सुनाती हैं। उसके पहले अप्पू को कागज और पेंसिल थमाकर जज बनाकर बिठाती हैं। अप्पू और गिलिगडुओं के बीच चूहे-बिल्ली का खेल शुरू हो जाता है। रात को उनके साथ अप्पू को भी मंजन करना पड़ता है—आदि सुंदर व सुनहरे सपने अप्पू को एक नया संसार देते हैं, जीने का अंदाजा भी।

उपन्यास के कर्नल स्वामी और जसवंत सिंह दोनों अपने बलबूते पर जीनेवाले हैं। इसीलिए दोनों में अस्तित्व बरकरार रखने का प्रयास जारी है। बुढ़ापे और मौत तक की अवधि को दोनों सही मायने में जीना चाहते हैं। यथार्थ को पूर्णतः समझने का माद्दा ही इंसान को परिवेशगत समस्याओं से जूझकर अपनी एक अलग दुनिया कायम करने की प्रेरणा देता है। हमेशा वे जीवन जीना चाहते हैं। इसलिए अकेले जिंदगी बितानेवाले कर्नल स्वामी और सपनों में 'सपरिवार' जीनेवाले जसवंत सिंह परिवेशगत यथार्थ से अलग होकर अपने-अपने यथार्थ को ढूँढ़ने में तल्लीन होते नजर आते हैं। क्योंकि अक्सर मनुष्य का यथार्थ वही होता है, जो उसने कभी चाहा नहीं है।

बुढ़ापे के सामने खड़ा होनेवाला दूसरा सवाल है—मौत। कोई उसे हँसता अपनाता है, कोई रोता। मौत वह पहेली है, जिसे सुलझाना डिजिटल बटनों से दुनिया को इधर से उधर करनेवाले आधुनिक इंसान की बस की बात नहीं है। इसीलिए बताया जाता है कि जिंदगी में निरंतर किये जानेवाले कार्य और बढ़ती उम्र मौत की तैयारियाँ हैं। कर्नल स्वामी में मौत को अपनाने का जो साहस है, उसकी यही मानसिकता है। वे खुलकर कहते हैं, "मौत जब आएगी, आ जाएगी। किसी भी शक्ल में आ जाए। रगड़ेगी, हफ्ता, महीना, साल या अचानक झपाटे से उठा लेगी। उठा ले। मगर उन कुछेक कष्टकर दिनों की कल्पना में रात-दिन अधमरे होकर जीना जिंदगी का मजाक उड़ाना नहीं।" पृ.-63

मौत ही इंसान को उसके होने और न होने के बारे में सोचने को बाध्य कराती है ताकि मनुष्य जिंदगी का अर्थ पहचान सके, रिश्तों का अर्थ पहचान सके। भौतिक लालसाओं के कोढ़ ने आज के इंसान को ग्रस लिया है, इसलिए कोई किसी की अनुपस्थिति पर सोचता ही नहीं है। होने या न होने में कोई अंतर महसूस होता ही नहीं। इस विडंबना का सामना करने के लिए बचे हुए इंसानो में दो लोग हैं—कर्नल स्वामी और बाबू जसवंत सिंह। मृत्यु की प्रतीक्षा में वे इसलिए जीते हैं कि उनमें यथार्थ के सम्मुख

खड़े होने की पूरी हिम्मत है। असल में उनकी यह अभिभूतता मृत्यु को लेकर नहीं, जीवन को सार्थक पूरा करने के लिए है। यही सार्थकता 'गिलिगडु' की भी सार्थकता है।

रिश्तों के नाम पर आसपास के लोग किसी को काबू में रखने की कोशिश करते हैं तो वहाँ जाने-अनजाने रिश्ता ढीला होता नजर आता है। बेटा-बेटी, बाबू जसवंत सिंह से अपना रिश्ता लॉकर में रखी हुई संपत्तियों से तौलने लगते हैं, तब पिता भी उनके लिए बोझ महसूस होने लगता है। रिश्ते यहाँ एक प्रकार के 'अनकहे' दबाव बनते हैं। इसी दबाव से बचने का आग्रह उनके अंदर धीरे-धीरे पनपने लगता है। तभी जसवंत सिंह एक तीसरा रास्ता ढूँढ़ने को मजबूर हो जाते हैं। वे सुनगुनियाँ के बारे में सोचना शुरू कर देते हैं। औपचारिक रिश्ते जहाँ 'बोझ' बन जाते हैं, वहाँ इंसानियत से वाकिफ मनुष्य दूसरे विकल्पों को ढूँढ़ते हैं–बिना शर्त वे आपस में मिलना-जुलना, बात करना, प्यार करना, दुख बाँटना पसंद करते हैं।

इस तथ्य को अमल करने की एक और कोशिश है, कर्नल स्वामी और अणिमा दास के बीच का पत्र-व्यवहार। इन चिट्ठियों का अपना अर्थायाम है। क्योंकि उसे लिखती हुई अणिमादास को लगता है कि इस अनजान और अजनबी दुनिया में उसका अपना कोई है, अपनी एक जगह है। यही जगह वह अपनी चिट्ठियों के माध्यम से जाहिर करती है। इसलिए कर्नल स्वामी और खुद के अलावा किसी तीसरे व्यक्ति द्वारा इस पर टिप्पणी करना तक वह चाहती नहीं। वह उसकी अपनी सच्चाई है। हमेशा साथ निभानेवाली सच्चाई। उसी के अनुसार, 'ये चिट्ठियाँ नींद में सपनों में सपना नहीं, सच को बुनती रचती हैं।' पृ. 74

निजी संबंध जहाँ मनुष्य को दबोच लेता है, तब उसका 'सामाजिक' नई राहों को खोजता है। यह अन्वेषण जीवन को नया अर्थ देता भी है। मरजोरी टेयलर ने मनुष्य के इन सपनों को लेकर, विशेषकर बच्चों के सपनों को लेकर यह बताया है कि उनके सपने काल्पनिक अधिक होते हैं, मगर स्वस्थ और सकारात्मक भी होते हैं। दुनिया के नियम व तर्क से बढ़कर इनका संबंध मनुष्य एवं मानवीय संवेदनाओं को कायम रखने की दिशा में होता है। पृ. 147, इमाजिनरी कपानियनस एण्ड चिल्ड्रन हु क्रिएट देम–अणिमादास का अपना परिवार है। कर्नल स्वामी का परिवार होते हुए भी वे उनसे अलग रहते हैं। उनके परिवारवालों के बीच अजनबीपन है। लेकिन इंसानी रिश्तों की महक दोनों में बराबर है। इसीलिए दोनों में जीने का पूरा एहसास है। किसी भी विडंबना का सामना करने का साहस भी। शायद यही कारण है कि अणिमादास के झुर्रियोंवाले चेहरे को कर्नल स्वामी स्वीकारते हैं और कर्नल स्वामी का मजाक उड़ाती हुई अणिमादास कविता लिखती है कि, बिना मूँछों के उनका लंबा चेहरा उस कच्चे गलियारे सा लगता है जिसकी कंकरीली लंबाई लोगों को वहाँ से गुजरने से डराती है।'' एक छत के नीचे रहनेवालों में ऐसा मजाक इस उत्तराधुनिक जिंदगी में विरले ही संभव हो पाता है।

कल्पना जब कर्नल स्वामी के लिए यथार्थ बन जाता है तब वे अपनी अधूरी

जिंदगी को फिर से, पूरी लगन के साथ जीने का प्रयास करते हैं। क्योंकि उसकी फैंटेसी कोई मनोरंजन या पलायन नहीं है। वे मनचाही जिंदगी के सपनों से जिंदगी को स्वायत्त बनाते हैं। अपने ही बीते हुए दिनों को फिर से वापस खींचते हैं। यह उनके वर्तमान की विकरालताओं को कम करती है। पूरी लगन के साथ वे मौत की चौखट पर हँसते खड़े रहते हैं। यह हर इंसान की चाहत है, भले ही हिम्मत व साहस के बिना उसे स्वायत्त करना बहुत मुश्किल होता है।

उपन्यास में चित्रा मुद्गल जी ने जहाँ इंटरनेट की बातें की हैं, वहीं उसे मानव-जाति के हित के लिए उपयुक्त करने की सूचना भी दी है। अनगिनत संभावनाओं से वैश्वीकरण एवं संचारक्रान्ति दुनिया को अपने शिकंजे में फँसाते हैं। इसके साथ-साथ मुनाफेखोर अमानवीय हरकतें नई पीढ़ी के स्वभाव में घुलमिल गई हैं। जसवंत सिंह की बहू इसका नमूना है। वह अकसर अपने बूढ़े ससुर को कोसने के लिए कोई न कोई चारा देखती रहती है। पड़ोसिन की शिकायत उसके उद्देश्य की पूर्ति करती है। बाबू जसवंत सिंह द्वारा पैजामे की बाँध खोलनेवाली बात को पड़ोसिन के मुँह से सुनकर वह बिना किसी हिचक के अपने ससुर को कोसती है। बहू की इन बातों से जसवंत सिंह के स्वाभिमान पर चोट लगती है। यह आरोप उसके बुढ़ापे को और कमजोर बनाता है। ऐसे 'सुसभ्य' समाज में जसवंत सिंह की स्वस्थ दृष्टि और मानवीय संवेदना बेअसर हो जाती है। इंसानी दृष्टि को पहचानने में आधुनिक पीढ़ी के इंद्रिय सक्रिय नहीं नजर आते। एक तो रिश्तों के प्रति वे ढोंगी हैं, ऊपर से अपने अंदर की उद्देश्यपूर्ति के मोह में वे मुखौटे पहन लेते हैं। हर इंसान का अपना एक चेहरा होता है, जिसमें सभी मनोविकारों के उतार-चढ़ाव होते रहते हैं। लेकिन 'सभ्य' होने का मुखौटा सभी मानवीय संवेदनाओं को अपने में दबोच लेने की सीख देता है। ससुर को कोसनेवाली बहू को यह जानने की मोहलत भी नहीं है कि जसवंत सिंह ने कौन-सी शारीरिक परेशानी की वजह से पैजामे की बाँध खोली थी। वैसे तो अपने ससुर को उसने कभी पहचानने की कोशिश नहीं की है। इस तरह मानवीय संवेदनाओं का स्थान उत्तराधुनिक परिवार में नगण्य रह जाता है।

उपन्यास के अंत तक आते-आते बाबू जसवंत सिंह महसूस करते हैं कि जिस लाड़-प्यार से उन्होंने अपने बच्चों-पोतों को अन्तस् में समाने की कोशिश की थी, उसका भी कोई अर्थ नहीं है। वे भी उनसे छुटकारा पाना चाहते हैं। उन्होंने पाया कि बिजिनेस के रूप में वे भी रिश्तों को देखते हैं। उनके बीच के मौन को तोड़नेवाली एकमात्र बात बैंक-बैलेन्स रह जाती है। इस 'ग्लोबलाइज्ड' घर में बातचीत भी बिजिनेस का हिस्सा है। न कोई किसी के लिए तरसता है, न कोई किसी की प्रतीक्षा करता है। सबका अलग-अलग कमरा है, दुनिया है, स्वार्थ है, स्वार्थ में डूबा जीवन है। किसी को यह भी नहीं लगता कि यह गंभीर मसला है।

रिश्तों के हर मोड़ पर प्यार और आपसी मिलन की कमी महसूस करना इंसान की सबसे भीषण अवस्था है। खासकर बुढ़ापे में, जहाँ मन के साथ दौड़ने के लिए हड्डियाँ

साथ नहीं देतीं। इसलिए हर बूढ़ा व्यक्ति अपनी संवेदनाओं को हाड़ के पिंजरे में कैद रखने के लिए मजबूर हो जाता है। यहीं बुढ़ापा संघर्षमय हो जाता है। विश्राम और ध्यान की जरूरत के क्षणों में तड़पनेवाले इंसान, यहाँ लाभप्रद रिश्तों के युग में 'अनुपयोगी' हाड़-मांस बन जाते हैं।

बाप-बेटे के रिश्ते में दरारें पड़ने के कारण बाबू जसवंत सिंह एक अलग और बेहतर रास्ता अपनाते नजर आते हैं। इन तनाव भरे संबंधों के बीचोंबीच बाबू जसवंत सिंह को एक विकल्प जीवन की इस गर्मी में ठंडी हवा जैसी लग रहा है। यही कारण है कि कर्नल स्वामी के फ्लैट से लौटते हुए, रास्ते में ही उन्होंने गाँव जाकर, बाकी जिंदगी नौकरानी सुनगुनियाँ के साथ रहने का निर्णय ले लिया। और इस तरह वे मानव-मानव के बीच होनेवाले स्वाभाविक संबंधों की सार्थकता स्वीकार करते हैं।

चित्रा मुद्गल का यह उपन्यास अत्यंत सहज एवं सरल प्रस्तुतीकरण के कारण सुंदर और सामान्यों की कथा है। सामान्य व सहज भाषा में किस्सागोई करके उन्होंने इस छोटे उपन्यास में मिट्टी की गंध भी फैलायी है।

अंत तक आते यह पाठकों को अचानक एक मोड़ पर पहुँचा देता है। कर्नल स्वामी की मृत्यु से बाबू जसवंत सिंह की जो अप्रत्याशित मानसिक उथल-पुथल है, वह पाठकों में भी मौजूद रहती है। कर्नल स्वामी की मृत्यु से जसवंत सिंह की जैसी स्थिति पाठकों में भी उत्पन्न होती है। पहले वे इस हकीकत से मुँह मोड़ना चाहते हैं। लेकिन कर्नल स्वामी का कभी न खुलनेवाला दरवाजा और सपनों में बुने गिलिगडुओं का बसेरा उन्हें उस हकीकत को स्वीकार करने के लिए मजबूर करते हैं। यही सच्चाई उन्हें सपनों से नाता तोड़कर सुनगुनियाँ के साथ अनाम रिश्ते को अपनाने के लिए बाध्य कराती है। वे सुनगुनियाँ से कहना चाहते हैं—"अपने और उसके रिश्ते को वह जो भी नाम देना चाहें, उन्हें स्वीकार होगा। चुनना उसे ही है, उन्हें नहीं। उन्हें यह भी मालूम है कि नाम वही चुन सकती है और दे भी सकती है। वे अब तक, सच कहें तो, उसे अनाम रूप से ही अपने भीतर जीते रहे हैं। आगे भी उसे शायद, इसी रूप में जीते रहते, अगर उनकी मुलाकात अणिमादास की लंबी कविता से न हो जाती।" (पृ. 143)

संबंधों के विघटन से उत्पन्न टीस और दुःस्थिति कर्नल स्वामी को कचोटती है। आज के होड़ भरे जीवन में हर मनुष्य इस टीस का शिकार है। पर तमाशा यह भी है कि यह जानता हुआ भी वह अपना मन हल्का करने का उपाय नहीं सोचता। अपरंपार समस्याओं तथा अनगिनत चाहतों के पीछे वह भागता है। चयनित जीवन को अख्तियार करके जसवंत सिंह के माध्यम से चित्रा मुद्गलजी ने यही बताया है कि जीवन का अर्थ अब भी शेष है, बचा हुआ है। जिनमें साहस है, दायित्व है, वह उसे कभी भी हासिल कर सकता है, किसी भी उम्र में। यही सांत्वना इस उपन्यास को सार्थक एवं प्रासंगिक बनाती है। यह सच्चाई समकालीन दौर के पारिवारिक अंधाधुंध में आकाशदीप जैसा हर संवेदनापूर्ण इंसान को लुभाती भी है।

दलित प्रतिरोध का दस्तावेज

डॉ. ओमना पी. वी.

समकालीन संदर्भ में दलित जीवन की व्याख्या एक साहित्यिक विधा के रूप में उभर आयी है। दलित साहित्य को लेकर काफी बहसें भी चल रही हैं। दलितों के अभिशप्त दर्दनाक जीवन की गाथा ही दलित साहित्य की कोटि में आने योग्य मानी जाती है, जिसका लेखक दलित जाति में जन्मा व्यक्ति होता है। कारण भोगे हुए यथार्थ की अभिव्यक्ति स्वयं अनुभवी व्यक्ति ही ईमानदारी से कर सकता है। दलित जाति में जन्मे लेखक अपनी रचनाओं के जरिए अपने जीवनानुभवों को, जो बड़े दर्दनाक एवं मार्मिक होते हैं पूर्ण रूप से प्रस्तुत करते हैं। जहाँ तक गैर दलित लेखकों का सवाल है, वे दूसरों की व्यथा को दूर से देखकर अनुभूत सत्य के रूप में प्रस्तुत करते हैं, एक हद तक ही सफल हो पाते हैं। उनकी सामाजिक प्रतिबद्धता, सृजनात्मकता एवं दृष्टिकोण की व्यापकता सहजीवियों के प्रति सहानुभूति, ममता आदि को अनदेखा नहीं किया जा सकता। ऐसे लेखकों में उल्लेखनीय हैं जगदीशचन्द्र, गोपाल उपाध्याय, मन्नू भंडारी, अमृतलाल नागर, गिरिराज किशोर आदि। इन रचनाकारों ने अपनी रचनाओं में दलित जीवन के विभिन्न पहलुओं को लेकर दलित जीवन के प्रति अपने दृष्टिकोण व्यक्त करने की कोशिश की है। वैज्ञानिक विस्फोट के समकालीन संदर्भ में, मानव जीवन का विकास अब चरम सीमा पर पहुँच चुका है, लेकिन दलित जीवन में या दलितों के प्रति समाज के उच्च वर्ग एवं सत्ताधारी लोगों की मानविकता में कोई विशेष परिवर्तन नहीं आया है। उनके प्रति संकुचित एवं आक्रामक मानसिकता आजकल पहले से काफी मात्रा में बढ़ गयी है। सांस्कृतिक एवं शैक्षिक उन्नति पर गर्व करनेवाले भारतीयों के मन में समाज के निम्न जाति के लोगों के प्रति घृणा एवं हीनता की भावना है। विशेषकर शिक्षित समाज में। इस सन्दर्भ में शिवमूर्ति के 'तर्पण' की प्रासंगिकता असंदिग्ध है। वास्तव में यह दलित जीवन की व्यथा-कथा ही नहीं, उच्चवर्ग के अत्याचार, अमानवीयता, दमन, शोषण, सत्ता एवं धन का गर्व आदि की कहानी है। सत्ताधारी दलितों के प्रति अमानवीय व्यवहार करके सत्ता के बल पर दूसरों के अधिकार-सम्मान को अपने पैरों तले कुचलते हैं। उपर्युक्त सभी बातों का संकेत उपन्यास की प्रत्येक घटना में देखने को मिलता है।

तर्पण का धरमु और उसका बेटा, दलित को बेकार साबित समझकर उन पर अत्याचार करके धन वैभव के सहारे अपने को निरपराधी साबित करते हैं। यहाँ सरकारी कर्मचारियों की दायित्वहीनता एवं मूल्यहीनता का उद्घाटन एवं जाति की मानसिकता का भीषण रूप भी चित्रित कियां गया है। नारी के प्रति अत्याचार अब नया विषय नहीं है। नारी को देवी समझकर उसको आदर सम्मान देने की प्रथा अब व्यर्थ एवं निरर्थक हो गयी है। आज के संदर्भ में समाज में नारी शोषण का शिकार है। नारी शोषण में उच्च नीचत्व की भावना नहीं है। इस संदर्भ में दलित और नारी की विवशता बराबर है। एक बात अनदेखी नहीं की जा सकती है कि दलित नारी ही दूसरों की तुलना में अपने परिवेश (दलित समाज) में काफी सुरक्षित एवं माननीय है। फिर भी उच्च वर्ग के द्वारा पीड़ित होते समय उसकी रक्षा के लिए अपना समाज असमर्थ हो जाता है। 'तर्पण' की रजपतिया की यही दुःस्थिति है। यदि गैर दलित स्त्री पर कोई अत्याचार होता है तो उसको सांत्वना देते एवं उसकी रक्षा के लिए काफी लोग उपस्थित होते हैं, दलित नारी की स्थिति इससे एकदम भिन्न है।

ब्राह्मण युवक चन्दर जो गाँव के धरमू पंडित का प्यारा बेटा है, रजपतिया से बलात्कार की कोशिश करता है। रजपतिया और साथ की अन्य स्त्रियों के विरोध के कारण वह सफल नहीं हो पाता। रजपतिया के साथी चन्दर को गाली देकर भगाती हैं। चन्दन ने रजपतिया पर चोरी करने का आरोप लगा के अपने को निरीह करने की कोशिश भी की। रजपतिया के पिता, धरमू पंडित के यहाँ यह बात पूछने को आये तो वे अपने बच्चे को निरपराधी घोषित करके पियारे को गाली देते हैं। धरमू की पत्नी लड़की को कुचाली कहती है। वह कहती है कि जवान बेटी के माँ-बाप को आँख-कान खोलकर रहना चाहिए। वह आरोप लगाती है कि पियारे जानबूझकर अपनी बेटी को घर के बाहर घूमने फिरने भेजता है। उसकी लड़की गाँव के लड़कों को बरबाद करनेवाली है। माँ-बाप इसको अनदेखा करके लड़की को निरीह साबित करने को आये हैं। पंडिताइन समाज व्यवस्था के प्रति अपना रोष यों प्रकट करती है कि, ''चमार को इतनी हिम्मत आयी है कि लाठी लेकर घर पर पूछने को चढ़ आए।'' वह चाहती है कि निम्न जाति के लोग सदा उन लोगों के अत्याचार को सहन कर उनके लिए दिन-रात मेहनत करके अपना जीवन बिताने के लिए जन्मे जानवर बने रहें। यह सिर्फ एक धरमू के परिवार के विचार नहीं पूरे ब्राह्मण एवं अन्य उच्चवर्ग की मानसिकता है। उपन्यास का पमेरा इसे उत्तर देने लायक बन गया है—वह कहता है कि अब वे लोग पहले के वे चमार नहीं जो कान-पूँछ दबाकर सब सह-सुन लें।

धरमू परिवार यह जानता है कि चन्दर ने अपराध किया है। अपनी इज्जत की सुरक्षा के लिए रजपतिया को दोषी ठहराते हैं। पियारे को लगता है कि पंडित ने मीठी बातों में उसे उल्लू बना दिया है। उसके मन में कई विचार उत्पन्न होते हैं। अंत में उसके मन में प्रतिकार की इच्छा प्रबल होती है। सारे गाँव वालों की प्रेरणा से पियारे थाने में

रिपोर्ट करने को तैयार हो जाता है। पूरे चमार इस बलात्कार को अपनी जाति की इज्जत की बात समझकर पंडित परिवार के खिलाफ लड़ने को तैयार हो जाते हैं। मतभेद भी होते हैं। कुछ लोग कहते हैं नारी विषय है, अंत में नारी पक्ष ही हारेगा। अंत में यह निर्णय लिया जाता है कि दलित बलात्कार किये जाने की रिपोर्ट लिखवानी है। पियारे मानता है कि इस प्रकार रिपोर्ट लिखकर थाने में जाने से कोई आपत्ति नहीं। अपनी जाति के बच्चे जो कहते हैं वह ठीक ही है। वह बचपन से ही देख रहा है कि उच्च जाति के लोग निम्न वर्ग की इज्जत पर हाथ डालने में रत्ती भर भी संकोच नहीं करते। उच्च जाति के लोग इस प्रकार के अमानवीय व्यवहार को अपना अधिकार मानते हैं। निम्न जाति की इज्जत को वे तनिक भी मान्यता नहीं देते हैं। रजपतिया की माँ यह सुनकर कुढ़ रही है। उसको लगता है कि सब मिलकर उसके आदमी को आग में कूदने के लिए मजबूर कर रहे हैं। वह अपनी शंका प्रकट करती हुई यह सुझाव देती है कि थाना पुलिस के बिना किसी भी प्रकार बात ठीक करें। वह पूछती है कि ये लोग इतने ज्ञानी हैं तो इस प्रकार का निर्णय पहले क्यों नहीं लिया। वह कहती है कि सब परिवार के साथ इसके पहले इस प्रकार के अत्याचार अवश्य हुए हैं लेकिन आज तक कोई तो नहीं गया थाना पुलिस करने। वास्तव में यह गाँव की अनपढ़ भोली माँ की आशंका ही है जो व्यवहार कुशल नहीं हो। वह डरती है कि कहीं उसके पति, पुत्र आदि को कोई नुकसान न हो। साथ ही उसका दिल पुत्री के भविष्य के संबंध में भयभीत है। वह पति से अत्याचार को छिपाना चाहती थी लेकिन घर पहुँचने के पहले ही उसको खबर मिल गयी थी। देहाती औरत में अपने आदमी और संतान को थाना पुलिस भेजने की हिम्मत भी नहीं है। उसके मन में पूर्ववर्ती घटनाओं की याद आती है। नथ्थुसिंह के बेटों ने जो अत्याचार किया था, थाने पुलिस जाने को जो निकाला तो उसका हाथ और पैर तोड़ दिया गया। वह डरती है वही हालत उसकी सन्तान एवं बच्चे की न हो जाए।

ब्राह्मण औरत में भी धन वैभव एवं कुलगरिमा का घमंड है। जाति चिंता उसके मन में भी काफी प्रबल है। हलवाहा रखना वह अपनी इज्जत की बात मानती है। इसलिए वह गाँव की चमारिन लवंगी की शर्तों को स्वीकार करती है। लवंगी को जोताई और फावड़े, कुदाल का काम है। गोबर-इड़ा, खाद-पास, चारा-पानी और झाड़ू बुहारन में हाथ न लगाएगी। जमाने की रफ्तार को देखते हुए मानना पड़ा। लवंगी पंडिताइन की खुशामद करती हुई कहती है कि मैंने भी ललकार दिया कि पहले अपनी बिटिया की चाल सुधारो, तब दूसरे पर थूकने चलो। बस इसी बात पर सब मुझ पर टूट पड़ीं। निम्न जाति की नारी को अपनी दयनीय स्थिति के कारण ही कभी कभी अपनी जाति के खिलाफ कुछ कहना पड़ता है। अपनी अनभिज्ञता, गरीबी आदि के कारण पंडिताइन के हलवाह के लोग इज्जत की बात मानती है। इस प्रकार के व्यवहार एवं कथन दलित मानसिकता के दयनीय एवं मार्मिक रूप का परिचायक है। धरमू पंडित मानते हैं कि दलित युवकों की मानसिकता में काफी परिवर्तन आया है। वे अपने माँ-बाप की तरह

उच्च वर्ग द्वारा किये अपमान सहन करने को तैयार नहीं हैं। धरमू सोचता है, गाँव छोड़कर जाना ही अच्छा होगा।

रजपतिया के साथ हुए अत्याचार का बदला लेने के लिए गाँववालों का नेतृत्व पर्याप्त नहीं है। इस विचार से विक्रम और राजेश भाई जी की सलाह के लिए उन्हें बुला लेते हैं। भाईजी का सभी आदर करते है। उनकी राय भी स्वीकार करेंगे। भाईजी निडर और निःस्वार्थ, संघर्ष करनेवाला व्यक्ति हे। वे जाति के लोगों को इकट्ठा करके अत्याचार के खिलाफ आवाज उठाने की प्रेरणा देते हैं। वे यह मानते हैं कि दलितों की प्रगति और अधिकार के लिए संघर्ष का नेतृत्व दलित नेताओं द्वारा ही सफल हो जाएगा। पढ़े-लिखे दलित युवकों को इस दायित्व को वहन करने को तैयार होना है। राजनीतिक नेताओं के पीछे जाने से दलितोद्धार संभव नहीं हो जाएगा। दलितों की उन्नति एवं भलाई के लिए कुछ करने को कोई भी तैयार नहीं होगा। उनके वोट सब के लिए आवश्यक हैं। हमें यथार्थ को पहचानना है। भाईजी की राय में गैर दलित नेताओं का नेतृत्व दलितों में हीनताग्रंथि पैदा करके उन्हें अपने लिए उपयोगी जीव बनाने की कोशिश ही करेगा। सौभाग्यवश आज की युवा पीढ़ी इसको पहचानती है। भाईजी सलाह देते हैं कि पीठ दिखाना अच्छी बात नहीं रिपोर्ट लिखना होगा, संघर्ष करना होगा। सिर्फ संघर्ष नहीं, जीत भी पक्की होनी चाहिए। इसके लिए स्ट्रेटजी बनाना होगा। कुशल राजनीतिज्ञ की हैसियत से भाई जी अपनी राय प्रकट करते हैं। वे कहते हैं कि उच्च कोटि के लोग झूठ को सच बना कर काम चलाते हैं। हमें भी ऐसा करने में हानि नहीं है। कम-से-कम अपनी इज्जत की सुरक्षा के लिए। ब्राह्मण के इस प्रकार की स्ट्रेटजी का उदाहरण है उनका कथन ब्राह्मण का जन्म ब्रह्मा के मुँह से हुआ और दलित लोगों का पैर से। रिपोर्ट भेजते हैं पुलिस अधिकारियों के बीच चर्चा हो रही है कि हरिजन अत्याचार है उचित निर्णय न लें तो बात खराब हो जाएगी। पुलिस अधिकारी गाँव आकर रजपतिया से पूछताछ करते हैं। नारी के प्रति अत्याचार करने के बावजूद भी, नारी को अपने खिलाफ किया अमानवीय व्यवहार का चित्रण भी देना पड़ता है। निरीह लड़की अधिकारी के सवालों के आगे असहाय होकर चीखती है। यह विडम्बना स्त्री को हमेशा सहनी पड़ती है। अत्याचारी आदमी दोषी सिद्ध होता है तो गिरफ्तारी के बदले उन्हें सम्मान ही मिलता है। चन्दर के प्रसंग में भी यही घटित होता है। अंत में रजपतिया के अपहरण की सूचना मिलती है। नारी के प्रति अत्याचार की कोशिश ही अपराध है। इसको स्वीकार किए बिना अत्याचारी के पक्षधर होकर नारी और परिवारवालों पर दोषारोपण करके उन्हें सताना वांछनीय नहीं।

चन्दर के मन में प्रतिकार की भावना प्रबल हुई। उसके मन में भाई जी के प्रति विरोध है। लवंगी की सूचना से वह भाई को मारने को गया तो मुन्ना द्वारा चन्दर की नाक काटी जाती है। अंत में पियारे स्वयं स्वीकार करता है कि उसने चन्दर की नाक काट दी। अपनी बेटी के साथ किया अत्याचार ही इसका कारण बताता है। अपने पुत्र

द्वारा किए अपराध को वह स्वयं स्वीकार करके जेल जाने को तैयार हो जाता है। कान पूँछ दबाकर इतने दिनों तक उच्च जाति का जोर-जुल्म सहन कर जीवन बिताने का प्रायश्चित्त के रूप में वे जेल जीवन को स्वीकार करते हैं। नेताओं के प्रति अपना व्यंग्य वह यों प्रकट करता है नेता कभी कुछ करते हैं सरकार वह तो डर के मारे पेड़ पर चढ़ गए थे। वकील के सुझाव एवं सलाह को नकारते हुए पियारे दृढ़ चित्त होकर जेल जीवन को स्वीकार करता है। उसके मन में जरा भी ग्लानि-वेदना नहीं है।

उपन्यास में दलित जीवन के सभी पहलुओं को उभारने की ईमानदार कोशिश की गयी है। उनके जीवन की विवशता, निरीहता, अनभिज्ञता, ग्राम्यजीवन का भोलापन आदि के प्रचुर मात्रा में उदाहरण उपलब्ध हैं। पहली बार नगर आते समय पियारे के मन में उत्पन्न शंका जिज्ञासा आदि अनपढ़ ग्रामवासी की निरीहता का प्रमाण है। 'तर्पण' वास्तव में भारतीय समाज में सहस्राब्दियों से शोषित, दमित, दलित समुदाय के प्रतिरोध एवं परिवर्तन की कथा है। प्रत्येक संदर्भ दलित जीवन की वास्तविकता का ज्वलंत चित्रण प्रस्तुत करता है। 'तर्पण' के वाचन से यह सिद्ध हुआ है कि कथ्य एवं शिल्प की दृष्टि से यह एक सशक्त औपन्यासिक कृति है।

आंचलिक जीवन की, उसकी रमणीयता को नष्ट किये बिना, वास्तविकता को ईमानदारी से चित्रित करने की कोशिश की गयी है। उपन्यास के प्रत्येक पात्र, उनका कथन सब कुछ प्रसंगानुकूल एवं प्रासंगिक है। मुख्य एवं गौण पात्रों के रूप में चरित्र विभाजन नहीं किया जा सकता। प्रत्येक की भाषा, वातावरण की पूर्ण व्याख्या देनेवाली है। समकालीन उपन्यास की एक प्रमुख प्रवृत्ति है आंचलिकता जो 'तर्पण' में दृष्टिगोचर है। दलित समाज की प्रगति एवं परिवर्तन के लिए 'तर्पण' जैसी रचनाओं की भूमिका निर्विवाद है। इस तरह की रचनाओं से प्रेरणा पाकर ही दलित युवा पीढ़ी अपनी दुःस्थिति को समझकर अपनी जाति की इज्जत को सुरक्षित रखने को तैयार हो जाएगी। यदि साहित्यकार का दायित्व समाज की तमाम जनजाति की भलाई के लिए काम करना है, उसके लिए वातावरण तैयार करना है तो उन्हें समाज की समस्त जनजाति को देखना है। दलित जीवन की व्याख्या आज दलित समाज की उन्नति एवं परिवर्तन के लिए सहायक हो जाए तो निस्संदेह सराहनीय बात है। समकालीन सन्दर्भ में दलित साहित्य की प्रासंगिकता स्वयंसिद्ध है।

दलित मुक्ति का आह्वान

पी. जे. हेरमन

मोहनदास नैमिशराय एक चर्चित दलित साहित्यकार हैं। उनके द्वारा रचित 'मुक्तिपर्व' उपन्यास वास्तव में दलित मुक्ति के सही अर्थ ही ओर हमारा ध्यान आकर्षित करता है। भारतीय इतिहास में स्वतन्त्रता आन्दोलन एक ऐसी घटना है जिसका कई दृष्टियों से महत्त्व है। पर उससे जुड़ी हुई महत्त्वपूर्ण बात यह है कि इसने राजनीतिक आजादी की चेतना के साथ-साथ वैयक्तिक एवं सामाजिक आजादी की भी चेतना पैदा की है। सदियों से वर्णाश्रम व्यवस्था की गुलामी झेल रहे लोग स्वतन्त्रता के अर्थ को समझ गए। इसलिए स्वतंत्रता आन्दोलन के समय से ही उन लोगों द्वारा यह प्रश्न पूछा जाने लगा था कि अंग्रेजों से स्वतंत्रता तो ठीक है, पर देशी अंग्रेजी से कब मुक्ति मिलेगी? स्वतन्त्र होने की चेतना ने ऐसे ही कई प्रश्न पैदा किए थे। उनके मन में आशंका थी कि, आखिर उनके दुश्मन कौन हैं? किसे मार गिराएँ वे, जिससे उन्हें भी गुलामी से छुटकारा मिल जाए। देश के मालिक अंग्रेज थे, पर उनके मालिक नवाब, जमींदार और काश्तकार थे। उनकी हवेली और खेतों पर उन्हें दस-दस, बारह-बारह घण्टे कमर तोड़ मेहनत करनी पड़ती थी। तब जाकर उनके परिवार को रोटी नसीब होती थी। वे गुलाम न थे पर उन्हें गुलामों की तरह रखा जाता था। स्वतंत्रता की चेतना ने जिन प्रश्नों को यहाँ के निम्नवर्ग के लोगों के समक्ष पैदा किया था, ऐसा नहीं था कि उनका समाधान इन लोगों को नहीं सूझ रहा था बल्कि आन्दोलन ने वह भी प्रस्तुत कर दिया था। इन प्रश्नों का समाधान उन्हें साफ-साफ दिखाई दे रहा था। मुक्ति की राह इन लोगों के समक्ष स्पष्ट हो चली थी। इसलिए ये उस पर चलने के लिए उद्यत हो उठे थे। इस उपन्यास में स्वतन्त्रता आन्दोलन के बाद दलित समाज में हो रहे परिवर्तन की उपरोक्त प्रवृत्तियों को पकड़ने का प्रयास किया गया है।

सदियों से दलितों को जमींदार, नवाब, काश्तकार आदि अपना गुलाम बनाकर काम ले रहे थे। उपन्यास का बंशी ऐसा एक पात्र है जो नवाब अलीवर्दी खाँ के यहाँ नौकर है। जब तक वह हवेली पर रहता है तब तक वह नवाब साहब की हुकुम बदूली करता ही रहता है। वह सदा उनके गुस्से का शिकार होता रहता है जब कि उसका कोई कारण नहीं होता। नवाब साहब की गुलामी के अलावा बंशी के पास और कोई विकल्प

न था। वह नौकर के रूप में एक इन्सान नहीं पशु था। अकेले बंशी की स्थिति नहीं थी, बल्कि नवाबों और जमींदारों के यहाँ सभी नौकरों की यही स्थिति थी। इनकी गुलामी चरम पर ही थी। आजादी मिलने के करीब का समय दर्शाते हुए उपन्यास प्रारंभ होता है। सुन्दरी, बंशी की पत्नी है जो गर्भ से ही अपने बच्चे और आजादी के विषय में सोचकर बहुत ही खुश है। जिस दिन देश आजाद होता है उसी रात सुन्दरी को प्रसव पीड़ा होती है। उसे खुशी एवं दुख का अनुभव एक साथ हो रहा था, खुशी इस बात से कि आजादी की पहली सुबह में उसने बच्चे को जन्म दिया था। जो गुलाम देश में पैदा न हुआ था। आजादी का दिन उसके लिए मुक्तिपर्व था। सुबह होते ही बंशी नवाब अली वर्दी खाँ के घर काम पर आ जाता है। लेकिन काम की बातों-बातों में नवाब साहब आगबबूला हो जाते हैं, और उसको भला-बुरा कहते हुए उसे गुलाम कह कर जलील करते हैं। बंशी जब इसका हल्का-सा प्रतिरोध करता है जो नवाब हुक्के की चिलम खींचकर उसके मुँह पर दे मारते हैं। उसका सिर फूट जाता है। बंशी उतना अपमान सहना नहीं चाहता था। वह पहली बार अपना प्रतिरोध व्यक्त करते हुए कहता है, ''हाँ, हाँ जा रिया हूँ, मैं थूक्कूँगा भी नहीं हियाँ पर।'' बरसों की गुलामी की जंजीरें एक झटके के साथ टूट जाती हैं। यहाँ पहली बार बंशी अपने मालिक से अपनी प्रतिक्रिया व्यक्त करता है। इसके लिए उसमें पहले कभी हिम्मत नहीं थी। देश की आजादी ने उसमें क्रान्तिकारी बदलाव पैदा किया था। पर वह अन्दर ही अन्दर इस बात को लेकर दुखी भी था कि अगर जमींदारों और नवाबों का राज इसी तरह बना रहेगा तो आगे का जीवन कैसे सँभालेगा।

दलित मुक्ति के लिए परंपरागत रूढ़ियों का उल्लंघन करना होगा, यही सन्देश यहाँ उपन्यासकार ने दर्शाया है। बंशी अपने बच्चे की खातिर उन सबका उल्लंघन करने के लिए तैयार हो जाता है जो उसके पुत्र के रास्ते में बाधा बन सकते हैं। इसलिए वह सारी परंपरागत गलत मर्यादाओं को तोड़ देने का निर्णय लेता है। उसको पुत्र रत्न की प्राप्ति हुई थी। इसलिए वह खुशी से झूम उठा था। उसके सारे सपने साकार हो जाएँगे। वह बच्चे को लेकर तरह-तरह की कल्पनाएँ करने लगता है। वह उसको पढ़ा-लिखाकर बड़ा आदमी बनाएगा। वह यह हरगिज नहीं चाहता कि उसका लड़का उसी की तरह नवाबों और जमींदारों की गुलामी करे। नवाब साहब बच्चे की बधाई देने उसके घर आते हैं पर उसके पीछे उनका स्वार्थ ही निहित था। कहते हैं कि तुम तो हमारे ही आदमी हो अब हमारे घर चाकरी नहीं करते तो क्या हुआ बच्चे को हमारी हवेली पर काम करने भेजना। इतना सुनते ही बंशी स्पष्ट रूप में अपना क्रोध व्यक्त करते हैं। साफ-साफ बता देते हैं कि, मुझे गुलाम बने रहने की आदत नहीं नवाब साहब न मैं या मेरा बच्चा किसी की गुलामी नहीं करेगा। वैसे भी देश अब आजाद हो गया है। अब न कोई किसी का गुलाम है न कोई किसी का मालिक। सब बराबर हैं। यहाँ उपन्यासकार ने एक दलित को अपनी गुलामी से मुक्त होने के लिए किए गए हिम्मत पूर्ण सफल प्रयास को दर्शाया

है। यहाँ बंशी मालिक के विरुद्ध अपना क्रोध व्यक्त करते हुए परंपरा से चली आ रही मर्यादाओं का उल्लंघन करता है और एक नयी व्यवस्था की शुरूआत करना चाहता है। वह अपने बच्चे का नामकरण पण्डित की उपस्थिति की परवाह किये बिना पहले ही खुद कर लेता है। क्योंकि पंडित जी दलित बच्चों का नाम रगड़ू, झगड़ू, कालू, चेतु आदि ही रखा करते थे। बंशी ने अपने बच्चे का नाम सुनीत रखा ताकि उसके नाम में दलित पहचान न हो। हिन्दू परंपरा में नामकरण संस्कार पंडितों के द्वारा ही किया जाता है, लेकिन बंशी यह स्वयं करके सदियों से चली आ रही परंपरा को तोड़ देता है। यहाँ परंपरा को तोड़ना ही नहीं बल्कि पंडितों के विशेष अधिकार को चुनौती भी दे रहा है। समानता की लड़ाई में बंशी की भूमिका अत्यंत महत्त्वपूर्ण है।

आर्य समाजी रामलाल इस उपन्यास का एक महत्त्वपूर्ण पात्र है। वह गाँव में स्कूल खोलने की व्यवस्था करता है। बस्ती के लोग सवर्ण रामलाल को पसन्द करते हैं, क्योंकि वही एक सवर्ण है जो बस्ती के लोगों से प्रेम और भाईचारे का संबंध रखते हैं। यह दलितों के लिए बहुत महत्त्वपूर्ण और सम्मानजनक बात थी। इसलिए बस्ती के लोग वफादारी के तौर पर बराबर उनके कार्यों और परेशानियों में साथ देते हैं। आर्य समाजी रामलाल का उद्देश्य भी हिन्दू धर्म में चली आ रही रूढ़ियों और बुराइयों को समाप्त करना तथा अन्धविश्वास और कोरी मान्यताओं पर आधारित सिद्धान्तों और विचारों का खण्डन करना था। इसलिए एक तरफ जहाँ वे जातिवाद छुआछूत, कर्मकाण्ड आदि का विरोध करते रहे तो दूसरी तरफ इन सब क्रियाकलापों और व्यवहारों को धार्मिक रूप से प्रभावित करने वाली बातों को उन्होंने वेद विरुद्ध बताया। जातिवाद का उन्होंने खण्डन तो किया, पर वर्णव्यवस्था को जन्मना न मानकर कर्मणा माना। कर्मकाण्डों का उन्होंने विरोध तो किया, पर वैदिक हवन और मन्त्र पाठ का समर्थन किया। इस तरह हिन्दू धर्म में सुधार लाने के साथ-साथ दलितों में चेतना प्रदान करना और उन्हें समाज की मुख्य धारा में प्रतिष्ठित करना ही उनका लक्ष्य था।

रामलाल के प्रयास से बस्ती में स्कूल खुल जाता है। बहुत मुश्किल से अछूतों को पढ़ाने के लिए लाला जाति से एक अध्यापक की व्यवस्था हो जाती है। स्कूल चालू हो जाता है। रामलाल के इस कृत्य से बस्ती के लोग अत्यधिक खुश हैं और उनके एहसानमन्द भी। लेकिन सामाजिक व्यवस्था इतनी गिरी हुई थी कि स्कूल में पढ़ाने के लिए कोई सवर्ण अध्यापक तैयार नहीं हुआ। मौजूदा सामाजिक व्यवस्था में दलितों के लिए एक अध्यापक को उपलब्ध कराना आसान कार्य नहीं था फिर भी इस कार्य को साध्य बनाने में रामलाल सफल हो जाता है। रामलाल ही एकमात्र व्यक्ति जो दलितों को समझता और उनके साथ मानवीय व्यवहार करता है। बस्ती के लोग रामलाल से अत्यधिक प्रभावित हैं। वे अछूतों के लिए उतने कट्टर हिन्दू नहीं थे जितने कि अन्य। वे अछूतों से प्रेम करते थे। उनके सुख-दुख में साथ देते थे। पर वे भी अपने हिन्दू संस्कारों से पूरी तरह मुक्त नहीं थे। बस्ती में स्कूल खुलवाकर उन्होंने बहुत बड़ा काम

किया था। उनके लगाव और सम्मानपूर्ण व्यवहार से बस्ती के लोग वफादारी के तौर पर बराबर उनके कार्यों और परेशानियों में साथ देते हैं।

दलित शिक्षा प्राप्त करने के इच्छुक हैं। वे चाहते भी हैं कि बिना किसी रुकावट के अपने बच्चे शिक्षा प्राप्त करें। लेकिन सच्चाई तो यह है कि भारत के अधिकांश दलित अपने बच्चों को पढ़ाई के बीच में से खींच लेने में मजबूर हैं। यहाँ बंशी की बस्ती में स्कूल के खुल जाने पर एडमिशन लेने वाले बच्चों की भीड़ लग जाती है। बड़े उत्साह से दलित अपने बच्चों को दाखिला कराने के लिए आते हैं। स्कूल में आवश्यकता से अधिक दाखिला हो भी जाता है। पर जिस गति से एडमिशन लेने वाले बच्चों की संख्या बढ़ी थी उसी गति से कुछ ही दिनों में उनकी संख्या कम भी होने लगती है। बच्चे स्कूल छोड़कर चले जाते हैं। अधिकांश दलित परिवार खेतिहर मजदूर हैं या अपने छोटे-छोटे पांरपरिक धंधों में लगे हुए हैं। उनके इस काम में अपने बच्चे भी लगे रहते हैं। घर-गृहस्थी की गाड़ी चलाने में अपने बच्चे भी पूरा-पूरा सहयोग देते थे। इसलिए बच्चों का काम और उनकी शिक्षा एक-दूसरे के आड़े आते थे। खाने के लिए कुछ जुटा पाने के साथ शिक्षा भी प्राप्त करना उनके लिए समस्या है। शिक्षा और जीविका के संघर्षों में अधिकांश लोग आजीविका को ही महत्त्व देते थे। बस्ती के स्कूल की स्थिति पूरी शिक्षा व्यवस्था पर एक टिप्पणी थी। तमाम व्यावहारिक पहलुओं को अनदेखा कर बनाई गयी नीतियाँ आने वाले समय में दलितों की शिक्षा की स्थिति में अत्यधिक गिरावट लाएँगी। स्कूल में बच्चों की उपस्थिति कम होने पर मास्टर ने उन लोगों के नाम काटने शुरू कर दिए। मास्टर की इस हरकत से आर्यसमाजी रामलाल चिंतित हो उठते हैं। उन्हें लगता है कि मास्टर की वजह से सब कुछ गड़बड़ हो जाएगा। वह तुरंत मास्टर जी के यहाँ जाते हैं और उन्हें समझाते हैं कि अगर वे इस गति से बच्चों के नाम काटते रहे तो जल्दी ही स्कूल बंद हो जाएगा। मास्टर जी श्रीवास्तव जाति के थे। वे भी अपने संस्कारों से मुक्त नहीं थे इसलिए बस्ती के बच्चों से सहानुभूति रखने में उन्हें थोड़ी परेशानी होती थी। इसलिए वे भी बच्चों के नाम काटने में न हिचकते थे। क्योंकि वे भी तो यही चाहते थे कि दलित के बच्चे न पढ़ें-लिखें।

बंशी ने जब से आजादी की चेतना ने जन्म लिया तब से उसे समाज की कई असंगतियाँ साफ-साफ दिखाई देने लगीं। वह अपने तथा समाज के विषय में चिन्तित हो उठता है। अपने आप से बार-बार सवाल करता है कि उसकी ऐसी स्थिति क्यों है? उसकी अपनी पहचान क्या है? उसके स्वाभिमान पर बार-बार क्यों चोट की जाती है? बंशी के पास अधिक विश्लेषण क्षमता नहीं है। लेकिन वह इतना तो समझ ही लेता है कि उसके साथ अन्याय किया जा रहा है। इसी दौरान बाबा साहब डॉ. बी. आर. अम्बेडकर का निर्वाण हो जाता है। यह घटना जंगल में आग की तरह फैल जाती है। दलित लोगों में शोक की लहर फैल जाती है। देश के अखबारों एवं रेडियो पर उन्हीं की चर्चा होने लगती है। ये सारी बातें उसके दिमाग को धक्का लगा देती हैं। उसका चिन्तन

धीरे-धीरे स्पष्ट होने लगता है। उसकी और उसके समाज की ऐसी दयनीय हालत क्यों है? अब इसका उत्तर भी कुछ स्पष्ट होने लगता है।

बंशी का पुत्र सुनीत कक्षा पाँच का विद्यार्थी है जो बड़ा होनहार और चेतना सम्पन्न है। वह अपनी कक्षाओं में हमेशा अव्वल आता रहा है। एक दिन की घटना उससे भूले नहीं भूलती। अपने पिता बंशी लाल के साथ पानी पीने के लिए वह एक प्याऊ पर जाता है। जहाँ पण्डित लोगों को पानी पिला रहा था। जब उसके पिता ने पानी पिलाने को कहा तो पंडित ने पानी लोटे से न पिलाकर उसमें नलकी लगाकर पिलाया। नलकी रबर की बनी एक पाइप होती है जो लोटे या गागर से पानी पिलाने के दौरान लगा दी जाती है। उससे लाभ यह होता है कि अछूतों को पानी पिलाने के दौरान गिरने वाले पानी के छींटे लोटे अथवा पानी पिलाने वाले के ऊपर नहीं पड़ते। पानी पीने की यह घटना सुनीत को परेशान कर देती है। वह अगले दिन स्कूल जाकर इस घटना का जिक्र अपने मास्टर और सहपाठियों से करता है और उससे सवाल करता है कि क्या पानी पिलाने वाले पंडित का आचरण सही था? लोगों ने कहा पंडित का आचरण गलत था। सुनीत पुनः कहता है कि जब पंडित का आचरण गलत था तो सभी लोग अभी चलकर वहीं पानी पीते हैं। इस पर सभी लोग तैयार होकर पानी पीने के लिए पंडित के पास जाते हैं तो पंडित नलकी से पानी पिलाना शुरू करता है। तब सुनीत पंडित से नलकी छीनकर फेंक देता है।

सुनीत के इस तरह के व्यवहार से पंडित आश्चर्यचकित रह जाता है। वह मास्टर जी से शिकायत भरे अन्दाज में कहता है कि वह इन बच्चों को रोकने के बजाय उनका साथ दे रहे हैं। स्थिति यहाँ तक पहुँच जाती हैं कि पुलिस आ जाती है। पुलिस के सामने पंडित की बोलती बंद हो जाती है। अन्त में मामला उसी समय शान्त होता है। जब पंडित कान पकड़कर माफी माँगता है। एक दलित परिवार के बच्चे के नेतृत्व में इस प्रकार की एक घटना का घटित होना महत्त्वपूर्ण बात होती है। यहाँ प्रचलित सामाजिक व्यवस्था पर एक दलित द्वारा प्रहार हुआ है और इसे समाज द्वारा स्वीकृति भी मिली है। इसका प्रमाण है पुलिस का आना और पंडित द्वारा कान पकड़कर माफी माँगना। उपन्यासकार ने यहाँ परिवर्तित दलित चेतना को दर्शाने की कोशिश की है।

दलितों के जीवन में चेतना जगाने में आर्यसमाजी रामलाल सदा दलितों के साथ ही हैं। लेकिन वह पूरे समाज से अकेले तो लड़ नहीं सकते थे। उनकी पूरी कोशिश है कि जिस बड़े समाज के साथ अन्याय हो रहा है वे उस समाज को शक्तिशाली बनाने के लिए कार्य करते रहें ताकि वे खुद अन्याय के खिलाफ लड़ सकें। बंशी मन ही मन सोचता है, "लोगों को दुःख होता है हमारी आजादी से, पर हमारी मुक्ति के सवाल पर चुप्पी साध लेते हैं। हम स्वयं कुछ कहें तो हमें आँखें दिखाते हैं। हम पर आगबबूला हो बरसते हैं। जैसे हम काठ के हों। हमारे भीतर संवेदनाएँ न हों। हमारे जिस्म में खून न बहता हो। हम कोई मुर्दा हों। अब हम गुलाम तो नहीं।" एक अवसर पर बंशी अपने

बेटे को यों धीरज बाँधता है, "बेटे, कितनी भी परेशानी आए कभी आँसू मत बहाना। यह दुनिया किसी गरीब के आँसू देखकर रोती नहीं, बल्कि हँसती है।"

बाबा साहब के नाम और काम की चर्चा बस्ती में होने लगी है। परिवर्तन की चाह लिए नई पीढ़ी में बाबा साहब के विचार घर करने लगे हैं। हालाँकि, पुरानी पीढ़ी में वैसा उत्साह नहीं दिखता जैसा कि नई पीढ़ी में है। पर पुरानी पीढ़ी के लोग भी नए लोगों को सुनने के लिए तैयार होने लगे हैं। बाबा साहब के आन्दोलन को लेकर बस्ती में पंचायत बुलाई जाती है। पंचायत में बाबा साहब के आन्दोलन पर चंर्चा होती है। उसे और कैसे आगे बढ़ाया जाए उस पर भी गंभीरता से विचार होता है। अंततः उसमें फैसला लिया जाता है कि बस्ती में एक पुस्तकालय खोला जाए जिसमें बाबा साहब से संबंधित जितने भी साहित्य हैं उनको इकट्ठा किया जाए और दलित समाज में जितनी बुराइयाँ हैं उन्हें दूर करने का प्रयत्न किया जाए। दूसरे ही दिन बस्ती की महिलाएँ गाँव में स्थिति शराब की दुकान के खिलाफ आन्दोलन करती हैं। महिलाएँ और पुरुष शराब की दुकान में घुसकर तोड़फोड़ करते हैं। पुलिस आती है लाठी चार्ज होती है। बड़ी मेहनत के बाद अंततः आन्दोलनकारियों को शराब की दुकान बन्द करवाने में सफलता प्राप्त होती है। इस तरह बस्ती में ही नहीं, बल्कि आसपास के क्षेत्रों में भी बदलाव की लहर दौड़ पड़ती है। इस प्रकार एक दलित आन्दोलन की सफलता को उपन्यासकार ने यहाँ प्रस्तुत किया है।

समाज में ऐसा कोई क्षेत्र नहीं जहाँ दलित को कोई छूट हो। हर क्षेत्र में उन्हें अन्याय और शोषण का शिकार बनना पड़ता है। समाज में जितना भी परिवर्तन हो फिर भी यह तो एक सच्चाई है कि दलित बच्चों को अन्य उच्च वर्गीय बच्चों के समकक्ष बैठकर पढ़ने का माहौल सजाने पर भी उसको अपमान सहना ही पड़ता है। सुनीत का जूनियर होई स्कूल में एडमिशन होता है। पहले ही दिन उसके अध्यापक द्वारा उसका और उसके पिता का यह कहकर अपमान किया जाता है कि वह बस्ती के स्कूल का छात्र है। वह चमारों के स्कूल से यहाँ पढ़ने आया है। ऐसा कहकर उसका मजाक उड़ाया जाता है। पर सुनीत कक्षा में अच्छे अंकों से पास होकर आया है। इसलिए वह मेरिट के आधार पर मिलने वाली स्कॉलरशिप का फार्म भरना चाहता है। लेकिन उसका कक्षाध्यापक उसे जाति के आधार पर मिलने वाली स्कॉलरशिप का फार्म भरने को कहता है। जब सुनीत इसके लिए तैयार नहीं होता तो कक्षाध्यापक उसके फार्म पर साइन नहीं करता। जब फार्म जमा करने की अंतिम तारीख से एक दिन शेष रह जाता है तो वह सुमित्रा के माध्यम से प्रिंसिपल साहब से मिलता है और उससे सब हाल बताता है। प्रिंसिपल साहब फार्म जमा करवा देते हैं। सुनीत इससे बहुत खुश होता है। प्रिंसिपल साहब की ईमानदारी और प्यार देखकर अन्याय के खिलाफ संघर्ष करने की उसकी हिम्मत बढ़ जाती है। सोचता है समाज में कुछ बुरे इन्सान होते हैं तो कुछ अच्छे भी होते हैं। उसकी दोस्त सुमित्रा भी उसे यही बात समझाती है। लेकिन बंशी सुनीत से बराबर उसके कक्षाध्यापक से सावधान रहने को कहता है।

जूनियर हाई स्कूल की परीक्षा में सुनीत प्रथम श्रेणी में पास होता है। वैसे तो वह अपने स्कूल में टॉप करता, लेकिन स्कूल के कुछ अध्यापकों ने उसकी परीक्षा के परिणाम के साथ हेराफेरी की थी। इसलिए उसका स्थान दूसरा आया था। पहले स्थान पर किसी ब्राह्मण के लड़के को रखकर टॉप करा दिया गया। इस साजिश की जानकारी सुनीत को नहीं थी। एक दिन जब सुमित्रा उसे इस साजिश के विषय में बताती है तो उसे बेहद अफसोस होता है। उसने कई बार किताबों में पढ़ा था कि अध्यापक देश के निर्माता होते हैं। वह अपने आप से पूछने गा कि क्या ऐसे ही अध्यापक देश के निर्माता होते हैं? कैसा निर्माण करते हैं वे देश का। उसके मन के भीतर बार-बार सवाल पर सवाल उठ रहे थे। लेकिन इन सारी घटनाओं से निराशा तो होती है पर साथ-साथ उसके मन में अपने लोगों को मुक्ति दिलाने की चेतना और तीव्र हो जाती है और इसके लिए वह कठिन प्रयत्न भी करता है।

पढ़ाई में अव्वल आने पर बस्ती में सुनीत की मान-जान होने लगती है। सुनीत भी लोगों से अच्छी तरह मिलता है। लोगों को पढ़ाने-लिखाने का कार्य भी करता है। बस्ती में सुनीत की स्थिति देखकर और लोग भी पढ़ने-लिखने का कार्य करने लगते हैं। वे अपने बच्चों को भी पढ़ाने के लिए उद्यत हो उठते हैं। इस प्रकार सुनीत के माध्यम से बस्ती के स्कूल में बच्चों की संख्या काफी बढ़ने लगती है। लोग शिक्षा के महत्त्व को समझने लगे हैं।

सुमित्रा का सम्बन्ध सम्पन्न सवर्ण परिवार से था। उसके घर में पढ़ने-लिखने का अच्छा माहौल था। कहानियों की तमाम छोटी-मोटी पत्रिकाएँ उसके यहाँ आती थीं। वह उन कहानियों को पढ़ती थी। उन्हीं कहानियों और सामाजिक अनुभवों के तहत उसके व्यक्तित्व का गढ़न हुआ था। उसके पिता आर्य समाजी थे। इसलिए वह भी आर्य समाजियों की कई सभाओं में भाग लेती थी। उनके क्रियाकलापों से उसमें सुधारवादी चेतना का विकास हुआ था। समाज में फैली हुई तमाम बुराइयों से वह लड़ना चाहती है। सुनीत जैसा जो साथी उसको मिला था वह उसके उद्देश्यों और सपनों का हमसफर था। उसी तरह सुनीत के लिए भी वह उसकी अच्छी मित्रा थी। दोनों के विचार आपस में मिलते हैं। दोनों की रुचियाँ समान हैं। दोनों की मंजिलें एक हैं। यानि कि सामाजिक परिवर्तन। इतनी सारी समानताओं को लेकर दोनों एक-दूसरे से अलग कैसे रह सकते थे। दोनों में प्यार हो जाता है। उनका प्यार बहुत ही मूक एवं समर्पित है। दोनों अलग-अलग स्कूल में पढ़ते हैं, पर पुस्तकालय में इन दोनों की मुलाकात बराबर होती रहती है। हाई स्कूल की परीक्षा दोनों ने प्रथम श्रेणी में पास की। पढ़ाई के बाद दोनों टीचर की ट्रेनिंग लेते हैं। इसके बाद दोनों ही अपनी बस्ती के स्कूल में पोस्टिंग लेते हैं। शिक्षक बनने के बाद सुनीत को वे सब कुछ मिल जाते हैं जिनकी उसे चाहत थी।

समाज में क्रांति लाना उसका एक सपना था। वह सपना तभी पूरा हो पाएगा जब उसके समाज के लोग शिक्षित हों, चेतना सम्पन्न हों। आज वह अध्यापक बनकर लोगों

को शिक्षित और चेतना सम्पन्न बना सकेगा जिससे सदियों से गुलामी झेल रहे उसके समाज के लोगों को उससे मुक्ति मिलेगी। अपने इस कार्य में वह अकेला नहीं है, अब सुमित्रा भी है। यहाँ सुनीत सुमित्रा के साथ मिलकर बहुत कार्य समाज में पीछे रहने वाले अपने लोगों के लिए करने का निश्चय ले रहा है। क्योंकि वह जानता है कि अपने लोगों को समाज के उच्च स्तर तक लाने के लिए उन्हीं के समाज के पढ़े-लिखे लोगों का श्रम ही चाहिए। इसलिए वह इस कार्य को अपना कर्तव्य मानकर हमेशा उनका साथ देता ही रहता है।

इस उपन्यास में दलितों पर किये जा रहे अत्याचारों का वर्णन मिलता है। इनमें दलित शोषण की समस्या ही केन्द्रीय समस्या है। दलितों की अधिकांश आबादी गाँवों में रहती है। इसलिए शोषण की कहानी वहीं से ली गयी है। तमाम परिवर्तनों के बावजूद आज भी गाँव का इतिहास जातिवाद और सामंतवाद पर अवस्थित है। वहाँ किसान, मजदूर, जमींदार, पुरोहित, साहूकार, कारीगर जैसी विभिन्न जातियों के लोग हैं। उन जातियों की अपनी परिभाषाएँ हैं। गाँव की संरचना इन परिभाषाओं पर चलती है। उसका हानि-लाभ भी इन्हीं नियमों द्वारा निर्धारित होता है। क्योंकि उसका संचालन वर्णाश्रम व्यवस्था के नियमों द्वारा होता है। गाँव का दलित समाज खेतिहर मजदूर है। उनकी आजीविका जमींदारों के खेतों से चलती है। दलितों की आर्थिक व्यवस्था भी इनकी कृपा पर निर्भर है। जीवन बिताने के लिए भोजन और अर्थ की आवश्यकता होती है। उसके लिए दलित समाज इन उच्च कही जाने वाली जातियों पर आश्रित है। खेतिहर मजदूर के रूप में उनकी आमदनी इतनी कम है कि इससे दैनिक जीवन की अपनी आधारभूत आवश्यकताओं की पूर्ति नहीं हो पाती। किसी अन्य विकल्प के अभाव में पूरा समाज जीने के लिए मजदूरी में ही लगा रहता है। इसलिए विवश होकर उन्हें सामन्तों-जमींदारों की गुलामी करनी ही पड़ती है। इनकी आर्थिक परनिर्भरता ही इनके शोषण का मूल कारण है। आर्थिक विपन्नता के साथ ही इनकी महिलाओं का शारीरिक शोषण भी होता है। उनके साथ बलात्कार होता है। इनसे बेगार और गुलामी कराई जाती है। इसी के चलते ही बार-बार इनके स्वामित्व पर चोट पहुँचायी जाती है। अगर वे इसकी रक्षा की कोशिश करते हैं तो उनके साथ मारपीट की जाती है। यहाँ तक कि इनकी हत्या भी की जाती है।

जातीय घृणा के पात्र होने के कारण इनके समर्थन में कोई आता नहीं। अगर ये अपनी समस्या लेकर शासन-प्रशासन के पास जाते हैं तो वहाँ भी इनकी सुनवायी नहीं होती। क्योंकि वहाँ तो वही लोग हैं जो गाँवों में इनका शोषण करते हैं। इन्हें इनका अपना कोई संगठन नहीं है जिनके माध्यम से अपनी लड़ाई लड़ सकें। इस तरह इनके गुलाम बने रहने की प्रक्रिया चलती रहती है। यही गुलामी आने वाली पीढ़ी के लिए संरक्षित रहती है। प्रस्तुत उपन्यास में चित्रित समस्याओं में एक मुख्य समस्या शिक्षा के अभाव की समस्या है तो आर्थिक विपन्नता दूसरी समस्या है। शिक्षा की कमी एवं

आर्थिक विपन्नता ने ही इन लोगों को समाज में हमेशा पीछे रखा है। आर्थिक तंगी के कारण स्कूल जाने के बदले बच्चे माँ-बाप के साथ रोजी-रोटी कमाने में लग जाते हैं। स्वाभाविक है पढ़ना-लिखना तो बाद में पहले जिन्दा रहना जरूरी है। किसी तरह कुछ बच्चे स्कूलों में दाखिला ले लेते हैं तो जाति के नाम पर उनका अपमान किया जाता है। क्योंकि स्कूलों और कॉलेजों का स्वामित्व तो उन्हीं वर्गों के हाथों में है। यहाँ तक कि कुछ एक अध्यापकों की ओर से भी दलित बच्चों को न्याय नहीं मिलता। इसलिए इनको बार-बार हतोत्साहित किया जाता है। जब तक ये शिक्षित नहीं बन पाते तब तक अर्थव्यवस्था के लाभकारी क्षेत्रों में वे प्रवेश नहीं कर पाते। अशिक्षा के कारण अपनी वर्तमान स्थितियों का विश्लेषण करने में ये असमर्थ ही रहते हैं। परिणामतः अपनी मुक्ति का रास्ता नहीं निकाल पाते। इस तरह मुक्ति संघर्ष के तमाम संसाधनों के अभाव में गुलामी का अभिशाप भोगने के लिए विवश है दलित वर्ग।

वर्तमान समाज के दलितों की स्थिति ही इस उपन्यास का मूल विषय है। पर यहाँ एक विशेष मुद्दे पर ध्यान देना जरूरी है। अब तक के किसी भी उपन्यास में दलितों द्वारा किसी सशक्त आन्दोलन को चलाने का या उस पर विजय हासिल करने का चित्रण नहीं हुआ है। पर उनकी तरफ सहानुभूतिपरक गैर दलित उपन्यासों का सृजन काफी हुआ भी है। पर इस उपन्यास में इससे भिन्न दृष्टिकोण दिखाई देता है। इनमें दलित समाज विभिन्न माँग प्रस्तुत करता है जो अपनी सजगता का परिचायक है। जैसे मजदूरी की माँग करना, शिक्षा की मांग करना, जातिवादी अत्याचारों से लड़ने के लिए आग्नेय अस्त्रों की माँग करना, राज्य से इन माँगों को मनवाने के लिए संगठन बनाकर संघर्ष करना। सामाजिक बुराइयों को दूर करने के लिए सामाजिक संगठन बनाना, अन्तर्जातीय विवाह करना, अन्धविश्वासों के खिलाफ चेतना पैदा करना, शोषण के विरुद्ध लड़ने के लिए लोगों को जागरूक करना आदि। इन सबसे बढ़कर प्रस्तुत उपन्यास का नायक प्रायः लिख-पढ़कर अधिकारी या नेता बनने के बदले सामाजिक आन्दोलन चलाकर अपनी जातीय हैसियत को बदल लेने में अपने आपको समर्पित करते हुए दिखाई देता है। यह निस्संदेह दलित मुक्ति की लड़ाई के लिए शुभ संकेत है। यहाँ देखने योग्य एक खासियत यह है कि यहाँ दलितों द्वारा चलाये जाने वाले आन्दोलन में किसी राजनीतिक दल का समर्थन नहीं हुआ है। सभी दलों की आलोचना करना यहाँ समीचीन होगा। कोई भी दल दलित के साथ नहीं है, सबके सब दलितों के शोषण करने में या इस्तेमाल करने में होड़ मचा रहे हैं। उन सबके लिए वे वोट बैंक हैं। वे सब आरक्षण देकर उन्हें अलग रखना चाहते हैं। उनका दलितों के उद्धार का कोई अलग एजेण्डा नहीं है। इस मानसिकता को भली भांति दलित रचनाकारों ने पहचान लिया और उन्होंने सभी दलों की उपेक्षा करके अपनी अलग राजनीतिक दृष्टि बना ली है। वह दलित समाज की अस्मिता को बनाए रखने के लिए संघर्षरत रहता है। इसलिए दलितों ने दलित मुक्ति का आन्दोलन खुद चलाना शुरू किया। इसके अन्तर्गत शिक्षा व्यवस्था पर विशेष जोर देना आन्दोलनकारियों

का प्रमुख एजेंडा है। दलित मुक्ति का इनका अपना विजन है। वे समाज सुधार में दलित मुक्ति की संभावना नहीं देखते, बल्कि व्यवस्था परिवर्तन देखते हैं। इन आन्दोलनकारियों और चिंतकों के अनुसार व्यवस्था परिवर्तन में राज्य की विशेष भूमिका होगी। इस प्रकार दलित रचनाकार वर्तमान व्यवस्था को बदलकर एक ऐसी व्यवस्था की स्थापना का सपना देखते हैं। जिसमें जाति केन्द्रित विभाजन न हो तथा राज्य एवं राष्ट्र के गठन, निर्माण एवं संकल्पना में दलितों की समान भागीदारी हो। प्रस्तुत उपन्यास के अंतरंग में प्रवाहित विचारधारा यही है।

ग्राम्य-जीवन की संघर्ष-गाथा

निषा एम. सी.

प्रेम मानवीय संबंधों का शाश्वत सत्य है। यह संबंध सिर्फ मनुष्य-मनुष्य के प्रति ही नहीं, बल्कि पेड़-पौधों, जानवरों, मिट्टी, वतन और देश के प्रति भी है। प्रेम-संबंधों में जो आत्मीयता होती है, वह मनुष्य को आगे बढ़ने की प्रेरणा देती है। अपने प्रेम को बरकरार रखने के लिए किसी भी बाधा को चुनौती देने के लिए मनुष्य तैयार हो जाता है। किन्तु समाज ऐसा है जो प्रेम के महत्त्व को घोषित करते हुए भी अकसर प्रेम के आगे बाधा बनकर उपस्थित हो जाता है। मानवीय प्रेम को तोड़ने में धर्म की भूमिका ही सबसे अधिक है। धार्मिक विचार एक वैयक्तिक कार्य होते हुए भी उसे एक सामाजिक धरातल प्रदान किया गया है और मानव जीवन के हर क्षण में उसका महत्त्व घोषित किया जा रहा है। धर्म सांप्रदायिक रूप धारण करता गया और मानव जीवन के हर संदर्भ में वह हस्तक्षेप करता रहता है। प्रेम में भी यही धर्म बाधा उपस्थित करता रहता है। प्रेम और सांप्रदायिकता के विभिन्न पहलुओं को उद्‌घाटित करनेवाला कृष्णा सोबती का उपन्यास है 'जिन्दगीनामा'। संपूर्ण पंजाब की अतीत और वर्तमान संस्कृति को उसकी पूरी गरिमा और संवेदना के साथ उपन्यासकार ने चित्रित किया है। कृष्णा सोबत ने पूरी बीसवीं शताब्दी को अपनी रचना में उजागर किया है।

पंजाब के माध्यम से मानवीय संस्कृति के विभिन्न पक्षों को परखने का प्रयास है 'जिन्दगीनामा'। पंजाब के वर्तमान यथार्थ के साथ अतीत वैभव को भी उद्‌घाटित किया गया है। अविभाजित भारत में पंजाब की कृषक-संस्कृति, महाजनी-व्यवस्था, हिन्दू-मुस्लिम संबंध, राग-द्वेष, प्रेम, आदर, सत्कार आदिं मानवीय आचार-विचार को पंजाबी शैली में प्रस्तुत करने का एक सफल प्रयास है 'जिन्दगीनामा'। ब्रिटिश भारत की वास्तविकता के साथ पंजाबी जाति के जातीय चरित्र के कलात्मक इतिहास की अभिव्यक्ति भी इसमें है।

सदियों की गुलामी के बाद ब्रिटिश अधीनता से भारत को आजादी मिली है। लेकिन उसके लिए बहुत बड़ा मूल्य चुकाना पड़ा था। विभाजन के द्वारा भारत को अपने हृदय को, याने विराट साझी संस्कृति को छेदना पड़ा था। यह घाव कभी न सूखनेवाला था। समय बीतने पर इसकी गहराई बढ़ती गयी। धर्माधारित यह विभाजन बाद में भारत के भीतर ही हिन्दू-मुस्लिम वैमनस्य के लिए कारण बन गया। ऐसे विकराल विभाजन के यथार्थ कारणों को ढूँढ़ निकालने का प्रयास भी है 'जिन्दगीनामा'।

विभाजन का एहसास लेखिका को पहले ही होता है। इसलिए उनका मन सागर के किनारे डाली हुई मछली की तरह तड़पता रहता है। 'जिन्दगीनामा' में इसका मर्मस्पर्शी चित्रण है। यह बँटवारा सिर्फ एक भूखंड के, एक साझी संस्कृति के दो कर दिये जाने की घटना मात्र नहीं है, बल्कि यह एक ऐतिहासिक बुनियादी गलती है। यह एक विष-बेल है जो दोनों टुकड़ों में वर्षों के दौरान सांप्रदायिकता के रूप में फला-फूला है। वर्तमान साक्षी है कि यह राजनीतिक बँटवारा पंजाब के किसी देहाती अंचल का पसारा भरा नहीं, पूरे भारत की कराह है।

सत्ता हमेशा अपने खिलाफ होनेवाले विरोधों को तोड़ना चाहती है। अपने विरोधियों में फूट पैदा करके या उनको बाँटकर वह अपनी सत्ता बरकरार रखना चाहती है। अंग्रेजों ने भी भारत में यही चली चलाया था। उनके औपनिवेशिक शासन के अन्तर्गत नई जमींदारी में भूमि के सारे पिछले संबंध बदलने लगे थे। इंसानी रिश्ते भी बदलने लगे। ग्रामीण समाज के प्यार और भाईचारे को नष्ट करने की कूटनीति चलने लगी। अमीर-गरीब, शाह-फकीर, हिन्दू-मुस्लिम-सिक्ख--सभी समुदायों के लोगों में फूट डालने की कोशिश वे निरन्तर करते रहे थे। सभी का खून सफेद बनाना वे चाहते थे। अंग्रेजी राज उन्हें हैवानियत की ओर धीरे-धीरे धकेलने का काम कर रहा था। ताया तुफैलसिंह 1905 ई. के बंग-भंग के दिनों कलकत्ते से चिट्ठी लिखता है--"हिन्दू-मुसलमान में रंजिश यहाँ तक बढ़ी है कि एक फिरका हाकिमों के हाथों माल-मत्ता खाए, दूसरा लाठियों-गोलियों की बौछारें। माल स्वेदशी की गल्ल-बात तो अंग्रेज को छेड़ने का बहाना है। असल खरुद की जड़ तो बंगाले का बँटबारा है।" ('जिन्दगीनामा', पृ. 216)। चिट्ठी पढ़कर सभी में बँटवारे की दहशत सवार हो जाती है। चिट्ठी पढ़कर तुफैलसिंह का पुत्र नसीबसिंह अपने राज्य के भी विभाजन की संभावना से सिहर उठता है--"शाहजी, बंगाले की तरह जेकर अपने पंजाब के भी दो टुकड़े हो गए तो माहत्तड़-साथो का क्या होगा!" (पृ. 216)। लेकिन दूसरे लोग अपने-आप ही सांत्वना देने की कोशिश करते हैं कि कलकत्ते की बात से पंजाबियों को डरने की क्या जरूरत है? लेकिन यथार्थ दूसरा था।

सत्ताधारी हमेशा अपनी सत्ता को बनाए रखना चाहता है। उसके लिए वह हर रास्ते को अपनायेगा। इसमें उसका सबसे बड़ा हथियार है सांप्रदायिकता। सत्ताधारी जानता है कि सांप्रदायिकता ऐसा एक विष-बेल है जिसका बीज बोने से वह तेजी से पनपकर सर्वत्र फैल जाएगा। सांप्रदायिकता कई रूपों और भावों में आती है और मानवता के नाश में उसकी परिसमाप्ति होती है। भारत में सांप्रदायिक राजनीति की शुरुआत, भारतीय राष्ट्रीय कांग्रेस की स्थापना की प्रतिक्रिया के रूप में, सन् 1880 ई. के दशक में मानी जाती है। अंग्रेजों के भारत आगमन का असली लक्ष्य व्यापार था। भारत के कच्चे माल सस्ते भाव में हासिल करना और अपने औद्योगिक माल को बेचने के लिए बाजार प्राप्त करना। लेकिन कालांतर में जब पूरे भारत में वे अपने पैर मजबूत करने लगे, तो विरोध की प्रवृत्ति भी तेज हो गयी। तब अंग्रेजों ने जनता को तोड़कर,

उसकी एकता की शक्ति नष्ट कर, शासन करने की नीति अपनायी। उन्होंने मुख्य रूप से, जनता की धर्मनिरपेक्ष भावना को तोड़कर उन्हें हिन्दू और मुसलमान में विभाजित किया। धर्म के आधार पर उन्होंने जनता को भड़काया। बहुत से लोग सत्ता की इस साजिश से परिचित हैं—''नहीं बादशाहो, यह हकूमत-सरकार की अपनी करनियाँ हैं। कभी हिन्दुओं को भड़काए, कभी मुसलमीनों को लशाए, कभी सिक्खों को।'' (पृ. 218)। मुस्लिम बहुल प्रदेशों में पाकिस्तान की माँग भी अंग्रेजी की कूटनीति का परिणाम था। सन् 1905 का बंग-भंग और कलकत्ते का विद्रोह 1911-12 में दिल्ली में वायसराय पर होनेवाला बम द्वारा प्राणघातक हमला भी इसी की भूमिका की तैयारी थी। भारत की स्वतंत्रता के साथ ही नसीबसिंह की आशंका यथार्थ हो जाती है और भारत-विभाजन में पंजाब का भी विभाजन हो जाता है। एक ही जनता के दो हिस्से दो राष्ट्रों में बँट जाना अत्यंत दर्दनाक स्थिति है। भारत का विभाजन पंजाब के लिए उसका जातीय विभाजन है। चनाब रूपी खून के दरिये को लाँघकर इस पार आनेवालों के लिए स्थिति और भी ज्यादा त्रासद और भयावह है। वे अपनी धरती से जबरदस्ती उखाड़ फेंके गये एक 'जिन्दा रूख' की तरह हैं जो अपनी जड़ें शायद वहीं, चनाब और झेलम की धरती में, रोपी हुई छोड़ आए हैं। 'जिन्दगीनामा' उपन्यास के प्रारंभ में लेखिका कृष्णा सोबती ने इसे 'पहला भाग : जिन्दा रूख' अभिहित किया है। पंजाब में वृक्ष को 'रूख' कहते हैं। मानव जाति के आदि पुरखों के रूप में अनेक साहित्यकारों ने वृक्ष को कल्पित किया है। यहाँ कृष्णा सोबती ने जिन्दा रूख को एक समूचे वर्ग—पंजाबी जाति के प्रतीक रूप में चित्रित किया है। कालातीत 'जिन्दा रूख' की जड़ें धरती के ओर छोर तक फैली हैं—एक संपूर्ण जाति के संघर्षपूर्ण रंगारंग वर्तमान, उसकी बहादुरी भरे गौरवशाली अतीत और रक्तरंजित भावी त्रासदी को भी संकेत करती हुईं। अतः स्वाभाविक रूप से उपन्यासकार, वर्तमान यथार्थों के संदर्भ में, अतीत से भी कुछ स्वीकार कर वर्तमान पीढ़ी को प्रदान करना अपना दायित्व समझता है।

जब चारों ओर अन्याय और अत्याचार ही दिखाई देते हैं तो लोगों को निष्क्रिय नहीं रहना है। गुरु गोविन्दसिंह के फारसी कथन को उपन्यास के प्रारंभ में और अंत में प्रस्तुत कर लेखिका ने अपनी रचना का उद्देश्य स्पष्ट किया है—

> ''चूँ कार अज हमाँ हीलते दरगुजश्त।
> हलालस्त बुर्दन ब-शमशीर दश्त।''

याने ''जब दूसरे सब रास्ते कारगर न हो सकें तो जुल्म के खिलाफ तलवार उठा लेना जायज है।'' (पृ. 312)। संघर्ष और शोषण की परंपरा समाज के गढ़न के तल में ही है। किन्तु इस परंपरा के सृजन में निहित करुणा, प्रेम और बन्धुत्व, इसके विकास के बीच कहीं गायब हो गए हैं। लेकिन इस खोयी हुई मानवीय संवेदनाओं को ढूँढ़ निकालने का कार्य उपन्यासकार ने 'जिन्दगीनामा' में किया है। सामाजिक अन्याय को वे एक द्रष्टा के रूप में देखते रहना नहीं चाहतीं, बल्कि उसके खिलाफ सामाजिकों को

सक्रिय बनाना चाहती हैं। जरूरी हो, तो हिंसात्मक तेवर को अपनाने का आह्वान भी वे गुरु गोविन्दसिंह के वचनों के सहारे देती हैं। अकर्मण्यता के स्थान पर कर्म को, चुनौती को स्वीकार करने के संदर्भ में, अपने धर्म के रूप में वे आत्मसात करती हैं। सिक्ख परंपरा के अनुरूप अन्याय के खिलाफ अथक संघर्ष करने की प्रेरणा लेखिका देती हैं। समकालीन सामाजिक यथार्थों से टकराने की हिम्मत देने का प्रयास कृष्णा सोबती ने इस उपन्यास में किया है।

उपन्यासकार ने पंजाब के अतीत के वैभवशाली गौरव को उद्घाटित कर मानवीय जीवन में प्रेम के महत्त्व को रेखांकित किया है। उपन्यास के प्रारंभ में एक लंबी कविता है जो पंजाबी गाँवों की नदियाँ, जमीन, कुएँ, खेत-खलिहान, कच्ची राहें और खुरदरे लोग—सभी की गरमाहट को अभिव्यक्ति देती है। काश्मीर की पहाड़ियों से उतर कर, मनमौजी बेहत दरिया चनाब का वर्तमान खून भरा रंग भी कविता में रूपायित है। अनुभव के कच्चे माल से सँजोयी मानवीय अनुभूतियों से सोबती ने उपन्यास को मर्मस्पर्शी बना दिया है। ''गलबहियों सी/ उमड़ती, मचलती/ दूध भरी छातियों-सी / चनाब और जेहलम की धरती / माँ बनी / कुरते के बन्द खोलती / दूध की बूँदें ढरकाने को।'' (पृ. 9)। बहुत पीड़ा के साथ उन्हें अपनी धरती माँ को छोड़कर जाना पड़ता है। ''अब हमे बिछुड़ जाना है / अपनी माँ से / माँ की माँ से। और हम सब की माँ से!'' (पृ.-14)। क्योंकि ''दूध भरी छातियों से / अब दूध नहीं / खून टपकता है।'' (पृ.-14) सन् 1947 ई. के विभाजन की सबसे बड़ी त्रासदी थी दूध की जगह खून का टपकना। यह खून पंजाब निवासियों को अपनी धरती से, वेदना के साथ, विदा लेने को मजबूर कर रहा है। अत्यंत पीड़ा और दर्द के साथ वे विदा लेते हैं—''अलविदा / आबों के आब को / पंज दरियाओं के पंजाब को / जेहलम और चनाब को।'' (पृ. 15)।

प्रेम इस उपन्यास में एक मुख्य बिन्दु बनकर उपस्थित होता है। पंजाबी जीवन में प्रेम जिस प्रकार घुलमिल गया है, उसे कृष्णा सोबती ने अत्यंत हृदयस्पर्शी ढंग से अंकित किया है। शाहजी राबयाँ का प्रेम एक उदाहरण मात्र है। उपन्यासकार ने राबयाँ और शाहजी के प्यार को अमर प्रेम-कथा की श्रेणी तक पहुँचा दिया है। देश-विभाजन की भीषण त्रासदी और आग की लपटों से घिरकर खून की दरियाओं में डूबनेवाला है उनका प्रेम। यह विभाजन की अवश्यंभावी विडंबना है। क्योंकि शाहजी विवाहित और एक बच्चे का पिता है। वह वैष्णव सनातनधर्मी हिन्दू परिवार का है। जबकि राबयाँ अराई मुसलमान परिवार की। राबयाँ के प्रति प्रारंभ से ही आकर्षित होते हुए भी शाहजी के आगे सुखी परिवार, मान-मर्यादा और लोक-लाज की अनेक दृश्य-अदृश्य बाधाएँ हैं। लेकिन राबयाँ तो ऐसी प्रेम-दीवानी है कि और किसी से शादी की बात वह ठुकरा देती है।—''मैं कहीं नहीं जाती शाहजी, मुझे कहीं नहीं जाना!'' ''मैं मर जाऊँगी शाहजी, मैं आपके बिना नहीं जीती!'' (पृ. 386)। राबयाँ का यह प्रस्ताव उसकी क्षणिक अनुभूतियों का परिणाम नहीं, बल्कि उसकी तपी हुई प्रेमानुभूतियों से उद्भूत है। शाहजी का भाई

इसे अनहोनी मानता है। ''छोटे भाई की बात से बेखबर शाहजी ने राबयाँ की ओर देखा तो अधमैली ओढ़नी में दमकते मुखड़े के सामने दिवटे की लौ कुम्हलाने लगी!'' (पृ. 387)। प्रेम की गहराई ही, जाने या अनजाने, बाहर फूट पड़ती है। शाहजी के मर्यादित और सात्विक प्रेम का स्वरूप सहज ही उजागर हो जाता है। राबयाँ के प्रति उसका प्रेम कहीं भी वासना या शारीरिक लोलुपता प्रतीत नहीं होता। यह नहीं, वह अपनी ओर से उसकी कोई मुखर अभिव्यक्ति भी नहीं करता। साथ ही राबयाँ की गहन आत्म-स्वीकृत का खंडन भी नहीं करता। उसे वह रोकता भी नहीं। इस प्रकार जाति-धर्म के बन्धनों को तोड़कर जो पवित्र प्रेम ग्रामीण परिवेश में दिखाई देता है, उसे कृष्णा सोबती ने अभिव्यक्ति किया है। जमीन के विभाजन के बाद भी अटूट रहनेवाले प्रेम को उन्होंने अंकित किया है।

कृष्णा सोबती ने 'जिन्दगीनामा' में जन-साधारण की बुनियादी समस्याओं पर भी प्रकाश डाला है। पाँच नदियों का राज्य पंजाब हरियाली से भरपूर है। खेतीबारी के अनुकूल वातावरण होते हुए भी पंजाब के अधिकतर किसान गरीब हैं। जमींदारों का शोषण ही गरीबी का मूल कारण है। किसानों की मेहनत से पंजाब धन-धान्य से संपन्न हो गया है, जबकि किसानों के घर में अभावों का अँधेरा है। हाड़-तोड़ मेहनत करने के बावजूद किसान फसलों से वंचित रह जाते हैं। शाहों के कर्जों को चुकाते-चुकाते पीढ़ी-दर-पीढ़ी गुलामी में जीवन बिताती आ रही है। कर्मइलाही, नजीब, कक्कूखाँ—सब शाह साहिब की बहियों में बँधे हैं। मुहम्मदीन क नजर में, सूअर का नस्लवाला यह कर्ज चींटी की चाल से हाथी बनता जाता है। शाहों से कर्ज लेते-लेते किसानों को अपने घरों के घर लिख देना पड़ता है। कर्ज की त्रासदी यह है कि यह दिन दुगुना रात चौगुना हो जाता है। मद्दी का कहना है कि ''ढोर-डंगर तो कभी-कभार वच्छी-वच्छा देते हैं। उधार का सूद दिन-रात जन्मता-बढ़ता रहता है।'' (पृ. 146-147)। कर्ज के शिकंजे में पड़े मेहनती किसान धीरे-धीरे भूमिहीन मजदूरों में बदल जाते हैं। किसान को अपनी मेहनत का फल मिलता नहीं। मेहरअली के शब्दों में इसी का रोष प्रकट है—''दूध-मलाई धनाढ शाहों की और छाछ-लस्सी हमारी! लानत हमारी मेहनतों पर!'' (पृ. 87)। जमींदारी शोषण के प्रति आक्रोश होते हुए भी अपने परिवेश के कारण मौन रहने को वे विवश हैं। किसानों से मजदूर बन जानेवालों की अत्यंत शोचनीय स्थिति को कृष्णा सोबती ने चित्रित किया है।

समय के बदलने के अनुसार व्यवस्था के संबंधों में भी परिवर्तन आ जाता है। औपनिवेशिक शासन के अन्तर्गत नई जमींदारी में भूमि के सारे पिछले संबंध बदलने लगे। इसके साथ ही इंसानी रिश्ते भी। सत्ताधारी वर्ग ग्रामीण जनता के भाईचारे और प्रेम को तोड़ने का प्रयास करता रहा। गरीब किसानों को भी जाति और धर्म के नाम पर विभाजित करने की साजिश चलती रही। नई जमींदारी में किसानों का अस्तित्व नष्ट हो रहा था। किसानों में अधिकांश मुसलमान थे। भूमि का केन्द्रीकरण महाजनों, शाहों,

साहूकारों के हाथों में होने लगा था, जो प्रायः हिन्दू थे। आर्थिक स्तर का भेदभाव धर्माधारित भी मानने लगा। माँ करभरी के शब्दों से यह स्पष्ट है–"अरी, हिन्दुओं को बहुत पैसा, बहुत बरतन। बहुत फुल्ल फैलाव!" (पृ. 312)। नसीब के अनुसार लहरें-बहरें और दौलत की बरकतें ज्यादा हिन्दुस्तानी चोले की ही मालकी समझते। चौधरी फतेहअली भी कहता है कि, "अपने मुसलमीन दर्ज हो गए किसानी फेहरिस्त में। अलबत्ता हिन्दुओं को घाटा जरूर रहा। चलो, उनके पास धन-दौलत काफी।" "...इतना ही आया है न कि मुसलमान तीन हजार सालाना आमदनी पर मामला भरे तो चीन का हकदार बने। उधर हिन्दू तीन लाख सालाना पर मामला दे तो परची डाल सके!" (पृ. 377)। कानून-नियम कैसे अमीरों के पक्ष में चले जाते हैं, इस तथ्य को उपन्यासकार ने उद्घाटित किया है।

'जिन्दगीनामा' पंजाब जनता के अनवरत जीवन-संघर्ष की गाथा है। खेतीबारी को अपनी आजीविका के लिए अपनानेवाले किसानों के कटु जीवन-यथार्थों को अभिव्यक्त करनेवाला उपन्यास पंजाब के विभाजन से उत्पन्न भयानक स्थितियों को भी रेखांकित करता है। आर्थिक असमानता से पैदा हुई यातनाएँ धर्म के हस्तक्षेप से और अधिक विकराल हो गयी है। गरीबी, निर्धनता, भूख, फाका आदि के बीच भी मानवीय संवेदनाओं को बरकरार रखनेवाली, आबों की भूमि पंजाब की, जनता पर सांप्रदायिक दंगे अशनिपात हो जाते हैं। पवित्र चनाब और जेहलम में मनुष्य का रक्त बहते देखकर, अपनी जन्म-भूमि से अलविदा कहने को मजबूर पंजाबियों की हृदय-पीड़ा को कृष्णा सोबती ने मर्मस्पर्शी ढंग से अंकित किया है। धर्मांधता और सांप्रदायिकता को प्रश्रय देनेवाली शोषक व्यवस्था की पोल खोलने का प्रयास भी लेखिका ने किया है। सोबती ने यह भी दिखाने की कोशिश की है कि पीड़ाओं और यातनाओं के इस दौर में भी मानवीय प्रेम पूर्णतया नष्ट नहीं हुआ है, बल्कि वह सभी प्रकार के बन्धनों को तोड़कर उन्मुक्त रूप से अग्रसर है। यही मानव-राशि का आशा-केन्द्र है। इस मानवीय प्रेम को बनाए रखने के लिए सामाजिक अन्याय, अत्याचार और ज्यादतियों के खिलाफ लड़ना है। इस लड़ाई का संदेश उपन्यास में मुखरित है। गुरु गोविन्दसिंह के वचन को प्रस्तुत कर कृष्णा सोबती जुल्म के खिलाफ और सब रास्ते कारगर न होने पर, तलवार उठाने को जायज घोषित करती हैं। पंजाब के संदर्भ में ही नहीं, पूरे भारत के संदर्भ में भी कृष्णा सोबती का यह आह्वान क्रांतिकारी है।

व्यवस्था के प्रतिपक्ष में

षीबा एम. आर.

'दैनिक हिन्दुस्तान' में वरिष्ठ कथाकार दूधनाथ सिंह ने 'आवां' के बारे में कहा—''इतना सघन विस्तार और अभूतपूर्व 'ट्रेजेडी' का बखान इधर के उपन्यासों में विरल है। चरित्रों के इतने समृद्ध घटाटोप को लेकर उसको निभा ले जाना इस उपन्यास की सबसे बड़ी खूबसूरती है। इधर जिस स्त्री-विमर्श की बहुत अधिक चर्चा है, उसका सर्वोत्तम उपन्यास 'आवां' है।'' (25 जून, 2003)।

श्री बलराम के विचार में चित्रा मुद्गल के वृहत् उपन्यास 'आवां', ''स्त्री-विमर्श का महा आख्यान है...संपूर्ण स्त्री-विमर्श से भी ज्यादा, श्रमिकों के जीवन और श्रमिक राजनीति के ढेर सारे उजले-काले कारनामों तक फैले हुए हैं...दलित जीवन और दलित-विमर्श के भी कई कथानक अनायास आए हैं। इस रूप में इसे आज के स्त्री-विमर्श के साथ-साथ दलित विमर्श का भी महाकाव्य कह सकते हैं।'' (गगनांचल)

प्रसिद्ध प्रोफेसर कल्याणमल लोढा ने 'आवां' की समीक्षा में लिखा है, '' 'आवां' एक जलती हुई भट्ठी है। समाज में व्याप्त विसंगतियों की या यों कहूँ मानवीय जीवन की उन ज्ञात-अज्ञात विसंगतियों की, जिन्हें आज हम प्रत्येक व्यक्ति के मुखौटे के अन्दर देख सकते हैं....आवां की सुलगती आग को शांत करना नमिता के चरित्र का अनोखापन नहीं, यथार्थ में समझौता से अधिक जीवन का प्रकृत समाधान है। 'आवां' की तह में निहित मानवीय संवेदना केवल यत्र-तत्र बिखरते स्फुलिंग नहीं हैं। आज की अपसंस्कृति, औद्योगिक अभिशाप के प्रभावी चित्रण के परिप्रेक्ष्य में वर्तमान विकृत और भ्रष्ट स्वरूप धारण करने वाली व्यवस्था है।'' (वागर्थ, नवंबर 2000)

इस प्रसिद्ध आलोचकों की समीक्षाओं से यह स्पष्ट हो जाता है कि चित्रा मुद्गल का वृहदाकार उपन्यास 'आवां' व्यवस्था के खोखलेपन पर करारा प्रहार करनेवाला उपन्यास है। इस वृहत् उपन्यास में कई कथाएँ, उपकथाएँ हैं, जिसके जरिए वर्तमान समय में व्याप्त सारी असंगतियों का खुलकर पर्दाफाश किया गया है। उपभोक्ता संस्कृति के जाल में फँसी स्त्री की समस्याएँ, स्त्री के बहुविध उत्पीड़न, श्रमिक संघर्ष, श्रमिक राजनीति के अंतर्विरोध, पूँजीपति वर्ग के शोषण, राजनीतिज्ञों के छल-छद्म, जातिवाद, दलित समस्याएँ आदि 'आवां' में चित्रित विषय हैं। इस तरह देखें तो 'आवां' एक समग्र

उपन्यास के तर्ज पर उपस्थित है। उपन्यास को पढ़ते समय ऐसा लगा है कि लेखिका चित्रा मुद्गल का लक्ष्य केवल शोषित, उपेक्षितों के प्रति सहानुभूति दिखाना नहीं था, बल्कि सताए गए लोगों को शोषण तंत्र के विरुद्ध जागरूक कराना भी था। 'आवां' में शोषण के तमाम माध्यमों, तरीकों एवं मूल्यों का पर्दाफाश किया गया है। आम आदमी को सक्रिय, समझदार और जुझारू बनाने के लिए 'आवां' को एक हथियार के रूप में इस्तेमाल किया गया है।

आज भारत में उपभोक्ता संस्कृति का इतना बड़ा जंजाल है कि उसे चंगुल में मध्यवर्ग एवं निम्न वर्ग बहुत तेजी से फँसते चले जा रहे हैं। 'आवां' का कथाविस्तार इक्कीस वर्षीय नमिता पर केन्द्रित है–जो एक निम्नमध्य वर्गीय युवती है। वह मजदूर यूनियन 'कामगार आघाडी' के महासचिव देवीशंकर पांडे की बेटी है। अपने पिता की बाबत मजदूर आन्दोलन एवं ट्रेड यूनियन की वास्तविकता को निकट से देखने और समझने का अवसर उसे मिला है। देवीशंकर पांडे पर विरोधी छुरे से हमला करते हैं। कुछ समय बाद वे लकवे के शिकार हो जाते हैं।

परिवार का बोझ नमिता पर आ जाता है। बाबूजी, माँ, छोटे भाई और बहन की देखभाल उसके कन्धों पर आ जाती है। उसकी पढ़ाई छूट जाती है। घर का काम सँभालने के लिए वह श्रमजीवी संस्था में पापड़ बेलती है; साड़ियों पर फॉल टाँकती है और ट्यूशन भी पढ़ाती है। 'कामगार आघाडी' के प्रमुख अन्ना साहब उसे यूनियन कार्यालय में नौकरी दिलवाते हैं। लेकिन उनके विकृत बर्ताव के कारण वह नौकरी छोड़ देती है। क्योंकि इन कठिन परिस्थितियों में भी वह अपना स्वाभिमान खोना नहीं चाहती।

एक ट्रेन यात्रा के दौरान संयोगवश उसकी भेंट अंजना वासवानी से होती है। वह आभूषण व्यापार से जुड़ी हुई महिला है। नमिता की परेशानियों से पसीजकर अंजना वासवानी उसको 'बाबा ज्वैलर्स' में साढ़े तीन हजार की नौकरी देती है और साथ-साथ आभूषण की मॉडलिंग भी कराती है। 'क्रिस्टल' में उनका जन्मदिन मनाती है। यह सब देखकर नमिता अचरज में पड़ जाती है। उसकी अनेक शंकाओं और जिज्ञासाओं को अंजना वासवानी यह कहकर शांत करती है, "सोना का खरापन मैं बिना अग्निपरीक्षा के अनुभव कर सकती हूँ, नमिता। (पृ. 195)। चिल्ड बीयर पीने के मैडम वासवानी का अनुरोध नमिता विनम्रता से टालती है। "नहीं संस्कारों की बात है, मैडम। संस्कारों के प्रतिपक्ष में खड़े होना मेरे लिए सहज नहीं।" (पृ.-64)

अंजना वासवानी के संपर्क में आकर नमिता अभावों की दुनिया से एक जादुई दुनिया में प्रवेश करती है। उपभोक्ता संस्कृति के दबाव में नमिता का मन बहुत तेजी से बदलने लगता है। मैडम वासवानी के यहाँ काम करते हुए वह धनाढ्य आभूषण व्यापारी संजय कनोई के संपर्क में आती है। निस्संतान संजय कनोई के प्रेमजाल में नमिता फँस जाती है। उसके संपर्क में नमिता ऐशोआराम की जिन्दगी में डूब जाती है।

संजय कनोई का जाल बहुत बड़ा है। मगर काफी देर बाद ही नमिता असलियत समझ पाती है। समझ तब पाती है जब वह संजय कनोई की औलाद की बिन ब्याही माँ बनने जा रही है। पवार द्वारा फोन पर मिली अन्ना साहब की हत्या की आकस्मिक सूचना से चक्कर खाकर वह गिर पड़ती है और गर्भस्राव हो जाता है। लेकिन नमिता के विश्वास दिलाने पर भी संजय उसे मानने को तैयार नहीं। संजय का कहना है कि नमिता ने अपने कैरियर के लिए जानबूझकर गर्भ गिराया नहीं है। आवेश में संजय कनोई, वासवानी की वास्तविक भूमिका भी उजागर कर देता है–"जानती हो, बाप बनने के लिए मैंने तुम्हारे ऊपर कितना खर्च किया? उस मामूली औरत अंजना वासवानी की औकात है कि तुम्हारे ऊपर पैसे पानी की तरह बहा सके? उसका जिम्मा सिर्फ इतना भर था कि वह मेरे पिता बनने में मेरी मदद करे और सौदे की मुताबिक अपना कमीशन खाए।" (पृ. 539) वास्तवकिता का विकराल रूप उसके सामने प्रकट होता है। संजय के लिए वह केवल उपभोग की वस्तु रही, औलाद प्रदान करनेवाली किराए की कोख मात्र थी। अब आगे अपने आत्मसम्मान को और ठेस पहुँचाना नहीं चाहती। अतः संजय कनोई और खोखले ऐशोआराम की जिन्दगी छोड़कर, श्रमिक आन्दोलन में पूरी तरह सक्रिय हो जाने का निश्चय करती है। मध्यवर्गीय आशा-आकांक्षाओं ने थोड़ी देर के लिए अपने लक्ष्य से उसे भ्रमित कर दिया जरूर, परंतु बहुत ज़ल्द उपभोक्ता संस्कृति की चाल उसकी समझ में आ जाती है।

'आवां' में यौनशोषण, बलात्कार, स्त्रियों की भ्रूण हत्या इत्यादि स्त्री शोषण के प्रकारों को बड़े परिप्रेक्ष्य में देख लिया है। कुंती मौसी का पति किशोरी नमिता का कौमार्य भंग करता है। श्रमिक संगठन के अन्ना साहब जैसे बड़े नेता भी नमिता को अपनी अतृप्त कामवासना का शिकार बनाते हैं। स्मिता के पिता मटका किंग अपनी बेटी को भी नहीं छोड़ता। स्मिता की बड़ी बहन कई बार गर्भपात करा चुकी है। सौतेले भाई विनोद ने गौतमी का बलात्कार किया। अपनी पत्नी में भारतीय नारीत्व को ढूँढ़नेवाला छायाकार सिद्धार्थ मेहता का भी कइयों के साथ दैहिक संबंध है। शादीशुदा संजय कनोई ने भी एक औलाद के लिए नमिता का इस्तेमाल किया। विवाह के विज्ञापनों में नौकरीपेशा लड़कियों को प्राथमिकता देने की बात होती है। आज लड़कियों के लिए आत्मनिर्भरता उनके अच्छे ब्याह का विकल्प मात्र है।

हमारी सामाजिक व्यवस्था में विवाह, मृत्यु और उससे संबंधित कर्मकाण्डों तथा रीतिरिवाजों द्वारा स्त्री की सेक्सुअलिटी पर नियंत्रण करने की पूरी कोशिश है। नमिता को पिता के मरने के बाद क्रियाकर्म करने और मुखाग्नि देने का अधिकार नहीं, क्योंकि नमिता औरत है। स्त्रियों के लिए यह सब शास्त्रसम्मत नहीं है। इसी प्रकार औरत के लिए मय्यत का कन्धे देना शास्त्रसम्मत नहीं। लेकिन इस रूढ़ि को विमला बेन तोड़ देती है। सुनंदा की मय्यत विमला बेन अपने कन्धे पर टेक लेती है। सोनोग्राफिस्ट मितेज बतरा सोनोग्राफी करने के बाद हमेशा झूठ बोलती है कि 'तुम बेटे की माँ बनने जा रही

हो' या बच्चा कमजोर है, इसलिए बताना मुश्किल है कि लड़का या लड़की। गर्भ में बच्ची है तो तत्काल गर्भ गिराने की बात सोचती है।

कोई भी स्त्री खुद रंडी बनना नहीं चाहती। परिस्थितियाँ उसे इस धन्धे में धकेल देती हैं। यह एक ऐसा चंगुल है कि एक बार फँस जाने से उससे मुक्ति संभव नहीं। सभी रंडियाँ इस नरकभरे जीवन से मुक्त होना चाहती हैं। बड़ी कोशिशों के बावजूद कोई इस धन्धे से मुक्ति पाकर बाहर आती है तो हमारा समाज या व्यवस्था उसे स्वीकार करने से इनकार करती है। 'आवां' में ऐसा एक पात्र है अनीसा। घाटकोपर रेलवे स्टेशन वाली रंडियों में से एक थी अनीसा। अनीसा ने इस नरकपूर्ण जीवन से निकलने के लिए बड़ी कोशिश की थी। उसने धंधा छोड़कर 'जयहिन्द आयल मिल' में नौकरी पा ली। लेकिन उसकी सारी कोशिशों के बावजूद भी मजदूर उसे देखते ही इशारेबाजी करते हैं। अकेला पाकर कोने में खींच लेते हें, किरपु दुसाध अनीसा की इच्छा के खिलाफ जोर जबरदस्ती करने की कोशिश करता है। पेट में उसके सात महीने का बच्चा था। दारू से धुत दुसाध ने अनीसा के राजी न होने पर उसके पेट में लातें लगाईं और उसका गर्भ गिर गया और बच्चा पेट से बाहर निकल आया। स्त्री पर हुए अत्याचार की पराकाष्ठा! और परिणाम अनीसा और बच्चे की मौत। किन्तु अधिकांश लोगों की नजरों में अनीसा ही दोषी ठहरी।

नैतिक मूल्यों से भोगवादी मूल्यों की ओर बढ़ते समाज में नारी शोषण की नई स्थितियाँ राह दे रही हैं। सदियों से दबी-घुटी स्त्री, पुरुष विरोध में, नारी मुक्ति की माँग को यौन स्वेच्छाचार मानकर चलती है। इससे वैवाहिक संबंध और पारिवारिक व्यवस्था टूटने लगी, अनेक जोड़े बिन ब्याहे साथ रहने लगे। स्त्री-पुरुष समलैंगिकता, मुक्त यौनाचार, तलाकों, आत्महत्याओं का अटूट सिलसिला चल पड़ा। 'आवां' में डॉ. वनजा लड़कियों की नादानियों के बारे में बताती है। सौ में से प्रत्येक पाँच लड़की स्वतंत्र यौन संबंधों में अपना वजूद तलाशती रहती है। समता और अधिकार तलाशती है। लेकिन मिल नहीं पाती। लड़कियाँ कई-कई कहानियाँ लेकर गर्भ गिराने के लिए डॉ. वनजा के पास आती हैं। आज भी नारी के सामाजिक दर्जे में कोई उल्लेखनीय सुधार नहीं हो पाया है। उल्टे हर कहीं नारी शोषण और नारी असुरक्षा की स्थितियाँ बढ़ती जा रही हैं।

उपन्यास में कई ऐसे पात्र हैं जो पुरुष-विरोध को ही नारी मुक्ति का मूलाधार मानते हैं। पिता मटकाकिंग मदन खत्री ने बड़ी बेटी को ही अपनी काम विकृति के लिए इस्तेमाल किया। इससे क्षुब्ध छोटी बेटी स्मिता ने उसे एक रात सीढ़ियों से गिराकर मार डाला। स्मिता सारे पुरुषों को उनकी मर्दानगी का सबक सिखाना चाहती है और इसकी शुरुआत वह अपने बाप से ही करती है। पहले स्मिता के जीवन में शरत था, आज विक्रम है। कंडोम के पैकेट से लेकर और भी जरूरी शिक्षा वह अपने प्रेमी को दे देती है। स्मिता साहसी लड़की है। लेकिन वह जीवन में सुविधानुसार मूल्यों को तोड़ती है। पिता के दुराचार का बदला लेने वाली स्मिता अपने जीवन में भी संबंधों को उसी दृष्टि से देखती है।

बहुत कम उम्र में अपने ही निकट संबंधियों द्वारा सताई जानेवाली स्त्रियाँ पुरुष-विरोध में स्वच्छन्द यौनाचार को स्वीकार करती दिखाई देती हैं। उनकी सारी स्त्री चेतना देह के तिलिस्म से बाहर नहीं निकल पाती। गौतमी से उसके अपने सौतेले भाई विनोद ने बलात्कार किया। वह गर्भवती हो जाती है। आत्महत्या करने के लिए ट्रेन से कूदने की कोशिश करती है। लेकिन मैडम वासवानी उसे बचाती है। वहीं से उसकी काया पलट हो जाती है। गौतमी आभूषण निर्यात कंपनी की प्रबन्धक निर्देशक हो जाती है। उसके पास बहुत सारे पैसे हैं, फ्लैट है। लेकिन ये सब उसकी कार्य कुशलता के बल पर नहीं बल्कि जिस्म के बल पर मिल जाती है। निस्संतान, उद्योगपति, छेड़ा साहब के लिए बेटा पैदा किया। आज उनके पास धन-दौलत सब कुछ है, लेकिन उनकी पारिवारिक व्यवस्था पूरी तरह टूट चुकी है। पति की जगह उसे एक अदद कठपुतली नौकर की जरूरत-भर शेष रह गई!

अब स्त्री-पुरुष संबंधों में प्रतिहिंसा इतनी बढ़ गयी कि स्त्रियाँ एकजुट होकर रहना अधिक पसन्द करने लगी हैं। फिल्म निर्माता की बेटी कॉलेज में पढ़नेवाली शिप्रा हिल रोड के गर्सियाना ब्यूटी पार्लर में कामसुख भोगने के लिए जाया करती है। वहाँ कामसुख प्रदान करने चीनी लड़कियाँ कार्यरत हैं। संजय कनोई की पत्नी निर्मला का कहना है, पुरुषों की बनिस्बत कामकला में स्त्रियाँ अधिक निपुण हैं।

आजकल संबंध गणित है। आज लोगों की संवेदना हृदय से नहीं, मस्तिष्क से है। लेकिन 'आवां' की एक महझ्वपूर्ण पात्र नीलम्मा के लिए संबंध गणित नहीं है। नीलम्मा पति की मृत्यु के बाद अपने बच्चों और बूढ़े ससुर के साथ रहती है। अपने प्रति किसी भी जबर्दस्ती का वह साहस के साथ सामना करती है। प्रेमी राघव और बच्चों के बीच जब चुनाव का सवाल आता है तब वह बच्चों को ही चुनती है। उच्चवर्गीय अमीर स्त्रियों की सेवा-मालिश की अनैतिक कमाई से उसका नैतिक विवेक उसे रोकता है। वह स्वाभिमान से जीना चाहती है। मूल्यों के प्रति सचेत नीलम्मा ये सब छोड़कर हैदराबाद में नमिता की सेविका बनती है। उसका नैतिक विवेक हर कहीं भोग-उपभोग की वस्तु बनने से उसे बचाता है। नीलम्मा निष्ठापूर्वक नमिता की सेवा करती है। गर्भस्राव के कारण अचानक नर्सिंग होम जाने पर नमिता का बिल नीलम्मा अदा करती है। निजी जीवन से प्राप्त अनुभव और नीलम्मा के स्वाभिमान व्यक्तित्व से प्रभावित नमिता में भी चेतना जागरित होती है। भोग-उपभोग की वस्तु बनने से इनकार करने की चेतना वस्तुतः देह से ऊपर उठने की चेतना है। इसके लिए स्त्री को खुद ही सचेत होना होगा। यही चेतना हर किसी को मुक्त कर देती है।

'आवां' में श्रमिक जीवन, श्रमिक आन्दोलन और उनके अन्तर्विरोध का विस्तारपूर्वक अंकन है। उपन्यास में घाटकोपर से लेकर कांडुर मार्ग, भाडुप, मुलड तक फैली बस्तियों में रहनेवाले मजदूरों की जिन्दगी का खुला और यथार्थ चित्रण मिलता है, जो अतिदुर्गत है। वहाँ मनुष्य और सूअर में कोई अन्तर नहीं। उनकी महिलाओं और बाल-बच्चों की

स्थिति भी दुःखजनक है। श्रमिक अस्थायी नौकरी के कारण त्रस्त हैं। अठारह महीने लंबी खिंची कपड़ा मिलों वाली कामगार आघाडी की हड़ताल के बारे में मैडम वासवानी जैसी उच्च मध्यवर्गीय को घृणा है। मजदूरों ने दस किलोमीटर लंबा मोर्चा निकाला था। उस मोर्चे की लंदन के अखबारों ने खूब तस्वीरें छापी थीं। शीर्षक दिया था 'विश्व का आठवां आश्चर्य'। मैडम ने ये टिप्पणी प्रशंसा भाव से नहीं वितृष्णा से भरकर की। बी. बी. सी. ने खूब मजे लिए। हड़ताली मजदूरों की भूख से बिलबिलाती औरतें और नंग-धड़ंग बच्चों को सड़कों पर गाड़ियाँ रोक-रोक कर भीख माँगते हुए देखा। कुछ घरों में जीवन से ऊबी हताश औरतों ने आत्महत्या की। अगर समाज के अन्य वर्ग मजदूरों के संघर्ष को अपने बुनियादी हक की लड़ाई समझा होता तो अठारह महीने लंबी वह हड़ताल कभी विफल न होती। हम संवेदनशील नपुंसक समाज में जी रहे हैं।

सरकारी, अर्द्ध सरकारी संस्थाओं में कार्यरत कर्मचारी जो जनता की सेवा के लिए नियुक्त किए जाते हैं, वे श्रमिक वर्ग का शोषण किस अमानवीय ढंग से करते हैं, ये बात यहाँ द्रष्टव्य है। एम. इ. एस. के सरकारी अधिकारियों को अपने बंगला के आगे जानेवाली सड़कों से श्रमिकों का आना-जाना अच्छा नहीं लगा। मजदूरों के पसीने की बदबू उनकी नाजुक बीवियों को असहनीय लगी। वे सरकारी अधिकारी हैं। इसलिए उनकी सुरक्षा के लिए तत्काल कदम उठाए गए। पत्थरों की ऊँची दीवार का घेरा बनवाकर एम. इ. एस. के सरकारी अधिकारियों ने प्रतापनगर को मजदूर की बस्तियों में अलग कर दिया। विभाजन से त्रस्त-ध्वस्त प्रतापनगर के श्रमिक रहवासियों ने इसका विरोध किया। इस रास्ते के अलावा फैक्टरियों में पहुँचने का और कोई रास्ता नहीं या मीलों की परिक्रमा कर अपनी फैक्टरियाँ पहुँचना पड़ेगा। एम. इ. एस. के बंगलों को पार करते ही पंक्तिबद्ध 'बिडला', 'इंडियन लिंक चेन', 'सिबका', 'में एंड बेकर', 'करसन', 'विटरम ग्लास' आदि पचासों फैक्टरियाँ हैं। अधिकारियों पर श्रमिकों की आपत्ति का कोई असर नहीं था। लेकिन अन्ना साहब ने मजदूरों के साथ कुदाल लिए पत्थरों की दीवार तोड़ दी। चुटकियों में 'दीवार ढहाओ आन्दोलन' जन आन्दोलन की शक्ल में बदल गया। मानवीय अधिकारों की विवेचना करने से एम. इ. एस. के सरकारी अधिकारियों की जमकर भर्त्सना हुई। वे समझ गए दीवार के बिना वे अधिक सुरक्षित हैं।

ट्रेड यूनियनों की आपसी प्रतिद्वंद्विता, श्रमिकों का मनोबल ध्वस्त करने की पूँजीपतियों की चालाकी, आदि का खुलकर चित्रण 'आवां' में है। सरकार ने 'रिचर्डसन बेवरी' के प्रबन्धकों को कंपनी के कर्मचारियों की समुचित आवास-व्यवस्था के उद्देश्य से इक्कीस एकड़ भूमि आवांटित की है। कंपनी श्रमिकों की रिहाइश की भूमि हड़पना चाहती है। प्रबन्धकों ने 'फूट डालो, स्वार्थ सिद्ध करो' की नीति अमल की। सेना की लोकशाही यूनियन के नेता गोपीनाथ को आमंत्रित कर कंपनी ने लाखों रुपये चुनांबदे में दानकर उनसे सौदा किया। चतुर गोपीनाथ ने श्रमिकों की अज्ञानता का शोषण कर, छोटे-मोटे प्रलोभन देकर उसे भटकाया। लेकिन कामगार आघाडी, के अन्ना साहब इन

षड्यंत्रों के खिलाफ श्रमिकों को जगाने में कायम रहे। अन्ना साहब ने जिस दुस्साहस से श्रमिकों की रिहायश के मुद्दे को लेकर लड़ाई लड़ी, उसकी कीमत चुकाना पड़ी। दुश्मनों ने अन्ना साहब को मार डाला।

मूल्यों की राजनीति केवल कल्पना में जिन्दा है। राजनीति और मजदूर संगठन में आज जो भी प्रवेश करता है, कार्यकर्ता बनने के लिए नहीं, केवल नेता बनने के लिए है। जहाँ नेता संगठित होंगे, निश्चित ही वे एक-दूसरे की छाती पर पाँव देकर उखाड़ने की प्रतिघाती राजनीति करेंगे। अन्ना साहब ने मजदूरों के वास्ते शिवहरे कामेटकर को विधान सभा चुनाव में प्रत्याशी बनने की सिफारिश की। लेकिन सत्ता लोलुपता ने उसे पदच्युत कर दिया। कुर्सी के लिए शिवहरे कामेटकर ने अपना धर्म छोड़ दिया है। इसलिए अन्ना साहब ने उसे पार्टी से अलग करने की कोशिश की। शिवहरे ने अन्ना साहब के खिलाफ कानाफूसी की। बांद्रा पूर्व के बन्द सिनेमाघर कलामंदिर की बगल की एक झोंपड़पट्टी में भरी दोपहरी को अचानक आग लगी। आग लगी नहीं, लगवाई गयी थी शिवहरे के संकेत पर। घटनास्थल पर सबसे पहले पहुँचनेवालों में समाजसेवक शिवहरे कामेटकर थे! उन्होंने निस्संदेह काम किया। लोगों के बरतन-भांडे निकलवाए, जलती स्त्रियों को अस्पताल भेजा, गोदी के बच्चों की खिलौनों-सी अकड़ी ठूँठ लाशों को ढूँढ़ा। घर-घर जाकर लोगों से सामर्थ्य-भर सहायता की याचना की। कामेटकर ने प्रदेश के गृहमंत्री एल. के. सालवे को चुनौती दी कि हफ्ते भर के भीतर प्रत्येक उजड़े झोंपड़ीवासी को पुनर्वास के लिए बीस हजार मुआवजा नहीं दिया तो वह महाराष्ट्र विध ाान सभा के सामने आत्मदाह अनुष्ठान करेगा। धमकी कारगर सिद्ध हुई। गृहमंत्री सालवे साहब को तत्काल मुआवजे की घोषणा करनी पड़ी। साथ ही यह आश्वासन भी देना पड़ा कि निकट भविष्य में झोंपड़वासियों को महाड़ा की ओर से वैकल्पिक आवास-व्यवस्था भी प्रदान की जाएगी। रातोंरात शिवहरे कामेटकर दलित, शोषित, वंचितों के मसीहा बन बैठे। छद्‌म राजनीतिज्ञ व्यवस्था में बदलाव की बात इसलिए करते हैं कि वे व्यवस्था में प्रवेश कर अपनी सुविधा भोग सकें। ऐसे छद्‌म राजनीतिज्ञों के पास न कोई नैतिकता होती है और न चरित्र।

छद्‌म राजनीतिज्ञ जनसंघर्ष की बाढ़ को धर्म एवं जाति के आधार पर विद्वेष फैलाकर, उनमें परस्पर घृणा की आग पैदा करना चाहता है। अधिकांश सांप्रदायिक झगड़े के पीछे कोई-न-कोई राजनीति काम कर रही है। विधवा किशोरी बाई की बेटी अविवाहित सुनंदा गर्भवती हो जाती है। सुहेल ने कबूल किया कि सुनंदा की कोख में उनका बच्चा है। सुनंदा से ब्याह करने के लिए उसने घरवालों को राजी कर लिया है। उनके बाबू ने एक शर्त रखी कि सुनंदा को इस्लाम कबूलकर अपना नाम बदलना होगा। सुनंदा की खुशी में खुश किशोरी बाई ब्याह को राजी हो गई। मगर धर्म बदलकर ब्याह करना सुनंदा को मंजूर नहीं। सुनंदा एक बच्ची को जन्म देती है। सुहैल और सुनंदा के बीच यह उनका निजी मामला था। मगर मुहल्ले के नेता बनने के शौकीन दद्‌दू तिवारी

हिन्दुत्व की रक्षा के लिए अचानक नींद से जाग उठता है। दद्दू तिवारी ने मामला अखबार में छपवा दिया। अखबारवाले ने मसाला बनाके मामले को सांप्रदायिक रंग दे दिया। स्टोरी बना दी एक हिन्दू लड़की के मुसलमान बनाने की। इसका दुष्परिणाम यह हुआ कि अच्छी-खासी बस्ती में झगड़ा शुरू हुआ।

राजनीतिक भ्रष्टाचारों को प्रश्रय देने के कारण अखबार भी दोषी होता है। आज का अखबार कहीं न कहीं राजनीति से जुड़ा हुआ होता है। अखबार सत्ता पक्ष या पूँजीतियों के समर्थक होते हैं। इसलिए 'आवां' के जरिए अखबारवालों के प्रति बस्ती के लोगों के मनोभाव व्यक्त किए गए हैं। ''एटी वजह है उसकी सिरफिरी। जो जी में आता है, भड़काऊ लिख मारते हैं। पानी के बजाय तेल का पीपा उड़ँलेंगे सुलगते चैलों में, हरामखोर तो बस्ती में आग लगने से बचेगी? दंगा कराके ही दम लेंगे साआडले।'' (पृ. 103)

इस देश में ज्यादातर दंगे हिन्दू-मुस्लिम के बीच आसानी से भटकाए जा सकते हैं। हिन्दू-मुस्लिम का सर्वहारा वर्ग एकजुट होकर शक्तिशाली बन रहा है तब शोषक वर्ग कोई-न-कोई बहाना ढूँढ़ता है और धर्म के नाम पर आपस में लड़वाने का षड्यंत्र रच देता है। वे अपने षड्यंत्र में सफल होते हैं। सर्वहारा वर्ग की बस्ती जलती है, उसके घर लूटे जाते हैं। एक संप्रदाय के लोग दूसरे पर टूट पड़ते हैं। लेकिन इसमें क्षति सिर्फ सर्वहारा वर्ग की ही हो जाती है। यदि कोई इस सांप्रदायिक विद्वेष के खिलाफ जागरूक होकर इसके विरुद्ध आवाज उठाते हैं तो वे धर्मान्धों के शिकार बन जाते हैं। श्रमिक महिला सुनंदा सांप्रदायिक उन्माद को खतम करना चाहती थी। वह जानती थी कि धर्मान्धों के लिए वह एक बहाना मात्र है। इसलिए सुनंदा ने औरतों को जागरूक कराने की कोशिश की। सुनंदा की अन्तश्चेतना इतनी प्रखर थी। सांप्रदायिक विद्वेष के खिलाफ बस्ती की स्त्रियों की एकजुटता की संभावना ने अराजक शक्तियों की चूलें हिला दीं। इसी कारण धर्मान्धों ने उसकी हत्या कर दी। सुनंदा की हत्या के पश्चात किशोरी बाई ने सुनंदा की बेटी को उसके पिता सुहैल को सौंप दिया। जातिवाद का प्रश्रय देनेवाले सेना के लोगों को यह अच्छा नहीं लगा। सेना के गुंडों ने किशोरी बाई के ऊपर हमला किया। सेनावालों को संदेह है कि किशोरी बाई मुसलमानों का पक्षधर है। इसी प्रकार जातिवाद को बढ़ावा देकर आम जनता को भड़काने की भरकम कोशिश करती रहती है।

'आवां' में श्रमिक वर्ग की कमजोरियों का भी चित्रण है। कभी-कभी आम श्रमिक लोग उच्च वर्गीय लोगों से भी ज्यादा संवेदनशून्य नजर आते हैं। ये भी बिखरते सामाजिक व्यवस्था के प्रमाण हैं। अधिकांश श्रमिक लोग महीने के आखिर कंपनी से जेब खर्च उठाते ही घर में अनाज-पानी भरने की चिन्ता छोड़ते हैं। हलक में मुसंबी-नारंगी उँड़ेलने और रकम को दो का चार बनाने की उम्मीद में मटका खेलने मटकाघर पहुँच जाते हैं। हारने में दुख कम करने के लिए रंडीखाने पहुँच जाते हैं। मजदूर किरपु दुसाध भी इन दुर्गुणों का शिकार है। दारूबाजी, रंडीबाजी, मटका खेलना, गांजा-चरस पीना उसके शगल हैं। दुसाध को बीवी और तीन जवान बेटियाँ भी थीं। फिर भी रंडी अनीसा

से उनका गहरा ताल्लुक था। कुछ महने पहले अनीसा ने धन्धा छोड़ दिया। अनीसा को मनाने की बहुत कोशिश की। वह न मानी तो किरपु दुसाध ने उसे मार डाला। पुलिस हवालात में संशयात्मक साहचर्य में दुसाध की मौत हुई।

'आवां' में नेताओं के व्यक्तिगत जीवन की कमजोरियों का भी उद्‌घाटन है। अन्ना साहब दुनिया की नजर में एक अच्छे इंसान हैं। लोग कहते हैं, व्यक्ति का चेहा ही उसका मन होता है। लेकिन यह 'रूढ़' विचार है। अन्ना साहब देखने में सुंदर और दीप्त मुखाकृतिवाला है और ओजस्वी भी है। लेकिन उनके मनोभावों की अभिव्यक्ति निश्चय ही उनके सलोने चेहरे पर नहीं खोज सकते। अन्ना साहब का व्यक्तिगत जीवन रुपये-पैसे और जमीन-जायदाद की लालच में डूबा हुआ है। इस तरह अर्जित संपत्ति के बल पर ही उनको बेटी विदेश में पढ़ रही है। इसके अलावा लैंगिक कमजोरियों के वे शिकार हैं। कुमारी विमला बेन महान समाज सेविका, स्त्री, उद्धारिका और भूतपूर्व एम. एल. ए. है। इसके साथ उनका अवैध संबंध है। श्रमिकों के समक्ष उदारता और अनासक्ति की अप्रतिम मिसाल बनाने के लिए उन्होंने अपना फ्लैट मित्र देवीशंकर पांडेय के परिवार को अनुदान में दे दिया। उन्होंने यह आर्थिक सहायता गुपचुप नहीं की बल्कि इसकी खबर सारे अखबारवालों को भी दे दी। क्योंकि वह ट्रेड यूनियन के इतिहास में इतिहासपुरुष बनना चाहता है। लेकिन अंत में अन्ना साहब में काफी बदलाव आता है। मजदूरों के लिए वह शहीद हो जाता है।

'आवां' में दलित, मजदूर कार्यकर्ता पवार के माध्यम से दलितों की दयनीयता और आक्रोश को बुलंद किया गया है। प्राचीनकाल से ही दलितों का एकमात्र कर्म सवर्णों की सेवा करना ही था। दिन भर काम करने के बदले नाममात्र वेतन मिलता था। इन्हें जो खाना दिया जाता है वह खाने योग्य नहीं। पवार के बचपन में दाँत साफ करने के नीम, बबूल का उपयोग नहीं कर सकते, क्योंकि गाँव के झाड़-झंखाड़ तक सवर्णों की मिल्कियत थे। दाँत घिसने के लिए चूल्हे की राख और नहाने-धोने के लिए मेंड़ की मिट्टी का उपयोग करता था। पवार के लिए अतीत इतना कटु था कि प्रत्यक्ष और अप्रत्यक्ष दमन का प्रतिरोध उसके रोम-रोम में जमा हुआ है। पवार के माध्यम से कई कटु सत्यों का उद्‌घाटन हो जाता है। मजदूर नेता अन्ना साहब, श्री कुमारी विमला बेन आदि राजनीतिज्ञों की कमजोरियाँ भी उनके मुँह से व्यक्त होती हैं। किसी भी मामले में उनकी अपनी एक अलग दृष्टि है। पवार अपने ऊपर हो रहे हर अत्याचार का तीव्र विरोध करता है। अन्ना साहब संगठन में बढ़ते पवार का वर्चस्व खतम करना चाहता है। कामगार आघाडी के क्रियाकलाप से निष्क्रिय होने और महत्वाकांक्षा खो देने के लिए, अन्ना साहब ने नमिता को आघाडी में नौकरी दी। क्योंकि वे जानते थे कि पवार के मन में नमिता के प्रति लगाव है। लेकिन पवार इन सब झंझटों में नहीं फँसते। वह हमेशा प्रलोभनों से दूर रहता है। मजदूर कार्यकर्ता किरपु दुसाध की मृत्यु के बाद बीवी फूला और बेटी को नौकरी देता है। निःस्वार्थ नमिता के पारिवारिक संकट को अपना दायित्व

समझता है। सवर्णों के प्रति पवार का मन क्षुब्ध है। कभी-कभी हँसी-मजाक में सवर्ण नमिता को भी चिढ़ाता था। सदियों से सामाजिक अपमान और उत्पीड़न को अपनी नियति मानने से इनकार करते हुए, दलितों में अपने अधिकारों के लिए लड़ सकने और चेतना जगाने की कोशिश करता रहता है। दलित वर्ग से आये पवार को बढ़ावा देकर राजनीति में उनका उपयोग करना चाहता है, अन्ना साहब भी। लेकिन चतुर पवार अन्ना साहब के इस षड्यंत्र से बचकर रहता है।

पतनशील समाज की नई पीढ़ी की छवि किस प्रकार हो सकती है, यहाँ उपस्थित है। छायाकार सिद्धार्थ मेहता के तीन साल का बेटा आदित्य बियर देखते ही, किलकर कर कूदना शुरू कर देता है क्योंकि उसको बियर चाहिए! पिता को बियर पीते देखकर रात में भी आदित्य जाग्रत रहता है। बच्चे को बुरी आदत पड़ जाती है। जायज क्या है? नाजायज; उसको पता नहीं है। यही हमारी अगली पीढ़ी है; उसका भविष्य है।

वस्तुतः इन तमाम कहानियों के माध्यम से व्यवस्था की सारी विरूपताओं को पूरा और वास्तविक रूप में अभिव्यक्त कर उसका खोखलापन दिखाया गया है ताकि हमारा समाज भी इन विरूपताओं को पहचान सके और एक न्यायपूर्ण और मानवीय व्यवस्था के लिए संघर्ष कर सके।

भाषा की दृष्टि से चित्रा मुद्‌गल का 'आवां' बहुत सशक्त है। घटनाओं का रोचकतापूर्ण वर्णन, पात्र की चारित्रिक विशेषताओं का अंकन और अभिव्यक्ति का सीधा सरल ढंग उपन्यास की विशेषता है। पात्रों के अनुसार इसमें कई भाषाओं और बोलियों का प्रयोग है। इनमें से कुछ ऐसे शब्द प्रयुक्त हुए हैं मराठी, गुजराती, मुंबइया हिन्दी, तेलगु और अवधी के हैं, यह आम पाठकों के लिए कठिन है और बोलचाल में मराठी भाषा के शब्दों और वाक्यांशों का खुलकर प्रयोग हुआ है। फिर भी बात समझने में ज्यादा कठिनाई नहीं। इसमें कई कथाएँ, उपकथाएँ, कई पात्र होने से कभी-कभी उपन्यास की गति अवरुद्ध हो जाती है। कभी-कभी 'आवां' के कुछ अंश दुरूह लगते हैं। उपन्यास के आदि से अंत तक हर्षा नामक एक पात्र की उपस्थिति है। वह तो संकट के समय में हमेशा नायिका नमिता पांडे के साथ है तो ऐसा लगता है शायद वह नमिता का दोस्त होगा। बाद में पता चलता है कि हर्षा वास्तव में नमिता पांडे की छाया ही है। कुछ त्रुटियों की ओर संकेत करने से इसका महत्त्व किसी भी प्रकार कम नहीं होता। मुहावरे, कहावतें और चुटकुलों का सटीक प्रयोग हुआ है। कुछ उदाहरण—फूटी मटकियों और फूटी किस्मत से कुआँ नहीं रीतता (पृ. 47), हथेली पर बिच्छु सेते मगर कब तक सेऊँ (पृ. 76), सौ सौ चूहे खाकर बिल्ली हज को निकली (पृ. 122), न बिटिया-बेटार परायी देहरी शोभे (पृ. 300), पानी उतरी औलाद सौ मूस खाई बिल्ली-सी छिनरी होती (पृ. 430)।

संक्षेप में, 'आवां' न केवल अन्तर्विरोधों की ओर संकेत करता है, अपितु अंतर्विरोधों को दूर करने के उपायों की ओर संकेत करता है। क्योंकि उपन्यास के अंत

में नमिता श्रमिक आन्दोलन में शरीक हो जाती है। स्त्री, दलित आदि उत्पीड़ित सभी वर्ग एक संगठन के अन्दर आ जाते हैं। समूचे समाज की समस्याओं को एक सामाजिक आन्दोलन का स्वरूप देकर अग्रसर होने के लिए सभी कटिबद्ध होते हैं। यह कहना ठीक है कि, सामाजिक सरोकारों को लेकर लिखा गया इतना विशालतम उपन्यास, हिन्दी औपन्यासिक क्षेत्र की एक महत्त्वपूर्ण उपलब्धि है।

साम्प्रदायिक सद्भाव की मिसाल

डॉ. एम. जी. बिन्दु

रचना का जीवन के साथ एक आत्यन्तिक संबंध है। रचना असल में जीवन का विस्तार करती है। रचनाकार अनुभव के उपकरण से जीवन के अर्थ को पकड़ता है। जीवन की वास्तविकता जब उसको झकझोरती है तब वह सृजनरत हो उठता है। अतः सार्थक रचना समाज का सत्यांकन करती है।

वर्तमान भारतीय समाज में व्याप्त एक बहुत बड़ी समस्या है धार्मिक भेदभाव। इस भेदभाव के कारण देश भर में विभिन्न दंगे और अत्याचार उत्पन्न होते रहते हैं। साम्प्रदायिकता की विद्वेषाग्नि सब जगह व्याप्त है। भारत एक धर्मनिरपेक्ष देश है। फिर ऐसी परिस्थिति हमारे देश में कैसे उत्पन्न हुई? हर एक हिन्दू मुसलमान क्यों एक-दूसरे का शत्रु हो रहा है? इन सबके लिए हमारे धार्मिक एवं सामाजिक दृष्टिकोण में आए हुए परिवर्तन ही उत्तरदायी हैं।

भारत के सांस्कृतिक एवं सामाजिक जीवन में प्राचीन काल से ही धर्म का विशिष्ट महत्त्व रहा है। उस काल में धर्म मनुष्य को संयमित करता था। बुराइयों से संघर्ष करने में सहायता देता था। धर्म में हमारी नैतिक मान्यताएँ सुरक्षित थीं लेकिन धर्म का यह रूप धीरे-धीरे लुप्त होने लगा। आज धर्ग व्यवित की स्वार्थपूर्ति का साधन बन गया है। वर्तमान अवस्था में धर्म का रूप इतना बदल गया है कि जहाँ देखो वहाँ धर्मान्धता एवं धार्मिक कट्टरता ही दिखाई दे रही है। आज व्यक्ति एक दूसरे को मनुष्य मानने के बदले हिन्दू और मुसलमान मानने लगा है। अपनी-अपनी धार्मिक मान्यताओं की स्थापना के लिए व्यक्ति एक-दूसरे से संघर्ष करता रहता है। यहीं आकर 'साम्प्रदायिकता' हमारे समाज में अपना अस्तित्व जमाती है। 'साम्पद्रायिकता' साम्प्रदायिक होने का भाव है यानि केवल अपने समुदाय का हित चाहता है और दूसरे सम्प्रदायों के हितों की उपेक्षा करना साम्प्रदायिकता है।''[1]

समाज में जो कुछ घटित होता है उसका असर संवेदनशील साहित्यकारों पर सबसे अधिक होता है। साहित्यकार एक ऐसे निर्भिक व्यक्तित्व के अधिकारी हैं कि वे उन घटनाओं के प्रति खुली प्रतिक्रिया व्यक्त करने लगते हैं। ऐसा ही एक कार्य भीष्म साहनी जी ने अपने उपन्यास 'नीलू नीलिमा नीलोफर' के द्वारा किया है। भीष्म साहनी एक ऐसे

रचनाकार हैं जिन्होंने अपनी रचनाओं में अपने साहित्यिक-सामाजिक दृष्टिकोण को रूपायित किया है। भीष्मजी के व्यक्तित्व में एक धर्मनिरपेक्ष साम्यवादी दृष्टिकोण की झलक दिखाई देती है। धार्मिक विकृति के उस बढ़ते प्रभाव से जनता को अवगत कराने के लिए उन्होंने एक छोटी-सी प्रेम कहानी का सहारा लिया है। बाहरी तौर पर यह एक मामूली-सी कहानी है लेकिन इसके अन्दर साम्प्रदायिक विद्वेष के प्रति घोर प्रतिक्रिया दिखाई देती है।

आज का भारत एक ऐसी राजनीति चेतना के बलबूते पर चलता रहता है कि जिनका मूल-लक्ष्य हिन्दू-मुस्लिम अलगाव पैदा करना, धर्मनिरपेक्षता को छद्म धर्मनिरपेक्षता घोषित करना, महनीय मान्यताओं से युक्त भारतीय संस्कृति को तोड़कर वहाँ कट्टरपंथी हिन्दुत्व की स्थापना करना ही है। इसके परिणामस्वरूप लोगों में धर्म को लेकर भेदभाव उत्पन्न होने लगा है। आज विभिन्न धर्मावलंबियों के बीच के प्रेम को भी गुनाह मानने लगा है। अतः लोग प्रेम को अपने धर्म के भीतर तक बाँधने का प्रयत्न करते रहते हैं पर प्यार ऐसी एक श्रेष्ठ भावना है जिसमें धर्म जाति आदि के नाम पर पाबन्दी लगाना असंभव ही है। प्यार की पवित्रता का उद्घाटन 'नीलू नीलिमा नीलोफर' में हुआ है।

'नीलू नीलिमा नीलोफर' में नीलू उर्फ नीलोफर एक कट्टरपंथी मुस्लिम परिवार की लड़की है। परिवारवाले उसको बहुत लाड़ प्यार करते हैं। पर नीलू सुधीर नामक एक हिन्दू युवक से प्रेम करने लगती है। वह यह जानती है कि उन दोनों के प्यार में बहुत सारी अड़चनें आने की संभावना है। फिर भी नीलू का प्रेम इतना सुदृढ़ है कि सारे विरोधों का सामना करने के लिए वह तैयार हो जाती है। दोनों घरवालों को जब इस बात का पता चलता है कि दोनों प्यार में हैं तब से लेकर उलझने शुरू होने लगती हैं। सुधीर का परिवार उसकी आमदनी में ही चलता रहता है। उसके पिता छोटी-सी नौकरी से अवकाश ग्रहण करने के बाद घर में बैठते हैं। कोई नौकरी नहीं करते। महीने में जो पेंशन मिलेगी उसी का आधाभाग घरवालों को देंगे बाकी पैसे शराब की नजर जाते हैं। स्वयं पियक्कड़ होते हुए भी सुधीर के पिता पर परम्परागत संस्कार हावी थे। वे मानते थे कि प्रेम विवाह करनेवाले युवक गिरे हुए लोग होते हैं। जिनका नैतिक पतन हो चुका होता है। उनके मत में जो युवक कर्त्तव्यपरायण होते हैं वे लड़कियों के चक्कर में नहीं पड़ते। युवतियों के लिए प्रेम करना तो और भी घृणास्पद कार्य है, जघन्य पाप है। इसलिए जब वे सुधीर के प्यार के बारे में जान लेते हैं तो उन्होंने रसोईघर में बैठे-बैठे ही चूल्हे में से जलती लकड़ी खींचकर उठा ली थी और सुधीर से घर में से निकल जाने को कहा—"न किसी से पूछा न बताया और आज हमें नोटिस दे रहा है कि मुसलमानी से ब्याह करेगा, हरामी दूर हो जा मेरी आँखों से।"[2]

इस प्रकार सुधीर को घर से हटाया जाता है। लेकिन सुधीर का स्वभाव कूद जाने का था। उसने ऐसा एक साहसपूर्ण कार्य किया कि मुसलमानी लड़की को भगाकर ले आया। उसने कहा कि—"देखा जाएगा जो होगा।" सुधीर का मित्र जगदीश उसको

चेतावनी देता है कि तूने बड़ी गलती की है। लड़की तो मुसलमानी है। मामला अधिकाधिक बिगड़ जाने की संभावना है। समस्या दो परिवारों से हटकर सामाजिक बन जाएँगी, यहाँ दो धर्मों के बीच झगड़ा उत्पन्न होगा। जगदीश के सुझाव पर दोनों मित्रों ने पुलिस थाने में जाकर अर्जी दाखिल की। पुलिस अफसर ने यह सुझाव दिया कि लड़की और लड़के दोनों के घरवाले यहाँ आ जाएँ, लड़की उनके सामने अपना फैसला सुना दे तो सब बात कानूनी तौर पर साफ हो जाएगी। लेकिन उस लिखित कानून को छोड़कर कुछ ऐसा कानून जनमानस में जड़ीभूत हो गया है जो ऐसे प्रेमियों को माफी नहीं देगा। यह धर्माधारित कानून है। सत्ताधारियों द्वारा ऐसा विकृत संस्कार समाज में फैलाने का प्रयत्न चलता रहता है। जनता के बीच में खाई उत्पन्न करने के लिए वे ऐसर चाल चलते हैं। इस परिस्थिति में भी कुछ लोगों में मानवीयता की झलक देखी जा सकती है। नीलू के माँ-बाप इसका स्पष्ट निदर्शन है। नीलू के बापू का जिगरी दोस्त फकीरचन्द नामक एक हिन्दू है। वे हमेशा अपने मन के गुबार निकालने के लिए, कोई निर्णय निकालने के लिए पहले पहल फकीरचन्द के यहाँ जाया करते थे। नीलू की माँ यद्यपि हमेशा नीलू पर अपना क्रोध बरसा रही है तो भी वह नीलू की भलाई चाहनेवाली है। इसलिए अंत में आकर सुधीर से मिलने के लिए वह नीलू की मदद करती है।

पुलिस थाने में नीलू के घरवालों की उपस्थिति में नीलू सुधीर की बन जाती है। शादी के बाद वे शिमला चले जाते हैं। वहाँ डॉ. गणेशा और उनकी पत्नी अंजली के यहाँ ठहरते हैं। डॉ. गणेशा और अंजली पहले जानते नहीं थे कि दोनों भागकर आए हुए हैं। परन्तु दोनों को जब उस बात का पता चलता है कि नीलू सुधीर का अन्तर्जातीय विवाह है, और नीलू एक मुसलमानी लड़की है तो अंजली के मन में नीलू के प्रति एक प्रकार की दूरी की भावना उत्पन्न होती है। वे नीलू और सुधीर के लिए एक पार्टी का आयोजन करते हैं। वे दोनों पार्टी में आए हुए व्यक्तियों के लिए अनुसंधान का विषय बन जाते हैं। उन दोनों को लेकर बहुत अधिक वाद-विवाद चलते रहते हैं। इस संदर्भ में भीष्म साहनी जी ने आजकल के बुद्धिजीवियों की किसी समस्या पर निर्णय लेने की असमर्थता को दिखाया है। आजकल के बुद्धिजीवी विभिन्न विषय को लेकर वाद-विवाद छेड़ते हैं। वे सच्चाई के तह तक जाने का प्रयत्न करते हैं। लेकिन सच्चाई की झलक मिल जाने पर उसको छोड़ देते हैं। उनका मकसद बस इतना ही रहता है कि वे तार्किक दृष्टि से खोज करते हैं और कुछ निष्कर्ष भी निकालते हैं। बस इतना ही उनके अन्वेषण की यही सीमारेखा होती है। भावना को क्रियात्मक रूप देना, व्यावहारिक बनाना यह उनके बस के बाहर की बात है। डॉ. गणेश कहता है–'इनसान गलतियाँ करता है क्योंकि वह गलतियाँ ही कर सकता है यह जानकारी न होने या अनुभवहीनता की बात नहीं है, इनसान के अन्दर एक व्यक्ति है जो उससे गलतियाँ करवाता है सुधीर बाद में पछताएगा या नहीं पछताएगा पर पछताने के बाद भी गलतियाँ करेगा।'[3] यहाँ समाज से झूठी प्रतिबद्धता रखनेवाले सामाजिक प्राणियों को दिखाया गया है जो हमेशा माँ की तलाश में हैं, और हर कहीं से दोष पक्ष को ही निकालना चाहते हैं।

शिमला जाकर सुधीर चित्रकारी का काम करने लगा। सुधीर के साथ नीलू भी निकल पड़ती थी और शाम को दोनों लौट आते थे। सुधीर से शादी करने के बाद नीलू अपने माथे पर लाल बिन्दी लगाने लगी। उसे देखकर कोई भी नहीं कह पाता था कि वह मुसलमानी है। दोनों की जिन्दगी बड़ी स्फूर्ति और उत्साह में बहती रही। हंसी खेल में ही दिन बीतते रहे। तो भी अपनी विगत जिन्दगी की स्मृतियाँ नीलू को कभी-कभी सताती थीं। माँ की याद आने पर वह रोती थी। अपने संस्कारों एवं धार्मिक अनुष्ठानों का पूर्ण तिरस्कार वह नहीं कर सकती थी। वह कभी-कभी सुधीर की अनुपस्थिति में नामाज पढ़ती थी। एक दिन सुधीर बाहर जाकर लौटा ही था कि उसने देखा कि नीलू कमरे में एक ओर दीवार के साथ मुँह-सिर लपेटे नमाज पढ़ रही थी। सुधीर इस कार्य में बाधा डालना नहीं चाहता था। इसलिए वह दबे पाँव एक ओर को हो गया। लेकिन एक दिन नीलू को नमाज पढ़ते हुए पड़ोसवाले हलवाई ने भी देख लिया। उसने एक दिन सुधीर से कहा—"भंगी चमार हो तो हम कुछ नहीं कहेंगे। मुसलमान उठा लाए हो। अपनी जात बिरादरी से कोई लड़की नहीं मिली थी? तुमने मुसलमान लड़की को बैठा लिया है। संभल के रहना।"[4]

हलवाई परिस्थिति से अवगत है, कि अन्तर्जातीय विवाह, वह भी हिन्दू-मुसलमान के बीच बहुत भारी अड़चनें पैदा करेगा। हमारे यहाँ की साम्प्रदायिक फासिस्ट शक्तियाँ मौकों की तलाश में रहती हैं उन साम्प्रदायिक शक्तियों का मूल लक्ष्य होता है देश को अपने धर्म के अनुकूल बनाना। राजनीतिक सत्ता भी भारत को एक हिन्दू राष्ट्र बनाने में बरबस प्रयास करती रहती है भारत की बहुलतावादी संस्कृति को तोड़कर एकल संस्कृति की स्थापना उनका मुख्य लक्ष्य है। बावरी मस्जिद जैसी अड़चनें इसी विध्वंसात्मक हरकतों को ही दिखा रही हैं। हिन्दू-मुसलमान के बीच का प्रेम भी इस विध्वंसात्मक के लिए कारण बनने की संभावना है। इसलिए हलवाई किसी से कुछ कहता भी नहीं कि नीलू मुसलमानी लड़की है। एक साधारण-सी बात भी कैसे एक ज्वलनशील समस्या बन सकत है इसकी ओर भीष्म साहनी ने प्रकाश डाला है। हलवाई में धर्मान्धिता के स्थान पर मानवीय संवेदना ही प्रखर दिखाई देती है। नीलू का भाई हमीद उसका पता लगाकर शिमला पहुँचता है। भाई को देखकर दोनों कुछ समय तक अवाक् रह गये। भाई भी नीलू से स्नेहपूर्वक शिकायत करता है कि घर छोड़ने के बाद नीलू ने एक कार्ड भी अभी तक नहीं भेजा है। फिर वह अम्मीजान के बारे में बताता है कि वह रो-रोकर आधी हो गयी है। अम्मीजान की यादें नीलू को बहुत अधिक निचोड़ती हैं। माँ से मिलने के लिए वह आतुर हो उठती है। इसलिए सुधीर को छोड़कर कुछ दिनों के लिए नीलू भाई के साथ अपने घर चली जाती है। लेकिन भाई का उद्देश्य दूसरा ही था। गाँव पहुँचने पर ही नीलू को इस बात का पता चलता है। वह एक ऐसा षड्यन्त्र रचकर नीलू को वहाँ से लाया था, जिससे उसकी स्वार्थ लोलुप धर्मावलंबी मानसिकता की विजय हो। गाँव पहुँचने पर हमीद का असली चेहरा पोल खोलकर बाहर निकलता है। वह रास्ते में ही

सुधीर को फटकारने लगा। बार-बार उसको 'काफिर' बुलाने लगा। यह सब सुनकर नीलू बस रो रही थी नीलू उस वक्त गर्भवती भी थी। शहर पहुँचते ही हमीद नीलू के बच्चे को जबरदस्ती से गिरवाता है। दुबली पतली पीला चेहरा लिए नीलू को लेकर हमीद घर पहुँचता है। माँ की नजर उसकी लड़खड़ाती चाल और पथराई-सी आँखों पर पड़ी थी और उसका दिल दहल गया था। उसके कपड़ों पर खून के धब्बे देखकर वह काँप गयी थी। वह हमीद से तड़पकर बोली—"मेरी बेटी की कोख हरी हुई थी तूने उसका हमल नुचवाकर घोर पाप किया है।" इस पर हमीद तुनककर बोला—"मेरी बहिन को हमल एक काफिर से हुआ है। अपने पेट में काफिर का तुख्म लेकर वह इस घर में कदम नहीं रख सकती। मैंने गुनाह नहीं किया, मैंने सबाब का काम किया है।"[5] यहाँ साम्प्रदायिकवादियों द्वारा फैलाई जा रही रक्तशुद्धि की भावना काम कर रही है। ये अपनी इच्छापूर्ति के लिए घृणित से घृणित कार्य करते हैं। लक्ष्य तक पहुँचना उनका मूल उद्देश्य है। इसके लिए हर तरह के घृणित रास्ते को वे अपनाते हैं। हिटलर का शासनतंत्र ही ये चला रहे हैं। अपने विरुद्ध खड़े होनेवालों का उन्मूलन वे करते थे। यही क्रूर नीति आज संपूर्ण समाज में व्याप्त हो रही है। साधारण जनता की मनोदशा भी उन साम्प्रदायिकों के प्रलोभन में पड़कर उनके जैसी होने लगी है। इसका स्पष्ट प्रमाण है हमीद। लेकिन नीलू की माँ में धर्म से परे मातृसहज ममता दिखाई देती है। इसलिए अपनी बेटी का गर्भ हिन्दू का जानते हुए भी उसके गिराने की सूचना मिलकर वह क्रुद्ध हो जाती है। जबकि हमीद अपनी साम्प्रदायिक कट्टरवादिता से रक्तशुद्धि पर बल देता है।

धर्म में आस्था रखनेवाले सभी लोग एक जैसे नहीं होते। कुछ भले लोग भी होते हैं जो धर्म की वास्तविक सत्ता को पहचानते हैं। वे जानते हैं कि किसी भी धर्म में ऐसा नहीं बताया गया है कि विधर्मियों से घृणा करो। वे अपने धर्म के आलोक में दूसरे धर्मावलंबियों को अपने सगे-संबंधी मानते हैं। पर कुछ ऐसे लोग भी हैं जिनकी धार्मिक मैत्री अपने ही धर्म भाइयों तक सीमित है। विधर्मियों से लड़ना यहाँ तक की किसी भी विधर्मी का खून बहाना उनके लिए सबाब का काम होता है। इस उपन्यास में हमीद ने भी ऐसा काम किया है। परन्तु नीलू के माँ-बाप ऐसे नहीं थे। उसकी माँ धर्म ईमानवाली औरत थी। रोजे रखती थी, खैरात बाँटती थी, पीर की दरगाह पर दुआ पढ़ने जाती थी, दिया जलाती थी, खुदातर्स थी। उसका धर्म इसी में था। दूसरों से घृणा करने में नहीं था। नीलू के अब्बा भी कस्बे के हिन्दू लोगों के साथ मैत्री रखते थे। फिर भी उनका जिगरी दोस्त फकीरचन्द नामक एक हिन्दू ही था जो वर्षों तक उन्हीं के साथ रेलवे की नौकरी करता था वह भी रिटायर होकर उसी कस्बे में ही आकर रहने लगा था। वे दोनों एक-दूसरे के सुख-दुख में शरीक होते। सामान्य जीवन में दोस्तों पड़ोसियों की दोस्ती में धर्म कभी अड़चन बनता नहीं। वह सिर्फ वैयक्तिक कार्य होता है। जबकि शादी आदि के संदर्भ में धर्म सबसे बड़ी बाधा बनकर उपस्थित होता है। जब सोच धर्माधारित होता है तो मैत्री में भी दरारें पड़ने लगती हैं। भीष्म साहनी ने इस यथार्थ को यहाँ उद्घाटित किया है।

नीलू को अपने ही घर में बंदी होकर रहना पड़ा। उसके घरवालों की दृष्टि में नीलू ने सुधीर के साथ भागकर बहुत बड़ी गलती कर ली है। नीलू की इस हरकत ने उसके घरवालों की इज्जत-आबरू सब नष्ट कर दी है। कस्बे भर का हर एक व्यक्ति एक-दूसरे से फुसफुसाकर कह रहा है—"उनकी बेटी ने एक काफिर के साथ मुँह काला किया, फिर उसके साथ भाग गई।"[6] नीलू की माँ हमेशा उसको तथा अपने आपको कोसती रही। अब्बाजान ने बोलना तक बन्द कर दिया। अम्मीजान यद्यपि नीलू को सदा कोसती रही तो भी नीलू की खुशी चाहती थी। इसलिए अंत में आकर सुधीर से मिलने के लिए वह बेटी की मदद करती है जब हमीद को इस बात का पता मिलता है तब वह चिल्लाते हुए दाँत पीसकर कहने लगा। "तुम समझती हो हम उसे छोड़ देंगे? दीन के दुश्मन का मैं खून नहीं पी जाऊँ? मैं पहले उस काफिर का खून पीऊँगा, जिसने मेरी बहिन को बहकाया है। और इसमें अगर मेरी बहिन भी मरती है तो मुझे कोई अफसोस नहीं होगा।"[7] सांस्कृतिक राष्ट्रवादियों का स्वर ही हमीद के मुँह से निकला है इंसानियत की विवेकशीलता उनमें नहीं है। अपने विरुद्ध खड़े रहनेवाले हर किसी को चाहे वह सगे-संबंधी हो, भाई-बहिन हों वह कुचल डालेगा। मनुष्यता का अंश उसमें नहीं है। हमीद हमेशा यही कहता है कि सुधीर दीन कबूल करेंगे तो उसको स्वीकार करेगा। लेकिन उसने ऐसा नहीं किया है। इसलिए वह अब भी काफिर है। काफिर को वह अपना शत्रु मानता है। उसकी धार्मिक दृष्टि की यही खासियत है। सांस्कृतिक राष्ट्रवादी व्यक्ति के धार्मिक दृष्टिकोण में कैसा परिवर्तन लाया है इसका दृष्टान्त है असल में हमीद। सांस्कृतिक राष्ट्रवादी धर्म को एक हथियार के रूप में इस्तेमाल करता है। वह हथियार हमेशा दूसरे धर्म पर प्रहार करने के लिए प्रयुक्त होता है।

इस उपन्यास में एक दूसरी प्रेम कहानी भी समानान्तर रूप से चल रही है—नीलिमा और अलताफ की। नीलिमा नीलू की सहेली है। परन्तु दोनों के प्रेम में, समाज की दृष्टि में असहजता है। नीलू प्रेम को सब कुछ मानती है। प्रेम के लिए धर्म, जाति, परिवार सब कुछ वह छोड़ देती है। लेकिन नीलिमा धर्म के सामने प्रेम को न्यौछावर करती है। अलताफ मुसलमान है। नीलिमा की दादी माँ उस प्यार को पसन्द नहीं करती थी। वह सोचती है कि ब्याह होने के बाद नीलिमा पर्दे में चली जाएगी। मुसलमानों में एक से अधिक ब्याह होते हैं। यदि अलताफ के घरवालों ने कुछ समय बाद दूसरा ब्याह रचा दिया तो नीलिमा का क्या होगा? इस प्रकार सोचकर वह नीलिमा को चेतावनी देती हैं। पर नीलिमा के पिता की स्थिति अजीब थी। उसके लिए बेटी की खुशी ही सर्वोपरि थी, वह बेटी को निराश नहीं कर सकता था। नीलिमा भी दादी माँ और पिताजी को सताना नहीं चाहती थी। इसलिए वह अपने ही जाति बिरादरी के सुबोध नामक लड़के के साथ शादी कर लेती है। लेकिन उन दिनों की पारिवारिक जिंदगी सफल नहीं हो पाती। नीलिमा एक खुशदिल और शरारती मिजाज की लड़की है। उसका बात करने का अपना अंदाज था। जिंदगी में मात्र खुशी का ही अनुभव उसने किया है। वह हमेशा उल्लसित

रहना चाहती थी। समय पर पाबन्दी लगाना उसके बस की बात नहीं है। सुबोध नीलिमा के मिजाज का और उसकी हँसोड़ तबीयत का अभ्यस्त नहीं था। उसके घर-परिवार की लड़कियों में नीलिमा का-सा अल्हड़पन नहीं था। सुबोध को सोच विचार के सलीके से बात करने का चलन था। वह खुलकर हँसता भी नहीं था। नीलिमा का अल्हड़पन वह बर्दाश्त नहीं कर सकता था। वह नीलिमा पर अपना अधिकार जमाना चाहता है। सबको अपने पैर तले दबाने की वह पूँजीवादी मानसिकता सुबोध के व्यक्तित्व में है। वह एक स्वार्थी आदमी है। उसे सिर्फ अपनी जिन्दगी से मतलब है वह नीलिमा को मात्र उपभोग की वस्तु मानता है। नीलिमा की स्थिति जानकर उसकी डैडी बहुत दुखी हो जाते हैं। लेकिन दादी माँ उसको सांत्वना देती हुई नारी की नियति से अवगत कराती हैं। शादी ब्याह के बाद लड़की पराये घर की बन जाएगी। उसे अपने को पति के घर के मुताबिक ढालना होगा। दादी माँ मानती थीं कि स्त्री दुख भोगने के लिए संसार में आती है। उसे अपना सर्वस्व देना ही देना है जीवन से कुछ माँगना नहीं है, किसी चीज की अपेक्षा करना नहीं है। स्त्री पराधीन होती है। आजकल लोग बराबरी की बातें कर रहे हैं। लेकिन बराबरी नाम की कोई चीज नहीं होती। घर में स्त्री का दर्श माँ का होगा, घरवाली का होगा, पर बराबरी का नहीं होगा। तलाक लेगी तो भी उसी की मिट्टी पलीद होगी। दादी माँ रूढ़िवादी हिन्दू धार्मिकता की प्रतीक थीं। धर्म संबंधी उसके कट्टर विचार के कारण ही नीलिमा को सुबोध से शादी करनी पड़ती है। हिन्दू परिवार में नारी की हैसियत क्या है यह भी दादी माँ के शब्दों में स्पष्ट है। नारी को अक्सर अस्वतंत्र जीवन का दायरा हिन्दू धर्म में प्राप्त है।

नीलिमा सुबोध के साथ खुशी से नहीं रह पाती है इस कारण वह आत्महत्या करने की कोशिश करती है। वह आग की लपटों में स्वयं कूद पड़नेवाली थी। लेकिन उसी वक्त वह जिन्दगी के बारे में सोचती है। परिस्थिति से समझौता करने का निर्णय कर लेती है। वह सोचती है कि स्त्री का जीवन नाटकमय होता है। माँ-बाप बेटे का इन्तजार करते हैं। सभी की आशाओं पर पानी फेरती हुई बेटी पहुँच जाती है। सब लोग दम दिलासा ही देते हैं मुबारक देनेवाले कम होते हैं। इस प्रकार लड़की का जन्म भी नाटक, उसका विवाह भी नाटक, उसके जीवन के हर मोड़ पर नाटक होते रहते हैं। शादी के बाद नारी की जिन्दगी अस्तित्वहीन बन जाती है। वह कहीं की नहीं रह पाती। पति का घर तथा घरवालों के साथ समझौता कर उसके अनुकूल अपने आपको ढालना पड़ता है नीलिमा के डैडी उसको सुबोध के यहाँ भेजना नहीं चाहते। लेकिन उसकी आंटी कह रही थी कि नीलू को उसके घर (सुबोध के यहाँ) लौट जाना चाहिए कि वह उसका घर है, कि हर घर में ऊँच-नीच की भावना होती रहती है। हर एक घर में कलह होता है, पर वक्त बीतने पर मामले सुधर भी जाते हैं।

नीलिमा एक नारी है। इसलिए समझौता करने के लिए वह मजबूर है। उसका पति सुबोध उस पुरुषवर्चस्व समाज का प्रतिनिधि है जो हमेशा अपना हुकूमत चलाना चाहता

है। समाज में पुरुष और नारी का जो स्तर है इससे नीलिमा अवगत हो जाती है। वह पति के यहाँ लौट जाने का निर्णय कर लेती है। नारी की गृहस्थी पति के घर में ही है। नहीं तो वह कहीं की नहीं रह पाएगी। उसको बेघर रहना पड़ेगा। नीलिमा के माध्यम से उपन्यासकार ने धार्मिक घेरे में जीनेवाली नारी की शोचनीय स्थिति को चित्रित किया है।

इस प्रकार इस उपन्यास का आद्यन्त विश्लेषण करने पर स्पष्ट हो जाएगा कि इसकी कहानी एकदम प्रासंगिक है। इसमें नीलू और नीलिमा दो प्रमुख नारी पात्रों की जिन्दगी के द्वारा समाज की समस्याओं जैसे साम्प्रदायिकता, अवसरवादी राजनीति, शोषण तंत्र, नारी शोषण आदि को चित्रित किया गया है। साथ ही साथ यथार्थ और कल्पना के बीच की टकराहट को भी दिखाया गया है। उपन्यास में नीलू आद्यन्त परिस्थिति को अपने अनुकूल करने की कोशिश करती रहती है। इसलिए वह कहती है—"देख लेना क्या होगा।" यहाँ भोली भाली नीलू को इतनी हिम्मत कहाँ से मिलती है? इसका उत्तर है सुधीर। सुधीर के कारण वह इतनी हिम्मतवाली बन जाती है। वे दोनों एक-दूसरे को मानते हैं। एक-दूसरे की इच्छाओं के अनुकूल व्यवहार करते हैं। यह नीलू और सुधीर यह प्रमाणित कर देते हैं कि समाज में नारी और पुरुष का अपना कोई स्वतंत्र अस्तित्व नहीं है। नारी और पुरुष के परस्पर पूरण में ही समाज का अस्तित्व है।

लेकिन नीलिमा कल्पना में जी रही थी। जिन्दगी की वास्तविकता से वह अवगत नहीं थी। वह सुबोध को अपने अनुकूल ढालना चाहती थी। लेकिन सुबोध उसको अपने इच्छानुकूल बनाना चाहता है। यहाँ समझौते का अभाव दोनों की जिन्दगी को नरकतुल्य बना देते हैं। अंत में नीलिमा को हार मानकर अपने आपको सुबोध के अनुकूल बनाना पड़ता है। एक परास्त भारतीय नारी की नियति यहाँ अनावृत हुई है।

इस प्रकार इस उपन्यास में भीष्म साहनी जी ने भिन्न धर्मावलंबियों एवं भिन्न मानसिकता वाले लोगों के आपसी मेल-जोल से उत्पन्न समस्याओं को चित्रित किया है। आज धर्म एक वितृष्णाभरी चीज बन गई है। जो लोगों के दिलों में खाई खींचती चली आ रही है। भारत के सत्ताधारी वर्ग भी इस खाई को अधिकाधिक बढ़ावा देने का प्रयत्न करते रहते हैं। साधारण जनता भी इनके प्रलोभन में पड़कर इन्हीं के अनुकूल कार्य कर रही है। नीलू नीलिमा नीलोफर में साम्प्रदायिकता के इस बढ़ते प्रभाव को दिखाने का प्रयास हुआ है।

संदर्भ

1. ज्ञान शब्दकोश, मुकन्दीलाल श्रीवास्तव, पृ. 832
2. नीलू नीलिमा नीलोफर, भीष्म साहनी, पृ. 242.
3. वही, पृ. 37
4. वही, पृ. 47
5. वही, पृ. 87
6. वही, पृ. 90
7. वही, पृ. 167

सिकुड़ती संस्कृति और बौने होते लोग

डॉ. शान्ति नायर

आजादी के बाद से अब तक एक खास तबका निहायत ही सुनियोजित ढंग से मुसलमानों को यह कहकर अहसास जुर्म में मुब्तिला करने की कोशिश करता आया है कि मुल्क के बँटवारे की जिम्मेदारी सिर्फ और सिर्फ मुसलमानों पर लागू होती है। यह हमारी बदकिस्मती है कि बहुत से मुसलमान इस साजिश का शिकार होकर अपराध बोध और हीन भावना से ग्रस्त हो गये हैं। हमें यह बात खुद भी समझ लेनी चाहिये कि मुल्क के बँटवारे और पाकिस्तान के निर्माण की जिम्मेदारी सिर्फ और सिर्फ सारे के सारे मुसलमानों पर लागू नहीं होती। (अखबार, 'इंकलाब', 9 नवम्बर 1991 के सम्पादकीय से)

भारत विभाजन निश्चय ही एक ऐसी घटना थी जो ज्वालामुखी के भीषण विस्फोट की तरह बहुतों को निगल तो गयी ही और उसका लावा शायद आज भी प्रवाहमान है। यशपाल का 'झूठा सच', भीष्म साहनी का 'तमस', खुशवन्त सिंह का अंग्रेजी उपन्यास 'ए ट्रेन टु पाकिस्तान', रामानन्द सागर का 'और इनसान मर गया' के अलावा कृष्ण चन्द्र, करतार सिंह दुग्गल, अमृता प्रीतम, सआदत हसन मंटो, राजेन्द्र सिंह बेदी, उपेन्द्रनाथ अश्क आदि लेखकों की अनेक कथाकृतियाँ मानव और मानव के बीच घोर नृशंसता की दिल दहला देने वाली कथा को कई आयामों में प्रस्तुत करती हैं। किन्तु मंजूर एहतेशाम के उपन्यास 'सूखा बरगद' को पढ़ कर लगता है विभाजन पर आधारित कथ्य की सर्जनात्मक संभावनाएँ चार दशकों के बाद भी चुकी नहीं। इस उपन्यास की खासियत हमें यह भी लग सकती है कि समय के अन्तराल ने इस विषय पर लेखन की तात्कालिक उत्तेजना और भावुकतापूर्ण दृष्टि को एक हद तक दूर कर दिया है।

धर्म, जाति और क्षेत्रीयता, भीषण साम्प्रदायिकता के सवाल आजादी के बाद हमारे देश में बहुरूपी यथार्थ बन कर सामने आये। भारतीय मुसलमान समाज के अन्तर्विरोधों पर अगर नजर डाली जाए तो यह अपने आप में एक गंभीर विषय है। सामाजिक विकास के अत्यन्त संवेदनशील गतिरोध यहाँ उभरकर सामने आते हैं।

उपन्यास के केन्द्र में सुहैल है। जिसके माता-पिता तथा अन्य रिश्तेदारों में कुछ भारत विभाजन के समय पाकिस्तान न जाकर इसी देश में टिक जाते हैं। वस्तुतः सुहैल इस वर्ग का प्रतिनिधित्व करता है और अति संवेदनशील है। कोई भी, किसी भी वर्ग का

व्यक्ति संवेदनशील हो सकता है। यथावत स्थितियों को स्वीकार करने के प्रति नकार संवेदनशीलता का सबूत है। इससे उसके ऊपर दो प्रतिक्रियाएँ हो सकती हैं या तो वह उसका विरोध करे, अगर वह विरोध करने की क्षमता नहीं रखता तो स्वाभाविक है कि उसकी संवेदना कुण्ठा में बदल जाती है और कुण्ठा का अतिरेक कभी-कभी डर में परिवर्तित हो जाता है। फिर कभी न खतम होने वाले डर के रूप में परिणत हो जाता है। सुहैल के सन्दर्भ में दूसरी बात ही सत्य होती है।

जिन्दा रहने मात्र के लिए जितने की आवश्यकता है उतने भर का ज्ञान तो पशुओं में भी होता है। पर मनुष्य अपनी आवश्यकता से भी अधिक जानना चाहता है क्योंकि वह जिज्ञासा के स्तर पर पशु से अलग है वह अपनी सत्ता को अपने अस्तित्व को बनाये रखना चाहता है और जहाँ अस्तित्व के (भाषा, संस्कृति, धर्म तथा समाज से जुड़ी) के नष्ट होने की आशंका कहीं दिखाई देती है वहीं डर सक्रिय हो जाता है। असुरक्षा का भाव इसी की परिणति माना जा सकता है।

सुहैल इसी असुरक्षा के भाव से ग्रस्त होता है और धीरे-धीरे हीनता की ग्रन्थि इसमें घर करती चली जाती है। परिणामतः वह एक ओर अपने समुदाय की ही आलोचना करता अपने अन्तर्विरोधों से जूझता है। अपने समुदाय को संघटित करने का कार्य भी इसी का एक सकारात्मक पक्ष हो सकता है।

'सूखा बरगद' की पृष्ठभूमि भोपाल है। जहाँ हिन्दुओं और मुसलमानों दोनों को अपनी आजीविका का जुगाड़ करने की दौड़ के बीच साम्प्रदायिक अन्तर पर सोचने लड़ने का वक्त न था। उपन्यासकार ने स्वयं कहा है, "एक मुसलमान रियासत होने के बावजूद बँटवारे के समय भी यहाँ कभी हिन्दू-मुस्लिम तनातनी या झगड़ा फसाद नहीं हुआ था। बुजुर्गों की जबान में कहा जाए तो यहाँ हिन्दू-मुसलमान भाई-भाई की तरह रहते थे। ज्यादा तादाद गरीबों की थी—हिन्दू भी मुसलमान भी। इसलिए वैसे भी लड़ने के लिए दोनों के पास एक ही दुश्मन था। बँटवारे के बाद यहाँ पाकिस्तान से आकर बसे सिंधी पंजाबी भी थे और आज ऐसे मुसलमान भी जो देश छोड़कर पाकिस्तान जाना नहीं चाहते थे।" इसी भोपाल की हालत सन् साठ के बाद अचानक बदल जाती है।

शहर का पहला दंगा बच्चों व किशोरावस्था के लोगों पर मनोवैज्ञानिक रूप से अपना प्रभाव डालता है। हिम्मत और विश्वास के स्थान पर इनके मन में भय और खतरे का अहसास पलने लगता है। उपन्यास में रशीदा इसी भय से आतंकित होती है। और दंगे की घटना को कभी वह विस्मृतियों में दफना नहीं पाती। अलविदा की नमाज और रंग पंचमी एक ही दिन था और किसी ने किसी पर रंग डाल दिया। यही घटना साम्प्रदायिक बैर का कारण बन कर जंगली आग की तरह फैल गयी। यह कहानी वास्तव में एक भोपाल मात्र की नहीं है। इस तरह के जाने कितने भोपाल भारत में बिखरे पड़े हैं। अलीगढ़, भिवंडी, जमशेदपुर, बम्बई...सभी जगहों पर देंगे की शुरुआत इसी प्रकार हुई।

विभाजन के बाद भारत में रह गये मुसलमानों को यह डर पहले से था कि उन्हें बहुसंख्यक समाज द्वारा पाकिस्तान के निर्माण के लिए जिम्मेदार माना जाएगा और अपमानित किया जाएगा। आजादी के पैंतालीस साल के उपरान्त बंबई से प्रकाशित एक उर्दू दैनिक 'इंकलाब' मुसलमानों के प्रति देश में व्याप्त अविश्वास पर लिखता है—''मुसलमानों पर आज से ही नहीं, बल्कि बरसों से यह इल्जाम लगाया जाता रहा है कि वे राष्ट्र की मुख्य धारा में शामिल नहीं हैं। दूसरे लफ्जों में वे अलगाव का शिकार हैं। वे उन मामलों में भी जिनका ताल्लुक पूरी हिन्दुस्तानी कौम से होता है अपनी डेढ़ ईंट की मस्जिद अलग बनाने की कोशिश करते हैं।'' (सम्पादकीय, 'इंकलाब', 26 दिसंबर, 1991) उसके जवाब में दलीलें पेश करता हुआ यही अखबार कहता है, ''हमें यह देखकर तकलीफ होती है कि जो लोग मुसलमानों पर मुख्य धारा में शामिल न होने का आरोप लगाते हैं वे ही उन्हें मुख्य धारा से निकाल देने के लिए सिर धड़ की बाजी लगाये हुए हैं।''

'सूखा बरगद' में भी हम देखते हैं कि तमाम आश्वासनों के बावजूद भी भारत के औसत मुसलमान कोअपने अस्तित्व के नष्ट होने का भय चैन की जिन्दगी जीने नहीं देता।

भीतर ही भीतर राख के नीचे दबी पड़ी भय की इस चिनगारी को दंगे अपनी हवा से भड़काकर लपटों में बदल देते हैं। इन लपटों में अक्सर जो झुलस जाता है वह भारतीय मुसलमान का अपना विश्वास होता है।

उपन्यास में ऐसे मुसलमान पात्र का भी परिचय दिया गया है जो प्रगतिशील विचारधारा से सम्बद्ध है। वे हैं केन्द्र पात्र सुहैल एवं रशीदा के वकील पिता (अब्बू)। दंगे अब्बू को डराते नहीं हैं परन्तु इस प्रकार की घटनाएं उनके लिए भी बिलकुल अप्रत्याशित ही हैं।

वह बेचैनी और गुस्से का भाव उनके चेहरे पर, जैसे उनका कोई मुवक्किल जो बेकसूर हो, कल फाँसी पर टाँग दिया जाएगा। वह लाचारी कि उसे बचाने के लिए वह खुद कुछ नहीं कर सकते। वह नपुंसक गुस्सा जिसे इंसान सिर्फ आप पर ही उतार सकता है।

इन प्रगतिशील मुसलमानों की संख्या अपने आप में बहुत ही कम है। परन्तु साम्प्रदायिक दंगों के दौरान साधारण मुसलमान अपनी हिफाजत की सोचने लगते हैं। वे स्वयं अपने घर को औजारों से युक्त बनाने की चिन्ता करने लगते हैं प्रत्युत्तर के लिए तैयार होने लगते हैं। 'सूखा बरगद' बताता है कि असुरक्षा का पहला कारण दंगों की देन व्यापक खून खराबा है।

परन्तु दंगों से उत्पन्न खून खराबा ही केवल मुसलमानों में असुरक्षा और आत्मनिर्भरता का कारण नहीं है। कट्टरवादी तत्त्व भी अपनी भूमिका इसमें कम नहीं निभाते हैं। भोपाल को राजधानी बनाये जाने को लेकर असगर साहब जैसे लोगों का कहना है...'' शहर को राजधानी बनाया ही इसलिए गया कि धीरे-धीरे यहाँ मुसलमानों का पत्ता साफ हो जाये...हिन्दू उनके सिर पर जूते बजायें। इधर राजधानी बनी उधर शहर का पहला हिन्दू मुस्लिम फसाद हुआ—पंडित नेहरू मुस्लिम भाई अन्दर ही अन्दर महासभाई और

हमसे कहा जाता है कि हम सूअर खाएँ। क्यों खाएँ।''

इधर भोपाल से ही प्रकाशित 'उर्दू एक्शन' शीर्षक साप्ताहिक के सम्पादकीय में 9 मार्च 1992 को भी मुसलमानों की समस्याओं को तीन भागों में बाँटते हुए बताया गया कि—पहली किस्म की समस्याओं में मुसलमानों में व्याप्त अविश्वास, अन्धविश्वास, अव्यावहारिकता...दुनिया से बेखबरी आदि है। ये वे समस्याएँ हैं जिनके जिम्मेदार पूरी तरह से मुसलमान हैं।

उपन्यास से ऊपर दिया गया उद्धरण इसी की ओर इशारा करता नजर आता है। गलतफहमियाँ इसकी बुनियाद हैं। नेहरू में सांप्रदायिकता की खोज, सूअर जबरदस्ती मुसलमानों को खिलाने का आरोप इसी प्रकार के कुतर्क हो सकते हैं, या बातों को अपने स्वार्थ के लिए तोड़-मरोड़ कर प्रस्तुत कर फायदा उठाने का तरीका। परन्तु एक साधारण भारतीय मुसलमान को दिली और दिमागी तौर पर पस्त कर देने के लिए ये बयान बिलकुल कम नहीं होते।

क्या भारतीय मुसलमान के भीतर कोई पाकिस्तान है और अगर है तो वह कैसे रूपाकार ग्रहण करता है। इस प्रश्न को भी उपन्यास में उभारा गया है। कलकत्ता से प्रकाशित उर्दू दैनिक 'आजाद हिन्द' ने 5 जुलाई 1992 के 'बदतरीन मखलुल' नामक अपने सम्पादकीय में मुसलमानों की बदतरीन हालत को बयान करने के लिए तीखे व्यंग्य का सहारा लिया है—''सबसे पहले तो दरयाफ्त किया गया कि मुसलमान कुछ भी हो सकता है मगर देशभक्त नहीं हो सकता। वह रहता एक देश में है पर उसका दिल दूसरे देश में होता है। खाता हिन्दुस्तान का है बजाता पाकिस्तान का है।...वह पाकिस्तान का एजेण्ट...।'' यह व्यंग्य भारत को अपनी जमीन समझकर यहाँ बस गये मुसलमानों को तिलमिला देने वाला अहसास है जब उन्हें, उनकी देश भक्ति को शक की नजरों से देखा गया। उपन्यासकार इस विडम्बना को पूरी सहस्थिति के साथ उभारता है। पाकिस्तान के प्रति हमदर्दी का भाव जब कभी रशीदा अपने भीतर पाती है। इस संदर्भ में वह अपनी ही सोच के प्रति किंकर्त्तव्यविमूढ़ है। अपनी इस अवस्था को रशीदा स्वयं इस प्रकार कहती है—उस मुल्क से हमदर्दी कैसी जिसे तुमने आज तक देखा ही नहीं। और इस गुनाह के अहसास से भी कैसे इनकार किया जाए कि हमदर्दी थी। तो क्या मैं क्या चाहती हूँ कि पाकिस्तान जंग जीत जाए इसलिए कि वहाँ से जो आता है 'सलाम वालेकुम' कहता है और हम लोगों से मिलते-जुलते कपड़े पहनता है। असली कारण वास्तव में यह नहीं है। जंग के दिनों में प्रत्यक्ष या परोक्ष रूप से भारतीय मुसलमान से भारत का बहुसंख्यक समाज यह माँग करता है कि वह अपने आपको हिन्दुस्तानी प्रमाणित करे। देश की धरती के प्रति भावुक रूप से जुड़े मुसलमान के लिए यह उसकी ईमानदारी (integrity) पर लगाई गई बहुत गहरी चोट सिद्ध होती है। इसकी तीव्र प्रतिक्रिया पाकिस्तान के प्रति हमदर्दी के रूप में भारतीय मुसलमान के भीतर धीरे-धीरे आकार ग्रहण कर बड़ी होती है—''क्या यह हमदर्दी उन लोगों से बदला लेने को तो नहीं

जो हमें कनखियों से देखते हैं—और हमारे आते ही बात का टॉपिक बदल देते हैं—जैसे कोई उनकी अपनी राज की बात हो और हमारे जान लेने से बहुत बड़ा नुकसान हो जाएगा। हम जासूस हैं न पाकिस्तान के।"

सुहैल में जहाँ युवा खून का आक्रोश है वहीं अत्यन्त संवेदनशीलता भी। वह एक होनहार छात्र है। अपने प्रति न तो वह किसी की उपेक्षा को सहन कर सकता है न सहानुभूति (तरस खाने के भाव को) जहाँ अन्य रेडियो पाकिस्तान को झूठी खबरें देने के आधार पर खारिज कर देते हैं। वहीं सुहैल खुल्लमखुल्ला सुनता है। सुहैल का कहना है कि मुसलमान को इतनी इज्जत दी कहाँ गयी कि उसमें इतना सेल्फ कान्फिडेन्स आ सके। सुहैल की इस संवेदनशीलता का बेजा फायदा उठाने वालों में आते हैं असगर और रजब अली जैसे लोग।

मुसलमान की समस्याएँ जितनी अहम हैं उससे ज्यादा अहम प्रायः यह सवाल बन जाता है कि मुसलमान इन समस्याओं को किस नजरिये से देखते हैं। उपन्यास में रहीम मिया स्मगलिंग में पकड़े जाते हैं। उनके मित्र एवं खानदान के लोग इसे इस नजरिये से देखते हैं कि उन्हें फंसाया गया है। इस समस्या को मुसलमान होने की नियंति कहा जाता है—सब जड़ें काटने की ठंडे दिमाग से सोची समझी साजिशें हैं। अर्थात् अपराध अगर मुसलमान है तो जानबूझ कर कार्यवाही की जाती है। इंजीनियरिंग कॉलेज से प्रोफेसर रजा को निकाला जाना, सुहैल की शादी हिन्दू लड़की से न हो पाना इन सभी का कारण यही माना जाता है कि मुसलमान को दूसरे दर्जे का नागरिक माना गया।

हिन्दुओं और मुसलमानों के बीच आपसी सूझबूझ के सूत्र कट जाते हैं और दोनों तरफ गलतफहमियों के पहाड़ खड़े हो जाते हैं। विजय और रशीदा के संबंधों की परिणति तक इसी ओर इशारा करती है। समस्याओं का कौमी एहसास खासतौर पर अहमियत रखता है। सुहैल की सोच भी आखिर इस तरह तब्दील कर दी जाती है—मैं चाहे जो भी सोचूँ, जो भी करूँ मुसलमान होने के नाते एक हिन्दू की बराबरी नहीं कर सकता। यहाँ मेरी नहीं जिनका मुल्क है उनकी चलेगी।

मुसलमानों की तंगनजर और भारतीयकरण के नाम पर कट्टर हिन्दूवाद की आलोचना करने वाले सुहैल का इस प्रकार सांप्रदायिक हो जाना जहाँ आश्चर्यचकित कर देने वाली बात है वहीं यह धर्मनिरपेक्ष राष्ट्र भारत में फैलते दम घोट देने वाले काले ध ुएं की सूचना भी है।

हालात आज इतने पेचीदा हैं कि एक तरफ हिन्दुओं को यह कहकर उकसाया जा रहा है कि आजाद हिन्दुस्तान में मुसलमानों को आवश्यकता से अधिक महत्त्व दिया जा रहा है और इसी कारण इस सम्प्रदाय की आदत अधिक लाड़-प्यार से बिगड़े बच्चे के समान हो गयी है। भारत का सारा वातावरण कहीं बिगड़ा है तो इसी कारण से, राष्ट्रीय चेतना को पूर्णतः जाग्रत करना सम्भव नहीं हो पा रहा है। दूसरी तरफ हिन्दुस्तानी मुसलमानों को इस बात का बुरी तरह एहसास है कि उनके साथ बहुत बुरा सलूक किया

जा रहा है और हर बात में भेदभाव बरता जा रहा है इसका नतीजा यह हुआ कि मुसलमान अपने साथी नागरिकों की नजरों में सन्देह के पात्र बन गये। मुसलमानों को यह बात हमेशा लगने लगी या उन्हें इस अहसास की ओर बराबर घसीटा जाता रहा कि इस देश में न तो उनकी जान सुरक्षित है न सम्पत्ति।

इतिहास की शिक्षा हिन्दुओं और मुसलमानों को इसी देश से दी जाती है लेकिन इसे पढ़ाये जाने का अन्तर बचपन से ही साम्प्रदायिकता की खाई को खोद कर चौड़ा कर देता है। उपन्यास में इस ओर भी इशारा किया गया है कि मुसलमानों के लिए औरंगजेब आलमगीर था और शिवाजी पहाड़ी चूहा। हिन्दुओं के लिए शिवा जी वीरता और देश प्रेम के सर्वोत्कृष्ट उदाहरण रूप में प्रस्तुत किए जाते हैं। सामन्ती युद्धों को चाहे वे अकबर राणा प्रताप के हों या औरंगजेब शिवाजी के हिन्दू मुसलमान लड़ाई का रंग देकर बढ़ते बच्चों की रगों में अलगाव भावना को प्रविष्ट करा देने की रीति भारत में आज सर्वथा व्याप्त है। तनाव के बीज बोने में इतिहास के इन व्याख्याताओं की भूमिका कम नहीं है। असुरक्षा का यह एहसास शिक्षा व्यवसाय, रोजगार के सिलसिले में लापरवाही को जन्म देता है। सुहैल ऐसा ही एक होनहार छात्र है। जो अपनी शिक्षा बीच में छोड़ देता है नशा करने लगता है...। बाकी लोगों में भी यह अहसास कम नहीं कि वहाँ बच्चों को शिक्षा देने की क्या आवश्यकता?

असुरक्षा के भाव से उत्पन्न प्रतिक्रियाओं के सकारात्मक पक्ष में रूप में प्रायः हम मानते हैं कि लोग एकजुट हो जाते हैं। परन्तु यह भी संस्कृति या अमन के माहौल के लिए पूर्वतः सहायक सिद्ध हो सकती है ऐसा कतई नहीं कहा जा सकता। पढ़े-लिखे और खुले दिमाग वाले मुसलमान में यह एहसास पैदा किया जाता है कि वे अपने महजब के लोगों के बीच ही सुरक्षित हैं। जानबूझ कर पैदा किये गये ऐसे हालात भी मुसलमानों को कम दीनहीन नहीं बनाते।

उपन्यास में अब्बू की प्रगतिशील विचारधारा द्वारा बीच-बीच में इस बात से भी आगाह कराया गया है कि मन्दिर-मस्जिद सामन्ती शोषण तन्त्र के औजार मात्र हैं। इस सन्दर्भ में लड़ना केवल नादानी है—"एक सोची-समझी साजिश कि बेगिनती मन्दिर और मस्जिद बनवा दो, जहाँ यह आदमी हुकूमत करने वाले की भी हाकिम की इबादत करता रहे। सारे दुख मुकद्दर समझ कर सहता रहे और उससे दुआ करें कि मरने के बाद जन्नत मिले और समझदार लोग इसी दुनिया में जन्नत के मजे लेते रहें, अवाम के साथ मनमानी करते रहें।"

उपन्यास में मुसलमानों को भड़काकर अपना राजनीतिक स्वार्थ साधने वाले मुसलमान नेताओं को भी दर्शाया गया है। रजबअली के माध्यम से इन खुदगर्ज नेताओं की वास्तविकता का भी पर्दाफाश किया गया है। सुहैल जैसों के भीतर की कट्टरता को इस हद तक ला खड़ा करने में सबसे बड़ा हाथ संभवतः इन्हीं का है।

धर्मनिरपेक्ष राष्ट्र में साथ-साथ रहते हुए भी हिन्दू और मुसलमांन एक-दूसरे के

मिथकों के बारे में संस्कृति के बारे में कम जानते हैं। पहले हुकूमत करने के दंभ के कारण या बहुसंख्यक समाज में अपनी अलग पहचान रखने की चिन्ता के कारण, औसत भारतीय मुसलमान कानून, वेश-भूषा उपासना, भाषा आदि अनेक स्तरों पर अपनी अलग पहचान बनाये रखता है। मुसलमानों में अधिक संख्या में लोग सुहैल की ही तरह मजहब और संस्कृति में कोई अन्तर नहीं मानते।

भाषा के प्रश्न को भी 'सूखा बरगद' में उठाया गया है। सुहैल का कहना है कि हिन्दी और संस्कृति मुसलमानों पर लादी गई है परंतु आजादी के बाद ही संभवतः यह स्थिति आई कि हिन्दी केवल हिन्दुओं की और उर्दू मुसलमानों की भाषा बनकर रह गयी। यह एक संकीर्णतावाद का ही नतीजा है। इसी देश में जन्मी भाषा होने के बावजूद उर्दू सम्भवतः इस देश की अकेली भाषा है जिसमें संस्कृत के शब्द नहीं हैं। भाषा के नाम पर इस अलगाव को अंग्रेजी साम्राज्यवाद भी बराबर हवा देता रहा है 'सूखा बरगद' इस समस्या पर भी प्रकाश डालता है। विजय से सुहैल पूछता है—'प्रेमचन्द उर्दू के, कृष्णचन्द्र उर्दू के,—बताओ हिन्दी ने पैदा कौन सा लेखक किया है?' जवाब में विजय द्वारा लिये गये गुलेरी, यशपाल, अज्ञेय भारतीय आदि नामों में एक भी सुहैल और रशीदा के लिए परिचित न था। स्वयं रशीदा उपन्यास में इसे एक विडम्बना के रूप में लेती है कि देवनागरी का ज्यादा कुछ बिना पढ़ा ही रह गया।

उपन्यास में हम देखते हैं कि लेखक पूरी सहस्थिति के साथ पात्रों को प्रस्तुत करता है। सुहैल के रशीदा के परवेज और विजय के माध्यम से वह तत्काल में जीने वाले मनुष्य को पकड़ता है उनकी नब्ज टटोल कर वह उस समय और समाज के बुखार की जाँच करता है। और यही जाँच 'सूखा बरगद' को समकालीन बनाती है। जिस देश की संस्कृति पर, उसकी विशालता पर प्रसाद ने लिखा—"उड़ते हैं खग वृन्द जिस ओर मुख किए। समझ नीड़ निज प्यारा।" इस भारतीय परम्परा में बरगद संस्कृति का प्रतीक रहा है। देश में पले-बढ़े सुहैल के लिए यह सांस्कृतिक आस्था, भावनात्मक सुरक्षा की प्रतीक भी हो सकती है। बार-बार उसे रेस्ट हाउस के बरगद की याद आती है। फिर वह महसूस करता है—

"धूप से बचने के लिए मैं बरगद की छाया में जाता हूँ। लेकिन वहाँ जाकर महसूस करता हूँ कि वीरानी जहाँ धूप की वीरानी से ज्यादा है।...मैं बरगद की एक शाखा को डरते-डरते छूता हूँ और फिर बेजान सा होकर वहीं बैठा रह जाता हूँ यह सूखा है.... सचमुच सारे बरगद का फैलाव...उसकी शाख-शाख, कोंपल कोंपल जड़ों पर खड़े-खड़े ही सूख चुका है....।"

यहाँ सकारात्मक मूल्यों को लेकर बनी भारतीय संस्कृति के स्रोतों का सूखना है। सुहैल के विश्वास का सूखना है। भारतीय मन का सूख कर सिकुड़ना है। मनुष्य का बौना हो जाना है।

उपनिवेशन से ध्वस्त राष्ट्रीय संस्कृति

डॉ. पी. रवी

"साम्राज्यवाद का कुरूप चेहरा, दो विश्व युद्ध और विज्ञान का मानव-चेतना पर काबिज होने का अधिनायकवादी प्रयत्न आदि हमें पश्चिमी मॉडलों पर भी पुनर्विचार करने की ओर ले जाते हैं। फिर नव्य-साम्राज्यवादी रुझानों का मुकाबला करने के लिए अब किसी कारगर विकल्प की तलाश और भी अधिक प्रासंगिक हो गयी है। इधर हमने महात्मा गाँधी के रूप में अपने विशिष्ट अंतःरूपांतरणात्मक मॉडल की आंशिक तेजस्विता को भी देखा है फिर तीसरी दुनिया के प्रतिरोधात्मक पक्ष को एक नयी संदृष्टि के साथ बाकायदा नेतृत्व देते रहने का सवाल भी है। यह स्थिति हमें एक अपने विशिष्ट भारतीय यथार्थवाद के जन्म के करीब ले जाती है। तीसरी दुनिया की जरूरतों के मुताबिक हम दुनिया के सभी मुल्कों का एक साम्यमूलक जनतांत्रिक वैश्विक विकल्प बनाने की बात सोच सकते हैं जो नव्य-साम्राज्यवाद के अन्त की घोषणा कर सकता है।

भारत की यह अन्तःरूपान्तरणात्मक आत्मा (भारतीयता) राजनीतिक-दर्शन के मौजूदा यथार्थ का मानवीकरण करती है तथापि आत्मविभाजित होने के कारण यह सार तत्त्व अर्थ पूरी तरह प्रकट नहीं हो पा रहा है। इसका अर्थ यह है कि हम जब अपने अभी सांप्रदायिक आत्म विभाजन (भारत-पाक के रूप में प्रकट) से उबरेंगे, एक वैश्विक रूपांतरण का आधार भी बन सकेंगे।

इस प्रकार स्पष्ट हो जाता है कि हमें अपने राष्ट्र और उसकी आत्मा की तलाश को ठोस समाज-राजनीतिक संदर्भों में करना होगा क्योंकि वही तलाश सांस्कृतिक अंतःरूपांतरण का रूप लेती हुई हमारी वास्तविक विरासत बनती है।

दूसरी बात यह भी ख्याल में लेनी जरूरी हो जाती है कि दुनिया के सबसे बड़े उपनिवेश के रूप में हमीं ने अपनी आत्मा के राजनीतिक-सांस्कृतिक रूप को पुनरुद्घाटित करते हुए साम्राज्यवाद के खिलाफ लड़ाई की अगुवाई की है और अब नव्य साम्राज्यवादी संदर्भों के उभर आने पर हमीं विश्व बाजार की एक बड़ी मण्डी का रूप लेते हुए वैश्विक शोषण का केन्द्र भी बनते जाते हैं। ऐसे में हमे अपने सार तत्त्व को पहचानते व विकसित करते हुए अपने अंतःरूपांतर के जरिए एक वैश्विक विकल्प बनने की ओर अग्रसर होना होगा। हालांकि साम्राज्यवाद की विरासत को हम भारत-पाक विभाजन के

रूप में अभी तक अपने कंधों पर ढो रहे हैं, तथापि जिस तरह से विश्व आतंकवाद के खिलाफ लड़ाई छिड़ी है, उससे हमारे लिए भी अपने सांप्रदायिक आत्म-विभाजन से जूझने और उबरने का मार्ग एक नये रूप में खुल सकता है।'' (विनोद शाही—वागर्थ, अगस्त 2004)

उपनिवेशवाद एक सच्चाई है जिसका एक लंबा इतिहास है। इस दीर्घकालीन राजनीतिक एवं सांस्कृतिक व्यवस्था की जड़ों ने भारतीय समाज, संस्कृति तथा आर्थिक एवं विकास दृष्टि में व्यापक रूप से घुस-पैठ की है, लेकिन आज भी उसके प्रतिरोध का क्रियात्मक प्रयास नहीं शुरू हुआ है। औद्योगिक क्रान्ति के पश्चात साम्राज्यवादी शक्तियाँ मंडी की खोज में निकलने लगी थीं। यह साम्राज्यों एवं उपनिवेशों की स्थापना का हेतु निकला। साम्राज्यवाद की नृशंसता, कुरूपता तथा उसकी परिणतियों से देशी लोग परेशान होने लगे। परिणामस्वरूप नवजागरण, नए राष्ट्रबोध तथा सामंती मूल्यों को चुनौती देने का कार्य आदि शुरू हुए। यह भी सच है कि नई राष्ट्रीयता, नवजागरण और राष्ट्रीय स्वतंत्रता आन्दोलन का संबंध उपनिवेशी शक्तियों से प्रत्यक्ष एवं परोक्ष रूप से है। वास्तव में उन्हीं से प्राप्त ज्ञान-विज्ञान ने भारतीय जागरण के हेतुओं में मुख्य भूमिका निभाई है, चाहे पाश्चात्य शिक्षा प्राप्त कुछ व्यक्तियों के जरिए हो। भारतीय नवजागरण और स्वतंत्रता आन्दोलन के दौरान अंग्रेजी और अन्य विदेशी भाषाओं का अंध-विरोध नहीं हुआ था। इसके बारे में गांधी जी ने कहा भी था कि मैंने अपने घर के सभी दरवाजों को खोल रखा है जिससे सभी भाषाओं एवं संस्कृतियों का स्वागत कर सकें। निजी संस्कृति की पहचान कर हीनता भाव के बिना व्यवहार करने का आह्वान कर रहा था। इस नवजागरण के पीछे एक राष्ट्रीय संस्कृति का संकल्प कार्यरत होने लगा था। उक्त राष्ट्रीय संस्कृति के केन्द्र में बहुलतावादी भारतीय संस्कृति को पहचानने का आग्रह, धर्मनिरपेक्षता, समाजवादी लोकतंत्र, स्वतंत्रता का मोह आदि बातें अन्तर्निहित रही थीं। इसलिए धीरे ही सही, उसमें सभी वर्ग, वर्ण, जाति, धर्म आदि का योगदान रहा। आज उपनिवेशन के खिलाफ संघर्ष करने के लिए हमें उपनिवेशित दृष्टि से मुक्त होना अनिवार्य हो गया है। ऐसे सांस्कृतिक विमर्श के लिए हमें नवजागरण व स्वतंत्रता आन्दोलनकालीन विवेक और तर्कबुद्धि की ओर पुनः देखना पड़ता है।

'निन्यानवे' ऐसा एक सांस्कृतिक एवं राजनीतिक विमर्श प्रस्तुत करता है। एक परिवार की पाँच पीढ़ियों का संक्षिप्त इतिवृत्त के बहाने उपन्यासकार रवीन्द्र वर्मा सन् 1857 से 1993 तक का भारतीय इतिहास प्रस्तुत करते हैं। प्रथम स्वाधीनता संग्राम में झांसी की भूमिका महत्त्वपूर्ण रही थी। उस समय की झांसी से वर्तमान झांसी तक की यात्रा के माध्यम से, न जाने इसके अन्तर्गत भारतीय समाज ने कितनी बार करवटें बदल ली हैं, भारतीय राष्ट्रीय संस्कृति के उतार-चढ़ाव तथा विकास एवं सिकुड़न को लेखक ने प्रस्तुत किया है। सियाराम सिंह झांसी की रानी का सैनिक था जिसकी हत्या अंग्रेजी सेना ने की थी। पुत्र देवकी प्रसाद ने अंग्रेजों से बचकर जंगल में घास खाई थी। राम दयाल

और हरिदयाल देवकी प्रसाद की संतानें है।। स्वाधीनता आन्दोलन तब मुख्यतया दो खेमों में चल रहा था। एक ओर क्रांतिकारी दल है जिसने सशस्त्र क्रान्ति का रास्ता चुन लिया था। हरिदयाल उससे आकृष्ट हो गया और चन्द्रशेखर आजाद के साथ काम करने लगा था। हरि की मृत्यु बम निर्माण के बीच हुई थी। रामदयाल गांधी से प्रभावित होकर राष्ट्रीय स्वतंत्रता आन्दोलन में भाग ले रहा था और कई बार जेल भी गया था। अधिकांश भारतीयों की भांति स्वातंत्र्य, धर्मनिरपेक्षता, मानवतावाद, नैतिकता और समाजवादी लोकतंत्र रामदयाल के भी स्वप्न थे। इसके आगे विवाह, पैसा, ऊँचा पद, विदेशी वस्त्र आदि हेय हैं। खादी, हिन्दी, सत्याग्रह आदि उसके शस्त्र हैं। सन् 1942 में जब रामदयाल जेल गया था तब किशोरी का पिता कह रहा था कि "तू भाग्यशाली है। तेरे पति ने हिमालय से सागर तक तुझे घर-ही-घर दिया है।" तब भाई कह रहा था कि जब तक मैं हूँ तब तक तेरा मायका आज की तरह ही रहेगा। लेकिन स्वाधीन भारत में, सन् 1951 में वह झुंझलाता है–"देश आजाद हो गया। जीजाजी इतने आदर्शवादी हैं कि उन्होंने पार्टी छोड़ दी, खादी छोड़ दी, कोई पद पुरस्कार नहीं लिया। तो अब कुछ व्यापारियों के षड्यंत्र के फटे में अपनी टाँग डालने की क्या जरूरत थी? प्याऊ के ऊपर मूर्ति लगा देने से न उनकी माँ जीवित हो जाती, न चन्द्रशेखर आजाद। और यदि आजाद अभी जीवित हो भी जाते तो क्या कर लेते? बड़े बाजार में अपनी माँ की मूर्ति भी न लगवा पाते। फिर सतारा नदी के किनारे एक कंबल और रामायण लेकर रहते और अपनी देह पर नाग पालते।" स्वातंत्र्योत्तर समाज कहाँ तक बदल गया है। उसकी दृष्टि में राष्ट्र, राष्ट्रवाद, राष्ट्रीय संस्कृति इत्यादि गौण है। रामदयाल धर्मनिरपेक्षता को एक मूल्य समझता है। इसी के बल पर वह बेटी के अन्तर्जातीय विवाह और बल्लो का मुस्लिम लड़की से विवाह दोनों का स्वागत खुले दिल से करता है। आर्यसमाजी रामदयाल अन्धविश्वास, मूर्तिपूजा इत्यादि पर आस्था नहीं रखता है। वह समाज को उदार रखना चाहता है, जिससे बहुलतावादी समाज आगे बढ़ सके। वह कबीर, साबरमती जैसे नामों को अधिक पसंद करता है। बल्लो में वह ये गुण ढूँढ़ता भी है। बल्लो अपने पिता के समान सरस्वती पाठशाला में काम करना चाहता है। धर्मनिरपेक्ष तत्त्वों पर विश्वास रखता है और उसी के अनुसार जीना चाहता है। अपनी परंपरा, संस्कृति और जातीयता पर अडिग रहना चाहता है। उपन्यास के अन्त में बल्लो नीम के पेड़ को पकड़ के रखने का प्रयास करता दिखाई देता है।

स्वातंत्र्योत्तर बुद्धिजीवी, कलाकार, साहित्यकार आदि अपनी परंपरा से पृथक होने का प्रयत्न करते रहते थे। परंपरा, जातीयता, राष्ट्रवाद इत्यादि से परे वे अपने को पूरे विश्व के मानते हैं। उसके लिए माँ-बाप तक उतने मूल्यवान नहीं हैं। कृष्ण दयाल ऐसा एक पात्र है। वह कहता है कि झांसी मेरी नहीं है, सारी दुनिया मेरी है। 'मैं अपने घर को अपने साथ लेकर चलता हूँ।' वह हिन्दी में लिखता है पर हिन्दी की संस्कृति नहीं समझ पाता है। उसकी रचनाओं में देश और देश की समस्याएँ नहीं, घुटन, संत्रास,

अकेलापन जैसी व्यक्तिगत बातें मात्र हैं।

खेलकूद का क्षेत्र भी उपनिवेशन से मुक्त नहीं है। आज खेल भूमंडलीकरण और रुपए पर केन्द्रित है। आज के खिलाड़ी पैसे के लिए खेलते हैं और विज्ञापनों द्वारा नई पीढ़ी को भड़काते हैं। वे राष्ट्र के नाम पर खेलते हैं पर उनकी करतूतों और व्यवहारों में राष्ट्र और राष्ट्रयीता की बातें नहीं हैं। वे बहुराष्ट्रीय निगमों और कंपनियों के ब्रांड अंबासडर बनते हैं, विज्ञापनों में अभिनय करते हैं, सिर्फ रुपए के लिए। रुपए से बढ़कर कोई मूल्य उनके आगे नहीं है इसको और भी स्पष्ट करने के लिए उपन्यासकार हॉकी के ऐतिहासिक खिलाड़ी ध्यानचंद को प्रस्तुत करते हैं। ध्यानचंद ने हिटलर के निमंत्रण को ठुकराकर झांसी की मिट्टी में खेलना सही समझा था।

शिक्षा संस्थाओं में और छात्रों में उपनिवेशन सबसे आसानी से चल रहा है। कॉलेज में मरिया नामक एंग्लो इंडियन लड़की का आगमन और उसके बाद कॉलेज के वातावरण में आए परिवर्तन यही दिखाते हैं। इस प्रकार उपनिवेशित व्यक्ति अपनी संतानों को अंग्रेजी सभ्यता के अनुकूल पालन-पोषण करता है और शिक्षा भी देता है। स्लीपिंग सूट, पश्चिमी नाच-गान, क्रिकेट, बर्थडे पार्टीज आदि-आदि से गुजरने के लिए बच्चे को मजबूर करता है। राजकुमार श्रीवास्तव पाश्चात्य अनुकरण में पला-बढ़ा है जो आखिर मन्दबुद्धि बन जाता है।

उपभोक्तावाद नव-उपनिवेशवाद का एक उपकरण है जिससे वह अपना मार्ग और सुगम बनाता है। उपभोक्तृ सभ्यता का प्रचार-प्रसार एक साथ उपनिवेशवाद का माध्यम है, लक्ष्य भी है। उपभोगवादी समाज खुद सोच नहीं सकता है, खुद कुछ कर भी नहीं सकता है। उसकी अपनी दृष्टि और मस्तिष्क नहीं है। ऐसे उपभोक्ता समाज के व्यक्ति के बारे में शंभुनाथ लिखते हैं कि, ''उपभोक्तावादी समाज का आदर्श वह व्यक्ति नहीं है, जो सरल और ईमानदार है। वह है जो खूब झूठ, कृत्रिमता और ढोंग जी सके। कुछ भी बेच सके, कुछ भी खरीद सके। कभी तर्क में न जाएं।'' (संस्कृति की उत्तरकथा, पृ.-160) उपभोगवादी सभ्यता के अंग होने पर व्यक्ति अपनी निजी एवं जातीय संस्कृति से बाहर आ जाता है। अपनी निजी संस्कृति से छूटा व्यक्ति शून्य में खड़ा रहता है और वह झुंड संस्कृति का हिस्सा बन जाता है। वह गाँव या शहर का न होकर बाजार का अंग बन जाता है। उसका आदर्श झूठी सामाजिक प्रतिष्ठा होता है। औरों की पूछ के अनुसार उसकी अनन्त लिप्सा, भोगातुरता आदि नित्य बढ़ती रहती हैं। उसका जीवनादर्श विज्ञापन तय करता है, ऐसे जीवनादर्श के लिए वह सब कुछ गँवा देता है। 'मोर ईस बेट्टर' जीवन का मापदंड बन जाती है। ऐसे समाज से चिन्तन-मनन, तर्क-वितर्क, संवाद सब गायब होते हैं। इस प्रकार के प्रतिक्रियाहीन समाज में उपनिवेशन का कार्य निष्कंटक होता है।

वैयक्तिक एवं सामाजिक जीवन में उपभोग का निषेध संभव नहीं है। उपभोग जीवन के लिए अनिवार्य तत्त्व है। शर्त यह है कि उपभोग और उपयोगिता के बीच

तालमेल होना है। उपयोगिता से मेल नहीं खाता उपभोग स्वस्थ समाज के लक्षण नहीं दिखाता है। स्वस्थ समाज के लिए अनिवार्य लोकतांत्रिक आग्रह और नैतिकता को उपभोगवादी समाज में जगह नहीं है। वहाँ जीवन के महान लक्ष्य गायब हो जाते हैं, तथा मानवता मिट जाती है। अंधी स्पर्धा, घृणा, बर्बरता आदि पनपती हैं।

उपयोगिता को उपभोग का मापदंड मानती राष्ट्रीय संस्कृति नवजागरण काल की एक विशेषता है। वहाँ उपभोग जीवन का लक्ष्य नहीं था। उक्त समाज में आधुनिकता की तर्कबुद्धि कायम थी। विवेक और नैतिकता पर आधारित सामाजिकता का आग्रह था। स्वतंत्र तथा आत्मनिर्भर होने का संघर्ष चल रहा था। शंभुनाथ के शब्दों में कहें तो देश गुलाम था लेकिन संस्कृति गुलाम नहीं थी। इसलिए तत्कालीन समाज में स्वतंत्र चिन्तन संभव था। यह कुछ लोगों तक सीमित बात नहीं, आम जनता तक फैलती बात थीं। 'निन्यानवे' उपभोगवाद के जाल में फँसते वर्तमान समाज पर प्रकाश डालता है। इसके लिए उसमें उपन्यासकार ने नवजागरण व राष्ट्रीय स्वतंत्रता आन्दोलनकालीन उपयोगिता पर आधारित उपभोग के साथ वर्तमान उपभोगवादी समाज को रखा है। मास्टर रामदयाल की जीवन रीति तथा वेशभूषा पूर्ण रूप से उपयोगिता पर आधारित है। किशोरी तर्कबुद्धि से काम करती औरत तो नहीं है। नाम ही इसकी ओर संकेत करता है। फिर भी उसका भी एक जीवन दर्शन है। घिसी-पिटी पुरानी झाड़ू कसकर बाँधती अम्मा (किशोरी) ''जब अगला हाथ आँगन में घूमा तो बहुत-सी पत्तियाँ हवा में उड़ीं। अम्मा खुश हो गई। इस माह नई झाड़ू खरीदने की जरूरत नहीं पड़ेगी। अगला माह देखा जाएगा।'' यहाँ किशोरी को अपने पति के समान संयमी दिखाया गया है। रामदयाल स्वतंत्र भारत में भी उपभोगवाद का शिकार नहीं बनता है और अपने परिवार को उसी पटरी पर ले जाने का प्रयास करता रहता है। लेकिन स्वतंत्र भारत की परिस्थितियाँ बदलने लगीं और उसी के अनुसार जीवन भी बदलने लगा। तर्कबुद्धि के स्थान पर अनुकरण की प्रवृत्ति अपनाने लगा। निजी बुद्धि के बदले आयातित चश्मे से जीवन की सार्थकता की तलाश करने लगा। राजकुमार श्रीवास्तव का पालन-पोषण पूर्ण रूप से अंग्रेजी सभ्यता के अनुसार ही किया जाता है। बल्लो भी उसी के सम्पर्क में आकर स्लीपिंग सूट की मांग करने लगा है। वह अपनी जन्म-तिथि और जन्मदिन के बारे में पूछने लगा। इसके लिए रामदयाल का जवाब यह था कि गाँधी जी ने देश की स्वतंत्रता के लिए अपने कोट-सूट को छोड़ दिया था। तुम स्वतंत्र भारत में सोने के लिए स्लीपिंग सूट की मांग करते हो। बल्लो के डाक्टरी पढ़ने के आग्रह के आगे भी वह निःसंग दिखाई देता है। छोटे पुत्रों—कृष्णदयाल और हरिदयाल की आदतें बल्लो से बिल्कुल भिन्न हैं। दोनों पिता के काबू में नहीं रहते हैं। हरिदयाल और कृष्णदयाल की आदत से नाखुश राम दयाल धीरे-धीरे उनसे घृणा करने लगता है। हरि के धन-दौलत से, उसकी उपभोक्ता सभ्यता से घृणा करता है। उसके पैसे से अपने प्रण की रक्षा करने के लिए भी वह तैयार नहीं होता है। उपभोग में डूबे हरि की कोठी को देखकर भाई बल्लो

भौचक्का रहता है। "हाथ नहीं लगाना पड़ता था—जैसे आधुनिक विज्ञान पैसेवाले की टट्टी साफ कर रहा हो।...बेसिन और आईने के आस-पास कुछे ऐसे यंत्र रखे थे और जिनके बारे में बल्लो सिर्फ यही जानता था। यह भारत में इक्कीसवीं सदी का संसार था जो झांसी में बीसवीं सदी में हाजिर था।" भारतीय मनुष्य की यह उपभोग तृष्णा कोरी कल्पना पर आधारित नहीं है। 1998 में जब नोम चोंमस्की भारत आये थे तब उन्होंने यहाँ के उच्चवर्ग की सुख-सुविधाओं को देखकर कहा था कि इतनी सुख-सुविधायें अमेरिका के उच्चवर्ग के लिए भी उपलब्ध नहीं हैं। उपन्यास के अन्त में आकर लेखक ने रामदुलारी और बल्लो के माध्यम से कुछ सकारात्मक संकेत दिया है। उपभोगवादी जाल में स्त्रियाँ ही जल्दी फँस जाती हैं। शोपिंग सेंटरों और ब्यूटी पार्लरों की दुनिया में स्त्रियाँ तथा बच्चे विज्ञापन के मायिक जाल से भ्रमित होते हैं। लेकिन हरिदयाल की ग्रामीण युवा पत्नी इससे अपने को अलग रखती है। रामदुलारी अपनी बुंदेली बोली, ग्रामीण जीवन-रीति, रहन-सहन, आचार-विचार आदि को किसी भी मूल्य पर छोड़ने को तैयार नहीं होती है। वह अपनी जातीय संस्कृति एवं जीवन-रीति को मूल्यवान समझती है और अपने पति और उसकी मायिक दुनिया को छोड़कर लौट जाती है। "वह नीम की दातून छोड़कर टूथ-ब्रश न कर सकी। कुआँ छोड़कर बाथरूम में न नहा सकी।...न वह उल्टे पल्ले की साड़ी पहन सकी। बोलती थी हमेशा बुंदेली में।...कहती थी कि मेरी बोली मेरी खाल की तरह है, वह नहीं छूट सकती।" इस प्रकार उपन्यासकार ग्रामीण युवती के द्वारा उपभोग सभ्यता का प्रतिरोध खड़ा कर देते हैं।

आज उठाई-गिरी का युग है। राम नैतिकता का एक आदर्श तथा अध्यात्म के केन्द्र में रहे थे। लेकिन आज राम की उठाई-गिरी होने लगी है। राम में वीर योद्धा के गुण नहीं थे, वह उदार एवं संयमी थे। इसलिए वह सांप्रदायिकों की दृष्टि में वीर योद्धा नहीं थे। लेकिन जनता के मन में उनकी गहरी प्रतिष्ठा है, इससे वाकिफ संघ परिवार राम को अपनाने लगा। कबीर के समान गांधी भी राम नाम ले रहे थे। उन दोनों का राम अध्यात्म का प्रतिरूप था। गांधी का राम पर-पीड़ा को समझने वाला राम है, वह कभी भी अन्यों के दुख-दर्द में आनंद नहीं ढूँढ़ रहा था। लेकिन संघ परिवार राम को अपनाकर उसका उपयोग सांप्रदायिक दंगे के उपकरण के रूप में कर रहा है राम मंदिर के बहाने आज समाज को मध्यकाल की ओर ले जाने का प्रयास कर रहा है। ऐसे प्रयास को व्यक्त करने के लिए ऋतुराज की दो पंक्तियाँ काफी सक्षम लगती हैं।

"मैं जानता हूँ, ईश्वर
तुम कहीं नहीं हो
सिर्फ अन्याय को एक नाम देने के लिए मैं तुम्हें याद करता हूँ।"

धर्मनिरपेक्ष जनतंत्र के नाम पर चलता देश ऐसी परिस्थिति में भीषण संकट में पड़ा है और लोग आशंका, आतंक, निराशा एवं भय की छाया में दम घोंटने लगे हैं।

समाज में मनुष्य की जगह हिन्दू, मुसलमान, सिख, ईसाई आदि आ गए हैं।

धर्मनिरपेक्ष शिक्षित शहरी लोग भी इससे मुक्त नहीं हैं। बाहरी तौर पर उदास एवं निराश दिखाई पड़ते ऐसे लोग सन्देह और भय से मुक्त नहीं रह सके। उनके धर्मनिरपेक्ष मन पर दरारें पड़ने लगीं, जिससे सहजता एवं सामाजिकता टूटने लगीं। बुद्धिजीवी लोग भी निर्णायक सन्दर्भों में धार्मिक-सांप्रदायिक दबावों से मुक्त नहीं दिखाई पड़ता है। यह सबसे बड़ी त्रासदी है। दूसरी ओर आम जनता भय, शंका और मोहभंग से घिरने लगीं। हर कहीं 'पाकिस्तान' जन्म लेने लगे। अल्पसंख्यक दंगों से बुरी तरह बाहरी एवं भीतरी तौर पर जख्मी हो गए। मोहम्मद फारूखी सिद्दीकी ऐसा एक पात्र है, जो धर्मनिरपेक्ष लोकतंत्र की छाया में, अपने मानवाधिकारों के बल पर, एक इंसान की हैसियत से जी रहा था। लेकिन उसके निजी विश्वासों, आचरणों पर हिन्दू आतंकवादी आक्रमण करते हैं। उसकी छड़ी छीनकर उसके बदले त्रिशूल पकड़वाते हैं, माथे पर तिलक लगाते हैं और जय श्रीराम कहलवाते हैं। उनमें जान-पहचान का लड़का भी था, पर "तब उन्होंने उस लड़के की ओर देखा था मगर उस लड़के के चेहरे में सिर्फ हँसते हुए और काले बालों की झांई नजर आई थी जैसे वह लड़का न हो, कोई भूत हो।" अपने मित्र रामनारायण के साथ सांप्रदायिक चिह्नों, संकेतों, करतूतों की आलोचना करते सिद्दीकी आखिर कानपुर से मौलवीगंज जाने को मजबूर होता है। मनमोहन सिंह, उल्फत सिद्दीकी आदि के मन में भी इस प्रकार की दरारें पड़ती हैं। आतंकित उल्फत बेजान शब्दों में कहती है कि "मस्जिद टूटी। रवायत भी टूट जाएगी।" मस्जिद ध्वंस और सांप्रदायिक दंगों के पीछे धार्मिक-आध्यात्मिक मोह नहीं, सिर्फ राजनीतिक स्वार्थ है। रामदयाल ही नहीं, पोता कबीर तक इससे निराश व उदास दिखाई देते हैं। बुद्धिजीवी वर्ग भी सन्तुष्ट तो नहीं है फिर भी उनमें कतराने की प्रवृत्ति कहीं दिखाई पड़ती है। तब भी धर्मनिरपेक्ष लोकतंत्री सरकार निष्क्रिय रहती है। लेखक इस पर व्यंग्य करते हैं। स्कूली छात्रा के शब्दों के बहाने लिखते हैं कि, "...उसके स्कूल में दो मुस्लिम लड़कियों ने मिट्टी की मस्जिद बनाकर गिराने पर एतराज किया तो लड़कियों ने उसकी धुनाई कर दी।...लड़कियाँ इंटरवल में ही प्रिंसिपल के पास गईं। मगर प्रिंसिपल सोफे पर अपने कमरे में सो रही थीं। मस्जिद गिर रही थी और प्रिंसिपल सो रही थीं।" तत्कालीन कांग्रेस सरकार की निष्क्रियता और बहुमतों के प्रति (वोट के लिए) झुकाव इसका उत्तरदायी है। धर्मनिरपेक्ष देश में धर्मनिरपेक्ष लोकतंत्री शासन काल में अल्पसंख्यकों की स्थिति यही है तो बहुसंख्यक सांप्रदायिक शासन के दौरान स्थिति क्या होगी? इस तरह के प्रश्न अल्पसंख्यकों के मन में शंका, भय, आतंक, असुरक्षाबोध आदि पैदा करते हैं। यदि शासन सक्रिय नहीं तो इस बहुलतावादी देश में मस्जिद और रवायत अवश्य तोड़े जाएँगे। दंगे के वक्त और उसके बाद में सरकार दंगे से ध्वस्त लोगों की सहायता करने में, उन्हें आश्वस्त करने में, हिम्मत बाँधने में भी सावधान नहीं रही थी। ईंट की राजनीति पर भी उपन्यास प्रकाश डालता है। मंदिर विवाद मात्र राजनीतिक खेल है, यह बालक कबीर भी समझता है। लेकिन ईंटों की बात उनकी समझ में नहीं आती है। तब उसके प्रश्नों का उत्तर देते

हुए बल्लो कहता है कि ''तुक यह है, बेटा...कि ईंटें अयोध्या के भट्ठों से निकलकर सीधी मन्दिर में लग जाएँगी तो देश भर में ईंटों का शोर कैसे होगा?'' ईंटों के बहाने देश भर शोर मचाना है और उस शोर को वोट में बदलना है।

सांप्रदायिक राजनीतिज्ञों के लिए राम सत्ता की सीढ़ी मात्र हैं। वे उक्त सीढ़ी व उपकरण का अमानवीय, पैश्चिक एवं गलत उपयोग करते आ रहे हैं। जनता मस्जिद ध्वंस, मन्दिर निर्माण, लाखों की हत्या, वहशीपन, आतंक इत्यादि नहीं चाहती है। असल में ये सब नेताओं की माँगें हैं, जो जनता को अलग-अलग खेमों में बाँटकर सत्ता की सीढ़ियां चढ़ते हैं। इसके लिए निराधार, अतार्किक, अवैज्ञानिक नारे—हिन्दू अपने ही घर में अनाथ है। सभी जातियों के पास अपना-अपना राष्ट्र है। हिन्दू अपने ही देश में बेगाने हैं। हिन्दू फिलीस्तीनियों की तरह हैं। हमें अपना राष्ट्र चाहिए। आगे भी देखिए '... हिन्दुओं का यह धार्मिक कर्त्तव्य है कि वे उन्हें मारें जो गायों को मारते हैं।' लगाकर निरीह अनजान लोगों को भड़काते हैं।

उपन्यास विभाजन की त्रासदियों से कतराता है। लेकिन नवंबर 1984 के सिख हत्याकांड का मार्मिक उल्लेख उसमें है। इन्दिरा गांधी की हत्या को सांप्रदायिक रंग देकर कांग्रेस नेताओं के नेतृत्व में जो नरसंहार हुआ था जिसमें विभाजन के समय दिल्ली और अन्य शहरों में आ बसे सिख लोगों की दारुण हत्या हुई थी। तब भी सरकारी तंत्र चुप रहा था, पुलिस की रोकटोक कहीं भी नहीं थी। जानबूझकर किए इस कत्लेआम के बारे में मधु पूर्णिमा किश्वर लिखती हैं कि, ''बहुत सारे चश्मदीद गवाहों ने इस बात की तस्दीक की कि हमलावरों को देखकर ऐसा नहीं लगता था कि यह कोई जनूनी भीड़ है। उसे देखकर ऐसा आभास होता था मानो एक दस्ता को खास जिम्मेदारी के साथ भेजा गया है और इस जिम्मेदारी को वह लोग बिना किसी जल्दबाजी के अंदाज दे रहे थे।'' (राष्ट्रवाद की चाकरी में धर्म, पृ. 29)

'निन्यानवे' उपनिवेशितों की संस्कृति का विमर्श प्रस्तुत करने का एक प्रयास है। पराधीन देश में भारतीय गुलाम था, परन्तु उनकी संस्कृति स्वतंत्र रही थी। इसलिए वह संघर्ष करने में समर्थ था और निजी तौर पर सोच सका था। लेकिन स्वातंत्र्योत्तर समाज लोकतंत्रीय होनेपर भी मानसिक रूप में स्वतंत्र नहीं है। आज वह उपनिवेशी प्रजातंत्र की प्रजा बन गया है। यही हमारी विडंबना है। स्वातंत्र्योत्तर समाज अपनी मौलिक दृष्टि से कुछ भी सोच नहीं पाता है, कुछ भी देख नहीं पाता है। हमारी विरासत को, हमारी राष्ट्रीय संस्कृति को हमने अनदेखा कर दिया है। हमारी मानवतावादी दृष्टि हम से छूट गई है। इसलिए हम पुनः उपनिवेशन के चंगुल में पड़े हुए हैं। फिर भी हम मस्ती में हैं। हम नशे में ही रहना चाहते हैं। भूमंडलीकरण का भूत हम पर सवार हुआ है। उसका असली चेहरा पहचानने का प्रयास भी हमारी ओर से नहीं हो रहा है। उसके असली रूप एवं उद्देश्य की पहचान कर उससे मुक्त होना आवश्यक हो गया है। मंडी के मालिक जाल में फँसे भारतीय का चित्र ही रवीन्द्र वर्मा ने खींचा है। उस चित्र में अब भी नीम

पकड़ के रहते बल्लो और कबीर हमें आश्वस्त करते हैं। रामदुलारी भी काफी प्रभावी पात्र है। राजनीति में हरिदयाल जैसे गुंडों की उपस्थिति एक सच्चाई है। राजनीति के अपराधीकरण की समस्या वर्तमान भारतीय राजनीति कीं गंभीर समस्याओं में एक है। दूसरी ओर गौरीशंकर जैसा व्यक्ति है जो हमारी परंपरा की जड़ता की त्रासदी ही है। विज्ञान की इतनी प्रगति हुई है कि आज विश्व का कोई भी रहस्य रहस्य नहीं रह गया है। फिर भी संसार आज धर्मों की ओर लौट रहा है। ये दोनों भविष्य की चिन्ता का विषय अवश्य है।

❑❑